Sección de Obras de Antropología

HOMBRE, CULTURA Y SOCIEDAD

Traducción de
MAYO ANTONIO SÁNCHEZ

HARRY L. SHAPIRO

HOMBRE, CULTURA Y SOCIEDAD

FONDO DE CULTURA ECONÓMICA

MÉXICO

Primera edición en inglés,   1956
Segunda edición en inglés,   1971
Primera edición en español,   1975
  Tercera reimpresión,   1993

Título original:
Man, Culture and Society
© 1956, Oxford University Press, Londres

D. R. © 1975, FONDO DE CULTURA ECONÓMICA
D. R. © 1993, FONDO DE CULTURA ECONÓMICA, S. A. DE C. V.
Carretera Picacho-Ajusco 227; 14200 México, D. F.

ISBN 968-16-0518-7

Impreso en México

Prefacio

Es COSTUMBRE del editor de un libro detener un poco a sus presuntos lectores diciéndoles algo acerca de lo que van a leer. Me parece que los capítulos de este libro hablan más elocuentemente de las ideas que contienen, que lo que yo pudiera decir de ellos. Pero como compilador investido de cierta responsabilidad, debo a los lectores ciertas explicaciones acerca de su propósito y a los autores cierta protección en contra de críticas injustificadas. Empiezo, por tanto, absolviendo completamente a mis colegas en esta aventura, de cualquier defecto que pudiera existir en el plan general, pero no del contenido y forma de sus propios capítulos. Hay límites más allá de los cuales no debe esperarse que pase un editor, por más que desee hacerlo. Dentro del marco que se les señaló, los autores escribieron lo que quisieron.

Mi intención original —creo que la he mantenido a través de las vicisitudes del libro— fue presentar una especie de antropología básica para el lector común y para aquellos que se inician en el tema. En consecuencia, el contenido de cada capítulo se escogió teniendo en cuenta esta idea. En una materia tan diversificada como la antropología, con su enorme bagaje de detalles, un solo volumen no puede esperar hacer más que presentar las ideas y conceptos sobresalientes. Aun ciertos temas como el estudio de la personalidad y la cultura y el del carácter nacional, que actualmente ocupan el pensamiento de muchos antropólogos, han tenido que ser recortados u omitidos para evitar un volumen exagerado. Me he consolado, sin embargo, pese a estas omisiones, pensando que un libro introductorio debe limitarse a lo fundamental, del mismo modo que un currículum debidamente estructurado empieza por el principio. Me pareció que ésta sería una función útil, por no decir necesaria, y que podría permitir un asomo a lo que trata la antropología.

En su versión original, estos capítulos estaban destinados a ser unidades independientes dispersas entre otros temas científicos en un proyecto ambicioso que cubría todas las ciencias. Este propósito caducó, pero sobrevivieron los capítulos referentes a la antropología y, gracias al estímulo de la Oxford University Press, aparecen ahora en forma de libro. Los autores, con una ejemplar buena voluntad, recogieron sus capítulos, los revisaron o re-escribieron y en la mayoría de los casos aceptaron las restringidas sugestiones del editor para darles nueva forma. Se invitó a tres nuevos contribuyentes para llenar las áreas requeridas por el nuevo formato.

Los pocos casos de repetición entre los capítulos se pueden atribuir a esta historia. En general se les dejó así, ya fuera porque servían a un propósito en el concepto del capítulo como tal, o porque la repetición en otro contexto tenía cierto valor que pareció deseable conservar.

La mayoría de los libros introductorios de este tipo se deben a la pluma de un solo autor. Los de autores múltiples generalmente son compendios o tratados altamente especializados y técnicos. La antropología, sin embargo, ha llegado a ser tan diversificada que pocos de sus profesionales intentan ya hacer investigaciones en todas sus fases o aun ser doctos en todas ellas. En consecuencia, cuando un solo autor trata todas las ramas de la materia, tiene que depender de materiales secundarios. A veces este método ha sido empleado brillantemente. Pero persiste el hecho, sin embargo, de que con este procedimiento se sacrifica la autoridad que tiene un experto cuando escribe acerca de su propia especialidad. Al invitar a eruditos a escribir sobre los temas de su competencia y de acuerdo con un plan predeterminado, creí poder lograr la autoridad sin sacrificar la unidad estructural.

El lenguaje usado ha sido deliberadamente tan poco técnico como lo permite la materia. Considero que cualquier persona razonablemente instruida será capaz de leer el libro con entendimiento —y tal vez con placer y provecho.

Tengo muchas deudas adquiridas durante la dilatada preparación de esta obra. Los autores han soportado retrasos, consultas mías, revisiones, y otros detalles molestos; todos lo hicieron con paciencia y cooperación ejemplares. Les doy las gracias a todos y cada uno de ellos. Estoy profundamente endeudado con Charles E. Pettee, de la Oxford University Press —sólo él sabe cuánto. John Begg, de la Oxford University Press, ha sido de gran ayuda en el diseño e ilustración del libro. También expreso mi agradecimiento a Leona Capeless, de la misma editorial, por su saber técnico y sus útiles sugestiones. Y estoy profundamente obligado con Jane Orttung por su ayuda para encontrar las ilustraciones adecuadas. Dedico a mi esposa todo el trabajo que he puesto en este libro. Ella ha sido una fuente constante de estímulo.

Harry L. Shapiro

Enero de 1956

En los quince años transcurridos desde la primera aparición de este libro, nuevos descubrimientos fósiles, una multitud de excavaciones arqueológicas y el desarrollo de una variedad de nuevos conceptos y técnicas en la antropología han hecho necesario poner al corriente la versión original. Algunos de los capítulos han sido rigurosamente revisados o incluso re-escritos por sus autores. Entre estos se cuenta "El hombre en el Nuevo Mundo" de Cressman, "El estudio de las culturas primitivas" de Griffin, y "Los comienzos humanos" de Shapiro. Dos capítulos fueron remplazados por las evaluaciones actuales de los datos acumulados que han aparecido desde que fueron publicados sus predecesores. Gould presenta una fresca apreciación de "La Edad de Piedra Antigua" y Meadow ha escrito un relato del surgimiento de la civilización para remplazar el capítulo anterior sobre las edades por metales, término de clasificación que actualmente se está re-evaluando.

Se añadió un nuevo capítulo de un nuevo autor: la discusión de Rappaport acerca de la importancia de la ecología en el estudio de las culturas humanas. Los capítulos restantes, con algunas revisiones menores, se conservan en forma original cuando su continuada validez así lo ha permitido.

Aunque fue fuerte la tentación de ampliar los temas cubiertos, la resistimos con la sola excepción ya mencionada, a fin de conservar el propósito original del libro.

Nuevamente agradezco su cooperación a los diversos autores. Debo mucho a Catherine Linnet, de la Oxford University Press, por su paciencia e invaluable guía.

HARRY L. SHAPIRO

Enero de 1971

I. Los comienzos humanos

Harry L. Shapiro

Hace por lo menos 5 millones de años, hacia el final del Plioceno, el telón ya se había levantado para el hombre; no para el hombre como lo conocemos ahora: con gran cerebro, mandíbula pequeña, y con frecuencia calvo, sino para una criatura con cerebro pequeño, gran mandíbula, y que mostraba en muchas partes de su anatomía pruebas de su emergencia del mundo de los monos. Pero esta fecha, obtenida de las pruebas de potasio-argón en los estratos que contenían fósiles humanoides en Omo, África oriental, y de un descubrimiento recientemente reportado en Lothagam Hill en Kenya septentrional, aunque más que duplica el lapso evolucionista conocido que previamente se asignaría a la línea homínida, de ningún modo proporciona ni siquiera una aproximación de toda su duración. Para esto necesitaríamos conocer la fecha en que los primates realizaron por primera vez un cambio adaptativo de una vida arbórea a la existencia bípeda sobre el suelo, que eventualmente llevó al desarrollo del *Homo sapiens*. Por el momento, de acuerdo con Simon, el ser que parece hallarse más cercano a esta etapa es el Ramapiteco, un fósil encontrado en las montañas Siwalik de la India. De antigüedad y estructura semejantes son el Bramapiteco,[1] también de las Siwalik, y el Kenyapiteco descubierto por Leakey en África. Estos posibles homínidos más antiguos están representados sólo por fragmentos de mandíbula y dientes, pero la significativa reducción del tamaño del canino, los característicos patrones de las cúspides, y la forma del arco dental, no solamente sugieren poderosamente un temprano patrón homínido, sino que implican igualmente la adquisición de la postura bípeda.

Para nuestras mentes, condicionadas por una perspectiva histórica que representa a Grecia y Roma como el mundo antiguo, doce millones de años parecen un tiempo inconcebiblemente largo. En realidad, en relación con la edad de nuestro planeta y el periodo de tiempo que allí ha existido la vida, el hombre es un recién llegado. En la tradicional analogía del reloj, si se tomaran las veinticuatro horas del día como equivalente al lapso de tiempo transcurrido desde la aparición de la vida en la Tierra, entonces habría que mostrar a los homínidos como aparecidos solamente dentro de los últimos diez minutos y a

---

[1] Un reciente examen del Ramapiteco y del Bramapiteco hace sugerir a Simon que ambos estaban estrechamente emparentados.

nuestro propio tipo, el *Homo sapiens*, dentro de los últimos segundos de las veinticuatro horas. Pero si por medio de esta comparación parece corta la permanencia del hombre sobre la Tierra, ha sido lo suficientemente larga como para producir cambios de gran alcance de un orden único en la evolución.

Se han hecho diversos intentos para identificar las características específicamente humanas del hombre. Se le ha separado de los otros animales por su postura erecta y su cerebro altamente desarrollado. Ha sido distinguido como la criatura que ríe, habla o piensa. También ha sido descrito como la criatura que tiene una cultura. Todos estos atributos son ciertos, al menos hasta cierto grado, pero tal vez el hecho fundamental que hace posibles a la mayor parte de éstos y ciertamente los sostiene a todos, es la tecnología que ha llegado a ser a tal grado una parte del hombre que es virtualmente imposible concebirlo sin ella. La sola habilidad de usar utensilios no es tal vez una facultad completamente exclusiva del hombre. Se sabe que los monos usan palos o cajas para alcanzar un objetivo. Pero ningún otro animal ha empleado los utensilios tan persistentemente como lo ha hecho el hombre, aun en su etapa más primitiva, y es solamente entre los primates más cercanamente emparentados con el hombre donde aparece algo semejante a esta propensión. Pero el hombre no sólo utiliza como herramientas objetos fortuitos, como extensiones de sus brazos y manos, sino que los hace hábilmente y, en el curso de la evolución humana, con creciente destreza y variedad. El lasqueado intencional de una tosca hacha de mano del Paleolítico Inferior, o hasta el más simple uso de una piedra como instrumento, ya está mucho más allá de la capacidad de cualquier animal, incluyendo a los monos. Y ningún otro animal a excepción del hombre ha demostrado la menor habilidad para aprovechar las pasadas realizaciones y desarrollar la acumulación de tecnología que representan la cultura y la civilización.

No sabemos prácticamente nada acerca del modo preciso en que esta propensión del hombre a usar y hacer utensilios llegó a ser su atributo establecido. Pero podemos estar seguros de que, sin ellos, pudiera no haber ocurrido su evolución tal como la conocemos. Porque la cultura y la sociedad se construyen precisamente sobre la base de esta habilidad para hacer herramientas. Y la cultura a su vez ha proporcionado el medio que más y más interviene en la naturaleza bruta al afectar al hombre y por tanto a su evolución.

Sabemos, sin embargo, que el hombre a través de las circunstancias peculiares de su evolución heredó adaptaciones anatómicas que le permitieron hacer y usar herramientas. Heredó intacta una mano notablemente generalizada a la que se añadió la habilidad de asir objetos.

En los mismos principios de su carrera, se adaptó a caminar sobre sus piernas, liberando así sus brazos y manos de la responsabilidad de la locomoción, y dejándolos disponibles para otras funciones. Poseía un cerebro ya de mayor tamaño que el de cualquier otro primate y, por inferencia, más avanzado. No se puede exagerar la potencialidad de estas características para permitir al hombre la creación de sus utensilios y eventualmente la de las culturas que deben haber afectado profundamente la continua evolución que transformó a un homínido con aspecto de mono en el hombre moderno.

La mano que hemos heredado es, en ciertos aspectos, un órgano primitivo. Comparado con las pezuñas, aletas y garras de otros mamíferos, la mano humana —más bien, la de los primates— ha retenido una gran parte de su estructura original con un mínimo de cambio. Se ha convenido desde hace mucho tiempo en que fue la adaptación arbórea de los primates la que dio los medios de preservar esta estructura que en los animales de vida terrestre pasó por una gran variedad de modificaciones, todas las cuales sacrificaron en mayor o menor grado aquel patrón básico. Al moverse entre los árboles, la necesidad de asir, alcanzar y sostenerse en las ramas —de usar la mano y el pie del modo más flexible posible— hizo de la antigua mano de cinco dedos un mecanismo valioso. Su adaptación para esos propósitos fue realzada por la habilidad de oponer el pulgar a los otros dedos, permitiendo de este modo asir con firmeza. Esta mano, altamente adaptable con su pulgar oponible, ha sufrido en ciertos primates algunas desviaciones como respuesta a tipos especializados de locomoción, pero en general se ha conservado sorprendentemente intacta. Es obvio que la sincronización ha tenido algo que ver con su preservación cuando vemos la clase muy diferente de adaptación que fue necesaria cuando otros mamíferos optaron por la vida arbórea en etapas posteriores de su evolución, tras de que un compromiso con la vida terrestre los había privado en cierto grado de su estructura original. Los animales que usan garras suelen ser buenos habitantes arbóreos, pero para bien o para mal, han perdido ese supremo instrumento, la mano.

Entre los primates la mano se ha usado de muchos modos para ayudar a la locomoción. Cuando el asir es un elemento importante, permanece intacto al pulgar oponible. Entre los primates de mayor tamaño, los simios, se desarrolló una forma de locomoción en la que el cuerpo oscilaba con las manos empleadas como ganchos, más bien que como órganos, para alcanzar y asir. Este tipo de locomoción, conocido como braquiación, requiere un menor uso del pulgar, por lo que encontramos, generalmente hablando, que los pulgares de los monos antropoides son de tamaño reducido o han degenerado. Esto ha sugerido a algunos estudiosos de la evolución humana que la línea homínida humana difícilmente pudo haber surgido de una forma bien desarrollada de mono antropoide que practicara la braquiación.

La mano humana, aunque es una herencia de la adaptación a la vida arbórea, también es admirablemente adecuada para otras funciones que no pueden haber anticipado los primates primitivos que vivían en los árboles. En este aspecto, la mano es como otras diversas partes que han aparecido en el curso de la evolución. Aunque en cierto sentido estaba destinada a servir para una función específica, la mano retuvo y adquirió un grado tal de potencialidad que sus poseedores pudieron hacer uso de ella en otro contexto, abriendo así nuevas posibilidades de vida y aun de evolución. Con la mano, el hombre tuvo el medio de hacer, sostener y usar herramientas, lo que, según sugerí antes, se puede considerar como el disparador de una evolución más avanzada.

Pero la mano difícilmente pudo adquirir estas nuevas funciones sin antes abandonar las anteriores. Esto ocurrió cuando los ancestros del hombre adoptaron una nueva forma de locomoción. Es necesario nuevamente volvernos hacia el mundo arbóreo de los primates para entender cómo el hombre adquirió su singular postura. El hombre no es, por supuesto, el único animal que tiene un aspecto erecto o que puede levantarse sobre sus miembros traseros. El canguro sostiene su cuerpo erguido una gran parte del tiempo y los perros amaestrados pueden sostenerse sobre sus patas traseras, pero estas posturas no implican la extensión plena de las piernas o el tronco. Tampoco pueden estos animales sostenerse durante mucho tiempo o sin un apoyo adicional. El canguro entiesa la cola para hacer, junto con las patas traseras, una especie de trípode para sostenerse, tal como lo habían hecho los llamados dinosaurios bípedos muchos millones de años antes. Aunque la vida arbórea permitía a los primates diversos modos de locomoción: gateando, brincando, saltando, corriendo o por medio de la braquiación, todos ellos requirieron cierta adaptación a la postura semi-erecta. Para estos animales dependientes de una mano asidora, la locomoción en los árboles significaba moverse en una dirección vertical más que en cualquier otra. Así, ya fuera gateando, saltando o brincando, el primate que subía a un árbol lo hacía con la cabeza por delante y el cuerpo en postura erecta, con su peso soportado por los miembros traseros. Es significativo que el pie de los primates, aunque frecuentemente semejante en su conformación a la mano, y aun en su capacidad para asir, siempre está construido más rígidamente y revela una mayor adaptación para soportar el peso del cuerpo que la que tiene la mano. En época temprana apareció entre los primates cierto grado de especialización para que los miembros traseros soportaran el peso del cuerpo así como una postura semi-erecta que se conservó característica a lo largo de su historia. Todavía es incierto cuándo y cómo este ajuste de los primates a una postura parcialmente erguida se convirtió en una postura plenamente erecta.

Se ha dicho que la braquiación, al suspender el cuerpo de los brazos, lo mantiene habitualmente en lo que equivale a una postura erecta, y que esto pudo haber servido como la fase inicial de la locomoción erecta en el suelo. Sin embargo, esta hipótesis presenta algunos problemas. Algunos primates que practican hábilmente la braquiación, como los chimpancés, no caminan en postura totalmente erecta, sino que usan sus brazos como apoyo adicional. El gorila, que es el mono antropoide más dado a la vida terrestre, también usa los brazos cuando camina con el cuerpo inclinado en un ángulo de 45 grados con respecto al suelo. Se ha llegado a suponer que el gorila debe usar esta postura porque en su pasado de braquiación se desarrollaron excesivamente sus brazos y su tórax, con lo que ha cambiado tanto su centro de gravedad que la postura erecta plena sería extraña a su anatomía. Quienes creen que la braquiación no pudo haber pre-formado el cuerpo para la locomoción terrestre totalmente erecta opinan que la transición ocurrió en una etapa más temprana de la evolución de los primates. Strauss ha sugerido la etapa del cercopiteco (mono del Viejo Mundo), pero puede mencionarse que los cercopitecos existentes que viven en el suelo se convierten en animales pronógrados. Los babuinos se desplazan con bastante facilidad, pero lo hacen con sus cuerpos en posición horizontal. La verdad bien puede encontrarse entre estos dos puntos de vista, y puede ser que los ancestros del hombre bajaran al suelo cuando tenía lugar la ramificación simiesca del tronco cercopitécido y se había adoptado cierto grado de braquiación, no tan desarrollado todavía como para impedir el uso de una postura completamente erecta con el cuerpo en ángulo de 90 grados con respecto al suelo y las piernas totalmente extendidas.

Es difícil, por supuesto, saber con precisión qué fue lo que indujo a nuestro ancestro primate a adoptar la vida terrestre. Fue tal vez el aumento de su talla, junto con una habilidad ya existente para erguirse, lo que lo forzó gradualmente a dejar lo que debió haber sido una creciente lucha con la gravedad, o tal vez, como algunos suponen, la consecuencia de un cambio físico que destruyó su medio ambiente arbóreo. Pero una vez sobre el suelo, y adaptado plenamente a la locomoción erecta, su panorama se amplió enormemente para llegar con el tiempo a abarcar todo el mundo.

El tercero del trío de dones que fueron responsables en parte de la evolución del hombre desde sus comienzos de primate es un cerebro altamente dotado. Es también el órgano acerca de cuya evolución sabemos menos. Podemos estudiar su forma exterior y hasta cierto grado las proporciones de sus partes en busca de alguna luz que pudiera poner en claro la naturaleza de sus poderes evolutivos. Pero lamentablemente la evidencia fósil es escasa, y aun si fuera mayor, tendría valor solamente a falta de algo mejor. No podemos, por lo tanto, asegurar con confianza que los ancestros del hombre adoptaron la vida terrestre debido a su creciente equipo intelectual. Ni sabemos tampoco mucho acerca del papel del cerebro para guiar las etapas iniciales de la emancipación de la mano. Hasta donde la evidencia fósil llega, sugiere que la postura erguida y algún uso de la mano como herramienta estuvieron bien establecidos antes de que hubiera aumentado mucho el volumen del cerebro. Los ancestros del hombre, por supuesto, igual que otros primates, ya disfrutaban del uso de un cerebro altamente desarrollado que evolucionó durante la adaptación arbórea. Pero el notable aumento del volumen y, presumiblemente, de la capacidad del cerebro homínido parece haber ocurrido después de que se adoptó la postura erecta. En el presente estado de nuestro conocimiento, es una hipótesis razonable suponer que, así como la vida arbórea había estimulado inicialmente el crecimiento del cerebro y su corteza en el primate infrahumano, la vida sobre el suelo y el uso de las manos para propósitos manipulativos, exploratorios y creativos proporcionaron un estímulo adicional que más tarde condujo al enorme incremento del cerebro y de su capacidad intelectual en el hombre. Esto, a su vez, pudo haber capacitado a la mano para desempeñar funciones más y más elaboradas y al hombre mismo para que iniciara el arduo trabajo de acumular una cultura. Aquí tendríamos el equivalente de una especie de retroalimentación, en la que el cerebro y la cultura se afectan mutuamente, mientras la mano, al menos en las etapas iniciales, sirve de mediador en este proceso. Esperaríamos, si esta hipótesis es correcta, que un aumento considerable del tamaño del cerebro seguiría a la adquisición de una postura humana y los rudimentos de una cultura. Esta reconstrucción explicaría por qué no encontramos a los australopitécidos y otros homínidos primitivos notablemente diferentes de los monos antropoides en lo que se refiere a tamaño del cerebro, aunque su estructura esquelética haya avanzado un largo trecho en la postura erecta característica del hombre. Hasta el momento del descubrimiento de los fósiles africanos primitivos, el homínido más antiguo conocido era el Pitecántropo, cuyo volumen cerebral era más o menos intermedio entre el de los monos y el del Homo sapiens y cuya postura era erecta. En general se suponía que encontraríamos en los precursores del Pitecántropo una gradual transición tanto en capacidad cerebral como en adaptación a la postura erecta desde el momento de la separación de la rama de los primates. Ahora podemos ver que no hubo nada de inevitable en esta especie de transición, excepto lo que nuestro sentido de simetría pudo tal vez haber sugerido.

Hay diversos modos de contemplar la evolución humana, pero básico en todos ellos es el actual registro anatómico fosilizado. Éste, si se interpreta correctamente, identifica el verdadero curso de los eventos y proporciona así la base para los muchos problemas y preguntas asociadas que tal historial pudiera sugerir. Por supuesto, la correcta interpretación es fundamental. Durante el periodo de poco más de un siglo en que los científicos han estudiado fósiles humanos u homínidos, se han propuesto muchas interpretaciones que, al aumentar ese registro, han sido descartadas o modificadas. Hay algo de rompecabezas en esas reconstrucciones debido a que faltan muchas de las piezas importantes, por lo que nunca está totalmente completo el registro de los fósiles. Así, los fósiles aislados no unidos por una cadena continua pueden prestarse a un gran número de interpretaciones de sus relaciones y asociaciones. Hay un límite, sin embargo, en cuanto a la diversidad de interpretaciones, dado que la misma naturaleza y características de los fósiles imponen ciertas relaciones que no pueden negarse. Basta leer la bibliografía de los pasados cien años para darse cuenta no solamente del abandono de las primeras hipótesis, sino también de la creciente precisión y refinamiento de aquellas que las han remplazado al enriquecerse las colecciones de fósiles. Así es la naturaleza de la ciencia.

En este punto conviene tal vez identificar el material fósil con el que tenemos que tratar en esta aventura. Por fósil entendemos, en un sentido amplio, los restos de cualquier organismo, y las impresiones de ellos, que datan de los "tiempos prehistóricos". En el campo de la evolución homínida, sin embargo, prácticamente todos esos restos consisten en huesos o dientes que por lo menos parcialmente están mineralizados. Es esta mineralización lo que ha ayudado a preservarlos durante largos periodos de tiempo, aunque en ciertas condiciones favorables algunos huesos con muy poca mineralización pueden sobrevivir durante periodos extremadamente largos. Dado que nunca se han encontrado las partes blandas del organismo en el historial homínido, quedamos reducidos solamente a restos esqueléticos y dentales. Para agravar esta restricción, es muy raro encontrar cráneos o huesos intactos y completos, y nunca se ha hallado un esqueleto completo. Los fósiles homínidos más comunes son dientes, seguidos por fragmentos óseos de las mandíbulas y la bóveda craneana. De esto se sigue que la morfología dental ha sido explorada con especial interés y es, en consecuencia, muy importante para establecer relaciones. Los fragmentos craneales y faciales pueden ser y a menudo son importantes para reconstruir el cráneo, que es otra parte del esqueleto comúnmente encontrada.

Además de la naturaleza fragmentaria de la evidencia fósil de que dependemos, la pobreza de estos restos es en sí misma una dificultad principal. Ya me he referido a las representaciones esporádicas en el historial fósil de la continuidad de la evolución humana y a los problemas para establecer relaciones partiendo de una serie discontinua de fósiles. Pero al lado de este problema encontramos otros. Un fósil aislado representativo de una etapa evolutiva particular puede o no ser completamente típico de la misma. Cuando se hacen comparaciones entre grupos ampliamente separados, sin embargo, pueden ignorarse las variaciones de la norma para los caracteres donde la coincidencia parcial es insignificante o poco probable. Al enriquecerse la serie de fósiles y hacerse necesarias las comparaciones entre poblaciones más cercanamente relacionadas, puede esperarse que ocurran algunas coincidencias parciales en la variación normal y se agudizará tal vez este problema. Afortunadamente, en algunas etapas de la evolución homínida, al acrecentarse los hallazgos fósiles y ampliarse los datos, éstos también han proporcionado muestras adicionales de grupos específicos y hasta cierto punto han aumentado nuestro conocimiento de las variaciones dentro del grupo, permitiendo así evaluaciones más realistas. Un ejemplo de esto es la reciente revaluación del grupo de fósiles conocidos como australopitécidos. Originalmente, al encontrarse los fósiles individuales, se identificaban como representativos de grupos distintos, por lo que se establecía un gran número de taxonomías separadas. Al acumularse la evidencia, es ahora posible que muchas de las diferencias en las que se basaron las primeras clasificaciones sean en gran medida variantes individuales. Esto ha requerido una revaluación y ha llevado a reagrupar estos fósiles en dos tipos principales: *Africanus* y *Robustus*; y, por lo menos en una interpretación, como variantes de una misma especie. Este problema, sin embargo, subsiste en una forma o en otra y hay que tenerlo presente.

Si los detalles de la reconstrucción de la evolución homínida están sujetos a controversia y revisión, el curso general de los acontecimientos, sin embargo, resulta más y más asegurado. A continuación acentuaré este último aspecto. Dejando a un lado la identificación de los precursores de la línea homínida, hay pocas dudas acerca de que, con la aparición de los australopitécidos hace por lo menos cinco millones de años, los homínidos ya estuvieron bien establecidos y que su adaptación a la postura básica bípeda homínida fue firme y sólida.

Los fósiles ahora agrupados como australopitécidos salieron por primera vez a la luz con el descubrimiento de un cráneo inmaduro en África meridional en 1925. Este niño, bautizado con el pesado nombre de *Australopithecus africanus*, fue primero identificado por muchos investigadores como un mono, a pesar de la insistencia de Dart y Broom de que se trataba de algo más: de algo mucho más cercano a los orígenes de los mismos homínidos. Aunque el *Australopithecus* tenía un cerebro ligeramente mayor que el de una cría de mono de la misma edad y sus características dentales sugerían las del hombre, por otra parte su apariencia era notablemente simiesca. Hallazgos subsecuentes en la misma región de África enriquecieron nuestro conocimiento de este grupo de "hombres-monos", pero no pudieron disipar la creencia de muchos especialistas en el sentido de que el *Australopithecus* y sus parientes eran meramente miembros de un grupo de monos que habían evolucionado a una etapa un poco más avanzada que los otros monos en la dirección del hombre, pero que todavía no llegaban a esa posición y que eventualmente se malograron. Tal vez mucha de esta resistencia para atribuir mayor importancia a estos fósiles fue consecuencia de una tradicional suposición de que el alba del *status* homínido sería enunciada principalmente por un cerebro apreciablemente mayor que cualquiera de los que poseían los monos.

Hasta este punto, los austrolopitécidos no parecían especialmente notables en ese aspecto. Eventualmente, al encontrarse un mayor número de fósiles de esta subfamilia ahora ya bastante extensa, empezaron a aparecer huesos del esqueleto y no pudo haber ya duda de que la postura erecta era una característica bien definida en estas criaturas —un hecho ya sugerido anteriormente por ciertos aspectos craneales.

Todavía se anuncian hallazgos representativos de este importante grupo y aún no tenemos descripciones completas o siquiera adecuadas de muchos de ellos. Hasta el momento, se incluyen no solamente los fósiles surafricanos a que se hizo referencia anteriormente, sino también al bien conocido *Zinjanthropus* descubierto por Leakey en las gargantas de Olduvai en África oriental. El *Homo habilis* desenterrado en el mismo sitio también es considerado por algunos expertos como miembro de este grupo, aunque otros lo colocarían morfológicamente en otro más avanzado. Los fósiles de Omo y Lothagam Hill ya mencionados, parecerían ser parte de este grupo, y los restos de Tell Nbeidiya, descubiertos en Palestina, también pertenecen al mismo. Se ha llegado a sugerir que el *Meganthropus* descubierto en Java, aunque forma parte de la serie *Pithecanthropus*, puede también estar estrechamente emparentado con los australopitécidos. Es obvio que estos representantes abarcan una considerable variedad de tipos y que arrojan mucha más luz sobre el origen de los homínidos que lo que se admitió primeramente. Aun si tuviéramos que decidir que los australopitécidos representan un esfuerzo abortado en la evolución del hombre, ellos indican la manera en la cual nuestros antecesores pusieron el pie en la escala homínida. La locomoción erguida sobre el suelo parece ahora que se estableció muy tempranamente, y es posible que preceda a cualquier modificación importante del cerebro. De hecho, yo me inclino a creer que fue precisamente este cambio en la locomoción, junto con sus consecuencias para la mano, lo que proporcionó uno de los factores para la evolución del cerebro homínido. A la luz de esto, se debe hacer notar que recientemente se ha reportado el hallazgo de toscos utensilios de piedra en asociación con estos fósiles, lo que ha fortalecido mucho la pretensión de que la tecnología tiene un papel más importante en la transición al *status* homínido que el anteriormente admitido.

Sabemos ahora que los australopitécidos y tipos emparentados existieron durante un tiempo relativamente largo, más largo tal vez que cualquiera de las etapas posteriores cuyos periodos más cortos indican tal vez una aceleración del ritmo de la evolución humana al desarrollarse la cultura y el lenguaje y jugar un papel cada vez más importante en este proceso. Si se comprueba que los últimos hallazgos son incuestionablemente australopitécidos en tipo, este grupo habría existido durante más de cuatro millones de años, de acuerdo con los cálculos presentes.

La transición de los homínidos de afiliación australopitécida a una forma más avanzada todavía no está bien documentada por restos fósiles. Pero alrededor de los principios del Pleistoceno medio, tal vez hace 700 000 años, encontramos un avance distinto en otro grupo de fósiles que ahora son colectivamente conocidos como *Homo erectus*. Este nombre refleja el reconocimiento de que ellos pertenecen al mismo género que el hombre moderno (*Homo sapiens*) pero de una especie más primitiva. Estos fósiles encontrados en Java toman su nombre del primero de ellos que fue descubierto el *Pithecanthropus erectus*. Cuando fue encontrado en 1891 por Eugene Dubois, un médico holandés del Servicio Colonial de los Países Bajos en Java, el *Pithecanthropus* causó un gran revuelo. Había pasado solamente una generación desde la publicación de *El origen de las especies* de Darwin. El concepto de una evolución humana a partir de un tronco de primates había adquirido amplia aceptación sólo en fechas muy recientes y apenas empezaba a salir a la luz la evidencia fósil, o más bien, a ser reconocida. Hasta esa época el único tipo de hombre pre-*Homo sapiens* conocido era el Neanderthal. El efecto del *Pithecanthropus* fue enorme, por consiguiente. La bóveda craneana con pesadas protuberancias óseas sobre los ojos y su aplastada parte superior era obviamente más primitiva que la de cualquier hombre conocido. Pero al mismo tiempo tenía una capacidad craneana estimada de alrededor de 900 cm^3, claramente muy por encima de la de cualquier mono conocido. Este mayor tamaño determinaba un aumento en la altura de la bóveda craneana. Asociado con el fragmento de cráneo se encontró un fémur bellamente conservado que en casi todo detalle corresponde a la conformación de un fémur moderno y que por tanto indica que el *Pithecantropus* caminaba en postura erecta. El *Pithecantropus* parecía así representar algo aproximado a un "eslabón perdido" entre el hombre y su ancestro, el mono antropoide. Sabemos ahora que este punto de vista es una concepción inadecuada del proceso de la evolución humana. El hombre no evoluciona a partir de los monos antropoides avanzados; pero sí comparte con ellos un antepasado común. Por lo tanto, cuando volvemos en el tiempo hacia ese punto de separación, encontramos que la rama humana es diferente de lo que es ahora. Similarmente nuestros colaterales, los monos existentes, deben haber sido diferentes cuando remontamos su historia en el tiempo. Por lo tanto, el "eslabón perdido" no sería una etapa a la mitad del camino entre los hombres y los monos actuales, sino una forma extinguida hace mucho tiempo y que fue común a ambos.

Desde este punto de vista, los pitecantropoideos representarían una etapa de avance de los australopitécidos de Suráfrica, quienes los precedieron en el tiempo. Otros descubrimientos posteriores hechos por Von Koenigswald nos han proporcionado no sólo otro cráneo muy similar al tipo encontrado, sino diversas variantes: el *Pithecanthropus robustus* y el *Meganthropus palaeojavanicus*. Estas formas más toscas y robustas sugieren que el *Pithecanthropus erectus* mismo representa un producto refinado de una línea de desarrollo que por lo menos puede ser un fenómeno local, si no es que un reflejo de una progresión ampliamente extendida.

Cercanamente relacionada con los pitecantropoideos, particularmente con el *Pithecanthropus erectus*, está la población representada por una serie de cráneos, fragmentos aislados de los mismos, dientes y diversos huesos largos encontrados en Chou Kou Tien, no lejos de Pekín, en China. Durante varios años cada temporada de exploraciones rendía más material, hasta que el trabajo en esta fructífera zona fue suspendido totalmente a causa de la guerra. Recientemente los chinos han reanudado una vez más las excavaciones. Hasta donde se puede saber a partir de los diversos fragmentos, cuarenta o más individuos estaban representados en el conjunto total de fósiles antes de que se perdieran a principios de la segunda Guerra Mundial. Se cree ahora que esos antiguos cráneos de Chou Kou Tien pertenecen a la misma especie del *Pithecanthropus;* sus diferencias no se consideran mayores que las que puedan ocurrir dentro de esta categoría zoológica. Todas estas diferencias, como quiera que se evalúen finalmente, ponen al *Sinanthropus* [2] adelante de su pariente javanés. El primero tiene un cerebro más grande —aproximadamente 200 cm³ más en promedio, una frente distintamente más desarrollada, una morfología craneal algo más refinada, una mandíbula menos protuberante, y una dentición un poco más cercana a la nuestra. Como el *Pithecanthropus,* el *Sinanthropus* estaba adaptado a la locomoción erecta— pero no apreciablemente más.

Si se necesitaran pruebas adicionales de la pretensión del *Sinanthropus* al *status* homínido, sería suficiente su modo de vida. Estas gentes vivían en cuevas, los pisos de las cuales cubrían con los restos esqueléticos de los animales que cazaban y consumían. Usaban el fuego y empleaban utensilios de piedra de tipo primitivo. Cualquier atributo adicional cultural solamente puede inferirse, pero parece probable que un pueblo que haya logrado tales avances en la tecnología debe haber tenido también un lenguaje. Pero acerca de su naturaleza no podemos ni siquiera tener suposiciones.

El hecho principal, sin embargo, es que el *Sinanthropus* es un *Homo erectus* ancestro del hombre reciente. Su estrecha relación con el *Pithecanthropus* también presta validez al merecimiento, por parte de este último de una similar dignidad ancestral. Juntos, demuestran que ya para mediados del Pleistoceno la evolución había llevado a los homínidos a una etapa bastante alejada de la de los australopitécidos. El cerebro, que en las formas más primitivas parecía quedarse un poco atrás de la rápida evolución de los miembros inferiores, ahora se pone al corriente y ya tiene más del doble de tamaño que el de los monos. Además, los efectos de la postura erguida y la expansión cerebral son claramente visibles en la reducción del hocico, el acortamiento del arco dental, la modificación de los dientes, el aumento de la altura de la bóveda craneana, y la gradual aparición de la frente.

El *Homo erectus* tuvo una amplia distribución. No solamente está representado por los pitecantropoides de Java y China, sino también por el cráneo Lantiano descubierto en Shensi, China, y por un cráneo encontrado en el Lecho II en Olduvai, en un nivel más reciente que

<hr>

[2] Los fósiles de Chou Kou Tien originalmente fueron clasificados como un grupo distinto por Davidson Black y nombrados *Sinanthropus Pekinensis.* Su afinidad con el *Pithecanthropus* llevó a LeGros Clark a sugerir como nombre más adecuado el de *Pithecanthropus Pekinensis.*

el del Zinjanthropus y el Homo habilis. Los fósiles asignados al Atlan-thropus descubiertos en Ternifine en África del norte, descritos por Arambourg, son notablemente similares al Pithecanthropus y ahora se incluyen con el Homo erectus. En Europa está representado por la famosa mandíbula de Heidelberg.

Los fósiles mencionados son más o menos contemporáneos, si consideramos un periodo de unos 300 000 años, pero algunos representantes de esta etapa aparentemente continuaron hasta tiempos bastante recientes, de hecho, coincidiendo parcialmente con las fechas más antiguas conocidas del Homo sapiens plenamente desarrollado. Los más conocidos son los cráneos de Solo encontrados en Java y fechados en la fase final de la última época glacial en el Pleistoceno. Aunque los cráneos de Solo revelan un considerable aumento en el volumen cerebral con relación al primitivo Pithecanthropus, retienen un parecido general con su predecesor en Java que justifica clasificarlos como Homo erectus. Se ha sugerido que los cráneos de Solo revelan una línea de la especie Pithecanthropus del Homo erectus desarrollada hacia el tipo Homo sapiens del aborigen australiano.

Aunque la evidencia disponible no permite otra conclusión que la de la directa evolución del Homo sapiens a partir del Homo erectus, todavía está llena de dificultades la investigación de la transición del uno hacia el otro. Uno de estos problemas se concentra en el hombre de Neanderthal. Históricamente, los primeros descubrimientos fósiles (en el Valle del Neander en Alemania y en Gibraltar, España) que fueron reconocidos como anteriores al moderno Homo sapiens, pertenecían a este tipo. Más tarde, se encontraron docenas de fósiles similares en varias partes de Europa y Asia, y surgió entonces un concepto distinto del hombre de Neanderthal, con poderosos arcos superciliares protuberantes y una pesada quijada masiva con poco o ningún mentón. Aunque la capacidad craneana, cuando se pudo medir, resultó tan grande como la del hombre reciente y en algunos casos mayor, sin embargo, la morfología general del cráneo con su relativamente poca altura y pesado torus occipital parece representar una forma aumentada y algo refinada de lo que ahora reconocemos como Homo erectus. Esto en sí puede no haber sido un problema para la aceptación del hombre de Neanderthal como un precursor directo del hombre moderno, a no ser por el hecho de que esta versión del hombre de Neanderthal corresponde a las últimas glaciaciones y fue sucedida bastante abruptamente en Europa por el Homo sapiens plenamente desarrollado a principios del Paleolítico Superior, hace unos 45 mil años. A excepción posiblemente de la serie de cráneos Tabun-skhul encontradas en el Monte Carmelo, en Palestina, en ninguna parte hay poblaciones que hayan mostrado una transición gradual hacia el hombre moderno. Esto ha llevado a muchos investigadores a dudar que el tipo Neanderthal clásico haya dado origen a aquél. No hubo suficiente tiempo en la secuencia para permitir el remplazo evolucionista del uno por el otro.

Esta situación se hace más confusa cuando empiezan a salir a la luz varios fósiles divergentes pero de aspecto Neanderthal, menos primitivos en muchos aspectos y, en su mayoría, más antiguos en el tiempo que el hombre de Neanderthal clásico. Entre ellos se incluyen el hombre de Swanscombe y el hombre de Steinheim, que se remontan al segundo periodo interglacial, y el de Fontechevade, asignado al último periodo interglacial. El de Ehringsdorf, de fecha menos determinable, también fue claramente más primitivo que el Neanderthal clásico y el tardío. Sin mencionar a todos estos llamados tipos progresivos, debe añadirse uno más a la lista. Se trata del hombre de Vertesszollos encontrados en Hungría en 1965 y fechado en la segunda glaciación. Se pretende que es más avanzado en morfología que el Neanderthal clásico, y que es una de las formas de *Homo sapiens* más antiguas que se han encontrado hasta la fecha.

Dado que las posibilidades que puede sugerir este ordenamiento son múltiples, no debe sorprender que se hayan sugerido un gran número de interpretaciones, y que se encuentran en la bibliografía respectiva. Una hipótesis acepta al Neanderthal clásico como antecesor del hombre moderno y cita la serie de Tabun como una transición evolucionista. Algunos partidarios de esta hipótesis tienden a minimizar los rasgos especiales del Neanderthal clásico para colocarlo más cerca del hombre moderno de lo que está justificado. Otros consideran a los más tempranos Neanderthal llamados progresivos, como el grupo ancestral, y relegan la tardía forma clásica a una línea especializada que se extinguió. Su anacrónica supervivencia se atribuiría entonces al aislamiento y la adaptación especializada a la ecología subglacial.

Otro punto de vista tiende a segregar al hombre de Swanscombe y posiblemente al hombre de Steinheim de los Neanderthal progresivos y a considerarlos como el grupo de transición al moderno *Homo sapiens*. Si esto es correcto, el surgimiento del *Homo sapiens* moderno tendría que remontarse hasta el segundo periodo interglacial, hace unos 400 mil años, y tal vez antes, si incluyéramos al hombre de Vertesszollos. Esa fecha se sobrepondría considerablemente con los pitecantropoides en la serie del *Homo erectus*. Por esas y otras razones, por el momento sólo podemos especular acerca del curso preciso de los acontecimientos que llevaron a la aparición del hombre actual. Aunque la desaparición de las formas primitivas del hombre tuvo lugar en Europa en fechas algo más tempranas que en otras diversas regiones, hacia el final de la última glaciación Europa, igual que otras partes del mundo, estaba habitada por poblaciones que deben ser clasificadas como *Homo sapiens*, y hasta donde sabemos, por nadie más.

Es del todo posible, por no decir probable, que en el curso de la evolución humana haya ocurrido alguna diferenciación racial en fecha bastante temprana. Hasta dónde llegó ese proceso, cuándo ocurrió y cuánto del mismo ha sobrevivido en las razas actuales del hombre, son preguntas difíciles de responder. Podemos estar bastante seguros de que los homínidos compartieron con otras formas de vida una tendencia a la variación. En consecuencia, podemos esperar que dadas las condiciones adecuadas de aislamiento el hombre primitivo debió haber exhibido algún grado de diferenciación racial. Esto parece muy probable cuando consideramos la amplia difusión geográfica de los primeros homínidos y la necesidad que tenían de vivir en grupos relativamente pequeños, circunstancias ordinariamente consideradas como favorables para la diferenciación racial. En el terreno morfológico, Weidenreich ha propuesto, más sistemáticamente de lo que yo sugiero, que las razas modernas del hombre ya se formaban en los comienzos de la evolución humana y que seguían en áreas geográficas específicas cursos un tanto independientes. El seguimiento de este concepto del origen de las razas humanas nos llevaría más allá del punto que trato de establecer, esto es, que la tendencia a diferenciarse es inherente y se expresa por sí misma cada vez que puede hacerlo. El punto de vista más convencional ha sido desde hace tiempo que las razas vivientes aparecieron primero con la dominación y expansión del *Homo sapiens* a principios del Paleolítico Superior, que en Europa puede fecharse hace unos 40 mil años. Aunque sabemos relativamente poco acerca de la rapidez con que puedan desarrollarse las razas humanas, este periodo de tiempo parece demasiado limitado para producir el grado de diferenciación que encontramos en nuestros días. Hasta que se disponga de más evidencia fósil, la solución de este problema continuará siendo muy debatible.

Sin embargo, gracias a las investigaciones de los geneticistas, es menos incierto el proceso por medio del cual surgieron las razas. Sus formulaciones extraídas del estudio de las poblaciones naturales de insectos, aves, y animales, de condiciones experimentales, y de la teoría genética, han contribuido a nuestro entendimiento de la dinámica de la diferenciación de la raza humana. Esto es posible porque la genética humana es fundamentalmente identificable en principio con la de todas las otras formas de vida orgánica.

Cuando pensamos en raza, pensamos en términos de grupos de gente, de poblaciones cuyos miembros comparten una herencia común pero que no necesariamente poseen un genotipo común. Esto es necesariamente así porque no hay dos personas que, con la posible excepción de los gemelos idénticos, sean exactamente iguales genéticamente. En consecuencia, si a cada diferencia física heredable se le diera un valor racial, terminaríamos por tener tantas razas como individuos hubiera. La raza, por tanto, es un dispositivo clasificatorio para tratar los patrones generalizados de variaciones heredadas que ocurren dentro de una especie y que son mantenidas en existencia por una población. Otro modo de decir esto sería que la raza es la resultante de diferencias en las frecuencias de los genes. Las diferencias entre poblaciones que no son heredadas no deben formar parte de un sistema semejante, contrariamente a las extendidas nociones al respecto. La religión, el lenguaje, las costumbres, maneras, valores y muchas otras características comúnmente confundidas con las diferencias raciales, son atributos aprendidos y adquiridos durante la vida del individuo a través de la exposición al condicionamiento social y cultural. Los únicos criterios legítimos de raza son aquellos que se llevan en el plasma germinal y que pasan de padres a hijos a través de la herencia física. Ya que esto es así, se sigue que con cada procreación un individuo extrae de la población de la cual es el miembro a otro individuo cuya composición genética, como la suya propia, es resultado de una larga historia de procreaciones dentro de la población. Si éste es un proceso casual o no estructurado, su descendencia representará una combinación fortuita de la potencialidad genética contenida en la población. Y dado que la progenie, generación tras generación, continuará combinándose al azar, podemos concebir a la población como la entidad estable continua y a los individuos que comprende como simples expresiones genéticas efímeras y casuales que la población es capaz de producir. Así, los genes combinados de todos los miembros de la población que se cruzan entre sí forman lo que se conoce como conjunto genético. En algunos de sus caracteres, los genes pueden ser realmente estimados y sus frecuencias expresadas en proporción al todo.

Una población semejante no es nunca uniforme, en parte debido a que el medio ambiente de los miembros individuales de la población puede variar y afectar en cierto grado el desarrollo de un rasgo, pero también porque el conjunto genético nunca es homogéneo. Esta variedad en el conjunto genético puede presentarse por mutaciones o por otras causas, pero su existencia produce cierto grado de heterogeneidad en los componentes de una población —el polimorfismo del zoólogo. La noción de que las razas del hombre fueron homogéneas alguna vez no gana ningún apoyo con esto. Con toda probabilidad las poblaciones humanas han sido siempre polimórficas.

Dada una estructura de población de ese tipo, ¿cómo llegan a establecerse las diferencias raciales? La respuesta depende de la interacción de diversos factores. Si tenemos presente que el conjunto genético de cualquier población tiende a variar, y hasta donde sabemos eso ocurre en todas, o no habría evolución, podemos descubrir aquí el origen de las diferencias. Así, si una población se divide en dos o más grupos que son incapaces de compartir sus mutuos conjuntos genéticos, cada uno tenderá a desarrollar cambios genéticos independientes. Y cualquier acumulación de cambios genéticos que ocurra en uno de ellos, permanecerá dentro de esa población y no será compartida por otras. En otras palabras, el flujo genético que distribuye la modificación genética de una población a otras por entremezcla, queda interrumpido y se determinan las primeras etapas de la diferenciación. El grado de diferenciación que se desarrolla entonces se convierte en una función o efecto de la tasa de mutación o cambio genético, de la ventaja adaptativa de esos cambios, del tamaño del grupo y el tiempo que transcurra mientras se mantiene el aislamiento. Los factores que producen aislamiento son numerosos. Los más simples y fáciles de percibir son los geográficos, donde grupos o poblaciones están separados por barreras naturales que reducen el contacto físico y en consecuencia las oportunidades de mezcla racial. En una economía de caza donde el tamaño del grupo está estrictamente limitado por la dificultad de mantener a un grupo de mayor tamaño en relación eficiente con el área de caza, las poblaciones pueden estar muy espaciadas, separadas por los límites periféricos de sus territorios de caza y por la hostilidad engendrada por los derechos territoriales. En las poblaciones animales los pequeños cambios en los hábitos de reproducción pueden efectivamente producir variedades separadas que en realidad cohabiten en la misma zona. No se conocen mecanismos semejantes en el hombre, pero se piensa que hay estructuras culturales o sociales más sutiles que sirven a veces para el mismo propósito. Por ejemplo, en un sistema de castas, la restricción de los miembros para limitar su matrimonio al mismo grupo, crea el aislamiento de ese sector de la población. Otras estructuras o instituciones sociales que implican la selección matrimonial pueden producir resultados semejantes. Éste es un tema que ha sido poco investigado. Sin embargo, no es probable que sean muy importantes en la diferenciación racial, ya que esos sistemas no duran lo suficiente como para ser efectivos. La relativamente frecuente reorganización social característica de la mayoría de las culturas sirve para romper cualquier distinción menor o embrionaria que pueda haberse iniciado gracias a los medios selectivos de unión procreadora.

Aunque la mutación es una de las principales fuentes de distinción genética entre las poblaciones, no es la única. También pueden contribuir los cambios estructurales en los cromosomas que llevan los genes. También se ha sugerido como muy significativo otro proceso común en la historia humana. Esto se expresa por ejemplo, cuando una colonia se separa de la población madre y emigra a otra región. Si el grupo emigrante es pequeño, puede llevar solamente una representación parcial del complemento total de genes que se encuentran en la población original. O si en el grupo emigrante está presente toda la variedad de genes, pueden diferir en la frecuencia de los porcentajes. Esto se debería al azar o posiblemente a la influencia de alguna práctica selectiva, pero de cualquier modo, la nueva población inicia su existencia corporada con un conjunto de genes diferentes del de la población madre.

Es también posible que un desastre que sufra un grupo disminuya drásticamente el número de sus miembros y altere así el conjunto de genes de los sobrevivientes. Ese grupo, cuando recupere su fuerza numérica anterior, será en consecuencia genéticamente diferente de su prototipo. Son muchos los riesgos a los que están expuestos los grupos primitivos pequeños. La guerra, el hambre y las epidemias deben de haberlos atacado frecuente y devastadoramente. Basta recordar los estragos de las plagas de la Europa medieval, cuando pereció la cuarta parte de las poblaciones, para darse cuenta de lo efectivos que pueden ser esos sucesos para alterar la composición genética de un grupo. Si la susceptibilidad a las enfermedades se correlacionara con el genotipo de un individuo, la clase y extensión de la destrucción podrían afectar profundamente el conjunto genético al eliminar selectivamente ciertos genes.

Además de estas posibilidades de originar diferencias genéticas entre poblaciones por efecto simple del azar o por implicaciones de selección, hay otro mecanismo en el cual se piensa que la casualidad juega un papel principal. Es lo que se conoce comúnmente como efecto Sewall Wright o deriva genética al azar. En ciertas circunstancias se supone que las uniones al azar pueden explicar la pérdida o fijación de una mutación. Si la tasa de mutación es baja y el tamaño de la población pequeño, aumenta la posibilidad de cambio por un proceso fortuito.

Se ha hecho previamente referencia a la mutación como una de las principales fuentes de diferenciación entre poblaciones. Estos cambios genéticos parecen ocurrir con frecuencia variables para rasgos diferentes, pero poco se conoce acerca de estas proporciones en el hombre. Tampoco sabemos con seguridad si la proporción para un rasgo particular es la misma en todas las poblaciones humanas o es diferente. La supervivencia de estas mutaciones es diferencial, sin embargo, dependiendo de la interacción de varios procesos.

También el medio ambiente afecta la persistencia de una mutación. Si un cambio genético produce un rasgo que es adaptativo a un medio particular que dé a su posesor cierto grado de ventaja en su tasa reproductiva, tiene probabilidades de sobrevivir y aumentar en frecuencia. Este proceso selectivo refleja la manera en la cual un grupo particular se ajusta o adapta a su *habitat* y eventualmente surge con rasgos distintos de sus poblaciones afines en otras áreas. Aunque se acostumbraba dar importancia a los rasgos no-adaptativos para propósitos de clasificación racial, es difícil ver cómo se pueden minimizar o ignorar lógicamente los adaptativos. Yo sospecho que esta distinción entre caracteres adaptables y no-adaptables de tipo racial surge de la *aparente* falta de relación entre algunos caracteres y el medio ambiente. Esto, sin embargo, es una distinción engañosa, ya que la ignorancia de cualquier conexión es difícilmente una garantía de su ausencia, especialmente debido a que se ha hecho muy poco trabajo sistemático para probar estas relaciones. Se ha sugerido que aun donde un rasgo parece ser neutral, puede verse afectado por otro rasgo que es más claramente adaptable. A pesar de una necesaria cautela en estos juicios sobre la existencia de rasgos no adaptables, sería igualmente erróneo negar a la ligera que sea imposible su ocurrencia. Hasta fecha reciente, por ejemplo, la forma anormal de hoz de los glóbulos rojos sanguíneos, que ocurre frecuentemente entre las poblaciones africanas, se consiraba normal. Nuevas pruebas presentadas por Allison [3] sugieren ahora que ese rasgo está asociado con zonas de malaria endémica y que, por consiguiente, su presencia, por lo menos en la condición heterozigótica, es adaptativa. Por otra parte, las variaciones de los patrones de sutura en la región ptérica del cráneo, eluden cualquier explicación adaptativa.

Tal vez ya se ha dicho lo suficiente para indicar lo compleja que puede ser la dinámica de la formación racial. Aunque el proceso se ha aclarado considerablemente con las investigaciones recientes, todavía queda mucho por determinarse. Pero si los detalles son todavía algo oscuros, las líneas principales están claramente definidas por la interacción del cambio genético, la selección y el aislamiento. Es difícil concebir el progreso de la diferenciación racial sin esos tres factores. En consecuencia, la eliminación de cualquiera de ellos puede detener el proceso o interferir con su desarrollo. De estos tres factores, solamente el aislamiento parece ser susceptible de modificación radical. El cambio genético es un atributo inherente que no tenemos razón para pensar

[3] A. C. Allison, *British Medical Journal*, 6 de febrero de 1954.

que cesará o sea alterado efectivamente. La selección es un proceso que puede operar directamente o ser regulado por la cultura o deliberadamente dirigido por un agente humano, pero parece ser tan efectiva ahora como en el pasado. El aislamiento, según podemos inferir por nuestro conocimiento de la historia del hombre sobre la Tierra, es una condición que se desvanece rápidamente. Desde el punto de vista de la formación racial en el hombre, las etapas primitivas de su desarrollo fueron más adecuadas para la diferenciación que las de hoy. La distribución debió haber sido muy tenue por diversas razones. El hombre era entonces cazador o recolector de alimentos, lo que le imponía la necesidad de vivir en grupos pequeños dentro de amplias áreas de forraje. Su cultura primitiva hacía difícil, si no imposible, habitar ciertas áreas no adecuadas para una economía primitiva. Las barreras geográficas aparecían como obstáculos infranqueables frente a su pobreza tecnológica. Quizás en ninguna otra época fueron las poblaciones humanas tan pequeñas ni estuvieron tan aisladas entre sí, ofreciendo así las condiciones óptimas para la formación de la raza.

Con la revolución agrícola que acompañó al Neolítico, y con un ritmo creciente desde entonces, los agregados humanos en pueblos y ciudades han aumentado en tamaño. Las poblaciones podían ya establecerse en la tierra, y al cultivar sus propios alimentos, ser capaces de mantenerse en una fracción del territorio que requerían anteriormente. Así, las comunidades aumentaron constantemente en número. La tecnología avanzó lo suficiente para permitir utilizar zonas anteriormente baldías y atravesar grandes distancias con relativa facilidad. Progresivamente las barreras geográficas se hicieron menos ominosas. De este modo, en los últimos 10 000 años la Tierra se ha estado llenando, con el resultado de que hoy difícilmente quedan poblaciones en el tipo de aislamiento más favorable para la iniciación o preservación de diferencias raciales. Además de los contactos creados por la densidad demográfica, el hombre también ha aumentado considerablemente su movilidad. Las migraciones masivas de tiempos históricos y recientes, y el resultante reacomodo de genes, ha conducido a un flujo genético sin precedentes. En el mundo moderno han surgido nuevas poblaciones enteras, retoños de la mezcla racial, creando grados intermedios y continuidades y borrando así las distinciones raciales. Por supuesto, no tendría fundamento el predecir, como lo han hecho algunos escritores, que en el futuro seremos testigos de una gran entremezcla de todas las razas actuales y de la eliminación de todas las diferencias raciales. Pero podemos afirmar que en nuestros propios tiempos la marea se vuelve en esa dirección. ¿Quién sabe durante cuánto tiempo y hasta dónde llegará?

En cualquier evaluación de la biología humana sobresale un factor como único: el efecto de la cultura humana sobre el desarrollo biológico del hombre. Ningún otro ser ha creado para sí mismo algo semejante. En cierto modo es una nueva dimensión —un nuevo *habitat*— a la cual debe adaptarse la humanidad al mismo tiempo que la crea. Sin embargo, apenas estamos en el umbral de una verdadera comprensión de su enorme importancia.

II. El estudio de las culturas primitivas

James B. Griffin

El estudio de las culturas primitivas generalmente recibe el nombre de arqueología en las Américas. Arqueología significa el estudio o ciencia de las cosas antiguas o el estudio del largo curso del desarrollo cultural humano. En Europa, la palabra prehistoria se usa comúnmente aplicada a las culturas primitivas existentes antes de que se iniciara la escritura o historia. Ahora se aplica cada vez más al estudio de las culturas precolombinas en el Nuevo Mundo, y se incrementa el uso de técnicas y métodos arqueológicos para interpretar los establecimientos históricos de sociedades europeas o americanas primitivas, como se ha hecho en Williamsburg y Jamestown en los Estados Unidos, y en Lewisburg en Canadá.

Ya que el registro histórico solamente empezó a ser efectivo en el Cercano Oriente entre los años 3000 y 2000 a.c., y en otros centros culturales principales del Viejo Mundo en fechas aún más tardías, puede fácilmente apreciarse que la prehistoria tiene la impresionante tarea de interpretar el lento desarrollo de los logros culturales del hombre durante un periodo de unos dos millones de años. El arqueólogo estudia esta historia no escrita mediante los especímenes sobrevivientes de manufactura humana llamados artefactos, o a través de otros datos resultantes de la ocupación en una zona determinada. Dichos artefactos varían, en cuanto a su naturaleza, desde una simple hacha hasta objetos de arte, y desde restos de cerámica hasta fosos para almacenamiento. Las actividades de la gente en una región, particularmente las de una sociedad agrícola, pueden cambiar la vegetación local y esto, a su vez, reflejarse en los cambios de la secuencia del polen preservado en lugares adecuados, tales como el fondo de lagos o en turberas. Los procedimientos funerarios, el tamaño de las casas y la ubicación de las actividades dentro de las mismas pueden proporcionar datos acerca de las actividades sociales y religiosas. La arqueología intenta reconstruir las actividades culturales de las sociedades del pasado y el modo como esas sociedades funcionaban en su medio ambiente. Registra e interpreta esos conocimientos en términos de los cambios que hayan tenido lugar en el tiempo, en cualquier área geográfica dada, como son valles fluviales, regiones costeras o montañosas, o unidades geográficas tan extensas como los hemisferios occidental y oriental.

Los datos etnográficos acerca de sociedades de todo el mundo recopilados durante siglos recientes y los registros escritos de las sociedades alfabetas del pasado han sido de gran valor para la interpretación de las herramientas, artefactos y patrones de conducta de las sociedades prehistóricas. Generalmente, mientras más cercanos estén los registros observados o escritos en virtud de tiempo, región y tradición cultural a los de la sociedad prehistórica, más precisa será la interpretación del complejo cultural prehistórico. El conocimiento de la conducta cultural de los grupos sociales conocidos ofrece ejemplos de actividades, industrias y relaciones que pueden buscarse específicamente en las excavaciones, o en la interpretación de las interrelaciones de los artefactos entre sí y con su marco físico.

El auge de las actividades de excavación arqueológica y la gran cantidad de datos obtenidos han hecho del uso del análisis estadístico y de la programación en computadoras una parte valiosa, si bien no indispensable, de los estudios arqueológicos. Se dispone de muchas clases de métodos cuantitativos para la descripción, clasificación y definición de las relaciones de los artefactos prehistóricos. Tales estudios pueden manejar un gran número de variables y establecer las relaciones entre las variables. Puestas en término de relaciones espacio-tiempo, las variaciones culturales pueden observarse y probarse con mayor precisión para encontrar relaciones de causa-efecto que puedan ser significativas.

Cada vez se concede mayor importancia al estudio de comunidades funcionales completas y a sus interacciones. Esto incluiría todas aquellas actividades sociales, económicas y religiosas practicadas dentro de una sola sociedad, y también durante sus interacciones con grupos contemporáneos que pueden ser reconocidas a través del comercio entre los grupos, ya sea de materias primas o de productos terminados. Estas actividades y los restos de la cultura material cambian a través del tiempo. Todas estas actividades humanas deben entenderse también de acuerdo con las relaciones entre el grupo humano y el medio ambiente en que vivía. La importancia del medio ambiente para entender cómo funcionaban las sociedades prehistóricas es una razón fundamental de la gran dependencia que se tiene del conocimiento de las ciencias físicas y biológicas para proporcionar estos datos. La sociedad que tiene éxito es aquella que es capaz de procurar alimentos adecuados y satisfacciones de otras necesidades básicas de modo igual o superior al de los grupos vecinos. Las fuerzas naturales producen ambientes cambiantes y si bien estos cambios son normalmente graduales, fue necesario que las actividades humanas se adaptaran a ellos. Las interrelaciones son muy complejas y no es tarea fácil la medición de las fuerzas productoras del cambio cultural y del desarrollo de las sociedades prehistóricas. Los cambios son reconocibles y sus relaciones de tiempo y espacio pueden ser registradas, pero la determinación del proceso que los produjo es una de las tareas vitales para el futuro trabajo arqueológico.

La mayoría de los datos arqueológicos se recopilan en zonas de actividad humana pasada a las que se llama sitios. Los sitios varían en tamaño y complejidad, desde una localidad donde diversos animales pudieron haber sido sacrificados y descuartizados, hasta una comunidad agrícola sedentaria ocupada por varios centenares de habitantes, o los restos de ciudades antiguas, como Pompeya en Halia o Teotihuacan en el centro de México. La mayoría de la gente se pregunta cómo sabe un arqueólogo dónde encontrar evidencias de culturas pasadas. Ésta es una parte relativamente simple de su trabajo, ya que si se está interesado en hacer arqueología en una región determinada del mundo, hay un número considerable de guías para la localización de sitios. Las publicaciones y colecciones museográficas de anteriores trabajos arqueológicos darán la ubicación de los sitios excavados o simplemente explorados superficialmente. Los documentos históricos suelen hablar de los antiguos habitantes de una región y a veces los nombres de los lugares indican una ocupación por un pueblo más antiguo. Los libros y registros publicados o conservados por otros científicos o exploradores dan indicios de la ubicación de sitios. En América Central los recolectores de chicle han llamado la atención de los arqueólogos sobre muchos sitios. En casi todas las regiones hay personas que han reunido las reliquias del pasado y las han preservado en sus propias colecciones, proporcionando fértiles fuentes de información. Finalmente, un arqueólogo puede explorar un área personalmente para obtener un conocimiento de primera mano de la localización del sitio y la variedad de artefactos obtenibles por medio de la recolección superficial. Después de examinar esta información, es posible reconocer algunos de los problemas históricos y culturales de la zona e identificar algunos de los sitios más prometedores para proporcionar datos que respondan a los problemas iniciales.

La exploración

Si el arqueólogo considera que cierta zona geográfica parece favorable para un estudio intensivo, delimitará el área por investigar, digamos el valle aluvial del Bajo Misisipí, el valle del Virú en el Perú o el valle de Tehuacán en México. Se estudian mapas fisiográficos para buscar las localidades más frecuentemente ocupadas por gente, como la confluencia de dos ríos. Se examinan mapas de suelos, mapas de vegetación, datos climatológicos, y otros auxiliares para comprender la utilidad potencial de una región para el hombre. En los Estados Unidos son de gran ayuda los mapas detallados como los del uscs, para señalar con precisión la localidad exacta de un sitio.

Se usan formas estandarizadas para registrar la información de la ubicación, características, propiedad y muchos otros datos necesarios para tener un juicio adecuado de la importancia de un sitio para el problema planteado. Los sitios se numeran de acuerdo con un patrón establecido. El más comúnmente usado en los Estados Unidos es un sistema de tres unidades con un número para representar a cada estado en particular (Michigan es 21; Hawai y Alaska son 49 y 50 respectivamente); una abreviación del nombre del condado, como Kt, y un número para el sitio indicando su posición en una lista numérica de los sitios dentro de un condado. Así, el número 21-Pt-1, será el Norton Mound Group en el condado de Kent, Michigan. En este caso el sitio recibe el nombre del propietario del terreno, una costumbre bastante común entre los arqueólogos, pero los sitios también pueden recibir el nombre de algún accidente geográfico cercano o vecino; no hay una práctica establecida.

La fotografía aérea ha sido de gran ayuda para localizar sitios. Ésta puede ser particularmente útil en áreas secas con poca cubierta de vegetación donde son notables los cambios superficiales tales como antiguos canales o elevaciones poco usuales del terreno, resultantes de una prolongada ocupación del sitio, especialmente si se toman las fotografías en horas donde esos accidentes arrojan sombras. En las fotos aéreas pueden aparecer evidencias de viejas excavaciones o construcciones ahora bajo tierra y que destacan porque en ese terreno la vegetación crece de distinto modo que en el suelo no alterado, por lo que en ciertas épocas del año pueden reconocerse, con más facilidad desde el aire que desde el suelo, los antiguos pisos de las casas, las fortificaciones y otros detalles. Recientemente se ha empleado mucho la fotografía infrarroja desde el aire para el reconocimiento arqueológico en el Ártico y otras regiones. Por medio de esa película pueden distinguirse diferentes especies de plantas y diferentes cantidades de materia orgánica en los suelos. Esto hace posible determinar el tamaño y la conformación de los suelos con mucha precisión.

Por supuesto, no hay sustituto para las exploraciones terrestres, en las que las zonas favorables a la ocupación humana son recorridas a pie o vistas desde un vehículo que se mueva a poca velocidad. Cuando en algunos casos no es posible realizar una inspección intensiva de ese tipo, se exploran detalladamente secciones representativas y se hace una estimación acerca de la probable densidad de ocupación de toda la zona.

El sitio individual es, por supuesto, la unidad fundamental de localización de la ocupación prehistórica, y las inferencias y juicios hechos acerca de las actividades sociales dentro y entre los sitios depende del correcto análisis del registro de la ocupación humana en los mismos. El tamaño, la profundidad y la ubicación física del sitio son en sí mismos guías para deducir el tamaño de la población, el tipo de economía y las probables actividades sociales. Se harán recolecciones de material de superficie para permitir una evaluación del periodo de ocupación, relaciones culturales exteriores o comercio y de las diferentes áreas funcionales dentro del sitio. Si el sitio explorado pertenece a una región donde ya se conoce algo acerca de su prehistoria, se suelen reconocer diversas formas de artefactos que serán de gran ayuda para un conocimiento inicial del sitio. Cuando los sitios son grandes, a menudo es aconsejable preparar un sistema de cuadrícula sobre el sitio y recolectar entonces intensivamente una "muestra al azar" de los cuadrados, que en teoría deberán proporcionar una muestra estadísticamente válida de los materiales del sitio. Esta técnica parece ser la más útil en sitios sin mucha profundidad, donde las labores agrícolas han perturbado bastante el área ocupada. No hay tretas ni cifras mágicas que se apliquen a todos los sitios y colecciones. Hay que emplear diferentes técnicas en sitios que representan áreas urbanas con periodos de tiempo de cientos o aun millares de años, que para los sitios ubicados en cavernas profundas o refugios rocosos.

Para evaluar el carácter del sitio es muy importante la identificación de rasgos tales como montículos funerarios, plataformas para edificios, o muros de casas o fortificaciones. En algunos sitios pueden resultar útiles sondas de acero que penetren de metro a metro y medio, y aun puede ser aconsejable el uso juicioso de barrenas de mano. Una técnica más común es el uso de pozos de prueba o trincheras que proporcionen conocimientos acerca de la profundidad, estratigrafía y variabilidad de un sitio.

Hay varios aparatos electrónicos que han sido empleados en los trabajos exploratorios. Desde hace algún tiempo se usan detectores de metales, semejantes a los detectores de minas creados durante las dos últimas grandes guerras. El magnetómetro de protones es un aparato que ha sido satisfactoriamente empleado para delinear rasgos arqueológicos subterráneos tales como la trinchera excavada de una muralla de fortificación en el sitio de Angell, en Indiana suroriental. El instrumento mide la intensidad del campo de gravitación de la tierra situada inmediatamente debajo del mismo, de tal modo que las variaciones en las lecturas mientras se mueve el instrumento reflejan los cambios del subsuelo.

Antes de que se adaptara a la arqueología, se empleó en otros campos de la ciencia la propiedad de los suelos de ofrecer resistencia a las corrientes eléctricas que pasan a través de ellos. Los suelos son capaces de conducir una corriente eléctrica debido a las sales minerales que hay en solución en la humedad que contienen. Mientras más humedad retenga el suelo, más eficiente será para conducir una corriente eléctrica. Así pueden localizarse las variaciones subterráneas en textura, aunque la causa no siempre pueda atribuirse a actividades humanas.

Los científicos de la Universidad de California han empleado un magnetómetro diferencial de alta sensibilidad para predecir que debajo de la pirámide principal cubierta de tierra en el sitio de La Venta en Tabasco, México, hay una pirámide de basalto.

Un método ingenioso para ahorrar tiempo y dinero valiosos que se hubieran empleado en excavar cuidadosamente tumbas ya saqueadas, fue el uso de cámaras fotográficas y luces artificiales insertadas en estructuras huecas, como las tumbas etruscas en Italia. Por supuesto, esta técnica tiene aplicaciones muy limitadas.

LA EXCAVACIÓN

El medio principal de adquirir información sobre la pasada conducta de la gente es la recolección de datos por medio de excavaciones. Para evitar una destrucción innecesaria de los datos arqueológicos, uno de los primeros principios es que la excavación debe ser hecha solamente para problemas específicos de importancia cultural y cuando la excavación contribuya a una comprensión de esos problemas. A menos que se haga una contribución a la historia cultural o al conocimiento de las actividades de una sociedad particular, no debe considerarse justificada una excavación. En todos los depósitos resultantes de la vida humana hay un valioso archivo, no solamente en los artefactos mismos, sino también en la naturaleza de la asociación de los artefactos entre sí y con los otros depósitos en el terreno. La manera como fue depositado ese material revela la historia correcta, y si es perturbado ese ordenamiento por la excavación, se perderá para siempre esa información. Cuando se excava en un sitio, éste queda destruido, no importa que la destrucción se deba a una pala mecánica comercial, a la erosión de un río, o a la pala del arqueólogo. En este último caso, se toma un registro tan completo como sea posible de todas las evidencias de manufactura humana, ya que tiene importancia cualquier cosa en el sitio que muestre contacto humano.

Es fácil ver por qué la excavación de un sitio debe ser hecha con gran cuidado por hombres adiestrados y competentes para interpretar los depósitos culturales y la manera en que éstos fueron acumulados. Las técnicas de excavación varían de acuerdo con el tipo de sitio que se explora. Una caverna o un refugio rocoso es muy diferente del sitio de una aldea, que a su vez presenta diferentes problemas debido a las grandes estructuras ceremoniales. La técnica ideal sería remover los depósitos naturales y humanos en el mismo orden en que se acumularon. Este ideal es alcanzado muy rara vez ya que es casi imposible determinar ese orden antes de excavar.

Al excavar sitios de aldeas, o grandes manzanas dentro de ciudades antiguas, generalmente se exploran cuidadosamente cuadrados de tamaño conveniente en un patrón de cuadrícula. Esos cuadrados se relacionan entonces con alguna señal permanente y se localizan en el mapa detallado del sitio. La totalidad de los objetos o rasgos del área que ocupa el sitio pueden entonces colocarse con precisión en el mapa. La excavación en el sitio de la aldea se hace habitualmente por medio de la técnica de capas, que consiste en quitar estratos horizontales sucesivos hasta llegar a la parte más profunda de los restos de la ocupación. La profundidad de estos cortes horizontales varía de acuerdo con la naturaleza del sitio. Si está presente una estratigrafía natural, el investigador debe ajustar su excavación para reconocer y aprovechar los agrupamientos culturales resultantes. Con esta técnica es relativamente fácil reconocer las alteraciones del suelo, tales como huellas de postes, fosos y hogueras. En los casos donde ocupaciones sucesivas o una ocupación muy prolongada han complicado el sitio y causado la presencia de muchos "rasgos", es una práctica común hacer también un corte vertical que puede indicar cuándo un foso o alguna otra perturbación del suelo se ha sobrepuesto a otros.

Se han excavado montículos funerarios de tamaño moderado por medio de la técnica de trinchera. En ésta se procede, como si se cortara un pastel, retirando rebanadas sucesivas del montículo, empezando generalmente desde la parte superior de la rebanada y trabajando hacia el fondo. De este modo se conserva un perfil vertical, y es bastante fácil encontrar perturbaciones o rasgos especiales en la tierra del montículo. Los montículos domiciliarios generalmente se excavan con una combinación de las técnicas de capas y trincheras. Se excavan varias trincheras dentro del montículo a corta distancia una de otra para que en el corte transversal se pueda ver la estructura de la estratigrafía. Después la superficie plana superior se corta cuidadosamente de modo horizontal en cada nivel de ocupación y se descubre la evidencia de las antiguas habitaciones. En agrupaciones más complejas de edificios y habitaciones, como ocurre en el suroeste de Norteamérica, en Mesoamérica o en ciertas regiones del Viejo Mundo, los cuartos individuales se escombran hasta el piso antes de que los muros de las habitaciones se estudien, se dibujen y se quiten. Las técnicas de capas y trincheras también se adaptan combinadamente a las exploraciones en cavernas y abrigos rocosos.

La recuperación de materiales prehistóricos e históricos de los mares, lagos y ríos plantea problemas especiales de equipo, adiestramiento y métodos de registro. Se han formado sociedades con sus propias publicaciones especiales para dedicarse a los estudios arqueológicos bajo el agua. Se obtienen materiales provenientes de desastres causados por la naturaleza o por el hombre; como resultado de hundimientos de tierras, elevación del nivel del agua, o una combinación de ambas causas. Una especialidad así abre un nuevo campo para los intérpretes excéntricos y místicos de la pasada conducta humana.

REGISTRO DE LOS DATOS

Por supuesto, es esencial que se lleve un registro cuidadoso de todos los hallazgos y rasgos. Uno de estos registros es un catálogo de campo en el que se relacionan y describen los objetos encontrados con la localización en donde fue obtenido cada uno de ellos y su asociación con otros especímenes, o rasgos, tales como entierros u hogares. En este catálogo cada objeto tiene asignado un número. Se pueden usar catálogos o libros de notas especiales para registrar entierros y artefactos asociados, los pisos de las casas, dibujos de diseños importantes, y otros detalles especiales. Se hacen copias duplicadas, una de las cuales se envía a la institución que patrocine las excavaciones o a algún otro lugar seguro. También se debe preparar un informe escrito del avance de todo el trabajo, por duplicado, así como un diario descriptivo de las excavaciones. En ninguna excavación ha sido excesivo el cuidado del registro por medio de estas diversas técnicas.

La fotografía ha llegado a jugar un papel muy importante en el registro e interpretación de los sitios y las excavaciones que en ellos se llevan a cabo. Siempre deben tomarse fotografías de entierros, estructuras de pisos, hogares, estratificaciones significativas de los suelos o ruinas y hallazgos importantes. A veces las fotografías que se tomaron de los especímenes en el momento de ser encontrados en las excavaciones, son los únicos registros visuales de que se dispone, ya que el especimen puede no aparecer en el museo por una causa o por otra. Las buenas fotografías sirven también para estimular la memoria del arqueólogo cuando éste escribe sus informes.

Se debe tener cuidado en hacer destacar la contemporaneidad de los diversos elementos encontrados en un sitio como evidencia de la interacción efectiva de la gente dentro de una casa, o las relaciones entre las habitaciones en un asentamiento, o entre las actividades de gentes en diversas localidades dentro de un sistema de poblamiento. Todas estas y otras relaciones necesitan establecerse claramente de tal modo que puedan ser cuidadosamente observadas y medidas las conexiones entre cosas y personas.

En algunos sitios es necesaria la conservación de materiales encontrados en el agua, textiles frágiles o diferentes materiales orgánicos. Éstos plantean problemas especiales de excavación que hay que prever siempre que sea posible. Debido a los problemas de transporte, almacenamiento y otros de tipo práctico, a veces es necesario estudiar los materiales en el campo y desecharlos o enterrarlos nuevamente una vez que se han llevado a cabo análisis y registros preliminares.

Preparación del informe

Aunque la excavación es una parte muy importante del trabajo arqueológico, ésta no consume sino una pequeña parte del total de tiempo y esfuerzo necesarios para preparar y publicar un informe. Una vez que se ha terminado el trabajo de campo, el material encontrado y los registros se llevan a un laboratorio para efectuar todo el trabajo rutinario necesario antes de estudiar los artefactos. Éstos deben ser limpiados, preservados y ocasionalmente restaurados. Entonces se les da un número permanente de catálogo o, a veces, una vez identificados algunos de los materiales, son desechados. Después los especímenes se clasifican de varios modos y se preparan descripciones de casos típicos de artefactos o rasgos y de varios de ellos. Las clasificaciones pueden adoptar diversas formas para diversas funciones. Pueden variar los métodos de análisis; ahora se dispone de un gran número de métodos cuantitativos que pueden aplicarse a la descripción y análisis arqueológicos. Estas actividades están destinadas a reconocer las semejanzas o variantes significativas de los objetos y las actividades dentro de los sitios y entre diversos sitios, entre sociedades contemporáneas y con sociedades consecutivas. El propósito de este esfuerzo es describir las sociedades y obtener algún conocimiento de los grados y tipos de relaciones entre las mismas.

Se han creado una gran variedad de técnicas en las ciencias físicas y naturales que son de considerable ayuda para el arqueólogo en su intento de comprender sus datos. Algunas de estas técnicas son pertinentes al análisis e identificación de la materia prima o los artículos de comercio usados por las sociedades antiguas, o las técnicas de manufactura con que estaban hechos, y otras, al fechamiento de los sucesos del pasado.

La identificación de materias primas como el pedernal, la piedra o la obsidiana, con respecto a sus fuentes originales, puede proporcionar una valiosa ayuda para la interpretación de la actividad humana pasada. En Inglaterra se ha empleado con éxito el análisis petrográfico para comprobar que las "piedras azules" de Stonehenge en el centro-sur de Inglaterra proceden de Carmarthenshire en Gales, a una distancia de más de 200 Km en línea recta. Por medio de esta misma técnica se han identificado unas veinte variedades diferentes de rocas empleadas para la fabricación de hachas durante el Neolítico y la Edad del Bronce. Se conocen algunas de las fuentes originales de estas rocas. La distribución de las hachas en amplias áreas a partir del sitio de su manufactura es un indicio de una red de comercio e intercambio. Algunas fuentes de pedernal son características y se han hecho identificaciones tentativas con base en el color y la textura, y en ocasiones, por pequeñas inclusiones. Ejemplos de estos materiales pueden ser el pedernal color de miel de Grand Pressigny en Francia, el pedernal multicolor de Flint Ridge de Ohio, o el pedernal veteado de gris y marrón de Dover en Tennessee.

Últimamente se han hecho identificaciones más exactas de los elementos guía de las fuentes originales de obsidiana por medio de diferentes métodos. Esto ha permitido a los arqueólogos reconstruir con éxito considerable las rutas comerciales y las relaciones entre sociedades prehistóricas.

Durante muchos años se ha conocido la existencia de ámbar procedente del norte de Europa en sitios del Mediterráneo, como los pozos funerarios de Micenas. El origen báltico de aquel material se determinó tras arduas y prolongadas investigaciones químicas. Esto se logró mediante la identificación del ácido succínico, un ácido orgánico característico del ámbar del Báltico. Más tarde se supo que en Galicia, Hungría, Rumania y Sicilia hay ámbar con ácido succínico en proporción tan elevada como el del Báltico. Una cantidad tan pequeña como son dos miligramos de ámbar examinados con el espectrofotómetro infrarrojo basta para identificar el rango espectral en el cual se pueden hacer distinciones importantes entre el ámbar del Báltico y el procedente de otras regiones.

El análisis petrográfico de arcillas e inclusiones minerales en la cerámica ha sido de considerable ayuda para descubrir las relaciones de comercio en el suroeste de Norteamérica y en México. Los análisis de elementos guía de cerámica y los vidriados por medio de diversas técnicas han demostrado que las arcillas de algunas jarras de vino de la antigua Atenas eran muy similares a las de las arcillas de muchas jarras procedentes de dos diferentes islas en el Mediterráneo Oriental. También se demostró que una de las cerámicas comerciales características de la región maya casi con certidumbre proviene de un sitio específico. Idealmente, en los análisis de este tipo, debe obtenerse arcilla de un sitio cercano a la zona de manufactura para poder hacer la identificación de fuente, estilo y centro de manufactura del modo más completo posible. Pueden hacerse identificaciones análogas con los metales usados en herramientas e implementos así como en el vidrio, de tal manera que gradualmente habrá un conjunto de conocimientos sólido de la distribución de materias primas y artículos manufacturados. Esas identificaciones precisas permitirán que las inferencias sobre las relaciones entre sociedades prehistóricas contemporáneas se hagan sobre una base más segura.

Para determinar el nivel de desarrollo técnico, son valiosas algunas técnicas recientemente desarrolladas que permiten identificar el modo en que fueron hechos instrumentos metálicos y otros objetos. El conocimiento de los cambios en las proporciones de los diferentes minerales en la manufactura de bronces ha indicado el cambio del uso inicial de cobre casi puro en la Europa central y occidental a una verdadera metalurgia de bronce a base de estaño. Con un conocimiento sólido de la cronología es también evidente que en un periodo determinado de tiempo existía una considerable variedad de habilidades en las diversas zonas de manufactura. Por medio del análisis microscópico se han podido identificar las técnicas de manufactura de implementos prehistóricos de cobre en los Estados Unidos. Éstos se hacían por medio de martillado en frío y temple. Técnicas similares han ayudado en el estudio del desarrollo del uso del hierro.

Uno de los productos más fructíferos del estudio del hombre y su cultura con otros campos de la investigación científica es la etnobotánica, que trata de la utilización por el hombre de la flora en una región y los efectos que sobre ella ejerce la ocupación humana. El estudio de las relaciones prehistóricas puede llamarse paleoetnobotánica. Los estudios de los restos de la explotación del hombre de las plantas prehistóricas son, por supuesto, más satisfactorios en las regiones secas, en donde se conservan mejor los especímenes. Es posible determinar la importancia relativa de los diferentes alimentos nativos vegetales a través del tiempo; las técnicas de apropiación pueden reflejarse en los artefactos rescatados o inferirse de los relatos históricos de grupos recolectores conocidos; las plantas o semillas indicarán la época del año en que fueron obtenidas y señalarán si las ocupaciones tenían una base estacional o anual.

La dramática historia de la gradual domesticación de las plantas alimenticias en el Cercano Oriente y en México es un producto de los últimos veinte años de investigación. Este cambio de sociedades recolectoras de alimentos a sociedades productoras de alimentos en el Viejo y Nuevo Mundo fue vitalmente importante en el desarrollo de las complejas civilizaciones de aquellas regiones tras de varios miles de años de mejoramiento gradual de la tecnología agrícola.

De modo semejante, el estudio de la etnozoología aplicado a los restos de animales prehistóricos ha proporcionado información sustancial e importante acerca de las relaciones de las sociedades del pasado con sus medios ambientes. Igual que las plantas, los animales reflejan las condiciones climáticas y algunos de ellos pueden ser indicadores bastante sensibles de las condiciones de temperatura y humedad. Es posible identificar la edad y el sexo de los restos animales con bastante precisión. El conocimiento de la edad del animal puede ser una guía acerca de los métodos y técnicas de caza y la época del año en que eran cazados. Esto es, por supuesto, de importancia para la determinación del momento en que fueron ocupados los sitios y la función de un asentamiento particular. Las técnicas de descuartizamiento indican los métodos de procesamiento de los alimentos y también pueden reflejar el modo de cocinar los mismos. Otra evidencia de este tipo la dan los huesos calcinados.

La única domesticación de animales efectiva tuvo lugar en el Viejo Mundo. Actualmente varios zoólogos estudian intensivamente la historia de este proceso y las regiones donde tuvo lugar.

Ha tenido mucho éxito el desarrollo de técnicas de flotación para el rescate de materiales livianos y pequeños, óseos y vegetales, de las fosas de desperdicios, pisos de las casas y otros despojos de las aldeas. Estas técnicas han dado como resultado la recuperación de un gran número de semillas, cascarones de nuez, pequeñas espinas de pescado, y otros fragmentos o subproductos de comida y han alterado sustancialmente las evidencias del abastecimiento de alimentos en algunas sociedades prehistóricas.

El estudio detallado de las heces humanas secas encontradas en cavernas y refugios del oeste norteamericano, México y Kentucky ha contribuido mucho al conocimiento de la composición de la dieta de los pueblos prehistóricos y en cierto modo al de la manera de preparar los alimentos. Además, se pueden hacer estudios para identificar el polen fósil, los resultados patológicos, las propiedades nutritivas, y la presencia de organismos parásitos. En cierto caso, muestras recogidas en Mesa Verde, en el suroeste de Colorado, contenían huevos del *Enterobius vermiculares*, un parásito rectal que suele atacar a los niños. Otro espécimen contenía huevos del gusano de cabeza espinosa, ingeridos probablemente al comer insectos o roedores con parásitos. Este gusano puede causar diarrea y otros graves males.

Perfiles del suelo

En años recientes ha sido de considerable ayuda para el arqueólogo el estudio de los suelos, llamado "pedología", aunque el propósito principal de esta rama del conocimiento ha sido el de beneficiar a la agricultura. Los suelos se forman con la roca nativa de una región por medio de la acción mecánica de los elementos y la desintegración de materia vegetal que con el agua de lluvia produce la acción química de los elementos. La formación de suelos es más rápida en las regiones templadas, ya que en ellas es más efectiva la acción química. La materia vegetal en descomposición recibe el nombre de "humus" y, bajo ciertas condiciones, tiene un efecto ácido sobre el suelo. Por medio de cortes verticales se estudian las etapas de formación y alteración del suelo. Estos cortes se conocen técnicamente como perfiles. Los analistas de suelos pueden reconocer zonas horizontales con características diferenciales, que reciben el nombre de horizontes.

Las diferentes zonas climáticas producen suelos muy diferentes independientemente de las formaciones rocosas subyacentes de las que se derivan. Gracias a esto es posible reconocer las condiciones climáticas que operaban cuando se formó un horizonte de suelo en particular. Los suelos formados en las áreas de bosques de coníferas con veranos relativamente frescos y lluvias abundantes, son llamados podzol. Esta combinación produce un horizonte superior, o A, de humus ácido que forma ácidos húmicos cuando lo arrastra la lluvia. Los ácidos disuelven los álcalis y otros componentes llamados sesquióxidos para producir la parte inferior del horizonte A. Cuando los ácidos húmicos no pueden llevar más sesquióxidos, éstos se depositan en una zona color café, rojiza o negra, que se designa como horizonte B. La filtración tiene lugar en el horizonte A, y en sus zonas más bajas el suelo asume con frecuencia un color claro. El horizonte C es el material original no alterado debajo del horizonte B. Ya que en los podzol han sido arrastrados hacia abajo los álcalis y los sesquióxidos, se trata de suelos ácidos que atacan la materia orgánica como hueso, madera, concha y otros materiales depositados en un sitio, y aceleran su descomposición.

Otro tipo de suelos llamados "tierras cafés" se forma en áreas con veranos cálidos y lluvias moderadas. En este suelo la capa superior de humus tiene la suficiente ventilación como para oxidar la materia vegetal en descomposición y el suelo es neutro o ligeramente ácido. Otro tipo de suelo, principalmente originado por loess, recibe el nombre de chernozem o "tierras negras", y se le encuentra fundamentalmente en las regiones continentales de pastizales, como las planicies orientales de los Estados Unidos o el sur de Rusia. Este suelo nunca es ácido debido a la continua presencia de álcalis. En las condiciones más secas de las estepas se producen los "suelos castaños".

Lleva mucho tiempo el desarrollo de un perfil de suelo maduro y variará considerablemente de acuerdo con los factores climáticos. En California, algunos de los más antiguos niveles culturales han sido localizados debajo de perfiles de suelos maduros cuya edad ha sido estimada por los expertos en por lo menos 4 mil años.

ANÁLISIS QUÍMICOS DE SUELOS PARA LA IDENTIFICACIÓN DE ÁREAS OCUPADAS

Uno de los resultados del estudio y análisis de suelos ha ayudado a los arqueólogos en la identificación de sitios. Los químicos de suelos han proporcionado un método para determinar su acidez o alcalinidad. Brevemente, este método asigna al agua pura un valor de pH 7 con respecto a su composición ácida o alcalina. Los suelos que producen una solución acuosa más ácida que el agua tienen un valor pH menor que 7. Los suelos menos ácidos que el agua darán un valor pH mayor que 7. La mayoría de los suelos tienen valores entre 4 y 9. En la actualidad se pueden comprar equipos poco costosos que permiten a cualquiera determinar el valor pH de su suelo, por lo que son muy usados por agricultores y jardineros. También ayuda al arqueólogo en la interpretación de su sitio, ya que un suelo ácido causa la desintegración de materiales perecederos con mucha mayor rapidez que un suelo alcalino. Cuando se conoce la acidez del suelo, el arqueólogo tiene una idea más clara que antes sobre si la mala condición de implementos de hueso o desperdicios entierros es el resultado de un largo periodo en el suelo o de una descomposición rápida. En Escandinavia hay ciertas grandes regiones donde el suelo muestra siempre una reacción alcalina. Un número bastante grande de sitios se han localizado haciendo recolecciones a intervalos regulares en localidades adecuadas. Cuando las pruebas de suelos muestran una reacción ácida o un valor pH menor de 7, es probable que el lugar represente una antigua zona de habitación humana en la cual el depósito de materia orgánica ha cambiado la relación ácido-alcalina. La presencia de huesos es una pista excelente para la localización de un sitio. Se dice que el suelo de una zona que fue densamente ocupada puede contener hásta cincuenta veces la cantidad normal de fosfatos. Así es posible determinar las zonas de máxima ocupación dentro de un sitio de gran extensión. Ciertas áreas restringidas pueden tener altas concentraciones de nitratos, lo que puede ser un reflejo de la existencia de depósitos fecales o letrinas de uso humano.

Los suelos enterrados pueden contener depósitos de origen bastante extraño, tales como capas de cenizas volcánicas. Cuando esas capas de cenizas se pueden ubicar en cuanto a su fuente específica por medio de la identificación de sus elementos y de la época de erupción determinadas por fechas de radiocarbón en el material orgánico enterrado debajo de las cenizas, se habrá obtenido una excelente herramienta cronológica que se podrá aplicar a toda el área de precipitación de las mismas. Una guía recientemente desarrollada para el conocimiento de la composición vegetal que ayudó a producir suelos antiguos es el estudio del ópalo biogénico o fitolitos. La mayoría de las plantas secretan cuerpos silicosos de formas y tamaños distintos que se localizan principalmente en la porción aérea de sus tejidos vasculares y epidérmicos. Los estudios de los residuos opalinos enterrados en suelos en el Medio Oeste de los Estados Unidos han ayudado a reconocer una intrusión de vegetación de pradera durante un corto plazo en el estado de Ohio hace unos 13 mil años. Apenas empiezan estos estudios, pero deberán hacer una contribución valiosa a la historia botánica y climatológica.

EL PERIODO PLEISTOCENO Y LA DATACIÓN DE LA HISTORIA HUMANA

Un arqueólogo debe saber suficiente geología como para reconocer cuándo necesita el asesoramiento de un geólogo capaz para interpretar la asociación de los accidentes naturales con evidencias de ocupación humana. Los geólogos son particularmente necesarios en zonas que fueron afectadas por los cambios causados en la superficie terrestre durante el periodo Pleistoceno o Edad de los Glaciares. Durante los últimos ciento cincuenta años, los geólogos han reconocido cuatro periodos principales y muchos menores dentro del último millón de años, cuando en ciertas regiones, particularmente del hemisferio norte, hubo grandes acumulaciones de nieve y hielo, muy semejantes a las de la Groenlandia actual. Como la nieve y el hielo se acumularon masivamente en aquellas regiones donde eran más favorables las condiciones del clima, los bordes de la masa de hielo se desplazaron hacia afuera hasta que grandes zonas en el norte de Eurasia y Norteamérica estuvieron cubiertas por glaciares continentales y las áreas montañosas como los Alpes y las montañas Rocosas tuvieron sus acumulaciones glaciares.

Al moverse el hielo, arrastró dentro de su masa y en su superficie los detritus sueltos de tierra, arena, grava y rocas. Actuó como un agente abrasivo durante los millares de años de su crecimiento. Cuando el clima se hizo más moderado, estos grandes campos de hielo disminuyeron gradualmente en tamaño, encogiendo y retrocediendo sus límites y depositando la tierra y piedras que habían acumulado durante su movimiento expansivo.

Así, durante el periodo Pleistoceno actuaron factores que determinaron grandes cambios en el medio ambiente en el mundo en el que se desarrollaban el hombre y su cultura. Una área principal de formación de hielo en Europa occidental fueron los Alpes, y otra se localizó en Escandinavia. Fue en esas áreas donde se hicieron los primeros estudios de las glaciaciones. Además de los cuatro principales avances y retrocesos del hielo (nuestro presente periodo pudiera ser el cuarto interglacial), hubo cambios climáticos menores acompañados por movimientos de los frentes de hielo.

La gran cantidad de humedad necesaria para producir las enormes capas de hielo fue extraída de las aguas existentes sobre la tierra; como resultado, el nivel de los océanos descendió unos 100 metros dejando al descubierto grandes áreas de la plataforma continental, lo que hizo posible los movimientos de plantas y animales a través de zonas como el Estrecho de Bering, el Canal de la Mancha, y entre el Asia continental y los grupos insulares de sus costas oriental y sureste. El peso del hielo sobre la tierra deprimió algunas áreas, pero desde la última retirada de los hielos esas áreas se han estado elevando lentamente. Este fenómeno ha sido cuidadosamente estudiado en Escandinavia y en la región de los Grandes Lagos. El ascenso y descenso del nivel general de los mares debido a la formación y deshielo de los glaciares se llama "eustasia" glacial, mientras que el levantamiento de la tierra debido al deshielo de las masas heladas recibe el nombre de "reacción isostática". En muchas partes del mundo, durante el periodo glacial se formaron costas marítimas y terrazas fluviales que ahora están a distancias variables sobre el actual nivel del mar o las llanuras fluviales. La ocupación humana con frecuencia tuvo lugar a lo largo de estas costas o terrazas a causa del entonces disponible abasto de alimentos. Tales ocupaciones pueden entonces fecharse de acuerdo con el periodo de formación de la costa o terraza. Durante los largos y cálidos periodos interglaciares, el nivel del mar era más elevado de lo que es ahora y la sucesión de esas costas ha sido intensivamente estudiada en el Mediterráneo y en la costa oriental de los Estados Unidos.

Las mismas fluctuaciones climáticas graduales del Pleistoceno tuvieron un profundo efecto sobre la vegetación y formas animales de las cuales dependía el hombre para su existencia. En condiciones de mayor frialdad y con el avance de los hielos, aquellas formas animales y vegetales adaptadas a climas cálidos o templados fueron desplazadas o no pudieron sobrevivir y su lugar fue ocupado por formas adaptadas a regímenes más fríos. En Europa se han encontrado restos esqueléticos de elefantes, hipopótamos y rinocerontes, y un grupo de caballos emparentados con la cebra, todo lo cual indica un clima mucho más cálido que el presente. Hay otros restos, como los de mamut, reno, lemming y zorro ártico, que reflejan periodos mucho más fríos. Algunos animales están adaptados a un medio ambiente boscoso como el castor, el ciervo rojo, el oso pardo y el lince, mientras que las condiciones de estepa o pradera están indicadas por el caballo y ciertos antílopes. A veces, en condiciones favorables, se conservan restos vegetales o polen fosilizado que proporcionan pruebas adicionales de las condiciones climáticas a las que el hombre tuvo que ajustarse.

En el Viejo Mundo se conoce la presencia del hombre y sus parientes durante la primera parte del Pleistoceno a través de los depósitos fechados con técnicas geológicas y fisicoquímicas. Estos hallazgos muy antiguos constan principalmente de implementos de pedernal de varias clases, descritos en el siguiente capítulo, y unas cuantas partes esqueléticas de formas primitivas del hombre. Durante los dos últimos periodos glaciales e interglaciales, hay una creciente cantidad de material óseo humano y datos culturales que se encuentran en depósitos de cavernas o abrigos rocosos, donde suelen estar mejor conservados que en los sitios abiertos, y donde las condiciones de depósito y asociación de objetos son generalmente algo más fáciles de interpretar.

La asociación del hombre con una sucesión de hechos durante el Pleistoceno proporcionó en la mayoría de los casos solamente una cronología relativa en la cual los acontecimientos se preceden o suceden entre sí, pero sin que, en la mayoría de los casos, se proporcione una relación año por año. La producción de esa relación fue, y es, un procedimiento largo y laborioso que requiere las habilidades de la investigación interdisciinaria y el desarrollo gradual de métodos interpretativos en diversas ciencias.

CRONOLOGÍA

Es de gran importancia para el arqueólogo determinar la cronología del área en que trabaja. Hay dos puntos terminales en esta escalera del desarrollo humano. El extremo superior es el complejo cultural más reciente, que en América se reconoce generalmente por la presencia de objetos comerciales manufacturados en Europa, como cuentas de vidrio, cuchillos de hierro u objetos de bronce. El extremo inferior está representado por la más temprana aparición de los artefactos utilizados por el hombre para ayudarse en su lucha por la existencia. Es esencial que se obtenga la secuencia más completa posible de las culturas para que la historia cultural sea continua desde la primera hasta la última etapa. Cuando están disponibles, es posible registrar los cambios en estilos y técnicas que han sido el resultado de desarrollo local y también ver las influencias y materiales que han venido de otras zonas y que han llegado a ser una parte del avance cultural local.

La determinación de los periodos de tiempo se puede hacer sea por medio de una cronología relativa o de una absoluta. La primera es mucho más común. La cronolgía relativa se obtiene mediante la estratigrafía, la seriación, la tipología y otras técnicas que se discutirán posteriormente. Proporciona una secuencia de artefactos y culturas, pero no establece en este marco temporal fechas precisas en términos de relaciones año por año. Como resultado sabemos dónde se encuentra una cultura particular en relación con otras, pero no se conoce detalladamente la duración de su existencia, o hace cuántos años tuvo lugar. En contraste, hay un fechamiento mucho más preciso, o cronología absoluta, que permite una cuenta año por año, como es el caso con la dendrocronología, la secuencia anual de los estratos glaciares o las monedas antiguas, por ejemplo en la región mediterránea.

La estratigrafía

Las excavaciones en sitios estratificados, donde se encuentra un nivel cultural sobrepuesto a otro anterior, proporciona un tipo de cronología relativa. En ese caso queda perfectamente claro el hecho de que una cultura es posterior a otra, pero lo que no se sabe es el periodo de tiempo de existencia de cada una de ellas, o qué intervalo de tiempo las separó. En un intento, tal vez, de infundir un poco de vida a esas cronologías relativas, los arqueólogos suelen asignar un número de años determinado a esos periodos o grupos culturales. El periodo de años se basa en estimaciones en las que se utiliza cualquier evidencia que sugiera un factor de tiempo. Por ejemplo, algunos arqueólogos que han excavado grandes sitios con cúmulos de conchas han registrado el número de entierros, y conociendo la tasa promedio de mortalidad en sociedades similares, lo han usado como cifra para determinar el tamaño probable del grupo que dio origen a los montículos de conchas como acumulación de desperdicios. Después han calculado cuántos moluscos sería factible que estos individuos comieran durante un año y posteriormente, tomando en consideración el volumen cúbico del montículo, han llegado a una cifra probable que representaría la edad del montículo. Obviamente, estos cálculos no son precisos, y hay tantos factores desconocidos que el resultado difícilmente justifica el trabajo aritmético. Otras estimaciones se han dado sobre la base de culturas comparables, en las que se conoce el tiempo transcurrido. La extensión horizontal de un sitio, la profundidad del material presente, y la amplitud del área de una división cultural dentro de una región geográfica, dan algunas indicaciones acerca de su posible duración.

Polen fosilizado

Otro método de determinar la cronología relativa y de relacionar el material cultural con las fases climáticas es el estudio del polen fosilizado. Igual que el estudio de los estratos glaciales, es muy útil para tiempos relativamente recientes. En el norte de Europa, particularmente, se ha encontrado material arqueológico en depósitos de turba o en otros lechos con restos botánicos bien conservados. La más importante de las diversas fuentes botánicas es el polen arbóreo, que indica los tipos de árbol existentes durante la formación de los depósitos. Los estudios más valiosos se han hecho donde se han encontrado depósitos de alguna profundidad que proporcionan pruebas de cambios considerables en la flora forestal, los que a su vez reflejan cambios climáticos importantes. En algunos casos se han encontrado depósitos de turba con buen contenido de polen directamente encima de estratos arcillosos que pueden ser fechados, o en líneas costeras elevadas que pueden ser relacionadas con una cronología conocida. Estudios de antiguos senderos de troncos a través de áreas pantanosas han demostrado que su construcción corresponde a cuentas de polen que indican un clima más húmedo que el que lo precedió inmediatamente y el que siguió a la construcción de la vereda.

El análisis del polen no ha sido estudiado mucho en relación con la arqueología en Norteamérica. Los cambios en la flora, que ya han sido ampliamente demostrados, se han correlacionado por medio de fechas de radiocarbón para producir un conocimiento sólido de las semejanzas y diferencias entre la composición botánica de varias áreas septentrionales de los Estados Unidos, desde Minnesota hasta Nueva Inglaterra. También se han llevado a cabo importantes estudios de polen en el suroeste y la costa noroeste del mismo país, que ahora pueden relacionar los cambios culturales en los sitios prehistóricos con los cambios en la flora y la correspondiente fauna.

SERIACIÓN

Esta técnica para llegar a una cronología relativa se basa en el principio del cambio de estilos que tiene lugar a través del tiempo en una clase dada de materiales. En las culturas primitivas, esas manufacturas que eran hechas con rapidez y facilidad y que eran también lo suficientemente variables como para reflejar el estilo del momento, son las mejores para una seriación. Por esta razón la cerámica, las figurillas, las puntas de proyectil, hachas y otros artefactos procedentes de sitios repartidos en una zona amplia, se ordenan en secuencias lógicas o de estilo con relación a algún momento conocido, que generalmente se ubica al final o al principio de las series. Esta técnica fue empleada con éxito por Kroeber, de la Universidad de California, para determinar la edad relativa de sitios en el suroeste de los Estados Unidos, México y el Perú. De este modo sería bastante simple ordenar ejemplos de diversos automóviles en su orden de producción por medio de su estilo si se tuvieran series bastante completas de ejemplos desde los primeros hasta los últimos.

MÉTODO TIPOLÓGICO

La crudeza o excelencia con que han sido producidos los artefactos ha sido tomada a veces como prueba de su edad relativa. Esto es justificable en ocasiones y está respaldado por ejemplos como las primitivas toscas armas de pedernal de la Edad Paleolítica de Europa. Sin embargo, estos utensilios no son más toscos que los tipos australianos relativamente modernos. Este criterio de edad no es confiable y deberá emplearse con gran cautela.

MÉTODO DE DISTRIBUCIÓN O EDAD DE LA REGIÓN

Cuando se encuentran rasgos culturales en la misma región general, a veces se consideran más antiguos los que tienen la mayor distribución. Esta suposición funciona mejor cuando se trata con formas estrechamente relacionadas como los tipos de casas en el suroeste de los Estados

Unidos, donde la pequeña casa semisubterránea estuvo distribuida en un territorio más amplio que la grande y compleja estructura de muchas habitaciones de los indios Pueblo. En el mejor de los casos, sin embargo, este método es solamente sugestivo y necesita ser verificado por medio de la estratigrafía.

PÁTINA O INTEMPERISMO

Se han hecho algunos intentos por proporcionar una edad relativa para los artefactos a base de la acción química o mecánica de los elementos mostrado por el espécimen como resultado de la exposición a las condiciones climáticas o de un entierro prolongado. Las diferencias observadas en esos especímenes no pueden medirse por medio de ninguna técnica conocida y, generalmente, hay demasiados factores desconocidos que pueden haber producido los cambios.

Durante más de diez años se ha usado con éxito el fechamiento relativo de artefactos de obsidiana en diversos medios ambientes. Se mide cuidadosamente en micrones la capa de hidratación formada por la humedad atmosférica sobre la superficie limpiamente expuesta. Mientras más gruesa sea la capa de hidratación, más viejo será el artefacto encontrado en un medio ambiente similar. La tasa de hidratación es determinada principalmente por la temperatura y la composición química. Los diferentes tipos de obsidiana se hidratan a diferentes tasas. La técnica es útil, pero la tasa de hidratación se estima por otros métodos de fechamiento y no resulta un reloj de tiempo tan precioso como algunas de las otras técnicas de las que se dispone.

CRONOLOGÍA ABSOLUTA

En algunas regiones del mundo se ha logrado el ordenamiento de las culturas prehistóricas en una cronología año por año. En el suroeste de los Estados Unidos por medio de la dendrocronología, y en el norte de Europa por medio de la cronología de los estratos glaciales (ambas técnicas serán descritas más adelante), se ha logrado obtener la precisión de datos que se desea en toda región. En la región maya los arqueólogos tienen la ventaja del calendario maya, por medio del cual se registraba la fecha de erección de diversos monumentos y edificios. Es de gran ayuda para ordenar los diversos sitios o porciones de sitios con referencia a la cronología maya, y dentro de su propio sistema es notablemente preciso como una cronología año por año. Lamentablemente este sistema calendárico maya no ha sido satisfactoriamente correlacionado con nuestra cronología actual, aunque el margen de error dentro de varias correlaciones distintas es bastante pequeño.

ESTRATOS GLACIALES

Este método para determinar la cronología fue el primero para llevar la cuenta de los hechos geológicos en términos de años. Las diferentes capas o láminas observadas en los pisos de antiguos lagos glaciares son llamados "estratos" en Suecia. Fue el barón Gerard de Geer, un científico sueco, quien durante los últimos años del siglo xix llamó la atención acerca del significado de estos sedimentos e inició el desarrollo de técnicas para la interpretación de este registro geológico en los lechos de lagos glaciales o de otros cuerpos de agua relativamente quietos. El deshielo de los glaciares durante su retirada se aceleraba durante los meses de verano y el escurrimiento alimentaba al lago acarreando en suspensión partículas de arena y arcilla. Los granos más pesados y gruesos naturalmente se hundirán en el fondo inmediatamente, mientras que el material más fino no alcanzará el fondo sino hasta el invierno, cuando termina el deshielo. Este proceso se sucede año tras año. No solamente puede observarse la sucesión anual en el cambio del material depositado, sino que los granos más gruesos son casi siempre notablemente de color más claro que los sedimentos más finos. Al estudiar y comparar cuidadosamente estos depósitos anuales desde el sur de la península escandinava hacia el norte, en el área montañosa más central, se ha obtenido una cronología desde hace 10 mil años hasta el presente. Esta cronología puede relacionarse con el depósito de morenas y otros detalles de superficie que a su vez pueden relacionarse con áreas de ocupación humana. El resultado ha sido un fechamiento desusadamente preciso en los sucesivos periodos culturales de las áreas del Báltico y el Mar del Norte.

Este mismo método ha sido aplicado en el noreste de Norteamérica, pero con menos éxito, porque los estratos más recientes no pueden relacionarse todavía con la cronología cristiana. Esto se debe a un lapso desconocido de tiempo entre las series de estratos del Valle de Connecticut y las series del noroeste del lago Hurón. La mayor parte de la evidencia de la existencia del hombre primitivo en América del Norte (hace unos 25 mil años) proviene de la parte occidental del continente. Nuestros cálculos de tiempo de la prehistoria norteamericana hasta la aparición del fechamiento de radiocarbón en cierta medida se basan en esta escala de tiempo no muy precisa del noroeste y la parte cercana al Canadá y en el periodo de tiempo que tomó al río Niágara desgastar las formaciones rocosas al retroceder hacia el sur las cataratas del Niágara.

Dendrocronología o cronología de los anillos de los árboles

En el suroeste de los Estados Unidos, el estudio del desarrollo de las culturas indígenas prehistóricas ha recibido el valioso auxilio de la dendrocronología, la que ha permitido el ordenamiento del material arqueológico de acuerdo con el calendario cristiano. Esto fue posible por el trabajo de un astrónomo, el doctor A. E. Douglas, quien estaba interesado en determinar los efectos a largo plazo de las manchas solares sobre el clima terrestre. Para hacerlo, estudió los anillos de crecimiento anual de ciertos árboles del suroeste, particularmente del pino amarillo occidental, que refleja las variaciones climatológicas en el espesor de sus anillos y el patrón de su crecimiento. Este método de estudio de los anillos de los árboles no es en modo alguno sencillo y solamente individuos muy preparados y con una considerable experiencia para manejar, registrar e interpretar las secuencias de anillos son competentes para emitir juicios acerca de la edad de especímenes prehistóricos.

En este método se compara el patrón de los anillos interiores de árboles modernos o de los que se conozca la fecha de corte, con los patrones de anillos exteriores de especímenes más viejos tomados de edificios erigidos hace unos 100 o 200 años. De esos especímenes Douglas pudo pasar a los especímenes de madera y carbón de épocas prehistóricas tardías y extender gradualmente la secuencia para que fuera posible ahora fechar con gran precisión sitios arqueológicos en ciertas zonas del suroeste, hasta épocas tan remotas como el primer año de la era cristiana.

La dendrocronología también se ha adaptado a otras regiones, especialmente a Europa noroccidental y Alaska, y hasta cierto grado a Rusia, Israel y Japón. Dado que el crecimiento de los anillos de los árboles tiene como una de sus dimensiones importantes los cambios del clima, las variaciones del crecimiento de los árboles en el suroeste de los Estados Unidos también proporciona información importante acerca de los cambios climatológicos prehistóricos con una precisión raramente obtenible en cualquier otra fuente no histórica.

Se han recogido en el suroeste de los Estados Unidos secciones de pino que contienen más de 7 mil anillos de crecimiento anual. Estos registros de años calendáricos han sido usados para comprobar la precisión del fechamiento por radiocarbón. El procesamiento de secciones de pino de edad conocida en el laboratorio de radiocarbón ha dado como resultado el reconocimiento de cambios en la disponibilidad del Carbono-14 en la atmósfera del pasado.

Desde hace algunos años la edad de la Tierra y de sus principales periodos geológicos han sido fechados por medio de métodos radioactivos. Por medio de la investigación de la ciencia física se sabe que hay una constante y determinable tasa de desintegración de los isótopos radioactivos en los minerales de tal modo que esos minerales tomados de un estrato geológico específico se pueden utilizar para fechar ese estrato. Para los eventos ubicados dentro del periodo de tiempo ocupado por el hombre, o cercano al hombre, en el pasado geológico, han sido particularmente valiosos varios cocientes de descomposición de los isótopos radioactivos. Para eventos más antiguos, puede medirse la transformación del potasio-40 en un gas, el argón-40, y la edad de una formación rocosa puede obtenerse de este modo, como ha sucedido con el fechamiento de las formaciones volcánicas de la Garganta de Olduvai, en África. También es aplicable para el periodo geológico del Pleistoceno, en el que se concentra la actividad humana, el método del rubidio-estroncio, que es valioso para ciertas formaciones volcánicas y la obsidiana.

El más valioso reloj de tiempo para la mayoría de los trabajos arqueológicos ha sido el fechamiento de radiocarbón, que fue desarrollado por W. F. Libby y sus auxiliares en la Universidad de Chicago a fines del decenio de los cuarentas. Este método se basa en la cantidad del isótopo pesado C^{14} encontrado en la materia orgánica muerta en comparación con la cantidad existente en los organismos vivos, como una medida del tiempo en años-radiocarbón desde que murió ese organismo. La vida media del carbono-14 ha sido medida con diferentes pruebas, y el valor más preciso parece ser 5 730 ± 40 años. Si se encuentra que un espécimen de carbón o algún otro material orgánico de un sitio tiene tres cuartas partes del contenido de C^{14} en los organismos vivientes, el espécimen habrá muerto hace unos 2 865 años-radiocarbón más o menos, con un posible error de un número variable de años.

En los veinte años transcurridos desde la creación del método de fechamiento por medio del C^{14}, cerca de un centenar de laboratorios de fechamiento se han establecido en todo el mundo. Las numerosas modificaciones que se han hecho a las suposiciones básicas que parecían válidas en el programa original, han ayudado a una medición más precisa e inteligente de las pasadas actividades humanas. El método ha sido particularmente útil en la medición de hechos ocurridos durante los últimos 30 mil años, y en muchas regiones ha proporcionado la primera medición confiable del tiempo transcurrido desde que tuvieron lugar determinados acontecimientos prehistóricos. No es, sin embargo, suficientemente preciso como para permitir a los arqueólogos afirmar que han tenido lugar al mismo tiempo hechos fechados en uno o varios sitios.

Un método para obtener la edad relativa de los materiales óseos procedentes de sitios prehistóricos es el estudio de su radioactividad natural. Los huesos fósiles tienen mayor contenido de uranio y flúor que los especímenes modernos. Los estudios del contenido de flúor ayudaron a indicar que la reunión de huesos animales y humanos encontrados en el sitio de Piltdown en Inglaterra no pudo haberse efectuado al mismo tiempo. Las mediciones de actividad *beta* de bajo nivel en huesos fósiles en pruebas de eliminación de coincidencias, llevadas a cabo en 1965 por Jelinek y asociados en la Universidad de Michigan, han indicado que si bien la radioactividad natural puede utilizarse en problemas de cronología relativa, las pruebas deben conducirse con un riguroso control metodológico.

El arqueomagnetismo es el estudio del magnetismo en los restos arqueológicos. El campo magnético de la tierra cambia constantemente tanto en intensidad como en dirección. En varias ciudades europeas y norteamericanas se han registrado variaciones recientes en la relación entre el norte verdadero y el norte magnético, así como en el ángulo de inclinación de la aguja magnética. La mayoría de las arcillas cocidas como la cerámica, hornos, ladrillos, chimeneas, o pisos de arcilla recocida, tienen un magnetismo remanente estable que registra el campo magnético de la tierra en la época en que fue sometido al fuego el espécimen. Esta técnica, que ha sido usada con éxito en Europa y Japón, empieza a ser investigada en los Estados Unidos por Robert L. DuBois de la Universidad de Oklahoma. Él inició sus actividades en el suroeste debido a que es necesario poder fechar una o más muestras de arcilla en la curva direccional por medio de algún método preciso como la dendrocronología o el radiocarbón. Cuando puede obtenerse así una escala de tiempo, las muestras sometidas a fuego procedentes de otros sitios y comparadas sobre la curva direccional darán una medida bastante precisa de la edad de la muestra. Se dice que este método es efectivo para los últimos 35 mil a 50 mil años. También se dice que es preciso con una aproximación de cincuenta o menos años, lo que es un poco mejor que con los fechamientos de radiocarbón.

Otra técnica de fechamiento de la cerámica por medio de la actividad radioactiva recibe el nombre de fechamiento por termoluminiscencia, que da resultados expresados en edades TL. Todavía se encuentra en la etapa de desarrollo, pero ya se han obtenido resultados promisorios, especialmente en cerámicas del Mediterráneo, del Cercano Oriente y de Europa occidental. Es también una técnica valiosa para distinguir entre cerámicas genuinas y especímenes espurios.

CONCLUSIÓN

Podemos ver así, en esta revisión incompleta, que el estudio de la arqueología es una empresa compleja y absorbente. En los campos del conocimiento que cubre varía de la historia del arte a la zoología, del estudio de los climas prehistóricos causados por fenómenos celestes gobernados por nuestro sistema solar, hasta la identificación de erupciones volcánicas del pasado. Su tema inmediato varía de la identificación del significado de los restos del lasqueado de pedernal en una cantera o taller, al conocimiento del crecimiento y desarrollo de las grandes civilizaciones del Cercano Oriente y Mesoamérica. Las múltiples técnicas interpretativas, que hacen imperativas la cooperación interdisciplinaria, son laboriosas y costosas. El estudio de la arqueología tiene una evolución y mecanismos de adaptación propios para permitirle guardar el paso de otras actividades humanas con las que compite en nuestra sociedad contemporánea. La contribución de la arqueología al conocimiento moderno, junto con los de la geología, biología y otras ciencias, ha cambiado notablemente el concepto que tiene el hombre de sí mismo y del universo en menos de 150 años.

BIBLIOGRAFÍA

AITKEN, MARTIN L.
   Physics and Archaeology, Interscience Publishers, Nueva York, 1961.

BINFORD, SALLY R. Y LEWIS R. BINFORD
   New Perspectives in Archeology, Aldine Publishing Co., Chicago, 1968.

BRAIDWOOD, ROBERT J.
   Prehistoric Men, 7ª edición, Scott, Foresman and Co., Chicago, Ill., 1967.

BROTHWELL, DON Y ERIC HIGGS
   Science in Archeology. A Comprehensive Survey of Progress and Research, Thames and Hudson, Bristol, Inglaterra, 1963.

CHANG, K. C.
   Rethinking Archeoology, Random House, Nueva York, 1967.

CLARK, GRAHAME
   Archaeology and Society, Reconstructing the Prehistoric Past, Methuen & Co., Londres, 1957.

CLARKE, DAVID L.
Analytical Archaeology, Methuen & Co., Londres, 1968.

CLELAND, CHARLES E.
The Prehistoric Animal Ecology and Ethnozoology for the Upper Great Lakes Region, Museum of Anthropology, University of Michigan, Anthropological Paper, núm. 29, Ann Arbor, 1966.

DEETZ, JAMES
Invitation to Archaeology, The Natural History Press, Garden City, Nueva York, 1967.

DE LAET, SIGFRIED J.
Archeology and Its problems, Phoenix House, Londres, 1957.

HEIZER, ROBERT F.
The Archaeologist at Work: A Source Book in Archaeological Method and Interpretations, Harper and Row, Nueva York, 1959.

HOLE, FRANK Y ROBERT F. HEIZER
An Introduction to Prehistoric Archaeology, Holt, Rinehart and Winston, Nueva York, 1965.

KENYON, KATHLEEN M.
Beginning in Archaeology, Segunda edición, revisada por Phoenix House, Londres, 1961.

LEVEY, MARTIN (editor)
Archeological Chemistry, University of Pennsylvania Press, Filadelfia, 1957.

MEGGERS, BETTY J. (editor)
Anthropological Archaeology in the Americas, Anthropological Society of Washington, Washington, 1968.

MEIGHAN, CLEMENT W.
Archaeology: An Introduction, Chandler Publishing Co., San Francisco, 1966.

OAKLEY, KENNETH P.
Frameworks for Dating Fossil Man, Aldine Publishing Co., Chicago, 1964.

PYDDOKE, EDWARD (editor)
The Scientist and Archaeology, Roy Publishers, Nueva York, 1963.

TAYLOR, JOAN DU PLAT (editor)
Marine Archaeology. Developments During Sixty Years in the Mediterranean, Hutchinson of London, Londres, 1965.

TAYLOR, WALTER
A Study of Archaeology, American Anthropological Association Memoir, núm. 69, Menasha, Wis., 1948.

TRIGGER, BRUCE G.
Beyond History: The Methods of Prehistory, Holt, Rinehart and Winston, Nueva York, 1968.

WHEELER, ROBERT E. M.
Archaeology from the Earth, Clarendon Press, Oxford, 1954.

WILLEY, GORDON R. Y PHILIP PHILLIPS
Method and Theory in American Archaeology, University of Chicago Press, 1958.

YARNELL, RICHARD ASA
Aboriginal Relationships Between Culture and Plant Life in the Upper Great Lakes Region, Museum of Anthropology, University of Michigan, Anthropological Paper, núm. 23, Ann Arbor, 1964.

III. El Paleolítico

R. A. GOULD

LA IDEA DE LA EDAD DE LA PIEDRA ANTIGUA

LOS SABIOS griegos y romanos sabían que varios pueblos hicieron y usaron utensilios de piedra, pero este conocimiento tuvo que ser redescubierto después de la Edad Media. En 1717 se publicó un manuscrito original del siglo XVI, de Michel Mercatus, médico del papa Clemente VIII, en que se describían puntas de flechas y lanzas de piedra labrada. Mercatus se pronunció en contra de la popular idea medieval de que los utensilios de piedra labrada eran "piedras de rayo" y sugirió por el contrario que fueron usadas por hombres para aguzar sus lanzas de caza y otras armas. Este punto de vista fue defendido aun con mayor fuerza por Antoine de Jussieu en 1723, con el argumento notablemente moderno de que los pueblos nativos de "las Islas Americanas y el Canadá" usaban herramientas tales como hachas, puntas de piedra y cuñas de piedra. En 1790 John Frere descubrió hachas de mano de piedra tallada (hoy conocidas como de tipo Acheulense) asociadas con huesos de animales desconocidos (que hoy se sabe eran elefantes) en un foso de arcilla en Hoxne, en el condado de Suffolk, Inglaterra. Frere afirmó que estos objetos líticos eran "armas de guerra, fabricadas y usadas por un pueblo que no conocía el uso de los metales".

Sin embargo, el descubrimiento de Frere fue ignorado durante varios años mientras se escenificaba el debate entre los catastrofistas como Cuvier y Buckland y los fluvialistas encabezados por Charles Lyell. Los fluvialistas argüían que los procesos geológicos antiguos eran básicamente los mismos que los del presente y que en todos los tiempos operaban de un modo uniforme y a un ritmo uniforme semejante a los observados en la época actual. Esta doctrina era conocida como uniformitarianismo, y era combatida por los catastrofistas, quienes interpretaban los estratos geológicos de la Tierra como una serie de periodos distintos interrumpidos por grandes catástrofes, incluido el diluvio descrito en el Génesis. Durante este periodo otros hombres de ciencia como Tournal, Schmerling y MacEnery llevaban a cabo otros descubrimientos como los de Frere y reunían un cuerpo de evidencia para respaldar la idea de que los hombres que hicieron y usaron utensilios de piedra vivieron antes del año 4004 a.c., el año señalado por el arzobispo Ussher como fecha de la creación.

En 1806 el profesor Rasmus Nyerup propuso la formación de un Museo Nacional Danés de Antigüedades, señalando que "todo lo que nos ha llegado del paganismo está envuelto en una espesa niebla; pertenece a un espacio de tiempo que no podemos medir". En un esfuerzo por disipar esta niebla de confusión, el historiador Vedel-Simonsen elaboró primeramente lo que se conoce desde entonces como el "sistema de las tres edades". En 1813 arguyó que los habitantes primitivos de Escandinavia usaban armas de piedra y madera. Más tarde estos pueblos aprendieron el uso del cobre, y finalmente inventaron el trabajo del hierro. Esta idea no tuvo mucha aceptación, sin embargo, hasta que en 1816 C. J. Thomsen se convirtió en el primer curador del Museo Nacional y empezó a organizar las colecciones en tres edades sucesivas de Piedra, Bronce y Hierro. Thomsen continuó sus esfuerzos en ese sentido hasta su muerte en 1865, para cuando sus publicaciones, exhibiciones y contactos con colegas en otras partes de Europa habían llevado a una extensa aplicación de este marco de referencia en otras regiones.

Al ganar aceptación el sistema de las tres edades, pronto se reconoció que se necesitaban ciertos refinamientos si continuaba en uso en Escandinavia y otras partes. Thomsen y su discípulo J. J. A. Worsaae consideraban que el sistema de las tres edades era un diagrama histórico más bien que evolucionista. Worsaae notó el cambio abrupto en Dinamarca entre la Edad de la Piedra y la Edad del Bronce y concluyó que esta nueva tecnología debió haber sido traída a esa región desde otra parte (del Medio Oriente, según se sabe ahora) en vez de desarrollarse paso a paso en Dinamarca. Otro sabio escandinavo contemporáneo, Sven Nilsson, promovió estudios comparativos de materiales arqueológicos. Aunque aceptaba las ideas de Thomsen y Worsaae de que varias olas de invasores llevaron cambios a las culturas escandinavas prehistóricas, Nilsson también afirmó que la cultura como un todo evolucionó gradualmente, con la raza humana "pasando constantemente por un desarrollo gradual y progresivo".

Más que nadie, fueron los daneses quienes sistematizaron el campo de la arqueología durante la primera mitad del siglo xix. El esquema que crearon fue la base para la clasificación de los descubrimientos arqueológicos hechos por posteriores hombres de ciencia. El concepto de la Edad de la Piedra como etapa más antigua de la prehistoria humana sufrió más subdivisiones. Para mediados del siglo xix se habían acumulado suficientes datos nuevos como para que los sabios franceses e ingleses notaran una marcada diferencia entre las industrias de piedra tallada de la edad de piedra más temprana y los artefactos líticos pulimentados de los periodos posteriores. Sobre esta base, en 1865 Lord Avebury (antes Sin John Lubbock) distinguió entre el Paleolítico (Edad de la Piedra Antigua) y el Neolítico (Edad de la Piedra Nueva). Al continuar los trabajos en diferentes partes de Europa, surgió una inevitable tendencia hacia la especialización, con ciertos investigadores precursores como Edward Lartet, Henry Christy, Victor Brun, Louis Lartet, Boyd Dawkins y Gabriel de Mortillet, que centraron su atención en las culturas paleolíticas de Europa.

De estas investigaciones resultaron varias clasificaciones del Paleolítico. Particularmente, la clasificación de seis periodos de Mortillet en 1869, como demostró el historiador de la arqueología Glyn Daniel, "subsistió como base de la clasificación paleolítica hasta bien entrado el siglo xx". La clasificación de Mortillet representaba una adaptación del método de "fósil tipo" usado para los materiales arqueológicos en la paleontología y la geología. Esto es, ciertos artefactos encontrados en asociación con determinados estratos eran considerados como característicos de ese estrato en cualquier sitio donde se encontraran. De 1900 a 1930, la mayor parte de la investigación del paleolítico estaba encaminada a refinar o elaborar la clasificación original de Mortillet, en lo que hicieron notables trabajos el abate Breuil, el conde Begouen, Norbert Casteret, R. A. S. Macalister, H. Obermaier y D. Peyrony. Daniel habla de esta fase de los estudios paleolíticos como de "la superación del tratamiento de épocas geológicas de Mortillet y la Escuela Francesa, y del tratamiento tipológico de... la Escuela Escandinava". Con ello se entiende que ciertos conjuntos de artefactos se identificaban tanto como etapas tecnológicas o como periodos cronológicos basados en asociaciones geológicas y estratigráficas en lo que era, en las palabras de Daniel, "un matrimonio inestable de conceptos geológicos e históricos".

Durante los últimos treinta y cinco años un creciente número de arqueólogos han criticado este método tecnológico-geológico de clasificación. Entre otras cosas han señalado que las subdivisiones del paleolítico no denotan culturas sino tecnologías, basadas frecuentemente en un solo tipo de utensilio. Aunque la palabra "cultura" se suele aplicar a tales conjuntos de artefactos, este uso es muy inadecuado en el sentido sociológico o antropológico. Últimamente ha habido una tendencia a intentar la reconstrucción de aspectos de la pasada conducta humana más amplias que el de la sola tecnología. La mayor parte de este trabajo se ha centrado en los sistemas económicos prehistóricos y campos afines, como la ecología, la demografía, los patrones de asentamiento y el comercio. En 1944, V. Gordon Childe propuso que los marbetes del sistema de las tres edades se abandonaran como marcadores cronológicos y se conservaran como términos tecnológicos. En algunos trabajos posteriores Childe sugirió que el término "paleolítico" se debería referir a las sociedades antiguas que dependían de la caza y recolección de alimentos silvestres para su subsistencia, y que el término "neolítico" se aplicara a las sociedades agrícolas del pasado. Así, cuando Childe hablaba de la "revolución neolítica", no se refería a un cambio de utensilios de piedra labrada a los de piedra pulimentada, sino a un cambio de la economía de caza a la de horticultura. En años más recientes, investigadores como Robert Braidwood y Grahame Clark han refinado y ampliado este método económico para estudiar la prehistoria.

Otros problemas surgieron cuando se aplicó la clasificación tecnológico-geológica en áreas fuera de Europa occidental. Al realizarse trabajos arqueológicos en sitios como el Medio Oriente y África, se levantaron continuos debates sobre la ventaja de extender la terminología de la clasificación europea para incluir materiales que difieren en muchos aspectos de los especímenes tipo. Finalmente, las evidencias de excavaciones realizadas en Europa han demostrado que varias épocas que se pensaba eran sucesivas, en realidad fueron contemporáneas.

Por esta y otras razones los arqueólogos en la actualidad se encuentran en la anómala posición de usar términos derivados de la vieja y en cierto modo poco satisfactoria clasificación tecnológico-geológica, mientras que al mismo tiempo desarrollan métodos que eliminarán la necesidad de emplear esos términos o ampliarán su significado para incluir otros aspectos más amplios de la conducta humana además de la tecnología. La idea del Paleolítico está ahora en un estado de flujo, con un creciente interés en estudios que incluyan demografía, climas y poblamientos antiguos, y otros temas ampliamente ecológicos y antropológicos. Para los arqueólogos que trabajan en estos aspectos, el Paleolítico ha adquirido el significado de un modo de vida, definido de modo general como una economía basada completamente en la caza y la recolección (incluyendo la pesca) en la que los utensilios de piedra y hueso son de importancia fundamental en la tecnología. Dentro de este marca de referencia hay una gran variedad de adaptaciones de acuerdo con las diferencias en habitat y recursos locales, pero generalmente hablando, éste es un modo de vida que ha caracterizado la historia del hombre desde sus comienzos hasta la invención y difusión de la agricultura dentro de los últimos 10 mil años. El modo de vida del Paleolítico ha sobrevivido hasta el presente o el pasado reciente en unas cuantas regiones remotas que están pobremente dotadas para la agricultura, tales como las costas árticas de Groenlandia, Canadá y Alaska, el desierto de Kalahari en África, y el desierto australiano. En breve, la idea del Paleolítico es más útil en nuestros días como un amplio marbete para designar un modo de vida y la tecnología que lo acompaña, que como un periodo de tiempo en la historia humana.

La hechura de utensilios de piedra

¿Qué clase de materiales buscaba el hombre primitivo cuando hacía utensilios de piedra? La principal preocupación era encontrar un material lítico en el cual pudiera obtener un borde afilado de trabajo para cortar, raspar y dar forma a materiales tales como la piel, la madera y el hueso. Ciertos tipos de piedra con un alto contenido de sílice —pedernal, cuarcita, calcedonia, obsidiana y otros— eran más adecuados para ello y figuran de modo preponderante en los conjuntos de utensilios del hombre primitivo. Donde estos materiales escaseaban o estaban ausentes, los hombres usaban variedades de piedra con grano más pronunciado y textura más rugosa —como varios cuarzos y basaltos— que no eran precisamente ideales para este propósito, pero que, sin embargo, podían servir. En los tiempos históricos hay muchos casos documentados, particularmente entre los indios americanos y los aborígenes australianos, de pueblos que han encontrado en el vidrio roto un material ideal para hacer muchas de las herramientas que antes hacían de piedra.

Varios estudios de antiguas canteras de pedernal y del comercio de material líticos han mostrado cuan importante era la selección de una adecuada materia prima para el hombre paleolítico. Todavía queda mucho trabajo por hacer en este campo, pero está adquiriendo una gran importancia el análisis de los materiales líticos en sitios arqueológicos para determinar las fuentes de materia prima (y así inferir los patrones prehistóricos de comercio y transporte). Un nuevo estudio en este campo, llamado el "análisis de activación de neutrones", ofrece la perspectiva de una precisión absoluta en la identificación de materiales líticos y sus fuentes de origen. Esta técnica ha sido probada recientemente en artefactos de obsidiana hechos por los antiguos indígenas en el oriente de los Estados Unidos, y gracias a ella se logró localizar la fuente de la materia prima en Yellowstone Park, en Wyoming. En la región mediterránea se han llevado a cabo estudios similares.

Un golpe seco con una piedra sobre un núcleo de pedernal, calcedonia o cualquiera de estos materiales silicosos, produce una lasca que mostrará características distintivas, como son el plano de impacto, el bulbo de percusión y las marcas radiales que parten del punto de impacto, acompañadas por radiales y una cicatriz bulbar. El núcleo o nódulo del cual fue desprendida originalmente la lasca mostrará un correspondiente bulbo negativo. Los arqueólogos buscan estos detalles cuando tratan de reconocer lascas de piedra que son resultado de la actividad humana, aunque se debe admitir que en condiciones especiales pueden aparecer lascas que muestren todos o casi todo estos rasgos como producto resultante de condiciones naturales. Generalmente, un arqueólogo también confía en el sitio, en el que encuentra las lascas para decidir si son o no de factura humana. Por ejemplo, lascas de piedra encontradas en asociación con hogares y huesos animales astillados sugieren una habitación humana, mientras que las lascas de piedra encontradas en la superficie del suelo sin otro acompañamiento cultural pueden ser un caso bastante más incierto.

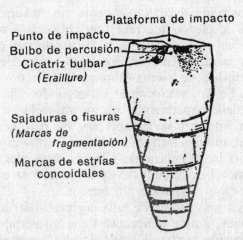

Fig. 1. Diagrama que muestra las características de la superficie bulbar de una lasca de pedernal producida por percusión

A fines del siglo xix se especuló en el sentido de que el hombre pudo haber vivido en tiempos preglaciales, durante el Plioceno. Acompañaba a esta idea el argumento de que los utensilios de este hombre primitivo pudieron ser aún más toscos que las hachas de mano más simples, al consitir en rocas con bordes naturalmente afilados que sencillamente eran recogidas, usadas y desechadas, sin que se hiciera ningún esfuerzo para retocarlas o darles forma. El término "eolito" (literalmente, piedra del amanecer") se acuñó para definir esos artefactos mínimos, que durante muchos años fueron centro de controversias, las que todavía aparecen de vez en vez. Ciertamente, no es nada absurdo que pudieran haber existido artefactos mínimos como éstos, y en apoyo de esta idea basta observar que algunos ejemplos vivientes de la Edad de la Piedra, como los aborígenes del desierto australiano, usan rocas sin retoque, palos y otros materiales para fines diversos como parte de su conducta. Aún después de usados, es difícil o imposible identificar la mayoría de estos "utensilios instantáneos", a menos que hayan sido transportados del sitio donde ocurren naturalmente o que se encuentren en asociación con otros restos culturales. Un aborigen puede recoger una roca con borde afilado para usarla como hacha de mano improvisada para trabajar madera o puede usar un trozo de madera sin desbastar como maza. Pero el reconocimiento de este hecho no debe llevar a la suposición de que el hombre vivió en el Plioceno. De hecho, la hipótesis "eolítica" es difícil, si no imposible, de probarse arqueológicamente y debe permanecer como algo especulativo.

Los arqueólogos pisan terreno más firme, sin embargo, cuando identifican artefactos de piedra que muestran patrones o regularidades en el lasqueado, ya sea en la forma de la lasca primaria o en el retoque secundario. En general, se usaban dos tipos principales de lasqueado para fabricar utensilios de piedra labrada; la *talla por percusión* y la *talla por presión*. Se conocen diversas variantes de cada método, y está en proceso el trabajo experimental de los arqueólogos para ver si todavía se pueden inferir más técnicas en los patrones de lasqueado descubiertos en el antiguo instrumental lítico. Estos experimentos también han revelado la existencia de técnicas especiales para aumentar el lasqueado, como el calentamiento de la calcedonia para permitir un trabajo más fino en el lasqueado por presión.

Tal vez la forma más simple de talla por percusión sea la técnica de bloque sobre bloque, donde el operario toma un nódulo de pedernal y lo golpea directamente contra el borde de otra piedra de mayor tamaño. Los aborígenes del desierto occidental de Australia practican en nuestros días una forma modificada de esta técnica al recoger grandes rocas y golpearlas contra núcleos de calcedonia en las canteras, desprendiendo numerosas lascas primarias de las que solamente unas cuantas son seleccionadas para usarse o ser retocadas. Las lascas producidas por este medio son generalmente toscas y gruesas; se hace muy poco esfuerzo por conservar la materia prima.

Con otros tipos de lasqueado por percusión es evidente un mayor esfuerzo para la conservación del pedernal o calcedonia. Las primeras hachas de mano y raspadores, esto es, grandes utensilios de piedra sostenidos por la mano, se retocaban por medio de percusión directa con pequeños martillos de piedra. Estos instrumentos han sido llamados por los arqueólogos utensilios de núcleo, a diferencia de los artefactos hechos con las lascas desprendidas de los nódulos, que reciben el nombre de utensilios de lascas. Esta distinción es útil aunque algo arbitraria, ya que sucede a veces que el mismo nódulo es en sí una lasca de gran tamaño, dado que las lascas pueden ser de tamaño suficientemente grande como para haber sido sostenidas y usadas de modo muy semejante a los llamados utensilios de núcleo. Tal vez es más útil distinguir entre núcleos que fueron empleados desde un principio como fuente para producir lascas que se convertirían en utensilios, y núcleos trabajados con la intención de que fueran artefactos en sí mismos. La talla por percusión por medio de un trozo de madera o un pedazo de asta

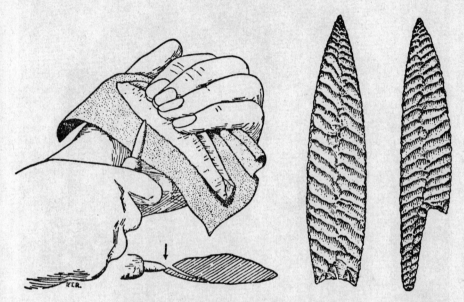

Fig. 2. La talla por presión es una técnica relativamente avanzada para la manufactura de utensilios de piedra. Se usa ordinariamente para dar forma a los implementos y proporcionarles buenos bordes afilados

permite un control aun mayor que cuando se usa un pequeño martillo de piedra. Otro método económico de talla por percusión que puede dar origen a un retoque sumamente regular es la técnica de percusión indirecta, empleando un trozo aguzado de madera o hueso en combinación con un martillo de piedra. Con este método el operario puede dirigir la fuerza del golpe con precisión extrema. Los arqueólogos creen que parte del trabajo en pedernal más sobresaliente técnicamente hecho por el hombre de la Edad de la Piedra fue realizado con este método.

En general, la talla por presión permite un control y una precisión en el trabajo en piedra mayores que los obtenidos con los métodos de percusión. Se ha observado etnográficamente entre los indios norteamericanos (el caso más famoso es el de Ishi, el indio yahi que pasó

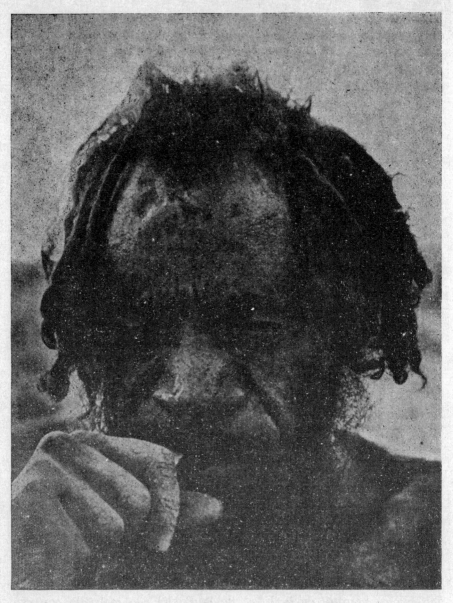

Fig. 3. Aborigen del desierto australiano que retoca con los dientes una azuela de lasca de piedra

los últimos años de su vida en San Francisco) y los aborígenes en la región de Kimberley del noroeste de Australia. Con esta técnica, las orillas de la lasca se desbastan con una piedra para ofrecer una angosta plataforma contra la cual el operario hace presión con un trozo puntiagudo de madera, hueso o asta. Oprimiendo fuertemente con esta punta, es posible desprender una sola lasca angosta, y el proceso se repite hasta que se ha desprendido una hilera de lascas. Otra técnica, que se supone era empleada por los indígenas del México antiguo, implica el uso de un apoyo de pecho para aumentar la cantidad de la presión ejercida y una abrazadera para mantener fija la pieza tallada. Tal vez el método más grotesco de lasqueado por presión es el usado actualmente por los aborígenes del desierto occidental de Australia, que consiste en desprender las lascas con los dientes. En este caso el trozo de piedra que se retoca se ata al extremo de una herramienta de madera como un propulsor de venablos o una maza permitiendo sujetarla con firmeza mientras es trabajada. Este método de talla a presión por medio de mordidas fue empleado también por los indios de las Grandes Llanuras de América del Norte, según Castañeda, cronista de Coronado (1541).

LA PREHISTORIA MUNDIAL:
UNA GUÍA PARA EL LECTOR

Al describir la Edad de la Piedra de diferentes partes del mundo es fácil confundirse con los numerosos sitios y secuencias arqueológicas descubiertos por los arqueólogos. Sin embargo, el trabajo ha avanzado lo suficiente como para que los arqueólogos puedan llegar a ciertas hipótesis generales acerca de la historia temprana de la cultura humana. Aunque se basan en una abundancia de pruebas disponibles, estas generalizaciones se consideran aquí como hipótesis porque continuarán necesitando ser probadas. En este capítulo se tratará por separado la arqueología del Paleolítico de cada región importante del Viejo Mundo, y puede ser útil mencionar aquí unas cuantas tendencias generales de la tecnología de la Edad de la Piedra de acuerdo con la investigación llevada a cabo hasta hoy en cada región. Tal vez el desarrollo más evidente fue el cambio de utensilios de piedra de uso general (donde cada utensilio servía para diversas funciones) a utensilios más especializados; esto es, verdaderos juegos de herramientas con instrumentos especiales para cada función. Esta transición ocurrió en épocas diferentes en distintos lugares, pero parece que finalmente sucedió en todas partes del mundo a excepción de Tasmania. Junto con esta tendencia, ocurrió la aparición de herramientas hechas con el propósito de fabricar otras herramientas. En esta categoría se incluyen utensilios como taladros, grabadores y buriles (implementos parecidos a cinceles usados para cortar hueso, asta y madera). Al aumentar esta tendencia hacia la especialización en los utensilios de piedra, hubo también una tendencia hacia tradiciones más localizadas de fabricación de utensilios. Así, se observa una creciente proliferación de tipos y estilos localizados de herramientas junto con la aparición de otros rasgos como diversas maneras de disponer de los muertos, arte rupestre y lítico, patrones de asentamiento y otros fenómenos arqueológicamente complejos.

África

La evidencia arqueológica obtenida hasta ahora indica que las huellas más antiguas de cultura humana vienen de África. Éstas se presentan bajo la forma de instrumentos de cantos rodados y guijarros (*pebble tools*) asociados con homínidos fósiles (*Australopithecus*) y fauna de la época del Pleistoceno Inferior en una serie de cuevas en África del Sur, en la Garganta de Olduvai en Tanzania (antes Tanganica), y en localidades en Kenia, Etiopía, Argelia y Marruecos. Debido a su larga secuencia de restos estratificados y al hecho de que la mayoría de los hallazgos importantes han sido hechos *in situ* durante excavaciones controladas, a partir de 1959 la atención se ha centrado en los trabajos en la Garganta de Olduvai del doctor y la señora L. S. B. Leakey.

La industria oldowense del Lecho I en la Garganta de Olduvai está formada por guijarros de lava y cuarzo (*pebble tools*) con lascas desprendidas en dos direcciones en un extremo (para hacer un instrumento algo puntiagudo) o en una hilera en uno de sus lados. En asociación con estas sencillas tajaderas de piedra hay una serie de fósiles homínidos que han sido llamados *Zinjanthropus* y *Homo habilis* por los investigadores, pero que son considerados generalmente como representantes del género *Australopithecus*, aunque el *Homo habilis* se considera como algo más evolucionado. Los depósitos del Lecho I de la Garganta de Olduvai han sido fechados por medio de una nueva técnica, el método del potasio-argón, con un resultado de 1 750 000 a 2 millones de años. Debido a la inesperada gran antigüedad de estos fósiles, este método de fechamiento dio lugar a largas controversias. Se hicieron otras pruebas, y éstas confirmaron los primeros resultados, por lo que la mayoría de los arqueólogos aceptan ahora estas fechas. En la parte inferior del Lecho I se encontró un claro semicircular que los

Leakey y otros han sugerido que pudo haber sido la base para un primitivo rompevientos usado por estos tempranos homínidos.

La Garganta de Olduvai no sólo es notable por estos restos antiguos, sino también por la larga secuencia de los subsiguientes materiales fósiles y culturales. El Lecho I, que es el más bajo nivel arqueológico del sitio, consiste en tufa volcánica hasta de 40 metros de espesor en los cuales se han identificado cuatro niveles de cultura oldowense. Encima de éste descansa el Lecho II, una formación que consta ante todo de sedimentos depositados por viento y agua y que varía entre 20 y 30 metros de espesor. El Lecho III, de 10 a 15 metros de grosor, está encima del Lecho II y consiste principalmente en sedimentos depositados por agua. Sobre éstos hay un depósito de 45 metros de espesor de sedimentos eólicos y depositados por agua (Lecho IV), que indica un cambio a un medio ambiente semiárido. Finalmente está el Lecho V que contiene evidencia de fases pluviales (periodos de aumento de las lluvias) a fines del Pleistoceno.

Hay materiales culturales en todos estos niveles. En la parte baja se encontraron utensilios oldowenses, mientras que más arriba un porcentaje de los utensilios mostraron señales de una artesanía más sistemática. Esto de hecho señala los comienzos de la industria Chelles-Acheul de hachas de mano. En el Lecho II algunas de estas hachas de mano están retocadas en ambos lados de cada borde (llamado "retoque bifacial" por los arqueólogos) por el método de talla por percusión para formar utensilios de forma de pico o pera parecidos a algunas de las antiguas hachas de mano observadas primeramente por Frere, Mortillet y otros científicos europeos. También se encontró en el Lecho II el "cráneo chelense": restos fósiles de una forma humana clasificada como perteneciente al género *Pithecanthropus* (y más recientemente asignada al género *Homo*). Las fechas de potasio-argón del horizonte asociado con este cráneo da una edad de 490 000 años, pero debe advertirse que este método de fechamiento ha probado ser algo impreciso cuando se aplica a niveles de tiempo más recientes. La primera industria de hachas de mano del Lecho II también se encontró asociada con fósiles de la fauna gigante del Pleistoceno Medio.

Los Lechos III y IV contienen con creciente frecuencia hachas de mano, con regularidades de manufactura que eventualmente se transforman en una industria llamada el acheulense de África oriental. Mientras que las hachas de mano más tempranas (llamadas generalmente chelenses) fueron hechas con la técnica de bloque sobre bloque o por lasqueado por percusión con un martillo de piedra, las hachas de mano acheulenses se consideran hechas por medio de talla por percusión con golpeadores de madera o hueso o tal vez mediante la técnica de percusión indirecta. La secuencia acheulense de Olduvai también se caracteriza por la presencia de bifaces de forma de cuña llamadas "cuchillas" (cleavers) por los arqueólogos. Se piensa que éstas eran usadas principalmente para descuartizar y desollar los cuerpos de los animales, y aparecen en abundancia en las industrias acheulenses en toda África. El Lecho V de Olduvai contiene un instrumental lítico mucho más reciente conocido como Capsense de Kenia.

CUADRO I. Secuencia de la Garganta de Olduvai
(adaptada de Oakley)

Etapas culturales			Lecho núm.	Divisiones geológicas
		Chelles-Acheul de África Oriental		
Acheulense de	VI	11	IV	Pleistoceno
África	V	10		Superior
Oriental	IV	9		
	III	8		
	II	7		
	I	6	III	
		5 ⎫		
		} Transicional		Pleistoceno
Chelense de		4 ⎭		Medio
África Oriental		3		
		2	II	
		1		
		Oldowense (pre-Chelles-Acheul)		
				Pleistoceno Inferior
			I	

Contemplados como un todo, los cambios en las tradiciones líticas en la Garganta de Olduvai son más bien graduales que bruscos. Aun después de que las primeras hachas de mano Chelles-Acheul aparecen en el Lecho II, más del 50% del conjunto consiste en artefactos indistinguibles de los tipos oldowenses. Similarmente, el cambio de hachas de mano chelenses a acheulenses implicó mejoras graduales, con lasqueado más regular y bordes menos sinuosos, y no la abrupta introducción de una nueva tecnología. A lo largo de esta secuencia hubo también una tendencia de la gente posterior a usar una mayor variedad de materiales líticos en la fabricación de utensilios que al principio.

En otras partes de África se ha encontrado una secuencia parecida en la tradición Chelles-Acheul. En la región del valle del Vaal de África del Sur hubo una secuencia similar, aunque no idéntica, de herramientas de piedra, apareciendo en las fases acheulenses las principales diferencias de la secuencia de África oriental. Conviene destacar aquí un tipo de técnica de núcleo preparado que implica el desprendimiento de una sola lasca de gran tamaño adecuada para ser retocada para dar lugar a una azuela. Ésta ha sido llamada la técnica de Victoria occidental, y representa un desarrollo tecnológico semejante en cierto modo a la técnica proto-levalloisiense presente entre algunos grupos acheulenses tardíos en Europa. Sin embargo, las pruebas recientes sugieren que éstos no fueron desarrollos históricamente ligados, sino que ocurrieron independientemente, aunque son más o menos contemporáneos.

Un conjunto de artefactos chelenses de una localidad en Stellenbosch en África del Sur fueron atribuidos anteriormente a una cultura Stellenbosch. Tanto en Olduvai como en otros sitios es evidente que en todas las épocas se usaron lascas de piedra así como tajadores (choppers) y hachas de mano. Aun en el contexto del Lecho I estas lascas parecen haber servido como raspadores. También se reportan numerosas lascas de piedra y tajadores de canto rodado en las cuevas de África del Sur que se sabe contienen varias formas de Australopithecus. La presencia de numerosos huesos astillados y cráneos fracturados de animales en algunas de las cuevas de África del Sur ha llevado a Raymond Dart, el investigador que hizo el primer descubrimiento de un australopitécido en 1924, a proponer que estos tempranos homínidos usaban como armas huesos, cuernos y quijadas de animales sin ningún retoque. Él, llamó a esto la cultura "Osteodontoquerática". Sus argumentos acerca de la existencia de herramientas antiguas de hueso son razonables, pero comparten algunos de los atributos de la hipótesis "eolítica" propuesta a fines del siglo xix y es muy difícil de probar científicamente.

En África oriental, la cima de la artesanía acheulense apareció durante el acheulense IV (el Chelles-Acheul 9 de Leakey) bajo la forma de hachas de mano extremadamente bien trabajadas. Se han hecho excavaciones en sitios de ocupación de este periodo en Isimila en Tanzania y en Lewa, Olorgesailie, y Kariandusi en el valle del Rift de Kenia. En Olorgesailie fueron abundantes los restos de alimentos de este periodo, con el mono gigante, caballo extinto y cerdo gigante como presas principales cazadas en épocas diferentes. También fueron encontradas aquí bolas de piedra poliédricas y esféricas, así como en la mayoría de otras localidades cheulenses de África oriental, y Leakey ha sugerido que éstas fueron usadas como boleadoras para cazar.

Pruebas del uso del fuego no aparecen sino hasta la fase final de la cultura acheulense en África del Sur. Entre los sitios importantes de la etapa acheulense final en África están las cataratas de Kalambo en Rhodesia del Norte, la cueva de Montagu en África del Sur, y Hope Fountain y Broken Hill en Rhodesia. De interés excepcional son los artefactos de madera de las cataratas de Kalambo. Se piensa que los depósitos en este sitio han estado saturados de agua desde el Pleistoceno, lo que explica el notable estado de conservación de palos de madera para excavar y otros artículos asociados con utensilios de piedra. Se ha obtenido una fecha de radiocarbón de 57 mil años a.p. (antes del presente) en algunos ejemplares de estas maderas. Entre los implementos de piedra descubiertos en Hope Fountain y otros sitios cercanos se incluyen tajadores de nódulo e implementos de lascas que difieren de las herramientas acheulenses más generalmente aceptadas, pero los arqueólogos creen que esta diferencia puede explicarse más fácilmente considerando los sitios de Hope Fauntain como diferentes áreas estacionales o de actividad especial del mismo pueblo más bien que como un grupo diferente de los fabricantes de hachas de mano acheulenses.

Con relación al resto de la prehistoria humana, el cuadro que se ha descrito ha sido de un desarrollo continuo y extremadamente lento, con mejoras graduales en unos pocos tipos básicos de hachas de mano, azuelas y otros utensilios de piedra no especializados que comprenden el 98.75% del tiempo que se cree que ha existido el hombre que utiliza herramientas. En el restante 1.25% de la existencia conocida del hombre es cuando ocurren los cambios más rápidos y se dan las mayores especializaciones en la tecnología. E.S. Deevey ha estimado que hace dos millones de años la población total homínida de la tierra sumaba entre 100 mil y 125 mil individuos, todos los cuales se cree eran australopitécidos que vivían en África. Considerando la abundancia de otras especies, ésta era una población entre modesta y pequeña. Se piensa que el advenimiento de implementos líticos dio estímulo a un rápido aumento, de tal modo que hace 300 mil años la población debió haber sido de alrededor de 1 000 000 de individuos. Para entonces ya el *Homo erectus* había poblado toda África y Eurasia. Hace 25 mil años, con la aparición del hombre completamente moderno, el *Homo sapiens*, su número debió haber crecido a 3 300 000, algunos de los cuales llegaron a Australia y otros estaban a punto de extenderse al Nuevo Mundo. En contraste, la población del mundo en 1950 era de alrededor de 2 400 millones, y todo indica un incremento aún más rápido en el futuro cercano. De modo general, las estimaciones de crecimiento dadas por Deevey son paralelas a los cambios observados en el registro arqueológico, en el que las mayores tasas de expansión ocurrieron dentro del último 0.5% de la historia conocida del hombre. Cuando Deevey continúa afirmando que un 3% de todos los seres humanos que han existido viven actualmente, se hace eco de una impresión que es aparente, también, en el registro arqueológico, de un fenomenal aumento del desarrollo humano en la tecnología, economía y población en tiempos relativamente recientes, frente al alcanzado durante casi todo el transcurso de la historia humana.

Al sur del Sahara, en África, dos principales tradiciones de utensilios surgieron después del acheulense final: la cultura fauresmith en las sabanas abiertas de África meridional y oriental y la cultura sangoana de los bosques y regiones ribereñas de África central. La lauresmith representaba una dependencia continua de hachas de mano bifaciales bien trabajadas, esencialmente parecidas del acheulense final, pero con diferentes métodos de retoque. Las hachas de mano fauresmith a ser más pequeñas que sus predecesoras acheulenses, y aparecieron nódulos discoidales en el instrumental utilizado para el desprendimiento de una o más lascas. Algunas de las lascas fauresmith eran lo suficientemente largas como para ser llamadas navajas o lascas-navajas por algunos arqueólogos. Casi al mismo tiempo, se extendía por África central la tradición sangoana, que consistía principalmente en picos de piedra, hachas de mano toscas, raederas de piedra, y que utilizaba lascas y núcleos de dorso abultado. Muchos de estos utensilios se interpretaron como adecuados para trabajos en madera, que formaban parte de una adaptación general a la vida en una región muy boscosa. En las cataratas de Kalambo, el sangoano de Rhodesia ha proporcionado fechas de radiocarbón de alrededor de 40 mil a 43 mil años a.p.

Las tendencias hacia la especialización funcional y la variación regional, ya evidentes en las tradiciones fauresmith y sangoana, se hicieron todavía más pronunciadas en las tradiciones posteriores. Durante un periodo de aumento de las lluvias ya avanzado el Pleistoceno, llamado el Pluvial Gambliano, apareció una tradición de artefactos conocida como Proto-Stillbay. Parece haber evolucionado del Sangoano tardío, y culminó en la tradición llamada stillbay. Las industrias stillbay se caracterizaron por puntas bifaciales, raspadores con muescas, bolas de piedra y una diversidad de herramientas tajantes no especializadas. Los sitios Proto-Stillbay se hallan en todas las sabanas y pastizales de África oriental y Rhodesia. En su forma plenamente desarrollada mostraron puntas de forma de hoja bien acabadas. Aproximadamente al mismo tiempo la región del *bushveld* fue ocupada por la tradición pietersburg,

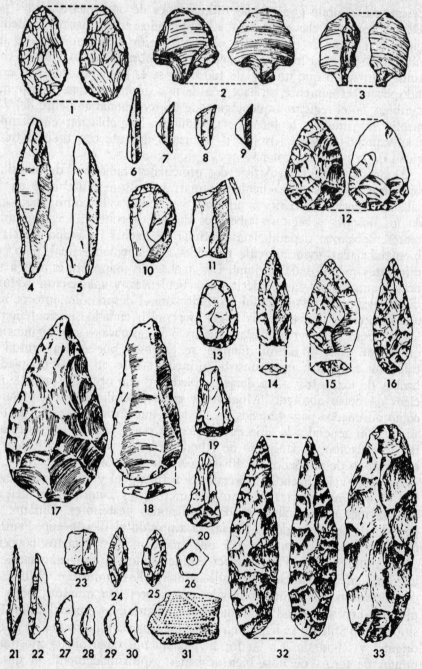

(Según Learkey, Burkitt y Wulsin)

notable por sus puntas triangulares y raspadores de núcleo cuidadosamente acabados. En la cueva de Hearths, en África del Sur, las fechas de radiocarbón señalaron una antigüedad de unos 13 mil años a.p. en los materiales del Pietersburg tardío.

Mientras tanto, en Angola, Zaire y partes de África oriental y Rhodesia, que tenían densos bosques, surgió otra tradición de utensilios líticos con definidos antecedentes del Sangoano: la cultura lupemblense, que conservó muchas de las herramientas para trabajar madera del Sangoano, incluidos picos, hachas de mano, artefactos en forma de cuña, y diversos raspadores. El instrumental lupembiense también incluía angostas puntas de piedra, finamente trabajadas. La tradición lupembiense tuvo larga vida, como lo indican fechas de radiocarbón de unos 28 mil años a.p. en las cataratas Kalambo y 12 500 años a.p. en Mufo, Angola: en otras palabras, abarcó casi todo el periodo Pluvial Gambliano. En Mufo el lupembiense tardío fue sucedido por una tradición llamada lupembo-tshitoliense, que de acuerdo con el método del radiocarbón, data de hace unos 9 200 años. Este cambio incluyó la introducción de un gran número de pequeños utensilios cuidadosamente hechos de navajas y lascas. Estos artefactos, llamados microlitos, fueron evidentemente ajustados a mangos de madera o hueso y representan la introducción de herramientas compuestas en contraste con las tradiciones anteriores, en las que todos los implementos de piedra eran sostenidos directamente con las manos cuando se usaban.

Fig. 4. *Implementos de la Edad de Piedra en África*

Utensilios típicos de la Edad de la Piedra procedentes de África del norte (núms. 1-11); oriental (núms. 12 y 31); del sur (núms. 13-30), y ecuatorial (núms. 32 y 33). Número 1, ejemplo de una punta s'baikiense; núms. 2 y 3, típicas puntas aterienses; núms. 4-11, serie que ilustra la cultura del capsiense inferior: navajas con dorso de tipo chatelperroniense (núms. 4 y 5); pequeña navaja con punta (núm. 6); triángulos (núms. 7 y 9); navaja truncada (núm. 8); raspador terminal (núm. 10); grabador en ángulo (núm. 11); núm. 12, punta típica de la cultura stillbay de Kenia (África oriental); núm. 13, "pico de pato", o raspador ovalado doble, lateral y terminal, de la cultura smithfield (África del Sur); núms. 14 y 15, tipos de puntas de la Edad de la Piedra media con plataforma de impacto facetada de las cataratas de Glen Gray (núm. 14), y Fish Hoek (núm. 15) en África del Sur; núm. 16, punta bifacial foliforme de la cultura stillbay (África del Sur); núms. 17 y 18, implementos típicos de la cultura fauresmith (África del Sur); núms. 21-30, serie de implementos que ilustran la cultura wilton de África del Sur: perforador (núm. 21); pequeña navaja con dorso (núm. 22); pequeño raspador terminal (núm. 23); lúnulas dobles (núms. 24 y 25); cuenta de cascarón de huevo de avestruz (núm. 26); crecientes o lúnulas (núms. 27-30); núm. 31, tiesto de alfarería con típicos ornamentos incisos de la cultura wilton (Kenia, África oriental); núms. 32 y 33, implementos sangoanos de Zaire (África ecuatorial): típica punta alargada de hoja de laurel (núm. 32), e implemento bifacial de aspecto de pico (núm. 33).

La lupembo-tshitoliense representa en realidad sólo una parte de un cambio más amplio en las tradiciones líticas en toda África en la que llegaron a ser muy importantes los utensilios compuestos. En la región africana del sub-Sahara este cambio fue más notable en las industrias de la cultura magosiese. Entre estas industrias había diversos microlitos como navajas con dorso y lúnulas (pequeños crecientes de pedernal), así como pequeñas puntas triangulares y de forma de hoja hechas por talla a presión, y buriles. Las lascas y navajas se hacían por percusión indirecta, a veces en ambos extremos de un nódulo: la técnica es llamada lasqueado bipolar. Las industrias magosienses se extendieron por toda África oriental y del sur y tal vez se derivan de las tradiciones microlíticas que aparecen en África del norte más o menos al mismo tiempo. En las cataratas de Kalambo un instrumental magosiense tardío ha registrado una fecha de radiocarbón de alrededor de 7 600 años a.p.

En tiempos recientes el Magosiense fue sucedido por varias tradiciones de artefactos relativamente localizadas entre las que se cuentan la cultura doian, de Somalia meridional, la cultura hargesiense, de la meseta Somalí del norte, y las industrias wiltonienses de África oriental y del sur. En estas tradiciones aparecen pequeñas herramientas de piedra como navajas con dorso, buriles, lúnulas, pequeños raspadores (llamados "raspadores de uña" debido a su pequeño tamaño), y puntas de flecha.

El pueblo doian usaba cerámica, pero no hay evidencias de que practicara la agricultura. Las industrias wiltonienses han sido fechadas por medio del radiocarbón en diversas localidades de África oriental; en la cueva del río Matjes con 7 700 a 5 400 años a.p., en las Llanuras de Kafue en Zambia con unos 4 200 años a.p. en los rápidos del Lusu, en Rhodesia, con alrededor de 2 100 años a.p., y en el abrigo rocoso de Nsongezi con unos 1 000 años a.p. Se han encontrado algunas industrias wiltonienses tardías con cerámica hotentote. Mientras tanto, en una zona bastante limitada de África del Sur se han hallado restos de otra industria lítica tardía llamada smithfield. Aunque menos microlítica que la wiltoniense, esta industria muestra algunos microlitos junto con unos pocos artefactos de vidrio de botella, lo cual indica que persistió hasta los tiempos históricos. Se distingue por la presencia de raspadores alargados lo suficientemente grandes como para ser sostenidos con la mano. Estos y otros instrumentos tardíos representan culturas cazadoras en un tiempo en que la agricultura se había extendido ampliamente en toda el África sub-Sahariana y había desplazado casi totalmente a la caza como medio principal de subsistencia.

Como se mencionó antes, hay alguna evidencia de artefactos oldowenses en las regiones africanas al norte del Sahara, principalmente en Ain-Anech, en Argelia, y en Casablanca, en Marruecos. Sin embargo, no se han encontrado fósiles humanos asociados con estos utensilios. Hay industrias chelenses en Sidi Abderrahman, cerca de Casablanca, seguidos en este mismo sitio por una serie de materiales acheulenses. También hay industrias acheulenses en Sidi Zin en Túnez y en Ternifine en Argelia.

Después del acheulense en África del norte aparece una tradición lítica que difiere radicalmente de los desarrollos post-acheulenses del África sub-Sahariana y, en cierto modo, se parece más a los desarrollos de esa misma época en Europa occidental. Se trata de la aparición de la técnica levalloisiense, en la que se desprendía una sola lasca de un núcleo cuidadosamente preparado. En las industrias donde se emplea esta técnica se acostumbraba dar retoques adicionales para emplearlas como puntas o raspadores. En Europa esta técnica se derivó de la acheulense y llegó a ser un componente de otra industria diferente, pero ampliamente conocida, llamada musteriense. En África del norte la terminología de esta industria, llamada acheulo-levalloisiense, acentúa su aparente origen africano (o sea acheulense). La industria ha sido encontrada en sitios estratificados en el oasis de Kharga en Libia y a lo largo del Alto Nilo, en Egipto. En su fase más temprana y cuando se observa antes de que haya sido desprendida la lasca, se parece a las hachas de mano acheulenses. Más tarde estos nódulos se hacen pequeños, con las correspondientes hachas de mano más pequeñas y un creciente uso del retoque secundario. Con la aparición de estas industrias levalloisienses, las cavernas y refugios rocosos se convierten en importantes sitios de habitación humana en África del norte.

En el sitio de Bir-el-Ater, en el sur de Túnez, se descubrió una industria distintiva que parece representar el desarrollo más extendido de la tradición levalloisiense en África del norte. Esta recibe el nombre de ateriense y se distingue principalmente por la presencia de artefactos pedunculados o con espiga. Esta tradición se distribuía desde la costa de Marruecos hasta el valle del Nilo y se extendía hacia el sur para penetrar profundamente en el Sahara. Si bien las condiciones climáticas eran probablemente más húmedas que en el presente, hay por lo menos alguna evidencia que sugiere que los más meridionales de estos pueblos estaban adaptados a la vida del desierto. En Dar-es-Soltan, en Marruecos, se obtuvo una fecha de radiocarbón de más de 30 mil años a.p., mientras que los utensilios del ateriense tardío encontrados en Tibesti, en Chad, tienen una fecha de alrededor de 20 mil años a.p., de acuerdo con el mismo método. La mayoría de los arqueólogos concuerdan en que la espiga característica de los artefactos aterienses se hacía con el propósito de fijarlos a un ástil o mango. Los más pequeños eran probablemente puntas de lanza o de flecha, mientras que los artefactos pedunculados pueden haber sido raspadores. También aparecen en la tradición ateriense diminutas hachas de mano llamadas *petits coup-de-poings* por los arqueólogos franceses que las han desenterrado.

Así, en África del norte aparece evidencia clara del uso de mangos antes de haber industrias microlíticas. Puede argüirse, sin embargo, que las herramientas compuestas hechas con microlitos representan un tipo diferente de enmangamiento que el ocurrido en la tradición ateriense. Después del ateriense en África del norte aparece un instrumental verdaderamente microlítico que ha sido llamado en general oraniense (y en ocasiones, ibero-mauritano). Los materiales oranienses se encuentran principalmente en la mitad occidental de África del norte e incluyen navajas de dorso retocado y lúnulas, así como otros microlitos geométricos. Más hacia el este, en Cirenaica, se han encontrado rastros de una cultura de navajas aún más antigua llamada tradición dabba, en la que abundan buriles y diversos utensilios hechos de navajas de dorso retocado. La secuencia de las industrias dabba se observa mejor tal vez en la cueva de Haua Fteah, en Cirenaica. Se cree que las industrias Dabba derivan de industrias similares en el Levante de hace 30 mil o más años.

En tiempos más recientes aparecieron en el norte de África tradiciones microlíticas locales muy semejantes a las de la región sub-Sahara. Una de las más importantes es la capsiense, mencionada por primera vez en relación con un gran sitio de "concheros" en El Mekta, en Túnez. En estas industrias había microlitos geométricos junto con nódulos de navaja distintivos, buriles, y grandes puntas de dorso romo de un tipo generalmente mencionado como chatelperroniense. También formaban parte del instrumental manos de mortero, leznas de hueso, y cuentas hechas de cascarón de huevo de avestruz. En los materiales capsienses de El Mekta se han obtenido fechas de radiocarbón de alrededor de 8 mil a 8 400 años a.p. Una cultura de navajas y buriles, similar en muchos sentidos a la capsiense, fue encontrada en el África sub-Sahariana: el capsiense de Kenia. Sonia Cole llama al capsiense de Kenia "una de las culturas más debatidas de todas las culturas de África oriental". La controversia en este caso se centra en la fecha del capsiense de Kenia, aunque también se discute si el capsiense de África del norte y el de Kenia estaban o no relacionados. Declaraciones recientes sugieren que el capsiense inferior de Kenia apareció hace alrededor de 30 mil años, mientras que el capsiense superior de Kenia ocurrió mucho después y puede en realidad haber estado relacionado con el capsiense de África del norte. Poco puede decirse ahora acerca del origen del capsiense inferior de Kenia, pero el capsiense superior de Kenia es mejor conocido por una amplia serie de sitios en el valle del Rift de Kenia y el norte de Tanzania. Son de especial interés las excavaciones de Leakey en la cueva de Gamble, en Kenia, donde se encontraron lúnulas del capsiense superior de Kenia en una posición que indica que habían servido como púas en una flecha de madera o punta de lanza. Estos hallazgos y los de las más pequeñas puntas aterienses en África del norte pueden contarse entre las evidencias más antiguas de la existencia del arco y la flecha en el mundo, aunque la validez de las pruebas está abierta al debate. También se encuentran en los depósitos del capsiense superior de Kenia raspadores de piedra, puntas de arpón de hueso, fragmentos de ocre rojo, cuentas de cascarón de huevo de avestruz, y aun fragmentos de cerámica. Esa cerámica muestra algunas afinidades con la cerámica temprana de Kartúm, fechada tentativamente alrededor de 7 mil años a.c.

Europa

A pesar de la riqueza de la nueva información procedente de África, la mayoría de los materiales arqueológicos que pertenecen al Paleolítico todavía provienen de Europa. El estudio del hombre paleolítico fue primeramente emprendido en Europa, por lo que ha habido tiempo suficiente para la acumulación de estos materiales; y han continuado haciendo allí excavaciones cuidadosas en gran escala que han aumentado la acumulación de datos y obligado a los hombres de ciencia a redefinir sus sistemas de clasificación cultural y de artefactos. Sucede así que muchos de los nombres-tipo de grupos de utensilios clave, tales como chelense, acheulense, musteriense, auriñaciense y otros, se originaron en Europa, aun cuando algunas de estas tradiciones de artefactos puedan no haber existido nunca allí.

Ha sido muy reciente el descubrimiento de artefactos de piedra, comparables en carácter y antigüedad con los utensilios oldowenses de África. En 1958 se descubrieron cuatro lascas y cinco guijarros-herramienta (pebble tools) en asociación con depósitos del Pleitoceno Inferior (que se piensan que son o más o menos contemporáneos de los Lechos I y II de la Garganta de Olduvai) en la cueva de Vallonet en Provenza (Francia). Aunque la cantidad de materiales recuperados en este sitio fue desalentadora, y no se encontraron restos fósiles humanos, los hallazgos fueron prueba suficiente de que el hombre vivió

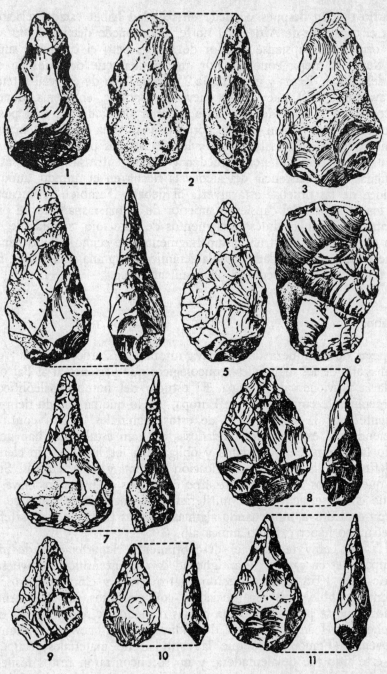

(Según Leakey y Burkitt)

en Europa durante el Pleistoceno Inferior. En conexión con este y otros hallazgos menos bien documentados, François Bordes ha preguntado: "¿se efectuó esta expansión [del Australopithecus] antes o después de la etapa de descubrimiento de los utensilios?" La evidencia disponible sugiere que la expansión del Australopithecus o de otra forma posterior intermedia con el Homo erectus procedió de África a Europa y Asia, pero todavía se carece de pruebas suficientes para responder a la pregunta de Borden.

Más recientemente, en las excavaciones de Vértesszöllös, al norte de Hungría, se han desenterrado huesos calcinados y astillados de animales juntos con tajadores (choppers), tajaderas (chopping-tools) y raspadores de pedernal en asociación con depósitos estimados en una edad de 500 mil a 200 mil años, de acuerdo con evidencias geológicas y zoológicas. Entre los implementos líticos se cuentan artefactos que pudieran calificarse como oldowenses junto con algunos que muestran un trabajo más cuidadoso. Uno de los investigadores ha sugerido para este instrumental el nombre de industria de buda.

No aparecieron hachas de mano en la cueva de Vallonet ni en Vértesszöllös, ni se encontraron en los depósitos de Clacton en la costa de Essex en Inglaterra. Esta última industria consistía principalmente en tajadores y tajaderas de pedernal junto con lascas características llamadas "lascas clactonienses", que estaban retocadas para emplearse como raspadores. Ha habido una larga controversia con respecto a la antigüedad de estas herramientas, ya que los primeros investigadores encontraban difícil reconciliar la presencia de una industria de lasca y tajadora con la existencia de las tradiciones de hachas de mano en Europa. Pero gracias a una intensiva revaluación, se ha confirmado a satisfacción de la mayoría de los arqueólogos la posición del clactoniense como una tradición definida de utensilios que los cálculos geológicos sitúan en una antigüedad entre 500 mil y 200 mil años.

Desde hace bastante tiempo se ha considerado como característica del Paleolítico Inferior en Europa occidental una tradición evolutiva

FIG. 5. *Implementos bifaciales del Paleolítico Inferior*

Hachas de mano abbevillenses (núms. 1-3) y acheulenses (núms. 4-11). Núms. 1-3, típicos ejemplos abbevillenses de depósitos del Pleistoceno Inferior en Europa occidental; núm. 4, ovado alargado (acheulense temprano medio); núm. 5, ovado típico acheulense; núm. 6, cuchilla, nótese el largo borde ligeramente cortante en vez de una punta; núm. 7, hacha de mano lanceolada; núm. 8, ovado del acheulense medio (IV) que muestra un giro en 'S'; núm. 9, hacha de mano de tipo subtriangular del acheulense tardío; núms. 10 y 11, típicas hachas de mano micoquenses (acheulense final).

de hacha de mano similar en mucho a la secuencia Chelles-Acheul de Olduvai, en África. Las hachas de mano más antiguas en Europa han sido llamadas abbevillenses, en honor del descubrimiento, en el siglo XIX, de depósitos que contenían fauna antigua y groseras hachas de mano en un pozo de grava en Abbeville, en el río Somme. Éste es el único sitio estratificado en Europa en donde se han encontrado estos artefactos, y de acuerdo con las normas actuales, las excavaciones dejaron mucho que desear. Las estimaciones hechas de acuerdo con la geología y fauna del sitio lo ubican hace unos 500 mil años, pero estos cálculos deben considerarse como una aproximación muy general. En otros sitios de Europa occidental se han encontrado bastantes hechas de mano abbevillenses, pero ninguna de ellas in situ. Una localidad de superficie en donde aparecen estos utensilios es Chelles, en Francia, donde fue reconocida esta tradición de hacha de mano y bautizada como chelense. Este nombre fue abandonado por los arqueólogos de Europa después del descubrimiento de depósitos in situ en Abbeville, pero su uso ha persistido en la arqueología de África.

En Europa hay una menor continuidad entre las tradiciones tempranas y tardías del hacha de mano, que la que hay en África, debido principalmente a perturbaciones del suelo causadas por los fenómenos glaciales. Se conocen materiales acheulenses posteriores en varios sitios explorados, entre los que se cuenta Saint-Acheul, cerca de Amiens, que ha dado el nombre a la tipología. Otros sitios cheulenses importantes son Cagny, también cerca de Amiens, Swanscombe, en Inglaterra (la misma localidad donde fueron encontrados los restos del Hombre de Swanscombe), Combe-Grenal, en el valle de Dordoña, y las localidades vecinas de Torralba y Ambrona, en el norte de España. Los tres últimos sitios mencionados son de particular importancia, ya que todos ellos han sido excavados recientemente en condiciones controladas.

En Combe-Grenal se han descubierto nueve capas de material del acheulense superior en depósitos atribuibles a la última parte de la glaciación Riss (el tercer gran avance de los hielos en el Pleistoceno) en Europa. En este sitio los materiales acheulenses consistían principalmente de lascas y utensilios de lascas (en proporción del 92 al 95% de la colección total), con solamente un pequeño porcentaje de hachas de mano en el instrumental. En excavaciones anteriores en otros sitios acheulenses había la tendencia a buscar hachas de mano y a ignorar las lascas, las cuales, sin embargo, probablemente existían en estos sitios. Así, ha crecido la sospecha entre los arqueólogos de que el acheulense —largamente considerado como el ejemplo clásico de una cultura de hachas de mano— pudo haber dependido más de los utensilios de lasca que de las hachas de mano. Bordes ha señalado que un examen más minucioso de los hallazgos originales en Saint-Acheul revela un total de 92 núcleos, 20 martillos de piedra, 968 lascas y 72 de otros tipos de herramientas, de las cuales solamente 15 eran hachas de mano. Los materiales de Saint-Acheul se derivan de una parte inferior (más antigua) de la glaciación Riss que los de Combe-Grenal, y Bordes ha sugerido que "hay un punto de divergencia en esta cultura acheulense, cuando a partir de este punto los utensilios de lasca se hacen más numerosos que los implementos bifaciales (hachas de mano y cuchillas)". Bordes ve ciertos antecedentes de los utensilios de lasca musterienses en este instrumental acheulense, aunque señala que generalmente está ausente la técnica levalloisiense a excepción de Cagny (un aspecto en el que los materiales de este sitio difieren en comparación con otros conjuntos acheulenses).

En Torralba y Ambrona se ha revelado un aspecto diferente de la cultura acheulense. Ambos sitios presentan evidencia de antiguas prácticas de caza de las gentes que fabricaban utensilios acheulenses. En Ambrona se descubrieron los restos fósiles de unos cincuenta elefantes de colmillos rectos (el extinto *Elephas antiquus*) en unión de utensilios de piedra y fogones. Los implementos, entre los que se incluyen numerosas hachas de piedra, estaban hechos con piedras de tipos no encontrados cerca del sitio, por lo que se puede suponer que fueron llevados al sitio para la cacería. Los cazadores parecen haber aprovechado la condición pantanosa del valle de Ambrona en aquella época para atrapar los elefantes, posiblemente acorralándolos en el pantano por medio de fogatas. La posición de los huesos de elefante en el sitio ha ofrecido evidencias útiles para inferir los métodos usados para descuartizar a los animales. El hecho de una caza comunal de piezas mayores como éstas ha llevado también a la aceptación de la idea de que estos grupos humanos debieron haber estado organizados en bandas bastante grandes o grupos temporales de bandas. Aunque no se han encontrado fósiles humanos en estos sitios, se presume, por los elementos geológicos y la comparación de artefactos de localidades africanas y de otros sitios, que los hombres que vivían y cazaban en el valle de Ambrona eran formas de *Homo erectus*.

Durante la cuarta (y final) glaciación del Pleistoceno en Europa, llamada Würm, apareció una diferente tradición de trabajo lítico que ha sido llamada musteriense. El complejo toma su nombre del sitio de Le Moustier, descubierto en 1908 en el valle de Dordoña, pero trabajos posteriores han revelado artefactos musterienses en numerosas localidades en Europa y, según se ha pretendido, en sitios tan lejanos como Rusia, el Cercano Oriente, y el centro de China. Una combina-

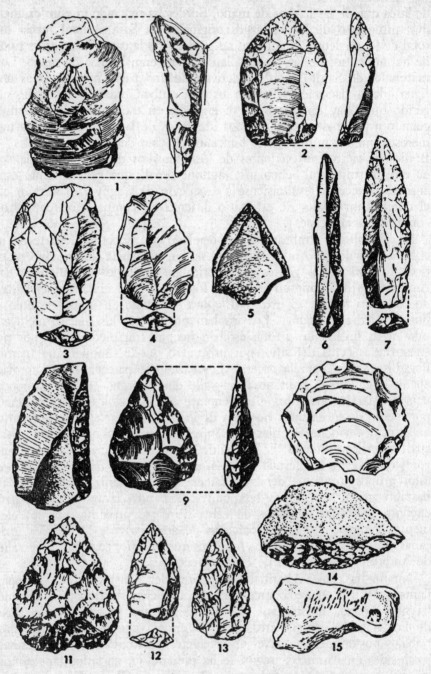

(Según Leakey, Burkitt y Brevil)

ción de fechas geológicas y de radiocarbón sitúan consistentemente los materiales musterienses entre 100 mil y 35 mil años a.c. En por lo menos veinte sitios en Europa y otros varios en el Cercano Oriente, se han encontrado artefactos musterienses asociados con restos fósiles del hombre de Neanderthal.

En sus análisis recientes, François Bordes distingue cuatro principales subtradiciones o fases del musteriense en Francia:

1. Musteriense típico: Esta fase consta principalmente de puntas, en su mayoría cuidadosamente hechas, y raspadores, para muchos de los cuales se utilizó el método levalloisiense. Las hachas de mano son raras.

2. Musteriense de Quina-Ferrassie: a veces esta industria es llamada charentiense, y característicamente contiene un elevado porcentaje de raspadores, entre los cuales hay algunos con retoque bifacial y otros hechos en gruesas lascas con bordes lateralmente aquillados. Muy poco de este material parece haber sido fabricado por medio del método lavalloisiense.

3. Musteriense denticulado; en ésta predominan los utensilios denticulados (herramientas con bordes serrados o muescas), mientras que están ausentes las hachas de mano y navajas con dorso y son poco comunes las puntas y raspadores. Todavía no se han encontrado restos humanos fósiles en asociación con materiales de esta fase del musteriense, ni es seguro que se haya usado la técnica levalloisiense.

4. Musteriense de tradición acheulense: esta tradición aparece en dos fases consecutivas: tipo A y tipo B. El tipo A, más antiguo, contiene numerosas hachas de mano con afinidades acheulenses. Parece ser parcialmente contemporáneo con la tradición micoquense, una industria de hachas de mano de la acheulense tardía en Europa occidental. También muestra una amplia variedad de utensilios de lascas,

---

Fig. 6. *Implementos del Paleolítico Inferior y Medio*

Utensilios clactonienses (núms. 1 y 2), levalloisienses (núms. 3-10), y musterienses (núms. 11-15; todos excepto núms. 9-11 y núm. 15 son lascas. Núm. 1, lasca típica del clactoniense temprano (I); núm. 2, utensilio de lasca bien trabajado del clactoniense tardío (III); núms. 3 y 4, lascas del levalloisiense temprano (1/II); núm. 5, lasca con punta de tipo "Chapeau-de-Gendarme", o sombrero de policía, con plataforma de impacto facetada, del levalloisiense medio (IV); núms. 6 y 7, navajas del levalloisiense medio; núm. 8, raspador lateral del levalloisiense medio; núm. 9, pequeña hacha de mano de la etapa del levalloisiense tardío; núm. 10, núcleo de tortuga (golpeado) del levalloisiense medio tardío; núm. 11, hacha de mano codiforme del musteriense; núms. 12 y 13, típicas puntas musterienses; núm. 14, raspador lateral musteriense; núm. 15, hueso utilizado en un horizonte musteriense del sur-centro de Francia.

principalmente raspadores y puntas, junto con algunos buriles, lascas con dorso, y raspadores terminales. El tipo B, la fase posterior, contiene pocas hachas de mano pero muestra muchas lascas y navajas denticuladas y con dorso, así como algunos buriles. En algunos sitios se ha encontrado un instrumental transicional entre los tipos A y B, pero como en el caso de la musteriense denticulada, no se han encontrado restos humanos fósiles asociados con materiales de la musteriense de tradición acheulense.

Estas cuatro fases de F. Bordes se aplican solamente a Francia, pero en toda Europa central aparecen materiales identificados como musterienses con afinidades con los de Francia. En Alemania, entre los instrumentos musterienses se incluyen utensilios foliformes bien trabajados bifacialmente llamados "Blattspitzen" que, en términos de calidad artesanal, son inigualados hasta la aparición de las puntas foliformes solutrenses muy posteriores. En Alemania occidental, los materiales de esta tradición contienen más evidencia de la técnica levalloisiense que la mostrada en las otras localidades.

Más hacia el oriente, son más comunes los raspadores laterales en las herramientas musterienses. Trabajos recientes sugieren que en la Europa centro-oriental los utensilios musterienses encontrados hasta ahora son una variante regional de la musteriense típica descrita por Bordes. En general, la musteriense de Europa centro-occidental (principalmente en Alemania) tiende a mostrar afinidades más cercanas con las fases musterienses de Francia descritas por Bordes, que con las de Europa centro-oriental. La técnica levalloisiense en general está pobremente representada en las industrias musterienses de Europa central, en contraste con la musteriense de Europa occidental.

La pregunta entre los arqueólogos de hoy es: ¿Qué significan esas diferentes fases de la musteriense con respecto a la conducta humana? El problema ha sido expresado sucintamente por Oakley, quien pregunta: "¿Nos encontramos realmente con grupos de gente con diferentes tradiciones, o con manifestaciones de diversos tipos de actividad llevados a cabo por grupos con la misma tradición, pero en circunstancias variables?" Esta pregunta todavía no ha sido contestada, pero los arqueólogos buscan empeñosamente modos de resolver problemas como éste. Entre los diversos métodos actualmente empleados por los arqueólogos en un esfuerzo para resolver los problemas planteados por los datos musterienses y otras antiguas culturas paleolíticas se cuentan el análisis estadístico de colecciones de artefactos, experimentos en trabajos líticos, exámenes microscópicos de utensilios de piedra para buscar pruebas de patrones de uso, y la etno-arqueología (el estudio de sociedades contemporáneas para determinar patrones de uso de implementos, de asentamiento, de descuartizamiento de las piezas cazadas y otros aspectos "arqueológicos" de la conducta).

Igual que en África, hay muestras de una creciente especialización y proliferación de artefactos después de las fases finales de la acheulense. Esto lo revela la variada naturaleza de las diferentes fases de la musteriense, y recientes estudios estadísticos de instrumentales musterienses en Europa y el Cercano Oriente han sugerido que hay "juegos de herramientas" definidos dentro de la musteriense para tareas específicas, como trabajos en madera, caza, raspado de pieles y otras. Además, hay evidencia de cierto tipo de vida religiosa bajo la forma de patrones de prácticas de enterramiento y ocasionales artefactos que parecen tener significado ritual o mágico. Por ejemplo, los sitios musterienses en Hungría han producido un guijarro grabado y una tablilla de marfil de mamut esculpida que muestran signos de haber estado cubiertas con ocre. En los sitios de La Ferrassie en Francia, Mugharet-es-Skhul en Monte Carmelo (Israel) y Teshik-Tash en Uzbekistán (Rusia) se han encontrado complejos entierros neanderthal. En la Ferrassie había tumbas con seis individuos en lo que parecía ser un entierro familiar con dos adultos y cuatro niños acomodados en un complicado patrón junto con varios artefactos de piedra. En Monte Carmelo, diez individuos estaban enterrados dentro de una cueva, uno de ellos asiendo las quijadas de un jabalí. El entierro de Teshik-Tash mostraba a un muchacho neanderthal enterrado en medio de un conjunto de cráneos de cabra con los cuernos enterrados en el suelo.

En terminología europea, el Paleolítico Inferior tradicionalmente se ha referido a las primitivas industrias de hachas de mano y lascas hasta la musteriense; la musteriense ha sido incluido en el Paleolítico Medio; y el término Paleolítico Superior se ha reservado para los instrumentales en los cuales son importantes las navajas con dorso y los buriles. Estos términos son útiles en tanto no se apliquen con demasiada rigidez, ya que hay pruebas en diferentes localidades de instrumentos de transición que no pueden ser clasificados fácilmente en una o en otra categoría. En el Paleolítico Superior europeo, la tendencia a la especialización tecnológica y regional observada durante la fase musteriense aumenta a un grado aun mayor junto con aspectos totalmente nuevos como el arte de las cavernas y la escultura. Este desarrollo fue acompañado por la aparición de restos de hombres indudablemente modernos, del tipo *Homo sapiens*.

Entre los arqueólogos europeos el principio del Paleolítico Superior se señala con la presencia de la cultura perigordense temprana en Francia. El instrumental de la perigordense temprana muestra muchos artefactos con características musterienses, tales como las lascas

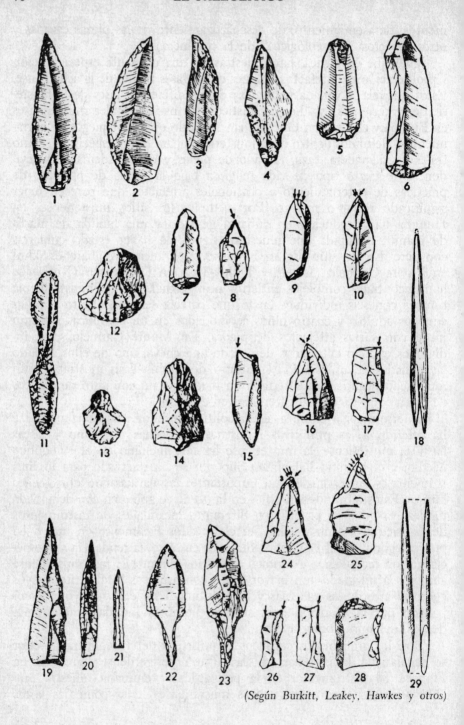

(Según Burkitt, Leakey, Hawkes y otros)

de tipo levalloisiense, puntas musterienses, raspadores y objetos denticulados, pero también contiene artefactos característicos como cuchillos chatelperron (grandes navajas con dorso que terminan en punta), buriles y raederas de lasca junto con ocasionales leznas de hueso y pendientes hechos con dientes de animales. En niveles posteriores de la fase perigordense (llamada perigordense media) van desapareciendo los tipos musterienses, mientras que los buriles se hacen más comunes y más variados de forma. Evidencias recientes muestran también una secuencia evolutiva del cuchillo chatelperron a una forma diferente conocida como punta La Gravette durante la transición del perigordense medio al superior. El perigordense superior contempló la introducción de un nuevo tipo de punta con una larga espiga y sección transversal triangular, llamada punta de Font-Robert, y un tipo distintivo de pequeños buriles llamados Noailles, hechos sobre una navaja plana y usualmente truncada. Los buriles grandes continuaron también hasta el perigordense superior, y las puntas de hueso, bastante raras en el perigordense, se hicieron más comunes en la fase final.

De acuerdo con Bordes, mientras que el perigordense muestra todas las señales de tener su origen en el precedente musteriense de la Europa occidental, otra cultura de navajas y buriles en el Paleolítico Superior, la auriñaciense, parece haber llegado intacta de otra parte. En general, los utensilios auriñaciences están hechos de navajas más pequeñas y finas que las de la perigordiense, y aparecen otras nuevas herramientas, entre ellas raspadores gruesos pero delicadamente retocados (raspadores carinados), características navajas con doble escotadura (llamadas navajas con estrangulación), puntas de hueso de base hendida y raspadores con pico. Hay buriles, pero son menos comunes que en los instrumentales perigordenses. Otro artefacto distintivo que aparece en la auriñaciense temprana es la punta Font-Ives, una larga navaja foliforme retocada en ambos bordes. En fases posteriores de la auriñaciense se

---

Fig. 7. *Implementos del Paleolítico Superior*

Utensilios del perigordense inferior (núms. 1-10 y 17); auriñaciense (núms. 11-16 y 18), y perigordense superior (núms. 19-29). Núms. 1-3, puntas chatelperronienses (perigordense inferior); núms. 4, 8 y 17, buriles en ángulo; núms. 5 y 6, raspadores terminales de navaja; núm. 7, raspador de doble filo y extremo de navaja; núm. 9, buril plano; núm. 10, buril de destornillador o "bec-de-flûte"; núm. 11, navaja "estrangulada" o de muesca; núm. 15, buril en ángulo en navaja retocada; núm. 16, buril de núcleo; núm. 18, punta de hueso de base hendida; núms. 19-21, puntas gravettienses (perigordense superior); núms. 22 y 23, puntas pedunculadas Font Robert; núm. 24, buril poliédrico; núm. 25, buril en pico; núms. 26 y 27, buriles noailles (pequeños, multiangulares); núm. 28, raspador terminal y perforador; núm. 29, punta con base biselada.

abandonan las puntas de hueso de base hendida junto con las navajas finamente retocadas, mientras que los buriles se hacen más comunes y variados. Se desarrollan nuevos tipos de puntas óseas junto con un característico tipo de buril con borde convexo en bisel formado por el desprendimiento de una serie de pequeñas lascas en vez de una sola lasca a la manera de buriles más primitivos. Este nuevo tipo ha sido llamado "buril reforzado". Los materiales auriñacienses de varios sitios clásicos, incluyendo el abrigo rocoso de Cro-Magnon en Francia, han sido generalmente fechados alrededor de 20 mil a 30 mil años antes de nuestros días, en la época de la glaciación Würm media o tardía (la cuarta y final de las del Pleistoceno europeo).

En Europa central la fase perigordense tiene tal vez su mejor representación en las recientes excavaciones llevadas a cabo en el sitio de Dolni Vestonice en Moravia (Checoslovaquia). Allí se ha fechado por medio del radiocarbón una industria similar a la perigordense superior de Francia y que data de hace unos 24 mil años. Este notable sitio contiene numerosos hogares dentro de los límites de lo que parecen haber sido cabañas o refugios construidos con pieles y huesos de animal. Un grupo de estas cabañas está situado a orillas de un pantano al otro lado del cual se apilan millares de huesos de mamut: evidencia de una cacería intensiva de piezas mayores. En la cueva de Szeleta en las Montañas de Bükk de Hungría, aparecen instrumentos que abarcan navajas con dorso de un tipo parecido al de la Gravette, raspadores terminales, raspadores laterales y puntas foliformes (más musterienses que solutrenses en cuanto al modo del retoque). Esta cultura, llamada szeletiense, también aparece en varias localidades de Checoslovaquia. Evidencias recientes sugieren que ésta puede ser una contraparte centroeuropea de la perigordense temprana de Europa occidental.

Restos de apariencia auriñaciense se encuentran dispersos en Europa central. El sitio donde se han hecho las excavaciones principales está en Istallosko, en las Montañas Bükk, no lejos de la cueva de Szeleta. El sitio es rico en artefactos de piedra y de hueso, aunque son escasos los buriles y no hay raspadores carinados. La capa superior del sitio ha sido sometida a la prueba del radiocarbón y ha dado una antiguedad de unos 29 000 años a.c. Los arqueólogos de Europa central llaman olschewianse a esta industria y señalan su presencia en sitios de cuevas en Yugoslavia, Checoslovaquia, Polonia meridional, Rumania, Bulgaria y Alemania. Las culturas olschewiense y auriñaciense parecen estar muy relacionadas, si bien la naturaleza de esta relación todavía no se ha elaborado.

Aunque no se han encontrado materiales solutrenses en Europa central, el sitio de Nietoperzowa, cerca de Jermanovice, Polonia, ha producido puntas de forma de hoja trabajadas unifacial y bifacialmente, junto con algunas navajas y núcleos cuya fecha de radiocarbón es de hace unos 38 mil años. Estas excavaciones demuestran que las tendencias del Paleolítico Superior empezaron tempranamente en Europa central, pero permanecen inciertas las relaciones de esta industria con otras de Europa.

Bordes considera que las tradiciones perigordense y auriñaciense coexistieron lado a lado en Francia hasta la relativamente súbita aparición de una nueva cultura, la solutrense. Los orígenes de la solutrense permanecen en el misterio para los arqueólogos, aunque evolucionó a través de una serie de etapas que los arqueólogos llaman proto-solutrense, solutrense inferior, solutrense media y solutrense superior, respectivamente. El artefacto más distintivo en la protro-solutrense y en la inferior fue una punta en forma de hoja, cubierta en una de sus caras por un delicado retoque. Este tipo unifacial de trabajo fue común hasta la solutrense media, cuando se hizo más común el trabajo bifacial y empezaron a aparecer puntas más grandes y mejor hechas. Las puntas bifacialmente retocadas de la fase solutrense suelen llamarse "hojas de laurel" y algunas son de tamaño tan grande que deben haber servido para propósitos rituales o de exhibición de alguna clase. Algunas de las puntas más finas fueron retocadas por presión. Estas puntas de hoja de laurel continuaron en la solutrense superior, pero junto con ellas aparecieron algunas puntas pedunculadas y otras con púas. En toda la solutrense, los buriles fueron relativamente poco comunes, mientras que aparecen frecuentemente raspadores y taladros. Pocos utensilios de hueso aparecen hasta la solutrense superior, cuando por primera vez se encuentran agujas con ojo. El instrumental de la solutrense inferior en el sitio de Laugerie-Haute, en el valle del Dordoña en Francia, ha dado fechas de radiocarbón de hace unos 18 mil a 19 mil años.

La solutrense estaba muy localizada y no se presenta en Europa central. Durante su historia, el pueblo solutrense llevó el arte de la talla de pedernal a uno de sus más altos niveles, pero fue seguido por la cultura magdaleniense en la que el trabajo en pedernal era de poca importancia en comparación con el trabajo en hueso. Es oscuro el origen de la cultura magdaleniense. La magdaleniense temprana, como puede verse en Laugerie-Haute, no contenía navajas con dorso o lascas, debilitando así cualquier posible conexión con la perigordense o auriñaciense, pero contenía numerosos buriles. Entre otros implementos se contaban raspadores en pico y diminutos buriles con puntas múltiples (llamados raclettes), junto con una variedad de puntas de hueso con bisel en la base, algunas de las cuales tenían marcas en forma de líneas paralelas o rombos. Al avanzar la magdaleniense disminuye el número

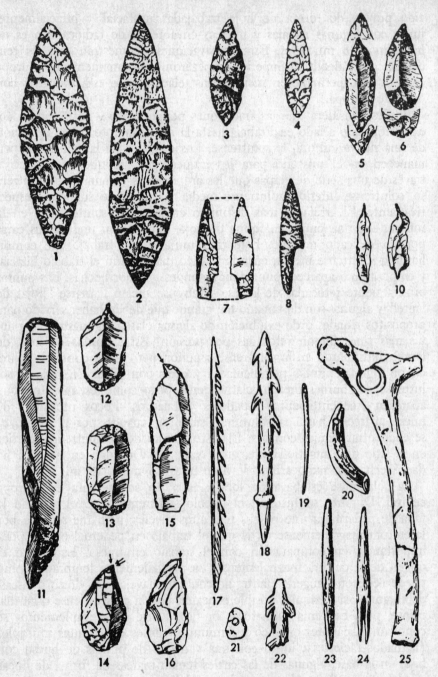

(Según Burkitt, Leakey, Hawkes y otros)

de los raspadores gruesos y *raclettes*, mientras que abruptamente proliferan las laminillas con dorso. Continúa el desarrollo de los implementos de hueso y en fases posteriores hay puntas de arpón de hueso y asta con dentado muy elaborado. Al principio solamente tienen una hilera de dientes, pero más adelante aparecen formas con una doble fila de ellos.

En el norte de Alemania hay evidencias de una industria parecida a la magdaleniense que ha recibido el nombre de amburguense. Tiene pocos buriles, pero suple esta carencia con numerosos taladros y raspadores. En la cueva de Petersfels y otros sitios en Suiza se han descubierto materiales magdalenienses, así como en otras cuevas en Moravia. Las fases perigordense, auriñaciense y magdaleniense también están bien representadas en la región cantábrica de España, así como la solutrense media y superior, particularmente en el sitio de la cueva del Castillo.

Aparte de la solutrense, las culturas del Paleolítico Superior en Europa son más conocidas por sus vívidos y complejos estilos artísticos que por su tecnología. En este aspecto, recientemente se ha descubierto una abundancia de nuevo material en Europa central y oriental y en Rusia, en sitios tan distantes como los Montes Urales. Los arqueólogos convencionalmente distinguen entre dos tipos generales de arte paleolítico: arte parietal o rupestre, o sean las pinturas y grabados sobre superficies rocosas y paredes de las cavernas, así como esculturas en relieve en piedra o arcilla; y el arte mobiliario, esto es, el esculpido de utensilios y otros objetos portátiles, así como de figurillas. La ubicación de una gran parte del arte rupestre del Paleolítico Superior en la profundidad de las cuevas, más allá de donde puede llegar la luz del día, y en ocasiones en pasadizos o hendiduras casi inaccesibles, ha llevado a

---

Fig. 8. *Implementos del Paleolítico Superior*

Utensilios solutrenses (núms. 1-10) y magdalenienses (núms. 11-25). núms. 1 y 2, puntas bifaciales, hoja de laurel (solutrense medio); núms. 3 y 4, pequeñas puntas bifaciales foliformes (solutrense medio); núms. 5 y 6, puntas proto-hoja de laurel (solutrense inferior); núms. 7 y 8, puntas con muesca lateral (solutrense superior); núm. 9, lezna de extremo simple, o perforador; núm. 10, lezna de doble punta, o perforador; núm. 11, raspador terminal en navaja grande (magdaleniense); núm. 12, raspador terminal y lezna, o perforador; núm. 13, raspador con dos extremos; núm. 14, raspador terminal y buril en ángulo; núms. 15 y 16, buril de "pico de perico" (magdaleniense superior); núm. 17, arpón con hilera simple de dientes (magdaleniense V); núms. 18 y 22, arpones con doble hilera de dientes laterales (magdaleniense VI); núm. 19, aguja de hueso; núm. 20, ornamento de diente de caballo perforado (auriñaciense o magdaleniense); núm. 21, pequeño ornamento perforado de piedra; núm. 23, punta de jabalina con base biselada simple; núm. 24, punta de jabalina con base hendida; núm. 25, "bastón de mando", o enderezador de flechas.

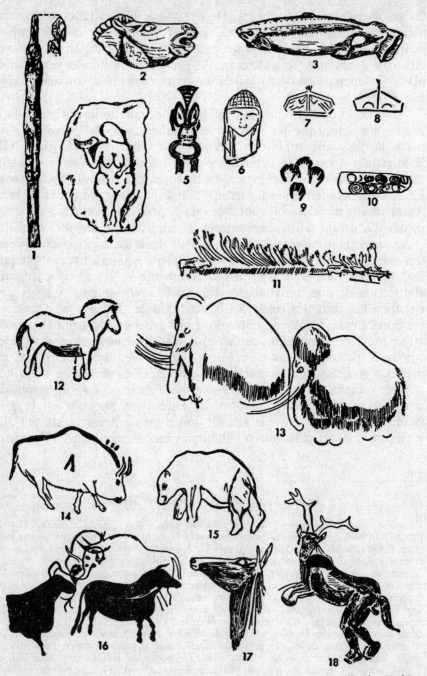

(Según Burkitt)

la creencia de que servía para propósitos mágicos o rituales (por ejemplo, como rituales para aumentar o mantener la abundancia de presas de caza o para dar suerte en la cacería). Más recientemente se ha propuesto que las pinturas están ordenadas en agrupamientos definidos en cada cueva, sugiriendo un patrón general de organización, con animales característicos y símbolos abstractos como representaciones de los principios masculino y femenino ordenados así para reflejar una mitología coherente basada en la oposición complementaria de los sexos.

Con respecto a la cronología y las asociaciones culturales, el arte rupestre de fecha más antigua aparece en forma de bloques de piedra grabados en el sitio de La Ferrasie. Estos bloques, que contienen dibujos que probablemente representan símbolos sexuales y animales, se encontraron en niveles primitivos auriñacienses en el sitio, igual que bloques similares en los sitios de Arcy-sur-Cure, Laussel y Abri Cellier. Otros bloques con dibujos grabados y pintados fueron encontrados en los niveles más tardíos de la fase auriñaciense en La Ferrasie. Con base en el radiocarbón y otros métodos de fechamiento, se estima que estos hallazgos tienen una antigüedad de entre 30 mil y 25 mil años. También hay ejemplos de arte rupestre perigordense en Laussel y varios sitios en Sergeac. Entre éstos se incluyen una figura de "Venus", un bisonte y un caballo grabados, y la silueta dibujada de un ciervo. La solutrense aparentemente era pobre tanto en arte rupestre como mobiliario, y el único ejemplo veraz de pintura con asociaciones solutrenses es

---

Fig. 9. *Ejemplos típicos de arte del Paleolítico Superior*

Objetos de arte caseros (núms. 1-6, 10 y 11) y ejemplos de arte rupestre (núms. 7-9 y 12-18). Núm. 1, lanzadardos esculpido en forma de íbice; núm. 2, pequeña escultura en forma de cabeza de caballo; núm. 3, paleta de pintor esculpida en forma de pez; núm. 4, grabado de figura femenina sosteniendo un cuerno de bisonte procedente de Laussel (Francia), conocida como la "Venus de Laussel"; núm. 5, grabado convencional de una "Venus" de Predmost (Moravia); núm. 6, la llamada "Venus de Brassempouy"; núms. 7 y 8, típicos grabados tectiformes que posiblemente representan alojamientos de cierto tipo; núm. 9, manos mutiladas en negativo de Gargas (Francia); núm. 10, dibujo muy convencional en hueso; núm. 11, dibujo estilizado que representa un rebaño de renos (de Teyjat, Francia); núm. 12, grabado de un caballo (fase 2) de Cantabria; núm. 13, dos mamuts de Font-de-Gaume (fase 4) en la Dordoña: nótese los perfiles incompletos; núm. 14, bisonte parcialmente grabado y pintado en parte en rojo (fase 3) de Pindal, Cantabria; núm. 15, grabado de un oso de las cavernas (fase 2) de Combarelles, distrito de Dordoña; núm. 16, superposiciones de diferentes fases de Font-de-Gaume, Dordoña: la cabeza de un rinoceronte en línea roja (fase 1) está cubierta por una figura aforme en negro, que a su vez está cubierta por toros en lavado plano en negro (fase 3) y finalmente por un bisonte débilmente policromado de la fase 4; núm. 17, grabado de una cierva (fase 3) de la cueva del Castillo, en Santander; núm. 18, el famoso "hechicero" de la cueva de Trois Frères en el sur de Francia.

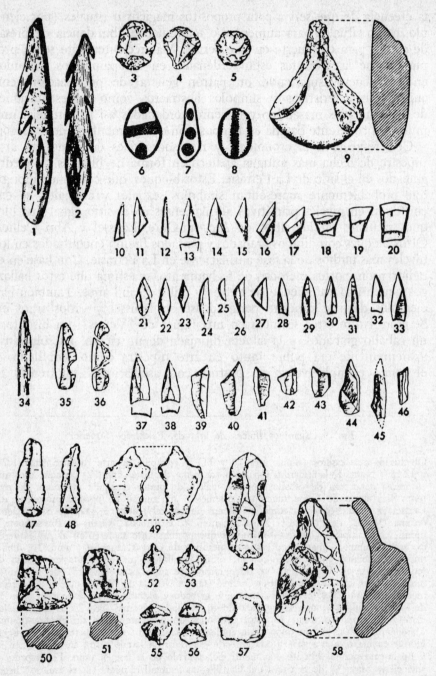

(Según Obermaier, Clark, Hawkes y Movius)

cierta pintura negra sobre una piedra en Le Fourneau du Diable. La mayor proliferación de arte parietal paleolítico parece haber ocurrido durante la magdaleniense media tardía. Un friso en bajorrelieve de mujeres y bisontes fue descubierto en asociación con depósitos de la magdaleniense media en Angeles sur l'Anglin, y los frisos con esculturas de animales en Abri Riverdi y Le Cap Blanc, y los grabados de Les Combarelles probablemente tienen también las mismas asociaciones. En Teyjat hay estalagmitas con grabados y algunas pinturas que seguramente pertenecen a la magdaleniense tardía. Actualmente se conoce la existencia de más de un centenar de cuevas con pinturas y grabados paleolíticos, concentradas en la región de la Dordoña en el sur de Francia, en los Pirineos y los Montes Cántabros en el norte de España.

El arte mobiliario del Paleolítico Superior también muestra una vitalidad y destreza notables. Las más famosas, tal vez, sean las figurillas de "Venus": estatuillas y bajorrelieves de mujeres con características sexuales voluptuosas. Se conocen finos ejemplos de éstas en sitios del Paleolítico Superior en Francia, Austria, Italia, Checoslovaquia y Rusia. También son interesantes numerosos guijarros con diseños grabados, usualmente con figuras de animales, y artefactos de hueso y asta grabados y esculpidos. La fase magdaleniense fue particularmente rica en estos últimos artículos, pero los objetos esculpidos conocidos como "bastones

---

FIG. 10. *Implementos mesolíticos de Europa occidental*

Utensilios azilienses (núms. 1-8); asterienses (núm. 9); tardenoisenses (núms. 10-46), y larnienses (núms. 47-58). Núms. 1 y 2, arpones azilienses de cuerno de ciervo; núms. 3-5, pequeños raspadores redondeados ("uña de pulgar") típicos de la cultura aziliense; núms. 6-8, guijas pintadas azilienses; núm. 9, pico asteriense hecho de un canto rodado; núms. 10-20, tipos del tardenoisense tardío de Bélgica: pequeña navaja con dorso (núm. 10), triángulo (núm. 11), perforador (núm. 12), puntas de base hueca (núms. 13 y 14), tipos evolucionados de trapecios (núms. 15-17), trapecios o puntas de flecha transversas (núms. 18-20); núms. 21-33, 37 y 38, tipos del tardenoisense medio de Bélgica: navajas truncadas (núms. 21 y 22), romboide (núm. 23), lúnulas o crecientes (núms. 24 y 25), triángulos (núms. 26 y 27), puntas de base hueca (núms. 28, 32, 33, 37 y 38), pequeñas navajas con dorso (núms. 29-31); núm. 34, microlitos montados en un mango ranurado; núms. 35 y 36, diagramas que muestran métodos para manufacturar microlitos por medio de la llamada técnica de las muescas; núms. 39-46, tipos del tardenoisense temprano de Bélgica: navajas truncadas oblicuamente, no geométricas (núms. 39-44), navaja con dorso (núm. 45), trapezoide (núm. 46); núms. 47 y 48, navajas utilizadas de la cultura larniense temprana; núm. 49, perforador del larniense tardío hecho de una lasca; núms. 50 y 51, raspadores de dorso alto estilo Paleolítico Superior (larniense temprano); núms. 52 y 53, pequeños perforadores (larniense temprano); núm. 54, lasca gruesa, utilizada (larniense tardío); núms. 55 y 56, pequeños raspadores redondeados ("uña de pulgar") del larniense temprano; núm. 57, raspador con muesca, o cóncavo (larniense tardío); núm. 58, pico de Larne, típico de la cultura larniense tardía.

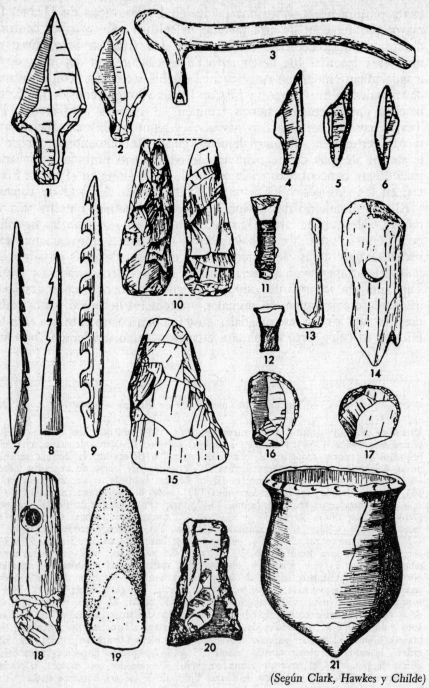

(Según Clark, Hawkes y Childe)

de mando" (probablemente utilizados para enderezar flechas o dardos) aparecen ya desde la auriñaciense.

La mayoría de los arqueólogos están de acuerdo en que durante la magdaleniense el arte alcanzó su cima en el dibujo naturalista de animales, aunque parece que no bien se hubo alcanzado esta cúspide, cesó completamente el arte rupestre durante algún tiempo. Evidencias arqueológicas procedentes de sitios como Dolni Vestonice han demostrado que los pueblos del Paleolítico Superior europeo dependían en alto grado para su subsistencia de la caza de grandes mamíferos que vivían en los climas generalmente árticos o sub-árticos de la glaciación Würm. Estos mamíferos, que ahora se han extinguido (como el mamut) o que emigraron hacia el norte al retroceder el manto de hielo (bisontes, renos), figuraban predominantemente como temas de los artistas paleolíticos de las cavernas, y su desaparición de la escena con el cambio del clima pudo haber dado por terminados tanto la cultura magdaleniense como el estilo naturalista del arte que le fue característico. Grahame Clark ha dicho: "En cierto sentido, los artistas magdalenienses celebraron el ajuste de una avanzada cultura cazadora a un conjunto particular de condiciones ambientales, al culminar un arte que tenía una antigüedad de varios millares de años. Cuando aquellas condiciones cambiaron con dramática rapidez al final de la Edad del Hielo, la infraestructura económica magdaleniense se vino abajo, y arrastró consigo el arte de las cavernas."

Hay cierta continuidad cultural entre la fase final magdaleniense y el principio de la aziliense posglacial en Francia y España. Un

---

Fig. 11. *Implementos mesolíticos del norte de Europa*

Implementos típicos de las culturas de las puntas pedunculadas del periodo I (núms. 1-6) y de las culturas de hachas de los períodos II y III (núms. 7-21). Núms. 1 y 2, puntas pedunculadas de la cultura Lyngby de la región del Báltico; núm. 3, hacha o pico de asta de reno de la cultura lyngby (Dinamarca); núms. 4-6, puntas pedunculadas hechas de navajas; núm. 4, de Hamburgo (norte de Alemania); núm. 5, swiderense (Polonia), núm. 6, de Ahrensburg (norte de Alemania); núms. 7-9, puntas maglemosenses de hueso, con dientes; núm. 10, típico núcleo de hacha de pedernal maglemosense; núms. 11 y 12, puntas de flecha transversas de la cultura de erteboelle que muestran el método para fijarlas a un ástil; núm. 13, anzuelo de hueso sin dientes del periodo II (maglemosense); núm. 14, hacha de asta perforada de la cultura maglemosense; núm. 15, hacha de lasca de Svaerdborg (cultura maglemosense); núms. 16 y 17, raederas de lasca (periodo II) de la cultura maglemosense; núm. 18, mango perforado de asta que revela el método de enmangar un hacha de nódulo (cultura maglemosense); núm. 19, hacha de piedra materinada con borde pulimentado (cultura de erteboelle); núm. 20, hacha de lasca, o *tranchet*, de la cultura erteboelle; núm. 21, vasija de cerámica (periodo III tardío) de la cultura de erteboelle.

arte fino y naturalista prosiguió en la forma de objetos esculpidos en hueso y asta, y continuó la fabricación y uso de puntas de arpón dentadas. Al mismo tiempo, sin embargo, declinó agudamente la variedad y calidad de utensilios líticos, especialmente los raspadores pequeños. También apareció un nuevo elemento: guijas pintadas con dibujos geométricos y otros no naturalistas. Un arqueólogo ha supuesto que éstas pudieron haber sido piedras sagradas empleadas de modo similar al uso actual de piedras sagradas por los aborígenes australianos. La aziliense fue parcialmente contemporánea con diversas tradiciones en localidades diferentes, como la tardenosiense en Inglaterra, Alemania, Bélgica y partes de Francia, la larniense de Irlanda, la obadiense de Escocia la erteboelle de la costa del Báltico, la asturiense de España y Portugal, la maglemosiense de la Meseta Noreuropea desde Rusia hasta Inglaterra y la ahrensburguense del norte de Europa (como retoño de la amburguense).

Los arqueólogos europeos se han referido tradicionalmente a estas culturas posglaciales como mesolíticas. Algunas de ellas, particularmente la tardenosiense, la larniense y la maglemosiense, usaron ampliamente microlitos geométricos. En algunos sitios éstos se han encontrado enmangados a manera de navajas laterales insertas, dientes y puntas en las varillas de hueso ranurado de las flechas, en los arpones y cuchillos. Una de estas culturas, la erteboelle, usó cerámica y hachas de piedra pulimentada. Los restos maglemosienses del importante sitio de Star Carr en Inglaterra fueron sometidos al fechamiento por radiocarbón y proporcionaron una antigüedad de unos 7 500 años a.c.

Con el retroceso de los glaciares, los climas del norte de Europa cambiaron a condiciones más semejantes a las de los tiempos recientes, y los bosques cubrieron la mayor parte del subcontinente. Se hicieron muy importantes en la dieta piezas solitarias de caza, como el ciervo rojo (en contraste con los animales gregarios que fueran cazados previamente) junto con otras fuentes localizadas de alimentos como los moluscos y peces. En general, las culturas mesolíticas de Europa pueden relacionarse con regiones y recursos particulares. Algunas, como la erteboelle, la larniense, la obaniense y la asturiense, fueron esencialmente marítimas en su orientación y dejaron tras de sí grandes montículos de conchas y montones de desperdicios (como los famosos "kitchenmiddens" o "kjokkenmoddinger" de la costa danesa), mientras que otras, como la azilense y la maglemosiense, estaban principalmente adaptadas al bosque y dependían fundamentalmente del ciervo rojo y el caballo. Cuando la agricultura y horticultura empezaron a llegar a Europa, aquellas estaban integradas en grado diverso en varias sociedades de la Edad de Piedra localizadas y económicamente bastante especializadas.

Asia y el Cercano Oriente

Los materiales del Paleolítico Inferior de esta región caen dentro de dos amplias categorías: la influida por las tradiciones de hacha de mano de África y Europa occidental, y la que tiene una tradición lítica de fabricar tajadores y tajaderas (*choppers* y *chopping-tools*) unifaciales. De acuerdo con los estudios de Terra y Movius, la línea divisoria entre estas tradiciones durante el final del Pleistoceno Medio se produjo en el nordeste de la India, señalado por la presencia de una mezcla de industrias de hachas de mano bifaciales y de tajadores unifaciales en el valle de Soan, del norte de Paquistán, y otras localidades de la India

(Según Movius)

Fig. 12. *Tradiciones de hacha de mano y tajador/tajadera en el Viejo Mundo durante la época del Pleistoceno Medio tardío*

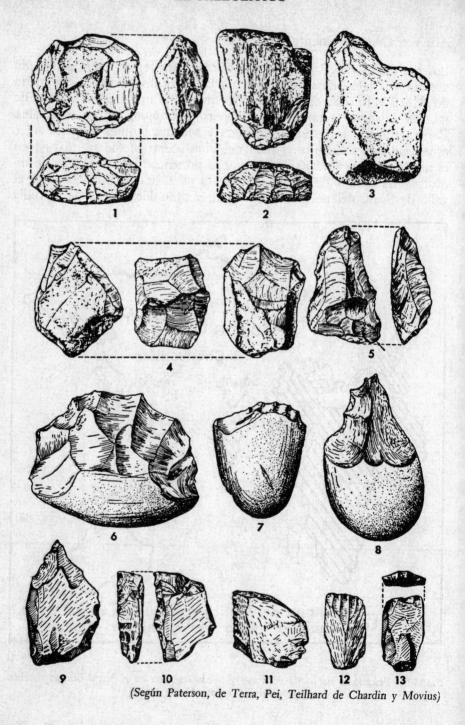

(Según Paterson, de Terra, Pei, Teilhard de Chardin y Movius)

septentrional (generalmente a lo largo de la vertiente suroccidental del Himalaya).

Se han descubierto muchas industrias líticas de aspecto musteriense en el Cercano Oriente, particularmente en el Levante, en sitios clave como Jabrud (Siria), el Monte Carmelo (Israel), la Cueva de Shanidar (Irak) y otros. Los arqueólogos interesados en esta fase de la prehistoria intentan actualmente relacionar los hallazgos del Cercano Oriente con los de Bordes y otros investigadores en Europa central y occidental. En diversos casos, se han encontrado artefactos de la fase musteriense del Cercano Oriente asociados con restos neanderthal o neanderthaloides. Más hacia el norte y el este, aparecen extensas industrias musterienses en treinta y tres sitios de la Rusia europea (principalmente en Crimea y al norte del Mar Negro), así como en varios sitios en Asia central, en la caverna de Teshik-Tash y cerca de Tashkent. La fase musteriense de Rusia parece haber sido remplazada abruptamente por las culturas de navajes y buriles del Paleolítico Superior, y los arqueólogos tratan de determinar cómo pudo haber ocurrido este dramático cambio.

En el Lejano Oriente, las industrias del Paleolítico Inferior están documentadas en varias localidades: en el alto río Irrawaddy (Birmania), Kota Tampan (al norte de Malasia), Patjitan (Java), y el más importante, Choukoutien en China (cerca de Pekín). Los sitios de Choukoutien fueron explorados en el decenio de los treintas. Contenían los fósiles más antiguos del Asia continental, así como una industria de tajadores y tajaderas y evidencia de hogares. Cuando se compara con la evolución en Europa y África, es claro que el *Homo erectus* (llamado hombre de Pekín en Choukoutien) conocía el uso del fuego —un factor que pudo haberle permitido emigrar hacia climas más fríos que los permisibles a sus predecesores australopitécidos— y poseía tradiciones líticas muy diferentes (hachas de mano bifaciales en el oeste y tajadores y tajaderas unifaciales en el este). Los materiales del Paleo-

---

FIG. 13. *Implementos paleolíticos de Asia meridional y oriental*

Implementos típicos de los instrumentales del Paleolítico Inferior de Birmania (núms. 1-5), Pakistán (núms. 6-8), y el norte de China (núms. 9-13). Núms. 1 y 3, tajadores (*choppers*) anyathienses de Birmania; núm. 2, azuela de mano del anyathiense (Birmania); núm. 4, tajadera (*chopping-tool*) anyathiense de Birmania; núm. 5, implemento de lasca grande del anyathiense (Birmania); núm. 6, tajador hecho de un canto rodano típico del soanense de Pakistán; núm. 7, azuela de mano soanense hecha de un canto rodado; núm. 8, quijarro-instrumento (*pebble-tool*) puntiagudo del soanense (Pakistán); implementos de cuarzo de los depósitos del *Sinanthropus* en Choukoutien, en el norte de China: punta (núm. 9), raspadores laterales (núms. 10 y 11), y raspadores terminales (núms. 12 y 13).

lítico Inferior se encuentran también en todas partes de China, en la
que se conocen más de sesenta sitios estratificados. Éstos contienen
artefactos comparables a los de Choukoutien, así como utensilios líticos
más tardíos como lascas gruesas y puntiagudas (puntas "triedro") y
bolas de piedra caliza que ahora son conocidas colectivamente como
Complejo de Fenho. Tres dientes humanos fósiles encontrados con el
material de Fenho sugieren que el hombre de Fenho era más parecido
a los neanderthaloides de Europa y el Cercano Oriente que al *Homo
erectus.*

No se conocen bien las culturas de China en el Paleolítico Superior.
La mejor evidencia proviene de la cueva superior de Choukoutien. En
esa cueva se encontraron artefactos de hueso y concha junto con restos
de *Homo sapiens* e implementos de piedra que mostraban relativamente
poco cambio frente a las mucho más antiguas tradiciones de tajadores
y tajaderas. Esta tendencia conservadora en las industrias líticas hace
difícil para el arqueólogo decidir si se debe considerar o no a la cultura
de la cueva superior como pertenecientes al Paleolítico Superior en el
sentido en que se ha usado el término en otras partes. Dado que las
excavaciones se llevaron a cabo antes de la aparición del método del
radiocarbón, es incierto el fechamiento de la cultura de la cueva superior, aunque la mayoría de los arqueólogos piensan que pertenece a la
transición entre el Pleistoceno Final y los tiempos recientes.

También se han encontrado industrias que datan del Pleistoceno Superior en la cueva de Niah, en Borneo, en asociación con el *Homo
sapiens* y por lo menos una especie extinta de mamífero (el pangolín
gigante). Mientras tanto, en el Cercano Oriente se han encontrado
industrias del Paleolítico Superior con afinidades cercanas a las de Europa y África. En Israel y Líbano se ha desenterrado una industria
llamada emirense. Se piensa que es una transición entre la musteriense
y el auriñaciense, y el sitio libanés de Ksar'Akil ha registrado una fecha
de radiocarbón de más de 43 750 años a.p. En esta región aparecen
temporalmente las antiguas culturas de navaja y buril (Paleolítico Superior en la terminología europea) junto con las industrias musterienses
tardías. Una de las primeras de éstas es la amudiense de Siria, considerada largamente como un complejo cultural preauriñaciense. Materiales
semejantes a los auriñacienses se han encontrado en Afganistán, en el
y la auriñaciense, y el sitio libanés de Ksar'Akil ha registrado una fecha
aproximada de 32 mil años a.c. La bardostianense, una importante
industria de utensilios de navajas del Cercano Oriente, tiene, de acuerdo
con el método del radiocarbón, una edad de entre 33 mil y 27 mil años
en el sitio de la cueva de Shanidar en Irak, donde descansa en una
capa directamente encima de niveles musterienses.

En el Levante la larga secuencia de culturas de navajas culminó en una cultura microlítica excepcionalmente vital llamada natufiense. Las evidencias actuales sugieren fuertemente que los natufienses eran cazadores-recolectores avanzados que gradualmente desarrollaron el arte de la vida sedentaria y, presumiblemente, la agricultura. Su instrumental incluía navajas de dorso con una elevada pátina característica de su uso como hoces en la cosecha de granos silvestres, y morteros de piedra, también útiles en la preparación de granos. Tenían también una amplia variedad de utensilios de hueso, muchos de los cuales estaban artísticamente esculpidos de un modo que rivaliza con el de la fase magdaleniense europea. Se conocen restos natufienses de varios importantes sitios en cuevas, así como de algunos poblamientos al aire libre donde fueron construidas viviendas y aun fortificaciones. El ejemplo más notable es el de los niveles más bajos y en los más próximos a éstos de Tell-es-Sultan (Jericó), donde se han encontrado pedernales de tipo natufiense asociados con muros de piedra, una zanja cortada en la roca y grandes torres de mampostería fechadas alrededor de 6 700 años a.c. Cabañas y otras estructuras de mampostería se descubrieron en lugares natufienses de Beidha y Nahal Oren, y también se hallaron grandes cementerios, ricos en ofrendas funerarias, en este último sitio y en el de Shuqbah.

Hay pruebas de que en los últimos tiempos glaciales se esparcían por Rusia y Siberia hombres con cultura del tipo del Paleolítico Superior. En el sitio de Malta, en la región del lago Baikal, se han encontrado restos de una industria de navaja y buril junto con varias construcciones, estatuillas femeninas, un entierro infantil rico en ofrendas funerarias y el dibujo de un mamut, todo lo cual revela una cultura de caza avanzada de piezas mayores. Restos similares se han encontrado en Buriet, en el río Angora. Más hacia el occidente de Rusia, en la cuenca del río Don, se han encontrado materiales en el sitio de Kastienki que indican conexiones con el gravetense de Europa.

Todavía no hay un buen conocimiento general del desarrollo del Paleolítico Superior y el Mesolítico en Asia oriental. En la India y Ceilán hay vastas industrias de utensilios microlíticos, aunque es incierto su fechamiento. En su mayoría parecen ser tardíos, habiendo sobrevivido junto a comunidades agrícolas. En el sureste de Asia la tradición de tajaderas y tajadores parece culminar en la cultura hoabinhiense. Hay sitios hoabinhienses tanto en cuevas como en localidades a cielo abierto y se señalan por la presencia de grandes guijarros partidos a la mitad trabajados en una y a veces en ambas caras. En el sitio hoabinhiense de Gua Cha en Malasia hay evidencias tanto de entierros ceremoniales como de canibalismo. Trabajos recientes en la cueva de los Espíritus, en Tailandia, han revelado utensilios líticos o hoabinhienses en asociación con restos de plantas y hogueras que datan de alrededor de 7 mil años a.c., lo que sugiere la posibilidad de una temprana domesticación de plantas en el sureste asiático.

Australia

Las primeras excavaciones científicas en Australia se realizaron en 1929 en Devon Downs en el valle del río Murray cerca de Adelaida. Sin embargo, ha sido solamente dentro de los últimos diez años que la arqueología australiana se ha desarrollado como una disciplina, con sitios estratificados explorados en todos los estados del país, incluyendo Tasmania. Con estas excavaciones se descubrió que la antigüedad del hombre en Australia es mayor de lo que se pensaba. En la cueva de Koonalda en la planicie de Nullarbor en Australia del Sur, hay evidencia de una cantera de piedra que fue usada hacia el año 16 000 a.c. El arte rupestre, en la forma de simples impresiones incisas, también se presenta en la cueva de Koonalda y se piensa que pertenece a esta temprana ocupación. En Arnhem Land, cerca de Oempelli, se han explorado una serie de abrigos rocosos cuya antigüedad, de acuerdo con el método del radiocarbón, revela una ocupación que se remonta a 24 800 años a.p. Un descubrimiento sorprendente durante estas excavaciones fue la presencia de hachas de piedra con bordes pulimentados, un rasgo supuestamente "neolítico", en estos primitivos niveles. Se trata probablemente de los más antiguos de estos artefactos encontrados en cualquier parte del mundo, aunque su presencia no implica una economía agrícola. Otro importante sitio temprano ocurre en la cueva de Kenniff en Queensland, donde la ocupación humana ha sido señalada por el radiocarbón hacia 14 000 a.c. los arqueólogos australianos consideran ahora que es muy posible que el hombre haya vivido en Australia durante 30 mil a 40 mil años.

Durante el Pleistoceno Superior el territorio australiano estuvo separado del Asia suroriental continental por distancias variadas. Los primeros pueblos en llegar deben haber viajado por la vía marítima, aunque no se conocen sus puntos de arribo ni las rutas de su expansión. Los materiales líticos de las ocupaciones humanas más antiguas en Australia consisten característicamente en raederas trabajadas unifacialmente, tajaderas y núcleos con una forma distintiva de "pezuña de caballo". Todas parecen haber sido herramientas para asirse directamente con la mano, aunque las hachas de borde pulimentado de Arnhem Land también indican por lo menos cierto tipo de tecnología de enmangado.

Las evidencias de que se dispone actualmente indican que en Australia occidental alrededor de 4 800 a.c. y en Nueva Gales del sur alrededor de 3 500 a.c. apareció una nueva tecnología con manufactura y uso de pequeños utensilios de piedra tallada con mango. El instrumental que los abarca variaba considerablemente de una parte del continente a otra; algunos sitios contenían un alto porcentaje de raspadores pequeños y discoidales mientras que en otras áreas eran más comunes las navajas con dorso y pequeñas puntas retocadas unifacialmente llamadas *pirris*. Tal vez es más fácil pensar en esta nueva tecnología como una tradición australiana de pequeños utensilios, ya que no siempre remplaza a la tradición anterior de fabricar grandes herramientas de piedra para asirse con la mano, sino que meramente se suma a ella. En algunas partes de Australia, en la época del contacto con los europeos, los aborígenes todavía fabricaban y usaban algunos tipos de esos pequeños utensilios, llamados con frecuencia microlitos. Aunque no indica ningún cambio significativo en el modo de vida de los aborígenes, éste fue el cambio tecnológico más importante que apareció en el registro arqueológico en Australia durante los tiempos posteriores al Pleistoceno. Todas las evidencias hasta la fecha indican que los aborígenes australianos siempre han dependido completamente de la caza y la recolección de alimentos silvestres para su subsistencia.

Tasmania, a diferencia del resto de Australia, no desarrolló una tradición de pequeños utensilios con mango. Los raspadores y lascas generalizados, todos sostenidos a mano, continúan en uso entre los aborígenes de Tasmania hasta los tiempos históricos. Los recientes trabajos arqueológicos en Tasmania han seguido la ocupación humana en la isla hasta hace alrededor de 7 500 a 8 mil años, y se ha sugerido, a base de buenas pruebas, que los primeros aborígenes de Tasmania pudieron haber llegado allí en un momento del Pleistoceno Superior en que el nivel del mar era más bajo y la isla estaba todavía unida al continente australiano. Esto habría ocurrido hace 11 mil años, y el resultado hubiera sido un aislamiento cultural desde esa época hasta la llegada de los europeos, con una persistencia del instrumental lítico básico visto en todas partes de Australia en tiempos mucho más antiguos. Si esta hipótesis es correcta, señala un grado de aislamiento cultural sin paralelo en cualquier otra parte del mundo. Los aborígenes tasmanianos se adaptaron a las condiciones ambientales locales y en ese sentido fueron únicos, pero en alto grado también parece que su cultura representaba una verdadera supervivencia histórica de un modo de vida paleolítico. Así, los aborígenes tasmanianos tenían gran interés antropológico, y es una de las grandes tragedias de la humanidad que las incursiones de los europeos extinguiesen a este pueblo hacia 1876.

IV. El Neolítico

V. Gordon Childe

Se considera, por convención, que la última Edad del Hielo terminó hace unos 18 mil años; el Viejo y el Nuevo Mundo empezaron finalmente a asumir la forma que nos es familiar en los atlas. En consecuencia, las sociedades humanas tuvieron que adaptarse a condiciones de vida bastante nuevas. Pero tuvieron tiempo suficiente para hacerlo; ya que el cambio de las condiciones del Pleistoceno a las de los tiempos (geológicamente) recientes no fueron súbitas, sino un proceso muy lento que tomó varios miles de años. Los glaciares en altitudes elevadas no se derritieron de la noche a la mañana, sino que les tomó casi 12 mil años hacerlo. Los cambios de clima, vegetación y distribución de tierras y mares fueron igualmente graduales y variaron grandemente en intensidad en las diversas partes de nuestro globo. El resultado más general fue una elevación universal del nivel del mar cuando las enormes cantidades de agua, previamente aprisionadas en los glaciares, volvieron nuevamente a los océanos. Una de las consecuencias incidentales fue la separación de las Islas Británicas del continente europeo. Pero esta elevación general del nivel del mar no fue más súbita que el deshielo de los glaciares que la causaron. Además, fue compensada por un levantamiento de las tierras en las regiones que habían estado espesamente cubiertas por el hielo. El peso del hielo en las montañas de Escandinavia y Escocia habían deprimido la corteza terrestre en esos sitios. Así, cuando desapareció el peso, la corteza regresó a su sitio original. El ritmo de ese reacomodo fue en un principio más rápido que la elevación general del nivel del mar, por lo que retardó la separación de las Islas Británicas del continente y convirtió el Báltico en una laguna salobre (el lago Ancylus). Continuó después de que la elevación del nivel del mar hubo alcanzado el mismo ritmo, de tal modo que en las costas de Escocia y Escandinavia se formaron las playas cuando el mar había alcanzado su altura máxima y están ahora a quince o más metros sobre la costa actual.

Los cambios de clima fueron también graduales y discontinuos. En general, el clima se hizo más cálido en las latitudes templadas, y más seco en el Mediterráneo y las zonas subtropicales. En el norte de Europa, hace de 9 mil a 6 mil años la temperatura media anual era más elevada que ahora, pero el clima de Inglaterra, Dinamarca y Suecia era más continental, con inviernos más extremosos, pero con veranos más largos y cálidos. Durante los siguientes dos mil años el clima permaneció más cálido, pero era casi tan húmedo como ahora, mientras que después retornaron condiciones más secas con un serio descenso de la temperatura durante unos 1 500 años. Fue solamente hace unos 2 600 años que los climas de Inglaterra y Dinamarca se deterioraron para adquirir su actual nivel notoriamente húmedo y frío. En el Mediterráneo, por el contrario, y aún más en África del norte, Asia menor e Irán, las lluvias deben haber disminuido durante todo este tiempo, pero esa desecación pudo haberse interrumpido, como la deterioración del clima en el norte de Europa.

Los cambios climáticos fueron seguidos por cambios en la vida animal y vegetal. En la zona templada de Europa los bosques invadieron las vastas áreas de estepa y tundra que bordeaban los ríos y mantos de hielo, y también las planicies y montañas del norte que habían estado cubiertas de hielo. En todos lados aparecieron árboles de bosque en el mismo orden, primero abedules, después pinos, luego robles y otros árboles deciduos. En el sur, por el contrario, los árboles se agostaron con la sequía, y las praderas se convirtieron gradualmente en desiertos, acelerados ambos procesos por las actividades destructivas del hombre. Por otra parte, quedó establecido el régimen de acuerdo con el cual algunos de los grandes ríos —el Nilo, el Tigris, el Éufrates, el Indo y el Amarillo— se desbordaban regularmente todos los años y esas inundaciones anuales convirtieron considerables franjas de incipiente desierto en jardines en potencia. Incidentalmente, el aluvión acarreado por estas inundaciones ha dado lugar a amplias áreas de tierra firme en tiempos geológicos "recientes", como ocurre en parte del delta del Nilo.

Los primeros intentos de las sociedades humanas para ajustarse a las nuevas condiciones dieron como resultado la creación de lo que los arqueólogos llaman los culturas "mesolíticas". Económicamente no difieren básicamente de las culturas paleolíticas de las que derivan, es decir, que la subsistencia básica —su abasto de alimentos— se obtenía todavía exclusivamente cazando, recolectando o atrapando lo que la naturaleza amablemente les proporcionara. A juzgar por las culturas más conocidas del Mesolítico —fuera de Europa solamente se conocen hasta hoy culturas semejantes en África del norte y Palestina—, se daba más importancia a la recolección de nueces, bayas, raíces, caracoles, moluscos y demás, que en el Paleolítico. Por lo menos en el norte de Europa, en donde las condiciones eran muy propicias, también se desarrolló intensamente la pesca.

Uno de los resultados fue que las comunidades mesolíticas parecen ser menos nómadas que las paleolíticas; tendían a acampar regularmente durante por lo menos una parte de cada año en donde se podía confiar en tener una buena provisión de un determinado tipo de alimento en cada estación. En la mayor parte de los campamentos europeos, encontramos huesos de perro, todavía con aspecto de lobo o chacal. Presumiblemente, el perro ancestral ya había empezado a asociarse con el hombre y aun a ayudarlo en la caza a cambio de las vísceras que desechaban los cazadores. En Europa el perro sería particularmente útil en el nuevo tipo de caza impuesto por el paisaje posglacial. Cuando los bosques invadieron las tundras, se desvanecieron los grandes rebaños de bestias gregarias que habían perseguido con tanto éxito las tribus paleolíticas. Los grupos mesolíticos tenían que cazar corzos y ciervos rojos, toros y cerdos salvajes y otras piezas solitarias entre la maleza, y en este empeño el perro podía fácilmente hacerse útil, como todavía lo es hoy.

Otro rasgo común a la mayoría de las sociedades mesolíticas es que hacían uso considerable de implementos de pedernal muy pequeños, llamados microlitos, que a pesar de su pequeño tamaño generalmente están bellamente retocados para lograr una limpia forma geométrica. No sabemos exactamente cómo los empleaban, y menos aún por qué sus fabricantes se tomaban tanto trabajo para darles forma. Pero éstos eran de estatura normal, no eran pigmeos, y algunos fueron muertos con flechas armadas con microlitos como puntas. Por supuesto que no todos los implementos mesolíticos son anormalmente pequeños, y no todos los microlitos son mesolíticos.

El más importante adelanto en el control humano sobre la naturaleza externa logrado en la etapa mesolítica, por lo menos en Europa, fue la creación de un juego efectivo de herramientas de carpintería. Obviamente eran necesarias, ya que el bosque fue un factor dominante en el paisaje mesolítico en toda la zona templada una vez que los árboles se extendieron sobre las estepas y tundras. No todas las sociedades mesolíticas inventaron utensilios para enfrentarse satisfactoriamente a estos obstáculos o para utilizar la madera que proporcionarían. Los azilenses de Europa occidental, por ejemplo, descendientes directos de los cazadores de renos llamados magdalenienses, carecían de herramientas de carpintería. Por la misma razón los grupos principales que hicieron microlitos, los tardenoisenses, limitaron su ocupación a terrenos arenosos, costas barridas por el viento y tierras altas sin árboles. Pero las tribus que cazaban y pescaban a orillas de los ríos y lagos de la gran planicie europea del norte en toda su extensión, ininterrumpida desde los Urales en la URSS hasta los Peninos en Inglaterra, sin ninguna área de mar, crearon juegos de azuelas y formones, y eventualmente hachas y gubias.

Los más antiguos fueron hechos de hueso o asta y tal vez se derivaron de las cuñas. Los indios de la Columbia Británica solían dividir planchas de los grandes árboles de las costas del Pacífico con la ayuda de cuñas de asta de venado. Los cazadores paleolíticos aparentemente usaron cuñas de asta de reno en Europa suroccidental, donde sobrevivieron los árboles durante la Edad del Hielo; los bordes eran afilados por medio de abrasión y pulido. En los bosques septentrionales sus sucesores mesolíticos parecieron tener la idea de insertar un pedernal para formar un borde más afilado que podría usarse para cortar y unir el implemento a un mango de madera para formar una azuela; al este del Báltico, donde escaseaba el pedernal, las hojas de azuelas y formones tenían que ser hechas de rocas de grano fino. En ese material, sin embargo, un borde verdaderamente durable y cortante podía obtenerse mejor por medio de abrasión y pulido: el mismo proceso ya aplicado al hueso y el asta. Así, al transferir a la piedra una técnica inventada originalmente para el hueso, se creó la hoja de azuela de piedra pulimentada, llamada "celta". De este modo se ponía a disposición del hombre un instrumento de producción muy potente.

Vale la pena señalar que al principio todos estos utensilios para trabajo pesado en madera estaban montados como azuelas. Todavía en nuestros días los carpinteros aborígenes en todo el Pacífico usan la azuela con preferencia al hacha. Con este equipo, los cazadores-pescadores del norte de Europa produjeron invenciones nuevas, algunas de las cuales han sido preservadas en las turberas. Entre ellas se cuentan los remos de canoa más antiguos en existencia. Otras sociedades más antiguas habían sido capaces de cruzar hasta estrechos, pero ni sus embarcaciones ni sus propulsores sobrevivieron. Se inventó un trineo para el transporte sobre las nieves; en Finlandia fue desenterrado un deslizador en un pantano. En ocasiones se entrenaba a una cruza local de perro lobuno para tirar de estos vehículos primitivos.

Por el momento no hay evidencia que demuestre si otras sociedades en la etapa mesolítica crearon independientemente o poseyeron herramientas de carpintería tan eficientes. El hacha de piedra pulimentada o azuela solía considerarse como el criterio de la más avanzada etapa neolítica, que aquí se define en virtud de la producción de alimentos. Sin embargo, muchos "salvajes" recientes, entre los que se incluye no sólo a muchos indios americanos, sino también a algunas tribus aborígenes australianas, usaron hachas de piedra pulimentada; ciertamente la economía de los salvajes modernos es generalmente más parecida a la de los grupos del Mesolítico europeo que a la de sus precursores paleolíticos. Lo que sucede es que gracias a la amplitud de las turberas en el norte de Europa y a la preservación dentro de ellas de utensilios hechos de materiales perecederos, la cultura de los cazadores-pescadores de la planicie europea es mucho mejor conocida que la de cualquier sociedad contemporánea de otros lugares.

Estos noreuropeos mesolíticos desarrollaron ciertamente un equipo muy eficaz para explotar la riqueza natural de su territorio (caza, aves silvestres y peces) y utilizaron bien la materia prima de que disponían. Aun durante la fase de bosques de pino los hombres que vivían al oriente del Báltico inventaron un tipo de punta de flecha de hueso para matar animales de pelo con un daño mínimo a las pieles. Todo pescaban con lanzas, arpones, anzuelo y sedal y redes. Algunos habían notado las propiedades eléctricas del ámbar, que cuando es frotado con un trozo de piel atrae hojas secas, y lo estimaban como sustancia mágica.

Más tarde, cuando los puentes terrestres a través del mar del Norte se sumergieron y la depresión báltica se colmó de agua salada tibia, las tribus costeras se establecieron durante todo el año en donde los bancos de ostras ofrecían un permanente y abundante abasto de alimentos; cerca de las costas danesas, donde la tierra se ha levantado desde entonces, todavía existen inmensos montículos de conchas que señalan los sitios de sus campamentos. Para el año 4000 a.c., estos pueblos sedentarios habían ya descubierto el arte de convertir la arcilla en alfarería y crearon grandes y útiles vasijas, aunque de tosca factura.

Durante siglos sobrevivieron los aperos de pesca, armas de caza, medios de transporte y aun las formas de la alfarería y las técnicas surgidas durante la etapa mesolítica en la planicie europea del norte, ya que estaban bien adaptados para la explotación de aquel medio ambiente. Se repiten más allá de los Urales en la planicie siberiana y en un grado notable aun en la zona boscosa de América del Norte hasta Massachusetts. Pero mientras tanto otras sociedades, asentadas en regiones con menos facilidades, pero dotadas de oportunidades más amplias, habían dado los pasos revolucionarios que señalan la transición hacia una nueva economía y un grado cultural más elevado.

Lo que los arqueólogos llaman la Fase Neolítica y los etnógrafos califican como barbarie, se caracteriza por la "producción de alimentos": el cultivo de plantas comestibles o la cría de animales con fines alimenticios o la combinación de ambas actividades en una producción agropecuaria. La producción de alimentos constituyó una verdadera revolución económica y técnica: en primer lugar da a la sociedad un control potencial de su propio abastecimiento de alimentos. Las sociedades paleolíticas y mesolíticas, como los salvajes contemporáneos, tenían que depender enteramente de lo que la naturaleza les ofrecía en cuanto a plantas, animales, peces o insectos comestibles. El abastecimiento siempre era escaso y la población humana estaba limitada por el mismo. Pero, al menos en teoría, los cultivadores pueden aumentar la provisión de alimentos simplemente labrando más tierras, y así mantener a una población creciente; los pastores absteniéndose de alimentarse con los corderos y las terneras y buscando pasturas frescas, para obtener un resultado semejante. En segundo lugar, el cultivo de plantas y la cría de animales domésticos dan al hombre por primera vez el control de otras fuentes de energía, fuera del calor del fuego empleado para cocinar y para endurecer sus lanzas, de que disponían las sociedades más antiguas, hasta que tal vez el uso de perros para tirar de los trineos de los cazadores-pescadores mesolíticos en el norte precedió en tiempo a la revolución neolítica; las velas vendrían más tarde. Pero las plantas y los animales son, empleando una frase de Leslie A. White, "mecanismos bioquímicos", y al cultivarlas y criarlos, el hombre hace trabajar en su beneficio esos mecanismos.

Naturalmente, la revolución neolítica, la transición de la caza y recolección a la agricultura, fue realmente un proceso complicado que duró muchos siglos y tal vez milenios. No vale la pena especular como se llevó a cabo la transición; no tenemos ninguna evidencia arqueológica directa. No sabemos siquiera si ocurrió primero la agricultura o la domesticación de animales. Muchas tribus bárbaras de la actualidad cultivan plantas pero no domestican animales para alimentarse, y en ese sentido parece haber sido más probable la primera alternativa. Pero el registro arqueológico de Europa, el Cercano Oriente, y aun China, no ha revelado hasta ahora rastros de cultivadores puros que precedan a los agricultores mixtos típicos del Neolítico en el Viejo Mundo. Esta economía neolítica típica estaba basada en el cultivo de cereales —al principio solamente trigo y cebada— y en la domesticación de ganado bovino, ovejas, cabras y cerdos, o por lo menos de una de estas especies.

Estos cereales cultivados se derivan de pastos anuales que crecen silvestres en sitios bastante secos y elevados de tipo estepario. Las posibles cunas son Siria-Palestina con Irán y Cirenaica, Abisinia y China occidental. Así es que el cultivo de cereales no pudo haberse originado independientemente en la Europa templada, Asia superior, o en los trópicos. Hay caprinos silvestres en el norte de África, el Cercano Oriente, Irán y Asia central, y solamente allí pudieron domesticarse. Más allá de esto no tenemos justificación para afirmar nada en cuanto a dónde se inició la agricultura, aunque descubrimientos recientes apuntan bastante explícitamente a los países montañosos dentro de y en la periferia del Creciente Fértil como la cuna del cultivo del trigo y la cebada.

Las simples frases "cultivo de cereales" y "domesticación de animales" denotan un gran número de operaciones bastante complicadas y una variedad de técnicas alternas. Para el cultivo de cereales en primer lugar el suelo debe prepararse para sembrar la semilla roturando la superficie. Actualmente eso se hace con un arado tirado por un tractor, caballos, mulas o bueyes. Pero el tractor es un aparato muy moderno y es más que dudoso que un arado de cualquier clase fuera empleado por sociedades verdaderamente neolíticas. Otros dos instrumentos son comunes entre los bárbaros modernos: la coa o bastón plantador en las Américas y el Pacífico y el azadón en África. El primero no deja huellas en el registro arqueológico; el uso de azadas ha sido inferido en la Europa neolítica por objetos que algunos arqueólogos suponen son hojas de azada de piedra o de asta, y establecido en Egipto por representaciones de azadas de madera en dibujos posteriores. Actualmente, el cultivo por ambos métodos es en general trabajo de mujeres en pequeñas parcelas que pueden estar interrumpidas por tocones de árboles o por rocas, más bien que en campos. El término "agricultura" debería por tanto reservarse para el cultivo de arado y es aplicable solamente, si acaso, a los cultivadores neolíticos tardíos.

Después de la siembra, la semilla necesita agua para crecer. La fuente del agua divide el cultivo en dos ramas diferentes: por riego y por cultivo seco. El agua requerida puede provenir de un río o corriente que inunda naturalmente las parcelas al desbordarse de su cauce en determinada estación. El Nilo cumple con esto cada año; muchos ríos en Asia también lo hacen, aunque no tan oportuna y seguramente. Por otra parte, el fluido vital puede ser llevado por medio de canales artificiales desde manantiales o ríos hasta las parcelas, pero por lo menos en el último caso será necesario elevar el agua de su lecho. Aun así, el cultivo por riego tiene una gran ventaja; no solamente humedece el grano, sino que también renueva los suelos, ya que las aguas generalmente están cargadas de aluvión que contiene precisamente aquellas sustancias químicas arrebatadas a la tierra por los cultivos. En regiones realmente áridas como Egipto, el sur de Irak, Irán y Asia central, así como en Arizona y Nuevo México, el cultivo del maíz siempre ha tenido que depender del riego.

En otras regiones, tanto en el norte de Siria como en la cuenca del Mediterráneo así como en las latitudes templadas de Europa y América, se necesita depender de las lluvias para regar los cultivos. Pero entonces el agricultor tendrá problemas. Los elementos tomados del suelo no son remplazados automáticamente. Por lo tanto, el suelo pronto queda exhausto, y el rendimiento declina. Cuando esto ocurre en una parcela, algunas tribus africanas, como los lango actuales, abandonan

esa parcela y desmontan otro pedazo de suelo virgen. Y, cuando todas
las parcelas a la mano han sido sucesivamente cultivadas y agotadas, el
grupo reúne sus pertenencias, abandona la aldea e inicia nuevamente
el ciclo en otro lado. Este fácil pero extravagante modo de explotación
debió haber sido muy común alguna vez. Fue practicado, según se
pudo comprobar, por los danubienses neolíticos en Europa central y
probablemente también por otros neolíticos europeos. En realidad,
esos cultivadores eran casi tan nómadas como los cazadores paleolíticos,
tal vez más. Sus hábitos migratorios explicarían la difusión de sus técnicas y de la economía neolíticas en áreas enormes y en territorios donde a falta de plantas y animales domesticables, tales prácticas no
pueden surgir espontáneamente.

Un método ligeramente menos pródigo, el cultivo de roza, se aplica
en territorios cubiertos por bosques o malezas. Cuando la parcela cultivada ya no resiste más, se permite que durante unos cuantos años re-
torne la maleza, se desmonta nuevamente y el rastrojo se quema en
el sitio. Las cenizas actúan como fertilizante. En los pastizales se puede
dejar que la parcela exhausta sea nuevamente terreno donde crezca
el pasto y sirva como forraje, si se tiene ganado doméstico, y el estiércol de éste lo abonará. En el norte de Siria, Asia Menor y el Mediterráneo oriental, donde las reservas de agua potable para hombres y bestias
eran obviamente restringidas y la misma tierra cultivable no parecía
ilimitada, debió de haberse adoptado muy tempranamente uno u otro
de estos primitivos sistemas de rotación; los asentamientos neolíticos
eran verdaderas aldeas o villorios permanentes, ocupados durante tanto
tiempo y reconstruidos en el mismo sitio tan a menudo que sus ruinas ahora se levantan sobre la llanura como montículos o *tells*. En la
Europa templada, donde las reservas de agua son abundantes y donde
la primera población dispersa de cultivadores neolíticos consideraban
que la tierra era ilimitada, no se encuentran evidencias semejantes de
habitaciones permanentes.

La frugalidad es obligatoria para cualquier agricultor. Su cosecha
debe alimentar a la familia durante todo el año y además proporcionar
semillas para la siguiente siembra. En la práctica no debió haber sido
muy difícil en tierras comunes producir más de lo que se necesitaba
para el consumo doméstico. Este exceso de alimentos proporcionaba
a la familia y a toda la comunidad lo que los economistas llaman
excedente social. Naturalmente es más fácil producir un excedente
social bajo una economía neolítica que por medio de la caza y la recolección; el almacenamiento de granos es mucho más sencillo que el
de bayas, raíces, pescado o carne. Pero se necesitaban elementos para
almacenar la cosecha. En cualquier asentamiento neolítico son detalles

conspicuos los graneros o silos. Los denunbienses erigían graneros regulares, levantados en postes sobre el nivel del suelo. En Egipto, fosos revestidos de paja servían como silos y en Mesopotamia se fabricaban grandes jarras para guardar el grano.

Para cosechar el grano y convertirlo en harina se requerían implementos especiales. Los utensilios más viejos que se conocen para segar son piezas rectas de madera o hueso armadas con una corta hilera de pedernales dentados. Desde tiempos neolíticos se inició el uso de una verdadera hoz curva de madera o una quijada de animal, bordeada con pedernal. El grano podía molerse en mortero o triturador, pero en el Viejo Mundo se acostumbraba más molerlo con una piedra redonda sobre una losa en forma de platillo o con un frotador cilíndrico sobre una base plana. Esta última fue posteriormente rebajada para adoptar la forma de una silla de montar. La resultante piedra de moler en forma de silla se conservó como la forma generalizada de molino hasta que se inventó el molino giratorio en algún lugar cercano al Mediterráneo oriental alrededor de 600 años a.c. (Hasta entonces, por supuesto, y posteriormente, cada familia molía diariamente su propia harina en esos molinos de mano, del mismo modo que algunos de nosotros molemos diariamente el café.)

Además de cereales, muchas comunidades neolíticas también cultivaban frijoles y otras leguminosas y también lino, tal vez al principio por sus semillas más bien que por su fibra. En el Asia Menor, en la cuenca del Mediterráneo y en los Balcanes, algunos empezaron también a cultivar árboles frutales, olivos, higueras, datileras y vides. En la Europa templada la manzana nativa pudo haber sido cultivada deliberadamente, ya que se ha demostrado que en tiempos neolíticos se recolectaba y secaba el fruto del manzano silvestre. La horticultura debe haber ejercido una influencia estabilizadora en sus practicantes. Una parcela de maíz se siembra para obtener una sola cosecha; un huerto, una vez que maduran los árboles, dará frutos durante muchos años. Sus propietarios no lo abandonarán con agrado, mientras que un cultivador de maíz puede abandonar tranquilamente su parcela una vez que ha recogido la cosecha.

La domesticación de animales no implica tanto equipo fresco como los cultivos, pero tiene repercusiones sociales más notables. Un rebaño de reses o de ovejas representa el capital de modo más conspicuo que los granos de maíz o aun que los árboles frutales. Si se explota principalmente para proporcionar leche (o sangre) y no se trata solamente de una reserva disponible de caza para proporcionar carne, manifiestamente aumentará y se multiplicará. Siendo fácilmente movible, el ganado puede cambiarse convenientemente o ser robado. Tal vez desde tiempos neolíticos, como en los primeros periodos históricos, las vacas (o corderos o cerdos) servían como medio de cambio, norma de riqueza y recompensa de guerra. El robo de ganado ciertamente debió haber sido un estímulo económico para la guerra; por otra parte, la tierra, ya fuera como coto de caza o para labranza, difícilmente es adquirida por las tribus bárbaras o salvajes mediante actos de agresión debido a supersticiones inhibidoras. De cualquier modo, en la Europa neolítica, las armas de guerra se hicieron cada vez más prominentes al dársele creciente importancia a la domesticación de animales (en la zona templada esto sería de hecho más productivo que el cultivo de parcelas). Por otra parte el pastoreo es tradicionalmente ocupación de hombres, mientras que el cultivo de la parcela con baston plantador o azada normalmente se confía a las mujeres. Así, el pastoreo realza la importancia económica de los hombres y favorecerá una organización patriarcal de la sociedad. Por el contrario, donde el cultivo de parcelas da el aporte mayoritario al abasto de alimentos, la dependencia de la comunidad de los productos de las labores femeninas es compatible en el matriarcado. Finalmente, el pastoreo no necesariamente implica el grado de nomadismo que nos es familiar por los relatos bíblicos de los patriarcas hebreos. Los pastores de la Europa neolítica, como ocurre en el África contemporánea, normalmente se circunscriben a un territorio pequeño; ciertamente, la comunidad más sedentaria conocida en el Neolítico británico, los habitantes de Skara Brae en Orkney, vivían casi exclusivamente del producto de sus hatos y rebaños. En el peor de los casos, la domesticación de animales puede implicar cierta migración anual llamada transhumancia, en la que una parte considerable de la comunidad deja la aldea durante una estación y escolta a las bestias a las pasturas de verano.

Debemos suponer que, al principio, se cultiven las plantas y se domestiquen los animales solamente para complementar los frutos silvestres, la caza y la pesca proporcionados por la naturaleza. La producción de alimentos de hecho debe haber contribuido menos al abastecimiento de alimentos que la recolección. Ahora bien, unos cuantos asentamientos neolíticos muy antiguos en el Cercano Oriente —en Irán, en el Fayum y a orillas del delta del Nilo— parecen de hecho ilustrar este tipo de economía. Pero en los sitios neolíticos más familiares de Europa —los palafitos suizos, los "campamentos" ingleses, las grandes tumbas de piedra de Dinamarca— predomina la agricultura; la caza, la pesca y la recolección parecen haber complementado la alimentación y haber dado variedad al menú, como todavía lo hacen, sólo que en mayor grado. Las aldeas lacustres más tempranas de Suiza parecen ciertamente más "neolíticas" que aquellas también neolíticas que las sucedieron inmediatamente, ya que entre los desperdicios de alimentos de estas últimas la proporción de animales de caza con relación a la de animales domésticos es más elevada que en las primeras aldeas. Esta observación confirma la suposición ya mencionada de que la economía neolítica fue introducida en Europa después de haber sido desarrollada en otro medio ambiente. El nomadismo impuesto a cultivadores de parcelas, como se explicó anteriormente, nos ayuda ahora a comprender cómo pudo haberse efectuado la introducción. Por supuesto, no solamente tendrían esos cultivadores que mudarse a nuevas tierras cuando se agotaran sus parcelas, sino que sus hijos tendrían que abrir nuevos territorios al cultivo si hubiera nueva población que acomodar. Por otra parte, la economía surgida en un clima árido no funcionaría en latitudes templadas sin algunas modificaciones, y su ajuste a menudo parece ser una degradación.

Además, para cooperar activamente con la naturaleza para incrementar el abastecimiento de alimentos, todas las sociedades neolíticas manufacturaron sustancias que no existen espontáneamente en la naturaleza. Todas ellas, con excepción de las más antiguas, como algunos grupos mesolíticos dispersos, fabrican cerámica; por supuesto, la preparación y el almacenamiento de alimentos vegetales y leche exigían imperativamente recipientes impermables. La arcilla es completamente plástica cuando está húmeda y si la humedad es excesiva, se desintegrará. Al convertirla en vasijas rígidas e impermeables, los hombres —o más bien las mujeres— tenían control sobre una sorprendente transformación química, una verdadera trasmutación.

Por otra parte, todas las sociedades neolíticas que han dejado evidencias adecuadas, fabrican textiles por medio del hilado y el tejido. La materia prima —lino o lana— tenía que ser cultivada u obtenida de los animales domésticos. (La mayoría de los borregos silvestres tienen pelo; el vellón lanoso es el resultado de cruzas selectivas. No sabemos hasta dónde se disponía de ovejas laneras en la Edad de Piedra; probablemente eran desconocidas en Egipto, pero ya se habían domesticado en Asia.) Después tenían que convertirse las fibras en hilo útil por medio del hilado; para ello sólo se necesitaba un huso. Pero era necesario tejer esos hilos en un telar y ése sí es un mecanismo complicado que comprende un marco rígido con dos partes movibles por lo menos. Como eran totalmente de madera, no ha sobrevivido ningún telar neolítico. Después de 3000 a.c. ya se pueden localizar tres tipos distintos: uno horizontal, atribuido a Egipto, y dos verticales, comunes respectivamente en el Cercano Oriente y la Europa templada. En la América precolombina, por el contrario, no parece haberse conocido un aparato tan elaborado. Probablemente las comunidades mesolíticas sabían trabajar redes y canastas, y ambas técnicas estaban muy difundidas en el Neolítico.

Los alojamientos de los cultivadores neolíticos eran generalmente —pero no siempre— más cómodos y sólidos que aquellos ocupados usualmente por los cazadores y pescadores, ya sea ahora o en la remota Edad de la Piedra Antigua. Sin embargo, cuando se disponía de ellas, todavía se usaban las cuevas como abrigo y alojamiento, lo que de hecho ocurre todavía. Los campesinos neolíticos, llamados danubienses, y quienes habitan las tierras de löss de Europa central vivían en casas rectangulares muy largas con tejados inclinados, semejantes a las casas largas de los iroqueses y que sin duda acomodaban al mismo tipo de grupo social. Las chozas de cañas de los bárbaros en las tierras pantanosas de Egipto y la baja Mesopotamia no iban más allá de las habilidades de los salvajes paleolíticos. Pero aun el más antiguo villorrio agrícola que se conoce (Jarmo, en Irak, ocupado hacia 4500 a.c.) consistía en alojamientos cómodos y sólidos que comprendían varias habitaciones. En el Cercano Oriente, el adobe era el material preferido para los muros; en Europa, retoños de árbol cortados a la mitad o mamparas de bejucos rellenas con barro y estiércol sostenidos por medio de postes. Los techos debieron haber sido normalmente de paja. Aparte de las cabañas danubienses que podían alojar a varias familias naturales, de hecho un clan, bajo un solo techo, muchas casas comprendían dos habitaciones, de las que la estancia principal y cocina medía generalmente más de diez metros cuadrados.

Estas casas deben haber estado muy bien amuebladas, pero siendo de madera, el mobiliario ha desaparecido en su mayor parte. Pero en Orkney, donde no había árboles, los artículos usuales tenían que fabricarse en piedra durable. Por tanto, sabemos que las casas del Neolítico Tardío en Europa estaban provistas de camas fijas, que podían estar cubiertas por doseles, que eran cómodas y de aspecto muy moderno; tenían por lo menos dos hileras de entrepaños y alacenas empotradas en los muros para guardar cosas. En el Cercano Oriente, modelos de taburetes y poltronas ofrecen testimonios similares. Algo de luz y calor provenía de un hogar abierto, situado generalmente cerca del centro de la habitación. Por supuesto, también servía para cocinar, pero para este propósito era auxiliado con frecuencia por un horno de arcilla como el que todavía usan los campesinos en los Balcanes y el Cercano Oriente. En los climas fríos, como el de Rusia meridional, estos hornos se convierten en verdaderas estufas que, como sus modernas contrapartes, seguramente servían para la calefacción y para propósitos culinarios. Debajo del piso de la casa solía haber canales para desalojar la humedad, pero pudo no haber habido chimenea para dejar escapar el humo, salvo un agujero en el techo, o más probablemente, un hueco bajo el alero del techo.

Sólo en Europa se han descubierto aldeas neolíticas completas, que comprenden de ocho a cincuenta casas, el probable tamaño normal de las comunidades neolíticas. Hasta el mejoramiento de las técnicas agrícolas para aumentar el rendimiento por acre y ciertamente hasta el invento de la carreta de ruedas, no podía ser conveniente que vivieran juntas más familias, ya que necesitaban vivir lo suficientemente cerca de las parcelas que cultivaban para poder transportar sin trabajos excesivos al centro común el estorboso grano que era su dieta básica. Por lo tanto, el número de personas que podían habitar cómodamente en una sola aldea estaba limitado por los productos de las pocas parcelas que, en digamos unos 10 kilómetros cuadrados, podían cultivarse simultáneamente bajo el tipo de economía rural descrita. Tan pronto como se alcanzaba ese límite, los hijos (o hijas) más jóvenes debían abandonar el techo paterno y encontrar una nueva aldea o tierra virgen si deseaban instalar su propia casa.

En una comunidad de este tipo, cada familia normalmente proporcionaba su propio equipo. Particularmente sus miembros femeninos no sólo molían la harina y preparaban y cocinaban la comida, hilaban las fibras, tejían las telas y hacían ropas de ellas, sino que también manufacturaban la alfarería doméstica. Por otra parte, había obras públicas en las que todo el grupo debió haber cooperado. Se conoce bien el caso de calles empedradas, pavimentadas o revestidas con troncos. Algunas aldeas del final del Neolítico están fortificadas con empalizadas y fosos. En los lagos alpinos, aldeas completas estaban construidas sobre pilotes a lo largo de la pendiente de las playas.

Es esencial en la economía neolítica que cada aldea o poblado pueda ser autosuficiente: tanto los alimentos como los materiales para la manufactura de sus utensilios e instrumentos deben obtenerse localmente.

De ahí que las comunidades neolíticas tendieran a estar bastante aisladas. En su aislamiento tuvieron tiempo de desarrollar sus idiosincrasias. Por una parte, podían descubrir y explotar oportunidades peculiares a su terruño. Por otra parte, desarrollaban aparentes formas arbitrarias para utensilios comunes, diseños para decorar cacharros y armas, ritos funerarios, etc. Así, la arqueología no revela una sola cultura o civilización neolítica —en el sentido en que podemos ahora hablar de una civilización norteamericana o aun occidental—, sino un enorme número de culturas distinguida cada una de ellas por sus peculiares restos en la agricultura, formas de utensilios, armas, ornamentos, prácticas funerarias, estilos artísticos y demás.

Sin embargo, el ideal de la autosuficiencia neolítica nunca fue plenamente alcanzado. Aun en la Edad de la Piedra Antigua, el transporte de conchas marinas a centenares de kilómetros de la costa ha revelado el intercambio entre comunidades distintas. Entre las sociedades neolíticas los intercambios fueron más amplios y frecuentes. Se han encontrado conchas mediterráneas en aldeas y tumbas neolíticas en toda la cuenca del Danubio y más allá de su vertiente septentrional, hacia el Oder, el Elba y el Rhin. En el Cercano Oriente aparecen distribuidas con igual amplitud conchas y piedras semipreciosas. Además, para la manufactura de hachas, molinos de mano e instrumentos semejantes, frecuentemente se llevaban las piedras apropiadas desde grandes distancias. Desde la etapa neolítica algunas pequeñas comunidades parecen haberse especializado en extraer pedernal o rocas de cantera escogidas y en manufacturar productos para el mercado. Quizá algunas personas pudieron haber complementado sus medios de vida intercambiando los productos con grupos más lejanos. En los tiempos neolíticos son detectables tanto la especialización intercomunal como el comercio, pero ni los mineros, ni los pulidores de hacha, ni los traficantes fueron probablemente "especialistas de tiempo completo"; esto es, sus actividades industriales o comerciales siempre estarían combinadas y subordinadas a la ocupación principal de procurarse sus propios alimentos por medio del cultivo, la caza o la pesca. Por consiguiente, nuestros mineros de pedernal, fabricantes de hachas y traficantes reconocidos en la Edad de la Piedra Nueva no necesitaron vivir, y probablemente no vivían, del excedente social (los alimentos por encima de los requerimientos domésticos producidos por cultivadores, cazadores o pescadores) como los obreros, empleados, profesionales y muchos otros lo hacen ahora y habían empezado a hacerlo ya en la prehistórica Edad del Bronce.

Pero como ya hemos dicho, existía un excedente social. Debió haber sido sumamente pequeño. En aldeas completamente excavadas como Skara Brae (Orkney) y Köln-Lindental (a orillas del Rhin) tenemos la impresión de que estaba muy regularmente distribuido al principio de los tiempos neolíticos. La tierra y el ganado serían propiedad comunal de grandes grupos emparentados. La cooperación dentro del grupo se organizaría como en una familia. La aldea de Skara Brae se podría considerar como una sola casa dividida en siete alojamientos o como un conjunto de siete casas de una habitación. No sería necesario un jefe para dar órdenes a los miembros de un grupo semejante, y en lo que toca a los tiempos neolíticos más tempranos, no existe evidencia arqueológica convincente de que hubiera caudillos.

Si el cultivo de plantas fue anterior, y durante un tiempo más importante que la domesticación de animales, y si, como ocurre hoy, las parcelas eran trabajadas por las mujeres, el sector femenino de la sociedad habría hecho la contribución principal a la obtención de alimentos por lo que se puede suponer que disfrutaba de cierto grado de autoridad. Algunos consideran que la confirmación de esta teoría puede ser proporcionada por la observación de que casi todas las antiguas sociedades neolíticas acostumbraban modelar o esculpir pequeñas estatuillas de personajes femeninos; ellas pueden representar una "diosa madre" o una "virgen", y casi seguramente eran usadas en ritos mágicos o ceremonias religiosas. En el Neolítico Tardío de Europa esas figurillas femeninas tienden a desaparecer; su lugar es ocupado a veces por falos u otros símbolos masculinos. Al mismo tiempo, la domesticación de animales combinada con la caza había llegado a ser relativamente más importante en la economía europea. Dado que el pastoreo se asocia con la organización patriarcal, la desaparición simultánea de las figurillas femeninas puede reflejar la disminución del *status* del sexo femenino.

Tampoco las armas de guerra, en contraste con los implementos de caza, son conspicuas en las tumbas o asentamientos del Neolítico Temprano; y los segundos normalmente carecían de defensas. Las aldeas del Neolítico Tardío, por el contrario, fueron rodeadas a menudo con obras defensivas; entre las reliquias de esta época en Europa figuran prominentemente hachas de combate de piedra y dagas de pedernal.

Eso coincide con la creciente importancia de la domesticación de animales y, como hemos sugerido, el robo de ganado ofrecía un motivo para la guerra. Además, los métodos todavía predatorios de explotar el suelo pueden haber llevado a una competencia por las tierras cultivables lo suficientemente vehemente como para sobreponerse a los escrúpulos superticiosos en contra de anexar el territorio de otros.

En cualquier caso, la guerra, confirmada adecuadamente en la Europa del Neolítico Tardío, daría oportunidades al surgimiento de caudillos; pudo dar como resultado la estratificación de la sociedad. Bajo cualquier régimen neolítico el hombre debió de ser capaz de producir más que lo requerido para su consumo. Por lo tanto, valdría la pena retener a los cautivos, tomados en guerras o incursiones, como esclavos o reducir a comunidades completas a un *status* servil o tributario. El desarrollo del Neolítico Tardío pudo por lo tanto dar como resultado la concentración del excedente social en las manos de una pequeña clase gobernante o esclavista o de jefes individuales. Eso prepararía el camino para el nuevo orden económico que caracterizaría a la Edad del Bronce.

No debe sorprender que los agricultores estuvieran tan preocupados con ceremonias mágicas para promover la fertilidad como lo estuvieron los cazadores. Las figurillas femeninas mencionadas sin duda guardaban relación con esos ritos. La tierra en que se planta la semilla de la que brota el nuevo grano es concebida como una gran madre. Pero los muertos también son depositados en la madre tierra. Seguramente sus fantasmas o espíritus serán potentes agentes en el proceso de la fertilidad. De cualquier modo los agricultores neolíticos prestaban aún mayor atención al entierro ritual de sus parientes difuntos que los cazadores y pescadores. Normalmente el cuerpo se doblaba al enterrarse: la posición del embrión en el vientre materno. Acompañaban al cuerpo una amplia provisión de bebida y comida y de posesiones personales como ornamentos, armas y algunos utensilios. En Europa septentrional y occidental a fines del Neolítico se construyeron tumbas monumentales a costa de grandes trabajos donde los muertos de varias generaciones podrían "dormir en compañía de sus ancestros". Las más imponentes han sido llamadas megalíticas (del griego μεγας grande y λιθος piedra) debido a que están construidas con bloques extraordinariamente grandes, cada uno de los cuales puede pesar hasta ochenta y seis toneladas. Otras tumbas de idéntica disposición y función construidas con piedras pequeñas colocadas en hiladas toscas, sin mortero, y techadas por medio de cornisamiento revelan un ingenio aun mayor y apenas si menor esfuerzo físico. Tanto las tumbas megalíticas como las construidas con cornisa estaban cubiertas habitualmente por un gran túmulo que podía contener tanta piedra como una moderna iglesia parroquial, y cada etapa de la construcción de la tumba era acompañada de elaborados ritos y ceremonias. Cuando era posible, estas cámaras mortuorias se excavaban en la misma roca.

Tumbas colectivas de las clases mencionadas aparecen con gran frecuencia a lo largo de la costa atlántica de Europa, desde el sur de España hasta Escocia y a través del mar del Norte en Holanda, Dinamarca y el sur de Suecia. En todas las regiones parecen ser demasiado parecidas las disposiciones para ser fortuita la similitud. Pero las ofrendas funerarias, siempre pobres, difieren notablemente en la mayoría de las provincias. Solamente un tipo especializado de tumbas colectivas (el sepulcro de París) encontradas en la cuenca de París, Bretaña, Westfalia y Suecia, en general ofrecen un instrumental tan similar de reliquias como para hacerlas atribuibles a una sola cultura que pudo haberse difundido por una verdadera migración. En cuanto al resto, a menos que se admita la invención independiente en un número de puntos adyacentes, las ideas de religión comprendidas en esas tumbas colectivas parecerían haber sido adoptadas por varias comunidades, que ya eran culturalmente distintas, y haber sido difundidas por "misioneros".

Se ha sugerido que esos "misioneros" eran realmente exploradores enviados desde algún punto del Mediterráneo oriental y que viajaban por mar hacia el oeste en busca de oro, cobre, estaño, ámbar y otros bienes. Como tales exploradores tendrían que haber pertenecido a la Edad de Bronce, mientras que el mobiliario de las tumbas en las Islas Británicas y el norte de Europa es claramente neolítico, esta hipótesis tendría que admitir una considerable degradación de la cultura. (La Edad del Bronce en Egipto o Grecia es casi seguramente contemporánea del Neolítico en Inglaterra y Dinamarca.) Pero ninguna tumba temprana del Mediterráneo oriental es realmente muy parecida a las bóvedas familiares del noroeste europeo; las tumbas egipcias, por ejemplo, estaban destinadas a guardar el cuerpo de un solo faraón o noble, no de un clan o linaje completo. Solamente las tardías "tumbas tholos" de Micenas, en Grecia, construidas después de 1500 a.c., tienen paralelos realmente significantes con otras más occidentales. Las tumbas españolas y portuguesas, tan parecidas a los tholos micénicos, son desarrollos tardíos de la arquitectura funeraria de la península, según lo han demostrado excavaciones recientes. Las tumbas megalíticas más antiguas que ofrecen un mobiliario neolítico no tienen analogías realmente cercanas en el Mediterráneo oriental. Así, hasta los difusionistas de hoy en día muestran poca inclinación por buscar más allá de la Península Ibérica el punto de partida del "culto megalítico" y aun consideran la idea de un ¡origen occidental de las tumbas tholos de Micenas!

Las tumbas megalíticas, pues, parecen documentar un potente culto a los ancestros en la Europa neolítica e ilustran dramáticamente la fuerza de la religión entre las sociedades neolíticas y su papel en la promoción de una cooperación social constante.

Naturalmente las diversas culturas clasificables como neolíticas no tienen un estilo artístico común; y lo que sobrevive del arte neolítico es mucho menos atractivo para el gusto moderno que las famosas creaciones de los cazadores de renos en Francia y España. No hay pinturas mágicas realistas semejantes en las sociedades neolíticas. Cuando sobreviven esas representaciones, son altamente convencionales. No intentan reproducir el detalle sensual de los objetos como se ven, sino más bien sugerir el objeto por medio de un simbolismo abreviado. Estéticamente esto puede ser una regresión, pero intelectualmente puede indicar un avance: un nuevo poder para concebir y expresar una idea abstracta y general, trascendiendo pero abarcando los objetos concretos, individualmente diferentes, como en realidad se presentan a los sentidos. Puede ser entonces la contraparte visual de formas más abstractas de simbolismo lingüístico y por lo tanto de un razonamiento más comprensivo.

El arte neolítico está representado principalmente por patrones geométricos que suelen aparecer en la cerámica. Debemos clasificarlos como simple decoración, pero sabemos por los bárbaros modernos que la decoración aparentemente geométrica es realmente simbólica y está cargada de potencia mágica.

En conclusión, será bueno repetir que la etapa neolítica, aunque usualmente llamada una Edad, no representa un periodo definido de tiempo. Empezó en el Cercano Oriente hace tal vez 7 mil años, pero en Dinamarca probablemente hace no más de 4 500. En Australia no empezó nunca. Sobrevivió en las Américas, a excepción de Perú, hasta la llegada de los europeos; en el Pacífico hasta el siglo XIX; en partes de Nueva Guinea hasta nuestros días. Pero en el Cercano Oriente dio lugar a una nueva etapa tecnológica, la Edad del Bronce, hace más de 5 000 años, en la cuenca del Mediterráneo no mucho más tarde, en Dinamarca hacia 1500 a.c., y en el norte de Rusia alrededor de 1000 a.c. Cualquier cultura de la Edad del Bronce depende del comercio para su misma existencia, y las grandes civilizaciones de la Edad del Bronce del Cercano Oriente tomaron provisiones de un área enormemente amplia. Algunos rasgos de la cultura neolítica en la Europa bárbara pueden ser realmente ecos distantes de la civilización oriental. Hemos tratado de descontar esto, pero tal vez no hemos tenido éxito del todo.

V. El surgimiento de la civilización

RICHARD H. MEADOW

INTRODUCCIÓN

No SERÍA posible trazar un cuadro comprensivo de lo que ha sido designado como las "edades Calcolítica (o del Cobre), del Bronce y del Hierro" en el mundo, dado el limitado espacio disponible, aun si el autor fuera lo suficientemente competente para emprender esa tarea. El sorprendente aumento, registrado durante los últimos veinte años, de los datos arqueológicos en todas partes del mundo hace casi indispensable la especialización en una región, cuando no en un periodo de tiempo y en un punto de vista, o en ambas cosas. Las páginas que siguen se limitan principalmente a la región del sur de Irak entre 5500 y 2000 a.c. aproximadamente. Este lapso de 3 500 años incluye las llamadas "edades Calcolítica y del Bronce Temprano". Debe señalarse, sin embargo, que esta terminología basada en el refinamiento técnico evidente en el trabajo del cobre y sus aleaciones, actualmente se está remplazando con otra que refleja divisiones de tiempo más pequeñas y localizadas.

En algunas zonas del Cercano Oriente, la necesidad de términos más limitados en tiempo y espacio ha llevado a la división de las viejas designaciones de edades de los metales en unidades más pequeñas como: Bronce Temprano I, Bronce Medio III, o aun Bronce Temprano IIIb. Esa terminología puede llegar a ser confusa, sin embargo, cuando al final del periodo del "Bronce Temprano" en una región (tal vez IIIC) corresponde en tiempo absoluto a la segunda parte del primer periodo del "Bronce Medio" en otra región (tal vez IB). Otra respuesta a la necesidad de unidades definidas con mayor precisión ha sido el desarrollo de una nueva terminología basada en las divisiones temporales reflejadas en las columnas estratigráficas de uno o dos sitios principales. Desde este punto de vista se ha intentado la definición de regiones culturales homogéneas a base de obras de arte, arquitectura y muy especialmente la cerámica y trabajos en metal.

Sin embargo, el método de la "región cultural" se ve remplazado por un punto de vista que depende del análisis de regiones definidas, no basado en los atributos culturales, sino en las características ambientales. Dentro de tales unidades geográficas todavía es necesario dividir el *continuum* regional en fracciones definidas más o menos

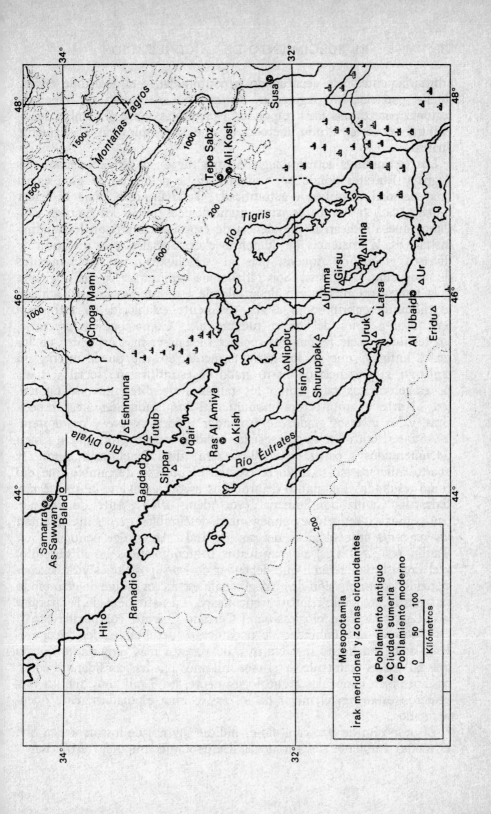

Mesopotamia
Irak meridional y zonas circundantes

⊚ Poblamiento antiguo
△ Ciudad sumeria
○ Poblamiento moderno

Kilómetros
0   50   100

arbitrariamente, pero acentuando la continuidad y el desarrollo en vez de los paralelos interregionales. Ya que en ese marco de referencia regional parece más fácil responder a preguntas sobre el cambio sociocultural, es este último método el que se emplea en el siguiente análisis.

Los testimonios actuales sugieren que fue en el aluvión de los ríos Tigris y Éufrates donde por primera vez se desarrolló en gran escala una sociedad compleja y estratificada: la civilización. Para el tercer milenio a.c., tanto los registros arqueológicos como los escritos contemporáneos indican la prevalencia de especialistas artesanales y administrativos, la existencia de diferentes clases sociales, y la presencia de diversos grados de riqueza, que tal vez dividían los agrupamientos de ocupación y de clase. Son difíciles de explicar las causas originales y la naturaleza misma del desarrollo de ese sistema social. También es difícil descubrir cómo estaba realmente establecida la estructura jerárquica a fines del tercer milenio a.c. Como pudiera esperarse, los testimonios de fenómenos sociales suelen ser más explícitos en los textos antiguos que en los restos arqueológicos. Se puede inferir, sin embargo, la presencia de cierto grado de estratificación social a través de características tales como los tamaños de diferentes asentamientos, el arte y arquitectura monumental localizados en áreas específicas, y los diversos grados de esplendor residencial pre y posmortem.

Aunque todos los rasgos sociales citados están históricamente bien documentados a partir de 2000 a.c., fue durante el sexto, quinto y cuarto milenios a.c. cuando se efectuó el proceso de cambio que dio como resultado el conjunto de atributos usados actualmente para caracterizar la "Civilización Sumeria" (ver Adams, 1966). Antes de 2600 a.c. hay algunas inscripciones cuneiformes descifrables que complementan los registros arqueológicos del sur de Irak. Antes del periodo Uruk Tardío (c. 3200 a.c.) no hay textos contemporáneos en lo absoluto, y el prehistoriador tiene que depender de las suposiciones y de la concienzuda comprobación de analogías para esclarecer lo que de otro modo sería un ininteligible registro arqueológico. La naturaleza de las pasadas investigaciones arqueológicas en el Cercano Oriente, combinada con la casi "súbita" disponibilidad de documentos descifrables del tercer milenio a. c., ha hecho que ese milenio parezca más importante que lo que tal vez es realmente. Y si esos mil años pueden considerarse como bastante bien conocidos arqueológicamente, los 3 mil años que los precedieron están, en el mejor de los casos, muy esporádicamente documentados.

El propósito de este capítulo es indicar algunos de los modos en que el medio ambiente del sur de la Mesopotamia imponía restricciones, así como guías e interacciones, sobre los procesos socioculturales que produjeron lo que se ha llamado un "Estado" sumerio "civilizado" y "urbano". Nos basamos en dos premisas. Primera, las respuestas y el equipo cultural de los miembros de cualquier sociedad (tomada como una conveniente, aunque arbitraria unidad de análisis) pueden caracterizarse como "viejos, nuevos o prestados". El patrón de acciones, reacciones y modificaciones de un grupo en su medio ambiente es único, dado que ha sido moldeado por lo que sus miembros han aprendido y heredado de sus mayores, por lo que han tomado prestado de sus contemporáneos y por lo que han inventado ellos mismos. Segunda, el ambiente que forma el medio de vida tiene dimensiones sociales y culturales tanto como físicas. El choque de dos poblaciones es un hecho de existencia para un miembro de cualquiera de las dos, como pueden serlo las lluvias inconstantes y el suelo salobre. Los miembros de cualquier población (definida en cualquier nivel de magnitud que se considere conveniente) deben vivir y reaccionar ante presiones tales como las producidas por el aumento de población y la agresión externa. A veces puede demostrarse que estos fenómenos, junto con otros factores, como la salinidad de los suelos y la incertidumbre ambiental, han sido el resultado de la interferencia humana con los procesos físicos de la naturaleza.

La siguiente discusión no tratará tanto de describir la prehistoria e historia temprana de la región, sino más bien de señalar los papeles que pueden haber desempeñado diversos factores para alentar a arqueólogos, filólogos y especialistas en ciencias naturales a investigar explícitamente esos procesos. Se resumirán y evaluarán algunas de las pocas investigaciones que ya se han emprendido y publicado.

NATURALEZA DE LOS TESTIMONIOS

La información acerca del desarrollo de la sociedad en la antigua Sumer proviene principalmente de tres fuentes: la filología, la arqueología y las ciencias naturales. Fueron los filólogos quienes reconocieron primeramente la existencia del *sumerio*, una lengua más antigua que el neo-asirio y el neo-babilonio conocidos de las bíblicamente prominentes ciudades de Asur y Babilonia. Para 1940 los arqueólogos habían localizado y excavado en los niveles históricos tempranos muchos de los sitios sumerios importantes. Entre éstos estaban en el sur: Uruk (= Erech, = Warka),[1] Nippur, Girsu (= Tello), Ur, Shuruppak

---

[1] Aparecen entre paréntesis los nombres alternos comúnmente usados para los antiguos asentamientos.

(= Fara) y Kish; y en la cuenca del río Diyala: Tutub (= Khafajah) y Eshnunna (= Tell Asmar). Por medio de sondeos profundos en Uruk y Ur se establecieron dos periodos prehistóricos en la Mesopotamia meridional: el "Ubaid" y el "Uruk", en este orden. Durante las excavaciones de principios de los años cuarenta en Tell Uqair se descubrió un templo pintado "Uruk" tardío así como restos "Ubaid" más tempranos. La existencia de templos prehistóricos en el sur fue confirmada por excavaciones en Eridu de 1947 a 1949, donde se reveló la presencia de restos más antiguos y distintos que los característicos del "Ur-Ubaid". Los sondeos en Nínive y los trabajos en Tepe Gawra, Arpachiyah y Hassuna establecieron en 1946 una larga secuencia de ocupación en la estepa lluviosa del norte de Mesopotamia. Expediciones encabezadas por Robert Braidwood en los valles altos del Zagros, tanto en Irak como en Irán, establecieron que se cultivaron plantas y usaron animales domésticos mucho antes de la manufactura de cerámica horneada en el área. Estas expediciones a fines de los cuarentas y principios de los cincuentas fueron llevadas a cabo con la participación activa de especialistas en ciencias naturales. Con esta clase de colaboración y el desarrollo del fechamiento con carbono-14 llegó el momento de un cambio de actitud hacia la prehistoria del Cercano Oriente. En vez de considerar a las culturas tempranas como los ancestros empobrecidos de grandes civilizaciones posteriores, los arqueólogos empezaban a considerar las manifestaciones culturales más tardías como elaboraciones hechas sobre una base tecnoeconómica que tenía profundas raíces en el pasado.

Con la reciente publicación (1969) de los resultados de las excavaciones en Deh Luran (Khuzistan occidental, Irán) y en Choga Mami (cerca de Mandali en la estepa oriental de Irak), se ha arrojado luz sobre parte del proceso de adaptación humana que eventualmente hizo posible el poblamiento en gran escala en el delta del Tigris-Éufrates. Ambas regiones, aunque periféricas a la principal área del delta, son claves para un entendimiento de la competencia tecnoeconómica de los primeros cultivadores de aluvión. Su importancia se acentúa por la naturaleza extremadamente vaga de los testimonios de la región del delta en sí mismos durante el periodo transcurrido entre 5500 y 3000 a.c. No existen datos anteriores al sexto milenio, y a causa de las características de los sitios seleccionados para las excavaciones, ha sido impracticable, por lo general, un estudio extensivo de los estratos más antiguos. Intereses pasados han dictado que la excavación de los niveles históricos y prehistóricos tardíos de grandes sitios urbanos se haya orientado principalmente a la busca de arte, arquitectura y documentos cuneiformes. Ha sido imposible hacer más de uno o dos sondeos en los estratos prehistóricos más antiguos, dadas las limitaciones de tiempo, dinero y los intereses de los excavadores. Es notorio que parte de la mejor evidencia de los patrones de vida en la Mesopotamia prehistórica haya venido de sitios ocupados por breve tiempo, como Tell as-Sawwan y Ras al Amiya. En ambos sitios se han encontrado suficientes estructuras domésticas como para rendir datos valiosos acerca de la arquitectura y distribución de aldeas primitivas. Aunque no se llevó a cabo una limpieza extensa en Tepe Sabz, los cuadros sucesivos de explotación ambiental obtenidos de estas excavaciones en Deh Luran han aumentado nuestro conocimiento sobre los procesos de cambio tecnoeconómico en un grado mucho mayor de lo logrado por cualquier trabajo anterior en la región.

Así como las ciencias naturales han complementado a la arqueología en el estudio de los periodos prehistóricos tempranos, así la filología se ha encargado de revestir el esqueleto arqueológico a partir del cuarto milenio. Aun más que los restos vegetales y animales, los textos antiguos están sujetos a errores de localización que a menudo se reflejan en sus contenidos. La mayoría de los documentos cuneiformes rescatados son de archivos individuales localizados específicamente dentro de un templo, un palacio, o a veces en estructuras domésticas o de otra clase. Estos conjuntos de textos generalmente han sido removidos con poca atención en cuanto a como fueron depositados. Generalmente se piensa que el texto en sí mismo dará toda la información necesaria para colocarlo en el tiempo y el espacio. Esto puede ser cierto hasta cierto grado en el caso de literatura épica o religiosa, pero lamentablemente no se puede sino suponer cuál será el resultado para el investigador en cuanto al significado que pudiera haber tenido el ordenamiento de los textos económicos específicos entre sí. Aparte de la desigual naturaleza del material escrito (disperso en el tiempo y el espacio), es también necesario darse cuenta de que los documentos ahora disponibles reflejan la ideología de literatos de orientación predominantemente tradicionalista. Muchos de los textos épicos y religiosos representan accidentalmente tradiciones trasmitidas en las escuelas de escribas en forma de libros para copia. Son los textos legales, económicos y algunos adivinatorios, así como las cartas, los que reflejan las actividades cotidianas de un sector limitado que vivió en los centros donde se localizó el aparato administrativo y de los que han sido rescatados la mayoría de los textos conocidos. En todo sitio donde la esfera del individuo choca con la esfera de la burocracia política o religiosa, los resultados se registraban sobre arcilla en caracteres cuneiformes.

Otro problema, especialmente para quienes no son epigrafistas, es la interpretación del material escrito antiguo. Un eminente lingüista ha señalado: "Dos traductores distintos llegarán ocasionalmente a resultados algo diferentes, ya que toda traducción implica una elección entre posibilidades variadas y permite que intervenga el factor de preferencia personal" (Jacobsen, 1946:129-30). El resultado es que quien no sea especialista leerá la crítica de un lingüista acerca de otro con la impresión de perder algo importante, especialmente cuando la interpretación de un texto puede depender solamente de uno o dos signos. Las dificultades de traducción se complican por la naturaleza polifonémica de la escritura (un signo inciso puede tener más de un valor), con el resultado de que cada signo debe traducirse de acuerdo con el contexto en el que ocurre. Esto puede ser especialmente difícil cuando intervienen términos técnicos o pesos y medidas. Sin embargo, a través del epigrafista hay una vasta cantidad de datos disponibles para el arqueólogo interesado en la estructura y el cambio social si este último procede con cautela en la selección y en la interpretación.

Debe procederse con cautela similar cuando se estudian restos de artefactos. Entre todos los restos culturales, la cerámica ha sido elegida por el arqueólogo como el mejor artefacto para indicar las variaciones culturales a través del tiempo y el espacio. Usando principalmente este no perecedero, aunque muy frágil producto de la artesanía humana, y en segundo lugar otros restos durables, el arqueólogo ha intentado delimitar las fronteras culturales. También se ha estudiado la decoración y forma de las vasijas y en menor grado el tipo de arcilla y acabado, a menudo bastante subjetivamente, para atribuir la cerámica de los sitios a "tradiciones cerámicas" específicas. Han sido mínimas las pesquisas concienzudas acerca del significado real de las similitudes en los restos de artefactos. Para el efecto se han invocado una y otra vez procesos complejos como "evolución" y "difusión" a manera de explicaciones (sic), con poca atención a las investigaciones sobre el "¿cómo?" o el "¿porqué?" Esto no quiere decir que los restos cerámicos no se puedan emplear para establecer una cronología relativa. Antes de que sea posible la investigación de los procesos de interacción, se necesita un marco de referencia temporal y espacial. Esa estructura, sin embargo, debe estar sujeta a modificaciones continuas en los detalles ya que simplemente refleja la opinión actual acerca de los procesos del pasado que interesan al arqueólogo. La arqueología suele ser una disciplina impresionista, aunque siempre dinámica. Solamente a través de una revisión constante y continua se obtiene algo de "verdad" histórica. Continuamente cambian las técnicas y normas de excavación, así como lo que el arqueólogo trata de investigar a través de sus datos. Como en cualquier disciplina académica, las investigaciones actuales basadas en los logros pasados acentúan la necesidad de futuros estudios.

Otro problema, que no se limita a la arqueología, es el del lapso de tiempo que transcurre entre las excavaciones y la publicación de los informes respectivos. Algunos informes de excavaciones no llegan nunca a aparecer en letras de imprenta, otros aparecen tan tardíamente que casi pueden considerarse "pasados de moda". Muchas excavaciones se reportan de modo preliminar en publicaciones periódicas, en tanto que la publicación definitiva aparece varios años más tarde. Ése fue el caso, por ejemplo, con el sitio de Ur. Excavado parcialmente por Sir Leonard Woolley entre 1922 y 1934, los informes preliminares aparecieron prontamente en el *Antiquaries Journal* (1923-1934). A la fecha han aparecido algunos volúmenes del informe final, pero otros todavía aguardan su publicación. Los trabajos desarrollados en muchos sitios, como Kish, nunca fueron publicados por sus exploradores; los resultados están disponibles solamente para dedicados eruditos a través de la investigación en los archivos. El pequeño tamaño de muchas excavaciones, las limitaciones inherentes al material rescatado y la falta de un registro íntegramente publicado se combinan para hacer difícil cualquier intento de describir una "historia cultural", y problemático cualquier esfuerzo para reconstruir los "procesos culturales".

CUADRO I. *Fechas aproximadas de los periodos arqueológicos de la Mesopotamia meridional**

Fecha (a.c.)	Periodo
c. 5500-5000	Eridu y Samarra
c. 4900-4500	Hajji Mohammad
c. 4400-4000	Ur-Ubaid I
c. 3900-3500	Ur-Ubaid II
c. 3500-3400	Uruk temprano
c. 3400-3300	Uruk medio
c. 3300-3100	Uruk tardío (textos más antiguos)
c. 3100-2900	Jamdat Nasr
c. 2900-2750	Dinástico temprano I
c. 2750-2600	Dinástico temprano II
c. 2600-2500	Dinástico temprano IIIa
c. 2500-2375	Dinástico temprano IIIb
c. 2375-2230	Acadio
c. 2230-2130	Pos-Acadio (Gutiano)
c. 2130-2000	Ur III (2113-2006-altura)

* Adaptado de Porada, 1965.

EL MARCO DE REFERENCIA TEMPORAL

El aumento de datos disponibles para formar una cronología relativa, incluyendo el descubrimiento del método de fechamiento por medio del carbono-14, y el acopio de una cronología absoluta con el material escrito contemporáneo, han llevado al reconocimiento de la individualidad del desarrollo en cualquier región dada y a la aceptación de la naturaleza arbitraria de las amplias divisiones y designaciones temporales impuestas por los arqueólogos. Sin embargo, para estudiar los procesos de interacción y cambio por medio de los restos arqueológicos, es necesario tener control firme sobre la descripción y la definición tanto en tiempo como en espacio. Ese control actualmente se deriva principalmente de la comparación de los mismos restos que reflejan las evoluciones e interacciones que desea estudiar el arqueólogo. Los datos escritos y del carbono-14 han ayudado a romper el círculo vicioso de esos razonamientos, pero parecen condenados al fracaso los intentos de acomodar limpiamente los estratos de sitios recientemente excavados en periodos cronológicos arbitrariamente establecidos. Tales periodos son simplemente fragmentos del continuo cultural. De aquí que cuando en esta discusión se empleen nombres de periodos culturales, se referirán a porciones de tiempo con límites indefinidos. Los desarrollos que se incluyen en una determinada clasificación en una región pueden ser o no paralelos de los de otra, ya sean contemporáneos o pertenecientes a diferentes momentos. Los periodos de la prehistoria e historia temprana de Mesopotamia que aparecen en el cuadro I están sujetos a esas condiciones. La creciente subdivisión de las divisiones temporales reflejan tanto la disponibilidad de materiales más diversos como un ritmo más rápido en el cambio de aquellas clases de objetos usados para definir un periodo.

Debe señalarse que las fechas del carbono-14 en excavaciones recientes en la meseta irania y en el sur de Asia, así como los nuevos trabajos en la misma Mesopotamia, han aumentado las posibilidades de que sea necesario hacer cambios en la cronología aceptada. La posibilidad de errores fluctuantes en las determinaciones del carbono-14 no corregidas y la naturaleza limitada de los testimonios iranios y mesopotámicos se combinan para hacer sumamente complejo todo el problema.

No se discutirán problemas específicos de cronología, pero se insistirá en que el marco de referencia temporal aquí usado de ningún modo es la última palabra en el asunto.

CLIMA GENERAL

La evidencia disponible sugiere que desde unos 8 mil años a.c. son pocos los cambios importantes habidos en el clima general del Cercano Oriente. Sin embargo, han ocurrido fluctuaciones en la periodicidad e intensidad de las lluvias. Dado que la precipitación pluvial se refleja en la cubierta de vegetación (si hay poca o ninguna interferencia humana), los depósitos de polen conservados en los antiguos lechos de lagos pueden dar al especialista alguna idea de las condiciones climáticas del pasado. Las muestras de polen fósil obtenidas en Turquía e Irán sugieren que entre 8000 y 4000 años a.c. tuvo lugar un periodo en el que hubo una desviación de los patrones de vegetación actuales. Tal vez periodos más largos sin lluvias acompañados de temperaturas más elevadas dieron como resultado veranos más secos que los de ahora durante una gran parte de esos 4 mil años (Van Zeist, 1969; 43-44). Aunque tales condiciones hubieran inhibido el crecimiento de los árboles perennes, como el grupo roble-pistache que constituye los bosques de las tierras altas, la vegetación anual que completa su ciclo de crecimiento antes de verano (como los cereales y las legumbres), podían crecer o darse por cultivo seco en áreas con suficiente precipitación durante la temporada de cultivo. Para nuestro propósito, por lo tanto, y dejando margen a las alteraciones producidas por el hombre, el complejo lluvia-temperatura-vegetación de los pasados 10 mil años puede ser ilustrado por los patrones del presente.

AMBIENTE DE LA REGIÓN GENERAL

En el área que ahora es Irak e Irán occidental se reconocen cuatro tipos de medio ambiente (Flannery, 1965 y 1969:73): la meseta alta, con una elevación de unos 1500 metros; los valles intermontanos, entre 450 y 1200 metros; la estepa al pie de los montes, 180 a 300 metros; y el desierto aluvial, de 30 a 150 metros. La altitud y la latitud se combinan para integrar complejos de vegetación distintivos en cada una de estas zonas. Las variaciones de temperatura y precipitación pluvial entre las zonas, así como dentro de ellas, produce un mosaico de *habitats*. El patrón se acentúa más aún en las formas de tierras y materiales geológicos que comprenden, reflejados en los suelos, desagües y recursos minerales locales. Desde entonces, como ahora, los recursos materiales útiles al hombre estaban parcamente distribuidos, y la demanda de betún, pedernal, calcedonia, obsidiana, turquesa y más tarde cobre y lapislázuli, promovieron el comercio de dichas sustancias en vastas áreas desde el octavo milenio a.c.

El aluvión: regímenes fluviales

El desierto aluvial del sur de Mesopotamia empieza en la serranía entre Ramasi y Bagdad. Cerca del actual pueblo de Hit la pendiente del Éufrates varía de 30 a 11 cm por kilómetro, mientras que cerca de Balad, justo al noroeste de Bagdad, la gradiente del Tigris declina abruptamente de 50 cm a 7 cm por kilómetro. En ambos ríos, el resultado de estos cambios bruscos da como resultado el depósito de cantidades considerables de aluvión en el extremo norte del delta. La cantidad de aluvión llevado por el agua que llega al Golfo Pérsico es insignificante. Durante los meses de lluvias máximas a fines de la primavera, ambos ríos tienden a desbordarse y suelen inundar muchos millares de kilómetros cuadrados de la planicie aluvial hasta una altura de tres a seis metros. Antes de que existieran controles modernos, esas inundaciones eran destructivas en extremo, especialmente porque ocurrían justo antes de las cosechas de invierno o durante las mismas.

En nuestros días cada uno de los ríos gemelos tiene un carácter distinto; la evidencia arqueológica sugiere que así fue también en tiempos prehistóricos o históricos tempranos. Las cifras siguientes dan alguna idea de las diferencias. En Hit, la elevación máxima promedio del Éufrates ha sido de 3.5 metros durante el mes de mayo, con aumentos que septuplican su caudal. El Tigris, por otra parte, sube un promedio de 5.8 metros en abril, y decuplica su caudal. Una mirada al mapa de la región indicará que el Éufrates tiene menos tributarios que el Tigris; también recorre una distancia mayor desde que surge de la meseta de Anatolia. El cauce más amplio del Éufrates también ayuda a la pérdida de humedad por evaporación. El Tigris tiene en la margen izquierda muchos tributarios que drenan el agua de los Zagros; lleva más agua que el Éufrates, tiene una mayor área de captación y está sujeto a inundaciones más súbitas. Ambos ríos tienen su nivel más bajo en septiembre y octubre. Durante el invierno, decrece la evaporación y aumenta la corriente, especialmente en el Éufrates.

Aunque el tipo del aluvión indudablemente difiere del de los tiempos prehistóricos, parece razonable suponer que las crecientes mayores y más tempranas del Tigris, que tenderían a inundar los cultivos de cereales en la época de su cosecha en abril, jugaron un papel importante para limitar el poblamiento a la cuenca del Éufrates. Otras características del Tigris que pudieron haber desempeñado un papel limitador semejante en la planicie superior son: bordos altos y gruesos (que evitan el riego simple); un curso rápido y sinuoso (que inhibe la comunicación); y áreas circundantes extremadamente pantanosas (que limitan las áreas efectivas de cultivo). En la región del delta, el curso principal del Tigris en los tiempos prehistóricos pudo haber sido parecido a lo que actualmente se conoce como "Shatt al Gharraf". Entre los siglos VIII y XVI d.c., el cuerpo principal del río fluía por este canal. Restos del antiguo poblado de Girsu indican que este canal u otro semejante era llamado "el Tigris" en el siglo XVII a.c. Esto pudo obedecer a modificaciones de un canal anterior llevadas a cabo por los gobernantes de Girsu alrededor de 2400 a.c. (véanse Buringh, 1957; Al Kashab, 1958; Jacobsen y Adams, 1958; de Vaumas, 1965).

Incertidumbre y extremos

La vida en el aluvión del Tigris-Éufrates se caracteriza por incertidumbres y extremos. En el verano es intenso el calor. Para la población humana lo mitigan algo la poca humedad y el viento del noroeste (Shimal) que sopla nueve de cada diez días. El Shimal, sin embargo, aumenta la pérdida del agua por evaporación. Solamente cerca de los ríos y canales es posible ver vida vegetal. Durante este periodo rara vez es práctico o posible el cultivo extensivo de cereales y la agricultura se reduce a pequeñas huertas, rodeadas por muros, que han de regarse constantemente. Durante el invierno, el viento del sureste (el Sharqi) trae un tiempo más húmedo y fresco. Las lluvias de noviembre a marzo, aunque escasas, son decisivas para una cosecha provechosa. Los ocasionales aguaceros copiosos, sin embargo, hacen estragos en el paisaje, convirtiendo el terreno de campos, caminos y sendas en una ciénaga de fango pegajoso. Solamente es posible viajar en las altas márgenes actuales o antiguos cursos de agua que guardan la lluvia, lo cual, sin embargo, inhibe el desagüe de las tierras bajas de los alrededores.

La precipitación pluvial promedio en las zonas aluviales está generalmente por debajo de los 200 mm mínimos considerados necesarios para el cultivo seco a lo largo de la vertiente de los Zagros. Los promedios, sin embargo, tienen poco significado en gran parte de esta área. Por ejemplo, aunque la isoyeta de 200 mm (un promedio) incluye parte del aluvión, la isoyeta de los 300 mm es considerada como el límite efectivo del cultivo seco. Es solamente dentro de esta última que se puede asegurar la cantidad mínima necesaria de precipitación en ocho de cada diez años. Un promedio de producción con cultivo seco de 410 kilogramos de cereal por hectárea en realidad representa una variación de 1 000 a 0 kilogramos por hectárea, dependiendo de la cantidad y oportunidad de las lluvias.

Un requisito previo para el cultivo extensivo es el riego, pero ni siquiera éste asegura el éxito. La amplitud máxima del cultivo depende de la cantidad máxima disponible de agua en el momento adecuado de cualquier temporada de cultivo. La falta de correspondencia entre la temporada de cultivos y la disponibilidad máxima de agua del río, igual que la naturaleza raquítica de las lluvias de invierno, limitan seriamente los cultivos. La regla parece ser la incertidumbre crónica acerca del rendimiento de las cosechas en un área en un año dado. Las inundaciones periódicas, que ocurren con frecuencia durante la temporada de la cosecha, así como los cambios de curso, no hacen que los ríos sean más seguros. Especialmente los cambios de curso han desempeñado un papel importante en la prehistoria e historia del aluvión. El curso principal del Éufrates durante el periodo sumerio era casi seguramente distinto del actual y hay creciente evidencia de que ambos ríos han cambiado sus cauces en repetidas ocasiones. (Véanse las referencias de la sección precedente y Adams, 1965; Flannery, 1969; Fernea, 1970: Apéndice A.)

Inestabilidad tectónica

Ese cambio de cauces está ligado tal vez a la inestabilidad tectónica del área. Evidencias del río Diyala y de Susiana, ambas zonas aluviales al este de Mesopotamia, sugieren un cambio de un régimen fluvial, de la depositación al desgaste, dentro de los pasados mil años (para más detalles, véase Adams, 1962 y 1965). Una de las explicaciones de este cambio es el levantamiento de la corteza en los montes Zagros que se piensa acompaña al constante hundimiento de la planicie aluvial del Tigris y Éufrates. Less y Falcon (1952) han sugerido que las masas de aluvión depositadas cada año por los dos ríos en el delta (estimadas en más de siete millones de metros cúbicos) no han llevado, como se suponía, a una regresión del Golfo Pérsico, sino al *alabeo* hacia abajo de la superficie de la tierra para acomodar el creciente peso. La compactación localizada del aluvión debajo de los bordos y de antiguos montículos de asentamiento puede producir acomodos similares. Los huecos creados por esos movimientos se convierten en pantanos alimentados por el desbordamiento de los ríos, hasta que se rellenan con el aluvión y polvo acarreados por el Shimal. Hay pruebas de un levantamiento localizado en áreas del Diyala (Adams, 1965), Mandali (Oates, 1969) y Ur/Eridu (Flannery y Wright, 1966). En este último caso, se piensa que la baja cordillera que separa la depresión de Eridu de aluvión que rodea a Ur, se ha levantado desde el periodo Ubaid.

Los diques y los cambiantes patrones de desagüe

La formación de diques naturales, característicos de los regímenes de depositación, proporciona un mecanismo adecuado para la acumulación de grandes masas concentradas de aluvión. Cuando el río se desborda, tiende a hacerlo simultáneamente en varios sitios. Dado que la capacidad de acarreo del agua desbordada es mucho menor que la de la corriente principal, el sedimento se deposita en las pendientes posteriores de los diques. Primero se depositan los sedimentos más gruesos, mientras que el aluvión fino queda depositado en la parte más baja de las pendientes del banco. El resultado es que un río con ese régimen se eleva sobre el nivel de la planicie inundable que lo rodea, permitiendo la formación de ciénagas. El agua del río corre hacia las depresiones cuando el espejo de agua está alto; al descender el nivel del río, descenderá el espejo de agua. En condiciones normales, las ciénagas se avenarán a través de los diques relativamente porosos hacia el río cuando el nivel está bajo. El riego, sin embargo, puede alterar este proceso.

Ocasionalmente una corriente romperá su dique y encontrará un nuevo curso a través de las áreas bajas. Esto sucede con frecuencia en la planicie del delta de Mesopotamia, donde tuvo lugar una gran parte del poblamiento antiguo. Allí, el Éufrates en particular se caracteriza por muchas bifurcaciones sinuosas con diques de menor tamaño y más fácilmente fracturables que los de las planicies fluviales más abruptas del norte y el oeste. Otra característica del sur es que el agua subterránea tiende a estar más cerca de la superficie. Así, aunque es más fácil obtener agua para riego, aumenta el peligro resultante de un riego inadecuado. Debido a que los manantiales de ambos ríos pasan por yesales y otros estratos que contienen sales, es indispensable un desagüe adecuado de los campos de regadío para evitar la salinización del suelo (véase especialmente Adams, 1965).

Variación interna

También es una característica del aluvión su diversidad interna. En las tierras bajas de Mesopotamia pueden aislarse cuatro zonas de subsistencia (microambientes):

1) Pendientes posteriores de los diques, márgenes de pantanos y depresiones en donde se llevan a cabo en el invierno cultivos intensivos, especialmente de cereales.

2) Áreas bajas naturales o artificiales cerca de corrientes de verano donde es posible la horticultura. (Se estima que esta categoría representa actualmente no más del 10 por ciento de las primeras.)

3) Los campos de barbecho, a orillas del desierto occidental, áreas marginales a orillas de los campos cultivados y entre las ciudades principales donde es posible el pastoreo en malezas, rastrojo y demás retoños naturales.

4) Ríos y pantanos donde existen peces, cañas y materiales similares adecuados para la alimentación y construcción.

A corto y largo plazo, estas zonas tienden a invadirse mutuamente y a mezclarse. Así, al terminar la primavera, los pantanos anuales se convierten en campos de forraje para animales. Igualmente, ahora en esa zona los rebaños en libertad se alimentan de retoños de cebada. (Adams, 1965:14.) El depósito aluvial, la salinidad y el cambio en los cauces de los ríos pueden alterar drásticamente el paisaje con el tiempo, convirtiendo ricas zonas agrícolas en áreas adecuadas solamente para el pastoreo. Aunque se carece de evidencia acerca del tipo de vegetación que existía en el aluvión antes de la intervención humana, hay motivos para suponer que se acumulaba alrededor de las corrientes de agua perennes y los pantanos. Entre la vegetación actual a lo largo de los ríos y canales se cuentan tamariscos, álamos, sauces y regaliz silvestre, así como palmas datileras. En los pantanos se encuentran cañas, pastos altos y juncos. La mayoría de la vegetación restante consta de plantas y yerbas resistentes a la sal que medran con la ayuda humana. Entre las yerbas "ventajosas" que se caracterizan por un nicho diferente del de los cultivos de cereales, se cuentan el shok (Prosopis) y zizifos. Ambas son leguminosas perennes con raíces de estructura profunda que tienden a fijar el nitrógeno en el suelo. Aunque no pueden ser destruidas por medio de los tradicionales métodos de arado, estas plantas no compiten con los cultivos de siembra, ya que maduran muy tardíamente. Las yerbas "desventajosas" como las gramíneas anuales del tipo de la avena silvestre, legumbres como la "khuzaima" (Scorpiurus sulcata), y cardos, no solamente compiten por los valiosos nutrientes del suelo, sino que pueden invadir un campo, disminuyendo notablemente su rendimiento. En especial los cardos tienden a impedir o inhibir la cosecha. Muchas de las malezas, tanto ventajosas como dañinas, parecen haber sido importadas a las áreas de tierras bajas durante los tiempos prehistóricos donde medraban en el medio ambiente alterado y no *cultivadas* intencionalmente; esas yerbas en realidad pueden considerarse como domesticadas, ya que dependen para existir en un medio ambiente alterado por el hombre. Hans Helbaek (1969:403) sugiere que el mecanismo de su primera introducción fue el uso de partidas de semillas no escogidas traídas o vendidas por agricultores de las montañas.

PRESIONES DEMOGRÁFICAS Y ADAPTACIÓN CAMBIANTE

Como se afirmó previamente, el riego es una condición previa a la agricultura extensiva en el aluvión. El modelo conceptual actualmente favorecido sobre el origen del riego considera a esta tecnología como una adaptación suplementaria de la precipitación anual en áreas de lluvias limitadas (Hole *et al.*, 1969:355, y Adams, 1962:112). El movimiento de grupos humanos hacia esas áreas marginadas pudo haber sido causado, al menos en parte, por la presión de la población sobre los recursos (especialmente sobre las tierras adecuadas para el cultivo) en regiones donde era más confiable y efectiva la precipitación pluvial (véanse Binford, 1968; Flannery, 1966). Con la difusión del uso de riego, áreas previamente definidas como marginales a base de comparaciones de tecnología y densidad de población, se convirtieron en áreas más centrales, que "daban" cultura en lugar de "recibirla". Estos conceptos serán ampliados a continuación.

La tecnología, incluyendo la conducta de producción de utensilios, el conocimiento y las prácticas de explotación, delimita las fuentes de subsistencia para una población humana que viva dentro de un *habitat* (un área naturalmente delimitada, convenientemente elegida). Los aspectos tecnológicos, como parte de la cultura, se aprenden de los ancianos o contemporáneos dentro de la misma población local, se toman como préstamo de los vecinos, o se inventan como respuesta a las necesidades. Si cambian las características del medio ambiente[2] dentro de una región lo suficiente como para alterar la alimentación de los individuos comprendidos en una población humana, entonces existirá un estímulo para adoptar cambios en algunos aspectos de la tecnología tradicional.

Varios etólogos, como Wynne-Edwards (1962, 1965), han sugerido que una población de cualquier tamaño, de cualquier especie animal, con una relación bien definida hacia otras especies en un *habitat* en un

_____

[2] Nótese que el medio ambiente incluye dimensiones tanto sociales y culturales como físicas.

momento dado, tiende a estabilizarse muy por abajo del nivel de inanición. Se supone que los mecanismos que establecen ese nivel son tanto biológicos como de conducta; se discute, sin embargo, en qué proporción la conducta está genéticamente determinada. Mecanismos similares parecen haber mantenido el tamaño de las poblaciones humanas a un nivel bajo, aunque lentamente progresivo, durante los primeros 3 a 4 millones de años de la existencia del hombre. Dentro de los últimos 20 mil años, sin embargo, alteraciones básicas en el modo de vida de ciertos grupos parecen haber olvidado la necesidad de esos mecanismos, o los han superado o han cambiado su naturaleza. A partir de experiencias pasadas, y usando su habilidad para conceptualizar y comunicar, los hombres han llegado a ser capaces de manipular, consciente o inconscientemente, diversos aspectos de su medio ambiente.

En regiones selectas del Viejo y el Nuevo Mundo, las condiciones permitieron, y el incremento de la población pudo haber dictado, una recolección de alimentos más variada. En vez de buscar la apropiación de un número limitado de tipos de alimento en una amplia área, algunas poblaciones empezaron a usar un número mayor de recursos obtenidos en un territorio más circunscrito. Se piensa que esas prácticas llevaron al asentamiento sedentario, al cultivo de plantas y a la domesticación de animales (Binford, 1968, y Flannery, 1969). En suma, el crecimiento demográfico en *habitat* específicos pudo haber sido un factor para precipitar los movimientos de población y el cambio tecnológico, o ambas cosas. Esos procesos reforzarían las tendencias hacia la domesticación de plantas y animales, y difundirían los productos y técnicas hacia nuevas regiones.

Con el desarrollo del cultivo de cereales y la domesticación de animales, específicamente, la migración hacia nuevos *habitat* significaba llevar animales y semillas a regiones que tal vez eran menos adecuadas para su crecimiento. Esos movimientos no solamente hubieran favorecido el cambio del carácter genético de plantas y animales por medio de la selección de aquellas características más viables, sino que también pudieron haber estimulado el cambio cultural (incluido el tecnológico) de tal modo que estos organismos, básicos para el propio bienestar del grupo humano, continuaran siendo fuentes productivas de alimentos. La evidencia de sitios que han proporcionado restos de plantas antiguas (Braidwood, 1960, y Hole *et al.*, 1969) sugiere que el cultivo (como lo sería más tarde el riego) fue originalmente una adaptación secundaria, mientras que la recolección intensiva de cereales y legumbres silvestres y la caza de animales salvajes constituían la base de la alimentación. Ese patrón continuó por lo menos durante el sexto milenio a.c., cuando tuvo lugar un cambio en lo que era suplementario. Los alimentos recolectados se convirtieron en complemento —aunque necesario— de una dieta principal de cereales. En el registro arqueológico, los restos de plantas y animales silvestres son suplantados por los de especies domésticas. Algunos sitios muestran un incremento de semillas pequeñas de plantas silvestres; su gran número sugiere la recolección de forraje silvestre para los animales.

BENEFICIOS DE UNA TECNOLOGÍA CAMBIANTE

El hombre llevó al medio ambiente de la Mesopotamia meridional un complejo de granos, legumbres y animales alimenticios que parecen haber sido originalmente cultivados (o domesticados) en los valles intramontanos de los montes Zagros y la meseta anatolia (véase Helbaek, 1969, esp. 402-5). Con los movimientos hacia áreas de menor elevación con veranos más tempranos y más calurosos y lluvias breves y esporádicas, estas plantas se hicieron más dependientes del hombre para su supervivencia. Los cambios en su composición genética, manifestados en cosechas de mayor rendimiento, fijaron la dependencia permanente de esas plantas domésticas en la agricultura. Entre esos cambios hubo uno que vigorizó el raquis (tallo superior) del cereal maduro. El resultado fue una mayor retención de granos durante la cosecha. El cambio genético implicado se fijó con rapidez, ya que la proporción de recuperación de un cereal de raquis duro sería mayor que la de la variedad de raquis frágil. Por lo tanto, sus posibilidades de aparecer al siguiente año serían considerablemente mayores. Con la práctica creciente del riego en algunas áreas, ciertas plantas evolucionaron de manera tal que llegaron a depender de la tecnología para su supervivencia.

El riego, por ejemplo, parece haber promovido la formación de la cebada hexagonal de grano cubierto. La distribución de los hallazgos de este grano sugieren que requería una provisión mayor de agua, especialmente durante los cálidos y secos meses primaverales, que la que se podía obtener en las regiones de cultivo seco. Helbaek (1969:421) estima que esto se debió a la mayor evaporación de la variedad hexagonal comparada con la dística cultivada en las tierras altas. La desecación en las etapas finales de la madurez parece también haber sido en las regiones de cultivo seco el destino del trigo de trilla libre (pan). El riego primitivo y la selección por parte del hombre permitieron la aparición de ambos cereales, aunque, como se señalará más adelante, la creciente salinidad redujo sustancialmente el cultivo del trigo en algunas áreas.

La seguridad de la cosecha del trigo, aun en años de escasas lluvias, debe de haber sido una virtud esencial en el cultivo de riego. Cuando se usaba en tierras vírgenes, o con cierto cuidado para el barbecho y el desagüe, el riego tendería también a aumentar tanto el rendimiento promedio de un campo como el tamaño y partes útiles de las plantas. Las cifras de una región marginal de cultivo seco como Khuzistán en el suroeste de Irán indican que hoy el rendimiento anual promedio se eleva de 410 a 615 kilogramos por hectárea por medio del riego (Adams, 1962:110). También se reportan mayores rendimientos con riego en la cuenca del río Diyala (véase Cuadro II-A).

Cuadro II

A: Rendimiento moderno del cultivo de riego en la cuenca del Diyala, Irak

265 campos de trigo   muestreados al azar: 1 132 Kgs ± 24.8 por hectárea
77 campos de cebada muestreados al azar: 1 396 Kgs ± 67.5 por hectárea
Coeficiente de siembra: Cebada: 60-80 Kgs/hectárea
Trigo: 48-72 Kgs/hectárea
Proporción del cultivo de cebada con respecto al trigo: 70 por ciento
(De Adams 1965:17)

B: Rendimiento antiguo del cultivo de riego en la Mesopotamia meridional

Fecha	Lugar	Rendimiento (litros por hectárea)
2400 a.C.	Girsu (Lagash)	2 537
2100 a.C.	Girsu (Lagash)	1 460
1700 a.C.	Larsa	897
(De Jacobsen y Adams, 1958)		

C: Proporción de cultivo de trigo con relación al de la cebada en diferentes periodos

Fecha	Lugar	Relación trigo a cebada	Fuente
3500 a.C.	S. de Irak	1:1	impresiones de granos en cerámica
2400 a.C.	S. de Irak	1:5	textos
2100 a.C.	Girsu (Lagash)	1:50	textos
1700 a.C.	S. de Irak	solamente cebada	textos

Fuente: Jacobsen y Adams, 1958.

Posiblemente, en un principio no fue buscado conscientemente el aumento absoluto del rendimiento por medio del riego, ya que parece razonable sugerir, dada la evidencia disponible, que al principio el riego fue usado en las áreas marginales de cultivo seco para compensar la naturaleza esporádica de las lluvias. Otro producto del riego, que en un comienzo pudo no haber sido reconocido inmediatamente, es el aumento del tamaño individual de las semillas. La semilla del lino es un buen ejemplo. Las semillas recuperadas de sitios en regiones de cultivo seco varían de 3.84 a 4.03 mm de longitud; el riego en áreas cálidas, sin embargo, produjo semillas de 4.39 a 4.94 mm de longitud (Helbaek, 1969:418). Semillas de tamaño aun mayor (hasta 6 mm) se reportan de áreas con agricultura con riego mejorado (primer milenio a.c., Irak y Egipto). Las lentejas reaccionan similarmente en áreas cálidas y secas donde es necesario el riego.

Con la disponibilidad de agua para riego en verano y en invierno, se logra la ampliación del *habitat* húmedo. Esas condiciones probablemente ya existían a lo largo de la corriente de agua natural, y los recursos de los pantanos ciertamente eran usados por los habitantes más antiguos de la Mesopotamia meridional. El control del agua, sin embargo, probablemente hizo posible el cultivo localizado de palmas datileras y cebollas en una escala mucho mayor que antes. Los dátiles, especialmente, parecen haber sido un recurso muy importante en la Mesopotamia, al menos en el segundo milenio a.c.

RIEGO: RIESGOS

Con todo y sus beneficios, los riesgos del riego indiscriminado son y han sido graves. Uno de ellos es que la práctica del riego en el aluvión parece haber alterado y acentuado el proceso de acarreo y los cambios de cauce de los ríos. Mientras vivió en el aluvión, el hombre fue ampliando, enderezando, limpiando y alterando de otros modos —en mayor o menor escala— el curso de las corrientes de agua. Como resultado, hay un *continuun* de canales que parten de aquellos que distribuyen la mayor parte de sus reservas para riego hacia aquellos que producen poca o ninguna agua para el hombre. Los cambios a lo largo del *continuun* son característicos de la agricultura en las tierras aluviales. Las exploraciones de sitios indican que no fue sino hasta la época parto-sasánida (300 años a.c. a 600 d.c.) que hubo un descuido importante en los patrones prevalecientes de desagüe "natural". Antes de esa época la mayoría de los poblamientos parecen haber estado ubicados cerca de aquellos canales que fluían con mayores o menores volúmenes de agua, por lo menos desde el principio de los cultivos en la planicie. Al principio, todo lo que se necesitaba para obtener agua era romper el dique natural y construir alimentadores en pequeña escala y canales de campo. La construcción de presas elaboradas y la excavación de grandes canales artificiales no se intentó sino hasta que hubo una estabilidad política y una autoridad centralizada para planear y controlar las operaciones de riego (Adams, 1960).

Una de las mayores atracciones del aluvión de Mesopotamia para los primeros pobladores fue la facilidad para obtener agua para sus cultivos. Los canales de riego, sin embargo, también tendían a formar diques, aunque su proceso de acumulación era diferente del ocurrido en los desbordamientos de los ríos (véase Adams, 1965). La sedimentación de áreas aun mayores cerca de los principales ríos, debida a los depósitos de las redes de canales adyacentes, combinada con la rotura de diques importantes para el agua de riego, da a los canales más importantes mayor ímpetu y oportunidad para cambiar su curso hacia las áreas cercanas más bajas.

La salinidad es otro riesgo, con efectos todavía más desastrosos en el riego tal y como ha sido practicado en Mesopotamia y otras planicies fluviales (incluyendo las del Indo y el Helmand). Los diques de los canales más pequeños tienden a aislar las depresiones y a impedir el desagüe de las amplias y suaves pendientes traseras de los diques en los principales ríos, una vez creadas por los desbordamientos y extendidas por el riego. El resultado puede ser una elevación de las aguas subterráneas, que hace aflorar las sales que contiene el aluvión. Al evaporarse el agua superficial estas sales se precipitan; el resultado ha sido la formación de suelos "gilgai" incultivables en vastas áreas de la planicie aluvial.

Los antiguos registros sugieren por lo menos tres grandes casos de salinización en la Mesopotamia pre-moderna (Jacobsen y Adams, 1958). La más antigua registrada y la más grave afectó el delta meridional desde alrededor de 2400 a.c. hasta por lo menos 1700 a.c. Vale la pena resumir aquí los hallazgos de Jacobsen y Adams acerca de este periodo particular por la luz que arrojan sobre diversos factores aparentemente dispares, pero que en realidad están estrechamente relacionados. Como resultado de una disputa sobre derechos de la tierra con la ciudad-Estado de Lagash, el rey de Umma rompió y obstruyó los canales alimentadores que servían a los campos fronterizos. (Umma está situada a mayor altura sobre la corriente de agua que proveía a ambas ciudades el agua del Éufrates.) Entemena, rey de Lagash, tras de protestar sin éxito por la obstrucción del agua, emprendió la tarea de abastecer los campos de su ciudad con agua procedente del Ti-

gris. Lo hizo tan bien que parecen haber ocurrido dos cosas: 1)
para 1700 a.c. el canal había adquirido la suficiente importancia como
para ser llamado simplemente "el Tigris". Esto puede indicar que,
de hecho, la corriente principal había cambiado al canal artificial-
mente modificado; 2) para la misma fecha la salinidad había invadido
casi totalmente la región. Lo que pudo haber ocurrido es que una
gran área, anteriormente irrigada solamente por cantidades menores
del agua del Éufrates, fue anegada por grandes cantidades de aguas del
Tigris. Las filtraciones, inundaciones y el exceso de riego se combinaron
probablemente para crear una elevación decisiva en el nivel freático
de las aguas. Esto pudo haberse complicado por el hecho de que las
aguas del Tigris tienden a ser más alcalinas que las del Éufrates.

También se dispone de evidencias tanto cuantitativas como cuali-
tativas acerca de la creciente salinidad de la planicie del bajo Éufrates.
La presencia de las blancas costras de sal en los campos no sólo
es registrada directamente por los textos contemporáneos, sino que
también puede demostrarse un notable descenso en el rendimiento.
Jacobsen y Adams (1958) sugieren que la disminución de la fertilidad
indicada por las cifras de nuestro cuadro IIB se puede atribuir principalmente a la salinidad. Esta conclusión parece verse confirmada por
un cambio en los tipos de cereales que se cultivaban entonces. Uno
de los muchos factores que influyen en la elección de cultivos en
cualquier región es la tolerancia de las especies a las sales presentes
en el suelo. La mayoría de los cereales toleran una cantidad considerablemente menor de sal que la cebada hexagonal de grano cubierto. Por
lo tanto, la fijación de la salinidad daría como resultado, por ejemplo,
un aumento en la proporción cultivada de cebada en relación con la
de trigo en las áreas afectadas. Ciertamente, éste parece ser el caso
(véase cuadro IIC).

La importancia del ejemplo anterior está en demostrar de modo
muy simplificado cómo la práctica del riego en este caso, aunque fue
un requisito para el poblamiento extensivo en el aluvión mesopotámico,
llevó el germen de la destrucción de la tierra. Después de 1700 a.c.
el centro de población se desplazó a la planicie fluvial al norte del delta,
un área que tiene un espejo de agua más bajo, pero que requiere
técnicas de riego más complejas.

La base de subsistencia

En las discusiones precedentes acerca del riego se ha hecho mención
de plantas y animales específicos que formaban la base de subsisten-

cia en la antigua Mesopotamia. Desde hace tiempo se sabe por los textos del tercer y segundo milenios a.c. que los productos agrícolas básicos de la Mesopotamia meridional eran los cereales de riego: trigo, mijo y especialmente cebada; los productores de lana, carne y leche: ovejas y cabras, y los productores de energía: ganado bovino y equino. Ha sido sólo en fecha reciente, sin embargo, que materiales del sexto milenio procedentes del norte y este del delta nos han proporcionado evidencias de la presencia, en esa lejana época, de muchos de los recursos y técnicas conocidos como básicos en periodos posteriores. Aunque Tepe Sabz, Choga Mami y Tell as-Sawwan son todos periféricos a los valles inferiores de los ríos gemelos, sus restos son importantes porque se ha rescatado muy poco material comparable en el área que más tarde fue el corazón de la civilización sumeria. Una discusión, aunque breve, de los restos de plantas y animales junto con la evidencia de riego en estos tres sitios no sólo servirá para indicar la similitud general en la base de subsistencia de tres regiones bastante separadas, sino, lo que es más importante, señalará la individualidad de la adaptación en las tres diferentes localidades. Además, creemos que parte del proceso de desarrollo socio-cultural que será evidente en futuras investigaciones en el sur de Mesopotamia se refleja en los restos de estos sitios periféricos.

Plantas

El más antiguo de los sitios es Tell as-Sawwan, de 2.5 hectáreas de extensión y situado en un farallón sobre el río Tigris, al norte de Bagdad, en el lado seco de la isoyeta de los 200 mm. En el "foso defensivo" que rodea parcialmente este sitio del periodo Samarra se rescataron tres muestras de materia vegetal carbonizada. Solamente se identificó un grano de cebada hexagonal de cáscara (*Hordeum vulgare*) entre aproximadamente 180 granos de la variedad dística de cáscara (*Hordeum distichon*). Otros granos eran trigo hexaploide (*Triticum aestivum*-3 granos), cebada hexagonal de grano desnudo (aproximadamente 60 granos-*Hordeum vulgare*, var. *nudum*) y las variedades domésticas más antiguas conocidas: einkorn (*Triticum monococcum*-un grano) y emmer (*Triticum dicoccum*-aprox. 20 granos). Cuatro yerbas: pasto goat-face (*Aecongilops cassa*-un grano), shok (*Prosopis stephaniana*-una gran cantidad), alcaparra (*Capparis spinosa*-aprox. 300 semillas), y una especie desconocida de cardo (aprox. 50 semillas). El *Prosopis*, una yerba no competitiva, y la alcaparra probablemente fueron recolectadas intencionalmente por sus frutos. Significativamente, se recobraron tres semillas de la variedad grande del lino (*Linum usitatissimum*). Éstas sugieren un riego complejo cerca del sitio, si no es que fueron traídas de otro lado. La mayoría de granos de cereal, sin embargo, son comparativamente pequeños, lo que sugiere que "crecieron en condiciones bastante inadecuadas, o que fueron de razas de introducción relativamente reciente en ese medio y todavía no bien adaptadas" (Helbaek, 1964:46).

Actualmente, el riego directo del Tigris arriba de Bagdad requiere algún mecanismo elevador. Lo mismo sucedió probablemente por lo menos desde el sexto milenio a.c. La evidencia actual sugiere que después del periodo Samarra, el área estaba escasamente habitada hasta que se practicó la irrigación en gran escala por medio de la elevación del agua. Esta árida zona, difícil de irrigar jugó un papel clave en la historia y la prehistoria al servir como amortiguador entre el norte lluvioso y el sur irrigado. Los ríos, sin embargo, proporcionaron rutas de comunicación así como agua para la agricultura en pequeña escala, para los ejércitos en campaña, comerciantes y colonos. También en esta área desértica hicieron sentir su presencia las poblaciones nómadas.

Helbaek sugiere que en Tell as-Sawwan:

> Muy probablemente la agricultura fue practicada sobre la base de la periódica inundación del río, explotando los estanques de derrama, deteniendo los escurrimientos en sitios favorables por medio de represas primitivas: actividades que debemos visualizar generalmente como antecedentes del posterior riego por medio de canales. [1964:46]

Si en el periodo Samarra el Tigris no fluía inmediatamente al pie del farallón en el que se asienta el poblado, debió haber habido planicies fluviales disponibles para el cultivo (Adams, 1965:166). El agua sería el bien limitativo, ya fuera elevada del Tigris durante la temporada invernal de cultivo o retenida en estanques de derrama para uso posterior. Esa reserva de agua permitiría producción solamente para una población limitada y podría promover el control diferencial de los recursos productivos por parte de grupos individuales dentro de la sociedad. La diferenciación social fue una característica del asentamiento de Tell as-Sawwan, según lo sugiere la variedad de las ofrendas depositadas en los entierros del periodo V, el más antiguo estudiado hasta ahora en el sitio.

La evidencia de riego en Tepe Sabz es similar a la de Tell as-Sawwan (véase Hole *et al.*, 1969), aunque el contenido cultural pertenece a una tradición diferente: la Susiana (parecida en estilo y comparable en fecha a la tradición Eridu/Hajji Mohammad). Aunque el sitio se encuentra debajo de la isoyeta de los 300 mm, está localizado donde sus habitantes pudieron haber aprovechado un pequeño abastecimiento de agua estacional por escurrimientos de las montañas al norte de la planicie de Deh Luran. No había antiguos lechos de canal excavados en el sitio pero los restos volcánicos sugieren que el riego se practicaba por lo menos como un complemento del cultivo de temporal. Esto lo reafirman las diferencias entre los restos de Tepe Sabz y los más antiguos de Ali Kosh, que está cerca de las márgenes de la depresión central de la planicie que se inunda periódicamente. Aunque todavía no se publica en forma cuantificada la información sobre materia vegetal encontrada en Tepe Sabz, Helbaek (1969:412 ss) reconoce un marcado incremento en la abundancia de cebada de cáscara, tanto hexagonal como dística. De modo similar, se identificaron granos de trigo hexaploide en Tepe Sabz, mientras que no se hallaron en la más antigua y diferentemente ubicada Ali Kosh. Aunque en ese sitio se recuperaron lentejas y lino, el tamaño de las semillas sugiere que eran variedades nativas de las tierras altas y llevadas allí, o que representaban intentos fracasados de cultivo en campos no irrigados. En el nivel más bajo de Tepe Sabz, sin embargo se recuperaron moldes calcáreos de lo que debieron haber sido restos de lino y lentejas plenamente irrigadas.

La variedad de tamaños de los treinta y un ejemplos de semillas de lino llevan a Helbaek a concluir que "...el lino debe haber sido cultivado por medio de esta técnica (riego) durante largo tiempo para haber desarrollado un tamaño tan impresionante" (1969:408).

Las exploraciones en la planicie de Deh Luran indican que para el tiempo del primer poblamiento en Tepe Sabz se localizaban muchos sitios donde los habitantes pudieron haber hecho uso de los pequeños canales que descendían de las montañas. Tales sitios se caracterizaban no solamente por su peculiar cerámica pintada de estilo susiano, sino también por hachas de piedra pulimentada usadas posiblemente como azadas para romper la superficie de los campos y construir y mantener pequeños canales de riego. Debe señalarse, sin embargo, que ni todos los sitios de finales del sexto milenio en Khuzistan están localizados donde hay agua fácilmente disponible para riego. Por lo tanto, el significado de las diferencias evidentes en los restos de la última fase en Ali Kosh y la primera fase de Tepe Sabz puede debatirse. Es un problema interesante encontrar si el complejo tecno-económico de la fase Sabz fue introducido por los nuevos pueblos que entraban a la región de Deh Luran, o si meramente representa distintas prácticas agrícolas desarrolladas por los descendientes de la misma población en un *habitat* diferente. No sería sorprendente encontrar la verdad en una combinación de ambas teorías.

La limitada exposición de la fase Sabz en Tepe Sabz no produjo pruebas de una posible diferenciación social semejante a la encontrada en Tell as-Sawwan. Sin embargo, algunos poblamientos de este periodo en la región del Khuzistan pueden haber sido considerablemente mayores que las características aldeas de aproximadamente una hectárea de superficie como Tepe Sabz. Esa variación puede ser significativa como una indicación del crecimiento inicial de centros regionales, tal vez como resultado de la distribución esporádica de los escasos recursos.

La ubicación ambiental del sitio de Choga Mami es similar a la de Tepe Sabz, situada al pie de los montes Zagros por abajo de la isoyeta de los 300 mm. Excavados parcialmente por Joan Oates (1969), los restos de este asentamiento del Samarra tardío comprenden uno de los diversos sitios antiguos localizados cerca de Mandali, Irak, aproximadamente a 150 kilómetros al este-sureste de Tell as-Sawwan y 200 kilómetros al noroeste de Tepe Sabz. El sitio está localizado cerca de un canal que actualmente es alimentado por el río Gangir. Las exploraciones sugieren que el alineamiento de este moderno canal puede tener su origen en el periodo Samarra, y las excavaciones han proporcionado una serie de canales fósiles documentados estratigráficamente (Oates, 1969:124-27). Las dos vías de agua más antiguas parecen haber estado demasiado por debajo del nivel contemporáneo de la planicie como para haber sido usados en el riego; deben haber servido como desagüe o zanjas de protección como en Tell as-Sawwan. Para cuando fueron excavados los últimos tres canales, sin embargo, su elevación excedía la de la planicie contemporánea y es más posible que fueran usados para el riego. Ciertamente, la elevación del nivel del suelo antiguo que es evidente cerca del sitio puede ser resultado de la derrama de agua cargada de sedimentos sobre los campos.

Hay evidencia botánica que respalda la existencia de riego en el área de Choga Mami. Se han rescatado más de cinco mil frutos y semillas carbonizados. De los pastos, sin embargo, solamente la décima parte eran cereales cultivados; entre éstos se incluyen proporciones iguales de emmer, trigo hexaploide, y cebada hexagonal de grano cubierto, con cantidades menores de enikorn y avena (todos domesticados; Field, 1969). De las semillas de legumbres, alrededor de la trigésima parte pudieron haber sido cultivadas: Vicia sp., lentejas y una o dos más. Fields comenta que:

La mayor proporción, tanto de pastos como de legumbres, fueron semillas tan pequeñas que se concluye que las plantas pudieron no haber sido recolectadas por sus semillas sino por las partes vegetativas... esas plantas silvestres tal vez pudieron haber proporcionado una fuente de forraje animal. [1969:40]

Las semillas de lino recuperadas en el sitio eran silvestres, a diferencia de las procedentes de Tell as-Sawwan y Tepe Sabz. En general, sin embargo, las plantas cultivadas son similares en los tres sitios. Las diferencias aparecen, donde las muestras permiten distinciones, en las semillas de hierbas y plantas silvestres rescatadas. Debe hacerse notar, sin embargo, que las variaciones estadísticas pueden deberse tanto al tamaño de la muestra y métodos de flotación usados para rescatarlas, como a diferentes situaciones ambientales y prácticas tecno-económicas.

En cuanto a las interacciones de la agricultura de riego y la sociedad en la zona de Mandali, Joan Oates señala (1969:143-44) que "El motivo más probable... para la estricta adherencia (de los muros de las casas posteriores) a los linderos antiguos parecería obedecer a la existencia de derechos de propiedad ininterrumpidos y rígidamente observados". No sabemos en realidad si tales derechos existieron en realidad durante este temprano periodo ni cómo pudieron haberse desarrollado. La jerarquía de los valores de tierras basados en el riego con una aportación limitada de agua puede haber jugado un papel en la evolución del concepto de la tierra como propiedad. Oates también señala "un notable incremento en la intensidad de poblamiento, que es independientemente verificada por nuestra exploración del área y que podríamos atribuir a la introducción de la agricultura de riego". Ese incremento en el número de asentamientos se encuentra en el mismo periodo en Khuzistan, pero es debatible si el riego fue una causa o un efecto del aumento de la población en las dos áreas. Como se señaló previamente, la extensa adopción de las técnicas de riego se puede considerar más bien como un proceso que *interactúa* con el aumento de población en las áreas marginales a aquellas en las que la agricultura de temporal puede practicarse con mayor seguridad.

Animales

El aumento de población humana en cualquier región tiende a tener un efecto sobre el medio ambiente físico de esa área. Las actividades como el riego tienden a alterar el desagüe natural y pueden eventualmente conducir a la salinización del suelo. Hay testimonios de un proceso semejante en los restos botánicos de la parte final del quinto milenio en Tepe Sabz (Hole *et al.*, 1969:363-66), y Joan Oates sugiere que un proceso parecido pudo haber tenido lugar en el área de Mandali en Irak oriental durante el periodo Samarra (Oates, 1969:144). La recolección de combustible y el pastoreo de los rebaños domésticos son otras dos actividades que alteran la distribución de la flora y fauna silvestres. La tala de árboles y grandes matorrales para obtener leña y el despojo de la escasa vegetación por los rebaños errantes destruye el habitat de la fauna salvaje. Cuando esto se combina con la caza, esas prácticas no solamente originan cambios en la cuantía de la población y los tipos de animales silvestres, sino que también refuerzan la dependencia en las especies domésticas. Ahora, como en el pasado, particularmente las ovejas y cabras se llevan a pastar en terrenos baldíos, en el rastrojo que queda después de la cosecha y en la cada vez más pobre vegetación natural.

Los huesos de animales son hallazgos comunes en excavaciones en cualquier sitio del Cercano Oriente. Se ha desenterrado un gran número de huesos que, excepto en casos poco comunes, se dejan a un lado y nunca se estudian detenidamente. Esta falta de interés puede deberse a la orientación histórica de una gran parte de la arqueología de Mesopotamia; tal vez con razón, otros aspectos han parecido más dignos de estudio. No queremos decir que hayan sido pasados por alto las investigaciones sobre qué tipo de animales utilizaban los pueblos de la antigua Sumer. En la mayoría de los casos se ha notado la presencia de especies animales clave, frecuentemente por sus representaciones en bajorrelieves y figurillas. Entre ellos se cuentan ovejas, cabras, bueyes y onagros. Se ha especulado sobre la introducción del caballo y el camello, pero en realidad con muy poca base. Hasta muy recientemente, poco se había hecho para determinar el número mínimo de individuos representados, e investigar los patrones cambiantes a través del tiempo y el espacio.[3] Un estudio juicioso de los restos animales, con interés especial en discernir los procesos, la diferenciación interna y la especialización regionales, puede hacer contribuciones importantes. Por ejemplo Kent Flannery (en Hole et al., 1969) ha sugerido que a principios del quinto milenio a.c. el ganado bovino pudo haber sido más común que las ovejas y cabras en algunas partes del aluvión mesopotámico. Sin embargo, los sitios en la periferia del aluvión usualmente rinden una alta proporción de huesos de ovejas y cabras. La evidencia de este contraste en la distribución animal es escasa, y proviene solamente de cinco sitios: Tell as-Sawwan, Tepe Sabz, Choga Mami, Ras al Amiya y Eridu.

---

[3] Una excepción es el estudio de Max Hilzheimer, *Animal Remains from Tel Asmar* (1941).

La muestra de huesos animales de Tell as-Sawwan es demasiado pequeña para ser tratada estadísticamente. Pero en ella se incluye una variedad de fauna típica de la mayoría de los sitios excavados correspondientes al sexto milenio. Están representadas la cabra doméstica (*Capra hircus hircus*) y la oveja (*Ovis aries*) junto con algunas especies de buey (*Bos primigenius*: salvaje, o *Bos taurus*: doméstico). Entre los mamíferos silvestres de gran tamaño se cuentan la gacela (*Gazella subgutturosa*), el corzo (*Dama mesopotamica*) y algunas especies de gato (*Felis* sp.) (Flannery y Wheeler, 1967). La cabra salvaje no es nativa del área que rodea a Tell as-Sawwan; la gacela y el corzo todavía se encuentran en la estepa cercana. En la colección están representados huesos de peces de gran tamaño (¿barbo?) pescados probablemente en el Tigris, así como dos clases de mejillón (*Unio tigridis* y *Pseudo-dontopsis euphraticus*). También se recogieron restos de peces y mejillones en Tepe Sabz, aunque la frecuencia de su aparición disminuye drásticamente después de la fase más antigua.

Debido a que los investigadores estaban explícitamente interesados en el conjunto animal, los huesos de Tepe Sabz y la más antigua Tepe Ali Kosh están entre las colecciones mejor estudiadas en el Cercano Oriente. La muestra total de las dieciséis "zonas" estratigráficas definidas en los dos sitios se eleva a cerca de 13 600 fragmentos identificables, o sea un promedio de 850 piezas por zona. Esto constituiría una muestra razonable a excepción de que un poco más de 12 500 de los huesos provienen de las seis zonas más antiguas (Ali Kosh), dejando solamente un promedio de 109 huesos en cada una de las últimas diez zonas (Tepe Sabz). Sin embargo, si el número de huesos de cada tipo de animal en cada zona se presenta como un porcentaje del total de huesos encontrados dentro de esa zona, se modificará la impresión que producen los números solos.

A través del total de la secuencia de cuatro mil años, los huesos caprinos (ovejas y cabras) constituyen más del cincuenta por ciento de las muestras. Aunque solamente mediante el análisis del núcleo de los cuernos, los metapodios y las terceras falanges se pueden distinguir los caprinos con cierta certidumbre (Hole *et al.*, 1969:266-70), la proporción de ovejas a cabras parece haberse elevado con el tiempo. Para la fase Sabz (5500-5000 a.c.) no sólo se estima que hubo casi tantas ovejas como cabras representadas en la muestra, sino que también el material esquelético de ambos caprinos manifiesta características plenamente modernas.

En los restos más antiguos de Tepe Sabz aparecen representados dos nuevos animales domésticos: ganado bovino y perros. En la secuencia de Tepe Sabz (5500-4000 a.c.) los huesos de ganado bovino nunca constituyen más del 8 por ciento de las muestras, y aunque los huesos del perro doméstico suman más del 12 por ciento de la muestra de la fase Sabz, en la siguiente fase Khazineh disminuyen a un 5 por ciento. (Deberá recordarse que tanto el tamaño de los sondeos arqueológicos como el de la muestra de Tepe Sabz son pequeños, y pudieran ser críticos los accidentes de descubrimiento.) El ganado bovino por supuesto sería más tarde muy importante en el arado de los campos en amplias regiones del Cercano Oriente. En cuanto a los perros, aunque se desarrollaron cruzas selectas para la guerra y la caza, aquellos cuyos restos se encuentran en la mayoría de los sitios probablemente eran perros guardianes y de rapiña. Su presencia puede ayudar a explicar la ausencia casi total de huesos "masticables" (Hole *et al.*, 1969: 314), y por lo tanto el pequeño tamaño de la muestra de Sabz.

A través de las secuencias de Ali Kosh y Tepe Sabz, la caza fue importante, aunque la aparición del ganado doméstico y del perro disminuyeron las proporciones de gacelas y onagros (*Equus hemionus*). Los huesos de gacela identificables fluctúan entre 10 y el 20 por ciento de las muestras de Tepe Sabz, en comparación con un 30 por ciento en la fase Mohammad Jaffar de Ali Kosh (6000-5600 a.c.) donde escasean los restos de ovejas y cabras. Aquí conviene indicar, sin embargo, que puede ser difícil distinguir entre los dientes, costillas y vértebras de gacela y los de ovejas y cabras, especialmente cuando los huesos están fragmentados. Los huesos de onagro constituyen una constante regular del 5 por ciento de los restos en cada fase de Tepe Sabz, en comparación con 10 por ciento de la fase Mohammad Jaffar. Hasta hace poco tiempo grandes rebaños de estos asnos moraban en el desierto y la estepa de Mesopotamia y son los animales más frecuentemente representados en los restos de la fauna de la antigua Eridu.

Además del onagro y la gacela, se piensa que la cabra salvaje (*Capra hircus aegagrus*) fue cazada en toda la secuencia. Su *habitat* fueron los declives de los montes Zagros. El pastoreo de estos animales durante los milenios décimo y noveno (y tal vez antes) en las tierras altas y su transferencia de *habitat* de tierras bajas probablemente originó su domesticación. Muchas de las fuerzas descritas anteriormente como importantes en la domesticación de las plantas pueden considerarse como igualmente importantes en la domesticación de animales.

Flannery (1969:92) ha señalado el efecto que puede tener en la fisiología de las ovejas un cambio de *habitat*. Citando un estudio de Schmidt-Nielsen (1964), sugiere que la habilidad de las ovejas para sobrevivir mejor que otros animales domésticos a las altas temperaturas y condiciones desérticas se debe a un mecanismo de respiración y a su lana. La primera permite una ventilación efectiva y la segunda aísla el cuerpo del calor. Las ovejas, sin embargo, requieren para alimentarse un tipo más herbáceo de vegetación que las cabras. Dado que las cabras pueden alimentarse mordisqueando los matorrales, se encuentran sus rebaños no solamente en las montañas sino también en el desierto, mientras que las ovejas parecen medrar mejor en un medio ambiente más fresco y húmedo. Sin embargo, estas generalizaciones oscurecen el carácter generalmente mixto de los rebaños en los tiempos modernos, así como, de acuerdo con lo que sugieren nuestras evidencias, en los tiempos antiguos. Actualmente se pastorean las cabras principalmente para aprovechar su leche, pero también por su pelo, mientras que las ovejas proporcionan básicamente su lana y en lugar secundario su leche. Ambos animales se criaban por su carne, como lo sugieren en el pasado sus huesos descuartizados. A través de los textos contemporáneos se conoce la importancia que tenían los textiles en el tercer milenio en Mesopotamia; hechos de lana, constituían una de las principales exportaciones de Sumer al mundo exterior. Estos textiles, así como las ovejas de las cuales se derivaban, formaban un recurso invaluable al ser usados en el intercambio de productos como cobre y madera.

Se desconoce cómo las primitivas ovejas fueron cruzadas deliberadamente para producir lana, así como el proceso por medio del cual llegó a ser importante la primitiva producción de leche. Pudiera sugerirse que las ovejas fueron originalmente transferidas al medio ambiente de las tierras bajas para aprovechar su carne y solamente en tiempos posteriores se desarrollaron y utilizaron sus otros productos. Basta decir que, como en el caso de los cereales, hubo múltiples y complejas presiones que llevaron a la evolución de la oveja y cabra domésticas tal como se conocían en Mesopotamia por lo menos 3000 años a.c., si no es que antes. Tales presiones indudablemente fueron ejercidas tanto por el hombre como por la naturaleza.

Los restos de otros animales silvestres, algunos representados en abundancia en Ali Kosh, hacen su última aparición importante en las primeras fases de Tepe Sabz. Entre ellos se cuentan aves acuáticas, reptiles, peces y mejillones, así como el cerdo. Junto con su contraparte doméstica, los restos del cerdo salvaje (*Sus scrofa*) son raros en la secuencia Deh Luran. Esta situación puede contrastarse con a) aldeas de las tierras altas, como Jarmo, donde los restos de cerdo doméstico aparecen en cantidad considerable en depósitos de fecha tan antigua como 6000 a.c., y b) sitios posteriores como Tell Asmar, del tercer milenio, donde más del 27 por ciento de los 238 huesos identificados fueron considerados como pertenecientes a cerdos (Hilzheimer, 1941). También están representados en Tepe Sabz roedores de por lo menos tres especies y mamíferos pequeños como la zorra roja (*Vulpes vulpes*) y el gato montés (*Felis* sp.). La importancia de estos últimos en términos de nutrición parece marginal. Este papel mínimo pudiera contrastarse con la parte importante desempeñada por la fauna obtenida en *habitat* acuáticos. Junto con sus contrapartes terrestres, tales como almendras y pistaches, los peces y moluscos especialmente son fuentes concentradas de importantes vitaminas y minerales. Puede aventurarse que "todas estas fuentes de calcio-vitamina A probablemente perdieron importancia una vez que se estableció la ordeña de animales domésticos, un hecho del cual todavía no tenemos evidencia arqueológica" (Flannery 1969:86).

Volviéndonos a Choga Mami, la lista preliminar de tipos animales representados en el sitio muestra una notable similitud con la ya descrita para Tepe Sabz. Están presentes restos de ovejas, cabras, cerdos, perros y bovinos domésticos, pero estos últimos se encuentran muy raramente. Los animales salvajes enlistados son corzo, zorra, gacela, cerdo, oveja, cabra, lobo, onagro y gato (Oates, 1969:139-40). Parecen promisorias las futuras cuantificaciones de restos de Choga Mami. Oates (1969:144) señala que "los restos animales de los verdaderos niveles del periodo Samarra muestran una gran preponderancia de las gacelas sobre los ciervos de mayor tamaño... entre los posteriores materiales de Ubaid hay un mayor incremento en la proporción relativa de las gacelas". Si es válido ese cambio en las proporciones de los animales representados en Choga Mami y puede atribuirse a un *habitat* cambiante, esta evidencia puede sugerir un aumento de las condiciones de estepa que posiblemente resulta de una creciente población que causó desforestación. Como señala Oates, sin embargo, se necesita estudiar mucho más a fondo las evidencias de todas clases antes de que se pueda presentar un cuadro razonablemente preciso del cambio ambiental.

A diferencia de lo que ocurre con los restos vegetales, se dispone actualmente de dos colecciones ya publicadas de animales del quinto milenio de la Mesopotamia meridional. La mayor procede de Ras al Amiya, un sitio localizado cerca del antiguo centro religioso de Nippur en la parte norte del delta. Descubiertos por accidente durante las excavaciones de zanjas de riego, los restos descansan a una profundidad de un metro debajo de la presente planicie. El sitio parece haber sido una aldea ocupada durante un lapso limitado de tiempo en el periodo Hajji Mohammad tardío. Flannery y Cornwall (1969) estudiaron casi doscientos huesos encontrados en cuatro niveles. De ellos, sólo se identificaron un poco más de la mitad. Los animales domésticos representados son: bovinos, ovejas y posiblemente cabras. Entre la fauna salvaje se cuenta el lobo (¿o perro?), jabalí (¿o cerdo?), gacela, onagro y mejillones. Todos estos animales existen también en Tepe Sabz, pero en diferentes proporciones. Los huesos bovinos, que nunca llegaron a ser más del 8 por ciento de la colección de Tepe Sabz, representan el 45 por ciento de los fragmentos de Ras al Amiya. Los restos de oveja y cabra de este último sitio son alrededor del 37 por ciento de la muestra en comparación con el 80 por ciento en Teje Sabz en el periodo comparable. Este patrón está de acuerdo con textos económicos posteriores de Nippur que indican la importancia del pastoreo de bovinos en esa área.

La posibilidad de que al principio los caprinos puedan haber desempeñado solamente un papel secundario en la economía de algunas áreas del sur de Mesopotamia es respaldada por una pequeña muestra de Eridu. Flannery y Wright estudiaron por medio de fotografías veintisiete huesos de este sitio, el más meridional de los principales de la Mesopotamia. De estos huesos, 22 fueron identificados como de onagro; también se notaron dientes de bovinos domésticos y un solo hueso que pudo haber sido de oveja, cabra o gacela. Esta pobre muestra del nivel XIII del "sondeo de chozas" es de una fecha más o menos comparable a la del material de Ras al Amiya (c. 4500 a.c.). Todavía hace falta realizar muchas excavaciones y análisis de materiales del cuarto al quinto milenio antes de que estos periodos tan importantes sean suficientemente bien conocidos como para construir algo más que un marco de referencia general de su desarrollo.

Si el cuadro animal que surge de la Mesopotamia meridional en el quinto milenio tiene alguna validez general, contrasta notablemente con el del pequeño sitio de Sakheri Sughir, del tercer milenio, localizado cerca de Ur. Los huesos de ovejas y cabras domésticas aventajan a los huesos bovinos en proporción de cinco a uno, aunque los caprinos individuales identificados solamente superan a los bovinos en proporción de dos a uno. Dado que una vaca puede proporcionar hasta cuatro veces más carne que una oveja o una cabra, "es probable que la proporción de carne de res con respecto a la de vaca en la dieta fuera más o menos de uno a uno" (H. Wright, 1969:91). Como se indicó anteriormente, los principales activos de los caprinos son la lana y la leche, mientras que los de los bovinos son energía y leche. Aunque ambos tal vez eran más útiles a la humanidad mientras estaban vivos, en el registro arqueológico se ha comprobado la matanza de los retoños jóvenes machos para aprovechar su carne y es un fenómeno bien conocido en la actualidad en esa región. En Sakheri Sughir, los huesos de ovejas son más comunes que los de cabras, lo que confirma nuestras observaciones previas.

Más intrigante que la prevalencia de caprinos sobre bovinos es la obvia importancia de los peces en Sakheri Sughir. Los huesos de peces comprenden el 72 por ciento de la muestra total, aunque representen solamente el 23 por ciento del peso total de los huesos. Henry Wright señala que esta última proporción es tal vez "más indicativa de la importancia del pescado en la dieta de carne en las aldeas rurales del Dinástico temprano" (1969:89). Se han encontrado un gran número de huesos de pescado alrededor de las "mesas ofertorias", "altares" y en "jarras ofertorias" de los templos del Ubaid tardío en Eridu, lo que acentúa la importancia de los peces como recurso en el área Ur/Eridu. Los textos del tercer milenio de Lagash mencionan lo que pudo haber sido una sección especializada de la sociedad que obtenía su subsistencia por medio de la pesca. En Sakheri Sughir se notaron tres categorías de peces: carpa (*Cyprinidae*), perca (*Otolithus* sp.) y barbo (*Silureus* sp.). Otros recursos acuáticos eran los mejillones (*Unionidae*) y los patos. Entre los animales silvestres de gran tamaño se incluyen el onagro, el toro salvaje y la gacela, cuyos restos son escasos, sin embargo.

Lo que se trata de demostrar es que, muy probablemente, los recursos silvestres continuaron siendo importantes sobre todo en la vida rural hasta bien avanzados los periodos históricos. Los patrones de explotación de la fauna salvaje indudablemente difieren de una área a otra y varían en relación con la productividad de los habitantes más fácilmente alcanzables. En aquellos *habitat* donde las ovejas, cabras y bovinos competían con la fauna salvaje en el consumo de las pasturas, probablemente aumentó la dependencia de los animales domésticos, aunque se puede suponer, con alguna base, que la importancia de los diferentes animales domésticos también variaba de región a región. A las tierras pantanosas del delta inferior, los peces y otros recursos acuáticos conservaron un lugar importante tanto en la dieta como en la cultura. El uso de juncos y cañas, testimoniado por las impresiones dejadas en los muros y pisos de fango de las casas, y la aparente importancia del pez en la religión, ilustran lo mencionado.

UTENSILIOS Y TÉCNICAS

El cultivo y preparación de plantas y animales requieren utensilios y técnicas. Los utensilios a veces son preservados en el registro arqueológico. Sin embargo, su uso e importancia son comprensibles solamente por medio de un análisis de los mismos artefactos y del contexto donde se descubrieron. Las preguntas hechas a estos materiales arqueológicos deben derivarse de las prácticas de nuestros días o, más raramente, de las descripciones de textos antiguos. Las técnicas, o mejor, el estado del conocimiento, están entre los aspectos de la vida antigua más difícilmente recuperables. El arqueólogo es afortunado cuando dispone de antiguas descripciones de la agricultura, el pastoreo o el trabajo de los metales en Mesopotamia. Uno de los textos más orientadores es el llamado "Almanaque del Agricultor" publicado por S. N. Kramer en The Sumerians (1963:105-9 y 340-42).

De interés especial es el uso de bueyes herrados, la azada, el rastrillo y el arado respectivamente durante el cultivo. De acuerdo con la traducción de Kramer del antiguo manual de instrucciones, los bueyes herrados debían de ser soltados en el campo empapado de agua después de la inundación en la primavera. Ellos arrancarían las malezas y pisotearían la superficie, removiendo la vegetación presumiblemente dejada después del barbecho del año anterior. El campo tendrá entonces que nivelarse y prepararse con ligeras "hachas" angostas, y se harán desaparecer las marcas dejadas por los bueyes. Finalmente, se rastrillea el campo y el operario con el azadón "va alrededor de los cuatro bordes del campo", tal vez preparando los bordos y canales para el riego. En este punto es instructivo señalar que no solamente las pezuñas de los bueyes seguidas por el trabajo de azadón probablemente rompen los sistemas de raíces de las malezas, que suelen ser extensos, sino que también la operación final de rastrillado sella la superficie del campo, reduciendo de este modo la evaporación y conservando el agua en el suelo durante el largo y caluroso verano. (Un proceso similar de preparación del campo se usa en partes del moderno Beluchistán pakistano, pero allí toda el agua necesaria para cultivar la cosecha de un año puede obtenerse de una inundación y ser almacenada en el aluvión del mismo campo) (Raikes, 1968).

Es significativo que, de acuerdo con el texto sumerio, no se usa el arado hasta que es tiempo de preparar el campo para proceder a la siembra.

Entonces, durante diez días, el suelo se rotura mediante el uso de dos tipos de arado, se le pasa la rastra y se rastrilla tres veces, se pulveriza la tierra con marros y se usa una combinación de arado y sembrador para plantar el grano. El campo deberá regarse por lo menos en tres ocasiones durante etapas diferentes del crecimiento del grano. Al llegar la cosecha, se instruye al agricultor para que trate bien a sus trabajadores, presumiblemente porque es en ese momento del ciclo agrícola cuando aumenta la demanda de mano de obra. Finalmente el "Almanaque del Agricultor" instruye que, en varios momentos de la temporada, se digan oraciones a las deidades apropiadas para asegurar una cosecha óptima.

En un texto como el que se ha resumido brevemente, se puede aprender mucho que podemos añadir al magro esqueleto arqueológico. Sin relatos contemporáneos, tendríamos que especular más aún de lo que hacemos acerca de la importancia de artículos tales como las azadas de piedra encontradas a menudo en los sitios arqueológicos. De hecho, otros utensilios mencionados, como el arado y el rastrillo, generalmente no están representados en todos los restos de antiguos asentamientos. Presumimos que la domesticación de animales fue acompañada o seguida por el desarrollo del arado y otros implementos que requerían de la energía animal. Tales utensilios originalmente fueron hechos casi completamente de madera, y sólo más tarde se les revistió parcialmente con el potencialmente más recuperable metal. El cobre (más tarde el hierro) en las hojas de arado, herraduras de las bestias de tiro y otros implementos agrícolas, era un valioso recurso para una Mesopotamia pobre en minerales metálicos. Era fundido y usado una y otra vez. Es muy probable que una gran parte de la población rural no haya podido disponer del metal sino hasta bien entrado el tercer milenio. En esa época, el cobre se hizo más fácilmente obtenible (igual que el estaño y por tanto el bronce, su recia aleación) a causa del crecimiento del comercio internacional, estimulado por la demanda de este valioso recurso. Es significativo que la mayoría de los objetos de metal recuperados sean ornamentos personales, armas de guerra y de caza y vasijas enterradas en las tumbas de los ricos. No es sino hasta el periodo Jamdat Nasr que las tumbas en el gran sitio de Ur contienen cantidades significativas de cobre y aún entonces los objetos de plomo son aquí tan comunes como aquellos del presumiblemente más valioso cobre. Ocasionalmente se encuentran artículos caseros de metal en el relleno de las estructuras domésticas, pero son pocos los implementos agrícolas que no sean líticos o cerámicos, tal vez debido en parte a que raramente han sido investigados sitios rurales. Las excavaciones en el asentamiento rural de Sakheri Sughir, del tercer milenio, indican sin embargo la ausencia casi total de metal y la continuación de la dependencia de la piedra tallada para implementos agrícolas, como hojas de hoz y lo que pudieron haber sido utensilios de carnicero (H. Wright, 1969).

El metal no parece haber sido una necesidad para la agricultura en Mesopotamia sino hasta después del tercer milenio. La madera, cañas, piedra y arcilla siempre fueron importantes, y aunque poco de los dos primeros materiales se ha preservado excepto, como carbón o impresiones, los artefactos líticos y cerámicos están entre los restos más comunes en sitios de todos los periodos. La arcilla es y fue uno de los recursos más útiles y abundantes de Mesopotamia. En nuestros días se construyen las casas de adobe tal como han sido construidas desde el sexto milenio por lo menos. Templados con paja y a veces reforzados con cañas o madera, los tabiques de barro se han usado para toda la gama de estructuras, desde la choza más humilde hasta el mayor ziggurat. Los tabiques de barro cocidos en un horno fueron empleados para construir edificios más ricos y de mayor tamaño, como templos, palacios y residencias urbanas, cimentadas a veces en gruesas planchas de piedra importada y techadas con maderas también importadas. En contraste, las moradas más pobres se construían con cañas recubiertas con barro o de barro solo sin ningún refuerzo. Muchas de las estructuras más antiguas que se han encontrado en Eridu, Ur y Uruk son de este tipo de construcción de caña y barro usados junto con tabiques de barro. También se conoce actualmente en el área la construcción con cañas y hojas de palma y poco uso del barro, pero esos materiales dejarían pocos rastros en el registro arqueológico.

Además de ayudar a proporcionar abrigo, la arcilla se usó para la cerámica y otros artículos útiles, como contrapesos para las redes, peonzas para los husos, hoces, tubos de drenaje, figurillas y ornamentos arquitectónicos. Las vasijas varían en tamaño desde enormes tinajas para almacenamientos hasta diminutas tazas de juguete. Se usaban para todo, desde lámparas hasta ofrendas funerarias, y se las fabricaba en una infinita variedad de formas y diseños. Inicialmente la cerámica era completamente modelada a mano y decorada individualmente, pero para el periodo Uruk ya la rueda había promovido una creciente estandarización tanto en forma como en decoración. También aparecen en el periodo Uruk temprano vasijas de tamaño y forma estándar hechas con molde y se ha sugerido que estos tazones de "bordes biselados" se usaban como medidas estándar para raciones de grano. Se han encontrado en número enorme en áreas presumiblemente dedicadas al almacenamiento.[4]

Almacenamiento

El almacenamiento de granos era uno de los puntos claves de la economía mesopotámica. El cultivo anual de granos requiere la disponibilidad de las semillas conservadas de la cosecha previa. Además, las semillas de una gran parte de la flora explotada por el hombre se usaban con fines alimenticios. El almacenamiento, por lo tanto, se deberá considerar como un requisito obligado de la agricultura de cosechas. En todos los periodos son bien conocidos los recipientes para

4 Propuesta de Hans Nissen: *Archaeology*, Vol. 23, núm. 1, enero de 1970, p. 50.

grano tales como grandes jarras de cerámica o espacios cerrados y revestidos de arcilla aplanada. Hasta fecha reciente, sin embargo, se carece de evidencia acerca de las instalaciones de almacenamiento en gran escala que siempre se ha supuesto que existían. Innumerables documentos económicos de los milenios tercero y segundo a.c. describen la distribución de raciones de cereal a los dependientes de los templos y los grandes estamentos seculares. Nunca se ha investigado empíricamente cómo y dónde se almacenaban las grandes cantidades de grano implicadas en esas transaciones, aunque algunas secciones de los "templos" y "palacios" han sido señaladas como "cuartos de almacenamiento".

La diosa del almacenamiento era Inanna, cuyo santuario principal estaba localizado en la ciudad de Uruk, posiblemente el centro "urbano" más antiguo en Mesopotamia. El símbolo de Inanna era un manojo de cañas, representado a veces como sobresaliendo o formando la entrada de lo que parece ser una estructura predominantemente de cañas, posiblemente un silo. Una impresión de un sello procedente del sitio de Susa en Khuzistán, Irán, muestra a un hombre en una escalera con una canasta de granos, indicando tal vez el almacenamiento en el segundo piso de los edificios. Oppenheim ha señalado recientemente la importancia del descubrimiento de textos relativos a retiros de un granero público a principios del segundo milenio, en Sippar (1969:14-15). Se desconoce cuán característico pudo haber sido ese local para almacenamiento; como un templo, un granero público sería un punto focal y de atracción para el asentamiento urbano.

En Tell as-Sawwan se han encontrado lo que bien pudieran ser graneros del sexto milenio; los restos que contienen sugieren que el almacenamiento y preparación de alimentos en un edificio separado pueden ser casi tan antiguos como la misma agricultura en el aluvión. Ubicados en el lado norte del montículo, donde el terreno tiene un declive en sentido opuesto al Tigris, los "graneros" se describen como "de forma de T, consistiendo de cuartos de diferentes tamaños, generalmente pequeños, y con diversos niveles de piso" (Wahida, 1967:171). Las entradas a estas construcciones son generalmente estrechas, sus pisos están cubiertos con argamasa de yeso, eran más altos que el nivel de la calle, y toda el área estaba rodeada por un muro de tabiques de barro. Ghanim Wahida señala:

Aunque se hallaron muy pocas semillas en estos graneros, encontramos diversos implementos agrícolas incluyendo piedras de moler, manos de mortero, azadas y parte de una hoz consistente de cuatro hojas de pedernal unidas con betún. También hubo pedernales, proyectiles para honda, guijarros sin trabajar, etc. Éstos están completamente ausentes en las casas privadas. Además, la cerámica lisa era más común en los graneros que en las casas. [1967:171]

Se desconoce si los edificios mencionados llamados "graneros", eran comunales o propiedad de familias o grupos familiares que vivían en la sección residencial del asentamiento. Un cuidadoso análisis de la cerámica de acuerdo con los sitios de hallazgo y el estilo puede revelar patrones de distribución que pueden ser útiles para determinar los patrones de propiedad y uso. La evidencia de que se dispone sugiere la segregación de actividades en localidades específicas.

PREPARACIÓN DE CEREALES

La preparación de los cereales con cáscara, que parecen haber predominado en sitios como Tell as-Sawwan, implica mucha molienda para quitar la dura gluma. No se sabe si en esa temprana época se llevaba a cabo una molienda completa para obtener harina para hacer pan. Los llamados a veces "hornos para pan" han sido encontrados en gran cantidad en Ras al Amiya, Eridu y otros sitios mesopotámicos tempranos, así como en sitios fuera del delta como Ali Kosh. Se desconoce si estas construcciones de forma de campana, abiertas por arriba y sometidas a fuerte fuego, eran realmente usadas para el horneado de pan. Otra sugestión acerca de la función de esas estructuras es su empleo como hornos para secar y resquebrajar la resistente cáscara exterior de algunos granos de cereales como un acto preliminar a la molienda (Hole et al., 1969:349). No se han encontrado granos en ninguno de los hornos investigados hasta ahora, sin embargo, por lo que el problema permanece sin solución. En cuanto al uso de los cereales en la dieta, Hole, Flannery y Neely han sugerido que tal vez el alimento de resistencia, por lo menos en la dieta de los comienzos de Deh Lurán, pudiera haber estado compuesto por gachas de granos molidos y tostados combinados con agua y tal vez acompañados de carne y vegetales. Ellos sugieren que los trigos y cebadas con cáscara son generalmente inadecuados para hacer pan, aunque parece casi seguro que la cebada hexagonal con cáscara era usada para hacer el pan sin levadura tan característico del Cercano Oriente por lo menos desde el tercer milenio a.c. La preparación de la cebada después de la cosecha y antes de almacenarla implica el trillado, cernido, lavado y secado del grano. Estos numerosos pasos, que se tienen que llevar a cabo inmediatamente después de la cosecha, ayudan a explicar por qué la demanda de mano de obra es tan grande en la temporada de la recolección en Mesopotamia. Con respecto a la preparación de cebada para el consumo, Oppenheim señala:

> ...los granos pueden ser descascarados por chamuscamiento, remojados o majados con machacadores para convertirlos en sémola gruesa... Los granos eran cernidos, majados o molidos en una piedra de moler, ya que antes del periodo helenístico no se usaba el molino giratorio. [1964:315]

Si las piedras de moler proporcionaban la base para la preparación de los alimentos de gramíneas por lo menos hasta el primer milenio a.c., causa sorpresa su escasez general particularmente en las estructuras domésticas del tercer y finales del cuarto milenios, así como también en restos más antiguos. Inmediatamente acuden a la mente dos posibles explicaciones de este fenómeno. La primera es que, siguiendo el patrón evidente del sexto milenio en Tell as-Sawwan, la preparación de granos tenía lugar en los graneros comunales de templos o palacios y solamente la harina o sémola procesadas se llevaban al hogar para su consumo. La molienda central ciertamente debió haber sido característica de ciertos sectores de la ciudad y de los grandes establecimientos religiosos o seculares, pero una razón más obligada para explicar la escasez de los molinos es que éstos eran hechos de piedra.

NECESIDAD DE LOS RECURSOS MATERIALES

En el aluvión de Mesopotamia son raras las piedras del tamaño necesario para hacer una piedra de moler. Las que se encuentren posiblemente hayan sido importadas de los Zagros del este, del desierto rocoso de Arabia hacia el oeste, o de afloramientos localizados en el aluvión. Puede también haberse usado roca de las áreas colindantes con el Golfo Pérsico en el sur y de la región de Mossul en Asiria, hacia el norte. Con el aumento de población, aumentaría la demanda de piedra, dictando tanto el cuidadoso retiro de las piedras de moler de las casas a punto de ser derribadas como su uso repetido hasta que se rompían. La mayor parte de las piedras de moler recuperadas de sitios ubicados en el aluvión están rotas. Además, en ocasiones la arcilla ha tenido que remplazar a la piedra, como en el caso de los llamados clavos doblados de arcilla que son comunes en toda Mesopotamia y que tal vez eran usados como pulverizadores. En el mismo caso, ya se ha señalado el uso de hoces de arcilla en vez de madera. Éstas, junto con los pulverizadores, se limitan a los sitios mesopotámicos poblados entre la mitad del sexto y el tercer milenios, así como las imitaciones en arcilla de martillos de piedra, azadas y otros implementos tanto de piedra como de metal. La utilidad y resistencia de un utensilio de arcilla propiamente horneado, sin embargo, no debe subestimarse, especialmente en un área con pocas piedras en su suelo.

Entre otras piedras que tuvieron que ser importantes en la Baja Mesopotamia están: el pedernal y la obsidiana empleados para la fabricación de utensilios cortantes hasta fines del tercer milenio; el alabastro pulido para tazones, estatuas y ornamentos; los grandes bloques de piedra caliza para la cimentación de construcciones como las de al'Ubaid, Uruk, Eridu y otras ciudades principales de los periodos Uruk y Jamdat Nasr; la diorita para los bajorrelieves y estatuas después del cuarto milenio; y finalmente las piedras semipreciosas como el lapislázuli, cornerina, turquesa, ágata y esteatita, algunas de las cuales aparecen desde el sexto milenio y todas las cuales eran bastante comunes para el periodo Jamdat Nasr. Se puede sugerir que el comercio a larga distancia fue evidentemente llevado a cabo para obtener piedras como el lapislázuli de Afganistán, la turquesa de Irán y la diorita de Omán, y surgió de un sistema ya establecido para la obtención y distribución de las necesarias piedras de moler y el pedernal de áreas más cercanas y fue reforzado por la demanda de madera y especialmente de cobre.

COMERCIO E INTERCAMBIO

En conjunto, el tema del intercambio, en el cual se incluyen el comercio y la importación, pueden considerarse en muchos niveles diferentes y desde diversos puntos de vista que dependen de las definiciones usadas y los artículos implicados. Sin embargo, es básico en todos los tipos de intercambio el otorgamiento de bienes o servicios, o de ambas cosas, por una de las partes a la otra a cambio de una recompensa. Dentro de esta amplia definición, aun el tributo pagado por una población a un rey conquistador puede considerarse como un intercambio por las fortunas o vidas de sus habitantes. El comercio y el trueque son tipos más limitados de intercambio. Éstos presuponen una recompensa que sea considerada como equivalente por ambas partes que intervienen en una transacción. El intercambio generalmente tiene lugar entre individuos o grupos que actúan como unidades. En el registro arqueológico, sin embargo, el intercambio suele manifestarse solamente por la presencia de materiales y productos durables en un sitio y cuyo origen no es local, de tal modo que la identificación de quienes participaron en el intercambio es una tarea completamente especulativa. Además, la presencia de obsidiana, por ejemplo, o de lapis-lázuli representa solamente un lado de la transacción de intercambio. ¿Qué viajaba en la otra dirección? ¿Se trataba de bienes, de servicios o de coerción, o era una combinación de los tres lo que llevaba esos materiales a Mesopotamia desde sitios tan alejados como Anatolia o Afganistán? En un nivel del análisis, podemos preguntar qué procesos y mecanismos de intercambio relacionaban a Mesopotamia, considerada como unidad cultural, con un área de origen en un periodo de tiempo dado. En otro nivel, podemos preguntar qué lugar ocupaba un asentamiento dado en la red de intercambio dentro de Mesopotamia; entre Mesopotamia y el área de origen; o dentro del área de origen. Y en un tercer nivel, ¿qué papel desempeñaban los individuos, grupos o instituciones en la red de intercambio dentro del asentamiento individual así como en la cultura y sociedad? Así como "una cultura" o "una sociedad" es una unidad conveniente, aunque arbitrariamente definida, que comparte muchos atributos con otras unidades igualmente vagas de la misma o diferentes magnitudes, así los límites de estos niveles sociales o de organización están poco definidos e imperceptiblemente se mezclan entre sí. Si bien no puede responderse a estas preguntas detalladamente, al menos proporcionan un marco de referencia para la siguiente discusión.

El llamado "comercio de la obsidiana" es tal vez el ejemplo mejor estudiado del movimiento a larga distancia de un producto exótico que se encuentra en la región general de nuestro interés. Originado en el octavo milenio a.c., el flujo de la obsidiana de Anatolia a sitios en los Zagros y el Levante parece haber alcanzado su clímax en el sexto milenio. Trozos de obsidiana pudieron llegar a Khuzistan, Irán, procedentes de una fuente en la Anatolia central a unos 900 kilómetros de distancia y probablemente manejados de asentamiento en asentamiento, tal vez por medio de pastores. De acuerdo con algunos investigadores este "comercio" pudo haber "desempeñado un papel importante para proporcionar tanto las rutas como los contactos para el movimiento de granos a nuevos *habitat* ecológicos" (G. Wright, 1969:61). Es difícil decir, sin embargo, si la obsidiana es algo más que una manifestación arqueológicamente recuperable de una amplia red de contactos a larga distancia. Gary Wright ha sugerido que la obsidiana fue una razón principal para la existencia de estas redes, pero es un tema que merece muchas investigaciones más.

Dentro de la misma Anatolia, estudios emprendidos por Renfrew, Dixon y Cann (esp. 1966, 1968, y Renfrew, 1969) y Gary Wright (1969) indican que la distribución de obsidiana de fuentes específicas coincide más o menos con zonas cubiertas por instrumentales tipológicamente distintos. En otras palabras, el uso del análisis de elementos-guía para determinar la ubicación de diferentes fuentes de obsidiana ha permitido a los investigadores determinar la existencia de lo que parecen ser redes de distribución, o "zonas de abastecimiento", que rodean las fuentes principales. Fuera de las "zonas de abastecimiento" anatolias, la cantidad de obsidiana obtenida en las excavaciones decae rápidamente. La calidad del cristal volcánico negro presente parece depender principalmente de la distancia a las orillas de las "zonas de abastecimiento", pero también de la función de los sitios, la disponibilidad de otros tipos de piedra adecuados para el tallado y de afinidades culturales.

Lo que aquí debe señalarse es el papel que la satisfacción de la demanda de obsidiana o de otros recursos necesarios puede haber desempeñado en la promoción de cierto grado de uniformidad cultural dentro de regiones específicas. Dentro de cada "zona de abastecimiento" la alta proporción de obsidiana en los más de los sitios indica la presencia de mecanismos de distribución que deben también haber facilitado la diseminación de ideas, técnicas y productos al hacerse disponibles.

La necesidad de piedra para utensilios dentro de las "zonas de abastecimiento" anatolias fue satisfecha principalmente por la obsidiana local. Fuera de Anatolia la misma necesidad era satisfecha con pedernales y calcedonias. El pedernal es un sustituto perfectamente aceptable para la obsidiana en la mayoría de los casos y fue ampliamente usado en áreas donde la obsidiana no se podía obtener con facilidad. Pero así como se encuentra obsidiana en muchas áreas donde se usa predominantemente el pedernal, así se encuentran utensilios de pedernal dentro de la "zona de abastecimiento" de la obsidiana en Anatolia. Esto sugiere la superioridad de cada sustancia para tipos particulares de tareas. Esta circunstancia hubiera promovido el comercio de ambos materiales a las áreas de necesidad y fuera de sus respectivas "zonas de abastecimiento". En Anatolia también encontramos obsidiana usada para otros artículos distintos que utensilios, como pendientes y espejos. Estos usos secundarios no son evidentes fuera de Anatolia sino hasta después del sexto milenio, lo que indica que el valor de la obsidiana como materia prima para herramientas superaba a su valor para otros usos y que la acumulación de materiales exóticos como una forma de riqueza todavía no jugaba un papel importante en la estructura de las diversas sociedades (véase G. Wright, 1969). En el Tell as-Sawwan del sexto milenio, sin embargo, se empieza a encontrar evidencia en forma de ofrendas funerarias, de la acumulación de productos hechos con materias primas exóticas cuya escasez era aumentada por su retiro de la circulación.

A diferencia de Anatolia, donde la tierra arable, el agua y los recursos para la manufactura de utensilios están en ubicaciones razonablemente cercanas entre sí y son accesibles, la Mesopotamia meridional es una región que tiene un suelo potencialmente muy productivo, dada la adecuada distribución de agua, pero con una deficiencia casi completa de muchos de los materiales necesarios para una agricultura eficiente, aun a nivel de subsistencia (véase Rathje, 1970 a y d, para una situación similar en las tierras bajas de Mesoamérica). Como hemos visto antes, hay un mosaico de microambientes dentro del aluvión, pero éstos generalmente carecen de piedras para molinos y de pedernal para utensilios. El cobre y el estaño están completamente ausentes en el aluvión, así como otros recursos que se hacen necesarios al hacerse más elaborada la sociedad antigua de Mesopotamia. En esta última categoría se incluye especialmente la madera, pero también el oro, la plata, las piedras semipreciosas y las especias.

El alquitrán fue un recurso muy usado en el aluvión. Las fuentes del mismo son hoy en día evidentes a todo lo largo de la estepa asiria desde Mosul hasta sitios tan meridionales como Deh Luran. Como en el caso de la obsidiana, el análisis de elemento-guía puede permitirnos, en el futuro, decir algo acerca de las áreas de distribución de este recurso en relación con sus fuentes específicas. Henry Wright ha iniciado ese estudio en el suroeste de Irán. Somos muy afortunados al poder localizar las áreas de las fuentes originales y reconstruir la distribución de la obsidiana y potencialmente del alquitrán. Generalmente, sin embargo, el investigador es totalmente incapaz de obtener información en cuanto al origen o aun la naturaleza de los materiales encontrados en las excavaciones. No solamente no se dispone de información precisa con respecto a las posibles áreas de origen, sino que generalmente los datos publicados en los informes de las excavaciones no dan descripciones precisas de los materiales usados.

Si aceptamos la proposición de que necesariamente la materia prima tenía que ser importada al aluvión mesopotámico, surge la pregunta de cómo eran obtenidos y distribuidos esos materiales. Es posible que se enviaran expediciones ocasional o regularmente a los sitios originales más convenientes desde las dispersas comunidades que originalmente salpicaban el delta. Aun en la pequeña escala aquí considerada, estas primitivas misiones hubieran requerido tanto la acumulación de capital (en forma de producto) y cierta forma de organización y liderazgo que no podían ser proporcionados por el potencial de las familias individuales (nuevamente, véase Rathje, 1970 a y b). Probablemente habrían utilizado el conocimiento especial y relaciones de parentesco de ciertos miembros de la comunidad para proporcionar seguridad y hospitalidad en la ruta.

Un segundo método de adquirir recursos, aunque no tan directo como el primero, hubiera sido instituir relaciones comerciales con comunidades más cercanas a las fuentes. De este modo podría establecerse una red de intercambio que asegurara una utilización más eficiente de las fuentes y la disponibilidad más inmediata de las materias primas necesarias. Como el método más directo de explotación de recursos, el método de la red comercial requiere la acumulación y administración de capital —en cualquier forma— para adquirir los materiales necesarios. También se habla de la existencia de una red de relaciones personales o políticas en toda el área comercial. Ambos métodos de adquisición de recursos son bocetos simplificados de lo que con toda probabilidad fueron procesos mucho más complicados que implicaban aspectos de ambos.

MECANISMOS DE DIFERENCIACIÓN SOCIAL

Al aumentar con el tiempo la población del aluvión, surgieron complicados mecanismos de adquisición y redistribución de recursos. Crecieron los centros, algunos por lo menos parcialmente en respuesta a una necesidad de distribución eficiente de materia prima y productos manufacturados. Las instituciones en estos centros explotaban los recursos cercanos usando directamente la mano de obra de personas económica o socialmente ligadas a ellas, y obteniendo indirectamente la necesaria materia prima de los poblados circundantes a cambio de productos terminados, de servicios o de ambas cosas. Los materiales así obtenidos pueden ser usados en el intercambio por productos o materiales disponibles en otros centros tanto dentro como fuera del aluvión. De acuerdo con Leemans (1950), los textos económicos contemporáneos indican que la mayoría del comercio de tierra adentro se llevaba a cabo por medio de barcas y el principal medio de intercambio, por lo menos durante una gran parte del tercer milenio a.c., era la cebada. La principal exportación de Mesopotamia, sin embargo, parece haber consistido en productos artesanales, que Diakanoff (1968b) cree que se producían básicamente en talleres de palacios o templos. De hecho, parece probable el intercambio internacional durante el tercer milenio y tal vez desde antes estaba basado principalmente en el capital acumulado a través de la recolección de una participación en los bienes producidos en la tierra o por los rebaños propiedad de los grandes establecimientos seculares y religiosos. Se alega que, debido a

que la producción en Mesopotamia estaba tan cerca de la subsistencia, solamente predios muy grandes podían movilizar los recursos necesarios para soportar tanto a un grupo de especialistas artesanales para
producir materiales adecuados para el intercambio como a un grupo
de especialistas administrativos que se hicieran cargo de la adquisición de materias primas, la recolección de alimentos y la dirección de
los esfuerzos económicos dentro de la institución.

Un argumento como el planteado encuentra apoyo en un estudio
recientemente publicado sobre una comunidad iraquí moderna (Fernea, 1970). Fernea encontró que el registro de la tierra impuesto por
los británicos llevó a la fijación de grandes propiedades en manos
de unas pocas familias. Esto permitió a los terratenientes optimizar el
cociente de tierra por trabajador, con el resultado de que se obtuvo
un barbecho adecuado. Un barbecho pleno no solamente lleva a una
máxima productividad de la cosecha (baja proporción de siembra,
producción elevada) sino también a un aumento en el número de ovejas y cabras capaces de ser mantenidas en las áreas mayores de tierras
de barbecho. El registro de tierras tuvo un efecto opuesto en los pequeños propietarios. Se acentuaron tanto la fragmentación de las propiedades por herencia como la necesidad de los familiares de compartir
la tierra disponible. Esto llevó a una incapacidad de barbechar al alcance óptimo con la resultante disminución tanto en la productividad
como en el volumen de los rebaños. También ocurrió un aumento en
la salinización que agravó aun más el problema. Esta situación promovió el inquilinato por parte de los pequeños propietarios, la emigración,
la venta de tierras a los grandes terratenientes, un aumento en el pastoreo y un incremento en la población urbana. En suma, dado el complejo económico de granos/caprinos dentro del medio ambiente de
Mesopotamia, es más productiva una intensidad específica de uso
de la tierra. Esta situación, dada una creciente población, tiende a seleccionar un tipo particular de tenencia de la tierra (tenencia comunal
con redistribución anual) y favorece un tamaño particular de terreno.
Las implicaciones de esta conclusión para el surgimiento de una sociedad estratificada en la antigua Mesopotamia serán esbozadas a continuación.

El carácter estacional de la producción agrícola en Mesopotamia parece haber conducido a una economía de almacenamiento por una
parte y al desarrollo del crédito por la otra. La base para la acumulación
de capital en el aluvión era principalmente el grano y en segundo lugar los rebaños, que son respectivamente cosechados y trasquilados en
épocas bien definidas del año. Como ya se ha señalado anteriormente,
el almacenamiento de semillas, un tipo de inversión de capital, es un

prerrequisito necesario para la agricultura. El cuidado de ovejas y cabras, así como del ganado bovino, es igualmente una inversión, aun cuando estos animales rindan productos de un tipo o de otro durante la mayor parte del año. La necesidad de bienes manufacturados, materia prima y servicios no se limita a periodos particulares, sino que se extiende bastante regularmente en todo el año. Para el pequeño agricultor el modo más eficiente y seguro de obtener lo que era necesario era el crédito, que es en sí un tipo de intercambio. Los bienes y servicios se intercambian por una promesa de pago. El pago diferido es eficiente porque el agricultor no necesita almacenar ningún grano a excepción del de su propio consumo y el usado para la siembra. Teóricamente este sistema podría operar aun para especialistas de tiempo completo no agrícolas, pero de hecho estos individuos desempeñaban servicios no solamente para agricultores individuales sino también para establecimientos grandes. Ya que los especialistas artesanales no son agricultores, tienen poca necesidad de almacenar granos en cualquier cantidad si se les puede asegurar el abasto a su demanda. Además, los mecanismos de contabilidad debieron haber sido tan tumultuosos y complicados en tiempo de cosechas que era indudablemente más eficaz para los grandes establecimientos distribuir el grano a medida que se necesitara y que fuera ganado por los especialistas institucionales. Aun así, al crecer el tamaño de estas instituciones, requirieron cierta clase de escritura para permitir el registro minucioso de las transacciones.

Si como se ha sugerido antes, la mayoría de los productos artesanales se elaboraban en los sistemas económicos esencialmente cerrados de las grandes instituciones, ¿cómo llegaban a los individuos no conectados con los establecimientos? Diakanoff (1968b) sugiere que los productos y materias primas importados llegaban a las unidades económicas exteriores por medio de agentes comerciales del Estado o del templo. No fue sino hasta el segundo milenio, sin embargo, que estos hombres se convirtieron en empresarios privados (Leemans, 1950). En un sentido similar, Oppenheim (1964:89) cree que la coexistencia de economías de almacenamiento y privadas pudo haber promovido el uso de excedentes alimenticios como moneda.

En los textos del tercer milenio a.c. aparece evidencia de la mayoría de instituciones económicas y mecanismos de intercambio descritos anteriormente. Hasta el decenio de los cincuentas, los historiadores creían que la mayor parte de la economía de la antigua Mesopotamia se basaba en una redistribución de bienes y servicios por los templos que poseían la mayoría de la tierra en cualquier ciudad-Estado. Estudios de Diakanoff, sin embargo, han demostrado que en algunos casos la mayoría de la tierra era poseída y explotada secularmente por tenedores libres, grandes y pequeños. Para mediados del tercer milenio algunos de estos establecimientos privados rivalizaban con el templo en el tamaño de las propiedades, aunque tal vez no en la producción de productos artesanales. Es indirecta la evidencia de la existencia de tales circunstancias sociales antes del tercer milenio. Pero parece posible sugerir la existencia de algunas instituciones y procesos a base de los datos arqueológicos disponibles.

EL TEMPLO, EL PALACIO Y LAS PRESIONES AMBIENTALES

Entre los restos más antiguos recuperados en el aluvión se cuenta un "templo". El nivel XVI de Eridu (sexto milenio) ha revelado una pequeña estructura de tabiques de barro, de planta cuadrada con una profunda depresión cuadrada en el lado noroeste. Dentro de esa depresión había un pequeño pedestal de la misma forma, tal vez un altar, y en el centro del edificio se encontraba un segundo pedestal similar rodeado de cenizas y con otras huellas de fuego. Los restos de este edificio a) están localizados en un área ocupada más tarde por templos; b) contienen dos pedestales en ubicaciones similares a los encontrados en templos posteriores; y c) parecen poco adecuados para otro uso que no sea el de templos. Este tipo de estructura fue repetido en forma algo diferente en los niveles XV y XIV, pero estuvo ausente en los niveles XIII y XII. Empezando nuevamente en el nivel XI, sin embargo, sigue una serie ininterrumpida aun más elaborada, en el mismo sitio y durante todo el periodo Uruk medio. Los restos del templo en el mismo sitio de Uruk son indicadores espectaculares del poderoso lugar que el templo había adquirido en la antigua Mesopotamia para fines del cuarto milenio. Otro sitio de un templo del Uruk tardío es el pequeño asentamiento de Uqair con su gran plataforma y santuario pintado. Por qué el hombre de la antigua Mesopotamia construyó templos y cómo la institución creció para realizar esfuerzos tan impresionantes, son preguntas básicas acerca de las cuales solamente podemos especular.

En la mayoría de las sociedades no industriales, la religión juega un papel importante en la vida cotidiana. En esas circunstancias puede considerarse como un "elaborado proceso para regular las relaciones entre el hombre y los dioses, tanto antes como después de la muerte... es una tecnología complicada y costosa destinada a controlar el medio ambiente del hombre o a influir en él favorablemente" (Renfrew, 1969:159). De acuerdo con Kramer, la más importante ceremonia en la antigua Mesopotamia era el Rito de Renovación del Año (1963:140).

A fines del tercer milenio, éste incluía un matrimonio ritual "entre el rey, quien representaba al dios Dumuzi, y una de las sacerdotisas, quien representaba a la diosa Inanna, para asegurar la fecundidad y prosperidad de Sumer y su pueblo". De acuerdo con Jacobsen (1963), el hombre de la antigua Mesopotamia creía que cada fuerza natural tenía una voluntad o espíritu cuya presencia se solicitaba por medio de a) imágenes del culto, b) templos, c) servicios y d) danzas rituales. Interpretaciones como éstas se derivan de los diversos mitos y epopeyas que nos han legado los archivos sumerios. El estudio de la bibliografía religiosa de diferentes periodos de la historia mesopotámica indica que los cimientos de las creencias pasaron por cambios a través del tiempo. Estas alteraciones del dogma, según creen muchos investigadores, reflejan cambios dentro de la misma sociedad de la antigua Mesopotamia.

El panteón sumerio agrupaba entre 3 mil y 4 mil deidades. La mayoría de éstas, por supuesto, eran dioses personales y locales, pero cada ciudad se consideraba bajo la tutela de una deidad mayor. Así Enki, dios de las aguas dulces de los ríos, lagos y pantanos, era el dios de la ciudad de Eridu. Aparece principalmente en los mitos de creación y organización. Nanshe, la diosa de los peces y la pesca, regía el pueblo de Nina (Sughul) en Lagash suroriental. Nanna, dios de la Luna, era la deidad principal de Ur. Utu, dios del Sol, portador de la justicia y la equidad, era protector de Sippar en la parte norte del delta. An, dios del cielo y padre de todos los dioses, era venerado en Uruk, pero no era un dios de ciudad. Como ya se ha señalado, Inanna era la diosa de los almacenes, de la fertilidad y de las estrellas de la mañana y de la tarde. Su ciudad era Uruk y se la representaba en muchos mitos. Enlil, dios del viento, gobernaba la ciudad religiosa de Nippur, donde estaban localizados templos de todas las deidades principales. En Nippur, de acuerdo con los textos religiosos, se suponía que los dioses se reunían en asamblea para ocuparse del gobierno del mundo sumerio. Ninlil, diosa del grano, se encargaba de los asuntos de Shuruppak (Fara). Ninurta (Ningirsu), el dios del trueno y las tormentas primaverales, era la deidad principal de Girsu (Tello) en Lagash. La lista continúa, pero parece evidente que los sumerios creían que los asuntos de cada poblado eran supervisados, si no realmente dirigidos, por un dios especial cuyo santuario o templo se encontraba en esa localidad. Por supuesto que más de un dios podía ser adorado en una aldea o poblado, y la mayoría de las ciudades de mayor tamaño dedicaron templos a muchos dioses. Los muchos nombres alternos de los dioses indican que originalmente las mismas fuerzas eran adoradas bajo distintos nombres en diferentes partes de Sumer. Thorkild Jacobsen ha sugerido, sin embargo, la importancia de las configuraciones regionales de microambientes en el surgimiento del peculiar panteón religioso de Mesopotamia (1963). La naturaleza del dios principal de cualquier ciudad, y a menudo la de las deidades secundarias, puede haber sido un reflejo del tipo dominante de explotación ambiental de cada región. Esto se infiere del carácter de las más antiguas representaciones no humanas conocidas de estas deidades, así como por sus rasgos asociados encontrados en mitos y epopeyas contemporáneos. Deberá notarse, sin embargo, que la mayor parte de nuestra información proviene de documentos escritos del segundo y tercer milenios a.c. Para este tiempo se había consolidado la naturaleza del panteón sumerio, como se representa en la bibliografía tradicional, aunque parece haber motivo para la pretensión de que los mitos son justificaciones y explicaciones *post hoc* de lo que ya era un hecho consumado.

Sugerimos antes que, desde los principios del poblamiento en el aluvión, la incertidumbre ambiental jugó un papel principal en los asuntos humanos. El sistema tradicional de riego usado por lo menos hasta tiempos de la Tercera Dinastía de Ur ofrecía poca seguridad de que se dispondría de agua suficiente durante la temporada invernal de cultivo.

Además, la inundación durante la temporada de cosecha era un riesgo siempre presente para la existencia y el bienestar de la población humana. Para contrarrestar estas y otras amenazas, así como para asegurar buenas cosechas y buena salud tanto para los animales como para los hombres, se buscaba la ayuda y protección de los dioses. Parece razonable suponer que la mayoría de los asentamientos incluirían un santuario para una u otra deidad, y ciertas personas del poblado tendrían la responsabilidad de cuidar del templo y del oficio de los rituales adecuados.

En otras palabras, entre los primeros especialistas ocupacionales se contaron los sacerdotes. Diakanoff ha añadido detalles al cuadro. Él sugiere que la economía del templo

surge sobre la base del fondo comunal de reservas de tierra y las parcelas de tierra cedidas a los funcionarios de la comunidad. Su propósito original era asegurar la estabilidad de la comunidad territorial por medio de la creación de un fondo de productos agrícolas y artesanales para las necesidades de esa comunidad como un todo (incluyendo las necesidades del culto), como por ejemplo en casos de emergencia, y un fondo de exportación para asegurar la importación de materias primas industriales no disponibles en el territorio. [1968b:38]

Desde este punto de vista el surgimiento del templo en la antigua Mesopotamia, si bien considera la relación entre el hombre y lo sobrenatural, fue esencialmente un fenómeno económico. Su manifestación, tanto en los registros arqueológicos como en los lingüísticos es, en su mayor parte, en términos del intercambio de bienes y servicios en los estados de los dioses. Los bienes eran llevados a los templos como ofrendas, o sea en pago por servicios religiosos. Mientras que algunos eran consumidos por el fuego, otros eran redistribuidos al personal del templo y la comunidad, o consignados para almacenarse como acumulación de capital. Miembros de la comunidad prestarían servicios al templo a cambio de servicios, principalmente, pero también a cambio de bienes. Las presiones ocasionadas por adeudos o desastres naturales hubieran podido determinar que algunos individuos dependieran del templo, reforzando así las tendencias hacia una sociedad estratificada y especializada.

La acumulación de grandes extensiones de tierra en manos privadas es otro fenómeno de la historia mesopotámica. Hasta fechas recientes se reconoció la extensión de esos predios, al menos durante el periodo Dinástico Temprano. Los poseedores de esos predios, quienes solían estar en conflicto con los establecimientos religiosos, llegaron a ser los dirigentes seculares de las ciudades-Estado de Mesopotamia. Para el periodo Dinástico temprano II, se conocen lo que eran presumiblemente grandes "palacios" seculares en Kish y Eridu. Las llamadas Tumbas Reales de Ur son famosas justificadamente a causa de sus riquezas, aunque se discute si eran las tumbas de los verdaderos gobernantes de la ciudad o simplemente de miembros de familias extraordinariamente ricas. También se han encontrado tumbas similares en Kish y pertenecen al mismo periodo Dinástico Temprano III. En un intrigante artículo, Baikley (1967) ha intentado documentar las vicisitudes del surgimiento del poder secular en la Mesopotamia histórica. Aunque el proceso parece haber variado de ciudad en ciudad, la fuerza principal que favoreció el establecimiento de un rey fue la necesidad de liderazgo en la guerra.

Las crecientes hostilidades entre las ciudades-Estado, estimuladas por disputas sobre tierras (la presión demográfica sobre los recursos existentes), favoreció la centralización del poder coercitivo en las manos de un líder reconocido. El individuo mejor capacitado para movilizar la fuerza necesaria era aquel que tuviera suficiente experiencia en el liderazgo, una vasta red de relaciones de parentesco y considerables intereses en la supervivencia de la comunidad. La selección de dicho individuo inevitablemente tropezaba con los intereses creados de la oligarquía religiosa que trataba de conservar el control de esos nombramientos y poderes. Las narraciones contemporáneas indican que en algunos casos aquélla lograba retener ese control y que en otros no.

En la antigua Mesopotamia, la tierra de propiedad privada era generalmente controlada por "familias extensas". De acuerdo con Diakanoff (1968a:26), "el rompimiento de una comunidad familiar agnaticia en la segunda o tercera generación no implicaba necesariamente la disolución de los nexos económicos y de culto entre las familias recién formadas". De hecho, podía tener lugar la formación de nuevos grupos agnaticios de un orden más elevado. Como ya hemos visto, mientras más grande es la propiedad, será más productiva, si llega a controlarse la relación entre hombre y tierra. Los propietarios ricos podían explotar la costumbre de la asistencia mutua dentro del grupo agnaticio para asegurar la indispensable mano de obra para la producción, si tenían la necesaria habilidad para el liderazgo, o si eran capaces de capitalizar las relaciones de deudor-acreedor. Estos métodos de movilización del trabajo todavía están en uso actualmente en Mesopotamia (Fernca, 1970).

Otro método de obtener control sobre vastas extensiones de tierra en el moderno Irak es ilustrado por Fernea (1970). Las circunstancias pudieran haber sido las mismas en la antigua Mesopotamia. Debido a un cambio en el curso de un canal fluvial, se cortó de golpe la corriente de agua en el canal principal. Esto condujo a una disminución del área cultivable y obligó a la migración de grupos e individuos con mala ubicación respecto al agua restante. El control sobre las tierras sometidas a la sequía quedó en las manos de los que permanecieron en ellas.

Cuando regresó el agua, si eran capaces de movilizar el suficiente apoyo, los que se quedaron podían retener el control sobre concentraciones de grandes y productivas extensiones de tierra. Ese estado de cosas puede estabilizarse por medio de alianzas matrimoniales y de relaciones de parentesco.

El agua es un bien escaso e impredictible en el aluvión. Como resultado, solamente una pequeña proporción de la tierra producirá cosechas año tras año. Los individuos que poseen esas tierras estarán mejor a la larga que aquellos que no tienen tierras en una ubicación igualmente favorable. Los individuos o grupos que posean las tierras más productivas podrán aprovechar su bienestar estableciendo relaciones de deudor-acreedor con los miembros menos afortunados de la comunidad. Si las presiones o restricciones sociales son tales que los individuos se ven forzados a permanecer en sus comunidades y si no pueden reponerse de sus pérdidas, entonces resultará una diferenciación social que eventualmente se convertirá en estratificación. Por medio de estos procesos, no solamente se consolida la existencia de las grandes propiedades, sino también la de una fuerza de trabajo dependiente.

Antes de cerrar la discusión es necesario señalar que una gran parte de lo que se ha dicho anteriormente se plantea en la suposición de que en la Mesopotamia prehistórica existía un concepto de propiedad de la tierra. Ese concepto existía demostrablemente en el tercer milenio, y la presencia de sellos usados para marcar bienes sugiere su existencia tan antiguamente como los finales del quinto milenio. En el mismo periodo se puede atestiguar la acumulación de grandes cantidades de riqueza junto con la diferenciación local durante el mismo periodo en la gran y evidentemente secular estructura de Tell Uqair. Si esta estructura no era un almacén comunal, puede ser el ejemplo más antiguo de un tipo de estructura que en la Mesopotamia del tercer milenio sería llamada un "palacio".

Conclusión

Nuestra discusión se ha concentrado principalmente en lo que pudiera llamarse "explicaciones internas" del desarrollo de la sociedad sumeria. Hemos postulado poco movimiento de la población y solamente hemos tratado brevemente las presiones originadas fuera del aluvión mesopotámico. En los textos contemporáneos de la parte final del tercer milenio se da testimonio de migración e influencias externas. Parece cierto el constante arribo de lo que se presumen fueron principalmente pueblos nómadas (los acadios) procedentes del oeste. Algunos investigadores creen que no fue sino hasta que un usurpador acadio (Sargón de Acad) se instaló en el trono de Sumer, que se dio el paso hacia un verdadero reinado. Se dice que después de los reyes sargónicos, los Guti de los Zagros del oriente saquearon Mesopotamia durante cerca de un siglo antes de que los reyes de Ur pudieran recuperar el trono de Sumer y Acad para los sumerios.

Las distinciones entre acadios y sumerios (y los más antiguos "protoeufratenses"), se establecen principalmente a partir del lenguaje escrito y en segundo término de los estilos de arte. Es discutible si tiene realmente sentido la distinción entre las dos poblaciones a base de características de tipo elitista. Parece probable que a través de su historia y prehistoria Mesopotamia fuera un crisol con un movimiento más o menos continuo de nuevos pueblos. En ciertos periodos del pasado, las presiones internas y externas aumentaron hasta un punto en el que quienes pretendían el poder perdieron su legitimidad a los ojos de una gran parte de la población. La causa inmediata para un cambio de gobernante pudo haber sido vista por los cronistas antiguos como una invasión por parte de una tribu nómada o un Estado vecino, un periodo de hambre, o una intriga cortesana. Con pocas excepciones, sin embargo, las razones de la inestabilidad política en Mesopotamia descansan probablemente en el fracaso de un gobierno frecuentemente déspota para unir a una población heterogénea.

Un modo de gobernar a gentes de orígenes diversos es aprovechar sus prejuicios en contra de personas que no sean de su misma identidad. En la antigua Mesopotamia pudieron explotarse las divisiones de lenguaje, linaje, ocupación, raza, religión, clase y ciudad de asentamiento. Esto último parece haber sido particularmente importante.

Se sabe que las ciudades-Estado de los tiempos históricos tempranos de Mesopotamia estimaban su mutua independencia. Los mitos y epopeyas más antiguos abundan en referencias a escaramuzas y batallas entre diferentes ciudades, a menudo por disputas sobre aguas y tierras. Documentos posteriores indican que algunas ciudades tenían privilegios especiales de impuestos y ciudadanía que les eran otorgados por reyes de Sumer y Acad que no deseaban enemistarse con sus poblaciones. Debido a que un rey sumerio era considerado primordialmente como gobernante de una ciudad determinada y solamente en segundo término como señor de Sumer y Acad, casi seguramente se sospechaba que favorecería la fortuna de su ciudad sobre la de las otras. Es tal vez importante, por lo tanto, que con una sola excepción los periodos más prolongados de estabilidad pan-mesopotámica fueran iniciados por reyes que no tuvieron una gran identificación con ninguna de las ciudades existentes en particular. La excepción que parece confirmar la regla es el reinado de los reyes de la Tercera Dinastía de Ur. No solamente unificaron estos reyes Mesopotamia después de un periodo de desunión, sino que también emprendieron monumentales proyectos de construcción en las principales ciudades del aluvión. Ellos se contaron también entre los primeros en pretender tener un origen divino. Aun cuando parecen haber sido más equitativos que muchos de sus predecesores, la caída de Ur, que se acepta que obedeció a las invasiones elamitas, probablemente fue resultado de disputas internas de las ciudades.

Volviendo a la prehistoria, se hace aparente la naturaleza individual del desarrollo de las diversas ciudades. Las exploraciones emprendidas por Thorkild Jacobsen y Robert McC. Adams (1958; y Adams, 1962 y 1965) y sus estudiantes han producido datos valiosos acerca de los cambiantes patrones de población. Aunque esas exploraciones permiten la ubicación de los principales canales y poblamientos antiguos, y un cálculo global del tamaño de poblaciones antiguas, hay serios problemas de control sobre tiempo y espacio. Todavía no se dispone de los resultados de las exploraciones de Adams alrededor de Warka; ni tampoco han sido publicados en detalle los trabajos de McGuire Gibson sobre Kish o de Henry Wright sobre Ur. Sin embargo, las exploraciones de Adams en el Diyala (1965) y en Susian (1962) nos llevan a sospechar que los estudios venideros indicarán la presencia de procesos diferenciados regionalmente dentro de las tendencias generales de Mesopotamia. Con excepción del caso de restos de flora y fauna, sin embargo, poco trabajo se ha hecho para definir e intentar explicar las similitudes y variaciones de los restos culturales en diferentes sitios y regiones.

Son ciertamente muy complejos los esfuerzos para formular cifras significativas de población en los antiguos asentamientos y la cantidad mínima de excavaciones emprendidas en Mesopotamia hacen aún más difícil esa tarea. El área cubierta por la antigua ciudad de Ur durante el periodo de Ur II era de unas 80 hectáreas. Por analogía con las modernas ciudades del Medio Oriente, se pueden considerar entre 125 y 250 personas por hectárea (Adams, 1965:23-25). Por lo tanto se puede estimar para la ciudad de Ur una población de entre 10 000 y 20 000 habitantes. Para Uruk, del periodo Dinástico Temprano, se puede presumir una población de entre 37 500 y 75 000. Esas cifras incluyen solamente a las personas que vivían intramuros y no a los habitantes de la zona rural inmediata. Para sustentar a esas poblaciones a niveles de subsistencia, Adams (ibid.) ha estimado que se necesitan óptimamente unas 1.4 hectáreas de tierras de cultivo por persona. Estas aproximaciones globales dan por resultado entre 14 mil y 28 mil hectáreas de tierras de riego para el mantenimiento de Ur, y de 42 500 a 85 mil hectáreas para Uruk (respectivamente alrededor de 140 a 280 kilómetros cuadrados y 425 a 850 kilómetros cuadrados). Se ha calculado (Flannery, 1969:70) que el mayor caudal de riego natural que podía servir efectivamente antes de que fueran necesarios vastos sistemas de elevación y almacenamiento de agua, era de cinco kilómetros de cada lado de un río importante. Si ese fue el caso, Ur hubiera requerido entre 14 y 28 kilómetros de río y Uruk entre 42 y 85.

Con base en la evidencia disponible, este tipo de especulaciones tiene poco significado, aunque dan cierta idea de magnitud. Lo que importa en las teorías que consideran la presión demográfica como mecanismo del cambio cultural no es la situación en un momento dado, sino el cambio en el tiempo de los patrones de asentamiento y el tamaño de la población. Las poblaciones dentro de amplios periodos arqueológicos. Si se desea, estimaciones más precisas vendrán de otras excavaciones en un amplio panorama de sitios en el *continuum* de lo urbano a lo rural.

Finalmente, deseo decir algo acerca de la aplicabilidad general de los argumentos esbozados anteriormente. Se puede ver que muchas de las fuerzas y procesos descritos como básicos en el surgimiento de la civilización mesopotámica han operado en otras áreas. Entre éstas se encuentran Egipto, Sind, Turkmenistan, Seistan, Mesoamérica, Perú, China y aun Grecia. Ciertamente los detalles del desarrollo en cada una de estas diferentes áreas varían de acuerdo con las condiciones y presiones locales. Por supuesto, la gran pregunta es por qué la civilización se desarrolló en algunas áreas y no en otras. Podemos sugerir que se puede encontrar una respuesta en la búsqueda de conjuntos y presiones y no de explicaciones de un solo factor. También sugerimos que en la mayoría de los casos, las presiones primarias serán internas, mientras que sólo juegan un papel mínimo la difusión de técnicas e ideas de otros "centros".

RECONOCIMIENTOS

El crédito por cualquier dato correcto en este capítulo debe recaer sobre mis colegas del Departamento de Antropología de la Universidad de Harvard y en las secciones del Cercano Oriente y sur de Asia del Museo Universitario de la Universidad de Pensilvania. Todos los errores son responsabilidad exclusiva del autor. Al profesor J. O. Brew un especial agradecimiento, ya que fue quien sugirió que yo re-escribiera su capítulo "Las edades del metal: cobre, bronce y hierro"; fue también él quien me mantuvo pegado a la tarea cuando amenazó con abrumarme. Debo dar también las gracias particularmente a los profesores C.C. Lamberg-Karlovsky, Robert H. Dyson, Jr., y George F. Dales por su guía en asuntos relativos a la pre-historia del Cercano Oriente. Las siguientes personas merecen mi reconocimiento y especial crédito por su importante contribución a muchas de las ideas aquí contenidas: Peter Dane, Louis Flam, Carol y Christopher Hamlin, Jim Humphries, William Rathje y Harvey Weiss. El capítulo no hubiera aparecido nunca a no ser por los esfuerzos editoriales de Henry C. Meadow, Deyne T. Meadow y Harry L. Shapiro, así como por la ayuda proporcionada por Dorothea Blizzard.

BIBLIOGRAFÍA

ADAMS, ROBERT McC.
   "Factors Influencing the Rise of Civilization in the Alluvium: Ilustrated by Mesopotamia" y "Early Civilizations, Subsistence, and Environment", *City Invincible*, Carl H. Kraeling y Robert McC. Adams (ed.), University of Chicago Press, Chicago, 1960.

"Agriculture and Urban Life in Eearly Southeastern Iran", *Science*, 136 (1962): 109-122.
Land Behind Baghdad, a History of Settlement on the Diyala Plains, University of Chicago Press, Chicago y Londres, 1965.
The Evolution of Urban Society, Early Mesopotamia and Prehispanic Mexico. Conferencias Lewis Henry Morgan, 1965, presentadas en la Universidad de Rochester, Aldine Publishing Co., Chicago, 1966.

BEILKEY, NELS
"Early Mesopotamian Constitutional Development", *American Historical Review*, vol. 72, núm. 4, julio de 1967, pp. 1 211-1 236.

BINFORD, R. L..
"Post-Pleistocene Adaptation", S. R. y L. R. Binford (ed.), *New Perspectives in Archaeology*, Aldine Publishing Co., Chicago, 1968, pp. 313-342.

BRAIDWOOD, ROBERT J. y BRUCE HOWE
Prehistoric Investigations in Iraqi Kurdistan. The Oriental Institute of the University of Chicago, Studies in Ancient Oriental Civilization No. 31, University of Chicago Press, Chicago, 1960.

BURINGH, P.
"Living Conditions in the Lower Mesopotamian Plain in Ancient Times, *Sumer*", 13 (1957):38ss.

DIAKANOFF, I. M.
"Problems of Economics. The Structure of Near Eastern Society to the Middle of the Second Millennium B. C.", *Journal of Ancient History* (en ruso, con resumen en inglés), tres partes: núms. 102, 105 (1968a), 106 (1968b), Moscú.

FERNEA, ROBERT A.
Shaykh and Effendi, Changing Patterns of Authority Among the El Shabana of Southern Iraq, Harvard University Press, Cambridge, 1970.

FIELD, BARBARA S.
"Preliminary Report on Botanical Remains" (de Choga Mami), *Iraq*, vol. 31, parte 2, otoño de 1969, pp. 140-141.

FLANNERY, KENT V.
"The Ecology of Early Food Production in Mesopotamia", *Science*, vol. 147, núm. 3 663 (1965), pp. 1 247 ss.
"Origins and Ecological Effects of Eerly Domestication in Iran and the Near East", *The Domestication and Explotation of Plants and Animals*, Duckworth and Co., Londres, 1969, pp. 73-100.

FLANNERY, KENT V. y I. W. CORNAWLL,
"The Fauna from Ras al Amiya, Iraq: A Comparison with the Deh Luran Sequence", apéndice 4 en Hole, Flennery y Neely, 1969 (véase *infra*).

FLANERY, KENT V. y JANE C. WHEELER
"Animal Bones from Tell as-Sawwan, Level III (Samarran Period)", *Sumer*, 23 (1967), pp. 179 ss.

FLANERY, KENT V. y HENRY T. WRIGHT
"Faunal Remains from the 'Hut Sounding' at Eridu, Iraq", *Sumer*, 22 (1966), pp. 61 ss.

HELBAEK, HANS
'Early Hassunan Vegetable at as-Sawwan near Samarra", Sumer, 20 (1964), pp. 45 ss
"Plant Collecting, Dry-Farming, and Irrigation Agriculture in Prehistoric Deh Luran, apéndice 1 en Hole, Flannery y Neely, 1969 (véase infra).

HILZHEIMER, MAX
Animal Remains from Tell Asmar, The Oriental Institute of the University of Chicago, Studies in Ancient Oriental Civilization núm. 20, University of Chicago Press, Chicago, 1941.

HOLE, FRANK, KENT V. FLANNERY y JAMES A. NEELY
Prehistory and Human Ecology of the Deh Luran Plain, Memoirs of the Museum of Anthropology, University of Michigan, núm. 1, Ann Arbor, 1969.

JACOBSEN, THORKILD
"Sumerian Mythology: A Review Article", Journal of Near Eastern Studies, 5 (1946), pp. 128 ss.
"Religión", en el artículo Assyria and Babylonia, The Encyclopaedia Britannica, 1963 y ediciones subsecuentes.

JACOBSEN, THORKILD y ROBERT McC. ADAMS
"Salt and Silt in Ancient Mesopotamian Agriculture", Science, 128 (1958), pp. 1 251 ss.

AL-KHASHAB, WAFIQ HUSSAIN
The Sumerians: Their History, Culture and Character, University of Chicago Press, Chicago, 1958.

KRAMER, SAMUEL NOAH
The Sumerians: their History, Culture and Character, University of Chicago Press, Chicago, 1963.

LEEMANS, W. F.
"The Old-Babylonian Merchant: His Business and His Social Position", Studia et Documenta, vol. 3. E. J. Brill, Leiden, 1950.

LEES, G. M. y N. L. FALCON
"The Geographical History of Mesopotamian Plains", Geographical Journal, 118 (1952), pp. 24 ss.

OATES, JOAN
"Choga Mami 1967-68: A Preliminary Report", Iraq, vol. 31, parte 2, otoño 1969, pp. 115 ss.

OPPENHEIM, A. LEO
Ancient Mesopotamia, Portrait of a Dead Civilization, University of Chicago Press, Chicago, 1964.
"Mesopotamia-Land of Many Cities", I. M. Lapidus (ed.), Middle Eeastern Cities, University of California Press, Berkeley, Los Ángeles, 1969, pp. 3-18.

PORADA, EDITH
"The relative Choronology of Mesopotamia. Part. I: Seals and Trade (6000-1600 b.c.)", Chronologies in Old World Archeology, University of Chicago Press, Chicago, 1965, pp. 133-171.

RAIKES, ROBERT
"Archeological Explorations in Southern Jhalawan and Less Bela (Pakistan)",
Origini, Universidad de Roma, vol. 2, 1968, pp. 103-161.

RATHJE, WILLIAM L.
"Praise the Gods and Pass the Metates: A Tentative Hypothesis of the Development
of Lowland Rainforest Civilization". Resumen preparado para las reuniones de la
Society for American Archaeology en la ciudad de México, abril, 1970a.
"The Daily Grind", conferencia leída por el autor en la reunión de la Society for
American Archaeology en la ciudad de México, abril 20-mayo 2, 1970b.

RENFREW, COLIN
"Trade and Culture Process in European Prehistory", *Current Anthropology*, vol. 10,
núm. 2-3, pp. 151 ss.

RENFREW, COLIN, J. E. DIXON y J. R. CANN
"Obsidian and Early Cultural Contact in the Near East", *Proceedings of the
Prehistory Society for 1966*, 32 (febrero, 1967), pp. 30 ss.
"Patterns of Trade: Further Analyses of Near Eastern Obsidian", *Proceedings of
the Prehistory Society for 1968*, 34 (febrero, 1969), pp. 39 ss.

VAN ZEIST, W.
"Reflections of Prehistoric Environments in the Near East", P. J. Ucko y G. W.
Dimbleby (eds.), *The Domestication and Exploration of Plants and Animals*, Duck-
worth, Londres, 1969, pp. 35 ss.

VAUMAS, ÉTIENNE DE
"L'écoulement des Eaux en Mesopotamie et la Provenance des Eaux de Tello",
Irak, vol. 27, 1965.

WAHIDA, GHANIM
"The Excavations of the Third Season at Tell as-Sawwan, 1966", *Sumer*, 23 (1967),
pp. 167 ss.

WRIGHT, GARY A.
Obsidian Analyses and Prehistoric Near Eastern Trade: 7500 to 3500 b.c., Museum
of Anthropology, University of Michigan, *Anthropological Paper*, núm. 38, Ann
Arbor, 1969.

WRIGHT, HENRY T.
The Administration of Rural Production in an Early Mesopotamian Town, Museum
of Anthropology, University of Michigan, *Anthropological Paper*, núm. 38, Ann
Arbor, 1969.

WYNNE-EDWARDS, V. C.
Animal Dispersion in Relation to Social Behavior, Hafner, Nueva York, 1962.
"Self-Regulating Systems in Populations of Animals", *Science*, vol. 147, núm. 3 665
(1965), pp. 1 545 ss.

La mejor referencia arqueológica general es todavía:

PERKINS, ANN LOUISE
The Comparative Archeology of Early Mesopotamia, The Oriental Institute of the
University of Chicago, *Studies in Ancient Oriental Civilization*, núm. 25, University
of Chicago Press, Chicago, 1949.

Se suplementa lo anterior con los informes sobre Eridu (preliminares) que se encuentran en *Sumer*, vols. 3 (1947), 4, (1948), y 6 (1950), y:

EL-WAILLY, FAISAL y BEHNAN ABU ES-SOOF
"The excavations at Tell as-Sawwan, First Preliminary Report (1964)", *Somer*, 21 (1964), pp. 17 ss.

AL-A'DAMI, KHALID AHMAL
"Excavations at Tell as-Sawwan (Second Season)", *Sumer*, 24 (1968), pp. 57 y ss.

AL-SOOF, BEHNAM ABU
"Tell as-Sawwan. Excavation of the Fourth Season (Spring, 1967)", *Sumer*, 24 (1968), pp. 3 ss.

Se pueden encontrar más referencias en Porada, 1965 (véase *supra*). Un buen cuadro general del modo de vida, creencias, etc., de los habitantes de la antigua Mesopotamia se puede obtener leyendo a Kramer (1963) y Oppenheim (1964), en ese orden. Para las bibliografías más comprensivas se pueden ver los diversos fascículos de la *Cambridge Ancient History*, vols. 1 y 2, edición revisada, Cambridge University Press.

VI. El hombre en el Nuevo Mundo

L. S. Cressman

A. Las primeras poblaciones

Orígenes

Es una conclusión firmemente establecida de la antropología que los primeros pobladores del Nuevo Mundo fueron inmigrantes. A veces se pregunta cómo sabemos que el hombre no evolucionó aquí. La respuesta es, brevemente, que en el Nuevo Mundo no hubo tronco ancestral de primates que correspondiera al que en el Viejo Mundo condujo a las líneas evolucionistas antropoides y humanas, las cuales se derivan probablemente de una forma ancestral común que existió en el Mioceno Inferior o tal vez antes en África oriental. Los monos del Nuevo Mundo representan una etapa más primitiva y temprana de organización que la variedad del Viejo Mundo. El desarrollo evolutivo va de los monos del Viejo Mundo (*anthropoidea*) al género *hominoidea*, que a su vez se ramifica en grandes monos (*pongidae*) y hombre (homínidos). La historia evolutiva de los monos del Nuevo Mundo es oscura, pero dos géneros fósiles del Mioceno de Colombia indican que están estrechamente relacionados con ciertas variedades modernas. De ningún modo están los monos del Nuevo Mundo en la línea de la evolución homínida. "Después del Eoceno es muy remoto que hubiera puentes terrestres entre el Viejo y el Nuevo Mundo que fueran favorables para la migración de animales adaptados a la vida en los

---

* Desde la primera edición de esta obra en 1956, los desarrollos más importantes en el estudio del hombre en el Nuevo Mundo han tenido lugar, en opinión del autor y salvo error arqueológico, en el campo que cubre desde la ocupación primitiva del Nuevo Mundo hasta la cultura de los inmigrantes. Por lo tanto he reescrito y aumentado en general esa sección. La constante ocurrencia de nuevos descubrimientos hace difícil mantener al día el tema. He acentuado el punto de vista teórico y discutido los datos empíricos en relación con la teoría. Creo que el estudiante debe basarse en la teoría o punto de vista conceptual del problema y solamente entonces puede evaluar adecuadamente los datos observados.

En la Parte II he conservado el mismo método empleado anteriormente, reconociendo claramente que no es sino uno de varios métodos posibles. Los pueblos preagrícolas y agrícolas incipientes dependen muy estrechamente de su medio ambiente, un concepto que yo uso libremente en mi discusión. La cultura, sin embargo, al hacerse más compleja con la satisfactoria producción de alimentos, se convierte en sí misma en una fuente de innovación aparte del medio ambiente. Esta posición teórica se ilustra en la breve discusión de la religión y organizaciones políticas en las altas culturas de Mesoamérica y el Perú.

bosques tropicales, y todavía todas las evidencias de que disponemos dan una razonable certeza de que la evolución primitiva de la *Anthropoidea* tuvo lugar en un medio ambiente de ese tipo" (Le Gros Clark, 1959). Puede así descartarse el origen indígena de la población del Nuevo Mundo.

Por lo tanto, debe buscarse en otra parte la patria de los primeros humanos que pasaron al Nuevo Mundo. Todas las pruebas obtenidas por medio de la geología, antropología física y arqueología indican que el área original se encontraba en Asia nororiental. No se ha establecido con firmeza si el lugar de origen fue el área costera del Pacífico o la parte interior, en Siberia oriental. En opinión de este escritor, es más probable que la primera sea el sitio de origen de la población más antigua; más tarde se incorporaría al movimiento la gente siberiana y de tiempo en tiempo se tendría la contribución de ambas fuentes. Los movimientos de población fueron probablemente intermitentes o en pequeña escala y sin más dirección que la búsqueda de alimentos. El problema principal ahora es la determinación de la fecha en que se iniciaron esos movimientos. La solución del problema requiere información firme de la geología, la antropología física y la arqueología.

Factores geológicos

Las masas terrestres de Asia y Norteamérica fueron alguna vez continuas a través del área interrumpida ahora por el Estrecho de Bering. El nombre de Beringea se suele aplicar a esta área formada por Alaska occidental, Siberia nororiental y las partes poco profundas de los mares de Bering y Chukchi. Este contacto fue roto y restablecido en diversas ocasiones. La distancia mínima entre las dos áreas es actualmente de unos 83 kilómetros, si bien el mar abierto está interrumpido por las islas Grandes y Pequeñas Diómedes. Aunque durante el Pleistoceno ocurrieron levantamientos y depresiones de la corteza terrestre en esa región, es incierta la frecuencia y amplitud de ese fenómeno, por lo que se debe considerar que la causa principal de la aparición y desaparición de la conexión terrestre entre los continentes fue el cambio del nivel del mar asociado con los periodos de glaciación y deshielo.

En este punto se deben definir ciertos términos; usaré los que fueron propuestos en 1961 por la Comisión Americana de Nomenclatura Estratigráfica y que ahora son de uso general:

i) una glaciación fue un episodio climático durante el cual se desarrollaron vastos glaciares, llegaron a una extensión máxima, y

retrocedieron; ii) una interglaciación fue un episodio durante el
cual el clima fue incompatible con la amplia extensión de los glaciares que caracterizó a la glaciación; iii) un estadio fue un episodio climático dentro de una glaciación durante el cual tuvo lugar
un avance secundario de los glaciares, y iv) un interestadial fue un
episodio climático dentro de una glaciación durante el cual tuvo
lugar una recesión secundaria o una detención de los glaciares
(p. 660).

La glaciación y el deshielo son, por lo tanto, efectos de condiciones
climáticas: más humedad y mayor frío para la glaciación y calor y menos precipitación para el deshielo. En general, a un estadio y un interestadial corresponden respectivamente condiciones climáticas semejantes, pero en escala reducida.

Al acumularse el hielo glacial, hasta alcanzar en algunas vastas zonas
más de un kilómetro y medio de espesor —por ejemplo, desde el Océano Atlántico hasta el Pacífico y desde el Artico, a excepción de Alaska, avanzando hacia el sur hasta el río Columbia en la parte oriental
de Washington y hacia el oriente de las montañas Rocosas hasta bien
adentro de los Estados Unidos—, el hielo retenía la humedad de lluvias
y nevadas , que no regresaba a su fuente de origen, los océanos. Durante
un interglacial o un interestadial los glaciares derretidos o en proceso
de deshielo devolvían a los mares el agua resultante. Así, la glaciación
reducía gradualmente la cantidad de agua de los océanos y descendía
el nivel del mar. El proceso se invertía durante un interglacial. Durante
un estadio y un interestadial ocurrían cambios en el nivel del mar dentro de una glaciación. Hay pruebas que indican la probabilidad de que
una disminución del nivel del mar sigue de cerca al crecimiento de los
glaciares, mientras que la elevación del nivel del mar empieza con bastante anticipación a una reducción apreciable de los bordes del manto
de hielo. Esto último se interpreta como debido a la temprana fusión
del hielo en su centro y el escurrimiento del agua de deshielo hacia
el mar.

La última de las cuatro glaciaciones en América del Norte recibe
el nombre de Wisconsin y en general se ha dividido en periodos o esta-
dios Temprano y Tardío, y ambos están separados por un interestadial
mayor. El último estadio mayor, o estadio Wisconsin tardío, es llamado Vashon con relación a la capa de hielo cordillerana al poniente de
las montañas Rocosas, y Mankato en el resto del Continente.

Los cambios en el nivel del mar durante la glaciación Wisconsin
causaron que la conexión terrestre (el familiar Puente Terrestre de
Bering) quedara expuesta y sumergida en diversas ocasiones. Esa cone-

xión terrestre tuvo que existir para permitir a los cazadores humanos y a sus presas moverse de un Continente a otro. Durante el estadio Vashon, hace aproximadamente entre 25 mil y 13 mil años, la conexión terrestre tenía un ancho de unos 1 600 kilómetros debido a que el nivel del mar había descendido por lo menos en unos 100 metros. Se debe pensar que esta conexión terrestre fue aumentando gradualmente hasta una amplitud máxima y que después de algún tiempo empezó lentamente a reducir su tamaño hasta su inmersión final. La superficie terrestre era de tundra, el clima ártico y el relieve muy escaso. Los estudios del polen indican que aunque el borde sur de la conexión era un poco más cálido que el resto, de todos modos era ártico.

En su mayor parte, esta conexión terrestre llevaba en Alaska a un vasto refugio no alcanzado por la glaciación y que tenía una área de unos 640 mil kilómetros cuadrados. La cordillera Brooks y las cordilleras Aleutiana y Alaskiana en el sur, cubiertas por los glaciares, hacían las veces de las alas de una represa que conducía a los seres humanos y los animales hacia el refugio. Más allá de los límites de éste, el hielo se extendía como una sólida barrera de costa a costa.

Ahora que se da tanta importancia a las "primacías", parece irónico que los primeros seres humanos que pisaron las tierras de la futura Alaska no tuvieron la menor idea de que habían descubierto un Nuevo Mundo. Hopkins ha escrito: "... y encontraron —sin proponérselo— un nuevo mundo que conquistar".

El refugio de Alaska era un enorme callejón sin salida, ya que estaba bordeado hacia el este y el sur por la capa de hielo. En consecuencia, para poder pasar al interior era necesario que tuviera lugar un deshielo. Dado que el hielo continental (laurentino) y el de las montañas de la Columbia Británica tienen su origen en centros diferentes, es de esperarse que durante la retirada de las glaciaciones, al retroceder los dos mantos de hielo, quedara expuesta la tierra entre ellos con un "corredor libre de hielos" a través del cual podía tener lugar el movimiento hacia el interior.

Es en este panorama de cambios climáticos y su acompañamiento ambiental que deben considerarse la época o épocas de la entrada del hombre en el Nuevo Mundo. En consecuencia, son críticas las fechas de las conexiones terrestres y su desaparición, y la presencia de una ruta o rutas libres de hielo hacia el interior.

En breve, ¿cuáles son las pruebas, tanto para las conexiones terrestres como para el corredor libre de hielos? Aunque es válido el modelo brevemente esbozado de las relaciones tierra-glaciación-nivel del mar, se debe recordar que el cuadro total no es el del trabajo exacto de un mecanismo de precisión. Hay factores localizados que modifican la situación general. Hay perturbaciones regionales y locales en la corteza terrestre; diferencias locales en clima, diferencias regionales en topografía. Es relativamente escasa la información crítica del Wisconsin tardío y casi totalmente ausente para el temprano. Apenas se ha iniciado el estudio detallado de la historia glacial del Canadá occidental, donde se encuentran los mantos de hielo laurentino y cordillerano.

Aunque las variantes situaciones de la glaciación Wisconsin pueden resumirse brevemente a partir del modelo de relaciones glaciación-conexión terrestre que se presentó anteriormente, sería ingenuo suponer que es tan simple.

El Pleistoceno Superior abarca el tercer interglacial y el cuarto glacial, aunque éste no siempre recibe este nombre y en Europa es generalmente conocido como Wurm y en América del Norte como Wisconsin. En la terminología del Nuevo Mundo el tercer interglacial es el Sangamon. Se calcula que el Wisconsin empezó entre hace 50 mil y 70 mil años y que hace 40 mil años el nivel del mar descendió aproximadamente 145 metros. Esto fue seguido por una tendencia cálida, y hace 35 mil o 33 mil años, el nivel del mar había ascendido hasta estar a unos 40 metros por abajo del nivel actual, el mínimo necesario para establecer una conexión terrestre. Esta transgresión del Wisconsin medio (elevación del nivel del mar o transgresión del mar sobre la tierra) llamada también interestadial del Wisconsin medio, duró hasta hace 25 mil años. Siguió aproximadamente 10 mil o 11 mil años; y hace unos 2 mil años el nivel del mar alcanzó su posición presente.

Dado que las condiciones climáticas que produjeron la glaciación y la conexión terrestre también produjeron las capas de hielo continental y cordillerana, es de suponerse que durante esos periodos en que existía la conexión terrestre no se disfrutaba de un "corredor libre de hielos" entre Alaska y el interior del Continente. Si bien se acepta este principio general, hay por supuesto algunas diferencias de opinión acerca del momento preciso de aparición y duración de dicho corredor. Probablemente la mejor teoría brevemente expresada es la de Hopkins: "Solamente se puede afirmar que debió haber existido un corredor libre de hielo en ese lugar (territorio del Yukón, el noreste de la Columbia Británica y el norte de Alberta) durante el episodio de clima moderado del Wisconsin medio que tuvo lugar entre hace 35 mil y 25 mil años; la glaciación probablemente cerró el corredor nuevamente antes de 20 mil años; y el corredor debió haber permanecido cerrado hasta hace por lo menos 14 mil años y *posiblemente hace casi 10 mil años*" (Hopkins, ed., 1967, pp. 467-68, cursiva de L. S. Cressman).

El cuadro resume la discusión anterior.

CUADRO 1. *Profundidad en metros bajo el nivel del mar medio presente (NMM), conexiones terrestres y corredores libres de hielo en diversas épocas*

Años antes del presente (a.p.)	M bajo NMM		Conexión terrestre		Corredor libre de hielos	
			Presente	Aus.		
	A	B	(+)	(−)	(+)	(−)
7 500	− 15			(−)	(+)	
8 500	− 20			(−)	(+)	
9 000	− 25	−39		(−)	(+)	
10 000	− 35	−20		(−)	(+)	
11 000	− 48	−65	(+)			(−)
12 000	− 55	−40	(+)			(−)
15 000	− 75	−90	(+)			(−)
18 000 a	−125		(+)			(−)
20 000						
25 000 a	− 40		(+?)			(−?)
30 000	− 10			(−)	(+)	
31 000						
33 000	− 40		(+?)			(−?)
35 000	− 75		(+)			(−?)
40 000	−145		(+)			(−?)

Columna A: hace 18 mil años representan la media de aproximadamente 150 fechas. Las fechas más antiguas que 18 mil son menos confiables y se basan en un número limitado de fechas y correlaciones con sucesos pleistocénicos continentales. La columna B es una serie de fechas del Pleistoceno tardío para el nivel del mar derivadas del Golfo de México; indican la fluctuación en el nivel del mar del Pleistoceno tardío que puede observarse allí. Los datos son tomados de Curray, 1965. El signo de interrogación que sigue a un signo de más (+) o de menos (−) intenta señalar que se piensa que la evidencia está en favor del signo, pero que hay incertidumbre.

De este modelo y de los datos cronológicos se puede deducir, por ejemplo, que si se localiza un sitio arqueológico válido debajo del límite sur de la capa de hielo y que esté fechado con seguridad hace 13 mil años, las personas que dejaron esos artefactos fueron parte de una población que había vivido al sur de los hielos desde hace tal vez 25 mil años. Desde esos tiempos hasta hace probablemente 11 mil años no existió un corredor libre de hielos que permitiera pasar hacia el sur. Se puede aventurar más y deducir que ya que no hubo conexión terrestre entre hace 25 mil y 33 mil años; la fecha en que la población ancestral llegó al callejón sin salida del Yukon fue hace más de 33 mil años, o sea durante el estadio del Wisconsin temprano. Después, durante el periodo transcurrido entre hace 33 mil y 25 mil años, quedó libre en el sur un paso hacia el interior. Desde ese momento hasta hace 11 mil años esta población se desarrolló por su propia cuenta.

Factores biológicos: la fuente de población asiática

Este asunto no necesita detenernos mucho. Han sido encontrados en China restos dispersos de *Homo sapiens* de una rama aparentemente protomongoloide, aunque escasos en número. Datan desde el tercer periodo interglacial hasta bien entrada la glaciación Wisconsin. Estos restos fósiles humanos indican la presencia de una fuente de población, compuesta probablemente por pequeños grupos de cazadores y recolectores algunos de cuyos descendientes pueden haber cruzado hacia norteamérica a través de la conexión terrestre. En otras palabras, durante el Pleistoceno tardío existía en Asia una población de la cual pudo haberse derivado la del Nuevo Mundo. La evidencia de tipo cultural de la existencia del hombre en la región del lago Baikal no va más allá de hace unos 20 mil años. Durante el periodo de la conexión terrestre entre hace 25 mil y 33 mil años pudo haber habido grupos derivados tanto de China nororiental como de Siberia que contribuyeron al movimiento de población, y en la vasta área de tierra de 1 600 kilómetros de ancho que era la conexión, es posible que varios grupos de población nunca se encontraran y que existieran de modo contemporáneo diferentes tradiciones culturales, conocidas solamente en poblaciones limitadas.

Esta población asiática original, aunque tuviera ciertos rasgos genéticos básicos en común, debió haber sido muy diversificada. Probablemente consistía de pequeñas bandas nómadas cazadoras que se movían de acuerdo con la disponibilidad de alimentos. En esta clase de sociedad humana es de la mayor importancia el proceso de la deriva genética para producir diversidad. La hibridización es de limitada importancia. Una pequeña banda cazadora que se separe de una de mayor tamaño puede llevar consigo solamente una pequeña porción del conjunto genético total, y esa porción es la llevada por la población reproductiva. En las vastas áreas del Asia nororiental hubo indudablemente muchos conjuntos genéticos menores que contribuyeron a la población migrante, y estas fuentes diversas originaron los tipos en el Nuevo Mundo. La deriva genética debió haber sido un factor particularmente importante para producir notorias diferencias de grupo entre 25 mil y 11 mil años en la población situada al sur de la capa de hielo en el

tan altamente diferenciado medio ambiente del extremo oeste norteamericano y la América Central.

Si bien se esperaría que la población del Nuevo Mundo mostrara
semejanzas con los miembros de la población original, a las diferencias
de las fuentes producidas por la deriva genética se añadieron cambios
físicos ambientalmente inducidos. Shapiro y otros han demostrado la
eficacia del medio ambiente para influir en las características físicas
de una población, aunque todavía no se conocen plenamente los mecanismos exactos.

Nadie debe esperar que algún grupo del Nuevo Mundo de hace
10 mil o más años reproduzca los rasgos físicos de algún conjunto
ancestral fuera de algunos rasgos genéticos básicos comunes, aquellos
que comprenden el genotipo hipotético de la población protomongoloide. Los antropólogos físicos encuentran semejanzas sugestivas entre
algunos rasgos craneales de los restos esqueléticos del Nuevo Mundo
fechados hace unos 10 mil años y los del Pleistoceno tardío de China,
pero hay muchas diferencias. Así debe de ser si se consideran válidas
las opiniones expresadas anteriormente, y yo creo que lo son.

La evidencia arqueológica

Discutiré brevemente ciertos requerimientos metodológicos, ya que
son dicisivos en el estudio del hombre primitivo.

Los requisitos fundamentales para aceptar un sitio como merecedor
de validez arqueológica es que ofrezca un registro de actividad claramente humana. Pueden ser los restos de la hoguera de un arcaico
campamento que haya dejado tenues marcas en el suelo. Los fragmentos de carbón del hogar, tal vez pedazos de huesos y conchas de moluscos, o lascas de piedra encontrados en el área circunvecina a los
restos de la fogata, pero no lejos del centro del fuego, son pruebas
convincentes de la presencia humana. Un solo utensilio, o un conjunto
de ellos son evidencias válidas de obras y presencia humanas, en tanto
sean con seguridad producto de manufactura del hombre. No siempre
es fácil estar seguro de que la evidencia es válida, y los hombres honestos
manifiestan sus dudas. Aquellos primitivos hombres pueden haber hecho en muchas ocasiones lo mismo que los pueblos de la "edad de
piedra" contemporánea, según lo reportan los antropólogos, esto es, recoger una piedra adecuada cuando la necesitan para algún propósito, y
con unos cuantos golpes dados con otra piedra, convertirla en un
utensilio simple pero satisfactorio para la finalidad inmediata después
de lo cual es desechada. El arqueólogo que encuentre este utensilio

muchos miles de años después sin ningún otro utensilio en las cercanías no puede menos que dudar y vacilar entre decidir si lo que ha encontrado es una herramienta o el producto de algún hecho natural. Algunos artefactos muy sencillos como tajaderas o utensilios para machacar huesos suelen ser prácticamente idénticos a algunos producidos por fuerzas naturales, como la ruptura de piedras resultante de ser golpeadas por rocas que han caído de lo alto de un acantilado, por la grava desparramada por el desbordamiento de un río, el golpe de las olas en una playa marítima o la acción térmica.

El arqueólogo acostumbra decir, generalmente con razón, que la prueba definitiva es la respuesta a la siguiente pregunta: ¿Está el objeto situado en un contexto cultural? Con esto quiere decir que se deben buscar otras evidencias de actividades humanas relacionadas en el sitio. Los ejemplos dados anteriormente, tales como restos de hogueras, carbón, huesos machacados o sin machacar, fragmentos de concha y lascas de piedra que indiquen actividades humanas de fabricación de utensilios, todo ello constituye un contexto cultural. Cualquier arqueólogo honesto, sin embargo, admitirá que en ocasiones se encuentran artefactos, objetos hechos por el hombre, en situación aislada sin que se aprecie un contexto cultural, pero no hay vacilación en aceptarlos como objetos hechos por el hombre. Como cualquier otro científico, el arqueólogo trata con un mundo de probabilidades, no de certidumbres, ya que nunca se conocerán todos los datos. Por lo tanto, sus conclusiones estarán sujetas a cambios al disponerse de mayores evidencias.

Entre los criterios no culturales que pueden aplicarse al evaluar la validez de la evidencia arqueológica, deben mencionarse dos. Ambos tienen que ver con la posición estratigráfica del hallazgo. Primero, ¿es compatible su posición en el terreno con el periodo potencial de la presencia del hombre en el Nuevo Mundo? Segundo, ¿está la evidencia arqueológica en el estrato o lecho cuya formación tuvo lugar cuando había actividad humana? Si la respuesta es afirmativa, la evidencia cultural tendrá la misma edad que el estrato del terreno. Sin embargo, el objeto puede ser intrusivo, como ocurre en el caso de un entierro. Las excavaciones y perforaciones de animales pueden desplazar los objetos hechos por el hombre, igual que mamíferos, aves, y aun peces heridos. Accidentes naturales que pueden causar deslizamientos de tierra o deslaves de grava pueden cubrir sitios y cambiar el orden geológico normal en el cual fueron depositados los artefactos. Alrededor de los perímetros de los glaciares, la solifluxión, el flujo de tierra húmeda y resbaladiza de las aguas del deshielo, cambiarán la estratificación original de los artefactos. Cualquier alteración, una ruptura en la secuencia natural de los depósitos causada por un periodo de erosión que permita, por ejemplo, que el estrato 3 descanse sobre el estrato 6 porque fueron erosionados los 4 y 5, a menos que se observe y se tome en cuenta, puede confundir el registro estratigráfico. Se debe determinar correctamente la posición estratigráfica de la evidencia cultural, y si bien esto no es siempre fácil, generalmente es posible.

Si es correcto el modelo de fuente de población-conexión terrestre empleado anteriormente, entonces teóricamente el hombre *pudo* haber estado en el Nuevo Mundo durante casi la totalidad de la glaciación Wisconsin. Prácticamente no existe un conocimiento sólido acerca de las conexiones terrestres y los corredores libres de hielos en el estadio Wisconsin temprano. Las pruebas ciertamente indican una conexión terrestre tal vez entre 55 mil y 35 mil años atrás, pero no se sabe si hubo repetidas conexiones y nuestra información no es mejor acerca de la disponibilidad de corredores libres de hielos.

¿Cuál es la evidencia *observada*?

El sitio de Valsequillo en México, al sur de la ciudad de Puebla en el estado del mismo nombre, está situado en un depósito del Pleistoceno, famoso por su abundante y variada fauna fósil. Durante muchos años los paleontólogos han reportado hallazgos de aparentes artefactos de piedra en las graveras en asociación con la fauna fósil. En 1964 un grupo de científicos norteamericanos y mexicanos llevó a cabo una serie de excavaciones arqueológicas para verificar las asociaciones reportadas. Las fechas de carbono-14 tomadas en conchas dieron una edad de 21 850 ± 840 años (W-1895) para la sección media de las graveras, y de más de 35 mil años para la base de las mismas. La sección para el análisis de la estratigrafía geológica es aparentemente una secuencia ininterrumpida de las gravas. Cerca de la ubicación de la muestra fechada hace 21 850 años apareció un raspador. Los sitios más antiguos, aquellos situados en la base de la gravera, produjeron puntas de proyectil, raspadores y hojas y lascas logradas por retoques de los bordes mediante técnicas tanto de percusión como de presión, así como buriles. Se usaron plataformas de percusión preparadas. Todos los artefactos fueron unifaciales, es decir, que solamente está lasqueada una cara. Durante el periodo inicial hay alguna mejoría en el trabajo de la piedra. Este periodo se extiende desde hace 35 mil o más años a lo largo de un lapso desconocido, ya que hay una alteración o ruptura en la sección en este sitio particular. No se sabe cuándo se inició el periodo de erosión representado por la alteración ni durante cuánto tiempo se extendió, pero el lecho que lo cubre se ha fechado en 21 850 años al identificarlo con el mismo lecho en la sección geológica. El lecho superior (21 850 años) contiene una continuidad de los tipos de artefacto encontrados en los estratos más antiguos, pero todos los artefactos son bifaciales.

En Tlapacoya, situado en el valle de México y a orillas del antiguo lago de Chalco, se han encontrado restos de hogueras y artefactos cuya antigüedad ha sido determinada en 24 mil años de acuerdo con las fechas obtenidas en los restos de carbón. Las pruebas hechas en dos de los hogares dieron aproximadamente la misma fecha. En el área se encuentran restos fósiles de numerosos animales del Pleistoceno. Los hogares habían sido excavados en las arenas de la antigua playa del lago. Se han encontrado una "navaja verdadera" y una diversidad de utensilios usados para cazar y descuartizar animales.

La cueva de Wilson y Butte en el valle del Snake River en la parte sur del centro de Idaho, explorada por Ruth Gruhn, fue ocupada aproximadamente hace 15 mil o 14 500 años. Hay desacuerdo entre los arqueólogos acerca de la autenticidad del utensilio de hueso asociado con la fecha más antigua. Yo lo he examinado y creo que es un artefacto verdadero. No hay duda acerca de la presencia de artefactos de piedra en el nivel de los 14 500 años de antigüedad.

En 1967 se llevaron a cabo bajo mi dirección excavaciones en la cuenca pluvial del lago Fort Rock, en el sur del centro de Oregon, y se encontró una antigua ocupación en la cueva de Fort Rock que fue fechada con una antigüedad de 13 200 años. Un hogar encontrado en la parte superior de las arenas de la antigua playa del lago proporcionó el carbón de donde se obtuvo la fecha. Definitivamente asociados con el hogar se encontraron utensilios lasqueados por percusión y, sorprendentemente, una "mano" (piedra para moler a mano). También dos puntas de proyectil (una de tipo Mohave), raederas, grabadores, posibles buriles, así como técnicas de trabajo en piedra de núcleo y hoja. Los otros dos sitios de la cuenca produjeron artefactos fechados en 11 200 y 11 950 años.

El refugio rocoso de Marmes, en el sureste de Washington, en el río Palouse arriba de su confluencia con el Snake, tiene ocupación fechada en 11 mil por medio del carbono-14, y en 13 mil si se compara el lecho que lo contiene con su aparición a corta distancia donde ha producido la fecha más antigua.

La cueva de Ventana, en Arizona suroccidental, ha sido explorada por Haury antes de que se desarrollara el método del carbono-14 por lo que tuvo que recurrir al establecimiento de fechas por medio de la correlación de los estratos geológicos de la cueva con secuencias climatológicas conocidas. El nivel más bajo, el conglomerado, contenía tenues evidencias de ocupación humana: pedacitos de carbón, una lasca de piedra y un martillo de piedra de basalto. El siguiente estrato, los detritus volcánicos, contenía dos puntas de proyectil y utensilios para cazar y destazar. Haury pensaba que durante la descripción de ambos estratos debió existir la misma condición climática, pero debe tenerse presente que el conglomerado es estratigráficamente más antiguo que los detritus volcánicos superimpuestos. Unos veinte años después de esas excavaciones fue revisitada la cueva y en una porción remanente del estrato de los detritus volcánicos fue laboriosamente recogida una muestra de carbón para someterlo a la prueba del carbono-14. Ésta dio una fecha de 11 300 ± 1 200 años de carbono-14. Obviamente, el conglomerado es más viejo, pero se desconoce cuánto más. Probablemente no es aventurado estimar la diferencia entre 1 000 y 2 mil años.

En el sur de Nevada se ha fechado con carbono-14 la ocupación humana en Tule Springs en 13 500 años.

Hace más de diez años, mientras buscaba fósiles en la arena de una zanja en la desembocadura del río John Day en la región central del norte de Oregon, llamó mi atención una piedra poco usual entre la grava.

La retiré de la grava cementada con mi pico de mano y su examen me convenció de que se trataba de un artefacto, un cuchillo unifacial con un borde tallado por percusión en un patrón de zig-zag. Tres arqueólogos profesionales examinaron por separado este espécimen a petición mía para comprobar su identificación como artefacto y los tres lo identificaron como tal.

El artefacto estaba embebido y cementado en la grava depositada por la inundación Spokane, un desastre natural causado por la ruptura de una presa de hielo glacial en el lago Missoula en las montañas Rocosas occidentales de Montana y Idaho. Esta inundación fue causada por la relativamente súbita avenida de 2 000 kilómetros cúbicos de agua que amontonaron arena y otros escombros varios cientos de metros por encima del nivel del río Columbia.

El cuchillo mostraba un ligero pulimento de su superficie original, ya fuera por erosión del viento cargado de arena o por la acción de agua que llevara arenas abrasivas. Claramente, el cuchillo había estado en uso antes de la inundación para incorporarse unos tres a cuatro metros debajo de la superficie del depósito. Por lo tanto, la edad del lecho arenoso ofrece una fecha límite ante la cual debe fecharse el artefacto.

Es incierta la fecha de la inundación, pero ocurrió entre 18 mil y 20 mil años o entre 32 mil y 35 mil. Esta última me parece que es la fecha preferible ya que se corresponde con la terminación del estadio Wisconsin temprano, cuando abundaba el deshielo y eran débiles los hielos, mientras que la fecha más tardía corresponde aproximadamente con los principales avances del estadio Vashon, cuando disminuyeron los deshielos y era más fuerte la masa helada.

Existen en Norteamérica una serie de sitios reportados que se sitúan en el mismo periodo de tiempo que los que hemos discutido, pero acerca de cuya validez no hay una aceptación general entre los arqueólogos. He examinado personalmente algunos de ellos y estoy convencido de su validez. La serie de los sitios aceptados y fechados con precisión indica que los dudosos están dentro del posible periodo de tiempo y que ocurren en situaciones geológicas apropiadas. Los principales sitios se encuentran en el relleno aluvial pleistocénico a lo largo de la costa norte de La Jolla, California, en la misma clase de terreno de la isla de Santa Rosa frente a la costa de Santa Bárbara, en el sitio de Texas Street en San Diego y en Lewisville, Texas.

En América del Sur hay sitios en la terraza superior del río Pedregal y en la playa del lago Maracaibo en Venezuela a cuya ocupación humana se atribuye la misma antigüedad de los sitios norteamericanos y que son llamados respectivamente complejos Camare y Manzanillo. Los hallazgos consisten en utensilios para raspar y cortar, así como tajaderas, pero no aparecen puntas de proyectil. Las fechas de la manifestación de Camare van de los 13 mil a los 16 mil años y las de Manzanillo las igualan a base de analogías culturales. Las fechas de carbono-14 fueron obtenidas de muestras de hueso, pero este material es muy poco confiable como fuente. Las fechas pueden ser correctas, sin embargo, y en vista de la mayor antigüedad comprobada de las fechas en América Central es muy probable que lo sean.

Lanning y Patterson han informado acerca de un sitio estratificado en Perú, casi a dos kilómetros de la costa en el valle inferior del Chillón. Los dos horizontes más bajos están fechados por referencia a las secuencias climáticas escandinavas y son más antiguas que una fecha de carbono-14 de hace aproximadamente 10 mil años, tomada en un trozo de madera encontrado en la parte superior de la segunda capa. El periodo estimado para las dos capas inferiores es de hace 14 mil a 11 500 años. Si bien las fechas estimadas pueden ser correctas, hay muchas dificultades para aplicar la secuencia escandinava a la peruana y cualquier conclusión será meramente tentativa. Pero nuevamente debe tenerse presente que las fechas encajan bien dentro del patrón de probabilidad en el área. Los utensilios de las capas inferiores consisten en pequeñas cortadoras, raederas, perforadores y algunos buriles, en contraste con los pesados utensilios de trabajo del instrumental venezolano de Camare.

Debe hacerse notar que todas las fechas firmes de América del Norte son de sitios situados al oeste de las montañas Rocosas en la región intermontana situada entre las cordilleras Cascada y Sierra Nevada y las Rocosas. Posiblemente, sitios más antiguos ubicados a lo largo de la costa norteamericana del Pacífico fueron sumergidos al subir el nivel del mar o barridos cuando el oleaje erosionó el aluvión pleistocénico. La distribución de los sitios tempranos sugiere firmemente la idea de que los más antiguos movimientos de población hacia el interior del Continente ocurrieron a través del corredor intermontano, y que los grupos se extendieron hacia la costa del Pacífico desde el límite sur.

La punta acanalada llamada Clovis es el artefacto de diagnóstico de una cultura que tiene una antigüedad de 11 mil u 11 500 años, representada principalmente en las Altas Planicies, pero que se extiende hacia el este hasta Missouri y al suroeste de los Estados Unidos. La punta varía en tamaño, pero cualquiera que sea éste, es fuerte y bien trabajada en una hoja desprendida de una plataforma de percusión preparada. Su atributo distintivo es el desprendimiento de varias lascas, generalmente tres de cada lado, desde una base ligeramente cóncava hacia la punta. Las longitudes de las lascas varían en cualquier punta, pero generalmente no se extienden más allá de la cuarta a la tercera parte de la longitud total. Se piensa que estas lascas se desprendían para adelgazar la base de la punta con el objeto de enmangarla a un astil. Estos pueblos cazaban grandes mamíferos del Pleistoceno que pronto se extinguirían y por supuesto otros animales, tales como caballo (*Equus*), camello, bisonte, lobo, etc. Han sido llamados "cazadores de elefantes" porque con frecuencia sus restos culturales han sido encontrados con los de mamuts que ellos mataron y descuartizaron, frecuentemente en algún aguaje, pantano o manantial donde los animales se hubieran atascado cuando fueron sorprendidos por los cazadores. El periodo de esta cultura ha sido fijado con fechas firmes derivadas de numerosos análisis de carbono-14 en restos calcinados. En cualquier sitio el número de puntas es pequeño.

Las opiniones arqueológicas convencionales sostienen que los fabricantes de puntas de Clovis representan un migración asiática que trajo sus técnicas al Nuevo Mundo. Si bien es cierto que se han encontrado algunas puntas Clovis en Canadá y Alaska, su presencia resulta mejor explicada como una difusión hacia el norte, ya que son más tardías que las del sur. Una industria bifacial encontrada en la lado norte de la cordillera Brooks en el paso de Anaktuvuk ha sido propuesta como la fuente ancestral de la punta Clovis. Este argumento no es congruente, ya que se ha demostrado por medio del fechamiento con carbono-14 que los materiales de la cordillera Brooks tienen solamente 7 mil años de antigüedad. Además, aunque hubo una industria Clovis desarrollada en la parte sur del oeste de los Estados Unidos hace 11 500 años, de acuerdo con la evidencia disponible, no hubo un corredor libre de hielos en el periodo requerido. En mi opinión, la punta Clovis debe aceptarse razonablemente como una invención indígena.

Después de la punta Clovis, y en un territorio algo más restringido, aparece la Folsom, fechada hace 11 mil a 10 mil años. Ésta es la punta que se hizo famosa como la primera en ser reconocida definitivamente en 1926 como asociada con la fauna pleistocénica ahora extinta. En su contorno general la punta se parece a la Clovis, pero es más frágil y se le ha desprendido una sola lasca alargada de cada lado de la base ligeramente cóncava. Esto imparte a la punta una acanaladura que a veces se extiende hasta el extremo, aunque generalmente termina antes de éste. Éste es el tipo clásico de punta. Agogino ha señalado, sin embargo, que con el descubrimiento de más sitios Folsom la punta de tipo clásico no es verdaderamente representativa de las encontradas en un conjunto de utensilios. Algunas tienen desprendida solamente una lasca, otras ninguna, pero todas ocurren juntas. Finalmente, cesó la técnica de acanaladura y llegó a su fin la cultura Folsom como unidad taxonómica.

Es importante para el estudiante el claro entendimiento de lo siguiente, ya que tiene implicaciones para la conducta humana a través del tiempo mucho más allá de su relación con los cazadores Folsom. La gente que fabricaba y usaba la punta Folsom en sus variadas formas eran principalmente cazadores de bisontes, primero de *Bison antiquus* y después de otras especies cuando escaseó la primera y eventualmente se extinguió. Los grandes rebaños de bisontes proporcionaron la base económica principal para su sociedad. En el proceso de mejorar esas técnicas de adaptación al medio ambiente posglacial, indudablemente se hicieron experimentos para mejorar armas y técnicas de caza, tales como el acoso y la estampida. La clase de organización necesaria para explotar el recurso del bisonte era muy diferente de la requerida para cazar a animales solitarios o casi solitarios, o la recolección de semillas. En otras palabras, el modo básico de vida continuó con pocos cambios sin que probablemente a nadie afectara mayormente que ya no se fabricara o usara la punta acanalada. Solamente había cambiado un pequeño aspecto de la vida. Debido a nuestra cultura tenemos que establecer unidades de tiempo para definir la experiencia humana y esto lleva al arqueólogo a la búsqueda de atributos distintivos que él pueda reconocer. Temo que a menudo lo haga sin considerar si estos atributos tuvieron o no importancia en la vida de los pueblos. En el registro de la prehistoria de los cazadores de bisontes de las planicies, desde los cazadores Folsom que aprendieron a utilizar el bisonte como alimento hasta la introducción del caballo por los europeos, hay una continuidad de desarrollo con innovaciones internas que respaldan la creciente eficiencia de su economía de explotación y la aceptación de algunas importaciones culturales que no iban en detrimento de aquélla. Como experiencia humana la prehistoria no está tan segmentada como pudiera inferirse de la secuencia basada en tipos de puntas o algunos otros artefactos escogidos por el arqueólogo.

En sitios de superficie de Pennsylvania y algunos estados de la costa atlántica se han encontrado flechas acanaladas muy parecidas a las Folsom del oeste. No han sido fechadas por medio del carbono-14, y dado que no hay asociación con restos de fauna, no es clara su posición cronológica, ni sabemos qué relación existe, si la hay, con la manifestación occidental.

En el sitio de Debert, en Nueva Escocia, aparecen puntas acanaladas que se aproximan a la del tipo Clovis junto con otras puntas sin acanaladura. Las fechas de carbono-14 indican que esta ocupación ocurrió alrededor de hace 10 mil años. Este pueblo aparentemente llegó al sitio durante la migración del reno para cazar entre los rebaños inmigrantes. Para nuestros propósitos lo importante del sitio de Debert es que muestra que el hombre se había extendido a la costa atlántica hace ya 10 mil años. Si sus puntas de proyectil se consideran una variante de la tradición acanalada, entonces sus orígenes probablemente se encontrarán de algún modo, inexplicado por el momento, entre los primitivos usuarios de la misma tradición al oeste del río Misisipí.

Las redes de arrastre han sacado huesos de mamut de las aguas de la plataforma continental atlántica, lo que sugiere la posibilidad de la presencia de hombres cazadores de estos animales, como lo fueron en el oeste, cuando la superficie de tierras con sus ríos y estuarios se extendían mucho más lejos debido a que el nivel del mar era más bajo.

El sitio de Tonopah en Nevada occidental y del lago Borax en Lake Country, California, contienen puntas tanto acanaladas como sin acanalar. Ninguno de los dos sitios ha sido fechado con seguridad. Al sitio del lago Borax se le ha atribuido tentativamente una antigüedad de unos 9 mil años mediante estudios de hidratación; pero dado que se desconoce la tasa de hidratación del área la fecha resulta incierta. Ambos sitios, sin embargo, contienen otros artefactos similares a los que se distribuyen desde el sureste del estado de Washington hasta San Diego County, California, a través de la parte norte de la Gran Cuenca a lo largo de los lagos pluviales del oeste de Nevada y al sureste de California. Además de los otros artefactos que comparten, las colecciones de Fort Rock de 1967 contienen un fragmento de la base de una punta acanalada muy parecida a la de los dos sitios. Las fechas de Fort Rock ubican el material entre 11 mil y 8 mil años, probablemente alrededor de 10 mil. Ninguno de los dos sitios encaja en las categorías de Clovis o de Folsom.

RESUMEN

Si es razonablemente válido el modelo que propuse al principio de este capítulo, entonces los primeros habitantes del Nuevo Mundo vinieron del Continente asiático, probablemente de la esfera china del estadio Wisconsin temprano en algún momento entre hace 40 mil y 70 mil años, y para hace 35 mil años habían llegado ya al estado de Puebla. Deben existir fechas progresivamente más antiguas hacia el norte desde los arenales de Valsequillo hasta el punto o puntos de entrada en Alaska, pero cualquier evidencia situada al norte del margen inferior de la capa glacial cordilleriana en Washington habría sido destruida. Si bien esta última afirmación es cierta en lo general, de ningún modo debemos considerarla absoluta. Hay excepciones que dependen de la naturaleza de la topografía, el carácter y la profundidad de los sedimentos, así como del movimiento del hielo. Un movimiento glacial que cubre sedimentos y deposita en su cauce capas profundas de escoria glacial puede servir como cubierta protectora para esos sedimentos y su contenido, del mismo modo que una corriente de lava protege, al cubrirlos, los lechos de sedimentos y los fósiles que contengan. Un notable ejemplo de preservación por recubrimientos y depósitos glaciales y posterior exposición de restos arqueológicos por erosión vertical es el que encontramos en el sitio de Taber en el sur de Alberta. En 1961 la expedición Stalker, del Servicio de Investigaciones Geológicas del Canadá, encontró porciones del esqueleto de un niño de menos de dos años de edad, pero por el momento no se dio al hallazgo la posible importancia que tenían los huesos. Éstos se encontraron más o menos a la mitad de un lecho de aluvión y de diez a quince metros por abajo de la base del sedimento glacial que lo cubría y cuyo espesor era aproximadamente de 20 metros. El escombro glacial pertenece al estadio Wisconsin tardío, por lo que la ubicación estratigráfica de los huesos es más antigua que aquel periodo. El sitio Taber carece de materiales adecuados para fechamiento carbono-14, pero dos secciones geológicas similares vecinas proporcionaron trozos de madera en posiciones estratigráficas muy semejantes. Estas muestras dieron fechas de más de 32 mil y 37 mil años, esto es, más allá de los límites de alcance de la prueba del carbono-14. Stalker escribe: "En opinión de este autor, los restos son considerablemente más antiguos que esas fechas, y tal vez su edad llegue a los 60 mil años. Sin embargo, la determinación de la antigüedad exacta debe aguardar al descubrimiento de materiales adecuados para el fechamiento en el sitio mismo del hallazgo de los huesos" (Stalker, 1969, p. 428).

Los sedimentos pleistocénicos remanentes al sur de la cubierta glacial son escasos como resultado de la erosión. La localización de los sitios más antiguos sugiere que el área intermontana fue la ruta seguida por los nómadas, extendiéndose hacia la ancha planicie aluvial costera en el sur. Posiblemente hace 11 mil años, y ciertamente hace 10 mil, se rompió definitivamente la conexión terrestre entre los continentes y el Nuevo Mundo tuvo que ser poblado por los descendientes de quienes ya lo habitaban. Desconocemos las rutas y fechas de su dispersión. Se sabe que hace 11 mil años ya se habían establecido y desarrollado contactos durante largo tiempo entre el Snake River inferior en el sureste de Washington, hacia la parte occidental de la Gran Cuenca de la parte sur del centro de Oregón, a través de Nevada occidental en un corredor formado por los lagos pluviales y las colinas de Sierra-Cascada a través de California suroriental y hacia el oeste, hasta la costa medirional de California.

Se piensa que los ancestros de los aleutos y esquimales, que no son indios americanos, ocuparon la parte oriental de la costa sur de la conexión terrestre, que tenía un clima un poco menos riguroso que el de la parte norte, pero que aún era ártico. El ascenso del nivel del mar interrumpió la conexión terrestre —lo que según se piensa, ocurrió primero cerca de la costa de Alaska y después hacia el oeste— resultando una cadena de islas: las Aleutianas. Es probable que esta población se separó al interrumpirse la conexión terrestre y que vivían más hacia el este permaneciendo en la tierra firme de lo que es ahora Alaska suroccidental. Otros se quedaron en las islas orientales del archipiélago y dieron origen a los aleutos, quienes gradualmente pasaron de isla en isla hacia el poniente. Aquellos que se quedaron en tierra firme fueron posteriormente los esquimales.

De la discusión anterior se desprende que hay dos hipótesis que tienden a explicar el desarrollo tecnológico en el Nuevo Mundo hace más de 10 mil años. La tradicional, en forma simplificada, es derivar prácticamente todo, puntas de proyectil, utensilios bifaciales, instrumentos de hueso y asta, etc., y los métodos de su fabricación, de las tradiciones del Viejo Mundo por medio de una serie de migraciones, cada una de las cuales introdujo una contribución cultural característica. La segunda hipótesis propone un equipo básico de herramientas de caza y recolección bastante generalizadas, tales como tajaderas, martillos de piedra y herramientas cortantes. Ésta ha sido llamada una etapa "pre-punta de proyectil", pero es dudosa la validez de este concepto. En mi opinión la cuestión es principalmente semántica, dependiendo de la definición de "punta de proyectil". Considero el desarrollo cultural de la población primitiva del Nuevo Mundo como esencialmente autónomo, surgido de las actividades innovadoras y adaptativas de estos pueblos separados de los contactos del Viejo Mundo durante un periodo de probablemente 25 mil años. Creo que las fechas fidedignas de 25 mil y más años para algunos sitios con utensilios que demuestran la presencia de habilidades técnicas desarrolladas para manufacturarlos y conocimiento de las propiedades de fractura de varias clases de piedra, respaldan la segunda hipótesis. No hay duda de que la zona boreal que abarcan Canadá, Alaska, algunas de las islas Aleutianas, Japón, Asia nororiental y la región del lago Baikal comparte tradiciones comunes tales como la tecnología microlítica. Ésta es tardía, del orden de hace 10 mil años. Hay microlitos en el interior de la Columbia Británica, a partir de hace 7 500 años, con posterior aparición esporádica en el río Columbia del centro de Washington. Los ricos sitios arqueológicos de la Columbia media, que abarcan desde hace unos 11 mil años hasta tiempos históricos, no registran la industria microlítica.

Los métodos de caza se adaptaron a las necesidades del medio ambiente. La caza de animales gregarios como el mamut y el bisonte requiere ciertas técnicas diferentes de la de los solitarios, como el ciervo y el carnero montés. Al extinguirse la fauna pleistocénica de mayor tamaño, se ajustaron los métodos para explotar la fauna restante con la que ya estaban familiarizados los cazadores. En el pos-Pleistoceno no aparecieron nuevos géneros de animales.

Hace 10 mil años y tal vez antes se pescaba el salmón del río Columbia en The Dalles, donde el río inicia su caudal tumultuoso a través de las montañas Cascada. Para hace 9 mil años la misma economía estaba establecida en el cañón del río Fraser. En varios sitios de la costa noroeste del Pacífico, así como en los Clovis, algo más antiguos, se registra el uso de hueso para la fabricación de armas. A lo largo de la costa sur de California y de la isla de Santa Rosa hace más de 10 mil años sus habitantes explotaban los recursos de la costa marina. Está claro que en la gran Cuenca la gente había aprendido a usar los ricos recursos vegetales por la misma época. Y en Nueva Escocia el reno era un importante animal comestible. En América del Sur las evidencias demuestran desarrollos adaptativos semejantes.

Si llegan eventualmente a validarse los contactos con el sureste asiático y el Japón, resultan demasiado tardíos para haber influido sobre este patrón básico de explotación y ajuste adaptativo.

La prehistoria del Nuevo Mundo al sur del Canadá, desde hace 10 mil años hasta el desarrollo de la agricultura, ha de entenderse como la continuación de tradiciones ya establecidas, modificándose éstas en respuesta a cambios naturales, la capacidad de innovación del hombre y los cambios ocasionados por los movimientos de las poblaciones y los contactos a través del comercio y otros medios. Habiendo excavado sitios que cubren el largo periodo de los últimos 13 mil años, estoy profundamente impresionado por la amplitud y calidad de la cultura material de estos primitivos habitantes de América y por su notable habilidad para aprender a vivir con su medio ambiente.

B. Logros culturales en el Nuevo Mundo

Economías cazadoras y recolectoras

La caza, la pesca y la recolección proporcionaron la base económica de todas las poblaciones antes del desarrollo de la agricultura y continuaron haciéndolo hasta que hubo contacto con la cultura del hombre blanco, excepto en aquellas áreas donde la agricultura finalmente las desplazó. En ciertas regiones, los patrones básicos fueron establecidos hace 9 mil años, por ejemplo, la pesca del salmón como fuente principal de alimentos en el interior de la costa del noroeste en el Pacífico, la explotación de los recursos de la flora silvestre en la gran Cuenca, la explotación costera a lo largo de las playas del sur de California, y la caza del bisonte en las planicies occidentales. Cuando eventualmente se extendió la agricultura de Mesoamérica a las regiones periféricas, no desplazó a la caza y recolección de las áreas marginales, sino que más bien sirvió como un recurso contra el hambre si fallaba la caza. Los grupos del norte de México, dedicados en mayor o menor grado a la agricultura en el momento del contacto con los europeos, vivían generalmente hacia el este de una línea trazada desde la desembocadura del río Colorado a la parte occidental de los Grandes Lagos y a lo largo del río San Lorenzo.

La historia cultural de los grupos cazadores y recolectores refleja un gradual mejoramiento en los métodos de explotación del medio ambiente particular. Un ejemplo es la historia de las principales armas de caza y de guerra, el desplazamiento del *atlatl* y la lanza o dardo por el arco y la flecha.

El lanzador de dardos es llamado generalmente *atlatl*, una palabra del lenguaje azteca (náhuatl). El lanzador era un utensilio de madera de 45 a 60 centímetros de longitud, con un mango para la mano en un extremo y en el otro una punta o gancho apuntando hacia el mango. Se coloca la base del dardo contra el gancho del *atlatl*, afirmado con los dedos de la mano lanzadora, y después se arrojaba como una lanza. El lanzadardos, al alargar la palanca del brazo del lanzador, proporcionaba mayor potencia. Era mejor que el brazo solo, pero menos efectivo que el arco. En las excavaciones llevadas a cabo en cuevas en Oregon y Nevada se ha demostrado que el lanzadardos fue gradualmente remplazado por el arco, pero el periodo en que las dos armas fueron contemporáneas cubrió no menos de 250 o más años. En el sureste de los Estados Unidos, México y Perú continuó en uso hasta la llegada de los españoles en el siglo XVI. Un *atlatl* procedente de la parte central de Oregon ha sido fechado por medio del carbono-14 en 480 años d.c., pero parece que fue un arma más bien ceremonial que utilitaria.

No han llegado hasta nosotros indicaciones de los tipos de habitación, costumbres o creencias religiosas de estos pueblos antiguos; han sido preservados sus armas, utensilios y en algunos casos sandalias y canastas. Usaban raspadores, navajas, puntas de proyectil y martillos de piedra, y fabricaban algunos objetos de hueso. Los objetos perecederos como la cestería, si los hubo, se han desintegrado en los sitios abiertos. Aunque estos grupos no agrícolas formaron sociedades importantes e interesantes, no podemos discutirlas aquí en detalle. Será suficiente señalar que la vida económica y a menudo la social estaban centradas principalmente en el tipo más importante de alimento animal, o de otra clase, disponible en el área; bisonte en las planicies, peces y particularmente salmón en la costa noroeste del Pacífico, focas, morsas y peces en el Ártico, y el caribú en el interior del Canadá. En California y partes de la región árida hacia el este, las semillas silvestres eran la principal fuente de alimento, complementado por pequeños roedores y ocasionalmente por antílopes, venados o carneros monteses. Los patrones de asentamiento, movimientos de población, ceremonias asociadas con la búsqueda de alimentos, armas y utensilios, todos tienen una definida relación adaptativa con los recursos naturales de un particular medio ambiente.

En América del Sur la principal área no agrícola estaba localizada en el extremo meridional, donde se cazaba el guanaco, una variedad de camello pequeño descendiente de la variedad norteamericana de tamaño mayor. A lo largo de la costa el sustento se obtenía mediante la pesca.

Ninguna sociedad cazadora y recolectora ha desarrollado nunca una gran población o una civilización compleja. La civilización compleja se desarrolla solamente cuando es posible una vida sedentaria, es decir, en un lugar fijo, y el hombre tiene el conocimiento y habilidad técnicos necesarios para incrementar la cantidad de producción de alimento. Esto depende de la agricultura y domesticación de plantas y animales.

El desarrollo de la vida sedentaria agrícola y su importancia

A lo largo de la costa noroeste del Pacífico se desarrolló un tipo de vida semisedentaria, donde el océano proporcionaba vastas cantidades de alimento y el regular paso de los peces río arriba daba una cierta seguridad económica. Pero estos asentamientos eran generalmente sedentarios sólo en parte debido a la búsqueda estacional de alimentos —caza en las montañas y bayas durante su temporada— que frecuentemente llevaría a todo el grupo, o a una parte de él, a diferentes zonas donde abundaran naturalmente esos recursos. Los indios chumash de la costa californiana en la región de Santa Bárbara tenían grandes aldeas, de las que se reporta que algunas tenían un millar de habitantes en la época de la llegada de los españoles. Esta densidad de población se logró mediante un nivel muy elevado de explotación de los productos alimenticios de la costa, la pesca, algo de caza en las cercanías y un amplio comercio con la gente de la isla Channel, así como con la del valle interior de California hacia el sur. Probablemente ya habían alcanzado la densidad máxima de población permisible para su modo de vida.

La domesticación de plantas fue una de las causas principales de los adelantos en las artes y oficios y del aumento demográfico. Ningún chamán, ni todos los chamanes del mundo actuando conjuntamente, podían afectar el clima, aumentar la población de animales o semillas alimenticios, o cambiar la arribada del salmón. Con la agricultura, hasta cierto punto el hombre toma su destino en sus propias manos. La principal planta doméstica en el Nuevo Mundo fue el maíz, cultivado intensamente desde el sur de los Estados Unidos hasta el norte de Chile. En América del Sur la concentración del maíz se limitó al área situada al oeste de la división andina. Al este de los Andes había una vasta área, desde Venezuela a la Argentina, en la cual la principal planta domesticada era la mandioca, un tubérculo del que se obtiene la tapioca. Sin embargo, se cultivaba algo de maíz a pesar de que las condiciones no eran muy favorables.

En el noreste de los Estados Unidos el maíz era una siembra importante, pero no era cultivado tan intensamente como en las áreas del sur. En los estados de la costa atlántica norte se cultivaba junto con frijoles y calabaza, integrando una dieta generosamente complementada con la caza. En los estados del Golfo la caza era menos importante que en el suroeste. En el suroeste la patata dulce, el melón y otras variedades de calabaza remplazaban a las plantas del norte. En el suroeste los indios Pueblo cultivaban melón, frijol, calabaza y girasoles además del maíz, y después de la llegada de los españoles en el siglo xvi añadieron otras plantas a aquéllas. Los indicios más antiguos que tenemos de la agricultura como economía básica se encuentran en el área donde más tarde hubo cultivos intensivos; se asocian con pequeñas aldeas en México, América Central y los Andes. En México estas culturas son llamadas a veces "culturas intermedias" debido a que ocurren entre las más tempranas de tipo de caza y recolección y las posteriores altas culturas. Sin embargo, también se usa el término "arcaico" para designar esta antigua cultura. No sabemos cuándo se inicia la agricultura, pero estas culturas intermedias se remontan a los principios de la era cristiana e indudablemente a una época considerablemente más antigua.

En muchos lugares, como en Guatemala, Honduras, el sur de México y gran parte del Brasil, la agricultura requiere limpiar los campos de maleza y bosque antes de la siembra. Después de cuatro o cinco años de uso el suelo ya no es tan fértil como antes y tendrá que permanecer sin cultivo durante varios años. Esto significa que tendrán que limpiarse otras áreas para producir cosechas. Cuando una aldea crecía más allá del tamaño que podía mantener la tierra disponible, una parte de la población se mudaba a una nueva localidad y empezaba nuevamente el proceso de desmonte de tierras. Así, después de un periodo habría esparcidos poblados de gentes relacionadas entre sí en una amplia superficie.

En una sociedad agrícola de esta naturaleza, generalmente se celebran ceremonias religiosas en varias ocasiones durante el año para asegurar el crecimiento de las semillas, las buenas cosechas, y para celebrar la recolección de los cultivos. Se establecerían centros con fines religiosos y los habitantes de las diferentes aldeas vendrían a estos templos en momentos adecuados para asistir a las ceremonias. La comunidad necesitaría sacerdotes, celadores y otros funcionarios no solamente durante la ceremonia, sino también durante los periodos intermedios. Parece que de este modo se iniciaron los imponentes centros religiosos que se desarrollaron en las ciudades de América Central y, en una forma más simple, en el sureste de los Estados Unidos.

El curso del desarrollo de las comunidades fue a menudo bastante diferente. En algunos lugares del área andina y en el suroeste de los Estados Unidos, donde los habitantes practicaban el riego y la fertilización del suelo, o donde los campos constantemente eran reabastecidos de tierra fresca acarreada por los ríos, hizo posible la agricultura intensiva.

Cuando el hombre se dedica a la agricultura intensiva, se libera en grado notable de su dependencia de la naturaleza. Tanto hombres como mujeres trabajan en los campos en la agricultura intensiva, aunque suelen desempeñar diversos tipos de trabajo. Al aumentar su habilidad, se produce un excedente de alimentos superior al necesario para la supervivencia. Después, al incrementarse el abastecimiento, generalmente aumenta la población. Un excedente de alimentos significa también que ciertas clases pueden vivir sin tener que trabajar en los campos; por lo tanto, pueden desarrollarse habilidades y oficios porque hombres y mujeres pueden dedicar su tiempo a convertirse en especialistas.

Así, en América Central y los Andes, donde se practicó la agricultura intensiva, hubo especialistas en metalurgia, guerra, religión, política, arquitectura y textiles. Estos oficios especiales se desarrollaron solamente porque aquellos dedicados a la agricultura producían alimento suficiente para todos.

La agricultura se desarrolló en América muy independientemente de Europa o Asia, y probablemente hubo diferentes centros para las diferentes plantas. El maíz fue domesticado a partir de una variedad silvestre, pero no hay certidumbre acerca del lugar donde ocurrió. De lo que podemos estar seguros es de que tuvo lugar en algún sitio del área de agricultura intensiva entre México y Perú. En la Bat Cave en Nuevo México se encontraron variedades de maíz domesticado, empezando en 2500 a.c., con una forma primitiva y mostrando una secuencia evolutiva que continúa hasta la capa superior donde tenemos maíz esencialmente moderno. Su domesticación en el valle de Tehuacán, en Puebla, data de hace más de 3000 años a.c. El trigo es el gran cereal de cultivo de la parte occidental del Viejo Mundo y el mijo en el norte de China, en tanto que el arroz fue el cereal principal del Asia suroriental. Si los indios hubieran traído con ellos el conocimiento de la agricultura, es probable que hubieran buscado una semilla silvestre similar a la usada en Asia, pero éste no es el caso. Toda la técnica del cultivo del maíz es diferente de la del mijo o trigo, ya que estos dos últimos son sembrados y se les permite crecer hasta la recolección. El maíz se planta en montículos o agujeros y debe ser atendido durante su crecimiento para asegurar la cosecha. La similitud de métodos de cultivo del maíz en toda el área donde crece el grano sugiere vigorosamente que se extendió a toda la región agrícola desde un punto central de desarrollo. Las especies locales evolucionaron gradualmente para ajustarse a medios ambientes que varían desde las tierras altas andinas hasta el área ubicada en el norte del río San Lorenzo con su breve temporada de crecimiento.

Los únicos mamíferos domesticados en el Nuevo Mundo fueron el perro, el conejillo de indias, la llama y la alpaca. Los dos últimos animales son pequeños parientes del camello y vivían en los Andes. Las Américas carecían de animales adecuados para la domesticación. La carne de la llama servía como alimento, pero generalmente en conexión con ceremonias religiosas. La llama y la alpaca eran usadas principalmente como animales de carga y por su lana. También fueron domesticados el pavo, las abejas y tal vez el pato.

Los indios americanos han contribuido enormemente a la variedad de nuestra alimentación. El maíz, la patata blanca, la batata, el frijol, el haba, diversas variedades de calabaza, melón, tomate y la piña, todos son nativos de las Américas. El maíz hizo posible que los colonos de Nueva Inglaterra, pudieran sobrevivir. Ellos copiaron de los indios casi todos los detalles del cultivo del maíz, aun el desgrane comunal de las mazorcas. Hemos continuado cultivando el maíz de modo muy parecido, salvo el uso de maquinaria moderna.

En el Nuevo Mundo, como en el Viejo, las primeras etapas de la sociedad agrícola no produjeron necesariamente civilizaciones avanzadas, sino únicamente la semilla de la cual crecieron aquéllas. Las aldeas agrícolas de las primeras etapas eran económicamente autosuficientes. Pero a menos que el comercio con otras aldeas introdujera nuevas mercancías y nuevas ideas, las aldeas primitivas continuaron siendo provincianas. Al desarrollarse el comercio y ofrecerse nuevas mercancías a la atención de la gente, se desarrollaron nuevas ideas. Junto con ellas se introdujeron diferentes modos de vida. Estos tendieron a romper el aislamiento o provincialismo de la aldea; estimularon pensamientos e ideas e hicieron interdependiente a toda el área relacionada; fueron los comienzos de Un Mundo.

Esto sucedió particularmente en América Central y en la región andina. Al principio hubo muchos grupos dispersos, independientes, de pueblos agrícolas que solían ser hostiles entre sí. Después, al desarrollarse el comercio, aumentaron sus contactos y las fronteras retrocedieron. El comercio produjo una interdependencia entre las comunidades y la extensión de rasgos comunes de vida. Sobre esta base la acción política adquirió entonces un gran poder y la organización económica, política y religiosa construyó ricas civilizaciones.

Artes y oficios

Las artes y oficios no se desarrollaron con uniformidad en las regiones de caza y recolección o en las áreas agrícolas de América del Norte.

Los trabajos en pieles se desarrollaron particularmente bien entre los indios de las planicies y entre los de la región noreste de los Estados Unidos. Las pieles de bisonte, ciervo, alce, lobo, zorra y otros animales fueron usadas para confeccionar artículos de vestido para el uso diario así como para fines ceremoniales. Los hombres mataban a los animales y las mujeres preparaban la carne y las pieles. A veces, partes de los vestuarios eran decoradas con pintura o púas de puerco espín teñidas. Más tarde, sirvieron de adorno cuentas aplicadas en diseños geométricos. Los escudos y capas de piel de búfalo de los hombres eran pintados por éstos con símbolos que se suponía conferían poderes sobrenaturales, y también con dibujos de las hazañas del propietario en la guerra y la caza. Las tiendas cónicas de los indios de las planicies, llamadas *tipis*, eran construidas con pieles de bisonte, y adecuadamente amuebladas con pieles y cueros eran muy cómodas.

Los más eficientes vestidos de piel fueron hechos por los esquimales de las costas árticas. Se curtían y cosían juntas las pieles de foca para formar prendas de vestir tan abrigadoras y eficientes que los exploradores árticos actuales las usan con preferencia a nuestros propios productos. Los soldados norteamericanos en el lejano norte usan también algunos artículos del vestuario esquimal, especialmente la *parka*, o prenda exterior semejante a una camisa suelta dotada de una capucha con la que se cubre la cabeza. Aun cuando la prenda luce estorbosa, es extremadamente eficaz y en algunos casos está artísticamente decorada mediante la costura de pedazos de diferentes pieles para formar un diseño variado. Los esquimales hacen una chaqueta impermeable con intestinos de foca, y es la que usan cuando navegan en su canoa de pieles, o *kayak*. Aun si el *kayak* se volcara en el agua, su ocupante estaría seco cuando volviera a su posición original.

En las áreas de bosques de abedul del Canadá se usan las cortezas de este árbol para construir canoas y utensilios diversos. El material suele decorarse con grabados y adornos de púas de puerco espín.

El tallado en madera se desarrolló altamente en la costa noroeste del Pacífico. Los postes totémicos que ostentaban el árbol genealógico del propietario son notables ejemplos de este trabajo. Había grandes casas de pesados tablones de cedro, obtenidos hendiendo los troncos de los árboles con cuñas de asta de alce y cortados con herramientas de piedra; la casa de un jefe poderoso estaba decorada con muchos tallados. Las cajas para almacenar, las canoas, los utensilios domésticos y, sobre todo, las máscaras usadas en las danzas, daban al artista oportunidad de ejercitar su habilidad. La introducción de herramientas de acero por cuenta de los traficantes blancos estimuló el desarrollo del arte del tallado en madera de los artistas del noroeste.

La cestería se practicó ampliamente y probablemente fue universal, aunque con el desarrollo de la cerámica tendió a ocupar un lugar secundario. Tal vez es ésta la razón por la cual en algunas áreas de alta cultura oímos mucho acerca de la cerámica y poco acerca de la cestería. La cestería puede dividirse en tres clases principales: trenzada, tramada y en espiral; las tres variedades se encuentran en el Nuevo Mundo. Las cestas trenzadas se hacen entrelazando las fibras como en una estera. La cestería tramada consiste de una serie de guías que radian desde el centro del fondo con dos hileras de trama que pasan por encima y por abajo de ellas y cruzándose entre las guías para invertir el orden en la superficie. La cestería en espiral se fabrica con una guía curva que se inicia en el centro del fondo y después se va arrollando en capas sucesivas como una espiral continua y asegurada sobre la capa anterior por medio de una espiga que se inserta a través de agujeros horadados con una lezna de hueso.

Las secas cuevas de la gran Cuenca han preservado muchos fragmentos de diferentes clases de cestería cuya antigüedad se remonta probablemente hasta hace 11 mil años. En la cueva de Fort Rock en el norte de la gran Cuenca de la parte sur-centro de Oregon se han encontrado sandalias de corteza de artemisa y cestería torcida con decoración de bordado falso que han registrado una fecha de carbono-14 de hace 9 mil años. No tenemos noticia de la antigüedad de los inicios de este tipo de fabricación, pero debe ser considerable.

Una gran cantidad de hermosa cestería, tanto en espiral como tramada, fue producida en California. Los indios pomo del distrito Clear Lake al norte de la bahía de San Francisco fabricaron piezas especialmente finas. En esta área se aplicaron diseños de una belleza exquisita en cestos, tanto en espiral como tramados, usando plumas de ave de diferentes colores. Tenemos así un ejemplo de soberbia destreza en una sola actividad artesanal en una cultura que generalmente puede considerarse muy simple.

Los aborígenes de la costa noroeste de Canadá, el sur de Alaska y las islas Aleutianas occidentales hicieron también hermosa cestería tramada. Los indios de la costa usaban tiras de raíz de abeto para obtener un material muy fino para la fabricación de sus cestos. Los mejores cestos de la isla Attu, en las Aleutianas, están hechos de pasto fino; y en algunas de ellas la habilidad artesanal es tan notable que los cestos parecen estar hechos de lino fino.

Los indios pima del desierto de Arizona también hacen hermosos cestos. Tuvieron un éxito extraordinario en su decoración, en la cual hábilmente modificaban las líneas, que generalmente son negras sobre fondo blanco, para dar la impresión de que son curvas cuando en realidad son rectas como deben de ser todas las líneas en una cesta a menos que el diseño esté pintado.

Los indios de los estados del sureste usaban tiras de caña para sus trabajos de cestería; también empleaban corteza de otros pequeños arbustos y árboles. Sus cestas para guardar y acarrear, y una amplia variedad de tipos especiales, hechos para limpiar y cernir granos y harina y para otros usos singulares, muestran una habilidad altamente desarrollada. También se hacían cestos que encajaban, progresivamente, unos dentro de otros. Los diseños decorativos de formas geométricas se producían tiñendo las tiras de caña, generalmente en rojo o negro, antes de iniciar la fabricación de la cesta. Cuando se tejían para hacer la pieza, los diseños aparecían en ambas caras pero en espacios alternos.

Es difícil determinar la antigüedad de las técnicas de cestería debido a la naturaleza altamente perecedera del material. Sin embargo, sabemos por las sandalias mencionadas de la cueva de Fort Rock, en Oregon, que se remontan a 9 mil años y que posiblemente se contaban entre los oficios traídos al Nuevo Mundo por los primeros inmigrantes.

El algodón se cultivaba en el área de agricultura intensiva y proporcionaba el material textil para la mayoría de las prendas de vestir. Aparece en el suroeste de los Estados Unidos antes de 800 a.c. En los Andes y en México se acolchaba el algodón y en México se remojaba en salmuera para endurecerlo y usarlo como armadura. Era tan efectivo en esta forma contra las flechas que los españoles lo adoptaron en vez de sus pesadas corazas de metal.

La lana se usaba en los Andes y en grado limitado a lo largo de la costa meridional del Perú. Se obtenía de la llama para las prendas ordinarias, pero la vicuña proporcionaba un tipo más fino que se usaba para los ropajes de la clase gobernante. En Perú encontramos los mejores y más variados textiles del Nuevo Mundo. El mayor desarrollo fue alcanzado a lo largo de la costa sur, donde se empleaban tanto algodón como lana. En Alaska las mantas *chilkat* se tejían con lana de cabra montañesa. Para darle cuerpo y resistencia, se entrelazaba corteza de cedro en la lana a medida que se hilaba. Algunas tribus costeras salish del occidente del Canadá tejían mantas de lana de cabra silvestre con adulterantes, y de pelo de perros blancos al cual también se añadían adulterantes para aumentar el material.

Se ha pensado generalmente que el origen de la cerámica en el Nuevo Mundo ha de encontrarse en Mesoamérica y se atribuye a una invención aislada. Sin embargo, aunque estudios recientes tienden a mostrar una distribución de la cerámica en los tiempos arcaicos desde el valle de México hasta el Perú, con ciertos elementos de estilo de vasijas y técnicas de decoración en común, ello no nos justifica para asumir con esa sola base que tuvieran un punto único de origen. También hay la posibilidad de invención independiente de la hechura de cerámica entre los fabricantes de cestas del suroeste de los Estados Unidos. Y existe una fuerte evidencia de la introducción, procedente de Asia, del tipo básico de la cerámica conocida como woodland en el noreste de los Estados Unidos.

Cualesquiera que fueran los puntos y tiempos de origen, la cerámica ha representado en la historia humana un importante avance tecnológico, así como un notable vehículo para el desarrollo de la expresión estética. El fabricante de cestos está limitado en el tipo de formas artísticas que pueden crearse, puesto que la cestería es tejida o cosida y en cualquiera de las dos formas el resultado es una serie de patrones rectilíneos, ya que necesariamente todas las líneas han de ser rectas. Los tejedores más hábiles han aprendido a crear la ilusión de curvatura, pero no pasa de ser una ilusión. La pintura no puede ser usada con éxito en la cestería a causa de su rugosa superficie.

La cerámica brinda al fabricante de vasijas un producto que puede ser modelado en una gran variedad de formas y una superficie tersa cuya textura puede modificarse para producir diseños o pintarse para expresar los patrones estéticos de un pueblo. Además, había la oportunidad de demostrar la habilidad en los procedimientos técnicos de fabricación y de conocimiento.

Una vez que se dominaban las técnicas básicas de fabricación de la cerámica, rápidamente tenía lugar una diferenciación regional. Fácilmente se reconocen estilos locales tanto en forma como en decoración. La cerámica era algo adecuado para el comercio y la distribución de los tiestos encontrados por los arqueólogos muestran que algunos estilos eran más populares que otros. Dos o tres ejemplos ilustrarán este punto.

En el sudoeste de los Estados Unidos hay una cerámica muy atractiva decorada en negro sobre rojo, llamada polícroma de San Juan, cuya distribución es muy amplia a partir de su lugar de origen en Nuevo México. En Mesoamérica estaba muy extendida una cerámica fina color naranja, y otra color negro brillante conocida como plomada era muy popular y su comercio era intenso desde América Central, su lugar de origen.

Los arqueólogos que trabajan en áreas donde se hacía y usaba la cerámica se basan en los cambios de los tipos de cerámica para establecer las secuencias cronológicas y relaciones culturales de sus sitios con los de otras zonas. La cerámica no se desintegra, aunque en los trópicos el color puede aclararse, y los tiestos muestran no solamente el método de manufactura sino también el cambio en los estilos de vasijas así como el cambio en los estilos artísticos reflejados en estas artesanías.

En América del Norte se encuentra cerámica en Alaska, en donde probablemente se derivó de Siberia. La cerámica woodland encontrada en el centro de Canadá y en los estados centrales del norte y en los del noreste de los Estados Unidos no está pintada, sino que su decoración depende de una modificación de la textura superficial mediante el uso de una pala envuelta en cuerda, puntillaje, marcas de peine y otros métodos. Hacia el sur del área woodland, donde está la cultura conocida como patrón del Mississippi, encontramos que se emplean como métodos decorativos tanto la modificación de la textura artificial como la pintura. Además hay una gran variedad de piezas de distintas formas. Varias clases de animales sirvieron como modelos al ceramista para aumentar la variedad de formas más convencionales. En el suroeste del país hay tres áreas de estilos cerámicos generalmente reconocidos: el estilo Pueblo o anasazi en la meseta del Colorado y el río Grande, el hohokam en la región del Salt River de Arizona, y el mogollón en el sur y suroeste de Nuevo México. El anasazi se caracteriza principalmente por dos estilos básicos: uno en negro sobre blanco y otro en negro sobre rojo. El hohokam tiene una base roja o sepia con dibujos en color contrastante rojo o café. La cerámica mogollón es generalmente roja con interior negro bruñido que a veces se extiende como una banda hacia abajo en una parte de la superficie exterior. También ocurre un tipo de rojo sobre blanco y con la extensión de la influencia anasazi en los tiempos clásicos Pueblo, se dio el estímulo que produjo la hermosa cerámica mimbres.

No entraré en detalles sobre la variación de estilo por razones obvias, ni de las cerámicas utilitarias de esas áreas independientemente de los estilos pintados empleadas en usos domésticos que no fueran culinarios y actividades ceremoniales.

La cerámica de un tipo bastante simple aparece hacia el oeste a través de California y hacia el norte hasta Nevada. Al oeste de las montañas Rocosas y al norte de la influencia suroccidental no ocurre la cerámica verdadera; aunque este autor ha desenterrado media docena de tiestos en una cueva del sureste de Oregon, hasta ahora ha sido imposible relacionarlos con la cerámica de cualquier otra región.

México presenta un alto desarrollo regional de la cerámica, igual que otras regiones de altas culturas. En las áreas dominadas por los grandes centros religiosos, como se puede esperar, hay una estrecha relación entre la cerámica fina y las actividades ceremoniales. En la parte de Nayarit de la gran región tarasca del occidente de México se prestó mucha atención a la producción de obras realistas, grupos danzantes, escenas familiares, animales domésticos, y otros objetos y actividades de la vida cotidiana. Por supuesto, también se fabricaba la variedad acostumbrada de vasijas. Sin embargo, los productos realistas de este pueblo dan la impresión de que tenían cierta alegría y disfrutaban grandemente con las cosas ordinarias de la vida. Sólo en esta región se acentúa este aspecto.

En toda la América nuclear se encuentra cerámica policromada. En México alcanzó su mayor desarrollo tal vez en la región poblano-mixteca, donde se produjeron diseños complicados con gran claridad y control del color y el trabajo de línea. Un rasgo distintivo del área zapoteca es el uso de urnas funerarias, o más correctamente, urnas usadas en los entierros, en las cuales se representa la figura de alguna deidad en la convencional forma enmascarada. El color de las piezas es generalmente gris obscuro.

La cerámica maya suele utilizar combinadas la modificación de la textura y la pintura. En los diseños del dibujo se usan eficazmente pigmentos negro, naranja y rojo. En el estilo maya ocurren elementos de acción ceremonial o dibujos rituales, como hay diseños característicos rituales y simbólicos en los estilos azteca, zapoteca y de otras culturas.

La cerámica peruana ha sido colocada merecidamente en alta estima. Aquí, como en todas partes, hay diferenciaciones regionales y cambios a través del tiempo en cada región. La cerámica chimú de la costa norte se distingue por la gran destreza de modelado mostrada por sus fabricantes. Un rasgo característico son piezas que probablemente representan retratos, representaciones modeladas de la vida cotidiana, jarras con pitón, etc. La gran calidad de esta cerámica declinó de su anterior excelencia en el periodo previo a la conquista.

A lo largo de la costa sur la cerámica nazca destaca por la gran pericia en la decoración polícroma con vigorosos y vívidos colores. El patrón decorativo dominante es el dibujo felino del puma estilizado, aunque también se encuentran muchos otros. El patrón de diseño cambió su incidencia durante el proceso de desarrollo de la cultura.

En la región de las Tierras Altas se desarrollaron una serie de estilos con gran calidad artística expresada en el periodo inca en técnicas de color, diseños y formas de las ollas y jarras.

La metalurgia, el proceso de separar el metal del mineral mediante el uso del fuego, y la manufactura de diversos productos con la materia prima, se desarrolló en el área comprendida entre los Andes y el centro de México. El cobre, la plata, el oro, el platino y el estaño fueron los metales usados; el bronce, una aleación de estaño y cobre, se fabricaba en la región andina en tiempos de la conquista. Otros metales se mezclaban con el cobre y se conocía el proceso de fundirlos para formar una aleación. Se piensa que por lo menos algunas de las técnicas de trabajo de metales fueron llevadas de América del Sur a México.

El metal se usaba principalmente para objetos ornamentales y ceremoniales; solamente una pequeña porción se destinaba a la fabricación de herramientas o armas. Todos los grandes monumentos de piedra y obras maestras arquitectónicas de México, el área maya y América del Sur fueron construidos con utensilios de piedra. No podemos decir cuál hubiera sido el futuro de las Américas si no hubiera habido conquista española, pero es interesante hacer notar que en el Viejo Mundo la Edad del Bronce fue una de las grandes etapas en el progreso humano.

La arquitectura, si por el término entendemos estructuras de piedra de tamaño considerable, estuvo limitada principalmente al área andinomexicana, con alguna extensión al área de los indios Pueblo en el suroeste de los Estados Unidos; en la costa noroeste del Pacífico hubo grandes construcciones de madera; el área suroriental de norteamérica creó centros ceremoniales para fines religiosos con la construcción de pirámides de tierra que servían de base a santuarios o templos de madera con techos de paja. La mampostería, con o sin mortero, estaba limitada a los indios Pueblo y a los demás grupos indígenas hacia el sur, incluyendo a los incas.

Fuera de los límites presentes de los Estados Unidos, la destreza de los constructores encontró expresión casi enteramente en el diseño de templos, fortalezas, tumbas y palacios para los nobles. En el área maya y en México se construyeron templos magníficos sobre pirámides cuyos costados estaban revestidos de piedra cubierta por estuco. A estos templos se llegaba por medio de imponentes escalinatas; en algunos casos, las balaustradas ostentaban grandes esculturas de piedra del dios venerado en el templo.

Los templos se agrupaban junto con otros edificios públicos y palacios en el centro del pueblo y dominaban completamente el área. Cuando los soldados españoles contemplaron la majestuosa masa de edificios cuyo color y ornamentación destacaba contra los azules cielos de México y Yucatán, no pudieron disimular su admiración. Uno de los conquistadores que recorrió la capital del Imperio Azteca escribió que ni siquiera su nativa ciudad de Sevilla podía presumir de algo comparable con aquélla.

En la región andina no se usaba el mortero en la construcción de edificios. Los arquitectos dependían para la estabilidad de sus construcciones del perfecto corte y ajuste de las pesadas piedras. Se usaba también un estilo llamado *poligonal* en el que las piedras se cortaban en figuras irregulares que se hacían coincidir con gran precisión. En algunos casos las piedras eran unidas con garfios de cobre para impartir mayor seguridad. A pesar de su suprema excelencia en el ajuste de las piedras y el uso de grandes rocas cortadas para sus construcciones, los arquitectos andinos nunca alcanzaron la variedad y magnificencia logrados en Mesoamérica.

En contraste con los elaborados edificios religiosos, estatales y palaciegos de Mesoamérica y América del Sur, las casas de la gente común eran extremadamente simples. El desarrollo de la excelencia en la arquitectura parece haber seguido de cerca la elaboración de los sistemas de pensamiento religioso y el desarrollo de una clase rica tanto en el Viejo Mundo como en el Nuevo. Fuera de los edificios religiosos, los mejores logros arquitectónicos en el Nuevo Mundo se encuentran en el área de los indios Pueblo en el suroeste de los Estados Unidos. En Mesa Verde, en el suroeste de Colorado, y en Pueblo Bonito, en el cañón del Chaco al norte del centro de Nuevo México, fueron construidos edificios y grupos de ellos extraordinariamente bellos. Eran moradas para seres humanos y no para dioses. Es interesante reconocer que todavía se usan para habitación construcciones de este tipo, mientras que los imponentes templos del sur han sido abandonados y yacen en ruinas.

Escritura

La escritura, que es tan importante para la comunicación del pensamiento y el desarrollo del conocimiento científico, logró pocos progresos en el Nuevo Mundo. En todo el continente hay pinturas y tallados en rocas y acantilados que probablemente tratan de registrar algún suceso o recordar alguna experiencia en la mente del pintor o escultor. Ninguno de éstos se aproximan a la escritura. El único lugar donde se desarrolló la escritura fue en México y Guatemala. Los aztecas y los mayas tenían manuscritos en largas y angostas tiras de papel, dobladas para formar libros. Los sacerdotes españoles destruyeron todos los libros que pudieron debido a que en su mayor parte se referían a los rituales religiosos y la religión nativa que trataban de eliminar. Es difícil descifrar los códices; hasta ahora sólo pueden leerse en la escritura maya las fechas del sistema calendárico y los nombres de algunos lugares. Tenemos un mejor conocimiento de la escritura pictográfica azteca porque las autoridades españolas, para gobernar las colonias conquistadas, usaban el método nativo de escritura para computar listas de impuestos, etc. Estas solían copiarse en caracteres romanos tanto en náhuatl (el lenguaje de una gran parte del área conquistada) como en español.

No existía escritura en la región andina. Allí los funcionarios públicos, tales como recaudadores de impuestos y tomadores de censos, llevaban los registros por medio de *quipus*, una serie de cuerdas de colores con nudos para indicar valores numéricos. Los colores de las cuerdas tenían diferentes significados y solamente podían ser interpretados por el funcionario adiestrado.

Religión

Las actividades y creencias religiosas variaban ampliamente en el Nuevo Mundo. Naturalmente se debe esperar cierta diferenciación entre las expresiones religiosas de un pueblo con economía de caza y recolección y la de tipo agrícola y la de aquellos con una civilización completa, aun cuando la base económica sea todavía agrícola. En este último caso bien puede haber una distinción entre los rituales ceremoniales oficiales llevados a cabo por el sacerdocio y las creencias de los campesinos, aunque es más probable que la diferencia sea de grado más bien que de clase.

Una gran parte de la zona norte de América se caracterizaba en sus actividades religiosas por la búsqueda de un guardián o auxiliar sobrenatural, llamado generalmente el Espíritu Guardián. En una gran parte del área de las planicies el Espíritu Guardián era un objeto o ser bastante definido mientras que en el área occidental o en la costa noroeste la idea estaba conceptualizada de modo menos definido. La Búsqueda del Poder es el nombre que en esta área se suele aplicar a la experiencia, aunque con frecuencia eran objetos bastante específicos los que se convertían en fuente de poder y que así correspondían al Espíritu Guardián.

Los muchachos adolescentes, y a veces las muchachas, tenían que pasar por la experiencia de lograr una "visión" y el éxito o el fracaso de la búsqueda era la prueba de la presencia o falta de evidencia del interés y ayuda sobrenaturales. Cuando la experiencia se llevaba a cabo con éxito, era la prueba positiva o validación de la adquisición de la condición de adulto. Del mismo modo, cuando se planeaba cualquier acto distinto de las ordinarias actividades cotidianas, el individuo trataba de asegurar una visión como prueba de la ayuda sobrenatural y el éxito en el esfuerzo. Una incursión para obtener caballos, una campaña guerrera contra una partida enemiga tenían que validarse con una "visión" antes de que alguien pudiera asegurarse de reunir a los seguidores necesarios.

Varios métodos se usaban para asegurar un visión, pero la mayoría de ellos requerían que el individuo se expusiese a una solitaria y peligrosa vigilia en algún lugar aislado. En ese sitio, por medio del ayuno, la oración y a veces por el sacrificio de una parte de su cuerpo tal como la falange de un dedo, buscaba la ayuda de los seres sobrenaturales. En el área el cuatro era un número ritual; generalmente se requerían cuatro días para asegurar la visión. En la costa noroeste quien buscaba ayuda acostumbraba ir por la noche a las montañas o bosques donde nadaba en los arroyos de las montañas o formaba montículos de rocas, experiencias que a veces iban acompañadas de sueños en los que un animal u objeto particular se aparecía al soñador y se convertía en su guardían personal. A veces el poder parecía derivarse de la actitud osada en la que el individuo tenía que ir desarmado a un área peligrosa a causa de las bestias salvajes y posiblemente de enemigos humanos. Aquello era una demostración del valor y la calidad esperados en la edad adulta.

Entre las tribus de la costa noroeste del Canadá los espíritus eran un derecho de posesión y se heredaban como cualquier otra forma de propiedad de acuerdo con reglas estrictas gobernadas por la organización del parentesco.

Los yurok del noroeste de California tenían un elevado sentido de la propiedad y establecían con los seres sobrenaturales un contrato que ligaba con sus términos a ambos miembros.

Entre los Pueblo, indios agrícolas del sudoeste de los Estados Unidos, la actividad religiosa era comunal, a diferencia del carácter individualista de las que hemos descrito. Aquí las funciones religiosas estaban en manos de varios clanes y los cultos se llevaban a cabo de acuerdo con ciertos periodos del año solar. La principal preocupación de la religión de estos pueblos era promover el éxito de sus cosechas. Una gran parte de la actividad tenía que ver con la producción de lluvia que era tan indispensable para la agricultura en el árido país. El concepto de fertilidad predomina en sus pensamientos En esta actividad comunal vemos el desarrollo de una etapa algo más completa donde ciertos oficiantes especialmente preparados son responsables de la ejecución de los rituales religiosos que a su vez benefician a toda la comunidad. Sin embargo, los individuos de la comunidad no carecen de responsabilidad, ya que la violación de los tabúes impuestos durante los periodos de danzas religiosas pueden interferir con el éxito de las mismas funciones. Los rituales religiosos en esta área se llevan a cabo después de las preparaciones adecuadas en las plazas de los pueblos; los no participantes son meros espectadores o tienen, si acaso, una limitada participación. Los cultos son danzas rituales que todavía están muy cercanas al pueblo.

En las áreas de altas culturas de la América nuclear encontramos una gran elaboración de rituales y creencias religiosas. Aquí existe claramente 1) un calendario oficial de funciones rituales de naturaleza muy compleja y, 2) el nivel más simple de creencias y prácticas de los campesinos. La cultura de esta área se basaba en la agricultura de un tipo muy eficiente. Tenía que serlo para mantener a las grandes poblaciones y los grupos de gente comprometidos en la construcción de los templos y edificios públicos y en los servicios públicos y administrativos. Todas nuestras evidencias indican que la religión campesina era poco diferente de la que creemos que fue toda la del periodo arcaico, cuando era una religión sencilla preocupada principalmente con el éxito de la agricultura a un nivel muy simple y de naturaleza esencialmente mágica. Uno de los conceptos básicos de esta primitiva religión debe haber sido el de la renovación vital, reproducción y fertilidad, como se expresaba en las plantas de las que dependía la vida. Si bien los conceptos pasaban a través de la amplificación, redefinición y refinamiento con el desarrollo del sacerdocio y la división del trabajo derivada de la economía más rica, sin embargo estas ideas no son sino las ramas del árbol cuyas raíces se encuentran en los arcaicos rituales y creencias de la fertilidad.

Aunque existían diferencias en las diversas regiones de México, el periodo que mejor conocemos es el azteca o último. Los aztecas habían establecido su autoridad política sobre una vasta área desde el golfo de México hasta la frontera tarasca en el occidente y hasta el Istmo de Tehuantepec en el sur. En consecuencia, es de esperarse que algunos de los conceptos de los aztecas ganaran terreno entre los pueblos conquistados. Para ilustrar nuestro punto discutiremos brevemente algunas de las creencias y prácticas aztecas.

A riesgo de simplificar demasiado nuestro material, debe decirse que la religión azteca concebía el mundo como un campo de batalla entre pares de fuerzas conflictivas. El día, presidido por el sol, estaba en conflicto con la oscuridad de la noche. Cada noche el sol moría o era sacrificado para que el hombre venciera a la oscuridad y restaurara la luz donadora de vida. Cada mañana el sol renacía para hacer la vida nuevamente posible. Esta dicotomía de la vida o principio dual produjo un mundo de agudos contrastes. El mundo era negro y blanco, sin tonos grises. La arquitectura azteca refleja, por lo menos para este autor, la misma agudeza de definición. Su angularidad, precisión y organización parecen expresar en las piedras de las estructuras de sus templos esta misma disciplina y austeridad de tipo militar.

Había muchos dioses: el sol, el dios de la lluvia, el dios de la guerra y muchos otros. Los dioses, como los humanos, tenían que comer y eran alimentados por medio de sacrificios ofrecidos por servidores especialmente adiestrados: los sacerdotes. Así podía asegurarse el favor de los dioses. En tiempos toltecas, varios siglos antes de que los aztecas alcanzaran el poder, la idea del sacrificio había sido ampliada por los sacerdotes y definidos los conceptos concernientes a qué clase de ofrendas eran las más adecuadas para asegurar el favor de los dioses. Los sacerdotes aztecas desarrollaron aún más estas ideas. El sol tenía que ser alimentado con las cualidades vitales del hombre, y éstas residían en el corazón. Por lo tanto el sacrificio humano llegó a tener una parte extremadamente importante en la religión azteca. El sol se alimentaba con el corazón de la víctima sacrificada. También se ofrecían vidas humanas a los otros dioses como el sacrificio más valioso que podía hacerse.

Los cultos de la religión oficial tenían lugar en las plazas del templo y frente a los santuarios del templo en la cima de la pirámide, igual que dentro de los santuarios. Muchas de estas ceremonias eran de naturaleza altamente dramática y cada paso del ritual llevaba irresistiblemente al sacrificio en la plataforma situada al extremo de la larga escalinata del templo. La gente común no participaba en estos rituales pero, por supuesto, se percataba de ellos. Era una actividad para gente adiestrada y preparada especialmente, cuyas acciones eran llevadas a cabo para beneficio de todo el pueblo.

No todos los rituales tenían la misma importancia, ni todos eran de naturaleza social. Por ejemplo, un hombre de negocios que viajara a otra región con fines comerciales podía ofrecer un esclavo en sacrificio para asegurar el éxito de su proyecto. Sin embargo, aunque éste era un acto individual, estaba dentro del marco de las exigencias de la comunidad, ya que era un sacerdote quien hacía el sacrificio y éste era valioso en términos del sistema de valores establecido en la comunidad.

La víctima del sacrificio se convertía en un dios y los sacerdotes e individuos que hacían el ofrecimiento comían ceremonialmente partes del cuerpo de la víctima para compartir su carácter divino, un concepto verdaderamente sacramental.

Los templos se construían sobre plataformas hechas de escombros o adobe que en un principio eran a veces bastante pequeñas. Cuando se introducía un nuevo dios para remplazar a uno anterior, usualmente se le honraba con un templo construido sobre el de la deidad que había desplazado. El templo y la pirámide anteriores no eran destruidos, sino que simplemente servían de base para un edificio de mayor tamaño. En la época azteca las creencias religiosas determinaban que al final de cada ciclo de 52 años debía ser destruida la vida vieja e iniciarse un nuevo ciclo, por lo menos simbólicamente. Esto significaba que debían extinguirse todos los fuegos, destruirse toda la cerámica de uso doméstico y demás, y que todos los templos habrían de ser agrandados o renovados. Los sacerdotes encendían nuevamente el fuego y lo distribuían después entre la gente. Se fabricaban nuevos artículos para uso doméstico. Se construían nuevos templos sobre los antiguos. Las excavaciones hechas por los arqueólogos mexicanos han demostrado claramente la secuencia de construcción de templos.

El sistema calendárico de los aztecas estaba estrechamente relacionado con las ceremonias religiosas a lo largo del año. Los rituales pretendían influir en la naturaleza y beneficiar a la comunidad por medio de sus efectos sobre las cosechas y tenían que ser oficiados en momentos determinados del ciclo anual; así, el calendario servía como guía y prescripción para la ejecución de los rituales de los que dependía el bienestar de la comunidad. También la guerra estaba integrada en el sistema de creencias centradas en la religión. Algunas actividades guerreras tenían como único propósito la captura de prisioneros que ofrecer en sacrificio. Aun cuando el objetivo fueran las conquistas, era preferible tomar prisioneros a los enemigos para ofrecerlos más tarde en sacrificio, que matarlos en combate.

Esta breve descripción de algunos aspectos de la religión azteca sirve para dos propósitos: primero, ofrecer una breve introducción a la misma, y segundo, mostrar cómo un sistema de valores con ciertos conceptos dominantes o integradores organiza la trama de la vida de un pueblo.

En la región maya encontramos nuevamente la gran dependencia de la religión en la agricultura, especialmente en el maíz como concepto principal. También aquí tenemos la distinción entre una religión oficial y la de los campesinos, la estrecha asociación con los logros arquitectónicos y con el calendario para guiar las funciones rituales. Igual que en la región mexicana, los templos y objetos asociados, como la cerámica ceremonial, ofrecían el medio para un gran desarrollo en el arte del pintor y el escultor. La vida entre los mayas dependía del éxito de los esfuerzos de los agricultores, como seguramente era el caso entre los aztecas. Sin embargo, aquí encontramos que de algún modo se desarrolló una civilización mucho más genial. El desarrollo del sistema jeroglífico de escritura con el calendario ofreció tanto un estímulo como un reto al artista de la piedra. El uso de plumas y diseños florales proporcionó una libertad fuera de las formas convencionales de máscaras y otros objetos rituales. En los templos sobre plataformas en Palenque y Piedras Negras, el arte de la escultura alcanzó quizás su punto más elevado en el Nuevo Mundo, y estuvo al servicio de la religión. Con la entrada de la influencia tolteca en el norte de Yucatán en el siglo XIII, encontramos la introducción de las ideas religiosas del centro de México, llevadas y desarrolladas por los refugiados y sus descendientes del gran centro cultural de Tula cuando éste fue destruido por los chichimecas unos dos siglos antes.

En Chichén Itzá no solamente encontramos rasgos arquitectónicos de origen tolteca, sino también el sacrificio humano en una escala enteramente ajena a su limitada práctica entre los mayas. En la misma época aproximadamente a cien kilómetros de distancia, no encontramos en Uxmal influencia tolteca, sino que todo el ambiente es maya, con el interés puesto en la adoración de seres útiles para la agricultura, y con sus logros arquitectónicos en una etapa de desarrollo inigualado en el Nuevo Mundo. La equilibrada arquitectura con sus simbolismos religiosos y el soberbio Palacio del Gobernador indican un bien definido sistema de valores y una capacidad casi única para expresarlo en forma arquitectónica.

En el Perú la religión oficial se ciñó mucho más a la forma original de una religión naturista que lo que fue el caso con los aztecas. Sin embargo, el desarrollo de una sociedad clasista y un Estado autocrático llevaron consigo la necesidad de una elaboración apropiada de los conceptos religiosos para explicar y justificar el sistema socio-político. En los tiempos incas, se suponía que el Inca, que era jefe de Estado, descendía del sol. El sol era adorado y sus descendientes compartían la divinidad de su origen. Los sacrificios humanos eran en sumo grado poco comunes, comparativamente. La llama era el principal animal de sacrificio.

Había un sacerdocio para llevar a cabo los ritos oficiales del Estado. En todo el año había elaboradas ceremonias, mes por mes, en las cuales el Inca tomaba parte ya fuera en persona o simbólicamente a través de su representante sacerdotal, indicando así la preocupación de todo el Estado por los rituales. Éstos eran para asegurar una cosecha óptima y la cosecha era seguida por ceremonias celebradas en acción de gracias. En estos rituales de siembra y cosecha había una gran participación del pueblo.

En toda la compleja vida de los peruanos, la religión no parece haber tenido la misma importancia que entre los mayas y los mexicanos. Como ya se ha señalado, entre los pueblos mesoamericanos el concepto de la vida estaba determinado por un gran número de seres o fuerzas sobrenaturales cuyo favor había que ganar o cuya hostilidad alejar, y en consecuencia, también lo determinaba la elaborada serie de rituales y conceptos religiosos desarrollados para asegurar el bienestar de la comunidad. En el Perú, por otra parte, el pensamiento estaba orientado en gran parte hacia una fuerte organización política y económica en la que el bienestar del Estado dependía en alto grado del mismo pueblo; la religión desempeñaba un papel esencial, pero menor.

Organización política

El único verdadero Estado político que llegó a desarrollarse en el Nuevo Mundo fue el de los incas del Perú. Los aztecas nunca fueron más allá de la idea de una relativa unidad de tribus conquistadas basadas en la ambición de poder y tributos. Así, cuando los españoles los atacaron, fue bastante fácil obtener aliados de los pueblos vasallos que odiaban a sus conquistadores.

Los incas, por otra parte, desarrollaron una forma muy satisfactoria de gobierno y extendieron su Estado a lo largo de los Andes y de la costa del norte de Chile hasta el Ecuador. Si podemos decir que el Estado Inca tenía solamente una idea dominante en su organización, ésta era producir una vida económica eficiente y seguridad social para todos. Los gobernantes extendieron progresivamente su poder e incorporaron a los pueblos conquistados al Reino Inca como miembros con todos sus derechos. Explicaron sus guerras como un esfuerzo para llevar los beneficios de la civilización inca a los menos afortunados que carecían de ella, una justificación común de los Estados agresores poderosos de todos los tiempos.

El gobierno inca extendió a todo el Estado el uso del lenguaje quechua, lenguaje del grupo gobernante. Se construyeron caminos para acelerar la comunicación y ayudar en la administración. Se levantaban cuidadosos censos de la población y se llevaban estadísticas vitales. Los impuestos se pagaban en forma de trabajo en los campos del Estado o en almacenes de alimentos de tal modo que en épocas de necesidad se podía enviar provisiones de los almacenes públicos para aliviar las carencias locales. El Estado Inca, organizado para proporcionar seguridad económica a su pueblo, finalmente se sobrepasó a sí mismo, extendiendo sus fronteras más allá de su capacidad de control, y los españoles encontraron en los pueblos insatisfechos aliados dispuestos para terminar con el poder inca.

Retrospección y resumen

En esta breve revisión de los pueblos y culturas del Nuevo Mundo hemos tratado de presentarlos en términos de desarrollos y adaptaciones funcionales a los *habitat*. En nuestra discusión hemos tenido que escoger entre el vasto cuerpo de información que describe la vida de los pueblos del Nuevo Mundo. Tratamos de tomar aquellos elementos que nos parecieron más importantes, aunque otro autor bien pudiera haber escogido otros asuntos para discusión. No todos los temas fueron estudiados con el mismo grado de atención, ya que no todos tienen la misma importancia. La cerámica se discutió con cierta amplitud por su utilidad para el arqueólogo y debido a su importancia en los desarrollos tecnológicos y estéticos de la vida de un pueblo. La religión, del mismo modo, se discutió con detalle para ilustrar el tipo individual de actividad, la expresión comunal y finalmente el tipo complejo de una religión oficial con un sacerdocio organizado asociado con un sistema de clases. Además, la religión, con su definición del mundo y la parte que tiene el hombre en él, tiene gran importancia para entender una cultura, porque esto sólo puede hacerse si podemos ver el sistema de valores que define la vida de la gente, sus creencias y las acciones resultantes.

Se pueden sacar algunas inferencias de nuestra discusión y ser más explícitos. Es claro que mientras más simple sea la cultura de un pueblo, éste estará más cerca al patrón ecológico del cual participa su vida.

Con el mejoramiento de la economía, al pasar de la recolección a la producción de alimentos, los hombres llegan a una posición en la que son capaces de explotar el medio ambiente en un grado mayor. Una necesidad de cualquier cultura compleja es un abasto adecuado de alimentos para producir un excedente económico que a su vez hace posible un alto grado de división del trabajo con desarrollo en los oficios y las artes. La historia del Nuevo Mundo es como la del Viejo, donde a partir de una base relativamente indiferenciada de economías simples, por una razón u otra se desarrollaron centros en los que ocurrieron cambios con bastante rapidez de acuerdo con diferentes patrones preferidos y las diferenciaciones regionales seguidas en la cultura. Después ocurrió el intercambio tanto de objetos materiales como de ideas y se rompió en algo el regionalismo, pero no completamente. Si de este regionalismo surgieron rivalidades guerreras, a menos de que fueran detenidas, el desarrollo de la civilización tendió a derrumbarse como lo muestra la historia maya. Si un solo poder destaca, como los aztecas o los incas, los patrones de este grupo dominante tienden a establecer una uniformidad y son menos marcadas las diferencias regionales. A través de los años la cultura cambió por innovación y difusión de los centros más avanzados a las áreas más distantes.

Se necesita subrayar otro punto: que ninguna cultura desarrolla jamás todas sus partes con el mismo grado de eficiencia. Nuestra discusión ha ilustrado este importante punto general acerca de las culturas, un punto que se aplica tan verazmente a nosotros como a aquellas que hemos discutido.

Una pregunta que nos gustaría responder, pero que no podemos hacerlo ahora ni tal vez nunca, es cuáles fueron las fuerzas que produjeron el desarrollo de las culturas complejas o civilizaciones, como algunos prefieren llamarlas, a partir del simple tipo agrícola. La eficiencia económica, la organización política, las habilidades y conocimientos altamente desarrollados, son todos reflejos de ese avance y no una explicación de cómo tuvo lugar. El arqueólogo trata principalmente con los desnudos huesos de la historia, no con la vida palpitante de los organismos vivientes. Él nunca desentierra las ideas, esperanzas y aspiraciones de un pueblo. En la historia del desarrollo son sin duda las ideas las que establecen la diferencia, pero probablemente estén para siempre, por desgracia, más allá del alcance de las herramientas del arqueólogo.

Por medio del estudio de las sociedades vivientes que representan tan cercanamente como es posible aquellas cuyos restos fragmentarios ha desenterrado, el arqueólogo trata de vestir los huesos desnudos con carne y recrear la sociedad viviente y el pueblo que la formaba y cuya vida, largo tiempo desaparecida, ahora intenta comprender.

BIBLIOGRAFÍA

American Commission of Stratigraphic Nomenclature, "Code of Stratigraphic Nomenclature", *Bulletin of the American Association of Petroleum Geologists*, vol. 45, núm. 5 (1961), pp. 645-655.

Curray, Joseph R.
    "Late Quaternary History, Continental Shelves of the United States", *The Quaternary of the United States*, H. E. Wright y David G. Frey (eds.), Princeton University Press, Princeton, 1965, pp. 723-733.

HOPKINS, DAVID M. (ed.)
   The Bering Land Bridge, Stanford University Press, Stanford, 1967.

LE GROS CLARK, SIR WILFRID E., F.R.S.
   The Foundations of Human Evolution, Cursos Condon, Oregon State System of
   Higher Education, Eugene, 1959.

STALKER, A. MacS.
   "Geology and Age of the Early Man Site at Taber, Alberta", American Antiquity,
   34 (1969), pp. 425-428.

VII. La naturaleza de la cultura

E. Adamson Hoebel

¿Qué es cultura?

Los seres humanos son únicos entre todas las criaturas del reino animal por su capacidad para crear y sustentar cultura. Cada sociedad de hombres posee su propia cultura distintiva, de tal modo que los miembros de una sociedad se comportan de modo diferente en algunos aspectos importantes que los miembros de cualquier otra sociedad. Observamos, por ejemplo, que un habitante de las islas Andaman del océano Índico llora con profusión ceremonial cuando da la bienvenida a un amigo o pariente después de una larga ausencia; un francés besa a su camarada en ambas mejillas; mientras que nosotros nos conformamos con asir su mano derecha para agitarla con un movimiento de bombeo.

La situación es la misma en cada uno de estos casos, como es la función social de la conducta; esto es, acentuar y reconstituir el nexo especial que existe entre las dos personas. Pero las culturas del isleño de las Andaman, el francés y el norteamericano requieren y producen diferentes modos de acción.

Éste no es sino un solo aspecto de un patrón cultural. Sin embargo, la cultura es algo más que una colección de simples fracciones aisladas de conducta. Es la suma total integrada de rasgos de conducta aprendida que son manifestados y compartidos por los miembros de una sociedad.[1]

El factor de conducta aprendida tiene importancia fundamental. Es esencial al concepto de cultura que sean eliminados los instintos, reflejos innatos y cualquier otra forma de conducta biológicamente heredada. La cultura es, por tanto, un resultado total de la invención social, y debe considerarse como una herencia social, ya que se trasmite por precepto a cada nueva generación. Además, está salvaguardada continuamente por el castigo a aquellos miembros de una sociedad que rehusan seguir los patrones de conducta que han sido establecidos para ellos en la cultura.

No deben confundirse la vida social como tal y los procesos cultu-

[1] En el capítulo XI puede encontrarse una definición de cultura desde otro punto de vista.

[231]

rales. Además del hombre, hay muchos animales que experimentan la vida social y aun poseen organización social. La compleja estructura de una sociedad de hormigas revela una sorprendente división del trabajo entre la reina, las obreras, las guerreras y los zánganos. La ingeniosa explotación de afidios cautivos como recurso alimenticio entre algunas especies de hormigas añade una población auxiliar a su organización social. Sin embargo, a pesar de toda su complejidad, la organización social de una sociedad de hormigas no reside en la cultura sino en el instinto. Hasta donde podemos decir, no hay trasmisión de la conducta a través del aprendizaje. Un conjunto de huevos de hormiga, propiamente incubados sin la presencia de ninguna hormiga adulta, producirá un grupo de hormigas que al llegar a la madurez repetirán en todo detalle toda la conducta de las miriadas de generaciones de la especie que las precedieron.

¿Ocurriría lo mismo si un conjunto de bebés humanos fueran aislados de toda supervisión, cuidado y adiestramiento por parte de los adultos? Asumiendo que pudieran sobrevivir, lo que ciertamente no ocurriría, no podríamos esperar que manifestaran ninguno de los rasgos especiales de conducta que caracterizaron a sus padres. Estarían desprovistos de lenguaje, herramientas complicadas, utensilios, fuego, artes, religión, gobierno, y todos los otros aspectos de la vida que distinguen al hombre entre los animales. Podrían comer y beber, y cuando adultos se aparearían, y presumiblemente encontrarían abrigo, ya que éstas serían respuestas directas a impulsos biológicos básicos. Su conducta sería instintiva y, en gran medida, fortuita. Pero lo que ellos comieran y como lo comieran no estaría de acuerdo con los gustos y paladares especializados de los hombres como los conocemos ahora. Ni buscarían pareja conforme a las reglas limitadoras y canalizadoras que dan a cada sociedad humana sus características sexuales presentes. Abandonados solamente a sus propios recursos instivos, las crías de los hombres aparecerían como frutos subdesarrollados, aunque es probable que pronto uniformarían su conducta de acuerdo con lo que uno u otro hubiera descubierto. Pronto tomaría forma una cultura rudimentaria. Las respuestas específicas a los impulsos generalizados del instinto rápidamente vendrían a ser los patrones específicos de cultura.

La capacidad humana para la cultura es una consecuencia del complejo y plástico sistema nervioso del hombre. Éste permite al hombre hacer ajustes en la conducta sin pasar por una modificación biológica de su organismo. Hasta este momento es el producto final de todo el proceso de evolución orgánica e inorgánica que se ha movido en la dirección de la creciente complejidad del organismo, incluyendo el sistema nervioso. Solamente en el hombre el sistema nervioso ha alcanzado la etapa de complejidad y adaptabilidad necesarias para hacer posible la creación y mantenimiento de la cultura por medio de un raciocinio complejo, la posesión de un amplio lapso de memoria para los detalles, y el uso de símbolos verbales: el lenguaje.

Sería un error nacido de la autoadulación si pensáramos que debajo del nivel del hombre no ocurren trazas de la capacidad creadora de la cultura. Nuestros parientes cercanos en la familia de los primates son capaces de inventar nuevas formas de conducta en la solución de algunos de los problemas más simples que les han planteado los psicólogos que experimentan con la conducta animal. Aparentemente esos animales también pueden razonar en niveles muy elementales. Los famosos experimentos de Wolfgang Kohler demostraron por primera vez el ingenio e inteligencia de los chimpancés para unir bastones, apilar cajas y abrir cerrojos para poder llegar a sus objetivos, que generalmente eran bananas. Además, ya se ha establecido perfectamente que los chimpancés pueden aprender de otros y entre sí los nuevos descubrimientos e invenciones de uno de los miembros del grupo. La trasmisión del descubrimiento se extiende por imitación. Un nuevo y aprendido patrón de conducta es temporalmente compartido por la sociedad de chimpancés. Es éste un elemento de cultura naciente.

Después de la segunda Guerra Mundial se han hecho en Japón estudios de colonias semi salvajes de monos (*Macaca fuscata*) que han demostrado más convincentemente las capacidades culturales de los primates no humanos. Los monos de una cañada tenían la costumbre de rascar la tierra para alcanzar ciertas raíces comestibles. Los de otra región carecían totalmente de este hábito. Pero lo que es más significativo, se había observado y documentado cuidadosamente la introducción y adopción de nuevos gustos alimenticios. Cuando se introdujo por primera vez el dulce en el medio ambiente, los pequeños de dos y tres años fueron los primeros en probarlo experimentalmente. Las madres aprendieron de sus retoños a comer el dulce. Después los machos adultos copiaron a las hembras. Pero los machos jóvenes que no querían tener nada que ver con los pequeños, fueron los últimos en adoptarlo, y algunos no lo hicieron nunca. Realmente parecía operar un "factor de prestigio", ya que cuando en otra colonia un macho adulto introdujo por primera vez la práctica de comer trigo, su ejemplo fue seguido por el macho "jefe" del grupo. De él pasó a la hembra dominante, que a su vez lo trasmitió a sus propias crías. ¡En cuatro horas, el trigo había sido probado y aceptado por toda la banda!

Sin embargo ni los chimpancés ni ningún otro primate subhumano son capaces de algo más que los descubrimientos e invenciones más rudimentarios. Están en desventaja por el limitado alcance de su memoria. A menos que estén constantemente redirigidos por sus amos humanos, pronto abandonan y olvidan sus nuevas actividades que se desvanecen como modas pasajeras. Está más allá de su capacidad la acumulación de invenciones para construir un cuerpo permanente de materiales de cultura. De importancia todavía mayor, sin embargo, es la incapacidad de todas las formas subhumanas para desarrollar un lenguaje. El legado cultural es fraseado en el pensamiento —lenguaje subvocal— y se trasmite por medio de palabras orales. A menudo se dice sin mucha exageración que la cultura existe a través de la comunicación. La falta de una comunicación desarrollada impide para siempre el acceso a una cultura verdadera a todos los animales sin habla.

En el mundo natural, la cultura es un tipo distinto de fenómenos, que representa el nivel más elevado de surgimiento evolutivo. En la terminología de Herbert Spencer y A. L. Kroeber se le llama nivel *superorgánico* Descansa en el mecanismo físico orgánico del hombre y emerge del mismo, pero no está en la estructura orgánica del hombre. La cultura que cualquier individuo adquiere existe ya antes de su nacimiento y persiste después de su muerte. Los individuos y los grupos son portadores y creadores de la cultura, pero ésta tiene una calidad de anonimato en cuanto a que es supraindividual.

Niveles de fenómenos naturales y sus ciencias respectivas[2]

Nivel del fenómeno	Tipo de fenómeno	Jerarquía de ciencias
IV. Supraorgánico	Cultura	Antropología, sociología, psicología social, ciencias políticas, economía (historia)
III. Orgánico psíquico	Animales conscientes con sistemas nerviosos altamente desarrollados	Psicología y neurología, antropología física
II. Orgánico vital	Protozoos, metazoos (plantas y animales)	Química orgánica, zoología, biología, anatomía, fisiología, biofísica
I. Inorgánico	La tierra y la materia cósmica	Química inorgánica, física, geología, astronomía

    [2] Adoptado y modificado de *Los principios de la sociología* (1878), Herbert Spencer, vol. I, pp. 2-16; A. L. Kroeber, "The Superorganic", Amer. Anthrop., vol. 19, 1917, pp. 163-213.

A menudo se deja ambigua la relación de la cultura con la sociedad, aunque no es difícil distinguir entre las dos. Una sociedad puede ser cualquier agregado animal, que se mantiene junto como un grupo de interacción y entre los miembros del cual existe una conciencia de pertenecerse mutuamente, la "conciencia de clase". Un rebaño de caballos salvajes bajo la dirección de un garañón dominante es una sociedad. También lo es la parvada de palomas que vuelan juntas, y que se organizan en nidos de parejas.

Una sociedad humana es también un agregado animal con esas mismas cualidades. Sin embargo, en el caso de los seres humanos casi todas las interrelaciones sociales están dominadas por la cultura existente. No conocemos ningún grupo de hombres sin cultura. Por lo tanto, una sociedad humana es más que un simple agregado que expresa cultura instintiva. Una sociedad humana es una población permanentemente organizada que actúa de acuerdo con su cultura. Sociedad humana = población + cultura.

En su sentido más pleno, la cultura es una serie de patrones integrados de conducta desarrollados a partir de los hábitos de las masas. Pero aun cuando un grupo de gente puede haber llegado a hábitos tales, y éste es un tema de capítulos posteriores, una vez establecidos los hábitos tienden a proyectarse en la conducta futura. El modo habitual señala el patrón para la acción futura.

Estadísticamente, un hábito de masas puede ser llamado norma de conducta. Una norma será aquel tipo de conducta que ocurre con la mayor frecuencia (el modo) entre las formas variables, o puede ser aquel tipo que está más cerca al promedio (la media) entre las variables, o puede representar el punto medio (la mediana) entre los polos extremos del rango de variación.

En la vida social las normas, que son patrones culturales, toman un aspecto compulsivo o normativo. Las normas como tales consisten meramente en lo que se hace. Lo normativo consiste de un elemento adicional de *tiene que ser*. Los patrones *de* conducta se convierten en patrones *para* la conducta. "La costumbre *(folkways)* —escribía William Graham Sumner— es el camino 'recto'." Las desviaciones son mal vistas y son socialmente desanimadas. El conformismo es alentado y recompensado. Cada vez que un nuevo individuo nace dentro del grupo o entra al mismo es sometido al proceso de enseñanza infantil o adoctrinamiento llamado ahora *aculturación*. A lo largo de la vida las sanciones negativas y disuasivas de la sociedad (desprecio, ridículo, ostracismo, privación y castigo) sirven para desanimar y corregir la desviación, y las sanciones positivas de aprobación (recompensas y prestigio) sirven para inducir la conformidad hacia las normas. Los individuos son formados con mayor o menor uniformidad en el molde común. Hay una cantidad módica de estandarización para cada uno.

No todas las normas se aplican a todos los miembros de una sociedad. La cultura no se extiende regularmente sobre la masa social. Aquellas normas que se aplican a todos los miembros de la sociedad y de las cuales no hay desviación permisible reciben el nombre de *universales*. Un ejemplo sería la prohibición del incesto. Todas las personas deben abstenerse de tener relaciones sexuales con hermano, hermana, padres o hijos en la mayoría de las sociedades. Las normas universales son relativamente raras dentro de una cultura dada.

Mucho más numerosas son las normas conocidas como *alternativas*: los patrones existentes donde varias normas diferentes se aplican a la misma situación. Se dispone de un rango permisible de margen y elección. Se pueden exigir corbatas, pero puede eligirse entre corbatas de nudo o de moños, de colores, blancas o negras. Debe cocinarse la carne, pero el individuo puede escoger entre hornearla, hervirla, asarla o freírla, y la puede comer semi cruda, término medio, bien cocida, sazonada o sin sazonar.

Ninguna sociedad es totalmente homogénea. Es universal la diferenciación basada en sexo y edad. Hay distintos patrones de conducta para hombres y mujeres y para jóvenes y adultos. Algunos de esos factores están biológicamente determinados y otro no. En todo el mundo hay diferenciación social entre personas casadas y solteras, y todas las sociedades tienen sus especialistas religiosos. Esto significa que en toda sociedad hay subagrupamientos internos. Cada uno de esos grupos tiene sus propias características de conducta que son aplicables solamente a sus miembros. Tales normas son conocidas como *especiales*.

Las normas especiales de un grupo pueden ser conocidas por los otros miembros de la sociedad y sin embargo no ser aplicadas por ellos, porque no son patrones para su conducta. Muchos norteamericanos adultos conocen el saludo de los Boy Scouts, ya que alguna vez fueron miembros de esa organización, pero no lo usan como forma de salutación una vez que han dejado atrás esas actividades. En una sociedad compleja, sin embargo, la mayoría de las normas especiales permanecen desconocidas para una mayor parte de la gente. Esto puede obedecer a que requieren aptitudes únicas o un riguroso curso de adiestramiento emprendido solamente por unos cuantos; o puede ocurrir que las normas especiales constituyan un conocimiento secreto y oculto de unos cuantos, conservado dentro de su círculo cerrado por los beneficios que pudieran derivarse de su condición secreta. El resultado es que ningún individuo podrá jamás adquirir o manifestar en sí mismo todos los elementos de la cultura de su sociedad. Significa, también, que ningún antropólogo, aun el más asiduo, puede tomar nota, por no hablar de un registro, de todos los aspectos de una cultura, aun de la más simple conocida por el hombre.

Esto nos proporciona la respuesta a la pregunta que con frecuencia se hace: ¿Cómo podemos hablar de una cultura norteamericana cuando hay tantas divergencias entre las culturas de la ciudad de Nueva York y las montañas de Kentucky? ¿Y entre la de los italianos de la parte baja de Manhattan y la de los escandinavos de Minnesota? Las normas universales y alternativas compartidas por la mayoría de los norteamericanos son los elementos comunes de unión e integración de la sociedad y cultura norteamericana. Las normas especiales de los diferentes grupos regionales y clases socioeconómicas son meramente elementos de diferenciación. Aun dentro de una sociedad bastante homogénea, sin embargo, habrá normas especiales en conexión con la organización de subgrupos. Los hombres tienen que desempeñar un conjunto de funciones y las mujeres otro. Los hombres casados se comportan de modo diferente que los solteros, y los que son padres, de distinta manera que los que no tienen hijos. Los adolescentes no iniciados tienen diferentes normas de aquellos que ya han pasado a ser considerados como adultos. Los médicos-brujos tienen patrones desconocidos para los hombres comunes.

La cohesión de una sociedad es, en parte, efecto de la relativa proporción entre las normas universales y alternativas con respecto a las especiales.

Para regresar a nuestra consideración de normas y el aspecto normativo de las mismas se debe tener en cuenta la diferencia entre conducta ideal y conducta real. Siempre hay alguna diferencia entre lo que alguien dice y lo que hace, o entre lo que se piensa que debe hacerse y lo que se hace realmente. No debemos olvidar el viejo dicho, "Hablas en voz tan alta que no puedo escuchar lo que dices". Hay un conflicto inevitable entre los estándares o ideales establecidos en una cultura para el control de la conducta de las personas como miembros del grupo social y los impulsos individuales errantes. Los estándares culturales son seleccionados y probados en general, en términos de beneficios y bienestar para el grupo. Requieren la canalización y supresión de muchas posibles líneas de satisfacción de los impulsos individuales.

Dado que toda persona es al mismo tiempo un individuo y un miembro del grupo, se debate constantemente con el conflicto de su propio interés individual confrontado con sus obligaciones para los intereses del grupo. Sucede así que los miembros de una sociedad, cuando piensan y actúan como miembros del grupo, expresan los estándares culturales del grupo. Pero cuando actúan en respuesta a deseos individuales dominantes, pueden contravenir constantemente esos estándares de grupo. Pueden entonces crear en su cultura normas habituales para violar los estándares culturales.

Un notable ejemplo se encuentra en la conducta de los habitantes de las islas Trobriand con respecto al incesto. Está prohibido el incesto de clan y se cree que su comisión será castigada sobrenaturalmente mediante la imposición de repugnantes enfermedades y posiblemente la muerte. Los trobriandeses con toda seriedad "se muestran horrorizados ante la idea de violar las leyes de la exogamia... cuando juzgan la conducta de otros o expresan una opinión acerca de la conducta en general". Sin embargo, la práctica del incesto de clan es el juego predilecto de los isleños trobriandeses. Es una costumbre que gratifica los deseos individuales en desafío a sus estándares más altamente estimados. Lo más asombroso es el conjunto altamente desarrollado de técnicas habituales para desviar los efectos automáticos de reacción sobrenatural. Los nativos poseen un sistema de conjuros y ritos mágicos oficiados sobre agua, yerbas y piedras, que cuando se llevan a cabo adecuadamente se dice que son completamente eficientes para evitar los dolorosos resultados sobrenaturales del incesto de clan. Es tan fuerte la aceptación de dicha conducta real, que aun cuando sean conocidas las actividades incestuosas de una pareja, no hay reacción social fuera de algunos escandalizados comentarios por el desorden, a menos que alguien por motivos de antagonismo personal denuncie públicamente a los incestuosos. Solamente entonces se inquieta el cuerpo político, ya que ese acto estimula la defensa pública de los estándares del grupo. Es entonces cuando el incestuoso comete suicidio, culpando por su muerte a quien lo denunciara públicamente, una responsabilidad que causa considerables molestias a aquel benefactor público.

Los indios comanches de las planicies nos ofrecen otro ejemplo de incongruencia social semejante. Su patrón ideal de matrimonio es uno en el cual un hermano da en matrimonio a su hermana a un hombre que elige él y no ella. El novio es usualmente un hombre de edad mayor. Se supone que la muchacha acepta el compromiso y aprende a amar y a respetar a su esposo. Todos los comanches afirman sabiamente que éste es el mejor tipo de matrimonio y el más satisfactorio en sus resultados. Sin embargo, en los viejos tiempos era algo común que una joven esposa se evadiera uniéndose a algún entusiasta guerrero joven que marchara al combate. Los miembros del grupo guerrero nunca objetaban su presencia, por el contrario ayudaban a escapar a la pareja. Aquí había un patrón habitual de asistencia de grupo para violar los estándares culturales y las leyes tribales comanches. Porque era una ley, ya que el esposo ofendido estaba obligado por la opinión pública a demandar por daños al raptor de su esposa y a castigar físicamente a ésta, a menos que el ladrón de la esposa fuera lo suficientemente poderoso para protegerla.

En estos ejemplos vemos la existencia de "reglas supuestas": estándares que son honrados de palabra, pero violados en la conducta habitual. El estado de Oklahoma durante la Ley Seca nos da un ejemplo norteamericano contemporáneo de lo que fue una demostración nacional de una situación semejante en los días de la prohibición federal de las bebidas alcohólicas.

Esto establece la diferencia entre la cultura real, lo que la gente hace realmente, y la cultura ideal, lo que dice (y cree) que debiera hacer. Consciente de esta disparidad, ningún antropólogo moderno bien adiestrado estará dispuesto a aceptar la palabra de la gente como evidencia plena de su cultura real. Debe observar personalmente su actividad, insistir en estudiar casos particulares.

Hay todavía otro aspecto de esta fase de la cultura que puede ser calificada en términos de conducta abierta y cubierta. La conducta abierta es la que se manifiesta en actividad motriz. Se externa a través de movimientos y acciones musculares que pueden ser observados directamente. La conducta cubierta es la que tiene lugar internamente: el pensamiento, el sueño y la actividad de órganos y glándulas internos.

El registro de las impresiones sensoriales en la recepción consciente está definitivamente influido y a menudo determinado por la cultura. La aguda visión de los indios de las planicies no es el resultado de una superioridad en la agudeza visual real. Obedece a su habilidad aprendida para leer el significado en el modo como se mueve un animal o un jinete, la clase de polvo que levanta y la disposición del terreno.

Viene al caso la moraleja de la historia del campesino y el grillo. Mientras caminaba por una concurrida calle citadina un campesino tomó del brazo a su amigo criado en la ciudad, exclamando. "¡Escucha el canto del grillo!" El hombre de la ciudad no escuchó nada hasta que su bucólico amigo lo llevó hasta una grieta en la fachada de un edificio donde un grillo pregonaba su presencia sin que fuera escuchado por las multitudes que pasaban.

"¿Cómo puedes escuchar un sonido tan débil en medio de todo este ruido?" —preguntó asombrado el hombre de la ciudad.

"¡Observa!" —replicó su amigo mientras dejaba caer una moneda sobre la acera. Una docena de personas se volvieron al escuchar el tenue sonido de la moneda. "Depende de las cosas en las que te han enseñado a interesarte."

La cultura cubierta de un pueblo lo fuerza a percibir algunos hechos y a dejar de percibir otros. Los habitantes de las islas Trobriand no pueden reconocer ninguna similitud fisiológica entre el padre y los hijos. Nosotros buscamos y con frecuencia vemos parecidos que en realidad son dudosos. Sentimos que deben existir esos parecidos. Los trobriandeses sienten que no debe existir ningún parecido, porque su sociedad es matriarcal y en ella es el hermano de la madre y no el padre quien tiene la posición social importante con respecto a los niños, y al negar la importancia del padre los trobriandeses se apegan a sus creencias en la concepción espiritual de la progenie. El reconocimiento de semejanzas filiales pudiera insinuar la falsedad de la doctrina de la concepción sobrenatural y minar una institución sagrada trobriandesa. Sería una implicación subversiva la suposición de que el padre estuviera conectado biológicamente con la creación de sus hijos. El poder de la cultura cubierta es suficiente para embotar en este punto los sentidos perceptivos de los trobriandeses.

Este fenómeno nos es familiar en nuestra propia vida social. Sabemos lo difícil que es ver aquellos hechos que pueden inquietar nuestras creencias arraigadas.

La cultura cubierta controla la percepción, porque establece actitudes y creencias. Éstas pueden traducirse en acción abierta, pero no necesariamente ni en forma directa. Puede haber conflictos de estándares en la cultura cubierta que permitan que solamente uno de aquellos pueda traducirse en acción. También las actitudes pueden verbalizarse en expresión abierta sin alcanzar realización en la conducta plena.

Los antropólogos también distinguen entre cultura *material* y *no material*. La cultura material es siempre el producto directo de la acción abierta. Consiste en bienes tangibles: los artefactos y arreos que posee un pueblo como producto de la tecnología. La cultura no material consiste en la conducta en sí, tanto abierta como cubierta. Estrictamente hablando, la cultura material en realidad no es cultura: es el producto de la actividad culturalmente determinada. Tras de cada artefacto están los patrones culturales que dan forma a la idea del artefacto y a las técnicas para fabricarlo y usarlo.

El estudio de la cultura material puede contribuir considerablemente a nuestro conocimiento de la cultura real, pero es imposible aprender algo más que una pequeña parte de la vida de un pueblo considerando únicamente su cultura material. La arqueología, que trata de modo científico el rescate y estudio de los objetos de cultura material enterrados en el subsuelo, siempre está limitada en los resultados que puede producir. El uso y significado de cualquier objeto depende casi totalmente de patrones de conducta no material, y los objetos derivan su significado verdadero de dichos patrones. Un trozo de madera puntiagudo puede ser un bastón plantador, una arma, un cetro, una estaca o un símbolo fálico. Esto solamente puede ser determinado por el contacto con la cultura viva.

Así, cuando el arqueólogo descubre una cultura prehistórica, no es realmente la cultura lo que desentierra sino solamente los productos supervivientes de aquella cultura, restos tangibles de la realidad intangible. La cultura efectiva se extinguió cuando la sociedad que la portaba dejó de existir. Ninguna cultura puede existir divorciada de seres vivientes.

Una cultura consta de elementos o rasgos aislados, pero la importancia de una cultura reside menos en su inventario de rasgos que en el modo de integración de los rasgos. Es teóricamente posible que dos sociedades posean inventarios idénticos de elementos culturales y que, sin embargo, el arreglo de las relaciones de esos elementos entre sí sea tal que los complejos dentro de las dos culturas y las formas totales de las dos culturas sean bastante desiguales. Por analogía simple, un albañil puede tomar dos montones idénticos de ladrillos y cantidades iguales de mortero. Pero de acuerdo con la manera en que disponga sus ladrillos, puede producir una chimenea o el muro de un jardín.

La configuración de una cultura es su contorno delineado tal y como le dieron forma la interrelación de todas sus partes. Presume la integración interna de todas éstas. Supone la integración interna de acuerdo con algunos principios básicos y dominantes o sistemas de valores sobre los que descansa todo el esquema. Éstos son los postulados existenciales establecidos por la cultura: proposiciones acerca de la naturaleza de las cosas; y los postulados normativos: proposiciones acerca de lo deseable o indeseable que sean las cosas. Una configuración clara y no ambigua refleja la obtención de un alto grado de integración por medio de la selección de los numerosos elementos de la cultura en términos de su consonacia con los postulados básicos.

En la discusión del antropólogo acerca de la configuración de la cultura, se ha demostrado que los indios Pueblo del suroeste de los Estados Unidos poseen una cultura que exige limitación y orden en la conducta, rechazo de excesos emocionales y ostentación en la experiencia personal y ritual, supresión rígida de la iniciativa e innovación individuales, con una quieta cooperación en las empresas del grupo. La cultura Pueblo presenta al individuo la filosofía de un universo bien ordenando en el cual el hombre no es sino una parte armoniosa de un delicado equilibrio que comprende todas las fuerzas naturales. En tanto cada hombre desempeña los papeles que le correspondan de modo tradicional, prosperará todo el pueblo. Los dioses de la lluvia proporcionarán la preciosa agua, los dioses de las plantas y la fertilidad harán madurar adecuadamente las cosechas, los dioses de la danza favorecerán la aldea. Serán satisfechas todas las funciones necesarias para la buena vida y supervivencia del pueblo. Se cree que el fracaso de cualquier persona para desempeñar sus papeles dentro del modo tradicional y apropiado alterará el equilibrio y atraerá el desastre sobre toda la sociedad. Éste es un código cultural que descansa sobre una economía de subsistencia de cultivo de maíz practicada por un pueblo sedentario, que construía casas comunales de muchos pisos con piedra y adobe en un medio ambiente desértico. Un ejemplo contrastante es el que podemos esbozar brevemente al describir los rasgos sobresalientes de la cultura de la gente de la isla de Alor en Indonesia. Como los indios Pueblo, los habitantes de Alor son agricultores sedentarios. Pero en sus vidas el principio dinámico de la cultura, que es de importancia fundamental, es el continuo intercambio de riqueza. Ansiosos de dominio personal sobre sus semejantes mediante la actividad financiera, el otorgamiento y cobro de préstamos es la actividad fundamental de los adultos, principalmente de los hombres. Esto es aparentemente consecuencia de una notable inseguridad individual causada por las peculiares y poco satisfactorias relaciones dentro de la familia, que afectan al niño en desarrollo. El dinero, que en Alor consiste en cerdos, vasijas javanesas de bronce y gongs, es prestado como un capital sobre el cual deben pagarse intereses de tal modo que el deudor está ligado por estrechos lazos de obligación con el acreedor. El matrimonio y la muerte, particularmente, requieren un amplio consumo de cerdos en los festejos respectivos, junto con cuantiosos intercambios y pagos en vasijas y gongs. Las obligaciones impuestas a los participantes son inmensas, por lo que generalmente incurren en pesadas deudas para satisfacer las exigencias de la ocasión. Excepto en lo que se refiere a la cría de cerdos, toda esta intensa actividad económica tiene poca o ninguna relación con la producción económica o las necesidades utilitarias.

La guerra, hasta que fue suprimida por los holandeses, no implicaba ningún interés militar como tal. Por el contrario, se expresaba como una larga e indecisa serie de feudos señalados por ataques cobardes sobre hombres y mujeres llevados a cabo furtivamente y con engañifas.

Las enfermedades se caracterizan por un colapso completo de la voluntad de vivir y una convicción obsesiva de falta de esperanza.

La cultura de Alor subraya la lucha no utilitaria para superar al prójimo y castigar al ego, al cual niega la serenidad y la seguridad hasta su colapso final en la enfermedad que finalmente trae el reposo de la muerte.

En los Pueblo y los alor tenemos dos clases de configuraciones culturales que son razonablemente claras. No siempre ocurre así, ya que muchas culturas no alcanzan una integración concisa de acuerdo con un conjunto coherente de principios básicos. Los indios nómadas cazadores de búfalos de las planicies del oeste de los Estados Unidos tenían una línea de integración de rasgos de conducta que acentuaba la búsqueda de sensaciones extravagantes. Uno de los principales objetivos de la vida era alcanzar un estado de fantasía en el cual encontrar visiones sensacionales a través del ayuno, la sed, la autosugestión y tal vez la autotortura. De estas visiones, que eran interpretadas como percepciones sobrenaturales mediante las cuales se adquiría poder mágico, dependía el éxito en la carrera de cualquier hombre. El propósito de la búsqueda de la visión era investir al individuo de poder y gloria. Armado con esos poderes él llevaría a cabo hazañas temerarias en las batallas. Armado con un historial de esas proezas, podría ufanarse ostentosamente retando a otros hombres a comparar sus hazañas con las de él. Éste no era sino el núcleo central de toda una serie de rasgos culturales para exaltar un individualismo ostentoso y estimular una conducta de sensaciones extremas.

Sin embargo, ésta no es la configuración de la cultura de las planicies, ya que igualmente vigoroso, si bien no tan espectacular, es otro conjunto de rasgos surgidos de un grupo contradictorio de principios básicos. El primer complejo puede ser llamado la línea del "guerrero egoísta". El segundo sería la línea del "considerado jefe de la paz". En ésta se acentuarían la gentileza, generosidad, prudencia y espíritu razonable. Estas virtudes requerían el dominio de sí mismo, la consideración hacia los demás y una disposición para limitar la afirmación demasiado aguerrida del individualismo agresivo exigido por la otra línea en la cultura. Algunos hombres de las tribus en las planicies seguían a lo largo de toda su vida alguna de las dos líneas. Otros sufrían conflictos internos, tanto individuales como a nivel de la sociedad, a causa de la incompatibilidad de los dos patrones. El concepto del prudente jefe de la paz tenía su contraparte en importantes ceremonias religiosas como el extremadamente piadoso y sobrio ritual de la Renovación de la Flecha Mágica de los indios cheyenne. En ésta tenían que estar presentes todos los hombres de la tribu, a excepción de los asesinos y sus parientes cercanos. Cuando las flechas sagradas eran despojadas de su envoltura protectora no se permitía que ningún grito o sonido perturbara la atmósfera sagrada. Los guerreros que montaban guardia se encargaban de silenciar o matar a palos a cualquier perro que ladrara inoportunamente.

Por lo tanto, no se debe esperar una congruencia total en una cultura. Es probablemente cierto, como sostiene Sumner, que hay una tendencia hacia la congruencia en las costumbres (*folkways*) de cualquier cultura: que los elementos contradictorios tienden a cancelarse entre sí, o a llegar a una síntesis bajo una nueva forma. Por otra parte, es demasiado esperar que se complete este proceso en todos los aspectos de una cultura. Las incongruencias surgen y persisten porque, en primer lugar, las culturas nunca se planean o dirigen conscientemente en su desarrollo general. En segundo lugar, la mayoría de los rasgos culturales se adquieren mediante el préstamo. No abundan los seres humanos innovadores. Las fuentes de préstamo para cualquier cultura son múltiples y diferentes. Si bien siempre hay cierta cantidad de selección, ya que la gente no toma préstamos a ciegas, pueden ser adoptados nuevos elementos aun cuando sean incongruentes con elementos o principios que ya estén dentro de la cultura, simplemente porque en sí mismos parezcan deseables. Finalmente, casi siempre hay posibilidades alternas entre las respuestas a los problemas que la cultura trata de resolver. Puede ser un simple accidente que la primera solución que se busque y se adopte no sea totalmente coherente con las formas pre-existentes en la cultura. A pesar de todo, encontrará acomodo en el todo cultural porque sirve satisfactoriamente a una necesidad o interés, y si ello produce un conflicto dentro de la cultura, habrá que soportarlo.

Nuestra discusión de la configuración de la cultura ha indicado que la conducta de cada individuo es fuertemente influida por los patrones de la cultura dentro de la que vive. El carácter de cada individuo es único, ya que las experiencias de un individuo nunca se comparan con las de otro, ni es probable que sean exactamente idénticos los componentes constitucionales de dos personas distintas. Pero los patrones y configuraciones de las culturas de las diferentes sociedades producen tipos distintivos de personalidad que son generalmente característicos de los miembros de aquellas sociedades. En los estudios de cultura y personalidad que se han desarrollado tan fructíferamente en años recientes las configuraciones de personalidad culturalmente determinadas han llegado a ser conocidas como carácter nacional (o tribal), tipo de personalidad ideal, personalidad modal y personalidad básica.

El tipo de personalidad ideal es la imagen abstracta del hombre "bueno" o la mujer "buena" que refleja los estándares morales establecidos en la cultura. Una gran parte de la psicopatología es producto de un conflicto incontrolado dentro del individuo incapaz de asimilar los estándares del ideal cultural a los impulsos del yo. Es el conflicto freudiano del superego y el id.

La estructura de la personalidad básica se concibe de modo diferente. No existe como imagen abstracta sino más bien como núcleo modal de actitudes producidas en el individuo medio como resultado de los patrones de enseñanza infantil característicos en su cultura.

¿Cómo se alimenta, maneja y baña a los infantes? ¿Cuáles son las reacciones adultas ante la defecación y micción del infante? ¿Recibe el niño una atención amorosa coherente? ¿O se le rechaza, molesta o castiga con rudeza? ¿Cómo y de qué modos sufre una privación o disfruta gratificación de sus necesidades? Hasta donde se encuentre respuesta a estas preguntas en patrones coherentes de la conducta adulta, tomarán forma las estructuras de la personalidad básica de los niños. La estructura de la personalidad básica tiende a persistir a lo largo de la vida del individuo, matizando la conducta adulta y completando el ciclo al influir en la configuración de la cultura adulta. Así, el alorés adulto es "ansioso, suspicaz, escéptico, falto de confianza, sin interés en el mundo exterior. No hay capacidad para idealizar la deidad o imagen paterna. La personalidad está desprovista de capacidad de empresa, está llena de odio reprimido y una agresividad latente sobre la que debe ejercerse una vigilancia constante. La personalidad está desprovista de aspiraciones elevadas y no tiene base para la interiorización de la disciplina".[3] Ésos son los efectos de las experiencias infantiles aloresas sobre la personalidad del nativo adulto de Alor.

De modo semejante cada cultura pone su marca sobre el individuo que se desarrolla bajo su influencia, cuya personalidad es una mezcla resultante de su particular constitución física y nerviosa, los patrones de su cultura y su experiencia individual en contacto con el mundo físico y con otras gentes. Cada hombre es un tipo común, moldeado por la cultura y la sociedad, que sin embargo posee una individualidad que no puede ahogar la cultura.

[3] A. Kardiner y asociados, The Psychological Frontiers of Society, Columbia University Press, Nueva York, 1945, p. 170.

VIII. El desarrollo de la cultura

Ruth Benedict

Todos los libros con títulos tales como *Progreso*, o *La historia de la civilización*, o *El crecimiento de los Estados Unidos*, o *Finanzas modernas*, o *La guerra moderna* son libros acerca de algún aspecto del desarrollo cultural. Cuando hablamos de esos temas, son partes de esta gran historia, ya sea que hablemos acerca de la antigua Grecia o del Iowa contemporáneo. Aun cuando leemos que los romanos destruyeron a los griegos o que los godos destruyeron Roma, tomamos conocimiento de un desarrollo cultural. La destrucción y el desarrollo van juntos. Al crecer la cultura, también destruye, y al destruir aparecen nuevos desarrollos.

La historia de la raza humana es un maravilloso relato del progreso. Los arqueólogos nos dicen que durante miles de años los hombres fabricaron los mismos utensilios de pedernal golpeando unas piedras con otras, se abrigaron en cavernas y se cubrieron con pieles para darse calor. Solamente unas cuantas familias podían vivir en lugares cercanos entre sí, ya que cada hombre adulto tenía que cazar animales salvajes para obtener alimentos para su mujer y sus hijos. No podía sino aceptar los productos de la naturaleza tal y como los encontraba; no tenía modo de incrementarlos. Transcurrieron miles de años para que sus descendientes descubrieran que las plantas podían plantarse, cuidarse y cosecharse o que era posible domesticar a los animales.

La raza humana es única entre todas las especies animales debido al progreso que ha logrado desde aquellos días hasta el presente. Solamente el hombre ha enriquecido constantemente su modo de vida por medio de la invención y el complejo aprendizaje. El fabuloso crecimiento de la cultura es su gran conquista, y ningún otro mamífero ha alcanzado esta clase de progreso. Cuando examinamos el desarrollo de la cultura en la historia humana, examinamos la base de la preeminencia del hombre Los miembros de la raza humana tienen derecho a ufanarse de una sola cosa: su inagotable capacidad para inventar y aprender. Su aprendizaje no es simplemente como el de otros mamíferos, por medio de la imitación y la experiencia individual, sino el resultado de la experiencia trasmitida a una generación actual por infinidad de ancestros que ya han muerto y desaparecido.

El crecimiento de la cultura en la historia del hombre ha creado para la raza humana un medio ambiente artificial muy distinto del que ofrece la naturaleza. El hombre tomó las gramíneas silvestres y las hizo evolucionar para convertirlas en trigo, cebada y maíz, que eran suficientemente productivas como para sostener sus grandes ciudades. Aun los pueblos primitivos que no tenían escritura ni escuelas hicieron terrazas en las montañas para sembrar arrozales o trigales y regarlos canalizando el agua en las regiones donde la lluvia no era suficiente.

Las tribus primitivas han inventado herramientas y aprendido cómo fabricar cerámica y cestos. Han inventado complicadas trampas y nasas con el fin de facilitar la obtención de sus alimentos. Han hecho instrumentos músicos para agradar a sus sentidos y ejercitado su habilidad artesanal, han ampliado su mundo de contactos humanos conocidos y vistos para incluir también a espíritus y dioses a quienes invocan en busca de ayuda.

Los comienzos humanos

Esta larga historia de la creatividad del hombre en el desarrollo de la cultura se inicia remotamente con la primera aparición de la especie humana. Para nosotros el hombre de la Edad de Piedra nos parece paupérrimo culturalmente porque hemos avanzado mucho desde sus tiempos. Pero él inició el proceso distintivamente humano de hacer invenciones y trasmitirlas a sus descendientes por medio de la enseñanza. Para mediados de la Edad de Piedra, por ejemplo, había domesticado el fuego. Nadie sabrá jamás qué sucedió para hacer que algunos hombres o mujeres hicieran uso doméstico por primera vez de esa fuerza destructiva y aterradora. ¿Cuáles fueron las circunstancias que lo llevaron a hacer hervir el agua sobre el fuego? Difícilmente pudieron haber visto agua hirviente en la naturaleza. ¿Y cómo descubrieron que podían producir fuego a su antojo frotando dos trozos de madera? De cualquier modo, por lo menos a mediados de la Edad de Piedra en Europa el hombre no solamente había aprendido estos conocimientos; formaban ya parte de su cultura trasmitida. Aprendió modos de producir y conservar el fuego y podía usarlo para calentarse cuando tuviera frío y para cocinar y preservar sus alimentos. Fue una invención compleja que anticipaba la continua carrera del hombre como un gran inventor.

Tal vez aun más importante fue la gradual invención del lenguaje. Implicaba éste el ordenamiento de las cosas del medio ambiente en diferentes categorías o clases; suponía la creación de verbos para mostrar cómo esas cosas podían actuar o recibir la acción. Originalmente también requirió otra cosa: el largo y lento desarrollo de los músculos utilizados en la articulación verbal. El hombre primitivo de la Edad de Piedra tenía músculos linguales menos especializados y ciertamente este hecho era un impedimento para su habla. No podemos saber cuándo el lenguaje humano se convirtió por primera vez en un complejo conjunto de símbolos; seguramente fue un prolongado y lento proceso. En nuestros días, sin embargo, no hay tribu primitiva, por pobre que sea en cultura material, que no tenga un lenguaje complicado y un vocabulario cuyas palabras tengan matices adecuados de significado.

El hombre de la Edad de Piedra fue notable por su habilidad para hacer implementos de pedernal. Golpeando piedras quebradizas podía dar forma a utensilios y armas. En distintas regiones y periodos fabricó diferentes utensilios. La forma de éstos estaba tan estandarizada que los expertos pueden señalar el periodo y zona de procedencia de la mayoría de las piezas trabajadas de pedernal que llegan a los modernos museos. Aunque la persistencia de sus formas a lo largo de muchos siglos nos recuerda el nido característico que un petirrojo o un cuervo construyen inevitablemente, esta homogeneidad depende del aprendizaje y no del instinto. La raza humana, desde aquella temprana época, tenía que trasmitir aun los aspectos más básicos de su industria enseñando a cada generación lo que el hombre podía aprender por medio de la experiencia. Cuando aprendía, podía trasmitir la nueva técnica.

El hombre primitivo inició así el proceso de creación de medios ambientes culturales hechos por el hombre. Debido a que nada queda de sus obras a excepción de aquellas hechas con materiales no perecederos, no sabemos lo que haya inventado en el terreno de la organización social, las reglas de matrimonio o en la religión y el folklore. Pudo haber sido mucho; pudo haber sido sorprendentemente poco. Lo que sabemos es que con su manejo del fuego, lenguaje e implementos de pedernal, el hombre adoptó métodos únicos de invención y aprendizaje. Desde aquellos días hasta el presente, la humanidad ha seguido esta senda.

Obstáculos para la adopción de nuevos rasgos

El crecimiento de la cultura no ha sido tan continuo y tan determinado, sin embargo, como solemos imaginar al hablar del progreso. Nuestras ideas del progreso son en sí mismas invenciones culturales que retratan al inquieto hombre moderno ávido de mejoras. En el mundo moderno, en una sola generación adoptamos y aprendemos a manejar el automóvil o el aeroplano, o el teléfono, o la radio, o las técnicas de producción fabril en masa. No imploramos: "Oh Señor, consérvanos tal y como fueron nuestros padres." Aun en los negocios o el arte, inventamos libremente, con nuestros ojos puestos en el futuro y no en el pasado. Llegamos hasta a crear nuevas religiones y cultos por docenas. Es fácil, por lo tanto, imaginarnos el progreso humano como si el hombre hubiera siempre abrazado una nueva idea o una nueva invención y la hubiera adoptado cada vez que la viera.

La historia está llena de ejemplos de descubrimientos aparentemente simples que no se adoptaron aun cuando hubieron sido notablemente útiles en determinadas culturas. La necesidad no es necesariamente la madre de la invención. En la mayor parte de Europa y Asia los hombres habían adoptado la rueda durante la Edad del Bronce. La usaban en carretas, como polea para levantar pesos y como torno de alfarero para hacer vasijas de arcilla. Pero en ninguna civilización precolombina de las Américas fue conocida excepto como juguete. Aun en el Perú, donde se construyeron templos inmensos con bloques de piedra que pesaban hasta 10 toneladas, estos enormes pesos eran transportados y colocados en los edificios sin que mediara el uso de la rueda.

La invención del cero es otro descubrimiento aparentemente simple que no hicieron los matemáticos griegos clásicos o los ingenieros romanos. Solamente mediante el uso de algún símbolo para la nada puede usarse el símbolo 1 de tal modo que pueda tener el valor de 1 o de 10 o de 100 o de 1 000. Hace también posible que se use un pequeño número de símbolos para representar valores tan diferentes como 129 y 921. Sin esa invención no es posible sumar o restar las cifras escribiéndolas unas sobre otras y la multiplicación y división son todavía más difíciles. Cuando los romanos trataban de dividir CCCLVIII por XXIV, la dificultad era inmensa. No fueron los egipcios o los griegos o romanos quienes inventaron el cero, sino los indios mayas de Yucatán. Se sabe que para la época del nacimiento de Cristo ellos ya tenían un signo para el cero y valores posicionales de los números. De modo independiente estas invenciones se hicieron en la India de cinco a siete siglos más tarde. Solo gradualmente se adoptaron en la Europa medieval, donde se conoció como notación arábiga porque fue introducida allí por los árabes.

No solamente la necesidad no es la inevitable madre de la invención; tampoco es posible suponer que un pueblo adoptará invenciones nuevas o aceptará descubrimientos hechos por otros. La técnica para fabricar el bronce fue establecida en Europa y Asia un par de miles de años antes de que se trabajaran los minerales ferrosos, y aun después de que se conocieron las técnicas para forjar y templar el hierro, durante siglos el bronce conservó la preferencia. Su apariencia era más bella, aunque no resultaba tan bueno para fabricar herramientas. Sin embargo, el mineral de hierro abunda y no es difícil de extraer, y en pequeñas forjas primitivas abiertas pueden fabricarse fácilmente utensilios de hierro, como lo hacen en la actualidad las tribus africanas.

En el mundo moderno las tribus primitivas suelen continuar con la práctica de algunas viejas y laboriosas costumbres aun cuando han entrado en contacto con algún otro pueblo primitivo que haya resuelto admirablemente ese mismo problema técnico. Los chukchee, una tribu de pastores de renos de Siberia oriental, comerciaban con tribus esquimales que construían chozas de nieve. Estas casas tienen forma hemisférica y se construyen cortando con cuchillos bloques de nieve firme que se colocan en hileras sucesivas sesgadas hacia adentro hasta que el bloque final en la parte superior sella la cúpula. Un solo hombre puede construir una para sí mismo en media hora para usarla como refugio, y otras de mayor tamaño e interconectadas se construyen como alojamientos de invierno habitables por periodos cortos. Pueden calentarse con lámparas de grasa y conservan el calor para sus habitantes durante los inviernos árticos. Sin embargo, los chukchee se apegaban a sus grandes tiendas de piel, dentro de las cuales levantaban otra tienda de piel de menor tamaño para dormir. Todas las mañanas era necesario sacudir la escarcha de las pieles, ya que se congela la humedad de la respiración y la transpiración, y si no se elimina esa escarcha agrietará las pieles. Este diario sacudir de la cubierta de la tienda era un trabajo físico exhaustivo; además, el gran bulto era de transporte pesado y estorboso y resultaba una tarea laboriosa eregir las tiendas en un nuevo sitio. Pero los chukchee nunca adoptaron la casa de nieve de los esquimales, sin importar los problemas que tuvieran en el clima ártico con sus tiendas de piel.

Pero esto tiene otra faceta. Los chukchee pastoreaban renos. Enriquecían con la cría de estos animales y los uncían a sus trineos. Los esquimales, en cambio, no adoptaron el pastoreo de renos. En el norte del Continente americano, donde existía en gran número el caribú de la tundra y aparentemente podía haber sido domesticado como lo fue el reno siberiano, no tuvo lugar ninguna domesticación. Ni los esquimales ni los indios americanos imitaron este rasgo, aun cuando muchas otras invenciones culturales llegaron a través del estrecho de Bering.

Incluso en la moderna civilización occidental, donde nos enorgullecemos de nuestra eficiencia, cada nación excluye algunas de las invenciones existentes. Pudiera suponerse que en las grandes civilizaciones donde la contabilidad y la medición son tan importantes como lo son en Europa y los Estados Unidos, todas las naciones adoptarían sistemas con unidades convenientes. El sistema métrico, en el cual el íntegro se multiplica primeramente por 10, después por 100 y 1 000, puede aplicarse a mediciones de volumen, de longitud y de peso, y puede usarse para contar dinero. En Francia el sistema decimal se usa para todo tipo de contabilidad y medición. En los Estados Unidos lo usamos para contar dinero, pero no para medir volúmenes, longitudes o pesos. En Inglaterra no se usa siquiera para contar dinero y ninguna medida de longitud, peso o volumen se registra por medio del sistema métrico.

Por lo tanto, el desarrollo de la cultura no tiene la historia que imaginaría un estudiante de escritorio. No puede reconstruirse por medio de la lógica y la deducción. A veces una cosa obvia y simple no fue descubierta o aceptada de ningún modo, pese a existir una gran necesidad lógica. En ocasiones, en las sociedades primitivas más simples se han inventado cosas muy complicadas. Esto no es cierto únicamente en la tecnología. También se aplica a la organización social, a los sistemas legales, a la religión y a la filosofía popular. Para entender el desarrollo de la cultura en todos estos aspectos, es necesario describir más plenamente lo parciales que llegan a ser todos los hombres hacia los medios ambientes artificiales especiales que han creado por medio de sus propios ordenamientos e invenciones culturales.

Los hábitos de cualquier cultura se ajustan a los pueblos que han aprendido a usarlos como guantes bastante gastados. Este ajuste llega muy profundo, ya que sus ideas sobre lo bueno y lo malo, su selección de pasiones y deseos humanos, son parte integrante de la versión integral de su cultura. Pueden reaccionar ante el modo de vida de otras personas con una suprema falta de interés o por lo menos de comprensión. Entre los pueblos civilizados esto suele aparecer en su desprecio por "lo extranjero"; es fácil desarrollar ceguera en lo que concierne a las atesoradas costumbres de otros pueblos. Entre los pueblos primitivos ha sido proverbial esta falta de interés por el "progreso" y con buena razón. Toda tribu primitiva tiene sus propios ordenamientos culturales elaborados que aseguran su supervivencia, ya sea tecnológicamente, o en sus formas de organización social, o por medio de ceremonias y ofrendas a los dioses. Aun cuando puedan codiciar algunas cosas que trae el hombre blanco, tal vez armas de fuego, tal vez cuentas, o bebidas alcohólicas o latas vacías con las que se pueden fabricar navajas, generalmente no contemplan la cultura del hombre blanco como una solución que sea "mejor" para los problemas de la vida que la que ellos tienen. Posiblemente no tengan interés cultural ni siquiera en los dispositivos para ahorrar trabajo. Con frecuencia el valor que conceden al tiempo es extremadamente bajo y la "prudencia" tiene un valor mucho mayor que la eficiencia. Nuestro sistema cultural y el de ellos están orientados alrededor de diferentes ideales.

Algunas culturas primitivas no han sido capaces de acomodarse al contacto con el hombre blanco. Cuando entraron en contacto con la civilización moderna, todo su modo de vida se desplomó como un castillo de naipes. Los indios de los Estados Unidos en su mayoría se han convertido simplemente en hombres sin un país cultural. Son incapaces de localizar en el modo de vida del hombre blanco alguna cosa que concuerde suficientemente con su vieja cultura. Cuando llegó por primera vez el hombre blanco, las tribus de las planicies tuvieron un breve surgimiento cultural cuando incorporaron el caballo a su modo de vida, y los indios de la costa noroeste tuvieron un verdadero renacimiento en el arte del tallado en madera cuando disfrutaron de herramientas de metal. Pero un contacto más íntimo dejó al descubierto el abismo existente entre los valores del indio y el hombre blanco. Las culturas indias no podrían sobrevivir a la interferencia del hombre blanco con sus guerras tribales y los rebaños de búfalos y la pesca de salmón de las que dependían. El contacto con las extrañas costumbres blancas de trabajar por salarios y pagar por la tierra y manejar empresas privadas destruyó sus antiguos ordenamientos sociales sin que su lugar fuera ocupado por algo inteligible. Por su parte, el hombre blanco fue incapaz, igualmente, de ver los valores culturales que apreciaban los indios y que se quebrantaban y perdían para siempre. Cada lado permanecía ciego a los ideales culturales que para el otro eran las cosas más reales del universo.

En todos los casos semejantes de contacto entre la civilización occidental y otras culturas, el hombre blanco generalmente está seguro de que es de inteligencia superior porque posee los cuchillos, las armas de fuego, los cigarrillos y las sartenes de metal que no tienen los pueblos más simples. Juzga que si los otros no fueran estúpidos, tendrían esas cosas junto con los conocimientos aritméticos, la lectura y la escritura. En realidad, pruebas y observaciones cuidadosas han demostrado que el asunto no es tan simple. Ni la inteligencia ni los sentidos de los pueblos primitivos son necesariamente inferiores, aun cuando su modo de vida sea muy frugal. En la civilización occidental somos herederos de invenciones procedentes de toda la faz de la tierra. Todo lo que tenemos y conocemos son elementos de nuestra herencia social. Simplemente pertenecemos a ello por accidente de nacimiento. Es muy improbable que cualquiera de nosotros haya inventado un solo proceso. Del mismo modo, el indio americano era un heredero de su cultura. Era bastante más posible que en la compleja civilización occidental él hubiera tenido individualmente una oportunidad de hacer alguna contribución a los modos tribales o que hubiera tenido posibilidad de tomar el liderazgo en algunas actividades importantes para su pueblo. Su modo de vida le satisfacía porque resolvía los problemas humanos en las maneras que se le había enseñado a entender. No había cruzado por su mente desear las cosas que deseaban los europeos. Usaba su cerebro en un conjunto diferente de actividades con las que congeniaba más.

Nadie ha desarrollado jamás una escala objetiva de valores de acuerdo a la cual todos los diferentes objetivos culturales puedan graduarse como mejores o peores. La civilización occidental, por ejemplo, está organizada para extender su poder ampliamente sobre la tierra. Sin embargo, puede confirmarse el caso del valor de un objetivo cultural que no tenga que ver con la conquista o el dominio económico. Todo pueblo aprecia más los impulsos y emociones a los cuales está acostumbrado, y generalmente condena a los pueblos que carecen de ellos. Tienen razón en apreciar su propio modo de vida, pero su desprecio por otras culturas suele basarse en malas interpretaciones.

DESARROLLO INTERNO DE LA CULTURA

Debido a que todos los pueblos defienden su propio modo de vida, es fácil entender que una manera por medio de la cual las culturas se enriquecen y se hacen más complejas ha sido mediante la elaboración y multiplicación de sus propias y más apreciadas costumbres. Llevan sus costumbres favoritas más y más allá. Los simples hábitos podían convertirse en grandes ceremonias tribales. Los *potlatches* de los indios de la costa noroeste de los Estados Unidos eran ceremonias de ese tipo, en las cuales los jefes trataban de humillar a otros jefes dándoles tantas mantas y otros artículos que aquéllos serían incapaces de hacer la retribución correspondiente. Esas tribus consideraban como tema principal de su vida cultural la situación existente entre acreedor y deudor, y elaboraron sus ceremonias alrededor de este tema hasta que sus potlatches se convirtieron en sistemas de intrincada complejidad cultural.

En otras tribus las costumbres más apreciadas eran la atención hospitalaria de los dioses. En el pueblo zuñi del suroeste de los Estados Unidos se pensaba que los espíritus eran felices cuando se les daba oportunidad de venir al mundo de los vivos para danzar. Por lo tanto los hombres se ponían máscaras de espíritus para representarlos. Estos indios también hacían "danzar" al maíz, para hacerlo feliz, y celebraban complicados ritos de bienvenida para el cuerpo del venado muerto después de la cacería. Saludaban y honraban aun pequeñas ramas de pino que cortaban para sus ceremonias. Ya que tenían que ser honrados el sol, y los espíritus de la lluvia, y los espíritus de los animales, y los espíritus de los enemigos, y los espíritus curativos, los zuñi tenían una abrumadora masa de ceremoniales destinados a este fin. Tanto en la costa noroeste como entre los pueblos del sudoeste, el proceso local de desarrollo cultural ha sido, igual que en otras partes del mundo, una especie de industrioso hilado de un capullo cada vez más complejo. Pero los hilos de este capullo no dejan de ser hábitos viejos, escogidos y simples, aun cuando se les haya dado la forma de observancias tan complejas. Se les estima por su congenialidad.

Las culturas tienden a desarrollarse de este modo, y es posible por lo tanto entender las diferentes líneas a lo largo de las cuales, por ejemplo han evolucionado las civilizaciones orientales de China y la India en contraste con las civilizaciones occidentales. A menos que uno se acostumbre a esas maneras, suelen parecer superfluas las elaboraciones de otras culturas. Pero la historia del desarrollo de la cultura está llena de superfluidades a las que miembros de una tribu o nación han dedicado profundo apego y lealtad

DESARROLLO DE LA CULTURA A TRAVÉS DE LA DIFUSIÓN

Además de esta clase de elaboración interna de los rasgos preferidos, las culturas se han desarrollado poderosamente tomando prestadas técnicas e ideas de otras culturas. Este préstamo recibe el nombre técnico de difusión de los rasgos culturales.

La misma civilización occidental está basada en invenciones que han sido tomadas como préstamo de todas partes del mundo. Muchas de ellas se deben a pueblos de cultura sencilla que no comparten las tradiciones occidentales. El alfabeto fue inventado por pueblos semíticos en el área situada al norte del Mar Rojo y llevado a Grecia y Roma por los fenicios. A lo largo de los siglos se extendió por Europa y a la India. El papel, así como la pólvora, son antiguos inventos chinos. El arco verdadero con su piedra clave fue un gran invento arquitectónico originado en Babilonia treinta siglos antes de Cristo; pero la arquitectura griega no lo usó. Los grandes templos y monumentos del Perú y América Central se construyeron sin conocimiento del arco. Sin embargo, gradualmente el invento babilónico fue adoptado en la antigua Etruria y en Roma y se convirtió en un elemento básico de las catedrales góticas. Convertido en cúpula se usa en los modernos edificios públicos.

El hombre ha enriquecido constantemente la variedad de sus alimentos introduciendo granos y frutas que fueron domesticados originalmente en el lado opuesto del globo. El café fue cultivado originalmente en Abisinia, pero ahora lo asociamos particularmente con Brasil y Java. Las patatas son tubérculos que fueron sembrados y cosechados por primera vez por los indios suramericanos, entre los que los indígenas de Bolivia cultivaban 240 variedades de esa raíz. Pero en Norteamérica acostumbramos llamar "irlandesas" a las patatas blancas. En nuestros días las bananas nos llegan de América Central, pero las variedades silvestres se cultivaron primeramente en el sur de Asia, y los pueblos polinesios las llevaron a través de áreas inmensas del Pacífico antes de que los navegantes europeos hicieran sus viajes de descubrimiento. La banana del Nuevo Mundo es poscolombina; fue tomada prestada del Viejo Mundo. El maíz, un cultivo indígena americano, es actualmente el alimento básico de muchas tribus primitivas de África, y el tabaco, también originario de América, ha sido adoptado en todas partes del mundo.

La difusión de rasgos culturales de un pueblo a otro ha enriquecido constantemente los modos de vida humana. Toda pequeña tribu debe a sus vecinos inventos diversos que estos últimos a su vez han tomado prestados de sitios más remotos y los cuales ellos mismos han modificado después de copiarlos y tal vez mejorarlos.

MODIFICACIÓN DE LOS RIESGOS PRESTADOS

Cualesquiera que sean los rasgos que las tribus tomen prestados entre ellas, es probable que los remodelen para hacerlos congruentes con su propio modo de vida. A veces este remodelamiento es drástico, y a veces no lo es tanto. Pero al seguir un investigador cualquier rasgo cultural en su paso tribu tras tribu encuentra que se la han dado extraños y nuevos significados y usos, o que se le ha hecho intervenir en raras y novedosas combinaciones. Cuando fue inventada la rueda en el Viejo Mundo, alrededor de 3000 a.c., se extendió rápidamente a Siria, Irán y la India, y más tarde a Egipto. Éstas eran regiones donde en esa época era muy importante la cerámica, y cuando la rueda llegó a Egipto fue como torno de alfarero. No fue sino hasta mucho más tarde que se usó como rueda de carro. Sin embargo, cuando después del año 200 a.c. fue adoptada la rueda por los pueblos del norte de Europa, éstos la usaron para vehículos rodantes durante cerca de un millar de años antes de que la utilizaran para fabricar cerámica. Tribus y naciones no podían utilizar la rueda en un carro tirado por caballos a menos que tuvieran animales domesticados a los que adiestraran para ser enjaezados, y no podían usarla para la cerámica a menos que tuvieran una industria de este tipo y se preocuparan en fabricar los objetos con rapidez. Así, la rueda se convirtió en parte de artes bastante diferentes al difundirse por el mundo.

Al pasar de una región a otra se dan nuevos significados a los rasgos prestados. Esto es tan conspicuo en rasgos de organización social, ordenamiento político y prácticas religiosas como lo es en rasgos de cultura material. Una ceremonia religiosa, por ejemplo, puede ser compartida por todas las tribus en una gran área. Todas pueden erigir la misma clase de casa o recinto en terreno sagrado, usar los mismos tipos de tortura o comunicación en trance o de orden de marcha, y usar las mismas insignias para los funcionarios y el mismo tipo de oraciones. Todas estas características pueden haberse extendido de tribu en tribu en aquella área. Sin embargo, a pesar de todos estos rasgos difundidos, una ceremonia tan ampliamente extendida como la Danza del Sol de los indios de las planicies ha sido reformada en las diferentes tribus. En una tribu toda la ceremonia es montada por alguien que ha tenido una visión del dios del Trueno y desea honrar al espíritu que lo ha visitado; en otra es ofrecida por un hombre que se propone vengar la muerte de un pariente en la guerra; en otra es un modo de agradecer el haber escapado a un peligro o enfermedad; en otra es una ceremonia para la iniciación de sacerdotes o chamanes. Estos diferentes significados de la ceremonia, por supuesto, llevan a cambios en los ritos en sí y eventualmente en una tribu toda la ceremonia llega a tener su propio carácter especial, que no comparte con ninguna otra tribu.

Este remodelado de los rasgos prestados ocurre del mismo modo en la organización social y el folklore, así como en cualquier otro campo de la vida. Un buen ejemplo es el variado significado de las prácticas de canibalismo. El canibalismo no ocurre en todas partes del mundo, pero donde aparece ha tenido los significados más contrastantes. En algunas tribus fue usado como un medio de asegurar el nacimiento de hijos; solamente eran comidos niños de corta edad y únicamente participaban los miembros inmediatos de una familia; después de esto creían que nacería nuevamente un hijo en la familia. En otras tribus, solamente eran ingeridos los corazones de los enemigos valerosos; se hacía para aumentar el valor de quienes los comían. A veces el canibalismo era un disfrute goloso de buena comida; a veces una prueba de que un hombre podía enfrentarse a cualquier cosa en el mundo después de atreverse a deglutir una porción de carne humana. Cada tribu y cada región ha tomado este aspecto de la conducta y lo ha usado a su manera especial.

Ocurre lo mismo con las ceremonias de la adolescencia, los sistemas de parentesco y las instituciones de la realeza. La gente toma prestado, y una vez que han adoptado el rasgo, éste ya se ha convertido en algo diferente de la cosa que tomaron prestada. Por tanto, el proceso de difusión no solamente ha permitido que pueblos de todo el mundo compartan las creaciones e inventos de otros; también ha aumentado la rica variedad de las culturas humanas.

Evolución

La historia del hombre desde la Edad de Piedra hasta el presente es un relato maravilloso del desarrollo cultural. La herencia social del hombre se ha enriquecido con innumerables artes e invenciones. A pesar de periodos terribles de destrucción y devastación, la raza humana se ha construido un medio ambiente cultural que es capaz de una riqueza casi infinita.

Aunque una gran parte de la historia de cualquier cultura dada se debe al accidente, puede reconstruirse un proceso evolutivo. El desarrollo de la cultura no ha sido accidental. Ciertas invenciones primitivas, ya se trate de herramientas, de instituciones o de ideas, han sido necesarias antes de que tuvieran lugar otras invenciones. En las tribus primitivas, no surgen cortes que administren la justicia sino hasta que hay cierta organización en el estado tribal. Los reinos no aparecen sino hasta que se han hecho ciertas invenciones políticas que implican las relaciones mutuas de muchas comunidades vecinas. Los ejércitos de planta al servicio de los jefes han requerido una previa y elaborada división del trabajo y la existencia de un poder centralizado.

Es posible ilustrar adecuadamente la evolución en dos campos, el tecnológico y el político. En la tecnología, el hombre moderno ha construido sobre los no planeados descubrimientos de la raza humana que se iniciaron con utensilios de pedernal fabricados por el hombre y la utilización del fuego y más tarde con la invención de la agricultura y el pastoreo. El hombre moderno, sin embargo, no ha dejado al azar sus invenciones. Finalmente, con el desarrollo moderno del conocimiento científico, el hombre ha llegado a un punto en el que inventa conscientemente. Esto es, se plantea a sí mismo un problema que desea solucionar e intenta toda clase de experimentos y combinaciones hasta que lo resuelve. Prueba una y otra vez hasta asegurarse de que funciona su solución.

Estamos tan acostumbrados a esta clase de resolución de problemas que es difícil darnos cuenta de que la mayoría de los avances culturales han sido descubrimientos fortuitos más que invenciones conscientes. Estos descubrimientos, hechos sin el beneficio de una meta previamente imaginada, fueron, por lo tanto, estrictamente hablando, accidentales. Aún en nuestros días a veces encontramos tribus primitivas en regiones donde no hay agricultura, pero las cuales arrojan su basura cerca de sus casas hasta que brotan las semillas en el suelo enriquecido de este modo. Ellos no han planeado fertilizar estas parcelas y plantar semillas a corta distancia de sus hogares. Cuando ven lo que ha ocurrido no meditan acerca de su descrubrimiento y se dedican a plantar nuevas parcelas. Pero recogen y utilizan las semillas y verduras que han nacido en sus basureros. Accidentalmente han tropezado con una experiencia que pudiera dar origen al desarrollo de las prácticas agrícolas, probablemente un hecho semejante al ocurrido en la Edad de la Piedra Nueva cuando por primera vez la raza humana empezó sistemáticamente a explotar las posibilidades de cultivar y sembrar la tierra con un propósito definido.

La gran curva ascendente del avance tecnológico de que puede ufanarse el hombre es, por lo tanto, una evolución del descubrimiento no planeado a la invención planeada. El hombre ha aprendido a fijarse una meta específica para después comprobar una y otra vez los experimentos que establece para llegar a alcanzar ese objetivo. Un buen ejemplo de este cambio son los métodos para curar las enfermedades. Durante la mayor parte de la historia de la raza humana, los hombres han aceptado con fe sus prácticas curativas tradicionales. Para tratar los males de los ojos algunos pueblos buscan plantas que tengan un "ojo" en sus frutos o sus flores; "lo semejante", dicen ellos, "es curado por su semejante". Algunas de estas plantas realmente han resultado benéficas, pero otras, según sabemos por los análisis clínicos, pueden llegar a causar ceguera. A pesar de todo se usaba la peligrosa planta. Algunas tribus tienen un "curalotodo" para los padecimientos humanos más diversos. Puede ser el "horneado", que significa colocar a la persona enferma sobre una cama de piedras calientes enterradas y mantenerla caliente durante días o semanas. Esto resultaba adecuado para ciertas molestias y dolores, pero también lo usaban para curar huesos rotos, sin intentar arreglarlos de otro modo. El ayuno o las sangrías pudieran ser su curalotodo, aunque ninguno de estos dos métodos fuera indicado para la tuberculosis, por ejemplo. Sin embargo, esos pueblos no llevaban a cabo experimentos y continuaban usando un mismo método curativo para todo. En la práctica de la medicina ciertamente hemos avanzado mucho.

El progreso tecnológico del hombre ha requerido decenas de siglos para llegar a la idea del planeamiento y comprobación científicos. El hombre ha dado su último gran paso hacia adelante cuando se ha preguntado, "¿Qué es lo que deseo?", y ha comprobado a continuación sus resultados para ver si ha alcanzado su objetivo. De este modo ha descubierto que mediante la planeación podía desentrañar lo que previamente era desconocido.

Una segunda gran evolución en la cultura humana es la creciente habilidad del hombre para vivir en unión de un gran número de sus semejantes. En los tiempos primitivos y en las sociedades más simples, solamente podían organizarse algunos pocos centenares de gentes para formar una comunidad, o si acaso algunos miles en ocasiones especiales. El hombre ha tenido que realizar inventos en la organización social y en la distribución de bienes y en el terreno político antes de que fuera posible la existencia de grandes Estados organizados. Al lograr el hombre un número creciente de estas invenciones, le fue posible vivir en grandes comunidades e imponer la ley y el orden sobre áreas cada vez más considerables. El comercio y la vida ceremonial unían a la gente en forma apacible y circulaban las ideas. Los hombres recibían un estímulo para pensar, construir y crear.

El desarrollo de comunidades humanas de mayor tamaño es, a pesar de toda la destrucción que a menudo estos grupos han representado para otros, uno de los principales motivos del progreso humano. Ha cambiado la topografía humana del mundo moderno. En los tiempos primitivos una pequeña comunidad de unos cuantos cientos de almas podía ser el único "endogrupo" aceptado por esa gente; el resto serían "exogrupos". Un endogrupo es un agregado de gente con lealtades, derechos y obligaciones en común. Los exogrupos son todas las demás comunidades. El endogrupo primitivo podía ser una comunidad económicamente autosuficiente dentro de la cual cada persona era necesaria para el sustento y bienestar de la tribu. Los miembros del exogrupo eran molestias o enemigos definidos. En todas partes esas tribus tenían sistemas de ética para regular sus tratos con los miembros del endogrupo, y otro muy diferente y a menudo opuesto para las personas del exogrupo. El robo, por ejemplo, con frecuencia era desconocido dentro del endogrupo, pero constituía una virtud robar al exogrupo. La generosidad solía ser considerada como un rasgo enaltecedor si se practicaba dentro de la tribu, pero no se hacía extensiva a los miembros del exogrupo.

Son demasiado obvias para comentarse las ventajas de ampliar el endogrupo hasta incluir a millones de personas que pueden prosperar con la seguridad mutua, el comercio recíproco de bienes materiales y el intercambio de ideas. La humanidad ha avanzado mucho en esta clase de progreso. Podemos proyectar hacia el futuro esta curva ascendente y reconocer que algún día la humanidad organizará al mundo entero de tal modo que pueda lograrse un beneficio máximo en seguridad, comercio e intercambio de ideas. Todavía no lo hemos logrado. Conservamos el viejo contraste primitivo entre las éticas de endogrupo y exogrupo, en nuestra distinción entre matar a un hombre del país propio, lo que es un asesinato punible y matar a un enemigo en la guerra, lo que consideramos un deber por cuyo cumplimiento honramos al soldado que ha tenido éxito. Mantenemos también el contraste primitivo en nuestra suspicacia acerca de otras naciones soberanas, del mismo modo que ellas mantienen la suya con respecto a nosotros. Establecemos mecanismos de ley y orden dentro de cada nación, pero esencialmente existe todavía la vieja anarquía que se ha traducido en las relaciones mutuas de los exogrupos. En este mundo que se ha hecho tan pequeño gracias a los modernos inventos tecnológicos en el comercio, las finanzas, los armamentos, las comunicaciones y los transportes, es igualmente necesaria en nuestros días la organización de la comunidad mundial para un seguro enriquecimiento de la vida humana, como lo fue en los tiempos primitivos la organización de una docena de pequeños exogrupos esparcidos a poca distancia unos de otros a lo largo del curso de un río.

IX. Naturaleza, cultura y antropología ecológica

ROY A. RAPPAPORT

I

EN ESTE capítulo nos ocupamos del lugar que tiene el hombre en esos amplios sistemas que llamamos "naturaleza". Nos preocupa la ecología de los hombres y la posible importancia de una perspectiva ecológica general en la comprensión y explicación de la cultura humana, y las diferencias y semejanzas entre las culturas de pueblos del presente y el pasado.

La ecología es la ciencia que estudia las relaciones entre los organismos vivientes y sus medios físicos y bióticos. Atiende principalmente a las relaciones entre especies diferentes y a los modos en los cuales se organizan los miembros de especies particulares para subsistir dentro de comunidades compuestas de muchas especies. Es una ciencia que intenta comprender los modos de vida de los organismos con referencia a los lugares que ocupan en los sistemas mayores de los que forman parte.

El tema de la ecología, las transacciones entre seres vivientes y entre las cosas vivas y los componentes inanimados de sus *habitat*, implica el estudio de la conducta, y así la ecología es, en parte, una ciencia de la conducta. Pero dado que la ecología también tiene que ver con los efectos biológicos de estas transacciones sobre aquellos entre quienes tienen lugar, será igualmente una ciencia biológica. Además, en ninguna parte del mundo natural es una simple aglomeración, sino que en todo sitio forma asociaciones compuestas de diversas especies que se relacionan entre sí de modos regulares y cuyos miembros están organizados también de modo regular. Entonces, la ecología es también una ciencia social; en efecto, una obra sobre esta materia en general lleva por título *Sociología de la naturaleza* (Reid, 1958).

Es oportuno enunciar aquí algunos de los términos generales en los que los ecólogos conciben la organización de la naturaleza. Además de los organismos individuales, los ecólogos generalmente consideran dos unidades más inclusivas. Primero, está el ecosistema. El ecosistema puede definirse como el total de organismos vivientes y substancias no vivientes ligados por intercambios materiales dentro de cierta porción delimitada de la biósfera. Los más importantes y típicos de estos intercambios son los alimenticios. En el ecosistema son básicas las plantas, las que, por medio de la fotosíntesis, pueden producir tejidos vivos de materia inorgánica en presencia de la luz solar. Las plantas son las principales productoras de tejidos vivos en los ecosistemas, y los herbívoros (consumidores primarios) consumen materia de origen vegetal y a su vez pueden servir de alimento a los carnívoros (consumidores secundarios). En algunos casos estos carnívoros también son presa de otros carnívoros (consumidores terciarios). Los desechos y los restos de plantas y animales muertos son reducidos por la acción de microorganismos, a sustancias que nuevamente pueden ser tomadas por las plantas. Aunque la mayoría de los ecosistemas son enormemente complejos, su esquema general es por lo común cíclico.

Los grupos de plantas y animales de varias clases que forman la porción viviente (o comunidad) de un ecosistema reciben el nombre de poblaciones ecológicas. Una población ecológica es un agregado de organismos que comparten un conjunto de medios distintivos mediante los cuales mantienen un conjunto común de relaciones materiales dentro del ecosistema en el cual participan. La posición ocupada por una población ecológica en un ecosistema, una posición definida por lo que esa población come y por lo que la come a ella, es llamada a veces "nicho ecológico". Generalmente, pero no siempre, una población ecológica está formada por todos los representantes de una especie que se encuentren en un ecosistema particular. Sin embargo, se designa como especie a un agregado de organismos porque sus miembros pueden intercambiar material genético, y los ecosistemas no se mantienen unidos por intercambios genéticos sino por relaciones alimenticias. La materia intercambiada en una típica transacción ecológica entre los miembros de poblaciones diferentes no es materia genética sino tejidos vivos: uno se alimenta del otro. Son útiles las designaciones de especies para distinguir las poblaciones ecológicas solamente en cuanto sirven como una guía para las posiciones ocupadas en las redes de intercambios alimenticios, o sea sus nichos ecológicos, y ocurre a veces que dos o más agregados de la misma especie tienen medios diferentes para sustentarse dentro del mismo ecosistema. Lo mismo suele ocurrir entre los hombres. Por ejemplo, los pastores y horticultores que ocupan la misma área son tan ecológicamente distintos entre sí como dos especies (véase, por ejemplo, Barth, 1956), y se pueden considerar como poblaciones ecológicas separadas.

La ecología, por lo tanto, trata de las transacciones entre todos los sistemas vivientes —organismos, poblaciones y ecosistemas— e intenta explicarlas en términos de unos cuantos principios generales, especialmente aquellos relativos a la conservación y disipación de la energía, con el mantenimiento del equilibrio y con la adaptación. Como todos los sistemas físicos, los sistemas vivos están sujetos a la segunda ley de la termodinámica, y tienden hacia la entropía: la desorganización y la disolución. Pero son sistemas abiertos, y conservan su estructura, funcionamiento y organización, por medio de la absorción de materia y energía de su medio ambiente.

Los sistemas vivientes también tienden a ser cibernéticos, al regular su funcionamiento mediante el proceso conocido por "retroalimentación negativa". En respuesta a cambios que pongan en peligro el sistema en algún aspecto del medio ambiente o de ellos mismos, los sistemas vivientes inician procesos que corrigen o compensan esos cambios. Por ejemplo, en respuesta a un aumento incómodo de la temperatura, un organismo humano puede transpirar, disminuir su actividad física, beber líquidos fríos, buscar la sombra, apagar la calefacción, o poner a funcionar el acondicionador del aire. Todas éstas son respuestas correctivas a una fluctuación ambiental que pudiera producir un aumento desagradable o aun desastroso en la temperatura interna del organismo. Gracias a estas y otras respuestas autorreguladoras el organismo es capaz de mantener el equilibrio con respecto a la temperatura. Esto es, puede conservar su temperatura interna dentro de un estrecho margen frente a fluctuaciones mucho más amplias en la temperatura de su medio ambiente. Del mismo modo, las poblaciones de muchas especies parecen regular su propio número mediante restricciones de reproducción y territorios alimenticios, por medio de organizaciones sociales jerárquicas, y tal vez mediante ciertas manifestaciones. El etólogo V. C. Wynne-Edwards (1962) ha argüido, por ejemplo, que la conducta de agrupamiento de ciertas aves sirve para impartir información relativa al tamaño y densidad de la población a sus propios miembros, y cuando el número de estos amenaza rebasar la capacidad de la región para alimentarlos, algunos de ellos o todos parten hacia áreas menos densamente pobladas. Parece así mantenerse el equilibrio con respecto al tamaño de la población mediante las convenciones sociales de una gran cantidad de especies. Cuando no es efectiva la regulación del número de sus miembros por cuenta de una población, deben tener lugar procesos correctivos en el nivel ecosistémico. Por ejemplo, en respuesta al incremento de población de ciertas liebres, hay aumentos en la población de los linces que se alimentan con ellas (Allee et al., 1949, p. 323 pasim). Además de ser equilibrados y autorreguladores, algunos sistemas vivientes son adaptativos. Esto significa que en respuesta a los cambios sufridos en sus medios ambientes, cambian su misma organización, su estructura y funcionamiento. Entre las poblaciones de organismos la adaptación se efectúa mediante el cambio en la composición genética en respuesta a las presiones selectivas de acuerdo con los principios de la selección natural. Aunque los organismos individuales no pueden modificar los genotipos que los originaron, puede decirse que se adaptan a cambios ambientales a largo plazo a través de la reorganización de su conducta. Esto es particularmente cierto en el hombre. Los ecosistemas también responden a cambios en su ubicación física —cambios en la luz solar, la humedad, la temperatura o suelos— mediante cambios en la composición de la especie y su estructura.

II

Ya hemos implicado que el hombre puede situarse dentro de los alcances de una perspectiva ecológica general. Pero los hombres difieren de los otros animales en aspectos importantes. Aunque constantemente aumenta la certeza de que el aprendizaje juega un papel notable en los modos de vida de muchos otros animales, también es claro que sus patrones de organización social y conducta individual están más estrechamente determinados genéticamente que en el hombre. Además, esta especificación genética es el resultado de presiones selectivas que emanan de tipos ambientales especiales, y en el curso de la evolución se han desarrollado ajustes bastante adecuados entre la organización biológica y social de los agregados animales y las características particulares de varias clases de ecosistemas.

La conducta y organización sociales del hombre, por otra parte, en un grado casi absoluto no están determinadas por su constitución genética. Aunque los hombres nacen con necesidades comparables a las de otros animales, no vienen al mundo con modos genéticamente programados para satisfacerlas. Por el contrario, nacen con capacidad para adquirir, cultura, creencias, convencionalismos, conocimientos, técnicas y artefactos dependientes de la invención y uso de símbolos. Estos símbolos son señales relacionadas convencionalmente con sus referencias y que se pueden combinar para formar mensajes complejos. El lenguaje es el sistema simbólico fundamental de la especie humana. Aunque los estudios etológicos han descubierto una limitada habilidad simbólica entre algunas otras especies, el uso de los símbolos ha alcanzado su expresión más elevada entre los hombres.

Por medio de los símbolos el alcance de la comunicación se libera de lo que es inmediato y presente, y por medio de ellos puede acumularse y trasmitirse una enorme cantidad de información. La habilidad para inventar y emplear un enorme número de símbolos obviamente ha contribuido a diferenciar en gran medida los modos de vida del hombre y de otras especies. Algunos antropólogos han llegado a comparar el surgimiento de los símbolos con el origen de la vida en cuanto a su importancia y novedad. Kroeber (1917) y White (1949) han dicho que los símbolos, las culturas sintetizadas a partir de los símbolos y el uso de los mismos forman una clase única de fenómenos tan diferentes de los orgánicos como lo son éstos de los inorgánicos: esta nueva clase es "supraorgánica".

Estos autores consideran, por supuesto, que la existencia de la cultura requiere de la existencia de los organismos portadores de cultura, como el hombre; una vez que surge la cultura tiene "vida" propia. Lévi-Strauss (1969, p. 4) ha escrito: "La cultura no está simplemente yuxtapuesta a la vida ni superimpuesta a ella, sino que en cierto modo sirve como sustituto de la vida, y por otra parte la usa y la transforma para producir la síntesis de un nuevo orden." Desde este punto de vista, la cultura está obviamente sujeta a sus propias leyes y no puede explicarse por medio de las leyes que gobiernan los procesos biológicos y físicos.

El concepto de la cultura como supraorgánica y autónoma, característica exclusiva o casi exclusiva del Homo, presenta algunos obstáculos para que lo asimile la antropología dentro de una perspectiva ecológica general. Si la cultura no es orgánica y no puede entenderse o explicarse en términos de las leyes que gobiernan los fenómenos orgánicos e inorgánicos, ¿qué importancia puede tener para su explicación la teoría ecológica general, ligada como está a consideraciones biológicas? Además, ¿cómo puede la ecología, que trata con lo que es común a todas las especies, resultar útil para el entendimiento de la cultura, que presumiblemente ocurre casi exclusivamente entre los hombres?

Para resolver estas dificultades Julian Steward propuso hace algunos años una "ecología cultural", un punto de vista basado en las características especiales del Homo sapiens (1955, p. 30). El aspecto destacado de esta consideración es que las culturas, separadas de los organismos portadores, se consideran como participantes en el sistema ecológico. Esta separación pareció necesaria a Steward porque "el hombre entra en la escena ecológica... no simplemente como otro organismo relacionado con los demás en términos de sus características físicas. Él introduce el factor supraorgánico de la cultura, que también afecta y es afectado por toda la red de la vida" (p. 31). Además, el objetivo de la ecología cultural, "una determinación de cómo la cultura es afectada por su adaptación al medio ambiente", es bastante diferente del de "el entendimiento... de las funciones orgánicas y variaciones genéticas del hombre como una especie puramente biológica" (p. 31).

Hace algunos años (1967) Vayda y yo sosteníamos que esta estrategia es innecesaria y tal vez desorientadora. Podemos conceder que la cultura es ontológicamente distinta del fenómeno orgánico, y aceptar tal vez que las leyes (cualesquiera que sean) que gobiernan los procesos culturales son privativas del fenómeno cultural. Pero la distinción ontológica y las leyes especiales que gobiernan la operación no implican necesariamente autonomía funcional. Pongámoslo en términos más simples. Decir que la cultura está "hecha de símbolos" y que los organismos están "hechos de células" no implica que ambos no interactúen continuamente. Por ejemplo, es mediante una variedad de medios culturales como uno proporciona nutrientes a las células de nuestros cuerpos. Cuando decimos que los procesos culturales están gobernados por leyes propias no queremos decir que la cultura no desempeñe un papel en sistemas aun mayores, sujetos a leyes todavía más generales; sistemas mayores que incluyen además de los portadores de la cultura humana, a otras especies y cosas no vivientes. Para emplear una analogía simple, un automóvil funciona de acuerdo con ciertas leyes físicas, principalmente las de la mecánica y la termodinámica. Pero el automóvil tiene también un papel en un sistema social de mayor tamaño. Si deseamos entender cómo trabaja el automóvil, acudimos a la física. Si, por otra parte, deseamos entender sus usos y funciones, tenemos que acudir a la economía, sociología, antropología y la ciencia política. Si deseamos comprender sus efectos sobre la biósfera, escudriñamos con los métodos de la meteorología y la ecología y otras ciencias biológicas. Y así ocurre, me atrevería a sugerir, con la cultura. Si bien puede suceder que hay leyes especiales (los antropólogos generalmente han fracasado en sus intentos por descubrirlas) que gobiernan los modos en que opera la cultura, debemos buscar en los sistemas naturales más amplios si hemos de entender los efectos y funciones del fenómeno cultural. A este respecto no podemos hacer nada mejor, para empezar, que citar al sociólogo Amos Hawley, quien escribió hace más de un cuarto de siglo:

> La cultura es... un modo de referirse a la técnica predominante por medio de la cual una población (humana se mantiene en su *habitat*. Por lo tanto, las partes componentes de la cultura son idénticas en principio a la atracción que siente la abeja por la miel, las actividades de las aves para construir nidos, y los hábitos de cacerías de los carnívoros. Sería una petición de principio argüir que estos últimos son instintivos mientras que las primeras no lo son (1944, p. 44).

Lo que interesa a Hawley no son las diferencias ontológicas que seguramente distinguen la cultura humana, que se basa en el uso de símbolos, de la conducta de otros animales en las que no ocurre lo mismo, sino en lo que es común a ellas: su equivalencia funcional. La muerte y consumo de un ciervo por un león armado solamente de sus garras y por cazadores armados con arcos y flechas o escopetas y que hablan entre sí mientras cazan son, ecológicamente hablando, transacciones de un mismo tipo en lo general. En ambas hay un intercambio material entre las poblaciones de cazadores y sus presas. No importa, desde el punto de vista del ecosistema, que la conducta del hombre sea cultural y que la conducta del león no lo sea, y podemos decir con seguridad que las culturas, o componentes de las culturas, forman parte principal de los medios distintivos empleados por las poblaciones humanas para satisfacer sus necesidades biológicas en los ecosistemas en que participan. Como Vayda y yo hemos señalado (1967), considerar así la cultura ni mengua lo que pudieran ser sus características únicas ni demanda ningún sacrificio de los objetivos tradicionales de la antropología. Por el contrario, mejora estos objetivos proponiendo otras interrogantes adicionales acerca de los fenómenos culturales. Podemos preguntar, por ejemplo, qué efectos particulares tienen las convenciones sociales tales como las reglas de residencia y afiliación de grupo (Brookfielt y Brown, 1963; Leeds, 1965; Meggitt, 1965) o prácticas culturales muy extendidas, como la guerra (Hickerson, 1965; Sahlins, 1961; Sweet, 1965; Vayda, 1961), sobre la dispersión de las poblaciones humanas y animales respecto de los recursos disponibles. Podemos inquirir acerca de los efectos de los conceptos y ritos religiosos sobre las tasas de nacimientos y defunciones y el *status* nutritivo de quienes los llevan a cabo o que creen en ellos (Aschmann, 1959; Freeman, 1970; Harris, 1965; Moore, 1957) y podemos investigar los modos mediante los cuales el hombre regula los ecosistemas que domina (Rappaport, 1967, 1968).

En cuestiones como éstas llegamos a la importancia de una perspectiva ecológica de la antropología. Nos lleva a preguntar si la conducta emprendida con respecto a convenciones sociales, económicas, políticas o religiosas contribuye a la supervivencia y bienestar de los actores, o por el contrario los amenaza, y si esta conducta mantiene o degrada los sistemas ecológicos en los que ocurre. *Si bien las preguntas se refieren a fenómenos culturales, son respondidas teniendo en cuenta los efectos de la conducta culturalmente informada sobre los sistemas biológicos: organismos, poblaciones y ecosistemas.* La característica distintiva de la antropología ecológica no es simplemente que toma en consideración factores ambientales en sus intentos para poner en claro los fenómenos culturales, sino que da significado biológico a los términos clave —adaptación, equilibrio interno, funcionamiento adecuado, supervivencia— de sus formulaciones.

Este procedimiento tiene ciertas ventajas. Primero, debemos notar que la aclaración de funciones, las contribuciones hechas por aspectos de la cultura a la supervivencia o funcionamiento adecuado de los sistemas más amplios de los que forman parte, es una preocupación bastante vieja de las ciencias sociales. Los antropólogos a menudo han propuesto las culturas y las sociedades como las unidades mayores a las que se refieren las funciones. Con frecuencia son difíciles de ligarse, y es difícil o imposible definir qué se quiere decir por su supervivencia o funcionamiento adecuado, por no decir la especificación de las condiciones en las cuales pueden sobrevivir. Hay mucha menos variedad en la definición ecológica. Los sistemas biológicos a cuya supervivencia contribuye el fenómeno cultural (positiva o negativamente) pueden situarse en el tiempo y el espacio, contarse, pesarse y en general medirse de diversos modos. Esto nos permite, entre otras cosas, evaluar la incidencia de los grupos humanos y sus tecnologías sobre los ecosistemas en los que participan (aunque pueden ser formidables los problemas de medición). Además, a menudo es posible establecer por lo menos algunos de los requisitos de supervivencia de los grupos humanos y de la población de otras especies en términos razonablemente precisos. Así, tal vez podamos dar un significado empírico al equilibrio interno especificando los rangos dentro de los que deben conservarse variables tales como las proporciones entre hombres y tierra, los componentes del suelo o el consumo de los diversos nutrientes si los sistemas en estudio han de funcionar o por lo menos sobrevivir.

Mientras que los procedimientos señalados aquí pueden ayudar a la antropología en sus esfuerzos para apoyar sus formulaciones en bases empíricas más sólidas, hay otro aspecto de gran importancia en la formulación ecológica. Aquí nos enfrentamos a la segunda de las dificultades mencionadas anteriormente: el asunto de la importancia de la teoría ecológica general en cuanto a la explicación de los fenómenos observados entre los miembros de una sola especie.

Todas las criaturas, incluido el hombre, deben mantener su número dentro de las capacidades de sus medios ambientales para sustentarlos. El hombre, igual que otras criaturas, es vulnerable a las enfermedades, el hambre, los parásitos y los depredadores. Aunque la antropología ecológica comparte con el resto de la antropología cultural el objetivo de esclarecer la cultura humana, difiere en una gran parte de aquélla en que intenta explicar la cultura en términos de la parte que juega en los aspectos de la existencia humana que son comunes a los seres vivientes. Mientras que la antropología cultural ha tomado generalmente como punto de partida lo que es exclusivamente humano, una perspectiva ecológica nos lleva a basar nuestras interpretaciones de la existencia humana en lo que no es exclusivamente humano. Como principio general se puede afirmar que la exposición de similitudes entre una clase de fenómenos, como organismos, poblaciones o sistemas vivos en general, debe preceder a cualquier entendimiento adecuado de cualquier cosa que pueda distinguir a los miembros de esa clase de los de otras. A menos que se reconozcan y entiendan los aspectos comunes básicos no se puede afirmar la magnitud e importancia de las diferencias.

Lo que una perspectiva más amplia puede considerar como variantes relativamente menores de un tema común, parecerán como contrastes de enorme magnitud desde un punto de vista más estrecho. Además, el acentuar primeramente el *status* del hombre como animal pone a la disposición de las interpretaciones antropológicas las generalizaciones de la ecología y otras disciplinas biológicas que, aplicadas como lo son a todo lo viviente, tienen un alcance más amplio que cualquier generalización que puede ofrecer la antropología por sí misma a base de sus propias observaciones, limitada como está a una sola especie. Siendo iguales otros aspectos, se dará preferencia a las explicaciones más generales sobre las de alcance más estrecho, porque nos permiten introducir más orden en nuestra comprensión del universo.

La estrategia que nos sugiere la perspectiva ecológica, es pues, contemplar al hombre como una especie cuyas poblaciones viven entre otras especies, un mejor entendimiento de lo que distingue, pero sin diferenciar a un grupo de hombres de otro. El punto de partida del análisis ecológico en la antropología es la más simple y común de todas las posibles suposiciones. Los hombres son animales, y como todos los animales están indisolublemente ligados a medios ambientes compuestos de otros organismos y sustancias inorgánicas de los cuales deben obtener materia y energía para sustentarse y a los cuales deben adaptarse para no perecer.

III

Hemos tomado a las culturas como los medios por los cuales las poblaciones humanas se mantienen en los sistemas ecológicos, y hemos así colocado a la cultura en una categoría que también incluye el equipo de supervivencia de otras especies. Pero son grandes las diferencias entre los mecanismos culturales de supervivencia y los de otro tipo, y no deben subestimarse estas diferencias ni las dificultades que presentan para aplicar las consideraciones ecológicas generales a los fenómenos culturales.

La cultura ha proporcionado al hombre una flexibilidad ecológica mucho mayor que la que disfruta cualquier otra especie. Mientras que otras especies han podido participar en uno solo o unos cuantos tipos de ecosistemas —los arrecifes, el bosque templado, la sabana tropical— y esto sólo de manera estrechamente definida por la herencia, el hombre ha vivido y ha ganado el sustento en todas partes, y en la mayoría de los sistemas ecológicos en que se le encuentra no está exclusivamente ligado a técnicas particulares de subsistencia. Mientras que los miembros de la mayoría de las otras especies están restringidos, por su constitución biológica, a la captura e ingestión de un número limitado de clases de alimento, el hombre, gracias parcialmente a sus medios culturales como armas, técnicas culinarias y cooperación dependiente de la comunicación simbólica, utiliza como alimento una amplia variedad de plantas y animales y además de su propio metabolismo posee otros procedimientos para convertir la materia en energía. Además, en un grado mucho mayor que los otros animales, el hombre es capaz de modificar su medio ambiente del modo que le parezca más ventajoso. Y el hombre, a diferencia de otras especies, por medio del comercio y otros medios culturales para redistribuir los recursos puede habitar regiones que en sí no le proporcionan todo lo necesario para satisfacer sus necesidades biológicas. Así, los problemas relativos a la conceptualización y estudio de la ecología del hombre son más complicados y se ramifican con mayor abundancia que los asociados con el estudio de otras especies, ya que exigen que atendamos no solamente a las relaciones entre los grupos de hombres y las otras especies con las que comparten la residencia, sino también a las relaciones entre grupos de hombres que ocupan diferentes regiones. El estudio de la ecología humana no puede desatender fenómenos como la guerra, el comercio, las costumbres matrimoniales, la organización política o aun la religión.

Ahora se puede apreciar otra complicación. La modificación de las culturas en respuesta a los cambios ambientales no es un proceso simple en el que los rasgos de cultura se especifiquen mediante el carácter del medio ambiente. La adaptación al medio a través de la cultura no es una determinación ambiental de la cultura y no podemos predecir sólo a partir de las particularidades geográficas de una región cuál será el carácter de la cultura que allí prevalezca. La forma en que el hombre participará en cualquier ecosistema depende no solamente de la estructura y composición de ese ecosistema, sino también del bagaje cultural de quienes entren a él, de lo que ellos y sus descendientes reciban posteriormente por medio de la difusión o que inventen ellos mismos, de las exigencias impuestas desde el exterior a la población local, y de las necesidades que debe satisfacer la población local con elementos traídos de fuera. Hay una gran variación en las culturas aun en medios muy semejantes, y puede decirse que las culturas se imponen a la naturaleza del mismo modo como la naturaleza se impone sobre las culturas.

Debemos considerar los aspectos ideológicos de la cultura a la luz de esta observación. El hombre contempla la naturaleza a través de una pantalla compuesta de creencias, conocimiento y propósito, y los hombres actúan según sus imágenes culturales de la naturaleza, más bien que de acuerdo con su estructura real. Por lo tanto, algunos antropólogos (Conklin, 1955; Frake, 1962; Rappaport, 1963; Vayda y Rappaport, 1967) han llamado nuestra atención acerca de la necesidad de tomar en cuenta el conocimiento y creencias del hombre con referencias al mundo que lo rodea, y sus motivos culturalmente definidos para actuar como lo hace, si deseamos comprender sus relaciones ambientales. Pero debemos tener presente que aunque el hombre actúa en la naturaleza de acuerdo con sus conceptos y deseos, es sobre la naturaleza misma donde actúa, a la vez que ésta actúa sobre el hombre, nutriéndolo y destruyéndolo. Son inevitables las divergencias entre la imagen que tiene el hombre de la naturaleza y la estructura real de los ecosistemas. El hombre tiene una gran capacidad para aprender y continuamente puede ampliar y corregir su conocimiento del medio ambiente. Pero sus impresiones de la naturaleza son siempre más simples que aquélla, y a menudo incorrectas, ya que los sistemas ecológicos dentro de los cuales vive el hombre son de una complejidad y sutileza que está más allá de su compresión. (Solamente ahora empieza la ciencia de la ecología a comprender los rudimentos de su operación.)

La discrepancia entre las imágenes culturales de la naturaleza y la organización real de la misma es un problema crítico para la humanidad y uno de los problemas centrales de la antropología ecológica. Para enfrentarse a este problema el etnógrafo ecológico debe preparar dos modelos de su tema de estudio. El primero, al que llamaremos el "modelo percibido", es una descripción del conocimiento y creencias de un pueblo con respecto a su medio ambiente. Sus miembros actúan de acuerdo con este modelo. El segundo, que podemos llamar "modelo operativo", es una descripción del mismo sistema ecológico (incluyendo al pueblo), de acuerdo con las suposiciones y métodos de la ciencia ecológica. Si bien posiblemente muchos componentes del mundo físico se incluirán tanto en el modelo percibido como en el operativo, difícilmente llegará a ser idéntica su participación. Los modelos operativos abarcan aquellos organismos, procesos y prácticas culturales que la teoría ecológica y la observación empírica sugieran al analista que afectan el bienestar biológico de los organismos, poblaciones y ecosistema que se consideren. Pueden influir elementos inadvertidos para los actores (tales como microorganismos y elementos originales) pero que los afectan de modo importante. El modelo percibido, por otra parte, bien puede incluir componentes abstractos cuya existencia no puede demostrarse por medio de procedimientos empíricos, pero cuya existencia putativa impulsa a los actores a conducirse de modos determinados. Sin embargo, esto no quiere decir que un modelo percibido sea simplemente un punto de vista menos preciso o más ignorante del mundo que el representado por un modelo operativo planteado de acuerdo con los principios de la ecología. El modelo percibido puede contemplarse como parte de los medios distintivos de una población para mantenerse a sí misma dentro de un medio ambiente. Ya que es éste el caso, la cuestión pertinente relativa a un modelo organizado no es el grado en que se identifica con lo que el analista supone es la realidad, sino el grado en el que produce una conducta adecuada para el bienestar biológico de los actores y los ecosistemas en los cuales ellos participan. El criterio para decidir si es adecuado un modelo de percepción no es su precisión, sino su efectividad funcional y adaptativa. De acuerdo con esto, el análisis del etnógrafo ecológico consiste en una integración de los modelos de percepción y una integración que le permitirá describir los efectos de la conducta presentada con respecto al modelo de percepción del ecosistema como está representado en el modelo operativo. De este modo es posible evaluar la capacidad adaptativa no solamente de la conducta humana abierta, sino también de la ideología que implica esa conducta.

IV

Se habrá notado que hemos discutido la naturaleza y la cultura como si fueran virtualmente cosas opuestas. Por lo menos, esta oposición parece estar implícita en una gran parte del pensamiento humano. La cultura se opone a la naturaleza en las metáforas del mito, y esta dicotomía continúa su expresión en nuestro uso cotidiano de conceptos de lo "natural" frente a lo "artificial", y como hemos visto, aun ciertas teorías antropológicas han adoptado esta distinción. Una posible implicación, tal vez no intencional, de la oposición entre cultura y naturaleza en algunas obras antropológicas es que al poseer o ser poseído por la cultura, el hombre ha trascendido a la naturaleza, que está compuesta de fenómenos orgánicos e inorgánicos. Una enorme cantidad de esfuerzo intelectual y no poca emoción ha empleado el hombre para distinguirse de las otras criaturas con las que comparte la Tierra, y puede ser que bajo esta actitud descanse alguna característica de la psicología humana, ya que parece manifestarse tanto en la ciencia como en la religión, así como en el pensamiento diario. Pero sea lo que sea, la noción de que a través de la cultura el hombre ha trascendido a la naturaleza es tal vez reminiscente de ciertas nociones religiosas. Se puede aducir que en su intento de contemplar al hombre de modo naturalista, la antropología, sin desearlo, ha producido una conceptualización de la posición del hombre en la naturaleza no muy diferente de la posición teológica con la cual se ha enfrentado.

Esta concepción religiosa de la creación única del hombre situado solamente un escalón más abajo que los ángeles fue minada en el siglo XVIII cuando Linneo clasificó al hombre entre los primates, y puesta más en peligro un siglo después cuando Darwin y sus seguidores propusieron que el hombre surgió de un origen común a todas las formas de vida mediante un proceso que fundamentalmente no es diferente del que produjo a todas las demás especies. Pero esta posición única fue restaurada en el siglo XX por quienes han concebido la cultura no solamente como supraorgánica, sino como autónoma y peculiar al hombre. Dicho concepto de cultura se ha acercado al concepto de espíritu del pensamiento judaico-cristiano. Ni la cultura ni el espíritu están sujetos a las leyes de la naturaleza, sino a sus propias leyes que están "por encima" o "más allá" de lo natural. Tanto la cultura como el espíritu son poseídos por el hombre o poseen al mismo y no a otras criaturas, y en cuanto a que el hombre es cultural o espiritual, él y sólo él entre los animales está en la naturaleza, pero no enteramente en ella. Desde este punto de vista, la evolución cultural tiene mucho en común con la salvación, si no es que con la apoteosis. Cultura y espíritu son equivalentes lógicos en dos escuelas del pensamiento que no sólo distinguen al hombre de la naturaleza de la cual es parte, sino que lo separan de ella.

Pero supraorgánica o no, se debe tener presente que la cultura pertenece en sí a la naturaleza. Emergió en el curso de la evolución mediante procesos de selección natural diferentes sólo en parte de aquellos que produjeron las garras del león, los tentáculos del pulpo, los hábitos sociales de los termites. Aunque la cultura está muy altamente desarrollada entre los hombres, estudios etológicos recientes han indicado alguna capacidad simbólica entre otros animales, particularmente en los primates (Altmann, 1968). Y aunque su operación pueda estar sujeta a sus propias leyes, la cultura no es autónoma. La cultura, a través de sus relaciones con organismos que la portan, a fin de cuentas permanece obediente a las leyes que gobiernan las cosas vivientes. Aunque las culturas pueden imponerse a los sistemas ecológicos, hay límites para esas imposiciones, ya que las culturas y sus componentes están sujetos a su vez a procesos selectivos. En respuesta a cambios ambientales, las culturas deben transformarse (de modo análogo a la transformación genética en respuesta a condiciones ambientales cambiantes) o perecerán, o las abandonarán los organismos que las porten. La cultura ha evolucionado como un medio por el que ciertas poblaciones se sostienen y transforman en ambientes cambiantes, y los antropólogos ecólogos generalmente sostienen el punto de vista de que la supervivencia y el bienestar de los organismos portadores de cultura continúan siendo hasta nuestros días el papel principal de la misma.

La historia y aun nuestras experiencias diarias pueden requerir alguna justificación de estas últimas afirmaciones. Aunque podemos definir la adaptación y el funcionamiento adecuado en términos de variables abstraídas de sistemas vivos (organismos, poblaciones y ecosistemas) es claro que a veces las culturas sirven a sus propios componentes, tales como instituciones económicas o políticas, a expensas del hombre y los ecosistemas. Pero, como ya hemos sugerido, las adaptaciones culturales, como todas las adaptaciones, pueden tener y tal vez generalmente tengan a la larga, resultados contraproducentes (Sahlins, 1964), al disminuir en vez de aumentar las posibilidades de supervivencia de los organismos que las practiquen. Más adelante volveremos sobre el tema de la mala adaptación cultural.

v

Los ecosistemas pueden ser de cualquier tamaño (Odum, 1959, p. 11), y así pueden serlo las poblaciones ecológicas. Un problema del antropólogo ecólogo es distinguir un agregado que pueda considerar como población ecológica, y una porción de la biósfera que pueda considerar como un ecosistema. El problema de distinguir tales unidades es muy complejo y sólo se tocará superficialmente. Entre los criterios empleados para localizar los límites de los ecosistemas está la distribución de asociaciones particulares de plantas, asumiendo que en éstas se encontrarán diferentes comunidades animales. Pero particularmente en las áreas continentales ese criterio puede producir unidades de tal magnitud (por ejemplo, la tundra), que sería muy difícil o imposible el análisis detallado. Además, los linderos de sistemas definidos por asociaciones vegetales son muy permeables. A través de esos linderos suelen ocurrir importantes intercambios materiales, por ejemplo, podemos fácilmente distinguir un atolón coralífero del océano que lo rodea. Uno es terrestre, el otro es marino, y son diferentes las especies que los habitan. Pero la materia orgánica y mineral del mar son fundamentales para la supervivencia de la flora y fauna del atolón. Éstos son proporcionados por las aves que se alimentan en el mar pero que dejan en tierra una gran parte de sus desechos. Por lo tanto, los ecosistemas no están claramente definidos y su discriminación descansa en grado considerable en los objetivos particulares de un análisis.

Hay, sin embargo, otros indicios. Entre los pueblos recolectores, horticultores y campesinos estudiados tradicionalmente por los antropólogos, es posible a menudo distinguir los grupos explotadores de los recursos (entrando en intercambio trófico con otras especies) completamente, o casi completamente, dentro de ciertas áreas demarcadas de las que son excluidos los miembros de otros grupos humanos. Es conveniente y compatible con la teoría ecológica la consideración de dichos grupos como poblaciones ecológicas, y contemplar los linderos de las áreas que explotan como fronteras de ecosistemas. Por lo tanto, entre los horticultores y algunos pueblos campesinos, los grupos territoriales locales, comunidades reconocibles o grupos de parentesco, pueden considerarse como poblaciones ecológicas, y sus territorios como ecosistemas. Los cazadores y recolectores, como los aborígenes australianos (Meggitt, 1962) y los bosquimanos (Lee, 1968) generalmente están organizados en bandas locales, pero la membrecía de estas bandas es muy pasajera y no es estricta la territorialidad de la banda. En esa situación probablemente deba definirse la población ecológica como el conjunto de bandas que viven en una región dada, y esa región será el ecosistema. Las observaciones y mediciones realizadas en una o algunas de las bandas posiblemente puedan ser usadas como muestra estadística de las relaciones ecológicas de la población total.

Hay, por supuesto, complicaciones. Ya hemos señalado que dos o más poblaciones ecológicamente diferentes pueden coexistir en lo que podemos considerar como un ecosistema, y que una población, por ejemplo, de pastores-agricultores nómadas que habitan en las montañas, o de horticultores-pescadores que ocupan un atolón coralífero, puede participar en dos o más ecosistemas bióticamente distintos de modos muy diferentes.

Debe también recordarse que pocas poblaciones humanas viven en completo aislamiento de otros grupos que habitan fuera de su territorio (y con quienes probablemente intercambian mujeres y productos, y contra los cuales pueden también guerrear). Pero el concepto del ecosistema, un sistema de relaciones alimenticias entre poblaciones ecológicamente diferentes que ocupen la misma área, apenas podrá acomodar torpemente otras clases de relaciones entre grupos humanos que, aunque con frecuencia semejantes ecológicamente, ocupen localidades separadas. En vez de ampliar y tal vez diluir el concepto del ecosistema, podemos reconocer que las poblaciones ecológicas locales pueden también participar en sistemas de intercambio regional compuestos de varias o muchas poblaciones locales que ocupen áreas geográficas más extensas, y que su participación en estos sistemas regionales afecta posiblemente las variables biológicas de las que se ocupa la antropología ecológica. Por ejemplo, la conservación de una adecuada tasa de nacimientos dentro de un grupo local tiende a depender de las esposas nacidas en otros grupos locales, y estas esposas deben de trabajar en las tareas de subsistencia. Las tasas de defunción son afectadas por la guerra, y a veces la guerra redispersa a la gente sobre el territorio o redistribuye la tierra entre la gente, afectando posiblemente de modo significativo las densidades de la población local. Los cultivos cosechados por un grupo local pueden ser dictados por exigencias del exterior, más bien que por sus propios requerimientos de subsistencia. Un pleno entendimiento de las relaciones ambientales de las poblaciones humanas exige que indaguemos sus relaciones regionales entre las especies, igual que las que ocurran a nivel local.

VI

Ilustramos ahora algunos de los puntos señalados en secciones anteriores haciendo referencia a los tsembaga, uno de una veintena de grupos locales que hablan maring y que viven en las montañas Bismarck en el territorio de Nueva Guinea. En contraste con análisis anteriores de este material, prestaremos particular atención a su modelo percibido y al lugar que ocupan en sus relaciones ambientales.

Los tsembaga, que en el momento del trabajo de campo en 1962-1963 eran unos 200 individuos divididos en cinco clanes supuestamente patrilineales, pueden considerarse como una población ecológica, y su territorio, 8.7 kilómetros cuadrados de tierras boscosas que ascienden de 900 a 2 400 metros en el lado sur del valle Simbai, como un ecosistema. Aproximadamente la mitad del territorio es cultivable, y los tsembaga, que son horticultores de roza, cada año desmontan nuevas parcelas en el bosque secundario hasta altitudes de 1 600 a 1 800 metros. El cultivo continúa durante un periodo de uno a dos años, después del cual se deja ociosa la tierra hasta que la maleza que la cubre haya alcanzado cierto grado de madurez. Esto se lleva entre 7 y 40 años, dependiendo del sitio. Los alimentos básicos son tubérculos.

Los más importantes son el taro y la patata dulce, pero también se cultivan el ñame, mandioca, bananas, pándano, así como una gran variedad de verduras. Los tsembaga también crían cerdos, los cuales, aunque alojados y alimentados en las casas de las mujeres, vagan libremente durante el día y se procuran por sí mismos la mayor parte de su dieta. Además de las raciones de tubérculos que se les da (un cerdo adulto recibe tanto como un hombre) consumen basura y heces humanas así como lo que pueden desenterrar en los huertos abandonados y el bosque secundario.

Inmediatamente hacia el este de los tsembaga, del mismo lado del valle, está el territorio de los tuguma, un grupo local maring que guarda relaciones amistosas con los tsembaga. Las tierras contiguas hacia el oeste están ocupadas por los kundagai, en contra de quienes los tsembaga han estado en guerra en cuatro ocasiones en el medio siglo anterior a 1962.

Como todos los otros maring, los tsembaga son igualitarios. No hay jefes ni otras autoridades que puedan ordenar o forzar la obediencia de otros. Pero las relaciones entre las poblaciones locales autónomas como los tsembaga y los kundagai, y entre esas poblaciones y las otras especies con quienes comparten sus territorios, están reguladas por prolongados ciclos rituales. Ciertamente, la operación de esos ciclos ayuda a mantener un medio ambiente físico y biótico no degradado, distribuye los excedentes locales de cerdo en la región como carne en conserva, y asegura a la gente proteínas de alta calidad cuando más la necesitan. Los ciclos rituales también limitan la frecuencia de la guerra para que no amenace la supervivencia de la población regional, pero también permiten la redistribución ocasional de la gente sobre el territorio y de las tierras entre la gente, permitiendo tal vez así corregir las discrepancias entre las densidades de población de los diferentes grupos locales. Hay todavía dentro de estos ciclos otras funciones para cuya descripción sería insuficiente el espacio en este capítulo.

Aunque las observaciones registradas de acuerdo con los principios generales ecológicos y cibernéticos indican las funciones reguladoras de los ciclos rituales maring, no son entendidos así por los tsembaga y los otros grupos maring, quienes los practican, según dicen, para conservar o trasmutar sus relaciones con los espíritus.

En la cosmología maring hay dos grupos de espíritus, los del terreno alto y los del terreno bajo. Entre los espíritus del terreno alto hay dos categorías. Primero, los Espíritus rojos, que son los de la gente muerta en la guerra. Como se dice que moran en la parte superior del territorio, igualmente se les relaciona con la parte superior de los cuerpos de la gente y las correspondientes enfermedades y curas. Los Espíritus rojos también tienen que ver con los rituales y tabúes de la guerra, y sus características responden a este interés. Se dice que son calientes, como el fuego, y secos. El calor y la resequedad se asocian con la dureza, fuerza e ira, virtudes marciales que se consideran propias de los hombres, y solamente sujetos del sexo masculino participan en la mayoría de los rituales dedicados a ellos.

Los Espíritus rojos no tienen nada que ver con la subsistencia, aunque se dice que sus cerdos son los marsupiales que son atrapados y comidos (los cuales habitan principalmente en el bosque no cultivable de las tierras altas en donde se supone está el hogar de los Espíritus rojos). Los Espíritus rojos también se identifican con los casuarios, una especie de feroces aves de gran tamaño que también viven en los bosques de las alturas y cuyo nombre a veces se da a los espíritus.

Acompaña a los Espíritus rojos otro ser sobrenatural llamado Mujer de Humo. A diferencia de los Espíritus rojos, Mujer de Humo nunca fue humana. Por medio de ella los vivos se comunican con los muertos, con la asistencia de los chamanes quienes, tras de fumar cigarros de tabaco local extremadamente fuertes, entran en un trance durante el cual Mujer de Humo entra en sus cabezas y habla por sus bocas, a veces en lenguaje ininteligible.

Hay también dos clases de espíritus en la porción inferior del territorio. Primero, está Koipa Mangiang, quien tampoco fue nunca humano, igual que Mujer de Humo, y de quien se dice que reside en lugares amplios de ciertos ríos. Así como los marsupiales son los cerdos de los Espíritus rojos, se dice que las anguilas son los cerdos de Koipa Mangiang.

En las tierras bajas acompañan a Koipa los Espíritus de la corrupción, los espíritus de las gentes locales cuyas muertes no han sido resultado de acciones guerreras. En contraste con los Espíritus rojos, los Espíritus de la corrupción están relacionados con la porción baja del cuerpo, y mientras que los Espíritus rojos son calientes, duros y secos, se dice que los Espíritus de la corrupción son fríos, blandos y húmedos. Éstas son las características del suelo que favorecen el crecimiento de las plantas, y los Espíritus de la corrupción, así como Koipa Mangiang, están implicados en la fertilidad de los huertos, los cerdos y las mujeres. También se les asocia (especialmente a Koipa) con la muerte, pero la muerte y la fertilidad se consideran como relacionados, ya que el crecimiento surge de la podredumbre, inducido por la frialdad, blandura y humedad de las cosas que alguna vez tuvieron vida. Los espíritus del terreno bajo, fundamentales en los rituales concernientes a la fertilidad, están implicados sólo de modo incidental con los rituales guerreros.

Las virtudes de los dos grupos de espíritus aparecen en claro contraste entre sí, aunque tal vez pudiéramos notar dentro de la cosmología, como lo he señalado, cierta mediación entre ellos. Los Espíritus de la corrupción y los Espíritus rojos fueron parientes en vida, y así tal vez se les sitúa con algún sentido lógico entre Mujer de Humo y Koipa Mangiang. Pero de un interés mayor que esta mediación lógica es la mediación dinámica de los ciclos rituales, ya que es en virtud de esta mediación entre entidades sobrenaturales como se regulan las verdaderas variables materiales que comprenden el ecosistema.

En el diagrama de las páginas 280-81 se muestra el ciclo ritual, el modelo percibido en virtud del cual se lleva a cabo, así como sus efectos en los procesos de los eventos y variables ecológicos tanto regionales como locales. Podemos empezar nuestra descripción con los comienzos de la guerra. La guerra empieza cuando un miembro de un grupo local (como los tsembaga) infligen una injuria a un miembro de otro grupo local con la gravedad suficiente como para reclamar una venganza homicida. Esa injuria es generalmente un asesinato consumado o intentado como venganza por un homicidio sufrido y no vengado durante la guerra anterior.

Hemos señalado que los Espíritus rojos se asocian principalmente con la guerra, y que sus características aparecen como opuestas a las de los espíritus de las tierras bajas. Ciertamente, se piensa que las virtudes de estos últimos son hostiles a las de los Espíritus rojos y a la ayuda que éstos puedan prestar durante la guerra. Por lo tanto, cuando se inicia la guerra, es necesario separar los dos grupos de espíritus y todo lo que con ellos se asocie en todo lo posible, e identificar la comunidad, especialmente los hombres, más estrechamente con los Espíritus rojos. Esto se logra en un complicado ritual durante el cual se cuelgan del poste central de una casa sagrada ciertos objetos llamados piedras de la guerra. Este ritual convierte a los antagonistas en la categoría formal de enemigos (el término en lengua maring es "hombres hacha"), si es que no lo son ya desde los anteriores episodios bélicos. A partir de ese momento el territorio de aquéllos no debe ser visitado excepto para saquearlo, y ellos no deben ser tocados o interpelados salvo con ira. En el curso de este rito, en el que participan solamente los hombres, se dice que los Espíritus rojos entran en las cabezas de los guerreros, en donde queman como fuego. De ese momento en adelante es tabú la relación sexual, ya que el contacto con el carácter frío, húmedo y blando de las mujeres apagaría los fuegos que arden en las cabezas calientes, duras y secas de los hombres, y a su

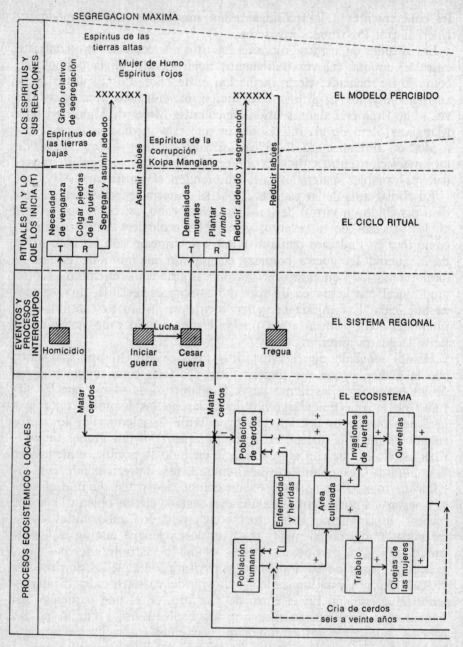

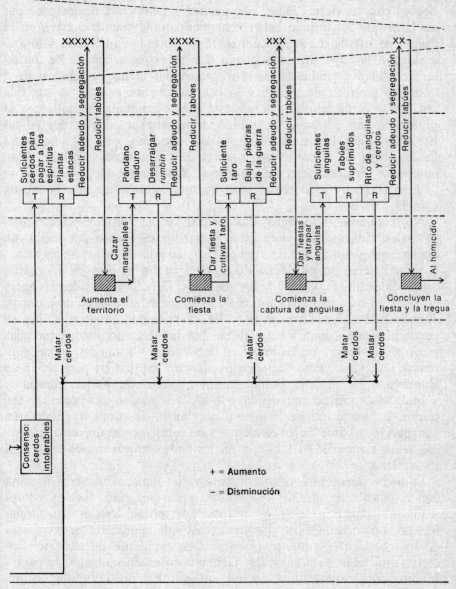

ENTRE LOS MARING

vez, las mujeres podrían arder al contacto de los hombres. Por razones similares, quedan prohibidos a los guerreros los alimentos cocinados por las mujeres, los alimentos húmedos y blandos y aquellos identificados con las tierras bajas. Los guerreros también son afectados por un tabú que les impide beber cualquier líquido mientras estén en el campo de batalla. La separación entre lo asociado con lo alto y lo asociado con lo bajo, una segregación que se extrema cuando se inician las hostilidades (indicada en el diagrama por el mayor número de x entre los espíritus de lo alto y lo bajo en ese momento), es sugerida por este y otros tabúes. Tal vez está más claramente indicada por la prohibición en contra del consumo de marsupiales, los cerdos de los Espíritus rojos, junto con el fruto del pándano, que se asocia con los Espíritus de la corrupción (partes de cuyos restos mortales están enterrados en donde crece el pándano). Los marsupiales y el pándano pueden cocinarse e ingerirse, pero no mezclados o durante la misma comida.

No solamente están segregados entre sí los dos grupos de seres sobrenaturales, sino que los vivos están separados de ambos por medio de pesadas obligaciones. Éstas se deben también a los espíritus de las tierras bajas a quienes se pide, cuando se cuelgan las piedras de la guerra, que fortalezcan las piernas de los guerreros. Debido a estas deudas entra en vigor un tabú sobre la captura de marsupiales por medio de trampas, aunque se les puede comer si se les da caza con proyectiles. No se puede atrapar o comer a las anguilas. Los hombres no pueden tomarlas como alimento ya que las anguilas, siendo frías y húmedas, serían contrarias a su vigor. Pero tampoco pueden ser capturadas para servir de alimento a las mujeres porque son los cerdos de Koipa Mangiang, y mientras subsista una deuda con él, no pueden ser tomados sus cerdos. La iniciación de la guerra, por tanto, da como resultado una segregación máxima de los elementos que componen el universo, una segregación expresada en tabúes y en los compromisos de los vivos con los muertos.

La lucha puede prolongarse durante varias semanas. A veces termina con la derrota de una de las partidas, y en esos casos los vencedores saquean el territorio de sus adversarios, y se retiran después a su propio terreno. Los maring dicen que nunca hay que apoderarse de las tierras de los enemigos porque, aun si se les ha expulsado de ellas, sus ancestros quedarán para cuidarlas. Generalmente, sin embargo, la guerra termina con un acuerdo entre los antagonistas en el sentido de que por el momento ya ha habido suficientes luchas, daños y muertes.

Con la terminación de la guerra se inicia la reintegración del universo. Si un grupo permanece en su territorio después de la lucha, planta un arbusto ritual llamado *rumbin*. Cada hombre toma la planta en el momento en que se la deposita en el suelo, significando así su membrecía en el grupo y el nexo del grupo con el territorio. Con esta ceremonia se levanta el tabú contra las relaciones sexuales, contra la ingestión de alimentos preparados por las mujeres, y contra los diversos alimentos prohibidos. Cuando se planta el *rumbin* hay una gran matanza de cerdos. Todos los animales adultos y jóvenes pertenecientes a los miembros del grupo local se ofrecen a los espíritus en pago por su ayuda en la guerra que ha terminado. (Cuando los maring sacrifican a los cerdos, se dice que los espíritus devoran los espíritus de los cerdos, mientras que los vivos consumen su carne.) Debe hacerse notar que todos los esfuerzos rituales para reintegrar lo que se había segregado al iniciarse las hostilidades guerreras requiere algún pago de la deuda a los espíritus mediante el ofrecimiento de cerdos.

Pero los cerdos sacrificados durante la plantación del *rumbin* constituyen solamente un primer pago. Subsiste todavía una gran deuda, y por tanto rigen todavía muchos tabúes, entre los que se incluyen los de marsupiales, anguilas y los que prohiben tratar con el enemigo y entrar a su territorio. Ya que los maring creen que el éxito de la guerra depende exclusivamente de la ayuda de los espíritus, y ya que aquélla no se producirá si subsisten los adeudos, un grupo no puede iniciar una nueva etapa guerrera hasta que no ha pagado totalmente las deudas de la última guerra. Con la plantación del *rumbin* se inicia una tregua sagrada que subsiste hasta que hay suficientes cerdos para pagar a los espíritus.

No podemos entrar en detalle con respecto a cuántos cerdos bastan y cuánto tiempo requiere el disponer de ellos. Aquí señalaremos únicamente que fuera de los rituales asociados con la guerra y las fiestas, los maring generalmente matan y consumen cerdos solamente durante las ceremonias celebradas en casos de heridas y enfermedades. Puede ser muy funcional reservar la limitada cantidad de cerdos para la ocasión en que sus dueños experimenten tensiones fisiológicas y necesiten proteínas de alta calidad, pero aun así, la tasa de incremento de la población de cerdos está obviamente relacionada con la salud de la población humana. Puede señalarse también que dado que todos los cerdos machos son castrados (para aumentar su talla y menguar su ferocidad), las hembras solamente pueden ser preñadas por cerdos salvajes, y el rebaño crece más lentamente de lo que sería el caso si se domesticara a aquellos animales.

Cuando la población de cerdos alcanza un tamaño moderado puede alimentarse con tubérculos desechados de la cosecha destinada a los humanos. Sin embargo, cuando el rebaño crece es necesario sembrar huertos especiales para su alimentación. Puede ser considerable la cantidad de tierra y trabajo destinados a este fin. Cuando los rebaños tsembaga alcanzaban su máximo tamaño (170 animales), el 36% de sus siembras se destinaba al mantenimiento de los cerdos. Este trabajo adicional recae principalmente en las mujeres, quienes acaban por quejarse debido al exceso de trabajo. Además, al hacerse más numerosos los cerdos se convierten en una molestia, invaden frecuentemente los huertos y crean conflictos entre los propietarios de éstos y los propietarios de los cerdos. En pocas palabras, el gran número de cerdos representa una carga y un problema, y cuando se hacen intolerables para un número suficiente de gente como para alterar el consenso, significa que ya hay suficientes animales para pagar la deuda a los espíritus. Toma de seis o siete a veinte años la acumulación de este número de cerdos, que siempre suele ser menor que la capacidad del territorio para mantener a estos animales.

Cuando hay suficientes cerdos, se plantan ceremonialmente estacas señalando los linderos del territorio de la población local. Si el enemigo permanece en su propio territorio, las marcas se clavan en las viejas fronteras. Sin embargo, si el enemigo ha sido expulsado, se deroga el tabú de penetrar en la tierra de aquél y las estacas pueden plantarse en nuevos sitios para incorporar una parte o el total de su territorio. Se asume que para ese momento aun los espíritus de los ancestros del enemigo han partido para residir con sus descendientes vivos quienes, después de ser expulsados, buscan refugio con parientes que viven en otra parte. Por lo tanto, la tierra enemiga se considera desocupada y se puede anexar.

También se elimina entonces el tabú de cazar marsupiales por medio de trampas y se inicia un periodo ritual de colocación de trampas que dura de uno a dos meses (hasta que madura el fruto de cierta variedad de pándano). Esto culmina con una importante ceremonia en la cual se desarraiga el *rumbin* plantado después de la última guerra. Durante este ritual hay otra reducción de la deuda y una importante reintegración del cosmos. En esta ocasión los beneficiarios de la matanza de cerdos son principalmente los Espíritus rojos. Los cerdos que se les ofrendan son en parte el pago por su ayuda pasada y en parte el intercambio por los marsupiales (sus cerdos) que recientemente han sido atrapados y su carne curada al humo y que ahora se consume. Ahora los vivos establecen una relación de igualdad con los Espíritus rojos para reemplazar el endeudamiento anterior. En relación con esto, concluye la comunión iniciada años antes por los hombres cuando recibieron dentro de sus cabezas a los Espíritus rojos. Se pide entonces que éstos tomen los cerdos ofrendados y que se alejen.

Ya se ha mencionado que el casuario se asocia con los espíritus de las tierras altas y el pándano con las bajas; desde el punto de vista de la reintegración tal vez el acto más interesante de este elaborado ritual es la perforación de un fruto de pándano con un hueso de casuario, llevada a cabo por un hombre que danza sobre piedras calientes. Después se cocina el pándano junto con carne de marsupiales y se ingiere la mezcla. Los espíritus de lo alto y lo bajo, largo tiempo separados, son reunidos nuevamente y la comunidad, que gradualmente salda sus adeudos, se aproxima a ambos grupos de espíritus.

Con el desarraigo del *rumbin* se levanta el tabú de tocar los tambores y da comienzo un *kaiko*, un festival de un año de duración con el que culmina todo el ciclo ritual. Durante este festival otras poblaciones locales son invitadas de tiempo en tiempo a complicados bailes, y unos seis meses después de desenterrado el *rumbin,* cuando el taro ha empezado a abrirse en los huertos, finalmente se bajan las piedras de la guerra durante un rito llamado *kaiko nde.* Una vez llevado esto a cabo es posible atrapar anguilas, y de uno a tres meses después se colocan trampas para anguilas en sitios especiales de diversos ríos. Mientras tanto continúan las invitaciones a grupos amigos, pero ahora es el taro el manjar principal ofrecido a los visitantes. Para los maring el taro es el alimento más importante; aun los cerdos sacrificados son llamados "taro" en las invocaciones a los espíritus, y el ofrecimiento ritual del taro a los invitados simboliza por una parte la habilidad de los anfitriones para cultivar sus huertos, y por otra las relaciones sociales. Entre los maring compartir la comida es sinónimo de amistad; la gente no comerá alimentos cultivados por los enemigos, y comer el taro de otro hombre significa aceptarlo como amigo.

El festival concluye con una serie de ceremonias que ocurren en días sucesivos y que por lo tanto se representan juntas en el diagrama. Primeramente está el sacrificio de algunos cerdos a los Espíritus rojos en rituales para derogar algunos tabúes residuales sobre las relaciones con otros grupos y que se originaron en guerras ocurridas en generaciones anteriores. También en ese momento, se suprimen los tabúes de inter-alimentación entre miembros de la población local y que fueron adoptados entre unos y otros en momentos de ira. La renunciación de estos tabúes permite que los habitantes locales lleven a cabo los rituales que son el clímax de todo el ciclo ritual. Llevados a cabo en sitios sagrados ubicados a altitudes medias, y acompañados por la matanza de un gran número de cerdos, las ceremonias permiten ocuparse nuevamente del acto sexual.

Las anguilas atrapadas, conservadas en jaulas en los ríos cercanos, son llevadas por hombres jóvenes a los sitios sagrados de sacrificio (raku), por senderos recién abiertos, a través de arcos de enramada, donde se les reúnen las mujeres jóvenes y adultas. Después los hombres y mujeres se reúnen en el centro del raku donde las anguilas son sacadas de las jaulas y, tomadas por las colas, son azotadas hasta matarlas sobre el flanco de una cerda acabada de sacrificar. Después las anguilas y el cerdo son cocinados juntos en el tmbi ying, una pequeña casa circular con un poste que sobresale a través de su techado. En esta casa la noche anterior han sido invocados Koipa Mangiang y Mujer de Humo y ambos han estado presentes al mismo tiempo. El universo ha sido finalmente reintegrado.

Al día siguiente hay una gran distribución de carne de cerdo en el lugar de la danza entre los miembros de los grupos amigos a través de una ventana en una cerca ceremonial especialmente construida para la ocasión. Cuando se ha distribuido la carne los anfitriones, quienes se han reunido tras de la cerca, la trasponen para reunirse con la multitud que danza en el claro. El día anterior reunieron lo alto con lo bajo y con ellos mismos en lo que pudiera parecer al observador un gran acto procreativo. Ahora, en lo que pudiera ser un renacimiento, han derribado las restricciones que los separan de sus vecinos. Han sido pagadas las deudas pendientes tanto con los vivos como con los muertos, y si el gobierno australiano no hubiera pacificado recientemente el área maring, hubieran estado en libertad de reiniciar nuevamente la guerra, ya que había terminado la tregua sagrada.

Aquí se ha intentado, primeramente, representar la cosmología maring, el modelo precibido asociado con regulación de alto nivel (también hay modelos percibidos de bajo nivel que tratan con las particularidades de la horticultura, etc.), en términos estructurales dinámicos. He intentado además relacionar la cosmología maring, representándola estructuralmente, con las relaciones materiales maring. A base de esta ilustración pudiera sugerirse que la relación del modelo percibido con el modelo operativo es similar a la de la "memoria" de un aparato de control automatizado con el sistema físico que regula. El ciclo ritual se emprende de acuerdo con los entendimientos incluidos en el modelo percibido, pero el ciclo ritual de hecho regula las relaciones materiales en el sistema ecológico local y en el sistema regional. Toda la operación del ciclo es cibernética. En respuesta a las señales del ecosistema (por ejemplo, las quejas de las mujeres con respecto a las molestias de la cría de cerdos) se emprenden acciones rituales concernientes a lo sobrenatural (hay suficientes animales para pagarles, y se hacen sacrificios), pero estas acciones tienen efectos correctivos sobre el ecosistema (disminuye la población de cerdos y se reduce el trabajo de las mujeres en el pastoreo.

VII

El desarrollo de estructuras tales como la cosmología maring es una interrogante para la cual todavía no puede ofrecerse una solución satisfactoria. Sin embargo, por extraño que parezca, no es impropio considerar esta cosmología como una codificación funcional de la realidad, tal vez hasta adaptativa. Antes dijimos que el criterio por medio del cual evaluamos lo adecuado que es un modelo percibido no es si se ajusta o no a nuestras nociones de la estructura física de la naturaleza, sino si produce o no una conducta que contribuya al bienestar de los actores y al mantenimiento del ecosistema del cual forman parte. Solamente puede sugerirse, en ausencia de cualquier estudio, que el grado en que un modelo percibido satisfaga esta norma de adecuación dependerá de la medida en que lo favorezcan las fuerzas selectivas.

Pero el hecho de que el modelo percibido maring, y los ritos oficiados de acuerdo con el mismo, sea adaptativo o funcional no sugiere que el modelo percibido sea siempre así. Además, parece ser más aparente cada día que no hay una relación directa simple entre la cantidad de conocimiento empírico comprobable incluido en un modelo percibido y lo apropiado de la conducta que origine. No es menos cierto que las representaciones de la naturaleza que nos ofrece la ciencia son más adaptables o funcionales que aquellas imágenes del mundo, habitado por espíritus que los hombres respetan, que guían las acciones de los maring y otros pueblos "primitivos". En realidad, no deben serlo ya que al envolver la naturaleza en velos sobrenaturales tal vez le brindan cierta protección contra la destructividad y estrechez de miras propias de los humanos, que pueden ser estimulados por un punto de vista natural de la naturaleza. A la luz de nuestras anteriores observaciones puede sugerirse que es más adaptativo santificar a la naturaleza que a la cultura. Puede también sugerirse que no está todavía claro si a la larga son adaptativos la civilización, el Estado, la ciencia y la tecnología mecanizada. Y ya que éstos son desarrollos recientes en la evolución de la cultura, podemos preguntarnos hacia qué fines nos puede estar llevando la evolución.

Desde hace mucho tiempo la antropología se ha ocupado de la evolución, a la que considera como un conjunto de procesos que producen ya sea incrementos generales en la organización (adelantos o evolución general) o cambios de organización que aumenten las posibilidades de supervivencia en medios particulares (adaptación). Estudios adaptativos en la antropología cultural son bien ejemplificados en la detallada investigación de Sahlins (1958) de sociedades polinesias tradicionales, en las que él sostiene que varias diferencias importantes en la organización política y social entre aquellos pueblos estrechamente relacionados fueron el resultado de la adaptación a islas que diferían en área, topografía y localización de recursos. Más recientemente Kottak (1971) ha hecho un análisis similar, aunque menos detallado, de las diferencias culturales entre grupos relacionados de Madagascar. Entre otros muchos trabajos que se refieren al avance evolutivo se cuentan los de Steward (1949), Wittfogel (1957), Wright (1969) y otros acerca del surgimiento de la organización estatal y la civilización.

Pero la adaptación y el incremento en la organización no agotan los procesos y resultados de la evolución. Como señalamos anteriormente, la evolución también puede producir desadaptaciones y éstas conducen eventualmente a la muerte. El mismo proceso de organizarse para mantenerse bajo un conjunto particular de condiciones ambientales puede disminuir la habilidad de una población para cambiar su organización bajo la presión de condiciones cambiantes (Service, 1960), y lo que llamamos avances evolutivos puede resolver viejos problemas creando nuevos. Por ejemplo, el desarrollo de la diferenciación social, especialización ocupacional, y las jerarquías administrativas características del Estado hacen posible seguramente la existencia de poblaciones de mayor tamaño y más densas en circunstancias más seguras, en organizaciones que se extiendan sobre regiones más amplias y diversas que antes. Pero esos mismos aspectos de la organización estatal crearon problemas ecológicos y sociales que todavía están por resolverse. Principalmente, los objetivos de producción señalados por autoridades supralocales, o normados por consideraciones supralocales, están más expuestos a exceder la capacidad de los sistemas ecológicos locales que los objetivos de producción establecidos por autoridades locales o de acuerdo con requerimientos locales. La posibilidad de esa violación aumenta con el incremento de la profundidad y complejidad de las estructuras administrativas o económicas, porque al mismo tiempo aumenta la posibilidad de distorsiones, errores y tardanzas en la comunicación de informaciones relativas a condiciones ambientales o de otro tipo, en respuesta a las cuales se toman las decisiones reguladoras. Además, cuando las funciones reguladoras recaen en personas particulares (burócratas, gerentes o administradores) aumenta la posibilidad de desviaciones de las operaciones reguladoras. El objetivo de la regulación puede no ser ya el bienestar del hombre y la preservación de los ecosistemas, sino que puede convertirse en la preservación de instituciones particulares políticas, sociales o económicas, tal vez a expensas de los sistemas vivientes. Además, cuando llegan a ser poderosos, los grupos particulares con funciones especiales, como las firmas industriales o industrias determinadas, tienen una tendencia a capturar o intentar capturar a las agencias que las regula, y a elevar sus propios propósitos a posiciones preeminentes en los grandes sistemas vivientes de los cuales ellos son sólo una parte. Este proceso y los valores que lo racionalizan fueron limpiamente resumidos en la famosa declaración de Charles Wilson, un ex presidente de la General Motors, cuando era secretario de la defensa de los Estados Unidos. "Lo que es bueno para la General Motors —dijo— es bueno para los Estados Unidos."

Yo sugeriría que no importa lo benignos que pudieran ser los propósitos de la General Motors; lo que sea bueno para esa empresa o cualquier otra no puede ser bueno a la larga para los Estados Unidos, ya que si el país se comprometiera con lo que es bueno para la General Motors equivaldría a sacrificar su flexibilidad evolutiva, o sea su habilidad para adaptarse a circunstancias continuamente cambiantes en modos que no pueden ser previstos.

El propósito de las modernas empresas industriales, como Galbraith (1967) y otros antes que él han señalado, es simplemente perpetuarse a sí mismas. En el fondo no son sino máquinas y la perpetuación de las empresas industriales requiere que mantengan funcionando sus máquinas, del mismo modo que la perpetuación de los organismos es asunto de conservar funcionando sus órganos. Si este punto de vista es correcto, los productos de una industria, como los automóviles, desodorantes, armas biológicas, cereales para el desayuno, pesticidas y otras cosas, son meramente incidentales y aun pueden considerarse como desperdicios del "metabolismo industrial", del mismo modo como las excreciones son el desperdicio del metabolismo biológico.

Debido a que su maquinaria representa enormes inversiones, y porque emplea a un número considerable de individuos, las empresas industriales han llegado a ser fundamentales en la economía del mundo moderno. Como tales, su perpetuación llega a ser la preocupación más compulsiva del Estado contemporáneo. De este modo, las agencias reguladoras, incluidos los niveles más altos del gobierno, llegan eventualmente a servir a los intereses de las industrias, lo que equivale a decir los intereses de vastos complejos de maquinaria de las que el hombre es un sirviente y para los cuales los ecosistemas no son otra cosa que fuentes de materia prima y depósitos de desperdicios.

El incremento de la industrialización ha sido contemplado generalmente por los miembros de la sociedad occidental como el *sine qua non* del progreso, y el aumento en la cantidad de energía empleado *per capita* en la población ha sido propuesto por un antropólogo (White, 1949, p. 368; 1959, p. 144) como el criterio más significativo de avance evolutivo. Pero la perspectiva ecológica que hemos propuesto aquí, que asigna un significado biológico, y sólo ese, a términos como adaptación, funcionamiento adecuado, equilibrio interno y supervivencia, por lo menos nos sugiere que algunos aspectos de lo que llamamos progreso o avance evolutivo son, de hecho, patológicos o desadaptativos. Tal vez sea posible construir sobre las bases de la ecología general una teoría de patología cultural y de la evolución de la mala adaptación en términos de la cual podamos examinar nuestras instituciones e ideologías, así como las de otras sociedades. Esa teoría tal vez podría llegar a ser parte de nuestra propia adaptación, de nuestros propios medios para perpetuarnos y preservar aquellos sistemas vivientes a los cuales permanecemos indisolublemente ligados y de los cuales continuamos siendo definitivamente dependientes.

BIBLIOGRAFÍA

ALLEE, W. C., A. E. EMERSON, O. PARK, T. PARK, Y K. P. SCHMIDT
Principles of Animal Ecology, W. B. Saunders, Filadelfia y Londres, 1949.

ALTMANN, S. A.
"The Structure of Primate Social Communication", S. A. Altamann (ed.), Social Communication among the Primates, University of Chicago Press, Chicago, 1967, pp. 325-362.

ASCHMANN, HOMER
"The Central Desert of Baja California: Demography and Ecology", Ibero-Americana, 42 (1959).

BARTH, FREDERICK
"Ecologic Relationships of Ethnic Groups in Swat, North Pakistan", American Anthropologist, 58 (1956), pp. 1 079-1 089.

BROOKFIELD, HARNOLD, Y PAULA BROWN
Struggle for Land, Melbourne, Oxford University Press, 1963.

CONKLIN, HAROLD C.
"Hanunoo Agriculture in the Philippines", FAO Forestry Development Paper 12, Food and Agriculture Organization of the United Nations, Roma, 1957.

FRAKE, CHARLES O.
"Cultural Ecology and Ethnography", American Anthropologist, 64 (1962), pp. 53-59.

FREEMAN, M. M. R.
"Not by Bread Alone: Anthropological Perspectives on Optimun Population", F. R. Taylor, The Optimun Population for Britain, London Academic Press, 1970, pp. 139-149.

GALBRAITH, JOHN KENNETH
The New Industrial State, Houghton Mifflin, Boston, 1967.

HARRIS, MARVIN,
"The Myth of the Sacred Cow", Anthony Leeds y A. P. Vayda (eds.), Man Culture and Animals, American Association for the Advancement of Science, Washington, 1965.

HAWLEY, AMOS
"Ecology and Human Ecology", Social Forces, 22 (1944), pp. 308-405.

HICKERSON, HAROLD
"The Virginia Deer and Intertribal Buffer Zones in the Upper Mississippi Valley", Anthony Leeds y A. P. Vayda (eds.), Man, Culture and Animals, American Association for the Advancement of Science, 1965.

KOTTAK, CONRAD
"A Cultural Adaptative Approach to Malagasy Political Organization", E. Wilmsen (ed.), Subsistence and Exchange Systems, University of Michigan Museum Series in Anthropology, Ann Arbor, 1971.

KROEBER, A. L.
"The Superorganic", American Anthropologist, 19 (1971), pp. 163-213.

LEE, RICHARD
"What Hunters Do for a Living, or How To Make Out on Scarce Resources", Richard Lee e Irven DeVore (eds.), Man the Hunter, Chicago, Aldine Publishing Co., 1968, pp. 30-49.

LEEDS, ANTHONY
"Reindeer Herding and Chuckchi Social Institutions", Anthony Leeds y A. P. Vayda (eds.), Man, Culture and Animals, American Association for the Advancement of Science, 1965, pp. 87-128.

LÉVI-STRAUSS, CLAUDE
The Elementary Structures of Kinship, Eyre and Spottiswoode, Londres, 1969 (publicada primeramente en 1949 en francés, con el título de "Les Estructures Élémentaires de la Parante").

MEGGITT, M. J.
The Desert People, Angus y Robertson, Sydney, 1962.
The Lineage System of the Mae Enga of New Guinea, Oliver and Boyd, Edimburgo y Londres, 1965.

MOORE, OMAR KHAYYAM
"Divination a New Perspective", American Anthropologist, 59 (1957), pp. 69-74.

ODUM, EUGENE P.
Fundamentals of Ecology, W. B. Saunders, Filadelfia y Londres, 1959,

RAPPAPORT, ROY A.
"Aspects of Man's Influence on Island Ecosystems: Alteration and Control", F. R. Fosberg (ed.), Man's Place in the Island Ecosystem, Bishop Museum Press, Honolulú, 1963.
"Ritual Regulation of Environamental Relations Among a New Guinea People", Ethnology, 6 (1967), pp. 17-31.
Pigs for the Ancestors, Yale University Press, New Haven, 1968.

REID, LESLIE
The Sociology of Nature, Pelican, Nueva Orleáns, 1958.

SAHLINS, MARSHALL D.
Social Stratification in Polynesia, University of Washington Press, Seattle, 1958.
"The Segmentary Lineage: An Organization of Predatory Expansion", American Anthropologist, 63 (1961), pp. 322-345.
"Culture and Environment", Sol Tax (ed.), Horizons of Anthropology, Chicago, Aldine Publishing Co., 1964, pp. 132-147.

SERVICE, ELMAN
"The Law of Evolutionary Potential", Sahlins, Marshall y Elman Service (eds.), Evolution and Culture, University of Michigan Press, Ann Arbor, 1960, pp. 99-122.

STEWARD, JULIAN
"Development of Complex Societies: Cultural Causality and Law: A Trial Formulation of the Development of Early Civilizations", American Anthropologist, 51 (1949) reimpreso en Julian Steward, Theory of Culture Change, University of Illinois Press, Urbana, 1955.

SWEET, LUISE
"Camel Pastorialism in North Arabia and the Minimal Camping Unit", Anthony Leeds y A. P. Vayda (eds.), Man, Culture and Animals, American Association for the Advancement of Science, 1965.

VAYDA, ANDREW P.
"Expansion and Warfare among Swidden Horticulturalists", American Anthropologist, 63 (1961), pp. 345-358.

VAYDA, ANDREW P., Y ROY A. RAPPAPORT
"Ecology, Cultural and Non-Cultural", James Clifton (ed.), Introduction to Cultural Anthropology, Houghton-Mifflin, Boston, 1967.

WHITE, LESLIE
The Science of Culture, Farrar and Strauss, Nueva York, 1949.
The Evolution of Culture, McGraw-Hill, Nueva York, 1959.

WITTFOGEL, KARL
Oriental Despotism. A Comparative Study of Total Power, Yale University Press, New Haven, 1957.

WRIGHT, HENRY T.
The Administration of Rural Production in an Early Mesopotamian Town", Anthropological Papers No. 38, Museum of Anthropology, University of Michigan, Ann Arbor, 1969.

WYNNE-EDWARDS, V. C.
Animal Dispertion in Relation to Social Behavior, Oliver and Boyd, Edimburgo y Londres, 1962.

X. Lenguaje y escritura

Harry Hoijer

El lenguaje es una parte tan importante de nuestras actividades cotidianas que algunos de nosotros podemos llegar a contemplarlo como un acto más o menos automático y natural como la respiración o el parpadeo. Por supuesto, si pensamos un poco en el asunto, debemos aceptar que no hay nada de automático en el lenguaje. Es necesario enseñar a los niños su lengua nativa y el adiestramiento requerido toma largo tiempo. El lenguaje no es algo que se herede; es un arte que puede pasar de una generación a la siguiente sólo mediante una educación intensiva.

Es difícil darse cuenta del papel enormemente importante que desempeña el lenguaje en nuestra conducta social. ¿Cómo sería una sociedad sin lenguaje? Por supuesto, no tendría escritura ni otros medios de comunicación con palabras, ya que todos ellos dependen ineludiblemente del lenguaje hablado. Por lo tanto estarían muy restringidos nuestros medios de aprendizaje. Estaríamos obligados, como los animales, a aprender haciendo u observando las acciones de otros. Desaparecería toda la historia, ya que sin lenguaje no habría modo de recrear las experiencias pasadas y comunicarlas a otros. No tendríamos medios de expresar nuestros pensamientos e ideas a otros o de compartir los procesos mentales de nuestros congéneres. De hecho, es muy probable que tampoco pensáramos. Muchos psicólogos sostienen que el pensamiento mismo requiere el uso del lenguaje, y que el proceso de pensar consiste en hablar sobre las cosas consigo mismo.

Una sociedad que carezca de lenguaje será incapaz de emprender ninguna empresa cooperativa, salvo las más simples. Un individuo o grupo de individuos no tendrá modo de planear dichas actividades, de explicarlas a otros, o de dirigir las acciones de los participantes en empresas cooperativas hacia el objetivo común. Cada individuo dependería en alto grado de su propia fuerza y habilidad, dado que carecería de los medios de asegurar la ayuda de otros.

Y lo más importante, una sociedad carente de lenguaje no tendría medios de garantizar la continuidad de conducta y aprendizaje necesarios para la creación de la cultura. La sociedad humana, sin cultura, se reduciría al nivel de las sociedades de los simios actuales. Los simios tienen una estructura corporal muy semejante a la nuestra. Como los humanos, aprenden rápidamente de la experiencia y observando e imitando las acciones de otros. Diversos experimentadores han demostrado que los monos no sólo aprenden a usar utensilios, sino que también los inventan. Sin embargo a pesar de que los monos como individuos aprenden fácilmente y que como tales muestran un notable progreso en la adquisición de conocimientos, los monos como especie nunca han desarrollado una cultura.

Hay dos razones para ello. Al carecer de lenguaje, los monos no tienen modo de continuar en palabra y pensamiento sus experiencias separadas en el uso de utensilios y técnicas. Cuando un mono ha resuelto un problema, el conocimiento que ha obtenido de esa experiencia permanece estático. Puede recordarlo cuando y si otro problema del mismo tipo se presenta, pero en tanto esto no ocurre así no medita sobre su conocimiento ni inventa medios para aplicarlo a otros problemas.

El hombre sí lo hace. Sus experiencias abiertas con problemas prácticos son separadas y distintas como las del mono. Pero debido a que el hombre posee un lenguaje, puede continuar sus actividades de resolución de problemas más allá de la experiencia física en sí y desarrollar de este modo, en pensamiento y discusión, nuevas aplicaciones de su conocimiento y mejores medios para enfrentarse a sus problemas. En breve, debido al lenguaje, las experiencias del hombre son continuas y no discontinuas como entre los monos, y así muestran un desarrollo mucho más rápido.

En segundo lugar, la posesión del lenguaje por el hombre le permite compartir las experiencias y pensamientos de sus semejantes y recrear sus experiencias personales para beneficio de aquellos. El conocimiento de un mono, adquirido a través de la experiencia y la observación, es solamente suyo, excepto hasta donde pueda demostrarlo por medio de actividad física para que pueda ser adquirido por otro mono. No importa cuán hábil pueda llegar a ser un mono en el uso de utensilios y técnicas, su progenie estará obligada a iniciar el aprendizaje como aquél empezó el suyo, es decir, mediante la experiencia y la observación.

El simio educado no puede comunicar sus conocimientos y permitir así que los mejoren sus sucesores. La cultura entre los hombres revela progreso. Cada generación se hace cargo, por medio de la palabra verbal y de la tradición, del conocimiento acumulado por sus predecesores, añade sus propias contribuciones obtenidas de sus experiencias y observaciones, y pasa el total a las generaciones siguientes. Este aspecto acumulativo, que distingue a las culturas humanas de la clase de conocimiento común en las sociedades animales, es posible por el lenguaje.

LA ANTIGÜEDAD DEL LENGUAJE

Los estudios de los restos esqueléticos y culturales del hombre primitivo han demostrado que los primeros seres humanos aparecieron hace alrededor de un millón de años. Las culturas primitivas del hombre eran muy simples y crudas y conocemos solamente una porción de sus restos materiales, los utensilios e implementos hechos de materiales lo suficientemente resistentes como para soportar el paso del tiempo. Es muy significativo, sin embargo, que estas tempranas huellas de las culturas del hombre revelan una continuidad a través del tiempo. Al estudiar las diversas fases cronológicas de la cultura en cualquier región del mundo, se revela un lento pero firme avance tanto en el número de utensilios hechos como en la complejidad de su manufactura. Los hombres de generaciones sucesivas no iniciaron de nuevo en cada una de ellas la configuración de sus culturas, sino que aprovecharon las técnicas descubiertas en el pasado y que les fueron trasmitidas por sus ancestros.

El hecho de que la historia de las culturas del hombre muestre un desarrollo continuo y acumulativo que se extiende desde sus tempranos comienzos hasta el presente significa por supuesto que el hombre ha poseído un lenguaje en tanto ha poseído cultura. El lenguaje debe ser tan viejo como el más viejo de los artefactos culturales del hombre; se inició cuando surgió la cultura y desde entonces se ha desarrollado continuamente.

Esta inferencia en cuanto a la edad del lenguaje está ampliamente respaldada por otras observaciones que se pueden hacer en las lenguas modernas. Primero, es claro que todas las sociedades humanas han poseído un lenguaje durante todo el tiempo que las hemos conocido; no hay en ninguna parte un grupo humano del presente o del pasado, que carezca de este importante aspecto de la cultura. En segundo lugar, podemos también observar que las lenguas modernas son muy numerosas y diversas. El número preciso de lenguas distintas en la actualidad no puede estimarse siquiera, pero sabemos que hay varios millares. Algunas de ellas están históricamente relacionadas entre sí; esto es, claramente derivan de una sola lengua más antigua. Se dice que las lenguas así derivadas pertenecen al mismo tronco o familia lingüística, y hay actualmente en el mundo centenares de tales familias. La mayoría de estos troncos no muestran ningún parecido entre sí porque, como podemos asumir casi con certeza, todas las huellas de origen común han desaparecido desde hace largo tiempo.

La universalidad del lenguaje y la sorprendente diversidad de los modernos idiomas pueden significar solamente que el lenguaje es muy antiguo. Los estudios de lenguas conocidas durante siglos mediante sus registros escritos revelan que los lenguajes cambian con relativa lentitud. Así, aunque el inglés y el alemán ciertamente han sido lenguas separadas por bastante más de 2 000 años, todavía retienen muchas similitudes obvias tanto en vocabulario como en gramática que señalan claramente su origen común. La enorme diversidad de las lenguas modernas, por lo tanto, debe haber tomado un tiempo muy largo para establecerse.

Una tercera y última evidencia en cuanto a la antigüedad del lenguaje se encuentra en el hecho de que las lenguas conocidas, antiguas o modernas, no pueden clasificarse en razón de su nivel de desarrollo. No son ni lenguas primitivas ni altamente desarrolladas, si tomamos en cuenta solamente sus aspectos estructurales.

Así, todas las lenguas que conocemos poseen un sistema bien definido de sonidos distintivos del habla. Éstos son finitos en número, se distinguen cuidadosamente entre sí, y se unen para formar palabras, frases y oraciones de acuerdo con reglas definidas. En este aspecto, no hay diferencia real entre las lenguas de pueblos que poseen culturas muy simples y crudas a las de los pueblos altamente civilizados de Europa y América.

De modo similar, todos los grupos humanos, independientemente de lo simple que sea su cultura, tienen un vocabulario suficientemente detallado y comprensivo como para satisfacer cualquier necesidad que pueda surgir. Por supuesto, las lenguas varían en el tamaño de sus vocabularios, pero esta variación es cultural y no lingüística. El idioma de un pueblo con una cultura relativamente simple o poco desarrollada puede tener un vocabulario más reducido que uno que posea una cultura relativamente compleja y altamente desarrollada. Es notable, sin embargo, que por más simple que sea la cultura de algún grupo, su vocabulario parece ser indefinidamente expansible. Al inventarse o tomarse prestados nuevos rasgos culturales, el vocabulario aumenta o cambia para satisfacer los nuevos requerimientos que se le impongan.

Finalmente, todas las lenguas poseen un claro y definido sistema gramatical. La gramática puede definirse brevemente como el arreglo significativo de sonidos o combinaciones de sonidos para producir palabras, frases y oraciones. En todas las lenguas se encuentran reglas bien definidas que gobiernan dichos arreglos, ya se trate de un lenguaje hablado por los pigmeos pre-alfabetos de la selva del Congo o de los grupos culturalmente avanzados de la Europa moderna.

Por supuesto, las semejanzas básicas significan que el lenguaje ha sido durante tanto tiempo una posesión humana que se ha desarrollado hasta aproximadamente el mismo nivel entre los pueblos de todo el mundo. No quedan en la actualidad rastros de una etapa más primitiva y cruda de desarrollo lingüístico.

El origen del lenguaje

Los lenguajes hablados obviamente no dejan huella en los antiguos depósitos que marcan la historia de las culturas del hombre. Los registros escritos de las lenguas humanas empiezan solamente hace unos pocos miles de años; antes de esa época ningún grupo humano poseía la técnica de la escritura. Es evidente, entonces, que no tenemos pruebas directas del origen del lenguaje o del largo tiempo transcurrido entre sus comienzos y los primeros registros escritos. El problema del origen del lenguaje nunca será resuelto en cuanto al conocimiento directo de las condiciones en las cuales surgió, ni se podrá reconstruir a base de hechos históricos específicos el curso de su desarrollo.

Se han planteado muchas teorías sobre el origen del lenguaje. En su mayoría, sin embargo, se basan en dos hipótesis centrales: la de las interjecciones y la de la imitación de los sonidos o teoría onomatopéyica.

Las teorías de la interjección sostienen en general que las exclamaciones o los gritos involuntarios forman el estrato más primitivo de las palabras usadas por el hombre, ya que son muy parecidas en todas las lenguas modernas. Todas las otras formas, se sigue, deben haberse derivado de ellas en una u otra forma. Las teorías de la imitación sonora señalan palabras como *guau, miau, chu-chu,* o *ding-dong,* e intentos similares del hombre para imitar voces animales y sonidos como indicadoras de los comienzos del lenguaje. A partir de imitaciones semejantes de los sonidos encontrados en su medio ambiente, el hombre formó los centenares de idiomas que se hablan ahora.

Ambas hipótesis fracasan al querer resolver nuestro problema, principalmente debido a que no explican las verdaderas formas lingüísticas. Ni las exclamaciones involuntarias ni las palabras que imitan sonidos son como tales verdaderas formas lingüísticas. Una exclamación involuntaria es en realidad parte de la respuesta de un individuo a un fuerte estímulo. La involuntaria interjección de sorpresa no es la misma que la palabra convencional escrita ¡Oh!, porque la primera representa parte de la respuesta misma y no simboliza, como la ¡Oh! convencional, la respuesta de sorpresa. Los verdaderos símbolos lingüísticos, como lo son las palabras, son todos convencionales y arbitrarios, y sus significados deben ser aprendidos por los hablantes. Nadie aprende una exclamación involuntaria; un niño puede gritar largo tiempo antes de que empiece a hablar.

Las palabras de imitación sonora tampoco deben confundirse con los intentos de reproducir sonidos característicos del medio ambiente del hombre. Una palabra como *ding dong*, por ejemplo, es una representación convencional del sonido de una campana, no necesariamente evidente por sí misma a cualquier persona, excepto una de habla inglesa que haya aprendido a asociar el sonido *ding dong* con el tañido de las campanas. Para entender como llegan a existir los lenguajes debemos conocer cómo el hombre vino a establecer sus hábitos convencionales o arbitrarios de asociar los sonidos del lenguaje con la experiencia. Esto no lo explica la hipótesis de la imitación de los sonidos que solamente señala que a veces los hombres nombran las cosas y acciones por los sonidos que producen y que en ocasiones esos nombres se convierten verdaderamente en partes del lenguaje

Se sigue, entonces, que una teoría útil sobre los orígenes lingüísticos debe basarse en un análisis más cuidadoso al estudiarse las lenguas modernas. Estos estudios, como hemos sugerido, revelan que los elementos del lenguaje, tales como palabras, frases y oraciones, son símbolos arbitrarios. Con esto queremos decir símbolos que en sí mismos no forman parte de la realidad o experiencia simbolizadas. Así, por ejemplo, la sucesión particular de sonidos que forman la palabra *caballo* no tiene necesariamente relación con la clase de animales que simbolizan. En resumen, no hay nada equino en la palabra *caballo*; simplemente, el parlante de la lengua castellana ha aprendido a asociar los sonidos que se escriben *caballo* con una clase determinada de animal, del mismo modo como ha aprendido las formas escritas *perro* y *gato* asociándolas con grupos totalmente distintos de animales.

El hecho de que los símbolos lingüísticos son casi todos de naturaleza arbitraria acentúa el aspecto social del lenguaje. Los idiomas están asociados siempre con grupos de individuos; nunca pertenecen exclusivamente a un solo individuo. Un individuo adquiere su lenguaje del grupo con el que vive. Si se desvía considerablemente en el habla de los otros miembros del grupo, corre el riesgo de ser mal comprendido o de que no se entienda del todo. *Caballo* no es solamente una palabra peculiar a un individuo de habla castellana, es una palabra usada y comprendida del mismo modo generalmente en todos los pueblos de habla española.

Los idiomas funcionan en las sociedades humanas principalmente como un medio de comunicación y cooperación. Por medio del lenguaje un individuo puede no solamente recrear sus propias experiencias personales y compartirlas con otros, sino que también es capaz de coordinar sus tareas con las de otros. Así, puede trabajar unido un grupo de hombres en alguna tarea demasiado pesada o compleja para ser emprendida por uno de ellos a solas. Para ejemplificar este punto, imaginemos que un hombre, que caza a solas, logra matar a un animal demasiado grande como para que pueda transportarlo. Deja al animal muerto y regresa a su campamento o aldea. Allí dice a los otros lo que ha hecho y asegura su ayuda. Regresan con él al sitio en donde está la pieza y lo ayudan a quitarle la piel, cortar la carne y llevarla al campamento. Durante todo el proceso, un individuo puede hacerse cargo de la dirección, indicando con palabras la tarea que ha de llevar a cabo cada uno de ellos, de tal modo que las acciones separadas de cada hombre ayude a la faena general en vez de estorbarla.

Contrasta la acción que hemos descrito con un incidente similar ocurrido, digamos, en una manada de lobos. Aquí, también, tenemos a un grupo social, aunque en este caso está compuesto de animales que carecen de lenguaje. Cuando uno de los lobos caza a solas una pieza, tratará de comer todo lo que pueda; no se preocupará ni podrá informar a la manada acerca de su hazaña. Pero si llegan los otros lobos mientras él atrapa a la pieza o durante su festín con los restos, ciertamente se le unirán sin ser invitados. Cada lobo tomará todo lo que esté a su alcance, y si no hay suficiente para todos, los lobos más débiles no podrán tomar nada. Las acciones de los lobos para disponer de la carne serán separadas e individuales, sin ninguna coordinación o cooperación.

Es probable que los primitivos animales de los que evolucionó el hombre vivieran en grupos muy similares a los de los animales de nuestros días. Su conducta estaba coordinada en un grado muy pequeño. Cada uno trabajaba a solas para sí mismo, con excepción de los muy pequeños cuyo cuidado estaba a cargo de un adulto. En ocasiones, sin embargo, la necesidad debe haber obligado a que se adoptara cierta medida de cooperación y esfuerzo coordinado. El primitivo ancestro del hombre no era un animal formidable en comparación con muchos otros que compartían su medio ambiente. Debió a menudo haberse tenido que defender contra animales rapaces más vigorosos y probablemente descubrió tempranamente que esa defensa era más efectiva si se emprendía en cooperación con sus semejantes. Cuando aumentó la frecuencia de esas empresas cooperativas, el patrón de hábito formado pudo haber conducido a la cooperación en otras circunstancias, como por ejemplo, en la caza de animales de gran tamaño para alimentarse. Aun los lobos cazan colectivamente y, al hacerlo, coordinan sus esfuerzos al menos hasta cierto grado.

El desarrollo del trabajo cooperativo no originó el lenguaje por sí solo, sin embargo. Muchos insectos son cooperativos efectivamente sin lenguaje. Pero la cooperación entre insectos ocurre evidentemente sobre bases diferentes que la que existe entre los hombres. A diferencia de los insectos sociales, los hombres no nacen predestinados a ocupar un lugar determinado en sus grupos sociales. Los hombres deben aprender a adaptar su conducta a los papeles determinados por la sociedad, y el lenguaje proporciona una herramienta vital para esta clase de aprendizaje.

Nunca conoceremos cómo y de qué modo los ancestros animales del hombre llegaron a emplear el lenguaje como ayuda en sus tareas cooperativas. Sin embargo, podemos asumir con certeza que los ancestros primitivos del hombre podían hacer y hacían ruidos y que tal vez los ruidos que acompañaban a determinadas tareas emprendidas cooperativamente, lentamente llegaron a simbolizar las diversas acciones y fines implicados en esas tareas. De cualquier modo, parece bastante posible que el lenguaje surgiese como resultado del aprendizaje de los hombres para trabajar juntos encaminados hacia un fin común. Cualesquiera que fueran los motivos, los ancestros del hombre primitivo se vieron obligados a adquirir ese conocimiento y así, únicos entre todos los animales, tropezaron con el lenguaje, la herramienta que en grado mayor que cualquier otra hace efectivas las actividades coordinadas y cooperativas.

LA ESTRUCTURA DEL LENGUAJE

Las lenguas, como muchos otros fenómenos culturales, no pueden observarse o estudiarse directamente. Del mismo modo como podemos describir un método de fabricación de cestos simplemente observando las actividades de los individuos que los tejen, así podemos describir un lenguaje sólo mediante la observación de la conducta hablada de quienes lo usan.

Los actos individuales del habla se llaman expresiones. Éstas son completas en sí mismas y consisten en un flujo de sonidos del habla ininterrumpidos por el habla de otro individuo. Algunas expresiones pueden ser muy breves, como ¡Oh!, ¡Ven!, ¿Quién?, o Juan. Otras son más prolongadas: Juan corre, Veo a un hombre, o El hombre que vimos ayer está muerto. Otras pueden ser todavía más largas, ejemplos de los cuales se encuentran en discursos, conferencias o sermones. El primer paso para estudiar un lenguaje será entonces recolectar expresiones, tantas como sea posible, de los hablantes nativos del lenguaje.

Una vez que se ha hecho esto, pronto resulta obvio que las expresiones difieren no solamente en longitud sino también en estructura. Algunas de ellas constan de una sola unidad que no puede interrumpirse sin un cambio considerable en su significado. Si, por ejemplo, decimos ¿Corre Juan?, es evidente que las formas Juan y corre son interdependientes. Si nos detenemos después de decir Juan es como si tocáramos en el piano un acorde inconcluso; el interlocutor aguarda impacientemente la terminación de la expresión. Por supuesto podemos decir ¿Corre? ¿Juan?, pero aquí creamos un nuevo significado, muy diferente del de ¿Corre Juan?

Las expresiones que constan de una sola unidad se llaman construcciones y las partes interdependientes de esta unidad se consideran unidas gramaticalmente entre sí. Una expresión como ¿Juan? ¿Corre?, por otra parte, está conformada de dos unidades que no están unidas gramaticalmente sino que solamente se siguen una a la otra sin interrupción.

Los gramáticos expresan la diferencia que hemos ilustrado comparando ¿Corre Juan? con ¿Corre? ¿Juan? diciendo que ¿Corre Juan? consiste en una oración, mientras que ¿Corre? ¿Juan? son dos oraciones. Una oración, entonces, será una expresión cuyas partes están unidas gramaticalmente en una construcción y que no es en sí misma una parte de una construcción más larga. Todas las expresiones, es claro, deben contener por lo menos una oración.

Las oraciones, como las expresiones, varían en longitud y en complejidad. Así, todos los ejemplos siguientes son oraciones, aunque de la primera a la última varían tanto en longitud como en complejidad. Juan; Juan corre; El pobre Juan corre rápido; El pobre Juan corre muy rápido; El pobre Juan, el muchacho de al lado, es decididamente el mejor corredor del grupo. Estos ejemplos revelan que las oraciones pueden dividirse en unidades aún más pequeñas llamadas frases y palabras. La palabra puede definirse como la porción más pequeña de una oración que puede pronunciarse aislada y tener todavía un significado. Todas las formas escritas separadamente en los ejemplos citados antes son palabras, ya que todas ellas, pronunciadas aisladamente, tienen un significado para la persona de habla castellana. Las frases constan de dos o más palabras, sin que sean una oración, que componen una construcción. Resulta obvio que algunas combinaciones pueden funcionar a veces como oraciones y en otros casos como frases. De esta manera, la combinación Pobre Juan, tomada aisladamente, es una oración, pero como parte de El pobre Juan corre rápido, funciona como una frase.

Es claro que todas las oraciones deben poseer por lo menos una palabra. Las oraciones más largas pueden contener dos o más frases, pero los límites de la longitud de las oraciones dependen en tal medida de las preferencias individuales y sociales que desafían una definición precisa.

El conjunto total de palabras que posee una lengua recibe el nombre de vocabulario o diccionario. Los idiomas difieren en la extensión de sus vocabularios. En general, el tamaño de un vocabulario está directamente relacionado con la cultura de una comunidad de habla. Si la cultura es completa, como ocurre entre la mayoría de los pueblos de hablas europeas, el vocabulario puede ser muy grande y contener numerosas subdivisiones altamente técnicas. En una cultura sencilla y relativamente uniforme, como la de los esquimales polares, el vocabulario será correspondientemente menor y contendrá menores aspectos técnicos. No debe suponerse, sin embargo, que los llamados pueblos primitivos tengan vocabularios muy pequeños. Por ejemplo, oímos hablar frecuentemente acerca de grupos muy primitivos cuyas lenguas poseen cuando mucho unos pocos centenares de palabras. Obviamente esto es una tontería, ya que aun la cultura más simple requiere un número considerablemente mayor de palabras para enumerar los muchos objetos y actos necesarios en el curso de las ocupaciones cotidianas.

Cuando examinamos el vocabulario de una lengua y comparamos las palabras que contiene unas con otras, descubrimos pronto que esas palabras, igual que las oraciones y articulaciones, también varían en tamaño y complejidad. Tomemos por ejemplo los pares de palabras castellanas como *perro, perros; trabajo, trabajador; negro, negruzco; hacer, deshacer; vender, revender. Perros* obviamente se deriva de *perro* mediante la adición de *-s, trabajador* de *trabajo,* cambiando la o por a y añadiendo *-dor, negruzco* de *negro,* cambiando la o por u y añadiendo *-zco, deshacer* de *hacer,* añadiendo *des-,* y *revender* de *vender,* añadiendo *re-.* Cada uno de los elementos añadidos lleva un significado: *-s* denota el plural, *-dor* significa "aquel que", *-zco* significa "algo parecido" (esto es, un objeto negruzco es aquel cuyo color es parecido a uno que es negro), *des-* tiene un significado opuesto o negativo (deshacer un nudo es lo opuesto o negativo de "hacer" o atar un nudo, y *re-* significa "hacer algo de nuevo" (en este caso, vender nuevamente). Estos elementos añadidos no son palabras, sin embargo, porque nunca se pronuncian solos sino en combinación con alguna otra forma (ya sea una palabra completa o parte de una palabra). Algunas palabras pueden contener más de uno de esos elementos, cada uno de los cuales añade una medida de significado a la palabra completa. Así, la palabra *indecentemente* está formada añadiendo *in-* (no) a *decentemente. Decentemente,* a su vez, consta de *decente* más la terminación *-mente,* que quiere decir "de tal o cual modo".

Las palabras y partes de palabras como perro, -s, trabajo, -dor, vender, re-, negro, -zco, hacer y des-, se llaman formas lingüísticas simples o morfemas. Algunos morfemas, como perro y trabajo, pueden pronunciarse aisladamente; se llaman morfemas libres. Otros, como -zco y des-, nunca se pronuncian solos y por lo tanto se llaman morfemas ligados. Las combinaciones que contienen más de un morfema, como perros o trabajador, son formas lingüísticas complejas. Formas lingüísticas complejas son también las frases, oraciones y expresiones. Las palabras que tienen más de un morfema son descritas generalmente como palabras derivadas o derivaciones.

Las lenguas difieren grandemente en la estructura de las palabras. En algunas de ellas —el chino es un buen ejemplo—, la mayoría de las palabras no tienen sino un morfema; son extremadamente raras las derivaciones. En otros, como el inglés o el castellano, hay muchas palabras con morfema simple más un gran número de palabras que tienen dos o tres morfemas y un pequeño número que tienen más de tres morfemas. Las lenguas como el navajo y el esquimal están en el extremo opuesto en cuanto a estructura de las palabras, ya que aquí encontramos un gran número de las llamadas palabras polisintéticas que poseen hasta ocho, diez o más morfemas.

Cuando los morfemas se combinan para formar palabras y cuando las palabras se combinan para formar frases y oraciones, estas combinaciones siguen siempre reglas definidas de ordenamiento. Algunos morfemas como re- y des- siempre preceden a las formas con las que se combinan y reciben el nombre de prefijos. Otros, como -dor y -s, siguen a los elementos a los que se ligan, y se llaman sufijos. Las reglas de ordenamiento que tienen que ver con las estructuras de las palabras en una lengua constituyen su morfología, una rama de la gramática que podemos definir como el ordenamiento significativo de las formas lingüísticas. La segunda rama de la gramática recibe el nombre de sintaxis y tiene que ver con el ordenamiento significativo de las palabras para formar frases y oraciones.

Las lenguas difieren ampliamente en su gramática. En las oraciones en inglés del tipo de he runs (él corre), por ejemplo, el verbo runs (corre) tiene una terminación -s porque el pronombre es singular y de tercera persona. Con pronombres como I (yo), you (tú), we (nosotros), y they (ellos), se usa run, no runs. Similarmente, en inglés se dice a man runs (un hombre corre), pero se dice men run (hombres corren). Los gramáticos expresan esta regla gramatical diciendo que las formas de tercera persona de los verbos en tiempo presente deben coincidir en número con el pronombre o nombre que los preceda. Si el nombre o pronombre es singular, el verbo también lo será [como en *he runs* (él corre), *a man runs* (un hombre corre)], pero que cuando el nombre o pronombre es plural, deberá serlo también el verbo [*they run, men run* (ellos corren, los hombres corren)].

En alemán, sin embargo, el asunto de la concordancia gramatical entre pronombre y verbo en tiempo presente es más complicado. Aquí, muy a menudo, encontramos una diferente forma verbal para cada pronombre como en *ich laufe* (yo corro), *du läufst* (tú corres), *er läuft* (él corre), y *wir laufen* (nosotros corremos).

Similares diferencias ocurren en los sustantivos en inglés y en alemán. En inglés, el artículo definido *the* (el, la, los, las) se usa antes de casi cualquier nombre, como en *the man* (el hombre), *the woman* (la mujer), y *the maiden* (la doncella). El artículo definido alemán, sin embargo, es diferente en cada uno de estos casos: *der Mann* [el (género masculino) hombre], *die Frau* [la (género femenino) mujer], y *das Mädchen* [la (género neutro) doncella].

Un paso final para entender la estructura lingüística es comparar entre sí los morfemas. Esa comparación revela que los morfemas están compuestos de sonidos distintivos llamados fonemas. Así, en inglés es obvio que los morfemas *cat* (gato) y *pat* (palmada) son semejantes a excepción del fonema inicial, que *cat* (gato) y *cot* (catre) difieren solamente en su fonema medio, y que *cat* (gato) y *cap* (gorra) se distinguen por sus fonemas finales. *Cat* está, pues, compuesto de tres fonemas y cualquier cambio en alguno de ellos cambiará *cat* en otro morfema del inglés o en otra palabra sin sentido (por ejemplo *cet*).

Lo mismo es cierto en todas las lenguas esto es, en todas las lenguas los morfemas están hechos de uno o más fonemas. Sin embargo, las lenguas varían grandemente en la complejidad de sus morfemas y en las clases de fonemas que pueden emplear. En algunas, los morfemas pueden ser muy simples, en otras el promedio de los morfemas puede incluir un número relativamente grande de fonemas. Similarmente, las clases de fonemas empleados, aun en lenguas estrechamente emparentadas, pueden ser muy diferentes en pronunciación. Así, el fonema alemán que se escribe *ch* (como en *Buch* [libro], o *lachen* [reír]) es desconocido en inglés, donde el sonido más parecido es *h*, una imitación muy débil de la más áspera *ch* alemana.

El número de fonemas empleados en una lengua es generalmente pequeño, y raramente excede de treinta. Por supuesto, se usan una y otra vez para producir una gran variedad de morfemas. Los siguientes morfemas del idioma inglés ilustran este punto; los dieciocho morfemas enlistados emplean solamente seis fonemas: *man, map, mat, mass, nan, pan, tam, sam, pat, pap, gnat* (pronunciado *nat*), *sap, tap, sat nap, pass, tan, tat.*

Se notará, sin embargo, que no todas las posibles combinaciones de los seis fonemas se emplean efectivamente en el inglés. Así, combinaciones como *san*, *tas* y *nam* no tienen significado en inglés; son palabras sin sentido, aunque su sonido es semejante al del inglés. Otras combinaciones, como *psa*, *pnt*, *nmt*, o *psn*, sin embargo, no tienen semejanza en lo absoluto con palabras del inglés; todas ellas implican hábitos de pronunciación tan diferentes de las empleadas por alguien que habla inglés que éste consideraría las formas como totalmente impronunciables.

Es claro entonces que los fonemas de una lengua se deben combinar de acuerdo con reglas definidas. Cada lengua tiene reglas de combinación de ese tipo que son observadas estrictamente por quienes la hablan como lengua materna, y que pueden diferir marcadamente de las reglas características de otras lenguas.

Cambio lingüístico

De lo que se ha dicho acerca de la estructura lingüística podemos llegar fácilmente a la idea de que los hábitos del habla característicos de una comunidad dada siempre permanecerán iguales. Pero esto no es cierto. Todas las lenguas, en realidad, sufren un cambio constante. Podemos demostrar esto de dos modos: estudiando la historia de una sola lengua o comparando y clasificando las muchas lenguas que se hablan actualmente.

La historia de una lengua se puede estudiar directamente sólo si la comunidad que la habla ha poseído escritura durante un tiempo, considerable. Los primeros registros escritos en inglés, por ejemplo, aparecen alrededor del año 900 d.c. y continúan en una corriente más o menos ininterrumpida hasta nuestros días. El examen de estos registros revela que de 900 d.c. hasta el presente, un periodo de poco más de 1 000 años, el inglés ha cambiado radicalmente en pronunciación, gramática y vocabulario.

Este cambio puede ilustrarse comparando la palabra *acre* (medida agraria) con dos de sus formas primitivas, *acer* y *aecer*. *Acer* pertenece al periodo del inglés medio (alrededor de 1100-1500), mientras que *aecer* es una palabra de inglés arcaico o del anglo-sajón (900-1100). La principal diferencia fonética entre *acre*, *acer*, *aecer* está en la pronunciación de la vocal inicial. En la palabra *acer* del inglés medio, la vocal *a* se pronunciaba de modo parecido a la *o* de la palabra del inglés moderno *sot*, mientras que la *ae* del inglés arcaico tiene una pronunciación similar a la de la *a* en la palabra inglesa moderna *man*.

Las tres palabras también difieren en gramática y significado. La aecer del inglés arcaico pertenece a una categoría llamada de "sustantivos fuertes" y tiene distintas formas de caso, de modo muy similar a los sustantivos fuertes del alemán moderno. Éstas se distribuyen como sigue:

	SINGULAR	PLURAL
Nominativo	aecer	aeceras
Dativo	aecere	aecerum
Genitivo	aeceres	aecera

Durante el periodo del inglés medio las terminaciones del nombre se hacen más y más parecidas, hasta que en el inglés moderno de nuestros días acre tiene solamente una variante, el plural acres.

El aecer del inglés arcaico se refería principalmente a un campo de cultivo; así, en la Biblia anglo-sajona el pasaje que describe a Jesús y sus discípulos yendo en el Sabath a un campo de trigo maduro usa la forma aeceras para denotar un campo en el que crece un cultivo. Más tarde el término se usó también aplicado a una medida de tierra. El acer del inglés medio gradualmente llegó a significar un campo lo suficientemente pequeño como para ser arado por un hombre con una yunta de bueyes en un solo día. Posteriormente, en el mismo periodo del inglés medio el término fue una medida más precisa de una porción de tierra, aunque su aplicación todavía estaba restringida a la tierra cultivada o cultivable. Acre tiene ahora un significado todavía más preciso (160 rods cuadrados o 1/640 de milla cuadrada) y aunque se usa más a menudo como unidad de medida de tierra agrícola puede aplicarse a tierras cultivadas, tierras silvestres (como bosques o regiones montañosas), o a la tierra ocupada por una ciudad (como en la frase, "acres de casas, fábricas y otras construcciones").

Sin embargo, dado que solamente unas pocas lenguas se han escrito durante un periodo considerable, no es siempre posible demostrar directamente el cambio lingüístico. En esos casos debemos recurrir a las pruebas indirectas del cambio. Éstas se encuentran en el hecho de que todas las comunidades de habla modernas exhiben diferencias geográficas en pronunciación, gramática y vocabulario. El inglés, por ejemplo, no es el mismo en todas partes donde se habla. El inglés de Inglaterra tiene diversos dialectos en diferentes partes de la isla y todos ellos difieren del inglés que se habla en el Canadá, los Estados Unidos, Australia y África del Sur. En los Estados Unidos tampoco es igual el inglés en todas partes; se encuentran diferencias de pronunciación y vocabulario entre el inglés hablado en Nueva York y el de Nueva Inglaterra, el sur, el medio oeste y el lejano oeste. Esto puede significar solamente que el inglés ha cambiado y además que el cambio ha tomado direcciones diferentes en las diferentes regiones del mundo de habla inglesa. Lo que fue alguna vez una lengua más o menos uniforme se ha dividido en un gran número de dialectos distintos entre sí.

La clasificación de las lenguas

El descubrimiento de que las lenguas cambian llevó a un método para clasificarlas. El inglés, como hemos visto, no se refiere realmente a una sola lengua, sino a todo un grupo de idiomas o dialectos semejantes en lo general, pero que difieren en muchos detalles de pronunciación, gramática y vocabulario. Los lingüistas expresan esto diciendo que los idiomas de inglés moderno son descendientes de un solo inglés ancestral común y que, por lo tanto, pertenecen a una misma "familia" lingüística. Cada uno de esos idiomas modernos está constituido por el inglés ancestral más aquellos cambios en pronunciación, gramática y vocabulario peculiares a la región donde se habla. En realidad, por supuesto, esta afirmación no es muy precisa históricamente, ya que sabemos que las formas más antiguas del inglés también estaban dialectalmente divididas. Algunos de los modernos dialectos pueden haberse originado de un dialecto del periodo temprano, otros de alguno bastante diferente.

Los modernos dialectos del inglés no difieren mucho entre sí. Se encuentran diferencias mucho más marcadas entre el inglés, el alemán, el holandés, el sueco, el danés y el noruego. La mayoría de éstos son mutuamente ininteligibles; esto es, un hablante nativo de inglés no puede, sin un adiestramiento especial, hablar o entender los otros idiomas. A pesar de esto, es evidente que estas lenguas tienen mucho en común; no son tan marcadamente diferentes como, por ejemplo, el chino del inglés. Para ilustrar esto comparemos las palabras para denotar los numerales del uno al diez en inglés, alemán y sueco, poniéndolos en columnas paralelas (véase la página siguiente).

Aquí, es evidente, hay tanto diferencias como similitudes. Las diferencias suelen ser marcadas, pero en sólo unos pocos casos las palabras son irreconociblemente diferentes. Muchos otros ejemplos revelarían que estas diferencias y similitudes impregnan los vocabularios enteros de las tres lenguas. Las similitudes son ciertamente tan marcadas y tan frecuentes que no pueden deberse totalmente al azar ni a los préstamos mutuos. Esta última posibilidad queda descartada en su mayor parte

INGLÉS	ALEMÁN	SUECO
one	ein	en
two	zwei	tbå
three	drei	tre
four	vier	fyra
five	fünf	fem
six	sechs	sex
seven	sieben	sju
eight	acht	åtta
nine	neun	nio
ten	zehn	tio

por el hecho de que las tres lenguas se han hablado en regiones bastante separadas durante siglos.

Se sigue entonces que estas lenguas se parecen entre sí porque, como los dialectos, descienden de una lengua común primitiva. No tenemos registros de esta lengua ancestral primitiva; hasta donde se remontan nuestros registros, las tres lenguas son distintamente reconocibles. Pero a pesar de las numerosas y amplias similitudes que existen ahora entre estas lenguas podemos clasificarlas juntas como miembros del mismo tronco o familia lingüística.

Un tronco lingüístico, entonces, es un grupo de lenguas antiguas y modernas entre las cuales existe un gran número de similitudes y diferencias sistemáticas en pronunciación, gramática y vocabulario, demasiado grandes para ser explicadas por el azar o el préstamo. Las lenguas miembros de ese tronco se consideran derivadas de una sola forma ancestral, llamada generalmente la lengua prototipo del grupo. Así, las lenguas del tronco germánico, como el inglés, alemán, holandés, sueco, noruego, danés y varios idiomas menos importantes, son descendientes modernos de una lengua teórica llamada proto-germánico. No tenemos registros del proto-germánico, ya que nuestros registros escritos no se remontan lo suficiente en el tiempo.

En algunos pocos y raros casos, sin embargo, podemos verificar una clasificación histórica de este tipo. Así, por ejemplo, notamos que el francés, español, italiano, rumano y otras lenguas exhiben la misma clase de similitudes y diferencias sistemáticas que se encuentran en el grupo germánico. Por esa razón se les clasifica como miembros del tronco romance y se dice que derivan de una lengua llamada proto-románico.

Pero aquí tenemos, al menos en parte, registros históricos para confirmar las inferencias obtenidas de nuestras comparaciones de las lenguas modernas. Éstas revelan que el latín hablado una vez solamente en la ciudad de Roma y sus alrededores, se extendió a través de una gran parte del sur y el occidente de Europa con el desarrollo del Imperio Romano. Cuando estas colonias se establecieron por vez primera, hablaban una lengua muy semejante a la de Roma. Cada una de las colonias y la misma Roma, sin embargo, modificaron su latín en el curso del tiempo, y dado que estaban más o menos aisladas unas de las otras, estos cambios fueron bastante independientes entre sí. Al pasar el tiempo, los cambios se hicieron progresivamente mayores hasta que en nuestros días las modernas lenguas romances no son sólo diferentes del latín sino que difieren marcadamente unas de otras. Los parecidos que todavía existen entre las lenguas romances se deben al hecho de que todas ellas están conectadas con el latín por medio de una tradición continua. El castellano, italiano, francés, portugués, rumano y las otras lenguas romances son modernas versiones del latín, característica cada una de la población de una región particular de Europa.

CÓMO CAMBIAN LAS LENGUAS

Cuando comparamos las diversas etapas de la historia de una lengua dada podemos notar que la lengua no solamente cambia en pronunciación, gramática y vocabulario, sino también que los cambios tienen lugar de acuerdo con tres procesos principales. Algunas de las palabras del inglés moderno, por ejemplo, descienden de palabras del inglés arcaico que tienen significado igual o semejante. Así, las palabras de inglés moderno *cow* (vaca), *house* (casa), *mouse* (ratón) *louse* (piojo) se derivan directamente por cambio de vocal del inglés arcaico *cū*, *hū mū* y *lūs*, donde la vocal *ū* tenía aproximadamente el sonido de la vocal de la palabra *soothe*. Similarmente, *why* (por qué), *bride* (novia), *mice* (ratones) y *fire* vienen del inglés arcaico *hwy*, *bryd*, *mys* y *fyr* (la y pronunciada como en el *alemán grün* [verde] o el francés *rue* [calle]), mientras que *stone* (piedra), *boat* (bote), *bone* (hueso) y *go* (ir) se derivan del inglés arcaico *stan*, *bat*, *ban* y *gan* (la a pronunciada de un modo semejante al inglés *calm*). Buena parte del vocabulario del inglés moderno existía ya en el inglés arcaico, en tanto que las formas modernas que hemos visto diferían de las del periodo primitivo en pronunciación, gramática y significado.

Encontramos, sin embargo, que el inglés arcaico poseía diversas formas que ya no se usan en el inglés moderno, formas que han sido reemplazadas por palabras modernas de origen diferente. De modo semejante, hay un gran número de palabras que han sido agregadas al vocabulario inglés desde el periodo del inglés arcaico; palabras que no tienen en modo alguno contraparte en el lenguaje primitivo. Palabras de este tipo ilustran los dos procesos de cambio restantes: cambio analógico y préstamo.

El cambio analógico tiene lugar cuando los hablantes de una lengua crean nuevas palabras combinando materiales más viejos en el patrón de las formas ya existente. En inglés arcaico, por ejemplo, el plural de cū (vaca) era cy. Como ya hemos visto, la cy del inglés arcaico, si hubiera persistido hasta los tiempos modernos, hubiera dado alguna forma como *kye, una palabra que marcamos con un asterisco para denotar que no existe en realidad. Pero si bien no usamos *kye como plural de cow, tenemos la forma cows que tiene ese significado (vacas). Cows está hecha de dos elementos; cow del inglés arcaico cu y -s del inglés arcaico -as (compárese con el inglés arcaico stan [piedra]; stan-as [piedras]. La combinación *cu-as nunca existió en el inglés arcaico; fue creada mucho después por analogía a stone, stones; book, books; y otras alternativas similares de singular-plural. En breve, cows, aunque está hecha de dos elementos lingüísticos (cow- y -s) que se remontan al inglés arcaico, es una nueva creación hecha con la combinación de dos formas que hasta entonces no se habían unido. El inglés moderno ha perdido cy pero ha añadido cows.

Las formas analógicas son muy numerosas y marcan cada paso de la historia del lenguaje. También son numerosas en el inglés y otras lenguas las palabras tomadas de una comunidad de habla por otra; las llamadas formas prestadas. Tomemos nota, por ejemplo, del siguiente pasaje bíblico en inglés arcaico, su traducción literal y su forma en inglés moderno.

Se Haeland for on reste-daeg ofer aeceras; sothlice his leorningchihtas hyngrede...

The/Healing one/fared/on/rest-day/over (the) acres;/soothly/his/learning-knights/hungered/...

(El que cura viajó en día de descanso sobre (los) acres; verdaderamente sus caballeros-que-aprendían tenían hambre...)

Jesus went on the Sabbath day through the corn; and his disciples were a hungered...

(Jesús fue el día del Sabbath a través del trigal; y sus discípulos estaban ambrientos...)

Nótense en particular las palabras del inglés arcaico Haeland, reste -daeg y leorning-chihtas, reemplazadas en el texto moderno inglés por Jesus, Sabbath, y disciples. Haeland se deriva de haelan "hacer el bien, sanar", añadiendo -end a la raíz hael-. Hael- se encuentra actualmente en la frase *hale and hearty* "sano y fuerte" (*hale* en el sentido de saludable ya no se usa libremente) y en la palabra *heal* y sus derivados. La terminación *-end* que en el inglés arcaico forma el sustantivo "el que cura" del verbo *haelan* "hacer el bien, sanar", ya no se usa en el inglés moderno. Sobrevive anónimamente, sin embargo, en palabras como *fiend* "enemigo, demonio" y *friend* "amigo" del inglés arcaico *feond* "alguien que odia" y *freond* "alguien que ama". *Haeland* también se ha perdido y remplazado, por lo menos en este sentido bíblico, por el nombre propio *Jesús*.

Reste-daeg es por supuesto una composición obvia, cuyos elementos existen todavía en el inglés moderno. Pero no así la composición; podemos decir *day of rest* "día de descanso", pero más a menudo usamos *Sabbath*, tomado prestado del hebreo *Shabbath*, o *Sunday* "domingo" de una palabra muy diferente del inglés arcaico *sunnan-daeg* "día del sol". Similarmente, *leorning -chihtas* "caballeros que aprenden" ha sido remplazado por *disciples* "discípulos", tomado del francés arcaico *disciple*, derivado a su vez del latín *discipulus*. Aquí se ejemplifican tres casos en los cuales palabras del inglés arcaico fueron remplazadas en el inglés moderno por palabras tomadas prestadas de otras lenguas. Por supuesto, hay además un gran número de préstamos en el inglés moderno para cosas, secciones y conceptos que no estaban expresados en inglés arcaico. El profesor Jespersen, una autoridad del idioma inglés, estima que cerca de dos tercios del vocabulario del inglés moderno está formado por palabras tomadas en préstamo de lenguas escandinavas, del francés, latín, griego y otras fuentes.

Correspondencias fonéticas

Los lingüistas llaman método comparativo al que hemos descrito para la clasificación de las lenguas. Como hemos visto, resulta en una división de los idiomas del mundo en grupo históricamente distintos, llamados troncos o familias lingüísticas. Dentro de cualquier tronco hay ciertas palabras comunes a la mayoría o a todas las lenguas de ese tronco y se presume que estas palabras existían igualmente en la lengua prototipo. Así, por ejemplo, encontramos que la palabra francesa *coeur* (antiguamente *cor* y *cuer*) "corazón", tiene su paralelo en el tronco romance en formas tales como el italiano *cuore*, el provenzal *cor*, el español *corazón* (del español arcaico *cuer*) y el portugués *coração* (del portugués arcaico *cor*). De estas similitudes podemos inferir que el proto-románico tenía una palabra pronunciada de modo semejante a *cor* que también significaba "corazón".

Cuando examinamos las palabras comunes a la mayoría o a todas las lenguas de un tronco dado, encontramos que sus semejanzas y diferencias sistemáticas en sonido pueden resumirse en una serie de afirmaciones descriptivas llamadas correspondencias fonéticas. Estas afirmaciones se refieren más bien a los sonidos o fonemas que a las palabras. Construida adecuadamente, una afirmación de correspondencia fonética entre dos o más lenguas describirá concisamente todas las diferencias e identidades fonémicas que existan entre ellas.

Un buen ejemplo de correspondencia fonética, el cual también ilustra cómo se formulan esas afirmaciones descriptivas, lo encontramos al comparar las lenguas germánicas con el latín y griego y sus descendientes modernos. La lengua germánica más antigua que se conoce, el gótico, tenía entre otras consonantes f, como en fadar "padre", p (pronunciado como la th inglesa en thick), como en preis "tres", y h, como en hairto "corazón". Estas corresponden al latín p, como en pater "padre", t, como en tres "tres", y k como en cor "corazón". Inicialmente, por lo tanto, podemos partir de la hipótesis de que las p, t y k (escrita c) latinas corresponden siempre respectivamente a las f, p y h góticas.

Sin embargo, esta hipótesis no es totalmente válida. Primero, descubrimos que el gótico speiwan "vomitar" corresponde al latín spuere. El gótico gast "huésped" al latín hostis "enemigo", y el gótico fisks "pez" al latín piscis. Aquí es evidente que la p, t y k góticas corresponden a la p, t y k latinas. Otros ejemplos de esta naturaleza muestran que en toda ocasión que la p, t y k latinas son precedidas por una s (como en spuere, hostis y piscis) los sonidos correspondientes del gótico no son f, p y h, sino p, t y k.

Si desarrolláramos aún más esta regla, encontraríamos otros casos excepcionales, hasta que finalmente nuestra información sobre las correspondencias pudiera ampliarse para cubrir todas o casi todas las formas en las que ocurren los sonidos en cuestión.

Las correspondencias fonéticas, adecuadamente planteadas, dan la prueba definitiva de la relación entre lenguaje del mismo tronco o familia. Esta relación nunca se demuestra por similitudes al azar; dos lenguas cualesquiera, emparentadas o no, revelarán algunos parecidos no sistemáticos. Solamente cuando dos o más lenguas pueden conectarse por correspondencias sonoras regulares, formas de enlace demostrables en términos de identidades y divergencias sistemáticas en rasgos de sonido, podemos concluir legítimamente que tienen un origen histórico común.

POR QUÉ CAMBIAN LAS LENGUAS

Se han ofrecido muchas razones para explicar el cambio lingüístico. La mayoría de ellas, sin embargo, escasamente merecen mencionarse, ya que generalmente están basadas en análisis prematuros o incompletos. Ciertamente puede decirse que aún ahora los lingüistas saben demasiado poco acerca del cambio lingüístico como para poder explicarlo.

Una razón por la que es tan pequeño nuestro conocimiento acerca de las circunstancias reales bajo las que cambian las lenguas es que hasta ahora nos hemos preocupado principalmente de los resultados del cambio y no lo suficiente de la relación funcional entre el lenguaje y otros aspectos de las culturas del hombre. Las lenguas están obvia y claramente relacionadas con las culturas a través del vocabulario; al aumentar en complejidad una cultura, aumenta el vocabulario de la lengua asociada con la misma. El inglés, que está asociado con una serie de culturas muy complejas, tiene un vocabulario mucho mayor y más complicado ahora que el que tuvo en el periodo del inglés arcaico, cuando la cultura de sus hablantes era considerablemente más simple. Además, podemos demostrar que el inglés cambió más rápidamente durante el periodo medio y en nuestros días que en el periodo del inglés arcaico. Muy posiblemente, la serie de cambios extremadamente rápidos que marcaron el paso del inglés arcaico al moderno estuvieron asociados directa e indirectamente con el consiguiente paso de la cultura rural y aislada, relativamente simple, de los hablantes del inglés arcaico a la cultura del mundo altamente industrializado de los hablantes del inglés moderno.

Es también significativo que algunas lenguas europeas hayan cambiado mucho menos que el inglés. Un ejemplo notable es el lituano, que ha cambiado tan poco que todavía conserva una gran cantidad de rasgos antiguos que han desaparecido del inglés desde hace mucho tiempo. La importancia de esto descansa en el hecho de que Lituania ha sido también menos afectada por cambios culturales que las regiones del mundo donde se habla el inglés. Ha permanecido principalmente como una región rural y aislada, que participa en medida mucho menor de las culturas del mundo moderno que las regiones de habla inglesa.

Estos hechos sugieren que el cambio lingüístico es parte del cambio cultural tomado como un todo. La dificultad de demostrar esta hipótesis está en la naturaleza del lenguaje en sí mismo. Ya que aunque hay una relación obvia entre vocabulario y cultura, el efecto preciso de los cambios de vocabulario sobre los sonidos y procesos gramaticales del lenguaje está lejos de ser claro. ¿Es cierto, por ejemplo, que un gran número de adiciones que se acumulen rápidamente en el vocabulario de una lengua darán como resultado cambios en sonido y en estructura gramatical? ¿Y si así sucede, cómo tiene lugar? No tenemos los datos para responder a estas preguntas y hasta que podamos obtenerlos parece que permaneceremos en la ignorancia con respecto a los factores responsables por el cambio lingüístico.

LENGUAJE Y ESCRITURA

La mayoría de nosotros hemos aprendido tan bien a transportar las palabras habladas a la escritura, y ésta a su vez al lenguaje hablado, que pensamos en la escritura como una forma del lenguaje en sí misma. Por supuesto, no es así; la escritura, como el fonógrafo, es solamente un mecanismo externo por medio del cual hacemos un registro más o menos permanente del habla. Aun en nuestros días muchas lenguas permanecen sin escritura y el hecho de que pueda escribirse una lengua no la cambia en ningún aspecto importante.

La escritura es un elemento de la cultura muy distinto del lenguaje y tiene un origen e historia diferentes. Para empezar, la escritura es mucho más reciente que el lenguaje. Como hemos visto, probablemente el hombre adquirió el lenguaje hace alrededor de un millón de años, al mismo tiempo que adquirió los primeros rudimentos de cultura. Sin embargo, la escritura no aparece en ninguna parte hasta la Edad del Bronce y aun entonces se encuentra solamente en unas cuantas sociedades. Durante largo tiempo el conocimiento de la escritura se limitó sólo a unos pocos individuos en las sociedades que conocían la técnica; el grueso de la gente no escribía ni leía. Solamente desde la invención de la imprenta dicho conocimiento alcanzó una verdadera difusión.

La escritura probablemente fue inventada por lo menos tres veces en la historia del mundo. Una de ellas tuvo lugar en algún lugar del Cercano Oriente, probablemente entre los egipcios de la Edad del Bronce. Esta escritura eventualmente se extendió por Europa y una gran parte de Asia en muchos sistemas diferentes al adaptarlo a las necesidades de sus propios lenguajes cada uno de los grupos que lo tomaron. La escritura china bien puede representar una segunda invención, que tuvo lugar muy poco tiempo después de la del Cercano Oriente. Sin embargo, algunos investigadores sostienen que la escritura china pudo derivarse de alguna de las formas más primitivas del Cercano Oriente. En nuestros días, el sistema de escritura china es empleado solamente por unos cuantos grupos que se encuentran en las cercanías de China.

Una tercera invención de la escritura ocurrió algo después entre los indígenas mayas de Guatemala. La escritura maya se extendió hacia el norte, a los aztecas de México, quienes sin embargo no adoptaron el sistema maya completo sino una versión algo modificada del mismo. El conocimiento de la escritura maya murió con una gran parte del resto de su cultura original; los pocos documentos que sobrevivieron no se pueden leer en la actualidad. La escritura azteca también ha quedado fuera de uso, aunque todavía se conservan antiguos registros aztecas que pueden leerse.

Imágenes y escritura

Pocas dudas hay de que la escritura se desarrolló a partir de la técnica de dibujar imágenes. Todas las formas primitivas de escritura lo sugieren, ya que todas ellas incluyen caracteres que son dibujos en sí mismos o que claramente se derivaron de dibujos.

El dibujo y la pintura, incidentalmente, son técnicas muy antiguas. Ya desde el Paleolítico medio el hombre hace groseros dibujos; un poco después, en el mismo periodo, se desarrolló por lo menos en Europa un arte muy competente, expresado no solamente en dibujos y pinturas, sino también en esculturas, modelados y grabados.

Los dibujos no son en sí mismos una forma de escritura, aunque ocasionalmente pueden servir como recordatorio o memorando de eventos pasados. En algunas sociedades los dibujos se usan específicamente no sólo como memorando, sino también como un medio de comunicación entre un grupo y otro. Dado que esos dibujos servían como medios de comunicación más que como formas artísticas y a menudo eran hechos en forma apresurada, pronto se convirtieron en algo muy abreviado y convencional. Los objetos representados no se dibujan en detalle sino que se simbolizan por medio de una marca arbitrariamente elegida. Así, por ejemplo, un caballo puede indicarse por medio de una marca semejante a una herradura, un búfalo con una pequeña marca circular, y un campamento o posta como un círculo sombreado (véase fig. 1). Esos símbolos estaban ordenados para describir un acontecimiento o ilustrar una narración.

En la figura 1 aparece un dibujo de esta clase. Nótese la crudeza y sencillez del estilo pictórico; el dibujante claramente no concedía importancia a la representación precisa o realista. Todo lo que deseaba era comunicar del modo más breve posible la experiencia encontrada por su grupo.

Esos dibujos narrativos suelen describirse como un tipo de escritura, llamada escritura pictográfica, o escritura con dibujos. Sin embargo, esto no es exacto. Los dibujos narrativos no están ligados a palabras, frases u oraciones particulares; pueden interpretarse mediante una variedad de formas de habla. Así, el detalle (1) de la figura 1 no necesita interpretarse como "estamos en un campamento con 13 tien-

Fig. 1. *Escritura pictórica.*

De Ernest T. Denin, *Tribes of the Upper Missouri*, Washington, 1930, p. 603. Cortesía del Bureau of American Ethnology, Instituto Smithsoniano

das"; cualquier afirmación de significado similar servirá para el caso. En breve, los dibujos narrativos pueden describirse o interpretarse en palabras, pero no representan o simbolizan ninguna palabra específica o combinación de las mismas.

La escritura verdadera, por otra parte, está distintamente ligada a palabras o combinaciones de palabras específicas. La forma escrita *caballo*, por ejemplo, sólo puede leerse como la palabra *caballo*, y no como otra forma de significado similar. Una escritura verdadera, por lo tanto, no existirá a menos que los símbolos empleados representen aspectos característicos del lenguaje y no afirmaciones que puedan variar grandemente en forma lingüística. Los dibujos bien pueden ser la fuente de la escritura, pero como dibujos no representan una forma de escritura.

El mensaje pictográfico de la figura 1 puede leerse: "Estamos en un campamento de trece tiendas (1); situado en una cañada sobre la bifurcación del río (2); empezamos a cazar con ocho jinetes (3) (cada símbolo representa un jinete); en el camino pernoctamos durante dos noches (4); viajamos en la dirección indicada por ＿＿⊃ (5); encontramos búfalos (6) detrás de la segunda cañada fuera del campamento; matamos algunos de ellos e hicimos *travois*, o narrias (7); y dormimos una sola noche (8) en nuestro regreso al hogar."

ESCRITURA LOGOGRÁFICA

No sabemos cómo tuvo lugar la transición de los dibujos narrativos a la escritura verdadera; las formas más antiguas de escritura que se registran ya habían logrado el cambio. Es probable, sin embargo, que haya ocurrido por medio del método de los jeroglíficos. Un jeroglífico, o acertijo pictórico, consiste en dibujos destinados a ser interpretados más bien que en términos de los objetos mismos. Un jeroglífico muy sencillo sería el compuesto por un molino ("*mill*" en inglés), un camino de piedra o cemento ("*walk*" en inglés) y una llave ("key" en inglés). Tomando cada dibujo como el símbolo de una sílaba, según su pronunciación en inglés ("mil-wok-ki"), vemos que los tres pueden representar el nombre de la ciudad de Milwaukee. Los dibujos narrativos se convierten en escritura verdadera cuando los dibujos ya no sirven para recordar al intérprete algún suceso, sino que se convierten en símbolos del nombre del objeto representado. En tanto que los indios de las planicies interpretaran el dibujo $\wedge$ como una casa, campamento o alguna noción similar, cualquiera que fuera la forma en que se expresara con palabras, continuaría siendo un dibujo narrativo. Pero si hubieran empezado a interpretar $\wedge$ como un símbolo de la palabra *tipi* y nunca de cualquier otra palabra, entonces hubieran poseído una escritura verdadera.

Cuando los dibujos empiezan a simbolizar el nombre del objeto representado hablamos de ellos como de caracteres asociados directamente con una forma lingüística. El lector reacciona ante un carácter del mismo modo como reacciona ante la forma hablada representada por el mismo. Las palabras fueron probablemente las primeras formas lingüísticas simbolizadas de este modo. Una escritura que simboliza así las palabras recibe el nombre de logográfica y los símbolos, cada uno de los cuales representa una palabra particular, son los logogramas. Muchos de los caracteres usados en la primitiva escritura egipcia y maya, así como muchos de los empleados actualmente en la escritura china, son logogramas.

Los dibujos que se convierten en logogramas pronto se convencionalizan rígidamente; esto es, siempre se dibujan del mismo modo y siempre se asocian con el mismo significado. Cuando esto ocurre, el carácter puede cambiar sin consideración por el dibujo original del cual se derivó. Se pueden encontrar ejemplos de esto comparando los caracteres chinos antiguos y modernos como se puede apreciar en la figura 2. La palabra *fuego* fue originalmente expresada como llamas moviéndose hacia arriba a); el símbolo moderno b) no es tan realista. Lo mismo es cierto de los caracteres arcaicos y nuevos de agua c) y d) que representan el agua en movimiento.

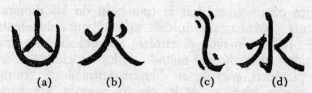

(a)   (b)   (c)   (d)

Fig. 2. El origen pictórico de los ideogramas chinos es evidente en las etapas primitivas de su desarrollo. El convencionalismo ha oscurecido esto en los caracteres recientes

La principal dificultad con un logografo es encontrar un modo de representar palabras cuyo significado no puede dibujarse fácilmente. Este problema puede resolverse de varios modos. Los egipcios, por ejemplo, usaban el dibujo de un renacuajo para representar la palabra cuyo significado era 100 000, presumiblemente porque los renacuajos ocurren siempre en gran número. En la escritura china se emplearon muchas técnicas. Así, el símbolo que representa el significado mujer (esposa) se combina con el de niño para expresar el significado de bueno o feliz, presumiblemente porque aquel que tiene una esposa e hijo es feliz. De modo similar, el símbolo de sol combinado con el de luna representan la palabra que significa brillo, una característica común de estos dos cuerpos celestiales.

El recurso común, sin embargo, es usar un símbolo para una palabra cuyo significado se puede dibujar fácilmente para que represente también palabras de pronunciación semejante. Así, si el inglés se escribiera por medio de logogramas, podríamos simbolizar la palabra pera ("*pear*" en inglés) con el dibujo de la fruta y usarlo también para simbolizar la palabra cortar ("*pare*" en inglés). En la escritura egipcia el dibujo convencional de un ganso representa no solamente esta palabra sino también la de hijo, cuya pronunciación es igual a la de ganso. Y en chino la palabra *wan* "escorpión" se representa con el mismo símbolo de la palabra *wan* pronunciada del mismo modo y que significa 10 mil.

Esta técnica por supuesto puede llevar a situaciones ambiguas; el lector a veces tendrá incertidumbre sobre el significado de la palabra. Los chinos resuelven este problema añadiendo un carácter llamado "determinante" al carácter básico llamado "fonético" para distinguir los símbolos de formas de pronunciación idéntica. Así, el significado de la palabra fang "cuadrado" se dibuja fácilmente y su símbolo se convierte entonces en el fonético de fang "distrito", fang "hilar", fang "preguntar", fang "marmita" y fang "tabla", todas las cuales tienen pronunciación similar. Las últimas cinco palabras se distinguen en la escritura por las diferentes determinantes. Así, fang "distrito" se escribe con el símbolo de fang "cuadrado" más el de la palabra que significa "tierra", y los símbolos combinados se leen "esa palabra que suena como fang 'cuadrado' pero que hace referencia a la tierra". De modo similar, el símbolo para fang "hilar" es el de "cuadrado" más el de "seda", fang "preguntar" es "cuadrado" más "hablar", fang "marmita" es "cuadrado" más "metal" y fang "tabla" es "cuadrado" más "madera".

Sin embargo, es obvio que el sistema de escritura logográfica es estorboso; generalmente requiere un gran número de caracteres diferentes. En la escritura china moderna, todos los símbolos pueden reducirse a 214 constituyentes básicos. Éstos así como todas sus combinaciones comúnmente usadas los debe memorizar todo aquel que desee leer y escribir fluidamente el chino.

SILABARIOS

Por supuesto, ningún sistema de escritura puede ser estrictamente logográfico en el sentido de que cada palabra está representada por un símbolo totalmente distintivo. Aun la escritura china, que emplea exclusivamente logogramas, usa solamente 214 caracteres básicos, los cuales, combinados de diversos modos, brindan adecuadamente suficientes logogramas para escribir el lenguaje sin ambigüedades. Al hacerlo, es evidente que se reconoce un factor fonético: palabras pronunciadas similarmente pero diferentes en significado se representan por medio de caracteres que son iguales total o parcialmente.

En la escritura china este principio pudo aplicarse a las palabras debido al hecho de que la mayoría de las palabras chinas tienen una longitud uniforme de una sílaba. Pero en las lenguas cuyas palabras varían en longitud, el principio debe aplicarse a las sílabas más bien que a las palabras. Así, si el idioma inglés usara un solo símbolo para representar no solamente la palabra sun (sol) sino también la primera sílaba de sundry (diversos), este símbolo se asociaría directamente con una forma fonética (la sílaba sun- independientemente de su significado) más bien que con una forma lingüística (una serie de sonidos más su significado). Esos símbolos, como los caracteres fonéticos de la escritura china, adquieren un valor fonográfico constante (representativo de sonidos) y pueden denominarse fonogramas.

Cuando se usan fonogramas, con mayor frecuencia parecen ser símbolos de sílabas más que de palabras enteras, como ocurre en la escritura china, o de sonidos simples como en la escritura alfabética. En un sistema de escrituras silábica o silabario cada fonograma denota una sílaba.

Los silabarios están muy extendidos en comunidades de habla tanto antiguas como modernas. Las lenguas antiguas de Mesopotamia (Irak), como el babilonio y el sumerio, se escribían principalmente por medio de un silabario, aunque también se usaban logogramas. Estos pueblos escribían sobre tabletas de arcilla con un estilo que tenía un extremo en forma de cuña. Debido a que los símbolos eran combinaciones diferentes de impresiones en forma de cuña la escritura recibe el nombre de cuneiforme. El persa arcaico y el griego de Chipre también se escribían por medio de caracteres silábicos. En nuestros días encontramos los silabarios más importantes en Japón (los japoneses usan dos silabarios así como logogramas chinos) y en la India. Sistemas recientes de escritura, inventados por misioneros para pueblos no alfabetos, suelen adoptar la forma de silabarios, y entre los cherokee norteamericanos encontramos un silabario inventado por el jefe Sequoyah para escribir su lengua.

Por supuesto, los silabarios son bastante más simples que los sistemas logográficos, ya que requieren menos caracteres. Esto se ve claramente en la escritura japonesa que emplea ambas técnicas. Los logogramas japoneses son tan complicados y requieren tantos símbolos como la escritura china, pero el silabario japonés, tan eficiente como el sistema logográfico, necesita solamente 65 caracteres.

ESCRITURA ALFABÉTICA

Solamente una vez en la historia humana ha surgido de un silabario un sistema alfabético de escritura. Este importante hecho tuvo lugar alrededor de 1800 a.c. cuando un pueblo de habla semítica, que probablemente vivía en la península del Sinaí, adoptó un silabario egipcio de unos 24 caracteres y transformó éstos en símbolos consonantes. No sabemos precisamente quiénes fueron esas personas, pero sí que el sistema de escritura que ellos iniciaron se extendió rápidamente a todos los demás pueblos de habla semítica de la misma región. Surgieron dos estilos distintos de escritura: el semítico del sur que todavía es usado por los etiopes en una forma algo modificada, y el semítico del norte (fenicio, hebreo y arameo) que es la base de la moderna escritura del hebreo, el sirio y el árabe. El estilo semítico del norte, en sus variedades fenicia y aramea, se extendió también a Asia y Europa dando lugar a la moderna escritura India y finalmente a los diversos alfabetos usados durante el periodo histórico y hoy día entre los europeos.

El silabario egipcio del cual surgieron nuestros alfabetos constaba de 24 caracteres jeroglíficos (los antiguos logogramas; literalmente jeroglífico significa signo o bajorrelieve sagrado) y hieráticos (jeroglíficos que más tarde se abreviaron). Éstos representaban sílabas que tenían solamente una consonante y una vocal. Al usarlos, los egipcios prestaban atención solamente a la consonante dejando de lado el hecho de que una consonante dada podía ser seguida por cualquiera de diversas vocales; las ambigüedades que surgieran eran eliminadas por el uso de determinantes y logogramas.

Cuando estos símbolos fueron adoptados por los semitas, los usaron únicamente para las consonantes de sus lenguajes; simplemente no se representaban las vocales. Tocaba al lector añadir las vocales de acuerdo con el contexto en el que se empleaba la palabra. Por supuesto, esto sería imposible en el inglés o algunas otras lenguas europeas, pero funcionaba en las lenguas semíticas debido al hecho de que si las consonantes que pertenecen a una palabra se escriben y se indica dónde deben encajar las vocales, el lector puede fácilmente adivinar cuáles son las vocales faltantes. Así, la escritura semítica es alfabética, porque cada símbolo represente un sonido simple, pero está formada incompletamente, ya que no simboliza con claridad todos los sonidos distintivos del lenguaje que se escribe.

Los griegos aprendieron de los fenicios el alfabeto semítico. Sabemos esto no solamente por los testimonios, sino también porque la palabra griega *alpha* significa solamente la primera letra en el alfabeto y probablemente fue tomada del semítico *aleph* "cabeza de buey", que describe la imagen de las cuales se derivaron los símbolos *alpha*, *aleph* y finalmente nuestra moderna A. De modo similar la *beta* y la *gamma* griegas, y los nombres de muchos otros símbolos, se derivan de palabras semíticas que tienen un significado que se remonta a los antiguos dibujos de los cuales se derivaron los símbolos.

En contraste con la lengua semítica, el griego no puede escribirse adecuadamente sin signos vocales. Al adoptar el alfabeto semítico, que tenía símbolos para consonantes desconocidas en el griego, los griegos usaron esos caracteres superfluos para representar vocales. La *aleph* semítica, que originalmente era una consonante, se convirtió en el griego en el símbolo de la vocal *alpha*; la O semítica, una consonante gutural, se convirtió en la vocal griega O, y la ambigua *I-J* semítica se transformó en la vocal *I* del griego. Con estos y otros cambios los griegos ajustaron el alfabeto semítico a la escritura de su idioma, inventando una escritura fonémica bastante buena en la cual estaba representado por un solo signo casi cualquier sonido distintivo del lenguaje griego.

De los griegos, este alfabeto ya relativamente completo se extendió en dos direcciones: a través de los etruscos hacia los romanos, y por el norte a los búlgaros, servios y rusos. Roma a su vez dio el alfabeto a la mayoría del resto de los pueblos europeos. En cada uno de los grupos que adoptaron el alfabeto surgieron innovaciones al adaptar estos pueblos los caracteres prestados a las peculiaridades de su propio lenguaje. Son demasiado complejos para describirse aquí los detalles de la difusión del alfabeto y sus múltiples formas; todavía nos falta por conocer mucho de estos detalles históricos.

Actualmente, sin embargo, el hombre posee completamente las técnicas necesarias para registrar, tan eficiente y precisamente como sea posible, cualquiera y todas las lenguas que habla. Esta invención, el producto complejo de muchos pueblos en diferentes periodos de tiempo, es una de las posesiones más útiles y productivas del hombre. Sin ella, no podría haber amplia comunicación, registros históricos, o educación en el moderno sentido de la palabra. No es sorprendente, entonces, que muchos hombres de ciencia señalen como los inicios de la verdadera civilización el momento de la invención de la escritura.

XI. Las invenciones y la sociedad humana

Como todos los animales, el hombre ha tenido que adaptarse a su medio ambiente. En menor grado ha sido una adaptación fisiológica, en medida mucho mayor, un cambio de hábitos para afrontar nuevas condiciones. Esta gran capacidad para adaptarse, dirigida por la inteligencia —el invento de nuevos aparatos y procedimientos— coloca al hombre aparte de los otros animales.

Dedos hábiles para las herramientas, una memoria flexible, capacidad para ver y resolver problemas, han permitido al hombre manipular su medio ambiente. La vida del hombre no ha sido totalmente moldeada por el medio ambiente: por el contrario, él ha tenido que seleccionar entre sus recursos y remodelarlo de acuerdo con sus deseos. Si bien en sociedades más simples era más o menos víctima de cuanto lo rodeaba, a través de los siglos ha creado métodos y sistemas para cambiar la naturaleza: ha sembrado plantas, regado tierras áridas, traído materiales de muy lejos, dotado su hogar con aire acondicionado.

Cada aparato o idea que ha tomado parte en esta adaptación o modificación fue una invención específica. Los inventos no son solamente aparatos mecánicos, ya que podemos hablar legítimamente de la invención de una idea. Ciertamente, la máquina en sí misma es parte del mundo físico, como lo son el acero o la madera; la esencia de la invención descansa en una nueva idea.

El desarrollo de todas las civilizaciones ha consistido en la acumulación de mecanismos e ideas. En las sociedades simples de los pueblos primitivos y el remoto pasado, su número fue escaso; en las grandes civilizaciones la acumulación y complicación tuvo lugar con velocidad siempre creciente. Todos los utensilios —el producto de la invención— son esencialmente extensiones del cuerpo: una palanca presta mayor fuerza a las manos; un rifle da poder para herir a distancia. Como tales, muchas herramientas dependen de la estructura corporal del hombre; aun sus derivados finales, las maquinarias eléctricas automáticas, tuvieron su origen en estas formas determinadas corporalmente. Los movimientos giratorios de un torno o de un tornillo derivan de la rotación hacia afuera de los dos huesos del antebrazo en la muñeca. Dado que la mayoría de las personas hacen las cosas con la mano derecha, estos giros son en su mayoría en el sentido de las manecillas del reloj o sea hacia la derecha, tanto en los tornillos

[323]

como en la mayor parte de la maquinaria. Un individuo zurdo no inventa un aparato alterno; está forzado a hacer movimientos corporales de acuerdo con el patrón establecido. Una vez estandarizadas las partes de las máquinas para los movimientos hacia la derecha, se sobrentiende como parte de nuestros hábitos de pensamiento, que todas las partes sustitutas o instrumentos que se añadan serán de la misma clase. Igualmente, las teclas de la máquina de escribir y del piano se ajustan a nuestra habilidad para mover los dedos individualmente. Pero la posición de las letras en el teclado de una máquina de escribir común tiene poca relación con la fuerza relativa de los dedos, ya que las letras más frecuentes en la escritura del inglés o del español se asignan a los dedos más débiles de la mano izquierda. Este arreglo arbitrario de las teclas fue producto del azar por parte de los inventores de la primera máquina de escribir práctica a mediados del siglo xix. La convención que ellos establecieron ha tenido que ser aprendida por todos los mecanógrafos; de aquí ha resultado una inversión de relaciones: la estructura corporal está regida por un factor culturalmente determinado. Tanto la invención de utensilios como sus convenciones de uso muestran al mismo tiempo la gran flexibilidad del cuerpo y la mente humanos y su canalización en moldes culturales.

La invención tiene otras raíces además de la adaptación o la explotación del medio ambiente. La simple novedad, la exhibición del ingenio, las variaciones de una técnica perfectamente aprendida, las mejoras intencionales, la expresión estética y otros impulsos externos son igualmente determinantes. Además, la nueva construcción es a menudo resultado de variaciones o combinaciones fortuitas.

La invención no está confinada por superioridad mental a ciertas razas en detrimento de otras. Todo rasgo de la cultura fue inventado, y todos los pueblos tienen su cultura. El esquimal, como el yanqui, exhiben ingenio para resolver sus problemas; en lo que difieren es en la más rica experiencia del yanqui con aparatos mecánicos y en las exigencia de su sociedad por tales artefactos. Igualmente, las pequeñas comunidades donde cada hombre debe atender a sus propias necesidades carecen de la especialización de trabajo de los grupos mayores en los que se puede desarrollar la habilidad para una determinada actividad y se da atención a problemas particulares. En general, la capacidad para inventar es un rasgo escaso: pocos de nosotros inventamos algo nuevo y cuando mucho hacemos solamente pequeñas modificaciones a lo que ya tenemos. Una clase especial de hombres dedicados a producir novedades, nuestros inventores, es un aspecto específico de nuestra civilización y de fecha muy reciente.

Ciertas invenciones primarias han afectado profundamente el curso de la civilización. Algunas resolvieron problemas de necesidad física, otras regularon la conducta o sirvieron a fines estéticos e intelectuales. Entre las que merecen consideración especial están los avances en el vestido, la habitación, cerámica, cestería, tejido de telas, la rueda y el registro del tiempo.

Poco se sabe acerca del origen de los grandes inventos que han orientado el curso de las civilizaciones. Sus raíces se pierden en la antigüedad y los testimonios son oscuros. Pero más importante para el entendimiento del desarrollo cultural es el hecho de que, estrictamente hablando, no hubo "primeros orígenes". Así como la máquina de escribir, por ejemplo, fue una nueva combinación de alfabeto, tipos movibles, acción de palanca, familiaridad con los metales —más bien una nueva combinación que una "nueva invención"—, todo invento fue solamente un mayor desarrollo del conocimiento de los aparatos y materiales que ya existían.

Las consecuencias sociales de las invenciones han sido muy grandes. En nuestros días, por ejemplo, el automóvil cambió marcadamente el carácter de la vida norteamericana. Sin embargo, el automóvil como "nueva invención" no es más que la adaptación de una planta motriz poderosa y compacta al antiguo carruaje (véase fig. 1). Su influencia en nuestra vida social ha sido grande al proporcionar un transporte convenientemente flexible, libertad de asentamiento y movimiento y aniquilación del tiempo. Provocó un movimiento hacia la vida suburbana y campestre, limitando en grado considerable la tendencia de las familias a concentrarse en las grandes ciudades; las fábricas quedaron en libertad de ubicarse lejos de ferrocarriles y ríos; el transporte motorizado llegó a ser un competidor de los ferrocarriles así como un medio de abastecerlos; la mecanización dio velocidad y poderío a los ejércitos; la facilidad para viajar no solamente aceleró el ritmo de los negocios sino que proporcionó recreo a la mayoría de la gente y un conocimiento más pleno de su país. El aislamiento se eliminó gracias a los buenos caminos que se extendieron hasta los parajes más remotos. Surgió toda una serie de nuevas industrias —manufactura de automóviles y sus partes accesorias, garages, estaciones de servicio— y un nuevo oficio de reparaciones. Se ha dicho que el automóvil convirtió a los norteamericanos en una nación de mecánicos, lo cual es cierto en el sentido de que el conocimiento de los aparatos mecánicos y cierta habilidad para trabajar con ellos es común a la mayoría de los hombres. Como consecuencia de estos cambios, existe mayor uniformidad de costumbres, hábitos y actitudes en todo el país y al mismo tiempo una interdependencia e interés mutuo en todos los sectores.

Por otra parte, también debe reconocerse que el automóvil añadió nuevos riesgos a la vida urbana, nuevos peligros de incendios y una mayor movilidad para las actividades criminales. Pero buenos o malos, los cambios en nuestra vida social afectada por esta invención han sido profundos.

Es difícil imaginar los efectos comparables de las invenciones en el pasado. Pero es claro el caso de la rueda y el carruaje: proporcionaron transporte utilizando el poder de tiro de los animales y dieron una mayor movilidad a la vida. La cerámica y la rueda del alfarero, la cestería y el tejido de telas cambiaron la naturaleza de la vida doméstica y llevaron finalmente al desarrollo de grandes industrias. La ropa hizo posible la vida a voluntad en cualquier clima y dio un escape para las expresiones de los valores sociales y estéticos. Son semejantes las consecuencias sociales de otros grandes inventos. Lo que debe considerarse es que con relación a la simplicidad de la vida en las comunidades primitivas, aun las primeras formas de estas invenciones cambiaron marcadamente los hábitos cotidianos, las relaciones sociales y los modos del pensamiento.

EL VESTIDO

Los impulsos para vestir al cuerpo se componen de protección contra el tiempo, la gratificación de exhibirse y adornarse, indicaciones de distinción social y un sentido de pudor. No sabemos a quien dar crédito por la primera aparición del vestido, pero una vez que éste se usó, los impulsos han dominado en diversos grados. La falta de pelo en el cuerpo del hombre parece haber requerido de cierto abrigo desde los tiempos más antiguos; sin embargo, no hay certeza de que se usaran ropas durante el Paleolítico. Para el Neolítico, sin embargo, la ropa pudo haber sido de uso general, pero tenemos razones para creer que aun entonces operaban otros factores distintos de la protección natural para estimular el uso de vestuario.

La cobertura completa es una característica de la civilización moderna, pero esto es excepcional. Entre la mayoría de los pueblos es bastante breve la ropa de uso constante, y las prendas extras solamente

---

Fig. 1. Las invenciones suelen ser nuevas combinaciones de elementos más viejos o la aplicación de nuevos dispositivos a mecanismos más antiguos. Los primeros automóviles revelan claramente su origen en un vehículo tirado por caballos, pero equipado con un motor. Los desarrollos subsiguientes ilustran el efecto del nuevo principio sobre el diseño del vehículo

se usan cuando se necesitan. El ropaje usual se limita generalmente a cubrir las caderas o las partes pudendas, pero no siempre.

El ropaje muchas veces está tan mal adaptado a las condiciones climáticas que no puede atribuirse a la protección el carácter de impulso primario o universal. La ropa es asunto de hábito en una medida tan amplia que quienes nos vestimos completamente no podemos entender que quienes no lo están suelen adaptarse bastante bien a los extremos climáticos. Los indios de los desiertos de Nevada, hombres y mujeres, andaban completamente desnudos durante la mayor parte del tiempo a pesar de las temperaturas bajo cero o del calor excesivo. Tampoco donde se usa ropa para protección se adapta siempre bien a ese propósito.

Con excepción de las regiones árticas, donde se usa una cobertura total, paradójicamente el vestuario de cuerpo entero es generalmente característico de climas templados y cálidos. Prevalece a través de una amplia área central del Viejo Mundo desde Japón, China y Mongolia hasta Europa occidental. En partes de esta área, el ropaje total parecería estar dictado como protección contra los extremos de frío y calor, como en el norte de China, las montañas de los Balcanes, Europa noroccidental, los desiertos de Arabia y el norte de África. Pero parece evidente que en tiempos primitivos los habitantes de estas regiones llevaban relativamente poca ropa. En general el vestido de cuerpo entero para propósitos de protección se desarrolla en regiones de frío o calor secos extremos y está ausente en las regiones cálidas y húmedas (como el África tropical). Donde el cuerpo humano puede adaptarse fisiológicamente a extremos menores, aun con alguna incomodidad, la cantidad de vestuario parece tener poca relación con las circunstancias climáticas. Sin embargo, el vestuario completo en la zona continua del centro del Viejo Mundo sugiere la imitación y difusión de un hábito más bien que repetidas adaptaciones de protección inventadas en cada región adversa. La falta común de correspondencia entre los vestidos completos y los climas extremosos es una prueba contra la protección como consideración primaria en el uso del vestuario y sugiere que comúnmente dominaban otros impulsos.

El adorno, la ostentación y la distinción social son obvios aun donde el vestuario es simple y breve. Una distinción casi universal es la que existe entre el vestuario de hombres y mujeres. Sin embargo, la marcada distinción entre los trajes de los hombres y los vestidos de las mujeres entre nosotros mismos no es común: se puede decir que tratamos de acentuar el sexo. Pero aun donde la cobertura es mínima se hacen distinciones en la vestimenta de los sexos, y estas ligeras diferencias abultan mucho en las mentes de los usuarios. Otras distinciones sociales se simbolizan en el atuendo: trajes especiales para soldados, sacerdotes, los ricos, los esclavos. Mientras que en las infinitas graduaciones de posición social se muestran marcadamente entre nosotros mediante las diferencias en las ropas, su corte y color, y la manera como se usa el vestido, aparecen diferencias paralelas aunque menores en la calidad y adorno del vestuario primitivo. En todas partes, las diferencias, aun leves, en vestido, costura y porte dan inconscientemente su sello a las relaciones sociales entre los individuos.

El vestido es más comúnmente un vehículo para la ostentación y el adorno personal. En las comunidades más primitivas la exagerada ostentación en el vestido es característica de los hombres, no de las mujeres. Entre nosotros (pero solamente en recientes generaciones) esto se ha invertido, marcando el atuendo del hombre, en contraste con el de las mujeres, con una sobriedad de color y corte y una tendencia hacia la uniformidad.

La moda es un concepto asociado muy frecuentemente sólo con el vestuario, pero esto es erróneo, ya que hay mucho de moda expresado en el campo de las ideas, puntos de vista económicos y hasta en la ciencia.

En los grupos primitivos pequeños una nueva moda puede surgir de la imitación del vestido de un pueblo cercano. En general, dichas comunidades son estáticas, poco interesadas en lo extranjero y lo novedoso. En las comunidades de mayor tamaño tales como las nuestras, la especialización social requiere constantemente no sólo nuevos símbolos apropiados de vestido, sino nuevas formas y ornamentos en función de prestigio y por simple novedad.

La nueva moda se extiende por imitación, y se desvanece a su vez ante la siguiente novedad y así las modas tienen una apariencia ficticia de ser cíclicas. Las modas ordinariamente no son otra cosa que variaciones, mientras que los contornos fundamentales, materiales y valores simbólicos del vestido permanecen constantes, a menos que haya un cambio cultural completo.

El pudor pudo no haber sido un factor original en el desarrollo de la vestimenta, sino más bien una actitud derivada: la ocultación del cuerpo en realidad da énfasis al sexo y se refuerza con el recato y la vergüenza de la desnudez entre quienes habitualmente van vestidos. Donde se usa poca o ninguna ropa, como en los trópicos, o se suele despojarse completamente de ella como dentro de un iglú esquimal, la desnudez es una cosa común y no produce ninguna respuesta particular. Sorprendentemente, las partes del cuerpo que deben ser ocultadas a toda costa (no siempre los órganos sexuales) varía entre los pueblos habituados a mantenerlas privadas.

Las clases de vestuario que se han desarrollado en las diversas regiones están dictadas obviamente por consideraciones culturales. En cada región ha llegado a prevalecer un tipo específico de vestido y ha sido imitado en toda la zona. En toda la Polinesia el vestuario característico consta de telas hechas de corteza batida (tapa), que rodean las caderas; a menudo se usa también como prenda superior; menos común es el uso de fibras colgantes para delantales o faldas. Los hombres de las tribus de las planicies usan una camisa semejante a un poncho, taparrabos, largas polainas y mocasines, todo hecho de piel; sus mujeres usan un vestido de piel hasta media pantorrilla, polainas cortas y mocasines. Aun cuando hay diferencias tribales, locales e individuales, el patrón fundamental es uniforme.

En el ártico y el subártico es característico el vestido que cubre totalmente el cuerpo (hecho de cuero o pieles). Además, está cortado y cosido a medida del cuerpo, con mangas y perneras. Los vestidos de tela tejida son característicos de civilizaciones más meridionales: en la antigua América desde Chile hasta el suroeste de los Estados Unidos, y en el Viejo Mundo desde el Mediterráneo hasta China. No era ropa cortada: en ambas regiones se utilizaban las tiras de tela tal y como salían del telar, sin cortar. El vestido de los indios Pueblo, por ejemplo, era un cuadrado de tela arrollado en la cintura en el caso de los hombres, doblado verticalmente alrededor del cuerpo en el de las mujeres. En las tierras mediterráneas se usaban las familiares vestimentas de telas envolventes sin cortar de Grecia, Roma y Egipto. Este uso del producto del telar sin cortar para el vestido en las regiones centrales del Viejo Mundo fue una invención paralela e independiente. El paralelismo fue aun más lejos. Se ha demostrado que en América del Norte la vestimenta total de pieles, con piezas cortadas y cosidas para las extremidades, se extendió hacia el sur hasta el área de las planicies; el uso de las piezas cuadrangulares de tela, para prendas como ponchos, se extendió hacia el norte en la misma región.

En las planicies se llegó a una combinación de ambas tendencias, ropas de piel para la cobertura total del cuerpo, cortadas y cosidas en cierta medida, hechas parcialmente sobre los patrones de las formas de las telas tejidas. En Asia se logró una combinación similar: las ropas de piel cosida en el norte de Europa y Siberia se combinaron en el Asia central y oriental con los rectángulos de telas sin cortar cuya manufactura se extendió desde el sur, para dar como resultado las prendas de vestir de los hombres y las mujeres chinos, cortadas y cosidas: pantalones, camisas y casacas con mangas. Aquí, en contraste con el Nuevo Mundo, prevaleció el concepto de la forma del norte pero se empleó un nuevo material, la tela. En ambos casos, como es usual, la invención fue esencialmente una recombinación de cosas ya antiguamente familiares.

LAS CASAS Y EL ARCO

El hombre vive en una mayor variedad de climas que cualquier otra especie, en parte porque su físico es adaptable, y en medida mucho mayor, por factores culturales, por los inventos que ha creado: ropaje y habitación. Se debe suponer que los primitivos humanos, carentes de una gruesa capa de pelo que cubriera sus cuerpos, buscaron y construyeron abrigos simples. Se sabe que los hombres del Paleolítico usaron cavernas e indudablemente construyeron abrigos a la intemperie. A partir del Neolítico, se han construido casas verdaderas.

Las casas se adaptan al medio ambiente, pero su tipo no es dictado por el mismo. En las casas de nieve de los esquimales y en las estructuras de techo de palma del África central se usan los materiales disponibles en el medio. Pero solamente los esquimales del Ártico central construyen casas de nieve; otros esquimales del este y el oeste, que disponen de igual cantidad de nieve, dan a sus casas la misma forma hemisférica, pero el material usado es madera y yerbajos llevados por el oleaje. Existen lado a lado adaptaciones muy diferentes, como en las casas de muros de barro y las habitaciones de techo de palma en el Sudán occidental. En general, las casas son más sólidas donde el clima es más riguroso, pero hay excepciones notables. Los indios de Nevada usan un simple círculo de rastrojo aun durante los inviernos con temperaturas bajo cero, y en el centro del Canadá las escuetas casas de los indios son más deficientes como abrigo a medida que se avanza hacia el Ártico.

Aunque el abrigo es el impulso primario, las casas desde los tiempos más antiguos muestran convenciones de materiales, formas y estilos: una arquitectura definida, no importa lo simple que sea. Entre los elementos que diferencian la cultura de una área de la de otra está un estilo de construcción peculiar a la misma: los edificios rectangulares de adobe con techo plano de la región mediterránea, el tipi cónico cubierto de piel de los indios de las planicies, las casas de techo de dos aguas y armazón de madera y los edificios de techo plano, de ladrillo o piedra. En cada región la especialización y complicación de las casas aparece generalmente en su centro; y copias más sencillas o toscas cerca de sus márgenes (tipis decorados de gran tamaño en el centro de las planicies, pequeños y simples en su periferia).

Los principios de la construcción de casas varían grandemente. En contraste con las casas norteamericanas de armazón de madera, los indios de las costas de Alaska erigen gruesos tablones, lado a lado, para servir de muros, sin armazón interior, descansando el techo de dos aguas sobre los extremos superiores de los tablones. Los hausa (norte de Nigeria) primero construyen sobre el suelo un techo cónico, y después lo levantan en vilo para colocarlo sobre postes y alrededor de éstos edifican muros de paja.

En los tiempos antiguos y entre los pueblos primitivos, las casas son pequeñas, generalmente de una sola habitación. El reducido tamaño y la naturaleza frecuentemente nómada de estas comunidades inhibía las construcciones de mayor tamaño. Sólo después de la aparición de las grandes comunidades en los antiguos mundos del Mediterráneo, Mesopotamia, India, China y Mesoamérica, se intentaron construcciones monumentales.

Una limitación para la construcción de grandes estructuras se debía a motivos estructurales: las casas con techos planos quedaban limitadas a la longitud de la madera empleada como vigas para soportar el techo. Sólo podían lograrse claros mayores mediante la introducción de columnas o muros interiores para soportar series de vigas cortas. Los grandes monumentos arquitectónicos del antiguo Egipto y de la Grecia clásica son impresionantes por su tamaño y la gracia de sus líneas, pero su desarrollo se obstaculizó con el uso continuo de solamente vigas y columnas.

Apareció un nuevo principio con la invención del arco, conocido en Sumeria hace 6 000 años. Tuvo sus comienzos rudimentarios en las tumbas todavía más antiguas en las cuales se colocaban grandes losas inclinadas apoyadas entre sí en el ápice, así como en los techos de piedras corbeladas, en las que las piedras de los muros sobresalían progresivamente en las hiladas sucesivas para encontrarse finalmente en un vértice. El verdadero arco está formado por piedras con forma de cuñas colocadas siguiendo una línea semicircular sobre el claro. Puede soportar una superestructura desproporcionadamente pesada, ya que el empuje de la carga se desvía hacia los lados descansando sobre los muros debido al acuñamiento de las piedras. Los muros deben ser suficientemente masivos como para soportar el empuje lateral, pero esto se evita cuando los arcos se colocan lado a lado, como en los acueductos romanos, donde cada arco compensa el empuje de sus vecinos.

Desarrollado primeramente en la antigua Mesopotamia, el principio del arco se extendió lentamente hacia occidente a través del mundo mediterráneo y hacia oriente hasta la India. Los usos primitivos fueron principalmente aplicados a claros cortos en el interior de los edificios y para salvar lugares de poca altura. Su empleo a manos de los etruscos (siglos vi a iv a.c.) en los dinteles de las puertas, para soportar los muros superiores, logró que se reconociera su utilidad para embellecer las fachadas de los edificios. Los herederos culturales de los etruscos, los romanos clásicos, ampliaron tanto su uso para portadas triunfales, acueductos, arcadas —a veces colocando hilera sobre hilera de arcos— que se convirtió en el patrón de la arquitectura romana. Como con otras fundamentales invenciones de tiempos más antiguos, la difusión de su uso a partir del centro fue lenta.

Durante muchos siglos el arco no causó mayor impresión en los menos desarrollados pueblos de Europa occidental y septentrional. Cuando en el siglo xii adoptaron el arco los europeos occidentales (principalmente en el norte de Francia), le dieron una nueva forma, con punta en el vértice (arco gótico), influida por sus antiguas construcciones domésticas de maderos torcidos que se encontraban en la bardes. La nueva "invención" fue, como de costumbre, una recombinación de viejos elementos.

Hacia el oriente el arco también adquirió una nueva forma. El mundo bizantino, que continuando la tradición grecorromana había empleado el arco de medio punto (romano), desarrolló una forma con lados que se curvaban hacia adentro alrededor de la época de la expansión árabe mahometana en el siglo vii. Los pueblos de habla árabe finalmente llevaron esta forma al norte de África y a España. Al penetrar la influencia mahometana, el arco bizantino (y la cúpula bizantina) se extendieron a los Balcanes, de donde pasaron al sur de Alemania y Rusia, y también hacia el oriente, donde llegaron a la India en el siglo xvi.

El arco en sí se podía expandir por medio de la invención. Su claro se desarrolla habitualmente en un plano, pero si se le da profundidad, se convierte en un techo abovedado. Uno de los primeros usos que se dio a la bóveda redonda (de cañón) fue en la Cloaca Máxima, el gran albañal de Roma. Otra variante resultó del cruce de bóvedas cuyas líneas de intersección (aristas) producen efectos de gran belleza. En la construcción de las catedrales del Gótico los grandes arcos ojivales y las bóvedas intersectantes se convirtieron en el tema dominante, adoptado en la construcción de colegios e iglesias en todo el mundo.

Otro desarrollo notable fue la cúpula; estructuralmente es una serie de arcos que se intersectan en sus vértices. El domo o cúpula plenamente desarrollado parece haber sido una invención de la Roma clásica, y como el arco, fue imitado en todas las tierras que se hallaban bajo la influencia romana. La arquitectura románica, con su arco y cúpula de medio punto, llegó al Nuevo Mundo con la colonización española. En su forma bizantina el arco llegó hacia el oriente hasta el Asia central y la India.

El arco y la cúpula fueron inventados independientemente en otros sitios, pero nunca se pasó de formas rudimentarias ni se aplicaron sino a los propósitos arquitectónicos más simples. Los mayas de Yucatán usaron arcos corbelados, sostenidos por muros masivos, pero se limitaron a estrechas habitaciones abovedadas. Desde la antigua Mesopotamia aparecieron estructuras con cúpulas. Los esquimales del centro del Ártico también construyeron pequeñas casas hemisféricas con bloques de nieve, pero su cultura no tenía necesidad de otro uso. El arco y la cúpula como principios de construcción hasta tiempos recientes continuaron siendo invenciones del Viejo Mundo; se extendieron por el área de las civilizaciones superiores, desarrollando nuevas formas y propósitos que, a su vez, se difundieron entre las mismas regiones. Llegaron a ser elementos básicos de nuestra ingeniería.

LA CERÁMICA Y EL TORNO DE ALFARERO

Por más simple que pueda parecer el moldeado de una vasija de arcilla, la manufactura de la cerámica pudo haber tenido solamente unos cuantos orígenes independientes. De ninguna manera es un arte universal, ya que está ausente entre los aborígenes de regiones periféricas del Viejo y el Nuevo Mundo: Australia, Polinesia, una gran parte de Siberia y las extremidades norte y sur de las Américas. Sus tipos fundamentales son pocos (dos solamente por ejemplo, en las América), que, dentro de sus regiones restringidas de ocurrencia, sugieren una difusión por imitación más bien que una invención repetida.

Un factor inhibidor de su invención fue el uso común de otros recipientes. Con frecuencia éstos eran menos frágiles, más fácilmente transportables, y tan útiles como los de cerámica (para cocinar, por ejemplo). Los indios de California usaban cestos para todos los usos domésticos, los indios de las planicies empleaban recipientes de piel y los australianos, vasijas de corteza doblada. En todos estos recipientes la cocción se lograba generalmente dejando caer piedras calientes en el agua y remplazándolas a medida que se enfriaban, un método razonablemente eficaz. La cerámica, que puede ser colocada directamente al fuego, es una conveniencia más bien que una necesidad. Sin embargo, ésta bien pudo haber permitido la preparación de una variedad más amplia de alimentos y cambiado así los hábitos alimenticios.

Los pueblos que fabrican cerámica utilizaban las vasijas para muchos otros propósitos además de los culinarios, como el almacenamiento de alimentos y otros artículos y aun como urnas o "ataúdes". Esto ejemplifica la tendencia en cada área cultural a especializarse en un oficio —cestería, cerámica, trabajos en madera o en piel— y a usarlo con exclusión casi total de los demás. Las habilidades técnicas adquiridas en aquel oficio y la familiaridad habitual con el mismo tendían a inhibir otros desarrollos.

Son distinguibles dos niveles de desarrollo de la cerámica en tiempo y área de ocurrencia. Las vasijas moldeadas solamente con las manos aparecieron en el Viejo Mundo en el Neolítico y en las Américas en alguna fecha desconocida, pero temprana. El modelado a mano todavía se estila entre algunos grupos primitivos supervivientes del Viejo Mundo y fue el único método conocido en el Nuevo. En una región más restringida y centralmente ubicada del Viejo Mundo (China, Egipto, Europa) en la Edad del Bronce ese método fue sustituido por el uso del torno.

La cerámica moldeada a mano es comúnmente de forma globular y de boca ancha, pero notablemente tersa y simétrica. El modelado manual con las manos dentro y fuera de la vasija significa evitar cuellos estrechos pero estimula el modelado superficial. Al girar sobre una rueda horizontal, formando levemente con los dedos las paredes del recipiente, se sugieren formas gráciles con curvas interiores (como las urnas griegas), con cuellos estrechos. La cerámica hecha con rueda no es más perfecta, pero es más rápida su producción en cantidad.

Los dos modos de manufactura van unidos a una distinción social. El modelado a mano es generalmente trabajo femenino, producto doméstico para uso hogareño. Pero donde se emplea la rueda, los hombres son los alfareros. El cambio pudo originarse en la previa asociación del hombre con las ruedas, como carreteros, reforzado por las posibilidades de una producción mayor como medio de vida.

El método más común para fabricar cerámica a mano es mediante el enrollado: añadiendo tiras de arcilla al borde de la vasija y alisándolas hasta que se adhieren firmemente. Una variante implica el uso de un "yunque" de piedra o arcilla sostenido por dentro mientras la arcilla se compacta golpeándola exteriormente con una pala, un método inventado por lo. menos en dos ocasiones, en América del Norte y en las regiones de Asia suroriental. El moldeo sobre una forma es menos común y con frecuencia no es sino un crudo método sustituto a imitación de la cerámica hecha por enrollamiento.

La introducción de la rueda o torno de alfarero en la Edad del Bronce fue la primera adaptación de la rueda a otros propósitos mecánicos, ya que originalmente se aplicaba a las carretas. Sirve meramente como un volante horizontal sobre cuyo eje gira el pedazo de arcilla. Una invención completa en sí misma; los cambios más recientes han sido simplemente el uso de un pedal y más tarde de un motor para darle vuelta, en vez de hacerlo a mano.

La rueda de alfarero es un aparato del Viejo Mundo de considerable antigüedad cuyo punto de origen es desconocido. Fue usada en Egipto y Mesopotamia a principios de la Edad del Bronce (por lo menos en 3000 a.c.), en Creta hacia 2500 a.c., en Troya antes de 2000 a.c. se extendió lentamente desde esta región: hacia el norte hasta Inglaterra en la Edad del Hierro (donde la cerámica moldeada a mano persistió hasta los días anglosajones); hacia el este hasta el sur de Siberia y China hace 2 mil años. Tres puntos focales subsidiarios figuraron en esta difusión: a) de Egipto al Mediterráneo y a través de Europa, b) de China a sus dependencias culturales Corea y Japón, c) de la India a Sumatra y Java.

Difiere poco la decoración de las dos clases de alfarería, aunque hay una mayor incisión y estampado de líneas y añadidura de ornamentos modelados en la cerámica moldeada a mano. Ambas variedades muestran diseños pintados, generalmente con una capa básica de arcilla coloreada aplicada a la superficie exterior. Debe hacerse notar que tanto los diseños incisos como los pintados son más frecuentemente formas geométricas que figuras florales o humanas de tipo realista; se trata de los diseños geométricos surgidos en la cestería y el tejido y transferidos a otro medio, la superficie de la vasija. Los ejemplos más notables de cerámica indígena —toda moldeada a mano— tanto en calidad como en decoración, son los de América occidental; los vasos-retratos modelados de la antigua Trujillo (Perú) no han sido superados.

La preparación de una capa superficial llevó a la invención del vidriado; las capas, una vez horneadas (quemadas), dan un acabado reluciente y hacen impermeables las vasijas. En Babilonia y Egipto ya se conocían los revestimientos vidriados. También se usaba en Mesopotamia un vidriado opaco (esmalte de estaño): llevado a España por los conquistadores moros alrededor de 1000 d.c., fue copiado en toda Europa occidental. Uno de sus derivados especiales fue la mayólica italiana (siglo xvi), de la que se derivaron la cerámica Delft de Holanda e Inglaterra para imitar la porcelana. En el suroeste de los Estados Unidos hubo una invención independiente del vidriado hace unos 600-700 años; pero se usó para diseños y no como pintura de superficie, lo que representa un desarrollo solo parcialmente paralelo al del Viejo Mundo.

La porcelana, el tipo más fino de cerámica, es una invención china.

Su calidad esencial la da un vidriado especial que cuando se funde ofrece una capa transparente que se adhiere firmemente a un núcleo de arcilla de grano fino. Las antiguas prácticas mesopotámicas de vidriado empezaron a afectar a China, vía Irán (Persia), hace unos 2000 años. Para la tercera centuria de la era cristiana ya estaban en transformación; las primeras porcelanas cabales aparecieron en los siglos vi y vii; y el arte llegó a su pináculo en el xviii, fecha en que empezaron a imitarlo los ceramistas europeos.

La secuencia de los desarrollos de la cerámica demuestra que el curso normal de la invención es el de la creación de formas especializadas, la recombinación de fragmentos de experiencias y conocimientos más antiguos, y la difusión de las artes por imitación más bien que por la reinvención de soluciones a problemas comunes.

El tejido y el telar

Las telas tejidas probablemente se han inventado repetidamente, a diferencia de los aislados comienzos de la cerámica. El entrelazado de cuerdas ocurre entre todos los pueblos y posiblemente se remonta a la más remota antigüedad. Ciertamente, en los tiempos neolíticos el hombre estaba bien equipado con formas especializadas de redes, esteras, cestos y telas para servir a propósitos varios.

La invención en este campo descansa en los precisos y hábiles movimientos de los dedos. La destreza dactilar es una habilidad aprendida: la tersa secuencia de los movimientos del pulgar y los demás dedos, cuando es automática y habitual, se convierte en la base de manipulaciones diversas. Todo esto descansa en dos rasgos fundamentales y peculiarmente humanos: la habilidad para mover el pulgar y los dedos con variable coordinación y la tendencia a cambiar los usos de los hábitos aprendidos, principalmente como juego y descubrimiento.

Desde este punto de vista son algo ficticias las distinciones entre cestas, bolsos, redes y telas: son distinciones basadas más bien en forma, uso o flexibilidad. Es razonablemente claro el hecho de que los diferentes tipos no son nuevas invenciones, sino que han surgido unos de otros al probarse nuevas manipulaciones y nuevos materiales.

Las cestas sirven como recipientes para almacenamiento, acarreo o cocción y especialmente en esta última capacidad sustituyen a las vasijas de cerámica, madera o piedra. Aun las cestas mal construidas son efectivas para conservar líquidos ya que pronto la urdimbre se hincha y se cierra estrechamente.

Las cestas aparecen en todas partes del mundo, pero no entre todos los pueblos. Varía la amplitud de uso y habilidad de manufactura. Por ejemplo, entre los indios de América del Norte las cestas se hacían extensivamente al oeste de las montañas Rocosas y casi no aparecen en el norte; dentro del área occidental, su desarrollo máximo en uso, perfección, decoración y variedad de formas ocurrió en el norte del área central de California. Aquí las cestas servían para todo propósito doméstico, desde la cocina hasta sombreros femeninos y cunas. Éstas son las mejores cestas del mundo. Fuera de este centro, estos rasgos aparecen en grados progresivamente menores, característica general de los rasgos culturales.

En la construcción de cestas se emplean fundamentalmente tres técnicas diferentes: a) simple tejido de entrecruzamiento, en el que se entrelazan cañas hendidas semirrígidas en ángulos rectos; b) por torsión, ligando dos fibras flexibles (trama) alrededor de una serie de varillas paralelas de urdimbre; c) por espiral, en la que una fibra flexible se cose una y otra vez sobre una varilla enrollada que forma la base del fondo y paredes de la cesta. Las tres tienen áreas separadas de ocurrencia como regla: por ejemplo, la cestería filipina es casi toda entrecruzada, la de California central en espiral, y la de la costa oriental canadiense es de tipo torcido. Sus exclusividades mutuas se derivan de la circunstancia de que las habilidades desarrolladas en cada técnica distintiva tiende a inhibir el origen o imitación de las otras.

El torcido está ligado al verdadero tejido. Donde se usan fibras muy flexibles, las cestas se tejen en posición invertida con la urdimbre colgando libremente, como en las islas Aleutianas. Al sur de esta región, en la costa sur de Alaska, se tejen mantas precisamente de este modo usando lana de cabra montañesa. Se conocen en diversas partes del mundo telares incipientes del tipo de urdimbre colgante.

El tejido verdadero de las telas implica cuatro elementos principales: fibras finamente hiladas, un marco (telar) sobre el cual extender los hilos flexibles de la urdimbre, un aparato (lizo) para separar y levantar partes alternadas de la urdimbre para la inserción de la trama, y el entrelazado directo de los hilos de la trama a través de la urdimbre sin torcerlos.

Las fibras para telas son más flexibles y largas que las empleadas en las cestas. Donde se usan fibras cortas de algodón y lana, éstas se hilan para formar fibras continuas. El antiguo método del cordaje, usado en todo el mundo, consiste en arrollar juntas las fibras sobre el muslo desnudo con la palma de la mano. Pero cuando se hace una tela, se emplea un huso para acelerar y aumentar la producción, una delgada varilla que se hace girar entre los dedos de tal modo que en su extremo se tuerzan las fibras procedentes de un paquete de las mismas. El hilado realizado de este modo, como el telar, data de tiempos neolíticos y todavía se usa en pueblos remotos del mundo. La rueca es simplemente un huso que gira por medio de una banda conectada a una gran rueda hecha girar a mano. Es un aparato del Viejo Mundo de difusión restringida que apareció en Europa alrededor del siglo xiv, llevada probablemente de la India o territorios cercanos. En el siglo xvi fue inventada en Europa una rueca más pequeña ("sajona") que trabaja con un pedal y lleva a cabo simultáneamente el hilado y el devanado, permitiendo así la operación continua. Las máquinas de hilar (siglo xix) son simplemente formas motorizadas de aquélla.

El tejido en telar se inventó y usó solamente en dos regiones bien definidas: en el Nuevo Mundo desde Chile hasta el suroeste de los Estados Unidos y en el Viejo en la región comprendida entre el Lejano Oriente, a través del sur de Asia, hasta Europa y el norte de África. El telar americano representa la forma simple más antigua en ambas regiones. En éste, dos varillas sirven como lizos; a una están fijos lazos para levantar hilos alternos de la urdimbre, el otro (sin lazos) encajado detrás de los hilos restantes, lo eleva a su vez para el paso del hilo de la trama. En tales telares fueron tejidas las inigualables telas del antiguo Perú, Egipto y la India. Una mejora para la velocidad y conveniencia fue el lizo de bastidor, pero no implicaba ningún principio nuevo. Éste es un marco que tiene cuerdas o alambres con un ojo o lazo en el centro de cada una a través de los que pasan alternadamente los hilos de la urdimbre; colocados verticalmente a través de los hilos horizontales de la urdimbre, son levantados por medio de pedales. El telar con lizos de bastidor estuvo en uso en toda la región comprendida entre Europa (en donde apareció en el siglo xvi) y el Asia oriental, pero fue desconocido en el Nuevo Mundo. Otra mejora fue la lanzadera volante (inventada en 1733) por medio de la cual la bobina que lleva los hilos de la trama pasa mecánicamente de lado a lado. El tejido de diseños más complejos requiere lizos más numerosos, cada uno de los cuales sostiene un grupo adecuado de hilos de urdimbre. Cuando resultan estorbosos demasiados lizos, hay grupos de hilos de urdimbre unidos por medio de cuerdas de las cuales tira un ayudante en una secuencia memorizada, una práctica particular de Europa que prevaleció durante muchos siglos hasta que fue remplazada por el telar Jacquard en el que opera un selector mecánico. Pero aun los más complicados telares automáticos de nuestros días son básicamente poco más que el telar primitivo en que la división de los hilos de la urdimbre en grupos y el paso de los hilos de la trama a través de ellos se lleva a cabo con el juego de los dedos.

Un resultado accidental del entrelazado de urdimbre y trama en ángulo recto fue el desarrollo en todas las áreas tejedoras de los diseños geométricos de líneas rectas. La dificultad para producir curvas —que deben lograrse mediante diminutos pasos diagonales a través del tejido rectangular— inhibía la decoración con figuras florales o de otra forma curva, hasta que se emplearon hilos finos. Es claro que el temprano desarrollo de las formas geométricas en las telas y cestas fijó el estilo decorativo en muchas regiones, donde fue transportado físicamente a otros medios, como la cerámica, cuyas técnicas y superficies pudieron haber permitido el libre uso de otros diseños.

La cestería, el hilado y el tejido en telar son más comúnmente ocupaciones femeninas —hogareñas— entre los pueblos primitivos y, por inferencia, en las antiguas comunidades. Solamente en donde los tejidos se convirtieron en una empresa lucrativa, como en la "industria casera" de la Europa del siglo XVIII, el hilado y tejido fue adoptado por los hombres.

ARADO, RUEDA Y APARATOS PRODUCTORES DE ENERGÍA

La rueda, el arado y el torno de alfarero forman un grupo de invenciones de fundamental importancia que, con los cereales cultivados de modo idéntico, confirman el nexo entre las antiguas civilizaciones del Viejo Mundo desde el Mediterráneo y Europa hasta China. A partir de esta base común, establecida en la Edad del Bronce hace 5 mil a 3 mil años, la especialización divergente produjo los rasgos distintivos de las civilizaciones históricas: Egipto se diferenció de Grecia, China de la India, Mesopotamia e Irán tanto del Occidente como del Oriente. Por el hecho de compartir estos rasgos fundamentales, toda el área fue separada del Viejo Mundo exterior (el norte de Asia, las islas de Oceanía, el África al sur de sus orillas mediterráneas) y del Nuevo, donde su ausencia fue total. Todas estas invenciones produjeron grandes cambios en la vida social y hábitos de los tiempos neolíticos.

En el Neolítico y entre remotos pueblos primitivos de nuestros días el cultivo de la tierra se hizo en pequeña escala, poco más que cultivos hortícolas, llevados a cabo mediante laboriosa excavación a mano y trabajo de azada. Como una ocupación más o menos incidental cercana a la casa, era normalmente trabajo de mujeres, mientras que los hombres se encargaban de actividades más arduas para procurar los alimentos, como la caza y la pesca. Con la introducción del arado, uncido a animales de tiro, la escena cambió: el cultivo en gran escala (agricultura) como medio de subsistencia se convirtió en una ocupación masculina. Y con esto vino un cambio en los productos, de los tubérculos y verduras a los cereales de gran rendimiento: principalmente el trigo, la cebada y el mijo.

Se desconoce el punto donde se inventó el arado, salvo que fue en algún sitio de esta región de las altas civilizaciones del Viejo Mundo. El arado en sí no es otra cosa que un bastón para excavar, colocado transversalmente como reja para hacer surcos en el suelo sobre una flecha a la cual se uncían bueyes. Es probable que la necesidad del manejo masculino de las bestias motivó la sustitución de las mujeres en las tareas de cultivo, causa más bien accidental de un gran cambio social, pero que fue promovida por las nuevas posibilidades de obtener el sustento. A excepción de la sustitución de la madera por metal, y la adición mucho más tarde de la vertedera para voltear la tierra, el arado se mantuvo sin cambio durante muchos siglos. Las mejoras mecánicas, con el uso de aparatos motores y la adición de perforadoras y cosechadoras mecánicas, son desarrollos del siglo xix.

El origen de la rueda —en la misma región— sigue siendo de incertidumbre. Es con mucho la más importante de las invenciones primitivas, ya que la rueda cimenta todo nuestro desarrollo mecánico y sin ella probablemente nunca hubieran existido aparatos productores de energía.

Es claro, sin embargo, que la rueda fue inventada primeramente para los vehículos, para mover cargas pesadas por otros medios que no fuera el simple poder muscular. Si bien hay alguna especulación acerca del posible origen de los vehículos en ciertos juguetes · con ruedas o en los discos de los husos conocidos en la antigüedad, es posible que éstos no dieran otra cosa que alguna familiaridad con las formas semejantes a la rueda. La evidencia favorece, en cambio, el uso de rodillos debajo de los extremos de pértigas que se arrastraban uncidas a las espaldas de bueyes, caballos o aun de hombres. Esta "arrastradera" o *travois* (que hasta tiempos recientes se usaba en una vasta región desde la Europa campesina hasta las planicies de América) era dotada a menudo de correderas de narria en el sitio donde la carga se asentaba en los extremos inferiores de las pértigas. Cuando se fijaron rodillos o troncos debajo de las correderas, para que se movieran junto con el vehículo, se formó la carreta. Fue ya un refinamiento cortar la parte innecesaria del rodillo o colocar dos discos sólidos fijos a un eje movible. Hubo otros problemas como montar ruedas movibles en ejes fijos, un eje frontal sobre un pivote o ruedas delanteras de movimiento libre para poder dirigir una carreta de cuatro ruedas; tales problemas se fueron resolviendo ya en los tiempos históricos. Esta secuencia de desarrollo está lejos de ser una simple conjetura; hay muchas evidencias respaldadas por supervivencias en las formas rudimentarias de comunidades atrasadas.

La forma más antigua fue claramente una carreta de dos ruedas, cuyo uso original fue agrícola. Todavía habría que aguardar el transporte de mercancías a ciertas distancias para que se construyeran caminos. (Todavía en tiempos tan recientes como el siglo xviii, el transporte rural por medio de carretas se suspendía en Inglaterra durante el invierno y se sustituía por animales de carga debido a los caminos intransitables.) Hay razones para pensar que la carreta tuvo su origen en el interior de Asia, de donde se extendió al sur del mismo continente y, vía el Mediterráneo, a Europa. El vehículo con ruedas más antiguo que se ha desenterrado pertenece a la antigua Kish en Sumeria. El vehículo de dos ruedas (el carro) fue tomado por los egipcios de los antiguos hicsos en el siglo xvii a. c., pero fue mucho más tarde cuando se difundió por el mundo mediterráneo. Para el periodo Hallstatt (Edad del Hierro temprana, 900-500 a.c.) se usaban en Europa central carretas de bueyes con ruedas de madera maciza, pero no llegaron a la distante Escandinavia sino mucho después. En China el aparato fue copiado en algún momento de la Edad del Bronce, ciertamente antes del siglo ix a.c.

La carreta de cuatro ruedas fue un desarrollo del Cercano Oriente en la Edad del Bronce tardía, y estuvo confinada durante largo tiempo a las tierras mediterráneas como vehículo para ocasiones ceremoniales. No hizo progresos hacia el norte a través de Europa hasta la Edad Media y nunca fue allí de uso común sino hasta siglos recientes. Depende en mayor medida de los buenos caminos que la carreta de dos ruedas.

La adaptación mecánica más antigua de la rueda parece ser el torno de alfarero. Se conocen engranes (formas interajustables de ruedas dentadas) desde el periodo Clásico, así como las poleas y ruedas movidas por banda. Pero las ruedas se aplicaron poco en las máquinas hasta que el uso del vapor como fuente de energía hizo posibles los aparatos mecánicos en gran escala.

La mayoría de los aparatos productores de energía son relativamente tardíos en la historia del mundo. Las ruedas movidas por agua para elevar el líquido necesario para el riego desde canales de bajo nivel son muy antiguas en las áridas tierras del Cercano Oriente. El molino de viento, un sustituto para la energía donde se carece de corriente de agua, fue inventado en la Edad Media (en el siglo xii) en Europa occidental. Aunque los romanos conocían el poder expansivo del vapor, sus aparatos eran sólo juguetes y curiosidades. El uso efectivo de esta fuente de energía apareció sólo con la invención de la máquina de vapor en Inglaterra hacia fines del siglo XVIII. Aplicado inicialmente al bombeo en las minas y el transporte a la superficie del carbón, combinado con el incremento de la cantidad explotable del mineral para la producción del vapor, produjo aparatos mecánicos en número siempre creciente durante el siglo XIX. Los inventos para generar energía eléctrica, realizados en la segunda mitad del siglo XIX, proporcionaron otra fuente de energía menos dependiente de la presencia de agua, viento y aun vapor. Tenía la obvia ventaja de proporcionar energía para fuerza y luz en forma conveniente a grandes distancias de la fuente de origen. La invención de las máquinas de combustión interna (gasolina y diesel) en nuestros días ofrece unidades compactas de producción de energía para barcos, automóviles y aviones, que han cambiado considerablemente nuestra vida económica y social. Las últimas invenciones productoras de energía, los cohetes y los mecanismos desintegradores de átomos, ofrecen vastas posibilidades de otros cambios sociales.

Desde el punto de vista más amplio, las características más notables de estos inventos han sido: primero, la acumulación de experiencias; segundo, la aceleración de su aparición, escasa y a largos intervalos al principio, que se intensifica en los recientes siglos, generaciones y años; tercero, los señalados cambios sociales sufridos por las sociedades que los utilizaron.

La medición del tiempo y el calendario

El tiempo es de hechura humana; la naturaleza sólo conoce el cambio. En tan gran medida somos víctimas del tiempo en nuestra cultura y estamos sujetos a la autoimposición inconsciente de rutinas diarias y horarias, la "presión del tiempo", "la necesidad de ir más rápido", que ciegamente presuponemos la inevitabilidad y espontaneidad de la medición del tiempo. El hombre tiene conciencia de los cambios en su cuerpo y en el mundo exterior, cambios en el día y la noche, la sucesión de las estaciones, y su naturaleza recurrente. Pero el registro de periodos de cambio por medio de horas, días y años, es un concepto humano, proyectado sobre el mundo y que no es conocido para ningún otro animal.

La medición del tiempo de alguna manera es universal entre todos los pueblos y probablemente tiene gran antigüedad. Esto lo garantiza su carácter inconsciente y automático, y como tal ha sido arraigado en todas las lenguas. En ningún idioma conocido es posible formar una oración sin indicar el tiempo de la acción, aunque los hablantes no tengan conciencia de este requisito. Sin embargo, el sistema empleado para indicar el tiempo suele diferir apreciablemente la de un pasado, presente y futuro simples.

En principio debe explicarse que algunas de nuestras unidades de tiempo se basan en la recurrencia de los cambios del mundo externo, mientras que otras son totalmente artificiales. Los cambios a través del día, la sucesión de días, los aparentes movimientos de sol, luna y estrellas, las fases de la luna, el cambio cíclico de las estaciones, la sucesión de los años, todos son eventos fácilmente reconocibles como naturales. Pero no hay contrapartes naturales a la división del tiempo en horas, minutos o segundos, al agrupamiento de los días por semanas o por meses calendáricos (en oposición a los meses lunares).

Se han inventado diversos sistemas calendáricos muy diferentes; comunes a todos es la cuenta por años y meses lunares, y con menos frecuencia, por estaciones. El "año", sin embargo, puede no ser un año solar, un circuito completo de la Tierra alrededor del Sol. Los indios del sur de Arizona, por ejemplo, llevan una doble cuenta: un registro de los sucesos se cuenta por años solares, pero el "año" que controla la vida cotidiana tiene una longitud de seis meses, con la repetición de los nombres de los seis meses, debido a que hay dos ciclos completos de siembra y recolección en el año solar. El punto en que principia un año debe ser arbitrario a menos que sea uno de los solsticios, lo que rara vez ocurre en el punto inicial. Los mismos indios registran su nuevo año solar a partir de la primera aparición de las hojas del algodón, a principios de febrero. El punto inicial arbitrario de nuestro calendario muestra una cadena de herencias culturales: nuestro calendario es el de los romanos, quienes habían adoptado el sistema egipcio con un año solar determinado por la aparición de la estrella Sirio.

El mes es de ordinario un agrupamiento de días muy importante. Este es casi universalmente el mes lunar, el periodo de crecimiento y disminución de la luna. Para referirse a periodos particulares —esto es, para medir el tiempo— los meses deben tener nombre: varía el patrón de los nombres, pero comúnmente se refieren a fenómenos naturales del periodo (nevadas, maduración del trigo, etc.). Los tipos de nombres muestran una ocurrencia sistemática; mientras que en general los indios de Norteamérica usan ese tipo de designaciones descriptivas, en la faja costera que va de Alaska al norte de California el patrón fue el de la numeración de los días.

A menos que haya de por medio algo de gran significado social, los pueblos primitivos se preocupan poco de la duración exacta de estos periodos y la relación existente entre ellos. En el recuento puede ignorarse la fase oscura de la luna. Como hay doce meses lunares más una fracción en el año solar, la cuenta por meses nunca coincide con el año.

Los pueblos primitivos no concedían importancia a esta discrepancia; si se continúa la cuenta de los nombres de los meses con las diferencias estacionales a través de los años, pronto el nombre resulta inapropiado para la estación, por lo que, en tanto discuten el asunto, hacen un ajuste práctico para empezar de nueva cuenta. El problema de ajustar el mes lunar (29 días) y el año solar, que no termina justamente con un día completo (65 días, 6 horas, 48 minutos, 46 segundos), hubo de aguardar un conocimiento astronómico más preciso y en todos los casos representó una proeza intelectual.

El origen de una medición más precisa debe buscarse en la observación sacerdotal de los solsticios y los movimientos de las estrellas, aunado al cómputo de meses y días, para el propósito de regular los rituales. El tiempo para una ceremonia determinada (de los indios Pueblo, por ejemplo) estaba determinado por uno de los solsticios (el momento de la posición más septentrional o meridional del sol); seguían después otros ritos determinados por la cuenta de los días. Las fiestas "fijas" y "movibles" de nuestros calendarios eclesiásticos se deben a que dependen, una de ellas, de los eventos astronómicos, otra, de la cuenta por días y meses. Donde se suponía que las estrellas afectaban el destino del hombre, como en el antiguo Cercano Oriente, se llevaba un registro muy cuidadoso de los movimientos de los planetas entre las estrellas fijas.

Todos los pueblos europeos usan un calendario de doce meses derivado del de los romanos (como lo indican los nombres latinos de nuestros meses). Su historia muestra tanto la naturaleza artificial de cualquier calendario como los ajustes hechos al aumentar el conocimiento astronómico. Antes de Julio César, los romanos habían intentado fijar simultáneamente las ceremonias por medio de cuentas lunares y solares, que no pueden reconciliarse. En el año 46 a.c., César (por consejo de un astrónomo griego, Sosígenes) terminó la confusión por decreto imperial, y estableció meses arbitrarios de 30 y 31 días alternados, un mes corto para cubrir la diferencia, y la decisión de que cada cuarto año este mes debía tener un día extra para absorber los cuartos de día acumulados del ciclo solar. Los romanos desconocían los 48 minutos y 46 segundos extras; su acumulación a lo largo de los siglos produjo una nueva confusión. Dado que la Iglesia Católica Romana tenía interés en conservar sus ceremonias en relación adecuada con el paso del sol, el papa Gregorio XIII, por consejo de sus astrónomos, ordenó en 1582 que se quitaran 10 días para establecer la relación y ordenó que el día extra añadido en los años bisiestos se omitiera en todos los años de principio de siglo excepto aquellos divisibles por 400. (En realidad, el año Gregoriano, que usamos actualmente, deja muy poco error entre el registro de los días completos y la completa traslación de la Tierra alrededor del Sol). Como principal organización internacional de esa época, el edicto de la iglesia estableció el sistema en toda Europa.

Cualquier día se designa en nuestro calendario asignándole el nombre propio de uno de los siete días de la semana, 30, 31, 28 (o 29) numerales del mes, y la cuenta de años a partir del nacimiento de Cristo. La cuenta calendárica china se basa en un ciclo de 60 días (sin referencia a la iniciación o final del año solar) y uno de 60 lunas; así, la referencia se hace nombrando el día de su ciclo, la luna, y el año de reinado del emperador. Los mayas de Yucatán inventaron un calendario basado en un "mes" de veinte días; dieciocho meses, con un añadido de cinco días, hacían un año de 365 días; y un segundo ciclo que comprendía trece grupos de estos 20 días que daban otro periodo, 260 días, el "Año Ritual". Estos dos ciclos, que corrían conjuntamente, reunían el mismo día en ambos ciclos después de pasados 52 años; por lo que también se fechaba en periodos de 52 años, La secuencia de los años se medía en unidades de 20 años y unidades de 400 años. Además, sus largas y continuas observaciones les mostraron que cinco revoluciones aparentes del planeta Venus equivalían a ocho años solares, y 65 años "venusinos" al lapso de dos periodos de 52 años.

La semana es un breve periodo de días mediante el cual se ordenan las actividades sociales íntimas (negocios, día de lavado, asistencia al templo y asuntos domésticos). Sin un paralelo en la naturaleza, las semanas pueden variar de dos días (el mínimo) a los siete que acostumbramos, o más. En el África occidental, por ejemplo, hay semanas de tres, cuatro y cinco días, cada una de las cuales tiene ritos y actividades adecuados. El origen de la semana se encuentra en la repetición de los días de mercado o de ritos religiosos a intervalos fijos. Las diversas bases numéricas que tiene la semana demuestra la repetida invención de su registro. Es notable que la semana existe en el Viejo Mundo, mientras que difícilmente aparecen esas breves agrupaciones de días en la América prehispánica.

Igual que con el ordenamiento semanal, nuestras actividades a lo largo del día se rigen por sus divisiones. El día no tiene divisiones naturales tales como horas, minutos y segundos: nuestras divisiones de "24" y "60" son artificios derivados de Babilonia. Permanecen como características de las altas civilizaciones que usan y necesitan divisiones menores de tiempo y nunca se han extendido a las sociedades más sencillas de las partes remotas del Viejo Mundo. Nuestra civilización, con su insistencia en actividades rutinarias guiadas por el reloj y limitadas al minuto, ha desarrollado como una de sus principales características una actitud casi histérica con respecto al tiempo.

XII. Proceso del cambio cultural

GEORGE PETER MURDOK

UNA CARACTERÍSTICA fundamental de la cultura es que, a pesar de su naturaleza esencialmente conservadora, cambia de tiempo en tiempo y de sitio a sitio. En esto difiere notablemente de la conducta social de los animales distintos al hombre. Entre las hormigas, por ejemplo, las colonias de la misma especie difieren poco en conducta entre sí y, hasta donde podemos juzgar por los especímenes conservados en ámbar, de sus ancestros de hace cincuenta millones de años. En menos de un millón de años el hombre, en contraste, ha avanzado desde el salvajismo más crudo hasta la civilización y originado por lo menos tres mil culturas distintas.

Ahora la ciencia conoce razonablemente bien los procesos mediante los cuales cambia la cultura. Éstos no pueden entenderse, sin embargo, sin una comprensión clara de la naturaleza de la cultura; haremos aquí un resumen, aun corriendo el riesgo de repetir algo de lo dicho en capítulos previos.

La cultura es producto del aprendizaje y no de la herencia. Las culturas del mundo son sistemas de hábitos colectivos. Las diferencias observables entre ellas son el producto acumulativo del aprendizaje masivo bajo diversas condiciones sociales y geográficas. La raza y otros factores biológicos influyen sobre la cultura solamente en la medida en que afectan las condiciones bajo las que ocurre el aprendizaje, como cuando la presencia de personas de físico marcadamente diferente opera como un factor en el desarrollo de prejuicios raciales.

La cultura se aprende precisamente por medio del mismo mecanismo implicado en la formación de todo hábito. El hambre, el sexo, el temor y otros impulsos básicos, así como las motivaciones adquiridas, impelen a actuar a los seres humanos. Las acciones se enfrentan con el éxito o el fracaso. Con el fracaso, especialmente cuando lo acompaña el dolor o el castigo, una acción tiende a ser remplazada por otra conducta, y disminuye su probabilidad de recurrir en condiciones similares. El éxito, por otra parte, aumenta la tendencia de que haya respuestas cuando se estimule nuevamente el impulso en una situación parecida. Con la repetición del éxito, las respuestas se estabilizan como hábitos, y se adaptan progresivamente a las situaciones en que son apropiadas.

Una cultura consta de hábitos que son compartidos por los miembros de una sociedad, ya sea ésta una tribu primitiva o una nación civilizada. La participación puede ser general en toda la sociedad, como es normalmente el caso con los hábitos de lenguaje. Con frecuencia, sin embargo, se limita a categorías particulares de gente dentro de la sociedad. Así, las personas del mismo sexo o grupo de edad, los miembros de la misma clase social, asociación o grupo ocupacional, y las personas que interactúan con otras en relaciones similares, suelen parecerse entre sí en sus hábitos sociales, y se apartan en su conducta de las personas de otras categorías.

La participación social de los hábitos tiene causas diversas. El hecho de que las situaciones en las que se adquieren los hábitos son similares para muchos individuos, lleva en sí al aprendizaje paralelo. Aún más importante es el hecho de que cada generación inculca a la siguiente, por medio de la educación, los hábitos culturales que ha encontrado satisfactorios y adaptables. Finalmente, los miembros de cualquier sociedad ejercen mutua presión entre ellos mismos, a través de medios formales e informales de control social, para conformarse a normas de conducta que son consideradas correctas y apropiadas. Esto es particularmente cierto de la conducta de relaciones interpersonales, donde el éxito o fracaso de una acción depende de la reacción de otra persona a la misma, y no, por ejemplo, de su adaptabilidad a las cualidades innatas de objetos naturales. Una vez que se ha adquirido un número limitado de patrones estereotipados de conducta social se está equipado para enfrentarse con éxito a situaciones sociales muy diversas, y también se tiene un conjunto de expectaciones dignas de confianza con respecto a las probables respuestas de otros a la conducta propia. Esto da confianza y ahorra al individuo una inmensa cantidad de aprendizaje individualizado, lo cual siempre es un proceso laborioso. Hay razones por tanto, para que toda sociedad ponga un gran interés en la conformidad social.

Los hábitos que son compartidos de diversos modos dentro de una sociedad, y que constituyen su cultura, se dividen en dos clases principales, a saber, hábitos de acción y hábitos de pensamiento. Se les puede llamar, respectivamente, "costumbres" e "ideas colectivas". Entre las costumbres se incluyen modos de conducta fácilmente observables como etiqueta, ceremonial y las técnicas de manipulación de objetos materiales.

Las ideas colectivas no son directamente observables sino que deben inferirse de sus expresiones en el lenguaje y otros tipos de conducta abierta. Entre éstas se cuentan el conocimiento práctico, las creencias religiosas y los valores sociales. Además, comprenden un conjunto de reglas o definiciones, que para cada costumbre especifican quiénes pueden y quiénes no pueden observarla, las circunstancias en que es apropiada y en las cuales no lo es, y los límites y variaciones permisibles de la conducta en sí misma. Las ideas colectivas también incluyen un conjunto de expectativas sociales, o sea la anticipación de cómo responderán los demás a la conducta propia, y especialmente de las sanciones. Las sanciones son las recompensas o castigos sociales que pueden esperarse de la conformidad o de la desviación de aquellas reglas de conducta. Con cada costumbre y grupo organizado de costumbres, tales como un "complejo cultural" o una "institución", se asocia por lo general un conjunto de ideas colectivas.

La conducta social verdadera, como se observa en la vida real, debe distinguirse cuidadosamente de la cultura, la cual consiste en los hábitos o tendencias a actuar y no en las acciones en sí mismas. Aunque determinada en gran parte por los hábitos, la conducta efectiva también es afectada por el estado fisiológico y emocional del individuo, la intensidad de sus impulsos, y las circunstancias externas particulares. Ya que nunca hay dos situaciones exactamente iguales, la conducta real fluctúa considerablemente, aun cuando se origine del mismo hábito.

En consecuencia, la descripción de una cultura nunca es un relato de la conducta social real, sino más bien una reconstrucción de los hábitos colectivos que la sustentan.

Desde el punto de vista del cambio cultural, sin embargo, la conducta observable o real tiene importancia fundamental. Cuando sucede que la conducta social se desvía persistentemente de los hábitos culturales establecidos, el resultado son modificaciones que ocurren primero en las expectativas sociales, y después en las costumbres, creencias y reglas. De este modo, gradualmente se alteran los hábitos colectivos y la cultura concuerda mejor con las nuevas normas de la conducta efectiva.

Los cambios en la conducta social, y por lo tanto en la cultura, tienen normalmente su origen en alguna alteración importante en las condiciones de vida de una sociedad. Cualquier suceso que cambie la situación en la cual se da la conducta colectiva, de tal modo que se rechacen las acciones habituales y se dé preferencia a nuevas respuestas, puede llevar a innovaciones culturales. Entre las clases de acontecimientos que se sabe influyen especialmente en la creación de cambios culturales están los aumentos o disminuciones de población, los cambios en el medio ambiente geográfico, las migraciones a nuevos ambientes, los contactos con pueblos de culturas diferentes, los catástrofes naturales y sociales como inundaciones, pérdidas de cosechas, epidemias, guerras, depresiones económicas, los descubrimientos accidentales y aun los acontecimientos biográficos tales como la muerte o el ascenso al poder de un dirigentes político poderoso.

Los acontecimientos que producen cambios culturales alterando las condiciones bajo las cuales la conducta social es adaptable (es decir, que sea o no recompensada) son invariablemente históricos, esto es, específicos con respecto a tiempo y lugar. Sin embargo, los acontecimientos que ocurran en diferentes lugares y épocas pueden parecerse entre sí y ejercer influencias paralelas sobre culturas diferentes. Así, se puede observar los cambios en la cultura ya sea en relación con su ubicación espacial y temporal o con relación a acontecimientos semejantes, sea cual fuere el lugar y tiempo en que hayan ocurrido. El primero de los casos, con el método "histórico", se responde a las preguntas ¿qué?, ¿cuándo? y ¿dónde?, mientras que en el segundo, con el método "científico", se responde a la pregunta ¿cómo? Ambos métodos son válidos y complementarios.

Los antropólogos históricos discuten habitualmente rasgos particulares de la cultura, como el uso del tabaco, la rueda, el caballo domesticado, el alfabeto o el dinero, tratando de su "invención" en tiempos y lugares específicos y de su "difusión" desde los puntos de origen a otros sitios del mundo. Ya que nuestro problema es describir cómo cambia la cultura, debemos abandonar la visión a vuelo de pájaro del historiador y examinar los procesos dentro de las sociedades por medio de los cuales tienen lugar todos los cambios y no meramente los particulares. Estos procesos pueden ser convenientemente agrupados bajo los términos "innovación", "aceptación social", "eliminación selectiva" e "integración".

El cambio cultural empieza con el proceso de *innovación*, la formación de un nuevo hábito por un solo individuo y que subsecuentemente es aceptado o aprendido por otros miembros de su sociedad. Una innovación se origina mediante el mecanismo psicológico ordinario del aprendizaje, y difiere de los hábitos puramente individuales solamente en el hecho de que llega a ser socialmente compartido. Sin embargo, es útil distinguir diversas variantes importantes del proceso.

Una innovación puede ser llamada una *variación* cuando representa una ligera modificación de la conducta habitual pre-existente bajo la presión de circunstancias gradualmente cambiantes. La lenta evolución en las formas de los objetos manufacturados, que suele tener lugar con el paso del tiempo, generalmente representa una acumulación de variaciones. Del mismo modo, el tatuaje puede extenderse sobre un área más amplia del cuerpo, añadirse púas adicionales a un arpón, las faldas alargarse o acortarse, las leyendas folklóricas ampliarse por adiciones, o el ceremonial complicarse y formalizarse considerablemente. En todos los tiempos ocurren variaciones en todas las culturas. Los incrementos individuales del cambio son a menudo tan leves que son casi imperceptibles, pero puede ser inmenso su efecto acumulativo durante largos periodos.

Cuando la innovación implica la transferencia de elementos de conducta habitual de un contexto situacional a otro, o su combinación en una nueva síntesis, recibe el nombre de *invención*. Siempre está presente por lo menos cierto grado de creatividad. La mayoría de las innovaciones tecnológicas importantes son de este tipo. Así, la invención del aeroplano implicó la síntesis de elementos como las alas de un planeador, motor de combustión interna del automóvil y la adaptación de hélice del barco. Aunque no tan bien conocidas, las invenciones son igualmente comunes en los aspectos materiales de la cultura. El plan de administración urbana, por ejemplo, representa una obvia transferencia de técnicas de administración de negocios a la esfera del gobierno local, y la mayoría de las formas de culto religioso están modeladas sobre el comportamiento observado hacia personas de elevado *status* social, por ejemplo, el sacrificio sobre el cohecho, la oración sobre las peticiones, los elogios sobre las lisonjas, el ritual sobre la etiqueta.

Dado que la invención siempre implica una nueva síntesis de viejos hábitos, depende del contenido existente en la cultura. Una síntesis no puede ocurrir si los elementos que combina no están presentes en la cultura. Debido a esta razón las invenciones paralelas ocurren muy raramente entre pueblos no relacionados que tengan culturas diferentes. Con la excepción de combinaciones tan simples y obvias como el enmangado de utensilios, los antropólogos conocen solamente un puñado de genuinas invenciones que se han logrado independientemente en pueblos no relacionados históricamente. Entre ellas, tal vez las más famosas son el pistón de fuego, inventado por los malayos y por un físico francés, y el domo o cúpula, desarrollado por los antiguos romanos a partir del arco e independientemente inventado por los esquimales para sus iglúes.

Entre los pueblos de una misma cultura o culturas relacionadas, por otra parte, las invenciones paralelas son extraordinariamente comunes. La cultura proporciona los mismos elementos constitutivos a mucha gente, y si una persona no logra la síntesis es probable que otros lo hagan. La oficina de patentes ofrece millares de ejemplos. En un caso famoso, el teléfono, se recibieron solicitudes de patentes en el mismo día procedentes de dos inventores independientes, Bell y Gray. Otro caso notable es la formulación independiente de la teoría de la selección natural por Darwin y por Wallace. Es tan común este fenómeno que los científicos suelen vivir temerosos de la anticipación de sus descubrimientos por sus rivales. La invención paralela parece así ser frecuente e inevitable entre pueblos de cultura similar, aunque tan rara como para ser casi inexistente entre pueblos de cultura diferente.

Un tercer tipo de innovación se puede llamar *tentativa*. En contraste con los tipos previos, que meramente modifican o recombinan elementos de hábitos ya existentes, la innovación tentativa puede dar lugar al surgimiento de elementos que muestran poca o ninguna continuidad con el pasado. El mecanismo por medio del cual se adquieren éstos es el que los psicólogos llaman "aprendizaje por prueba y error". La tentativa puede ocurrir en cualquier situación en la que sean inefectivos los hábitos establecidos y los individuos tengan una motivación tan fuerte que intenten otros modos de conducta para buscar una solución adecuada a sus problemas. Ordinariamente probarán primero diversas variaciones y recombinaciones de las respuestas habituales existentes, pero si fallan todas ellas, recurrirán a la "conducta al azar", en el curso de la cual pueden accidentalmente encontrar alguna respuesta novedosa que resuelva el problema y se establezca por tanto como un nuevo elemento cultural.

En particular las crisis fomentan las tentativas. En una hambruna, por ejemplo, la gente probará toda clase de cosas que nunca ha probado antes, y si algunas de ellas resultan ser nutritivas y de sabor agradable pueden llegar a agregarse a la dieta normal. Una epidemia similarmente lleva a la búsqueda de nuevas medicinas, y tanto los pueblos primitivos como los civilizados han descubierto de este modo algunos remedios muy útiles. La guerra también lleva a la improvisación, al igual que las crisis económicas. Debe señalarse que la experimentación científica suele ser una forma de tentativa controlada, como sucede cuando se pone sistemáticamente a prueba una serie nueva de compuestos químicos. El dicho de que "la necesidad es madre de la inventiva" se aplica más vigorosamente a la tentativa que a la invención propiamente dicha.

Cuando los descubrimientos accidentales llevan a innovaciones culturales, se suele decir que el proceso es tentativo. El origen del *boomerang* en Australia es un buen ejemplo. En una gran parte de aquel continente los aborígenes usaban bastones arrojadizos curvos para matar o aturdir a animales pequeños, y en una parte limitada de esa área se usaba para este propósito el *boomerang* verdadero. Casi seguramente el primer *boomerang* se produjo por mero accidente en un intento de fabricar un bastón arrojadizo ordinario. Al observar la conducta única del vuelo de ese bastón particular, sin duda su fabricante y los compañeros de éste intentaron duplicarlo. Deben haber recurrido a la tentativa, o conducta de prueba y error, hasta que finalmente tuvieron éxito y establecieron la manufactura del boomerang como un hábito. La historia de las "invenciones" modernas está llena de casos semejantes, uno de cuyos ejemplos más familiares es el descubrimiento de la placa fotográfica por Daguerre.

Las tentativas también explican un tipo de paralelo cultural que es diferente de la invención independiente genuina. Hay ciertos problemas universales que todo pueblo debe resolver y para los cuales hay un número limitado de soluciones fáciles y obvias, de tal modo que pueblos en diferentes partes del mundo con frecuencia han encontrado la misma solución de modo bastante independiente. Las reglas de descendencia ilustran adecuadamente este punto. En todas las sociedades, cada individuo debe estar afiliado a un grupo de parientes hacia los cuales él puede volverse para pedir ayuda en momentos de nececidad por considerarse muy estrechamente ligado a ellos. Hay solamente cuatro posibilidades: descendencia patrilineal que relaciona a un individuo con sus parientes en línea masculina; descendencia matrilineal, que lo afilia con sus familiares a través de las mujeres; descendencia ambilineal que lo alinea con otros individuos que son descendientes de un ancestro común particular en cualquiera de las líneas; y la descendencia bilateral, que lo asocia con un grupo de sus parientes más cercanos sin importar el modo en que se de la conexión con ellos. Toda sociedad debe elegir una de estas posibilidades o de sus combinaciones, y dado que se limitan a cuatro, necesariamente muchos pueblos han llegado independientemente a la misma solución cultural. Las costumbres funerarias presentan otro ejemplo, ya que hay solamente un número limitado de medios factibles para disponer de un cadáver. En todos esos casos, si por cualquier razón una sociedad se ve obligada a abandonar su costumbre previa, inevitablemente llegará, por medio de tentativas, a una solución alterna que otros pueblos han adoptado independientemente.

El cuarto y último tipo de innovación es el *préstamo cultural*, que es lo que el antropólogo histórico llama "difusión" desde su punto de vista a ojo de pájaro. En este caso el innovador no es el originador de un nuevo hábito, sino su introductor. El hábito ha formado previamente parte de la cultura de otra sociedad; el innovador es meramente el primer miembro de su grupo social en adoptarlo. Desde el punto de vista de la psicología, el préstamo cultural es simplemente un caso especial del proceso de aprendizaje conocido como "imitación". El innovador, enfrentado con una situación en la cual no son plenamente satisfactorios los hábitos compartidos de su propia sociedad, copia la conducta que ha observado en miembros de otra sociedad, en vez de recurrir a la variación, invención o tentativa para resolver su problema.

De todas las formas de innovación, el préstamo cultural es con mucho la más común e importante. La abrumadora mayoría de los elementos de cualquier cultura es resultado del préstamo. La moderna cultura norteamericana ofrece una buena ilustración de ello, como puede demostrarse con algunos ejemplos tomados al azar. El lenguaje viene de Inglaterra, el alfabeto de los fenicios, el sistema numérico de la India, el papel y la imprenta de China. La organización familiar y el sistema de propiedad de la tierra se derivan de la Europa medieval. La religión es un compuesto de elementos integrados principalmente de los antiguos hebreos, egipcios, babilonios y persas. La acuñación de metales viene de Lidia, el papel moneda de China, los cheques de Persia. El sistema de bancos, crédito, préstamos, descuentos, hipotecas, etcétera, se deriva en esencia de la antigua Babilonia con aportaciones modernas de Italia e Inglaterra. La arquitectura es todavía en gran medida griega, gótica, georgiana, etc. Los sabores favoritos de helados son vainilla y chocolate, tomados ambos de los aztecas de México y que fueron desconocidos para los europeos antes de la conquista de Cortés. El té viene de China, el café viene de Etiopía, el tabaco de los indios americanos. Los animales y plantas domésticos casi sin excepción, son prestados. Si el lector hiciera una lista de absolutamente todo lo que comerá durante la siguiente semana el análisis demostraría probablemente que una tercera parte son productos que ya se cultivaban en los tiempos neolíticos y que por lo menos dos terceras partes eran ya comunes en los tiempos de Cristo, y sería sorprendente si en la lista encontrara algún producto que no se cultivara ya con fines alimenticios en alguna parte del mundo cuando Colón partió hacia América.

Nuestra propia cultura no es única en este aspecto, ya que es dudoso que exista una sola cultura conocida por la historia o la antropología que no deba por lo menos el noventa por ciento de sus elementos constitutivos al préstamo cultural. La razón no es difícil de encontrar. Cualquier hábito que ha llegado a establecerse en una cultura ha sido probado por mucha gente que lo ha encontrado satisfactorio. Por lo tanto, cuando una sociedad se encuentra ante un dilema, las probabilidades de que la solución adecuada a su problema sea un elemento que ya exista en la cultura de otro pueblo, son mucho más considerables que las de cualquier innovación fortuita y no probada de otro tipo. Así, el préstamo cultural es altamente económico y la mayoría de los pueblos tienden a saquear los recursos culturales de sus vecinos con fines adaptativos antes de recurrir a la invención o las tentativas.

El préstamo cultural depende del contacto. Obviamente, en el caso de una sociedad completamente aislada falta la oportunidad de tomar algo en préstamo. Siendo iguales otros factores, el grado en que una cultura tomará préstamos de otra es proporcional a la intensidad y duración de las relaciones sociales entre sus portadores. El contacto no necesita siempre ser cara a cara, sin embargo, ya que hay numerosos casos de préstamo cultural a distancia a través del medio del lenguaje escrito o copiando los artículos recibidos comercialmente. Sin embargo, las sociedades principalmente toman préstamos de sus vecinos inmediatos, con el resultado de que los productos de la difusión generalmente están agrupados en áreas geográficamente contiguas.

El comercio, las empresas misioneras y la conquista política crean condiciones que conducen al préstamo cultural. Es particularmente importante el proceso intermatrimonial, ya que éste une dentro de la familia a individuos de diferentes culturas y los hijos pueden aprender de ambos padres. La difusión así tiene lugar por medio de la socialización, que produce una copia mucho más perfecta que la que se logra en el préstamo cultural a nivel adulto. El "crisol" norteamericano opera principalmente por medio de este mecanismo. Los pueblos primitivos que practican la exogamia local, o sea que requieren que los individuos obtengan esposas de otra aldea o tribu, revelan generalmente una considerable uniformidad cultural en regiones muy extensas, como entre los aborígenes australianos y entre los indígenas de la costa noroeste. En contraste, en áreas como Melanesia y California central, donde el matrimonio normalmente tiene lugar dentro de la comunidad, aun las aldeas separadas unas cuantas millas pueden diferir notablemente entre sí en dialecto y costumbres. En el primer caso la cultura se difunde a través del mismo proceso por el que se trasmite; en el segundo, aun los contactos adultos tienden a ser restringidos a un mínimo.

El incentivo —una necesidad o impulso— es tan esencial en el préstamo cultural como en otros tipos de innovación. Un pueblo raramente toma prestado un elemento cultural extraño cuando ya posee un rasgo que llena satisfactoriamente la misma necesidad. Así, la lámpara de grasa animal de los esquimales no fue adoptada por los indios del sur, quienes tenían abundancia de leña para hacer fuego con que calentar y alumbrar sus moradas. Por otra parte, la extraordinariamente rápida difusión del tabaco en el mundo después del descubrimiento de América reflejó la ausencia de rasgos competidores. Se ha observado que los primeros individuos en una sociedad que toman prestadas costumbres extrañas tienden a ser los descontentos, los mal ajustados y quienes están despojados de privilegios. Así, en la India los misioneros cristianos han hecho muchos más conversos entre los "intocables" que entre los estratos más elevados de la sociedad, y en los Estados Unidos los nuevos movimientos políticos tanto de extrema derecha como de extrema izquierda atraen una proporción indebidamente alta de gente neurótica y fracasada.

La presencia en una sociedad receptora de algunos de los elementos de hábito implicados en un nuevo rasgo generalmente facilita el préstamo. Por esta razón, la difusión ocurre más fácilmente entre pueblos de cultura similar que ya comparten muchos elementos de hábito. Así, los ingleses y los norteamericanos hacen préstamos entre sí con más facilidad y frecuencia que con los rusos, chinos u hotentotes. Recíprocamente, los pueblos aborígenes están impedidos en gran medida de adoptar la compleja tecnología de la civilización moderna. No pueden, por ejemplo, iniciar la manufactura de los productos de acero que desean sin adoptar cosas tales como altos hornos y laminadoras.

El préstamo cultural ocurrirá solamente si el nuevo hábito es demostrablemente satisfactorio. El nativo adopta rápidamente los cuchillos y hachas de acero del hombre blanco porque su superioridad sobre sus originales implementos de piedra es aparente e inmediata. Por otra parte, los europeos fueron lentos en adoptar la manufactura del papel de los chinos porque en un principio las ventajas del papel sobre el pergamino parecieron muy pequeñas. Los chinos y japoneses todavía no han adoptado el alfabeto de la civilización occidental porque, por mayores que sean sus ventajas, impondría una pesada carga y molestias a todas las personas alfabetas durante el necesario periodo de reajuste. Factores geográficos y climáticos pueden evitar la difusión al limitar o reducir las posibilidades de recompensa, igual que los prejuicios sociales, como sería una actitud radicalmente conservadora, pueden anular las ventajas potenciales al reprobar a los innovadores.

El préstamo no necesita ser exacto. Muy a menudo, todo lo que se toma prestado es la "forma" externa de una costumbre y no su "significado", o sean las ideas colectivas asociadas con ella. Un buen ejemplo es la familiar caricatura del jefe caníbal tocado con un sombrero de copa. Frecuentemente una copia imperfecta es bastante adecuada. Así, cuando los indios de las planicies adoptaron los caballos y equipo hípico de los españoles, omitieron la herradura que era más bien innecesaria en la pradera. A veces los cambios son impuestos por las condiciones del medio ambiente geográfico. Cuando los indios iroqueses adoptaron la canoa de corteza de abedul de sus vecinos algonquinos, por ejemplo, alteraron el material a corteza de olmo debido a la escasez de árboles de abedul en su *habitat*. Con frecuencia los factores culturales favorecen una modificación. El alfabeto fenicio original carecía de caracteres para las vocales, ya que la naturaleza de su lenguaje permitía que los signos consonantes fueran suficientes para la identificación de las palabras. Ya que esto no ocurría en la lengua griega, cuando los griegos tomaron prestado el alfabeto fenicio convirtieron los caracteres que no necesitaban en símbolos para las vocales.

Las modificaciones son tan comunes en el préstamo cultural que autoridades como Malinowski han considerado el proceso como apenas menos creativo que otras formas de innovación. Ciertamente, a menudo está inseparablemente ligado a la invención o la tentativa. Esto se ilustra bien en casos de "difusión por estímulo", en la cual sólo se toma prestada la idea general de un rasgo cultural ajeno, mientras que la forma específica se debe a la improvisación. Así fue como un famoso jefe cherokee llamado Sequoyah, aunque era analfabeto, notó que los hombres blancos podían entender mensajes por medio de marcas peculiares inscritas sobre pedazos de papel, y llegó a la conclusión que ésta sería una habilidad útil para uso de su propio pueblo. Se dio a la tarea de inventar un sistema de marcas por medio del cual pudiera escribirse el lenguaje cherokee. Inventó personalmente algunos signos y copió otros de material impreso (números y signos de puntuación así como letras, muchas de las cuales aparecían de cabeza o de lado) y produjo una forma novedosa de escritura, un silabario más bien que un alfabeto, que los miembros de su tribu aprendieron y usaron durante muchos años (véase fig. 1).

El segundo proceso fundamental en el cambio cultural es la *aceptación social*. En tanto que una innovación, ya sea original o prestada, sea practicada solamente por el innovador dentro de su sociedad, será un hábito individual y no un elemento de cultura. Para convertirse en este último debe ser aceptado por otros; debe ser compartido socialmente. La aceptación social empieza con la adopción de un nuevo hábito por un pequeño número de individuos. Desde este punto puede extenderse hasta que sea parte de la sub-cultura de una familia, clan, comunidad local o de otro sub-grupo, o hasta que llegue a ser una "especialidad" característica de personas que pertenezcan a una categoría particular de ocupación, parentesco, grupo de edad o cualquier otro tipo de *status* o hasta que se convierta en una "alternativa" practicada amplia pero opcionalmente. Eventualmente puede llegar a ser un "universal", compartido por todos los miembros de la sociedad. Se ha propuesto el término "grados de saturación cultural" para los diversos pasos de la aceptación social.

El mecanismo de aprendizaje implicado en la aceptación social es el de imitación, como en el caso del préstamo cultural, pero el modelo cuya conducta se copia es un miembro de la propia sociedad y no de una ajena. Tan similares son los dos procesos que se suele aplicar a ambos el término "difusión"; la aceptación social recibe el nombre

Fig. 1. Sequoyah, el famoso jefe cherokee, inventó este silabario para registrar su lenguaje nativo, dando valores silábicos a letras alfabéticas y signos tipográficos escogidos arbitrariamente de la tipografía inglesa y alemana

de difusión "interna" o "vertical" para diferenciarla del préstamo cultural, que recibe el nombre de difusión "horizontal" o "externa". Con excepciones menores, la mayor parte de lo que se ha dicho previamente acerca del segundo proceso se aplica igualmente al primero. Ya que pueden darse por sobrentendidos el contacto estrecho y la similitud de cultura; sin embargo, la copia es generalmente bastante más exacta, y esto se ve acentuado por el control social.

Un factor de considerable importancia en la aceptación social es el prestigio del innovador y del primer grupo en imitarlo. Los cambios respaldados por un dirigente político o religioso que disfrute de la admiración general son adoptados rápidamente, mientras que pocos seguirán a un innovador impopular o despreciado. Los estilos de vestir aceptados por "los cuatrocientos" de la alta sociedad neoyorquina se difunden rápidamente entre las masas, pero el atuendo de una pandilla de Harlem no se extiende a Park Avenue. Las mujeres imitan a los hombres con mayor facilidad que al contrario. En nuestra propia sociedad, por ejemplo, muchas mujeres han adoptado prendas masculinas y los hábitos de fumar y beber, así como las ocupaciones propias de los hombres, pero no parece haber un movimiento recíproco entre éstos para usar faldas, cosméticos, o solicitar empleos como enfermeras, amas de llaves o niñeras.

La *eliminación selectiva* constituye un tercer proceso básico del cambio cultural. Toda innovación que ha sido socialmente aceptada entra en la competencia por la supervivencia. En tanto pruebe ser más satisfactoria que sus alternativas, perdurará como hábito cultural, pero cuando cese de proporcionar satisfacciones semejantes, disminuirá y finalmente desaparecerá. El proceso se parece superficialmente al de la selección natural en la evolución orgánica. A menudo la competencia se lleva a cabo entre grupos organizados de gente con costumbres y creencias contrastantes, igual que entre naciones, partidos políticos, sectas religiosas o clases sociales y económicas, y la pugna se decide indirectamente por la victoria de un grupo sobre el otro. En general, los elementos culturales eliminados mediante la prueba y error o la competencia social son los menos adaptables, por lo que el proceso es definitivamente el de la supervivencia del más apto, como lo es en la selección natural.

Pocos de los triunfos genuinos de la historia cultural —los logros de la tecnología, de la ciencia, del control del hombre sobre la naturaleza— se han llegado a perder. Las llamadas "artes perdidas de la antigüedad" son en gran medida un mito. Pueblos particulares han declinado en civilización, pero no sin haber pasado sus contribuciones a otros. Lo que el hombre ha perdido, fundamentalmente, es una masa de prácticas bárbaras y no adaptables, técnicas ineficientes, y supersticiones gastadas. Por supuesto que en cada generación surgen nuevos errores, pero da gusto poder apreciar que la mortalidad del error es mucho mayor que la de la verdad.

Es el verdadero progreso del hombre lo que los antropólogos tienen en mente cuando dicen que la cultura es acumulativa, comparando la historia de la cultura con el crecimiento de una bola de nieve que rueda colina abajo. Aun los logros que son superados rara vez desaparecen. En nuestros días el alumbrado eléctrico ha demostrado ser superior a métodos más primitivos de alumbrado, pero el manguito de gas, la lámpara de kerosene y la vela de sebo todavía sobreviven en sitios remotos o en condiciones especiales. Con frecuencia la supervivencia queda asegurada con un cambio de función. Por ejemplo, se ha preservado el uso de armas pasadas de moda en los deportes atléticos, como la esgrima y la arquería, y en juguetes infantiles como la cerbatana y la honda. Otros usos antiguos sobreviven en los ceremoniales legales, religiosos y académicos. Los testimonios escritos, por supuesto, preservan una gran parte de la cultura del pasado. Nuestras bibliotecas están llenas de las puerilidades y de los triunfos de la historia.

El cuarto y último de los procesos importantes del cambio cultural es el de la *integración*. Los hábitos compartidos que constituyen una cultura no solamente fluctúan en su grado de aceptación social y competencia por sobrevivir, sino que también se adaptan progresivamente entre sí, por lo que tienden a formar un todo integrado. Exhiben lo que Summer ha llamado "una tendencia hacia la coherencia". Toda innovación altera en cierto modo las situaciones en las que ocurren ciertas otras formas de conducta habitual, y conduce a cambios adaptativos en las segundas. A su vez, debe ajustarse similarmente a las modificaciones en otros aspectos de la cultura. Mientras que cada uno de esos cambios es una innovación en sí mismo, por supuesto, su interacción recíproca y efecto acumulativo merece especial reconocimiento como proceso integrativo.

La historia del automóvil durante el presente siglo en nuestra cultura proporciona un ejemplo excelente. Los cambios causados por esta invención tecnológica son descritos por el profesor Leslie Spier en el capítulo X. Se podría contar una historia parecida acerca de otras innovaciones modernas como el teléfono, el aeroplano, la radio y los implementos caseros eléctricos, y todos ellos palidecen ante las potencialidades de la energía atómica.

Ciertos antropólogos han supuesto erróneamente que los elementos de cualquier cultura están en un estado de integración casi perfecta, o de equilibrio, en todo momento. En realidad, sin embargo, nunca se llega o se aproxima al equilibrio perfecto. El ajuste de otros elementos de la cultura a una innovación, y de ésta a ellos, requiere tiempo —a menudo años y hasta generaciones. Mientras tanto han aparecido otras innovaciones y se han puesto en movimiento nuevos procesos de integración. En cualquier momento dado, por lo tanto, una cultura exhibe numerosos casos de procesos integrativos incompletos, así como ejemplos de otros que han sido llevados hasta una terminación relativamente satisfactoria. Lo que siempre encontramos es una tendencia hacia la adaptación interna, nunca su plena realización.

El tiempo que debe transcurrir entre la aceptación de una innovación y la terminación de los reajustes integrativos que siguen su curso han sido llamados adecuadamente por Ogburn el "lapso cultural". Durante ese lapso la gente intenta, mediante la variación, invención, tentativa y préstamo cultural, la modificación de las viejas ideas y costumbres de acuerdo con las nuevas, y de ajustar las nuevas a las viejas, así como la eliminación de las incongruencias y fuentes de fricción e irritación. En una moderna sociedad democrática, la política es un escenario principal de tales esfuerzos.

El efecto neto de los diversos procesos del cambio cultural es adaptar progresivamente, con el tiempo, los hábitos colectivos de las sociedades humanas a las condiciones cambiantes de la existencia. El cambio es siempre incómodo y a veces doloroso, y la gente frecuentemente se desanima con su lentitud o se desespera porque no se alcanza ninguna mejora genuina. Ni la antropología ni la historia, sin embargo, dan base para el pesimismo. Por más vacilante o áspero que pueda parecer a los participantes, el cambio cultural siempre es adaptativo y generalmente progresivo. También es inevitable, y durará en tanto la Tierra pueda sustentar la vida humana. Nada, ni siquiera una guerra nuclear, puede destruir a la civilización.

XIII. La familia

Claude Lévi-Strauss

La palabra familia es tan llana, la clase de realidad a la que se refiere tan cercana a la experiencia cotidiana, que el lector podría esperar enfrentarse en este capítulo a una situación simple. Sin embargo, los antropólogos son una raza extraña; les gusta hacer que aun lo "familiar" parezca misterioso y complicado. De hecho, el estudio comparativo de la familia entre muchos pueblos diferentes ha dado lugar a algunas de las más acerbas disputas en toda la historia del pensamiento antropológico y probablemente a su retroceso más espectacular.

Durante la segunda mitad del siglo xix y los comienzos del xx, los antropólogos trabajaban bajo la influencia del evolucionismo biológico. Trataban de organizar sus datos de tal modo que las instituciones de los pueblos más sencillos correspondieran a una etapa temprana de la evolución de la humanidad, mientras que nuestras propias instituciones se relacionaban con las formas más avanzadas o desarrolladas. Y dado que entre nosotros se consideraba a la familia basada en el matrimonio monogámico como la institución más apreciada y digna de encomio, se supuso de inmediato que las sociedades primitivas —equiparadas para este propósito con las sociedades de los comienzos de la existencia humana— podrían tener solamente algo de tipo diferente. Por lo tanto, los hechos se deformaron y se mal interpretaron; más aún, se inventaron etapas "primitivas" de la evolución, tales como el "matrimonio de grupo" y la "promiscuidad", para explicar el periodo en el que el hombre era todavía tan bárbaro que no podía concebir las amenidades de la vida social que el hombre civilizado tiene el privilegio de disfrutar. Toda costumbre diferente de las nuestras fue cuidadosamente seleccionada como vestigio de un tipo más antiguo de organización social.

Este modo de enfrentarse al problema resultó anticuado cuando la acumulación de datos hizo obvio el hecho siguiente: la clase de familia que existe en la civilización moderna, con el matrimonio monógamo, el establecimiento independiente de la joven pareja, las relaciones afectivas entre los parientes y los descendientes, etc., si bien no siempre es fácil de reconocer detrás de la complicada red de extrañas costumbres e instituciones de los pueblos primitivos, es al menos conspicua entre aquellos que parecen haber permanecido en —o retornado al— nivel cultural más simple. Tribus como las de las islas Andaman del océano Índico, los fueguinos del extremo austral de América del Sur, los nambikwara del centro de Brasil, y los bosquimanos de África del Sur —para mencionar solamente unos cuantos ejemplos— viven en pequeñas bandas seminómadas; tienen poca o ninguna organización política y su nivel tecnológico es muy bajo dado que, al menos entre algunos de ellos, no se conoce el tejido, la cerámica y, a veces, ni siquiera el arte de construir cabañas. Así, la única estructura social de que vale la pena hablar entre ellos es la familia, monógama en su mayoría. El observador que trabaje en el campo no tendrá dificultad en identificar a las parejas casadas, asociadas estrechamente por lazos sentimentales y cooperación económica así como por la cría de los hijos nacidos de su unión.

Hay dos modos de interpretar esta preeminencia de la familia en los dos extremos de la escala del desarrollo de las sociedades humanas. Algunos escritores han pretendido que los pueblos más simples pueden ser considerados como un remanente de lo que pudiera considerarse como una "edad dorada", anterior al sometimiento de la humanidad a los problemas y perversidades de la civilización; así, el hombre habría conocido en esa temprana etapa la felicidad de la familia monogámica solamente para olvidarla más tarde hasta su más reciente redescubrimiento cristiano. La tendencia general, sin embargo, a excepción de la llamada escuela de Viena, ha sido el número creciente de antropólogos que se han convencido de que la vida familiar está presente prácticamente en todas las sociedades humanas, en aquellas con costumbres sexuales y educativas muy remotas de las nuestras. Así, después de que durante unos cincuenta años pretendieron que la familia, como la conocen las sociedades modernas, podía ser solamente un desarrollo reciente y el resultado de una lenta y prolongada evolución, ahora los antropólogos se inclinan hacia la convicción opuesta, o sea que la familia integrada por un hombre y una mujer unidos más o menos permanentemente —con aprobación social— y sus hijos, es un fenómeno universal, presente en todo tipo de sociedad.

Estas posiciones extremas, sin embargo, sufren igualmente de exceso de simplificación. Es bien sabido que en algunos raros casos no se puede pretender que existan lazos familiares. Un ejemplo de ello lo ofrecen los nayar, un grupo muy grande que vive en la costa de Malabar en la India. Antiguamente, el tipo de vida guerrera de los hombres nayar no les permitía fundar una familia. El matrimonio era una ceremonia puramente simbólica que no resultaba en un lazo permanente entre un hombre y una mujer. De hecho, se permitía a las mujeres casadas tener tantos amantes como desearan. Los niños pertenecían exclusivamente a la línea materna, y la autoridad familiar así como la autoridad sobre la tierra no era ejercida por el efímero marido, sino por los hermanos de la esposa. Dado que la tierra era cultivada por los miembros de una casta inferior, sometida a los nayar, los hermanos de la esposa eran tan libres como el esposo temporal o los amantes de sus hermanas para dedicarse ellos mismos a las actividades militares.

Pero el caso de los nayar ha sido frecuentemente mal interpretado. En primer lugar, no se les puede considerar como vestigio de una clase primitiva de organización social que pudiera haber sido general entre la humanidad del pasado. Muy por el contrario: los nayar exhibían un tipo de estructura social extremadamente especializada y complicada y, desde ese punto de vista, no prueban gran cosa.

Por otra parte, hay pocas dudas acerca de que los nayar representan una forma extremista de una tendencia que es bastante más frecuente en las sociedades humanas de lo que generalmente se acepta.

Hay un gran número de sociedades humanas que, aunque no van tan lejos como los nayar en su negativa a reconocer la familia como unidad social, sin embargo han limitado este reconocimiento mediante su admisión simultánea de patrones de un tipo diferente. Por ejemplo, los masai y los chagga, tribus africanas ambas, reconocían a la familia como unidad social. Sin embargo, y por la misma razón que entre los nayar, esto no era válido para la clase más joven de hombres adultos que se dedicaban a actividades guerreras y a los que, en consecuencia, no se permitía contraer matrimonio y fundar una familia. Acostumbraban vivir en organizaciones cuarteleras y se les permitía, durante ese periodo, tener relaciones promiscuas con la clase más joven de mujeres adultas. Así, entre estos pueblos, la familia existía lado a lado con un tipo de relaciones promiscuas y no familiares entre los sexos.

Por diferentes razones, el mismo tipo de patrón dual prevalecía entre los bororo y otras diversas tribus del centro de Brasil, los muria y otras tribus de la India y Asam, etc. Todos los casos conocidos pueden ordenarse de tal modo que los nayar aparezcan solamente como el caso más congruente sistemático y lógicamente extremo de una situación que pueda eventualmente reaparecer, por lo menos en forma embrionaria, en la sociedad moderna.

Esto quedó bien demostrado en el caso de la Alemania nazi, donde empezaba a aparecer una brecha similar en la unidad familiar: por una parte, los hombres se dedicaban a actividades políticas y bélicas, con un grado elevado de libertad como consecuencia de su exaltada posición; y por la otra, las mujeres con su asignación funcional de las "3K": *Küche, Kirche, Kinder*, o sea cocina, iglesia y niños. Se puede muy bien concebir que, si se hubiera mantenido la misma tendencia durante varios siglos, esta clara división de funciones entre hombres y mujeres, junto con la correspondiente diferenciación de sus *status* respectivos, pudiera haber llevado a un tipo de organización social donde la unidad familiar recibiría tan poco aprecio como entre los nayar.

En años recientes los antropólogos se han preocupado mucho por demostrar que, incluso entre pueblos que practican el préstamo de esposas, ya sea periódicamente en ceremonias religiosas o sobre una base estatutaria (como cuando se permite a los hombres entrar en un tipo de amistad institucional que comprende el préstamo de esposas entre los miembros), estas costumbres no deben interpretarse como supervivencias de "matrimonio de grupo", ya que existen lado a lado de la familia, y aun implican el reconocimiento de la misma. Es cierto que para poder prestar a la esposa propia, primero se debe obtener una. Sin embargo, si consideramos el caso de algunas tribus australianas como los wunambal de la parte noroccidental del Continente, el hombre que no presta a su esposa a los otros potenciales maridos de ella durante las ceremonias sería considerado como "muy codicioso", es decir, que trataría de conservar para sí mismo un privilegio que el grupo social intenta que sea compartido entre numerosas personas con iguales derechos a ello. Y dado que la actitud hacia el acceso sexual a una mujer existía junto con el dogma oficial de que los hombres no tienen parte alguna en la procreación (denegando por tanto cualquier clase de nexos entre el esposo y los hijos de su esposa), la familia se convierte en un grupo económico donde el hombre trae los productos de su caza y la mujer los de sus actividades recolectoras. Los antropólogos, quienes pretenden que esta unidad económica construida sobre un principio de "toma y daca" es prueba de la existencia de la familia aun entre los salvajes más inferiores, ciertamente no tienen una base más sólida que aquellos que mantienen que esa clase de familia no tiene en común con la familia observada en otras partes sino la palabra usada para designarla.

El mismo punto de vista relativista es aconsejable con respecto a la familia polígama. La palabra poligamia, debe recordarse, se refiere tanto a la poliginia, o sea el sistema en que un hombre tiene derecho a varias esposas, como a la poliandria, esto es, el sistema complementario en el cual varios maridos comparten una esposa.

Es cierto que en muchos casos observados, las familias polígamas no son otra cosa que una combinación de varias familias monógamas, aunque la misma persona desempeñe el papel de varios cónyuges. Por ejemplo, en algunas tribus del África bantú, cada esposa vive en una choza separada con sus hijos, y la única diferencia con la familia monógama resulta del hecho de que el mismo hombre desempeña el papel de esposo con todas sus esposas. Hay otros casos, sin embargo, donde la situación no es tan clara. Entre los tupi-kawahib del centro del Brasil, un jefe puede casarse con varias mujeres que pueden ser hermanas, o aun con una madre y las hijas que haya tenido aquella de un matrimonio anterior; los niños son criados juntos por las mujeres, quienes no parecen preocuparse mucho si cuidan de sus propios hijos o no; también, el jefe gustosamente presta sus esposas a sus hermanos más jóvenes, los funcionarios de su corte o los visitantes. Aquí tenemos no solamente una combinación de poliginia y poliandria, sino que la confusión aumenta aún más por el hecho de que las coesposas pueden estar unidas por lazos consanguíneos anteriores a su casamiento con el mismo hombre. En un caso observado por este autor, una madre e hija casadas con el mismo hombre conjuntamente cuidaban de niños que eran, al mismo tiempo, hijastros de una mujer y, de acuerdo con el caso, nietos o hermanastros de la otra.

En cuanto a la poliandria propiamente dicha, puede a veces tomar formas extremas, como entre los roda, donde varios hombres, usualmente hermanos, comparten una esposa, siendo el padre legítimo de los hijos aquel que ha llevado a cabo una ceremonia especial y quien queda como padre legal de todos los hijos que nazcan hasta que otro marido decida asumir el derecho de paternidad por el mismo proceso. En el Tibet y Nepal, la poliandria parece explicarse por factores ocupacionales del mismo tipo que los que ya se han señalado para los nayar, ya que los hombres llevan una existencia seminómada como guías y portadores y la poliandria proporciona una buena oportunidad de que haya, en toda ocasión, por lo menos un esposo a la mano para hacerse cargo del hogar.

Si puede mantenerse la identidad legal, económica y sentimental de la familia incluso en un arreglo poligínico o poliándrico, no es seguro que pueda decirse lo mismo cuando la poliandria existe lado a lado con la poliginia. Como ya hemos visto, esto era el caso hasta cierto grado entre los tupi-kawahib, ya que existen matrimonios poligínicos, al menos como privilegio del jefe, en combinación con un complicado sistema de préstamo de esposas a los hermanos menores, ayudantes y visitantes de diferentes tribus. Aquí se podría alegar que el nexo entre una mujer y su esposo legal era más diferente en grado que en clase en un conjunto de otros nexos que pudieran ordenarse en una escala decreciente de fuerza: desde los amantes con derechos semipermanentes hasta los ocasionales. Sin embargo, hasta en este caso, el *status* de los hijos se definía por el matrimonio legal, no por los otros tipos de unión.

Nos acercamos más al llamado "matrimonio de grupo" cuando consideramos la moderna evolución de los toda durante el siglo xix. Tuvieron originalmente un sistema poliándrico, que era posible mediante la costumbre del infanticidio femenino. Cuando esto fue prohibido por la administración británica, restableciendo así la proporción natural entre los sexos, los toda continuaron practicando la poliandria; pero ahora en vez de que varios hermanos compartieran una esposa, era posible que se casaran con varias. Como en el caso de los nayar, los tipos de organización que parecen más remotos a la familia conyugal no ocurren en las sociedades más salvajes y arcaicas sino en las relativamente recientes y extremadamente complejas formas de desarrollo social.

Por lo tanto, resulta evidente por qué el problema de la familia no debe tratarse de modo dogmático. De hecho, es uno de los problemas más difíciles de asir en todo el campo de la organización social. Sabemos muy poco acerca del tipo de organización que prevalecía en las etapas primitivas de la humanidad, ya que los restos del hombre del Paleolítico superior de hace unos 50 mil años constan principalmente de fragmentos esqueléticos e implementos de piedra que ofrecen muy poca información sobre las costumbres y leyes sociales. Por otra parte, cuando consideramos la amplia diversidad de sociedades humanas que han sido observadas desde, digamos, los tiempos de Herodoto hasta hoy en día, lo único que podemos afirmar es lo siguiente: la familia monógama, conyugal, es bastante frecuente. Aunque parece haber sido suplantada por diferentes tipos de organizaciones, esto ocurre generalmente en sociedades muy especializadas y complejas y no, como antes se creía, en los tipos más simples y atrasados. Además, los pocos casos de familia no conyugal (aun en su forma polígama) establecen sin duda que la alta frecuencia del tipo conyugal de agrupación social no se deriva de una necesidad universal. Es por lo menos concebible que pueda existir sin ella una sociedad perfectamente estable y durable. De aquí el difícil problema: si no hay una ley natural que haga universal a la familia, ¿cómo podemos explicar el hecho de que se la encuentre prácticamente en todas partes?

Para resolver el problema, tratemos primero de definir la familia, no mediante la integración de numerosas observaciones de hechos que han tenido lugar en diferentes sociedades, ni limitándonos a la situación prevaleciente entre nosotros, sino construyendo un modelo ideal de lo que tenemos en mente cuando usamos la palabra familia. Parecería entonces que esta palabra sirve para designar un grupo social que ofrece por lo menos tres características: (1) encuentra su origen en el matrimonio; (2) consta de esposo, esposa e hijos nacidos de su unión, aunque puede concebirse que otros parientes puedan encontrar acomodo al lado de ese grupo nuclear; y (3) los miembros de la familia se mantienen unidos por a) lazos legales, b) derechos y obligaciones económicos, religiosos y de otro tipo, c) una red definida de prohibiciones y privilegios sexuales, y una cantidad variable y diversificada de sentimientos psicológicos como amor, afecto, respeto, temor, etc. Procedamos ahora a un examen más detallado de estos diversos aspectos a la luz de los datos disponibles.

EL MATRIMONIO Y LA FAMILIA

Como ya hemos señalado, el matrimonio puede ser monógamo o polígamo. Debe señalarse inmediatamente que el primer tipo no solamente se encuentra con más frecuencia que el segundo, sino que esa frecuencia es mucho mayor que lo que nos llevaría a creer un inventario superficial de las sociedades humanas. Entre las llamadas sociedades polígamas hay sin duda un número considerable que lo son auténticamente; pero muchas otras distinguen claramente entre la "primera" esposa, que es la única verdadera y está dotada de los plenos derechos asignados al *status* marital, y las otras, que son a veces poco más que concubinas oficiales. Además, en todas las sociedades polígamas el privilegio de tener varias esposas en realidad es disfrutado solamente por una pequeña minoría. Esto es fácilmente entendible, ya que el número de hombres y mujeres en cualquier agrupamiento al azar es aproximadamente el mismo con una proporción de alrededor de 110 a 100 en ventaja de cualquiera de los dos sexos. Para hacer posible la poligamia hay condiciones definidas que deben satisfacerse: ya sea que los hijos de un sexo determinado sean voluntariamente destruidos (una costumbre que se sabe existe en algunos raros casos, como el mencionado infanticidio femenino entre los toda), o que circunstancias especiales determinen una diferente expectación de vida para los miembros de ambos sexos, como entre los esquimales y algunas tribus australianas, donde muchos hombres suelen morir jóvenes debido a que sus ocupaciones (la caza de ballenas en un caso, la guerra en el otro) son especialmente peligrosas. O tendremos que buscar un sistema social fuertemente jerárquico donde una clase dada (ancianos, sacerdotes y hechiceros, ricos, etc.) sea lo suficientemente poderosa como para monopolizar con impunidad su posesión de las mujeres a expensas de los más jóvenes o más pobres. De hecho, conocemos sociedades —principalmente en África— donde es necesario ser rico para tener muchas esposas (ya que se tiene que pagar un precio por la novia), pero donde al mismo tiempo el incremento en esposas es un medio de acrecentar la riqueza, ya que el trabajo femenino tiene un valor económico definido. Sin embargo, es claro que la práctica sistemática de la poligamia se ve automáticamente limitada por el cambio de estructuras que tiende a producir en la sociedad.

Por lo tanto, no es necesario preocuparse mucho acerca del predominio del matrimonio monógamo en las sociedades humanas. El hecho de que la monogamia no está inscrita en la naturaleza del hombre ha sido suficientemente probado por la existencia de la poligamia en formas ampliamente diferentes y en muchos tipos de sociedades; por otra parte, la prevalencia de la monogamia resulta del hecho de que, a menos que existan condiciones especiales voluntaria o involuntariamente provocadas, normalmente hay más o menos una mujer disponible para cada hombre. En las sociedades modernas, razones morales, religiosas y económicas han hecho oficial el matrimonio monógamo (una regla que en su práctica real es violada por medios diferentes como la libertal premarital, la prostitución y el adulterio). Pero en sociedades que están en un nivel cultural mucho más bajo y donde no hay prejuicio en contra de la poligamia, y donde la poligamia incluso puede llegar a permitirse o desearse, se puede alcanzar el mismo resultado por falta de diferenciación social o económica, de tal modo que el hombre no tenga ni los medios ni el poder para obtener más de una esposa y donde, en consecuencia, todos están obligados a hacer de la necesidad una virtud.

Si en las sociedades humanas pueden observarse muchos diferentes tipos de matrimonio —ya sean monógamos o polígamos, y en el último caso poligínicos, poliándricos, o ambos; y ya sean por intercambio, compra, libre elección o imposición por la familia, etc.— el hecho sorprendente es que en todos lados existe una distinción entre el matrimonio, o sea una unión legal entre un hombre y una mujer, sancionado por el grupo, y el tipo de unión permanente o temporal resultante ya sea de la violencia o del simple consenso. Esta intervención del grupo puede ser notable o ligera. Lo importante es que toda sociedad tiene algún modo de establecer la distinción entre las uniones libres y las legítimas. Hay diversos niveles para hacer esa distinción.

En primer lugar, casi todas las sociedades conceden una importancia muy elevada al *status* matrimonial. Donde existen grupos de edad, ya sea institucionalmente o como formas no cristalizadas de agrupamiento, se establece cierta conexión entre el grupo de adolescentes jóvenes y la soltería, los que ya no son tan jóvenes y que están casados pero sin hijos, y la edad adulta con plenos derechos, que generalmente se obtienen con el nacimiento del primer hijo. Esta triple distinción era reconocida no solamente entre muchas tribus primitivas, sino también en la Europa occidental rural, aunque solamente para propósitos festivos y ceremoniales, todavía a principios del siglo xx.

Lo que es todavía más sorprendente es el auténtico sentimiento de repulsión que tiene la mayoría de las sociedades hacia la soltería. Generalmente hablando puede decirse que, entre las tribus llamadas primitivas no hay solteros, por la simple razón de que no podrían sobrevivir. Uno de los recuerdos más vivos de los trabajos de campo de este autor fue su encuentro, entre los bororo del centro del Brasil, con un hombre de unos treinta años de edad: desaseado, mal alimentado, triste y solitario. Cuando pregunté si el hombre estaba gravemente enfermo, la respuesta de los nativos fue sorprendente: ¿qué le pasa?, no le pasa nada, simplemente se trata de un soltero. Y es bastante cierto, en una sociedad donde el trabajo se comparte sistemáticamente entre hombre y mujer y donde solamente el *status* matrimonial permite que el hombre se beneficie de los frutos del trabajo femenino, incluyendo el despioje, la pintura del cuerpo y el depilado, así como los alimentos vegetales y cocinados (ya que las mujeres bororo labran la tierra y fabrican cerámica), un soltero es en realidad solamente medio ser humano.

Esto es cierto del soltero y también, en menor grado, de una pareja sin hijos. Sin duda pueden ganarse la vida, pero hay muchas sociedades en donde un hombre o mujer sin hijos nunca llegan a alcanzar un *status* completo dentro del grupo ni más allá del mismo, en esta importante sociedad que está hecha de los parientes difuntos y donde solamente se puede esperar reconocimiento como ancestro a través del culto que le rindan al hombre o a la mujer sus propios descendientes. Recíprocamente, un huérfano se encuentra en la misma triste condición que un soltero. De hecho, ambos términos proporcionan a veces los insultos más fuertes que existen en el vocabulario nativo. Los solteros y los huérfanos se pueden agrupar hasta con los tullidos y las brujas, como si sus condiciones fueran el resultado de cierta especie de maldición sobrenatural.

El interés del grupo en el matrimonio de sus miembros puede expresarse directamente, como en el caso nuestro, donde las futuras esposas, si están en edad casadera, tienen primeramente que obtener una licencia y después asegurar los servicios de un representante reconocido del grupo para celebrar su unión. Aunque esta relación directa entre los individuos, por una parte, y el grupo como un todo, por la otra, se conoce al menos esporádicamente en otras sociedades, no es de ningún modo un caso frecuente. Es un rasgo casi universal del matrimonio que su origen se debe no a los individuos sino a los grupos interesados (familias, linajes, clanes, etc.), y que liga a los grupos antes y por encima de los individuos. Dos clases de razones causan este resultado: por una parte, la enorme importancia de estar casado tiende a hacer que los padres aun en sociedades muy simples, empiecen pronto a preocuparse por obtener compañeros adecuados para su descendencia y esto, consiguientemente, puede llevar a que los hijos sean prometidos unos a otros desde la infancia. Pero sobre todo, nos encontramos aquí con esa extraña paradoja a la cual tendremos que retornar después, que aunque el matrimonio da nacimiento a la familia, es la familia, o más bien las familias, las que producen el matrimonio como el principal instrumento legal a su disposición para establecer una alianza entre ellas mismas. Como dicen los nativos de Nueva Guinea, el propósito verdadero de casarse no es tanto obtener una esposa sino asegurar cuñados. Si el matrimonio tiene lugar entre grupos más bien que entre individuos, un gran número de costumbres extrañas se ponen inmediatamente en claro. Por ejemplo, entendemos por qué en ciertas partes de África, donde la descendencia sigue la línea paterna, el matrimonio se consuma solamente cuando la mujer ha dado a luz un varón, llenando así su función de mantener el linaje de su esposo. Los llamados levirato y sororato deben explicarse a la luz del mismo principio: si el matrimonio une a los grupos a los que pertenecen los cónyuges, puede haber sin contradicción un remplazo de un cónyuge por sus hermanos o sus hermanas. Cuando muere el esposo, el levirato prevé que sus hermanos solteros tengan un derecho preferente sobre su viuda (o, como a veces se indica, comparten el deber del difunto hermano para sostener a la esposa e hijos), mientras que el sororato permite que el hombre se case preferentemente en matrimonio polígamo con las hermanas de su esposa, o —cuando el matrimonio es monógamo —tomar a una hermana de su esposa para remplazarla en caso de que ésta no tenga hijos, se divorcie debido a mala conducta, o muera. Pero cualquiera que sea el modo en que la colectividad exprese su interés en el matrimonio de sus miembros, ya sea mediante la autoridad investida en fuertes grupos consanguíneos, o más directamente, por medio de la intervención del Estado, es cierto que el matrimonio no es, nunca será y no puede ser un asunto privado.

FORMAS DE FAMILIA

Tenemos que buscar casos tan extremos como los nayar, que ya mencionamos, para encontrar sociedades donde no hay, al menos temporalmente, una unión temporal de *facto* de esposo, esposa e hijos. Pero debemos señalar que, mientras que un grupo así constituye entre nosotros una familia y se le da reconocimiento legal, no sucede lo mismo en un gran número de sociedades humanas. Ciertamente, hay un instinto maternal que obliga a la madre a cuidar de sus hijos y que la hace encontrar una profunda satisfacción en el ejercicio de esas actividades, y hay también impulsos psicológicos que explican que un hombre pueda tener sentimientos afectivos hacia los retoños de la mujer con la que él vive, y cuyo desarrollo contempla paso a paso, aun si él no piensa (como ocurre entre las tribus de las que se dice que no creen en la paternidad fisiológica) que haya tenido ningún papel real en la procreación de los niños. Algunas sociedades se esfuerzan en aceptar estos sentimientos convergentes: la famosa *couvade*, costumbre según la cual se hace que el hombre comparta las incapacidades (ya sea natural o socialmente impuestas) de la mujer en confinamiento, ha sido explicada por algunos como un intento de crear una unidad estrecha de estos materiales no demasiado homogéneos.

La gran mayoría de las sociedades, sin embargo, no muestran un interés muy activo en una clase de agrupamiento que, para algunas de ellas al menos (incluida la nuestra), parece muy importante. En este caso son los grupos los que son importantes, no el agregado temporal de los representantes temporales del grupo. Por ejemplo, muchas sociedades están interesadas en establecer claramente las relaciones de la progenie con el grupo del padre por una parte, y con el grupo de la madre por otra, pero lo hacen diferenciando fuertemente las dos clases de relaciones. Los derechos territoriales pueden ser heredados por una línea, y las obligaciones y privilegios religiosos por la otra. O también, el *status* por un lado y las técnicas mágicas por el otro. Pudieran darse innumerables ejemplos de África, Australia, América, etc. Para limitarnos a solamente uno, resulta notable comparar el minucioso cuidado con que los indios hopi de Arizona relacionan diferentes tipos de derechos religiosos y legales con las líneas del padre y de la madre, mientras que la frecuencia del divorcio hace a la familia tan inestable que muchos padres no comparten en la práctica la misma casa que sus hijos, ya que las casas son propiedades de las mujeres y, desde el punto de vista legal, los niños siguen la línea materna.

Esta fragilidad de la familia conyugal, que es tan común entre los llamados pueblos primitivos, no les impide dar cierto valor a la fidelidad conyugal y al apego paterno. Sin embargo, éstas son normas morales y deben de separarse claramente de las reglas legales que en muchos casos solamente reconocen formalmente la relación de los hijos con la línea del padre o de la madre o, cuando ambas líneas se reconocen formalmente, lo hacen en diferentes tipos de derechos y obligaciones. Se han registrado casos extremos tales como el de los emerillon, una pequeña tribu de la Guayana francesa reducida ahora a unas 50 personas. Aquí, de acuerdo con informaciones recientes, el matrimonio es tan inestable que, durante una vida normal, todos tienen una buena probabilidad de casarse con todas las personas del sexo opuesto, y se dice que la tribu usa nombres especiales para los niños, para demostrar de cuál de por lo menos 8 matrimonios sucesivos puede ser retoño. Éste es probablemente un desarrollo reciente que deberá explicarse por una parte por la pequeñez de la tribu, y por la otra, por las condiciones inestables bajo las que ha vivido durante el último siglo. Sin embargo, ello demuestra que pueden existir condiciones donde es difícilmente reconocible la familia conyugal.

La inestabilidad explica los ejemplos anteriores; pero algunos otros parecen surgir de consideraciones bastante opuestas. En la mayor parte de la India contemporánea y en muchas partes de Europa oriental, en ocasiones hasta durante el siglo xix, la unidad social básica estaba constituida por un tipo de familia que deberá ser descrita como *doméstica* más bien que como *conyugal:* la propiedad de la tierra y la casa, la autoridad paterna y la dirección económica estaban concentradas en el ascendiente vivo de mayor edad, o en la comunidad de hermanos procedentes del mismo ascendiente. En la *bratsvo* rusa, la *zadruga* sureslávica, la *maismie* francesa, la familia constaba realmente del mayor de los hermanos sobrevivientes, junto con las esposas de éstos, hijos casados e hijas solteras, y así hasta los nietos. Esos grandes grupos, que en ocasiones incluían a varias docenas de personas, que vivían y trabajaban bajo una autoridad común, han sido designados como *familias conjuntas* o *familias extensas.* Ambos términos son útiles, aunque desorientadores, ya que implican que estas grandes unidades están compuestas por pequeñas familias conyugales. Como ya hemos visto, si bien es cierto que la familia conyugal limitada a la madre y los hijos es prácticamente universal, ya que se basa en la dependencia fisiológica y psicológica que existe entre ellos por lo menos durante cierto tiempo, y que la familia conyugal que consta de esposo, esposa e hijos es casi tan frecuente por razones psicológicas y económicas que deben añadirse a las ya mencionadas, el proceso histórico que ha llevado entre nosotros al reconocimiento legal de la familia conyugal es muy complejo: ha surgido en parte solamente por una creciente conciencia de una situación natural. Pero hay pocas dudas de que, en gran medida, ha resultado del estrechamiento hasta llegar a un grupo tan pequeño como es posible y cuya situación legal en el pasado de nuestras instituciones estuvo depositado durante siglos en grupos muy grandes. En último caso, no se comete un error al rechazar los términos *familia conjunta* y *familia extensa*. Ciertamente, es más bien la familia conyugal la que merece el nombre de *familia restringida*.

Hemos visto que cuando se da a la familia un pequeño valor funcional, tiende a desaparecer aun bajo el nivel del tipo conyugal. Por el contrario, cuando la familia tiene un gran valor funcional, llega a situarse muy por encima de ese nivel. Nuestra familia conyugal de tendencia universal corresponde entonces más a un equilibrio inestable entre los extremos que a una necesidad permanente y duradera proveniente de los requerimientos más profundos de la naturaleza humana.

Para completar el cuadro, tendremos que considerar finalmente los casos donde la familia conyugal difiere de la nuestra, no tanto en lo relativo a una cantidad diferente de valor funcional, sino más bien debido a que su valor funcional es concebido de un modo cualitativamente diferente de nuestra propia concepción.

Como se verá más adelante, hay muchos pueblos para los cuales la clase de esposa con la que se debe casar el individuo es mucho más importante que la clase de pareja que harán juntos. Estas personas están dispuestas a aceptar uniones que no sólo nos parecerían increíbles, sino directamente contradictorias con los objetivos y propósitos de establecer una familia. Por ejemplo, los chukchee de Siberia no ven mal en modo alguno el casamiento de una muchacha madura de unos veinte años de edad con un esposo-niño de tres años de edad. Después, la mujer joven, que ya es madre gracias a un amante autorizado, deberá criar juntos a su propio hijo y a su pequeño esposo. Igual que entre los mohave de América del Norte, que tenían la costumbre opuesta de que un hombre se casara con una niña y se encargara de su cuidado hasta que tuviera la edad suficiente para cumplir con sus deberes conyugales, se pensaba que esos matrimonios eran muy vigorosos, ya que los sentimientos naturales entre esposo y esposa se reforzarían con el recuerdo de los cuidados paternales o maternales prestados por uno de los esposos al otro. Éstos no son de ningún modo casos excepcionales que deban explicarse como debido a extraordinarias anormalidades mentales. Se pueden obtener ejemplos de otras partes del mundo: América del Sur, tanto en las montañas como en el trópico, Nueva Guinea, etc.

De hecho, los ejemplos que hemos dado todavía respetan, hasta cierto grado, la dualidad de sexos que sentimos que es un requisito para el matrimonio y la creación de una familia. Pero en algunas partes de África, las mujeres de alto rango tenían permiso para casarse con otras mujeres y hacerlas tener hijos mediante los servicios de amantes masculinos anónimos, en tanto que la mujer noble estaba autorizada a ser el "padre" de los hijos y a trasmitirles a ellos, de acuerdo con el derecho paterno prevalente, su propio nombre, *status*, y riquezas. Finalmente, hay casos ciertamente menos sorprendentes donde la familia conyugal se consideraba necesaria para procrear los hijos pero no para educarlos, ya que cada familia se empeñaba en conservar los hijos de otros (de ser posible de *status* más elevado) para criarlos, en tanto que sus propios hijos eran similarmente retenidos (a veces desde antes de nacer) por otra familia. Esto ocurría en algunas partes de la Polinesia, en tanto que el sistema de "hijos adoptivos", o sea el de enviar a un hijo a criarse con el hermano de la madre, era una práctica común en la costa noroeste de los Estados Unidos así como en la sociedad feudal europea.

Los lazos familiares

Durante el curso de los siglos nos hemos acostumbrado a la moral cristiana que considera el matrimonio y el establecimiento de una familia como el único modo de evitar que la gratificación sexual sea pecaminosa. Se ha demostrado que esa conexión existe en otras partes en algunos casos aislados; pero no es de ningún modo frecuente. Entre la mayoría de los pueblos, el matrimonio tiene muy poco que ver con la satisfacción del impulso sexual, ya que la situación social ofrece muchas oportunidades que no solamente pueden ser externas al matrimonio, sino aun contradictorias al mismo. Por ejemplo, entre los muria de Bastar, en la India central, cuando llega la pubertad se envía a los muchachos y muchachas a vivir juntos en cabañas comunales donde disfrutan de una gran libertad sexual, pero después de unos pocos años de esa libertad se casan de acuerdo con la regla de que no se debe permitir la unión de una pareja que hayan sido amantes anteriormente durante su adolescencia. Así, en las aldeas muy pequeñas, cada hombre está casado con una mujer a quien en sus años mozos conoció como amante de su actual vecino (o vecinos).

Por otra parte, y si las consideraciones sexuales no son muy importantes para propósitos matrimoniales, en todas partes encontramos en primer lugar las necesidades económicas. Ya hemos demostrado que lo que hace del matrimonio una necesidad fundamental en las sociedades tribales es la división del trabajo entre los sexos.

Como la forma de la familia, la división del trabajo se debe más a consideraciones sociales y culturales que a las de tipo natural. Ciertamente, en todos los grupos humanos las mujeres dan a luz los niños y se hacen cargo de ellos, y los hombres tienen más bien su especialidad en actividades cinegéticas y guerreras. Aun así, sin embargo, tenemos casos ambiguos: por supuesto que los hombres nunca dan a luz niños, pero en muchas sociedades como hemos visto con la couvade, se les hace actuar como si lo hicieran. Y hay mucha diferencia entre el padre nambikwara que alimenta a su hijo y lo limpia cuando se ha ensuciado, y el noble europeo de no hace muchos años ante quien eran presentados los niños formalmente de vez en vez, estando el resto del tiempo confinados a las habitaciones femeninas hasta que tenían la edad suficiente para que se les enseñara equitación y esgrima. Recíprocamente, las concubinas jóvenes del cacique nambikwara desprecian ciertas actividades domésticas y prefieren ayudar en las expediciones aventureras de su esposo. No sería remoto que una costumbre similar que prevaleciera entre otras tribus suramericanas y que permitiera que una clase especial de mujeres, parte concubinas y parte auxiliares, no se casaran sino que acompañaran a los hombres en la guerra, fuera el origen de la famosa leyenda de las Amazonas.

Cuando nos volvemos a actividades menos básicas que la crianza de los hijos y la guerra, es más difícil discernir reglas que gobiernen la división del trabajo entre los sexos. Las mujeres bororo labran la tierra mientras que entre los zuñil éste es un trabajo de hombres; de acuerdo con cada tribu, la construcción de chozas, la fabricación de cerámica, el tejido, pueden corresponder a cualquiera de ambos sexos. Por lo tanto, debemos ser cuidadosos en distinguir el *hecho* de la división del trabajo entre los sexos, que prácticamente es universal, del *modo* de acuerdo con el cual las diferentes tareas se distribuyen entre uno y otro sexo, donde reconoceremos la misma destacada influencia de factores culturales, digamos la misma *artificialidad* que preside sobre la organización de la familia misma.

Aquí, nuevamente nos enfrentamos a la misma pregunta con que ya hemos tropezado: si las razones naturales que explicarían la división del trabajo entre los sexos no parece jugar un papel decisivo, tan pronto como abandonamos el sólido terreno de la especialización biológica en la producción de niños, ¿por qué existe a fin de cuentas esa división? El mismo hecho de que varía interminablemente de acuerdo con la sociedad que se considere demuestra que, en cuanto a la familia en sí, es el simple hecho de su existencia lo que misteriosamente se requiere, sin que importe bajo cuál existe, por lo menos desde el punto de vista de cualquier necesidad natural. Sin embargo, después de haber considerado los diferentes aspectos del problema, estamos en posición de percibir algunos aspectos comunes que nos pueden llevar más cerca de una respuesta que cuando iniciamos este capítulo. Ya que la familia nos parece una realidad positiva, tal vez la única realidad social positiva, estamos dispuestos a definirla exclusivamente por sus características positivas. Ahora debemos señalar que en cada ocasión en que hemos tratado de demostrar lo que es la familia, al mismo tiempo estamos implicando lo que no es, y los aspectos negativos pueden ser tan importantes como los otros. Para regresar a la división del trabajo que hemos estado discutiendo, cuando se afirma que un sexo debe desempeñar ciertas tareas, esto significa también que están prohibidas para el otro. Ante eso, la división sexual del trabajo no es otra cosa que una invención para instituir un estado de dependencia recíproco entre los sexos.

Lo mismo puede decirse del lado sexual de la vida familiar. Aun si no fuera cierto, como hemos demostrado, que la familia pudiera explicarse en términos sexuales, ya que en muchas tribus la vida sexual y la familia no están de ningún modo estrechamente conectadas como lo serían dentro de nuestras normas morales, hay un aspecto negativo que es mucho más importante: la estructura de la familia, siempre y en todas partes, hace imposibles o al menos criticables ciertos tipos de conducta sexual.

Ciertamente, las limitaciones pueden variar en alto grado de acuerdo con la cultura que se considere. En la antigua Rusia existía la costumbre conocida como *snokatchestvo* en la que el padre estaba facultado para tener privilegios sexuales sobre la joven esposa de su hijo; se ha mencionado una costumbre semejante en algunas partes del sureste asiático, donde las personas implicadas son el hijo de la hermana y la esposa del hermano de su madre. Nosotros mismos no objetamos que un hombre se case con la hermana de su esposa, una práctica que la ley inglesa todavía consideraba incestuosa a mediados del siglo XIX. Lo que es cierto es que toda sociedad conocida, pasada o presente, proclama que si la relación esposo-esposa, a la cual eventualmente pueden agregarse otras, como hemos visto, implica derechos sexuales, hay otras relaciones igualmente derivadas de la estructura familiar que hacen inconcebibles, pecaminosas o legalmente punibles las relaciones sexuales. La prohibición universal del incesto especifica, como regla general, que las personas consideradas como padres e hijos, o hermana y hermano, aun si solamente de nombre, no pueden tener relaciones sexuales y menos casarse entre sí. En algunos casos registrados —el antiguo Egipto, el Perú precolombino, y algunos reinos surasiáticos, africanos y polinesios— el incesto se definía menos estrictamente que en otras partes. Aun allí, sin embargo, la regla existía, ya que el incesto se limitaba a un grupo minoritario, la clase gobernante (con la excepción del antiguo Egipto, tal vez, donde pudo haber sido más común); por otra parte, no todo tipo de parientes cercanos se permitían como cónyuges: por ejemplo se permitía a la media-hermana, y se excluía a la hermana de padre y madre; o si se admitía a la hermana de padre y madre, debería ser la mayor, mientras que la más joven permanecía protegida por la reglamentación del incesto.

Es demasiado breve el espacio de que disponemos para demostrar que, tanto en este caso como previamente, no hay razones naturales para la costumbre. Los genetistas han demostrado que si bien los matrimonios consanguíneos pueden acarrear efectos nocivos en una sociedad que los ha evitado constantemente en el pasado, el peligro sería mucho menor si la prohibición no hubiera existido nunca, ya que esto hubiera dado amplia oportunidad para que se hicieran aparentes las características hereditarias dañinas y fueran automáticamente eliminadas por medio de la selección: de hecho, es de este modo como se mejora la calidad de los productos de las cruzas de especies animales y vegetales. Por lo tanto, los peligros de los casamientos consanguíneos son más bien el producto de la prohibición del incesto que la justificación real de ésta. Además, dado que muchos pueblos primitivos no comparten nuestra creencia en el daño biológico como resultado de los matrimonios consanguíneos, sino que tienen teorías enteramente diferentes, la razón debe buscarse en otra parte, de un modo más coherente con las opiniones generalmente sostenidas por la humanidad como un todo.

La verdadera explicación debe buscarse en una dirección completamente opuesta, y lo que se ha dicho respecto de la división sexual del trabajo puede ayudarnos a encontrarla. Ésta se ha explicado como una invención para hacer a los sexos mutuamente dependientes en materia social y económica, estableciendo así claramente que el matrimonio es mejor que el celibato. Ahora bien, exactamente del mismo modo como el principio de la división sexual del trabajo establece una dependencia mutua entre los sexos, obligándolos por lo tanto a perpetuarse y fundar una familia, la prohibición del incesto establece una dependencia mutua entre las familias, obligándolas a que, para perpetuarse, den origen a nuevas familias. Debido a una extraña omisión generalmente se ignora la semejanza de los dos procesos, por el uso de términos tan diferentes como división y prohibición. Podríamos fácilmente haber acentuado solamente el aspecto negativo de la división del trabajo llamándola una prohibición de tareas; y recíprocamente, señalar el lado positivo de la prohibición del incesto llamándolo el principio de la división de los derechos matrimoniales entre las familias. Ya que la prohibición del incesto simplemente viene a afirmar que las familias (como quiera que se las defina) pueden solamente casarse entre ellas y no dentro de ellas.

Ahora entendemos por qué es erróneo tratar de explicar la familia en los términos puramente naturales de procreación, instinto maternal y sentimientos psicológicos entre hombre y mujer y entre padre e hijos. Ninguno de éstos sería suficiente para dar origen a una familia, y por una razón bastante simple: para el total de la humanidad, el requisito absoluto para la creación de una familia es la previa existencia de otras dos familias, una dispuesta a proporcionar un hombre, y la otra a una mujer, quienes a través de su matrimonio iniciarán una tercera, y así indefinidamente. Para decirlo con otras palabras: lo que hace al hombre realmente diferente del animal es que en la humanidad no existiría la familia si no hubiera sociedad: esto es, una pluralidad de familias dispuestas a reconocer que hay otros nexos además de los consanguíneos, y que el proceso natural de filiación solamente puede ser llevado a cabo mediante el proceso social de la afinidad.

Cómo se ha llegado a reconocer esta interdependencia de las familias es otro problema que no estamos en posición de resolver, puesto que no hay razón para creer que el hombre, desde que abandonó su estado animal, no ha disfrutado de una forma básica de organización social, la cual, en cuanto a los principios fundamentales, no pudo ser esencialmente diferente de la nuestra. Ciertamente, nunca se insistirá lo suficiente en que, si la organización social tuvo un comienzo, éste pudo haber consistido solamente en la prohibición del incesto, ya que, como hemos demostrado, la prohibición del incesto es, de hecho, un modo de remodelar las condiciones biológicas de emparejamiento y procreación (que no conoce reglas, como puede verse observando la vida animal) obligando a la perpetuación solamente dentro de un marco artificial de tabúes y obligaciones. Es aquí, y solamente aquí, donde encontramos un puente de la naturaleza a la cultura, de la vida animal a la humana, y donde estamos en posición de entender la auténtica esencia de su articulación.

Como Taylor demostró hace casi un siglo, la explicación definitiva es probablemente que la humanidad ha comprendido muy tempranamente que, para liberarse a sí misma de una salvaje lucha por la existencia, se enfrenta con el muy simple dilema de "casarse o ser muerto". La alternativa se daba entre familias biológicas que vivían en yuxtaposición y empeñadas en permanecer cerradas, unidades auto-perpetuantes, acosadas por sus temores, odios e ignorancias, y el establecimiento sistemático, mediante la prohibición del incesto, de lazos intermatrimoniales entre ellas, teniendo éxito así en crear por medio de los lazos artificiales de afinidad, una verdadera sociedad humana, a pesar de la influencia aislante de la consanguinidad y aun en contradicción con la misma. Por lo tanto, podemos entender mejor cómo sucedió que, aunque todavía no sabemos exactamente qué cosa es la familia, tengamos plena conciencia de los prerrequisitos y las reglas prácticas que definen las condiciones de su perpetuación.

Para ese propósito, los llamados pueblos primitivos tienen reglas muy simples y astutas que el tremendo incremento en tamaño y fluidez de la sociedad moderna nos hace a veces difícil entender.

Para asegurar que las familias no se cerrarán y que no constituirán progresivamente otras tantas unidades autosuficientes, nos satisfacemos con la prohibición del matrimonio entre parientes cercanos. La cantidad de contactos sociales que cualquier individuo dado puede mantener fuera de su propia familia restringida es lo suficientemente grande como para permitir una buena probabilidad de que, en promedio, los centenares de miles de familias que constituyen en un momento dado una sociedad moderna no puedan "congelarse", si puede decirse así. Por el contrario, la mayor libertad posible de elección de pareja (sometida a la única condición de que la elección se haga fuera de la familia restringida) asegura que estas familias se mantendrán en un flujo continuo y que prevalecerá entre ellas un proceso satisfactorio de "mezcla" continua por medio de los intermatrimonios, lográndose así una estructura social homogénea y bien integrada.

Las condiciones son muy diferentes en las llamadas sociedades primitivas: allí, es pequeña la cifra global de la población, aunque puede variar de unas cuantas docenas a varios miles. Además, la fluidez social es baja y no es probable que mucha gente tenga oportunidad de conocer a otros, dentro del periodo de sus vidas, excepto dentro de los límites de la aldea, territorio de caza, etc., aunque es cierto que muchas tribus han intentado organizar ocasiones de contactos más amplios, por ejemplo durante fiestas, ceremonias tribales y otros casos análogos. Aun en estos casos, sin embargo, las oportunidades se limitan al grupo tribal dado que la mayoría de los pueblos primitivos consideran que la tribu es una especie de vasta familia, y que las fronteras de la humanidad terminan junto con los mismos lazos tribales.

Dadas tales condiciones, todavía es posible asegurar la integración de familias en una sociedad bien unida usando procedimientos similares a los nuestros, como una simple prohibición del casamiento entre parientes sin ninguna clase de prescripciones positivas en cuanto a dónde y con quién se deben realizar correctamente los matrimonios. Sin embargo, la experiencia demuestra que esto es posible solamente en pequeñas sociedades con la condición de que el diminuto tamaño del grupo y la falta de movilidad social sean compensados ampliando de modo considerable el conjunto de grados prohibidos. No es solamente la propia hermana o hija con la que, en tales circunstancias, no es posible casarse, sino cualquier mujer con la que se pueda encontrar parentesco sanguíneo, aun del modo más remoto imaginable. Grupos muy pequeños con un bajo nivel cultural y una floja organización política y social, tales como algunas tribus del desierto de América del Norte y del Sur, nos proporcionan ejemplos de esa solución.

Sin embargo, la gran mayoría de pueblos primitivos han inventado otro método de resolver el problema. En vez de limitarse a un proceso estadístico, que confíe en la probabilidad de que se establezcan ciertas interdicciones que darán como resultado espontáneo un equilibrio satisfactorio de intercambio entre las familias biológicas, han preferido inventar reglas que deben seguir cuidadosamente cada individuo y familia, y de las que debe surgir una forma dada de integración experimentalmente considerada como satisfactoria.

Cuando esto tiene lugar, el campo entero de parentesco se convierte en una especie de juego complicado, usándose la terminología del parentesco para distribuir a todos los miembros del grupo en diferentes categorías, con la regla establecida de que la categoría de los padres define ya sea directa o indirectamente la categoría de los hijos, y que, de acuerdo con las categorías en las cuales son colocados, pueden o no casarse los miembros del grupo. El estudio de estas reglas de parentesco y matrimonio ha provisto a la antropología moderna con uno de sus capítulos más difíciles y complicados. Pueblos aparentemente ignorantes y salvajes han sido capaces de inventar sistemas tan fantásticamente astutos que a veces requieren para entender su operación y efecto de algunas de las mejores mentes lógicas y hasta matemáticas en la moderna civilización. Por lo tanto, nos limitaremos a explicar los principios más sencillos que se encuentran con mayor frecuencia.

Uno de éstos es, indudablemente, la llamada regla del matrimonio entre primos cruzados, que ha sido adoptada por inumerables tribus en todo el mundo. Es éste un sistema complejo de acuerdo con el cual los parientes colaterales se dividen en dos categorías básicas: colaterales "paralelos" cuando la relación puede reconocerse a través de dos hermanos del mismo sexo, y colaterales "cruzados", cuando la relación se encuentra a través de dos hermanos de sexos opuestos. Por ejemplo, mi tío paterno es un pariente paralelo igual que mi tía materna; mientras que el tío materno por una parte y la tía paterna por la otra son parientes cruzados. Del mismo modo, los primos que deben su relación a dos hermanos o a dos hermanas, son primos paralelos; y aquellos que están conectados a través de un hermano y una hermana son primos cruzados. En la generación de los sobrinos, si yo soy un hombre, los hijos de mi hermano serán mis sobrinos paralelos mientras que los hijos de mi hermana son mis sobrinos cruzados.

El hecho sorprendente acerca de esta distinción es que prácticamente todas las tribus que la hacen pretenden que los parientes paralelos son la misma cosa que los más cercanos en el mismo nivel de generación: el hermano de mi padre es un "padre", la hermana de mi madre una "madre"; mis primos paralelos son como hermanos y hermanas míos; y mis sobrinos paralelos son como hijos míos. El matrimonio con cualquiera de éstos sería incestuoso y en consecuencia está prohibido. Por otra parte, los parientes cruzados son designados mediante términos especiales propios, y es entre ellos donde se debe buscar preferentemente una pareja. Esto es cierto hasta el grado que con bastante frecuencia hay solamente una palabra para significar tanto "primo cruzado" como "cónyugue". ¿Cuál puede ser la razón de esta exigencia, tan parecida entre cientos de tribus diferentes en África, América, Asia y Oceanía, de que no es posible casarse, en ninguna circunstancia, con la hija del hermano de nuestro padre, ya que eso equivaldría a casarse con la propia hermana, mientras que la mejor esposa concebible será la hija de un hermano de nuestra madre, o sea una pariente, que desde el punto de vista puramente biológico es exactamente tan cercana como la primera?

Hay tribus que van todavía más allá en estos refinamientos. Algunos piensan que no deben casarse los primos cruzados, sino solamente los hijos de éstos; otros, y éste es con mucho el caso más frecuente, no están satisfechos con la simple distinción entre primos cruzados y paralelos; subdividen a los mismos primos cruzados en casables y no casables. Por ejemplo, aunque la hija del hermano de la madre es, de acuerdo con las definiciones anteriores, una prima cruzada en el mismo sentido que la hija de una hermana del padre, en la India existen viviendo lado a lado tribus en que una de ellas, que difiere en cada caso, hará una esposa adecuada y que será preferible la muerte al pecado de casarse con la otra.

Todas estas distinciones (a las que pueden añadirse otras) son fantásticas a primera vista porque no pueden explicarse en términos biológicos o psicológicos. Pero si tenemos presente lo que se ha explicado en la sección precedente, o sea que todas las prohibiciones matrimoniales tienen como único propósito el establecimiento de una dependencia mutua entre las familias o dicho en términos más fuertes, que las reglas matrimoniales expresan el rechazo por parte de la sociedad de admitir la existencia exclusiva de la familia biológica, entonces todo resulta claro, ya que todos estos complicados conjuntos de reglas y distinciones no son otra cosa que el efecto de los procesos de acuerdo con los cuales, en una sociedad dada, las familias se enfrentan con el propósito de jugar el juego matrimonial.

Consideremos brevemente las reglas del juego. Dado que las sociedades tratan de conservar su identidad en el curso del tiempo, debe haber primero una regla que fije el *status* de los niños con respecto al de sus padres. La regla más simple posible para ese fin, y con mucho la que se adopta con más frecuencia, es la regla llamada generalmente de descendencia unilineal, ya sea que los hijos adquieran el mismo *status* del padre (descendencia patrilineal) o el de la madre (descendencia matrilineal). Puede también decidirse que se tomarán en cuenta el *status* del padre y de la madre, y que deberán combinarse para definir una tercera categoría en la que se colocará a los hijos. Por ejemplo, el hijo de un padre perteneciente al *status* A y de una madre que pertenezca al *status* B pertenecerá él mismo a un *status* C; y el *status* será D si es el padre quien es B y la madre quien es A. Entonces, C y D se casarán y procrearán hijos A o B de acuerdo con la orientación del sexo, y así indefinidamente. Con algún tiempo libre para hacerlo, todos inventarán reglas de esta clase y sería sorprendente si no pudiera encontrarse una tribu, por lo menos, donde cada regla se aplique actualmente.

Estando definida la regla de descendencia, la segunda cuestión es saber en cuántos grupos exógenos se divide la sociedad que se considera. Un grupo exógamo es aquel dentro del cual se prohíbe el intermatrimonio y que, en consecuencia, requiere por lo menos de otro grupo exógamo con quién intercambiar sus hijos o hijas con propósitos matrimonales. Entre nosotros, hay tantos grupos exógamos como familias restringidas, lo que representa un número extremadamente elevado, y este número elevado es el que nos permite confiar en la probabilidad.

En las sociedades primitivas, sin embargo, la cifra es generalmente más pequeña, por una parte porque el grupo en sí es pequeño, y por la otra, porque las ligas familiares van mucho más allá que entre nosotros.

Nuestra primera hipótesis será la más simple: la de descendencia unilineal y de dos grupos exógamos, A y B. Entonces, la única solución será que los hombres de A se casen con mujeres de B, y que los hombres de B se casen con mujeres de A. Un caso típico sería el de los hombres, respectivamente A y B, que intercambiaran sus hermanas para que cada uno de ellos obtuviera una esposa. El lector tendrá solamente que tomar un papel y un lápiz para reconstruir la teórica genealógica que resultará de este arreglo. Cualquiera que sea la regla de la descendencia, los hermanos y primos paralelos caerán siempre en categorías opuestas. Por lo tanto, solamente los primos cruzados (si jugamos el juego con 2 a 4 grupos) o hijos de primos cruzados (si jugamos con 8 grupos, para que 6 proporcionen el caso intermedio) darán satisfacción a la regla inicial de que las esposas deben de pertenecer a grupos opuestos.

Hasta ahora, hemos considerado a grupos ligados en pares: 2, 4, 6, 8. Solamente pueden resultar en números pares. ¿Qué sucede si la sociedad está compuesta por un número non de grupos de intercambio? Con la regla precedente, habrá un grupo que permanezca solo, sin un compañero con el cuál establecer una relación de intercambio. De aquí la necesidad de reglas adicionales que puedan emplearse con cualquier número de elementos, ya sea par o non.

Hay dos modos de enfrentarse al problema. El intercambio puede permanecer simultáneo y ser indirecto, o permanecer directo a expensas de ser consecutivo. El primer tipo será cuando el grupo A da sus hijas como esposas al grupo B, el B al C, el C al D, el D a n...y finalmente n a A. Cuando el ciclo se completa, cada grupo ha dado una mujer y ha recibido una, aunque no la ha dado al mismo grupo de la cual la ha recibido. En ese caso, el papel y lápiz demostrarán que los primos paralelos siempre caen en el grupo propio, igual que hermanos y hermanas, y en consecuencia no pueden casarse de acuerdo con la regla. En cuanto a los primos cruzados, aparece una nueva distinción: la primera cruzada por parte de madre (la hija del hermano de la madre) caerá siempre en el grupo casadero (A a B, B a C, etcétera) mientras que por el lado del padre (la hija de la hermana del padre) caerá en el grupo opuesto (aquel al que se dan esposas, pero del que no se recibe ninguna: B a A, C a B, etc.).

La alternativa sería conservar directo el intercambio, aunque en generaciones consecutivas: por ejemplo, A recibe una esposa de B, y regresa a A la hija nacida de ese matrimonio para que sea la esposa de un hombre A la siguiente generación. Si conservamos nuestros grupos ordenados en una serie: A, B, C, D, n..., el arreglo general será entonces, que cualquier grupo, digamos C, en una generación da a D y recibe de B; en la siguiente generación, C paga a B y obtiene su propia recuperación de D, y así indefinidamente. Aquí nuevamente el lector paciente encontrará que los primos cruzados se distinguen en dos categorías, pero en esta ocasión de modo inverso: para un hombre, la pareja correcta será siempre la hija de la hermana del padre, y en la categoría "errónea" será siempre la hija del hermano de la madre.

Éstos son los casos más simples. En todo el mundo hay todavía sistemas de parentesco y reglas de matrimonio para los que todavía no se ha dado una explicación satisfactoria; tal es el sistema ambrym en las Nuevas Hébridas, el de los murgin de Australia noroccidental, y todo el complejo norteamericano conocido como el sistema de parentesco crow-omaha. Es bastante cierto que para explicar este y otros conjuntos de reglas, sin embargo, tenemos que proceder como se ha demostrado aquí, es decir, interpretando los sistemas y reglas matrimoniales como portadores de la regla de esa clase especial de juego que consiste, para los grupos de hombres consanguíneos, en intercambiar mujeres entre ellos mismos, o sea construir nuevas familias con los elementos de las anteriores, que para ese propósito deben ser destruidas.

La lectora, que tal vez se ofenda al ver a las mujeres tratadas como una mercancía sujeta a transacciones entre comerciantes varones, puede consolarse fácilmente con la seguridad de que las reglas del juego permanecerían sin cambio si decidiéramos considerar a los hombres como objetos de intercambio entre grupos de mujeres. De hecho, unas cuantas sociedades de un tipo matrilineal altamente desarrollado hasta cierto grado han intentado expresar las cosas de ese modo. Y ambos sexos pueden consolarse con una formulación del juego todavía más variada (pero en este caso ligeramente más complicada), en la que se diría que grupos consanguíneos compuestos tanto de hombres como de mujeres están comprometidos en el intercambio conjunto de lazos de relaciones.

La conclusión importante que se debe tener en mente es que la familia restringida no puede decirse que sea el elemento del grupo social, ni puede pretender ser el resultado de aquel. Más bien, el grupo social solamente puede establecerse en contradicción, y hasta cierto punto en complicidad, con la familia, ya que para mantener la sociedad a través del tiempo, las mujeres deben procrear niños, beneficiarse con la protección masculina mientras dura el embarazo y la crianza, y dado que se necesitan conjuntos precisos de reglas, perpetuar a través de las generaciones el patrón básico de la estructura social. Sin embargo, la principal preocupación social con respecto a la familia no es protegerla o agrandarla: es más bien una actitud de timidez, una negación de su derecho a existir ya sea en aislamiento o permanentemente; solamente se permite vivir a las familias restringidas un periodo limitado de tiempo, ya sea breve o largo, según el caso, pero bajo la estricta condición de que sus partes componentes sean incesantemente desplazadas, prestadas, pedidas, entregadas o recibidas de nueva cuenta, de tal modo que interminablemente puedan crearse nuevas familias restringidas o hacerse desaparecer. Así, la relación entre el grupo social como un todo y las familias restringidas que parecen constituirlo no es estática, como la de un muro en relación con los ladrillos que lo forman. Es más bien un proceso dinámico de tensión y oposición que está sometido a interminables variaciones de tiempo en tiempo y de sociedad en sociedad. Pero la palabra de las Escrituras: "Dejarás a tu padre y madre" proporciona la regla de hierro para el funcionamiento y establecimiento de cualquier sociedad.

La sociedad pertenece al dominio de la cultura mientras que la familia es la emancipación, al nivel social, de esos requerimientos naturales sin los cuales no puede haber sociedad, ni tampoco humanidad. Como ha dicho un filósofo del siglo XVI, el hombre sólo puede dominar a la naturaleza obedeciendo sus leyes. Por lo tanto, la sociedad ha dado a la familia cierta cantidad de reconocimiento. Y no es tan sorprendente que, como han notado los geógrafos con respecto al uso de los recursos naturales de tierras, la cantidad mayor de acuerdo con las leyes naturales se suele encontrar en ambos extremos de la escala cultural: entre los pueblos más simples y entre los más altamente civilizados. Ciertamente, los primeros no están en posición de pagar el precio de una separación demasiado grande, mientras que los segundos ya han sufrido demasiado por los muchos errores como para comprender que este acuerdo es la mejor política. Esto explica por qué, como ya hemos notado, la pequeña y relativamente estable familia monógama restringida parece recibir mayor reconocimiento, tanto entre los pueblos más primitivos como en las sociedades modernas, que en las que pudiéramos designar como niveles intermedios. Sin embargo, esto no es más que un ligero cambio del punto de equilibrio entre naturaleza y cultura, y no afecta el cuadro general dado en este capítulo. Cuando se viaja lentamente y con gran esfuerzo, se deben hacer paradas largas y frecuentes. Y cuando hay la posibilidad de viajar más a menudo y con más rapidez, también se debe, aunque por diferentes razones, detenerse y descansar con frecuencia. Mientras más caminos haya, habrá más encrucijadas. La vida social impone a los troncos consanguíneos de la humanidad un viajar incesante de un lado a otro, y la vida familiar es poco más que la expresión de la necesidad de disminuir el paso en las encrucijadas y dar una oportunidad de descanso. Pero las órdenes son las de continuar la marcha. Y no puede decirse que la sociedad consiste en familias, como no puede decirse que un viaje está compuesto por las paradas en que se descompongan las etapas discontinuas. Son al mismo tiempo su condición y su negación.

XIV. Agrupamientos sociales

David G. Mandelbaum

Son muchos los modos en que la gente se organiza para vivir y trabajar conjuntamente. Cada uno de nosotros pertenece a varios grupos sociales diferentes. Cada grupo consiste en un conjunto de individuos que cooperan para el mismo propósito. A veces es pequeño el número de miembros del grupo y su propósito es muy específico, como en el caso de un club de béisbol o los trabajadores de la tienda de la esquina. A veces la membrecía del grupo es muy grande y sus propósitos más generales, como es el caso de una gran escuela o el gobierno nacional.

En su mayor parte, los grupos a los que pertenece una persona ya existían antes de que aquella participara en ellos y continuarán existiendo después que los abandone. Estas unidades sociales establecidas son, en cierto modo, como un equipo de futbol colegial; los jugadores individuales se unen al equipo y después lo abandonan, pero el equipo sigue existiendo.

La naturaleza de los grupos a los que el individuo pertenece normalmente varía entre los diferentes pueblos del mundo. Un tribeño australiano, uno de los habitantes aborígenes de aquella isla-continente, se preocupa por los grupos y subgrupos de los compañeros de tribu a quienes considera como parientes suyos. El lugar que ocupa en estos intrincados grupos de parientes determina con quién se puede casar y en qué ceremonias puede participar. Un aldeano del sur de la India está consciente, desde sus días escolares, de su pertenencia a una grupo llamado casta. Su membrecía hereditaria en aquel grupo no sólo determina con quién se debe casar, sino que también regula asuntos tan diversos como el oficio o profesión que debe seguir, la clase de alimentos que debe tomar, y en compañía de quiénes puede comer.

Todos pertenecen a una familia y a una comunidad

Cualquiera que sea la diversidad entre los agrupamientos sociales en todo el mundo, hay por lo menos dos tipos que se encuentran en toda sociedad humana. La familia es uno de ellos, como se vio en el capítulo anterior. En todos los países, entre todos los pueblos, el niño ordinariamente es criado y alimentado dentro de una familia. Y la familia es el primer grupo social que el niño llega a conocer.

El otro tipo de grupo que es universal a la humanidad —y con mucha frecuencia el segundo grupo que el niño empieza a reconocer— es la comunidad local. Del mismo modo que ninguna persona vive normalmente toda su vida a solas, así la familia normalmente no vive totalmente aislada, separada de cualquier grupo local. Todos nosotros, usted y yo y los aborígenes australianos y los aldeanos de la India, tenemos vecinos.

Nuestra conducta hacia esos vecinos sigue las reglas y nociones de la conducta vecinal apropiada que existe en nuestras respectivas sociedades. Y nuestros vecinos tendrán una recíproca y similar conducta hacia nosotros. Estas reglas y nociones, que se pueden llamar patrones de conducta, casi nunca son reconocidos o establecidos conscientemente. Esto ocurre solamente cuando el antropólogo y otros investigadores de la sociedad intentan analizar y catalogar los patrones de conducta del grupo local.

Sin embargo, los patrones son fijos y efectivos, aunque no estén nítidamente registrados en un libro de reglas. En algunas partes de Australia se espera que cada cazador defienda (y así lo hace) el territorio de caza que comparte con sus vecinos en contra de cualquier intruso que no pertenezca a su grupo local. En muchas zonas de la India, un aldeano tiene la obligación de ayudar a sus vecinos cuando se hacen ofrendas a la deidad local y cuando se llevan a cabo festividades en su honor. En la India, igual que en las comunidades agrícolas de las naciones occidentales, el aldeano suele ayudar a sus vecinos en la época de la cosecha y a su vez recibe ayuda de ellos en actividades, que se repiten regularmente cada año.

"HORDA", ALDEA Y VECINDARIO

El grupo local recibe diversos nombres. Se le llama *horda* cuando se describe la organización social de los aborígenes australianos. El término *banda* se usa con frecuencia para designar al grupo local, especialmente en libros acerca de los indios americanos. Entre las viejas civilizaciones de Europa y el Oriente, la comunidad local es mejor conocida como *aldea*. En los Estados Unidos, a menudo se habla de *vecindario* cuando se hace referencia a la comunidad local.

La idea esencial, no importa cuál sea el término particular que se use, es el de un grupo de personas que viven dentro de un área limitada y cooperan hasta cierto grado. El área puede ser un valle o las playas de un lago o una manzana citadina, pero las familias dentro de esa área generalmente se conocen entre sí, o por lo menos reconocen suficientes intereses comunes como para actuar juntos en ciertos aspectos para resolver problemas comunes. Esta acción recíproca para resolver problemas comunes logra algo más que la simple obtención de algunos objetivos específicos. Renueva la solidaridad de los miembros del grupo, preparándolos para más acciones conjuntas. Debido a que al actuar juntos se sienten recompensados por hacerlo así, estarán preparados y deseosos de trabajar juntos en el futuro.

Cada familia dentro del grupo local tendrá ciertas costumbres diferentes de las de sus vecinos, pero todos ellos tendrán determinadas actitudes comunes, especialmente en sus mutuas relaciones. De modo similar, en un conjunto de grupos locales cualquier grupo tendrá algunas peculiaridades propias, pero todos los del conjunto actuarán de modo semejante en algunos asuntos importantes, particularmente en los que gobiernan las relaciones entre los grupos locales. El tamaño del grupo local y la extensión del área que ocupa depende en gran parte de cómo obtiene su sustento la comunidad. Una banda de indios cree de las planicies en Canadá occidental necesitaba un gran territorio para acosar al búfalo migratorio. Una aldea en las regiones más fértiles de la India necesitará solamente unas cuantas millas cuadradas para cultivar suficiente arroz para sustentar a su población.

CÓMO SE FUNDAN NUEVAS COMUNIDADES

Los nuevos grupos locales generalmente nacen cuando algunas familias sienten que pueden vivir mejor si se mudan a algún territorio más rico y promisorio. Pero no es éste el único modo en el cual pueden surgir nuevas comunidades. Cuando yo viví entre los cree de las planicies encontré que una de las ocho bandas de la tribu, el grupo llamado el "Pueblo de Parkland", tenía una historia curiosa. Su historia empieza en 1790 cuando un tal George Sutherland llegó a Saskatchewan procedente de Escocia como traficante al servicio de la Hudson's Bay Company. Evidentemente él era una persona inquieta que no se adaptaba gustosamente a la vida restringida de un almacenista. Así fue que tomó una esposa cree y abandonó la Hudson's Bay Company para vivir en la pradera al estilo aborigen. Subsecuentemente tomó otras dos esposas indias y engendró veintisiete hijos que llegaron a la edad adulta. Todos los hijos se casaron con los vecinos cree pero siempre volvieron a vivir con el viejo. Así, George Sutherland llegó a ser el primer jefe de una banda que él mismo había engendrado y la banda se convirtió en una de las comunidades reconocidas de la tribu.

Otro modo como pueden fundarse nuevas comunidades es por el

desprendimiento de facciones dentro de un grupo local. Es extremadamente común encontrar dos facciones dentro de un grupo local en cualquier sociedad. Las diferencias de opinión entre las facciones pueden centrarse en asuntos religiosos o ideas políticas o reclamaciones de tierras y propiedades. En una cultura determinada, las causas de estas disputas y los medios de dirimirlas tienden a ser semejantes en todos los grupos locales. Generalmente estas querellas no impiden que las familias de cada facción cooperen en asuntos de interés general para la comunidad. Pero ocasionalmente las diferencias llegan a ser tan acérrimas que una facción puede decidir abandonar el área local para establecerse en otro sitio.

Un incidente de este tipo ocurrió no hace muchos años en una aldea de los indios hopi, la tribu agrícola de Arizona que es ampliamente conocida por su ceremonia de la Danza de la Serpiente. Durante muchos años hubo antagonismos en la idea entre la facción que creía en la adopción de algunas de las costumbres del homble blanco, especialmente en lo relativo al envío de los niños de la aldea a la escuela del gobierno, y la facción más conservadora que no deseaba tener nada que ver con los blancos o con ninguna de sus actividades. Finalmente el asunto hizo crisis y se decidió saldar la discusión de una vez por todas. Los hombres de las dos facciones se enfrentaron en un campo. Se trazó una línea a cada extremo del campo y las dos facciones empezaron a empujarse mutuamente. Después de muchos esfuerzos la parte conservadora empezó a perder terreno lentamente, y con un empujón final el grupo pro-escolar logró arrojarlos del otro lado de la línea. Éste fue el modo hopi de zanjar una disputa que había llegado a ser demasiado aguda para poderse soportar más. La parte perdedora empacó sus pertenencias y se fue a fundar una nueva aldea donde todavía vive.

Todas estas razones para la fundación de nuevas comunidades locales han estado en la raíz de los grandes movimientos históricos del pasado y todavía operan en nuestros días. En la historia de los Estados Unidos, razones religiosas llevaron a la fundación de las comunidades de los peregrinos en Nueva Inglaterra; más tarde, razones políticas motivaron a algunos grupos tory para mudarse al Canadá después de las Guerras Revolucionarias y a establecer allí nuevos asentamientos; aún más tarde, motivos económicos impulsaron la migración hacia el oeste y la fundación de nuevas comunidades en los estados occidentales de la Unión Americana; más recientemente la operación de las industrias bélicas, tales como las instalaciones de energía atómica, han atraído a miles de trabajadores a sitios donde han nacido nuevas comunidades.

El hogar está donde viven los vecinos

El grupo local es tan importante para los hombres de todo el mundo no sólo porque señala el área dentro de la cual la familia vive y trabaja, sino porque es el hogar de cada uno de sus miembros. Dentro del territorio de su comunidad local una persona conoce la disposición del terreno, conoce las colinas y los senderos, está familiarizada con las plantas y animales y puede reconocer cuáles son útiles y cuáles peligrosos. En la vida urbana, el miembro del grupo local conoce las calles y las tiendas del vecindario de su hogar y está familiarizado con los sitios buenos y con aquellos que deben evitarse. Además, conoce a las personas y sus costumbres. En sus relaciones con vecinos que no le gusten, sabrá de qué manera pueden ser desagradables. Sus amigos están allí y conoce sus gestos y modo de hablar; en el centro de Australia, tal vez podrá aún reconocer las huellas de las pisadas de aquellos. Es allí donde generalmente se sentirá con mayor comodidad, más seguro. Allí estará en su hogar.

Este sentimiento alienta en tribus que han sido calificadas como salvajes. Aun los pueblos con los modos de vida más simples y crudos no vagan sin rumbo a través de la selva o las planicies. Los aborígenes australianos tienen tan pocos utensilios y pertenencias como cualquier pueblo primitivo. Sin embârgo, tienen vigorosas y claras nociones acerca del territorio de un grupo local y las familias que tienen derechos sobre él. Para los nativos australianos, como para la mayor parte de la humanidad, la comunidad local contiene prácticamente toda su sociedad y su cultura. La mayoría de la gente que conoce y aprecia, todas las costumbres, creencias y actividades que practica, existen dentro de su comunidad local.

De hecho, es sólo en las grandes nuevas ciudades de nuestra civilización donde el grupo local ha perdido algo de su importancia. El habitante de la ciudad puede no conocer a quien vive en la casa o apartamiento contiguo por lo que puede tener poca afinidad o participación en un vecindario. Tal vez por esta razón se hacen tantos esfuerzos, bajo la forma de centros comunales, clubes y asociaciones regionales, para restablecer el amigable espíritu de vecindad que se ha perdido en el rápido crecimiento de una gran ciudad. Mucha gente que ahora vive en las ciudades creció en vecindarios pequeños establecidos hace mucho tiempo, y ahora echan de menos las lealtades del grupo local. Con frecuencia transfieren su lealtad al siguiente grupo mayor, la ciudad en sí misma. Y tienden a ser grandes propagandistas de la ciudad y a ser devotos fanáticos de símbolos de la ciudad como puede ser, por ejemplo, un equipo de béisbol como los Dogers de Brooklyn.

Parientes del clan

En muchas partes del mundo hay todavía otro modo de agrupación de la gente. Un individuo se considerará relacionado por lazos de parentesco con ciertas personas dentro del grupo local y, a menudo, también con miembros de otras comunidades locales. Todos los individuos con quienes tiene esta relación especial forman su clan.

Algunos de estos individuos son realmente sus parientes consanguíneos, a quienes podemos llamar con términos tales como tío y primo. Otros no tiene parentesco que pudiera considerarse cercano en nuestra sociedad, excepto que pertenecen a un clan del mismo nombre y que por lo tanto deben tratarse entre sí como si todos fueran realmente parientes consanguíneos. Es como si todas las personas que tuvieran el mismo apellido en nuestra sociedad, digamos MacDonald, se consideraran como parientes entre sí, se trataran como tales, y fueran considerados por sus conciudadanos como un grupo específico de parientes.

Ciertamente, no fue hace muchos siglos que los MacDonalds formaron un clan en Escocia. Y los hombres del clan MacDonald trabajaban y luchaban juntos. Los clanes escoceses fueron derrotados en 1746 y la solidaridad de su clan fue dispersada para siempre. Pero en aquel campo de batalla está la última prueba de la vieja unidad del clan. Los soldados escoceses muertos no fueron colocados en tumbas individuales; todos los muertos de un clan fueron enterrados en una tumba común y en las lápidas que ahora marcan cada sitio todavía puede leerse "los MacDonalds", "los Mackintoshes", y así con todo el conjunto de clanes escoceses cuyos miembros y cuya misma existencia como unidades sociales funcionales fueron barridos en aquel campo. Porque después de aquel día de 1746 ya no se permitió a los clanes que usaran ni siquiera los símbolos de pertenencia al clan, tales como las faldillas distintivas. No fue sino hasta más tarde, cuando la unidad y el orgullo de cada clan habían sido definitivamente rotos, que se permitió nuevamente el uso del tartán MacDonald y el toque con gaitas de las melodías del clan. El orgullo del clan tuvo algo que ver con la derrota, porque los MacDonalds habían sido colocados a la izquierda de la línea de batalla, no en el lugar de honor a la derecha que ellos creían les correspondía. Y así los historiadores nos dicen que el clan MacDonald no luchó tan bien aquel día como lo hubiera hecho si no hubiera estado enojado por aquella afrenta al honor de su grupo.

La pertenencia al clan a través del padre... y a través de la madre

Los clanes escoceses ubican su descendencia a través del padre, y eran por lo tanto del tipo llamado patrilineales. Esto es, todos los hijos de la familia, tanto hombres como mujeres, eran miembros del clan MacDonald si su padre era un MacDonald. Si una muchacha MacDonald se casaba con un hombre del clan Gordon, ella todavía era considerada una MacDonald, aunque sus hijos eran Gordon y estaban al lado de los Gordon en momentos de apuro del clan.

En algunas regiones, los clanes son matrilineales, y los hijos de una familia pertenecen solamente al clan de la madre. Éste es el caso en el antiguo estado indígena de Travancore en el extremo meridional de la India. El gobernante del estado, el Maharajá, debe pertenecer al clan real. Aquí, como entre todos los pueblos que tienen clanes, un hombre no se debe casar con una mujer de su propio clan. Por lo tanto, la esposa del Maharajá no es del clan real, y sus hijos, que pertenecen al clan de la madre, no son por lo tanto de linaje real. Cuando muere un Maharajá, no es su propio hijo, sino el hijo de su hermana —que sí pertenece al clan real— quien lo sucede en el trono.

Funciones del clan: seguridad social y regularización del matrimonio

El clan, ya sea patrilineal o matrilineal, es en muchos sentidos una simple extensión de la familia. Frecuentemente ocurre que todos los miembros del clan que tienen más o menos la misma edad se llaman entre sí hermanos y hermanas. Y un hombre del mismo clan que tenga la edad del padre de uno de sus miembros, en una sociedad de clan patrilineal, será llamado a menudo padre por aquel miembro; una mujer del clan de aquella generación, será llamada con el nombre que se aplique a la hermana del padre. Por supuesto, una persona siempre conoce la diferencia entre su verdadero hermano y un compañero de clan a quien llama "hermano". Pero compartirá con su camarada de clan algo del patrón de ayuda mutua que tiene con su hermano verdadero. Así, el individuo es fortalecido por su relación con un grupo mucho más grande que la familia inmediata.

Así como la familia de una persona la ayuda y acompaña en caso de necesidad, así la respalda el clan cuando necesita su auxilio. Este respaldo puede variar desde ayudarlo a reunir el precio de una novia hasta proteger su vida si provoca la ira de los miembros de otros clanes que pretendan una venganza de sangre. Esta misma responsabilidad colectiva del clan por las proezas y conducta de sus miembros individuales es una vigorosa fuerza para el orden social. Ya que todos los miembros del clan saben que deben soportar una parte de los problemas si uno de ellos se desvía, tratarán de ver que un miembro potencialmente descarriado se mantenga dentro de los límites sancionados por la sociedad.

Tanto el clan como la familia son importantes para regular la elección de pareja matrimonial. Fuera de unos pocos casos, muy excepcionales, en todas partes está prohibido el casamiento dentro de la familia, de hermano y hermana, lo que se considera como incesto. Similarmente, está prohibido el casamiento dentro del clan. Como hemos señalado con respecto al matrimonio del Maharajá de Travancore, un hombre nunca puede casarse con una mujer de su propio clan. Esta exogamia del clan, como se llama a esta regla, ocurre en todo lugar en donde hay agrupamientos de clanes.

Hay una diferencia importante entre el funcionamiento de una familia y el de un clan. En toda forma de familia, se reconoce la relación de los hijos tanto con el padre como con la madre. Pero un clan acentúa la relación a través de solamente un lado de la familia. En un clan matrilineal, solamente los parientes de la madre y los de la madre de ella se consideran parientes cercanos, mientras que los tíos y primos del padre difícilmente se considerarán emparentados en modo alguno. En una sociedad matrilineal, entre aquellos nayar del sur de la India que todavía siguen las costumbres tradicionales, el principio matrilineal está desarrollado a un grado tal que el padre llega a la casa de su esposa e hijos solamente como visitante; su verdadero hogar y su sitio está con la familia compuesta por su madre y sus hermanos. Sin embargo, los lazos familiares, la relación emocional entre padre, madre e hijos están presentes universalmente, y así las relaciones emocionales y sociales entre el padre y los hijos no están totalmente eliminadas ni siquiera en casos de interés extremo en los parientes de la madre.

Servicios públicos del clan

Otra diferencia entre la familia y el clan es que la simple familia de padres e hijos tiene una duración relativamente breve en el tiempo. Cuando los hijos crecen, pueden fundar sus propias familias y el grupo familiar original se desintegra. El clan es más estable a través del paso de los años; es una corporación que sobrevive a cualquiera de los individuos que la forman. Ciertamente, un clan puede extinguirse, o amalgamarse con otros clanes, o puede dividirse en varios clanes diferentes, pero generalmente un clan existe durante muchas generaciones. Por esa razón, suele ser responsabilidad del clan el desempeño de ciertos servicios para el bienestar común, mismos que puede realizar siempre, ya que es una unidad social que continúa existiendo más allá del período de vida de cualquiera de sus miembros individuales.

Una de esas funciones del clan ya se ha mencionado, la de proporcionar jefes para un estado, como ha sido el caso en Travancore. Entre los indios hopi, ciertos clanes proporcionan sacerdotes para las funciones religiosas. Entre algunas tribus australianas, cada clan es responsable del apropiamiento de un animal o planta útil para la tribu. Los miembros del clan del canguro, por ejemplo, deben llevar a cabo las ceremonias que se creen necesarias para asegurar la presencia de este marsupial en el territorio tribal. Generalmente los miembros del clan no pueden comer el animal con el que tienen una relación especial. Por lo que el clan del canguro no obtiene beneficio económico con el desempeño de los ritos, pero asegura el abasto de carne de aquel animal para el resto de la tribu.

El totemismo y algunos términos técnicos

Esta relación especial entre un clan y algún animal u objeto se conoce como *totemismo*. A veces, como en Australia, el totemismo del clan es importante en muchos aspectos de la cultura tribal. En otros casos, el totemismo del clan no representa más que el nombre del animal por el que es conocido el clan. Debe señalarse que los clanes siempre tienen nombre distintivos; éstos son los marbetes por los cuales son conocidos los miembros de un clan y por medio de los cuales puede reconocerse fácilmente la membrecía común con el mismo. Con frecuencia los miembros de un clan usan un símbolo especial o tienen vestidos similares, como ocurría entre los clanes escoceses.

En algunas sociedades, dos o más clanes pueden agruparse en una sección que técnicamente es conocida como *fratría*. Los miembros de cada clan en la fratría se consideran a sí mismos más estrechamente relacionados con los otros clanes de su fratría que con el resto de los clanes de la tribu. Cuando toda la tribu está dividida en dos partes, ya sean matrilineales o patrilineales, cada división recibe el nombre, en terminología antropológica, de *mediedad*. Para aquellos que deseen leer más sobre el tema de la organización social se indicarán algunos otros términos técnicos. El término *sib* se usa en el mismo sentido del término más común, clan. Un clan patrilineal puede ser llamado *gens* o *sib paterno;* un clan matrilineal también es conocido como *sib materno,* o simplemente clan.

Fuerza e importancia del clan

Los clanes se encuentran en diversos niveles de la vida humana, desde las culturas cazadoras y recolectoras relativamente primitivas, como las de las tribus australianas, hasta las altas civilizaciones de antigua tradición, tales como las de la India y China. Recíprocamente, se encuentran pueblos en todos los niveles sociales y económicos que no tienen clanes desde los esquimales cazadores hasta nosotros mismos.

Generalmente el clan es muy importante en aquellas sociedades donde los miembros del clan viven juntos en la misma comunidad local. Cuando visité por primera vez a los kota del sur de la India, observé que cada aldea tribal estaba ordenada en tres hileras de casas, o calles. Las casas de cada calle eran habitadas por hombres de un solo clan patrilineal. Cuando las muchachas de un clan crecían y se casaban, se mudaban a otra aldea o a otra calle de la misma aldea. Pero los hombres del clan permanecían y vivían juntos toda su vida y su solidaridad de clan es vigorosa. El sentido de unidad y la cooperación mutua de cualquier grupo social, ya sea clan, club, o unidad militar de combate, se refuerza con la residencia común. Si sus miembros viven juntos, inevitablemente se llegan a conocer mejor entre sí, y desarrollan una mayor confianza mutua que si el grupo estuviera disperso y sus miembros se reunieran rara vez.

Esta consideración tiene mucho que ver con el debilitamiento de los clanes en muchas partes del mundo. Cuando la gente permanece sedentaria la mayor parte de su vida, la cooperación dentro de un clan es factible y ventajosa. Aun en las grandes poblaciones del norte de China, los clanes han sido, hasta fecha reciente, agrupamientos sociales vivos. Aunque un clan podía tener cientos de miles de miembros, tenía su territorio propio donde vivían juntos un gran número de sus miembros, poseían su templo ancestral, y tierras comunales propiedad del clan. Los miembros más pobres eran ayudados con fondos donados por las familias más ricas. Hasta nuestros días no se permite el matrimonio entre miembros del clan. También en la India el clan continúa siendo efectivo como un medio para regular los matrimonios.

Sin embargo, cuando cambian rápidamente las condiciones sociales y económicas, y cuando hay muchos movimientos en la población, los miembros del clan se dispersan, pierden el contacto entre sí y olvidan su conciencia de clan. Entonces las funciones del clan pueden ser absorbidas por otros agrupamientos sociales. En las aldeas de la India y China, donde las condiciones de vida han permanecido bastante estables, todavía funciona el clan, al menos en la regulación de los matrimonios. Pero entre las poblaciones de las grandes ciudades de ambos países, la función de los clanes y su misma existencia está olvidándose rápidamente.

La constitución de la tribu

Las familias de una comunidad local, tanto en sociedades donde hay clanes como en aquellas que no, casi siempre tienen un sentido de pertenecer a una unidad social mayor que el grupo local, unidad que incluye a diversas comunidades diferentes. Entre la mayoría de los pueblos primitivos esta unidad mayor de la sociedad es la tribu.

Las comunidades que componen una tribu generalmente ocupan el mismo territorio, por lo común hablan el mismo lenguaje, y siguen el mismo modo de vida. Pero ni el territorio y el idioma comunes ni la cultura similar pueden explicar por sí solos la existencia de cualquier tribu. Muy a menudo dos grupos primitivos han ocupado el mismo territorio siendo enemigos mortales. Algunos pueblos que hablan el mismo lenguaje se consideran a sí mismos como pertenecientes a grupos sociales totalmente diferentes. De hecho, el compartir las mismas costumbres puede aumentar la frecuencia de desacuerdos entre dos tribus.

La base importante para la existencia de una tribu no es ninguno de aquellos factores, sino que la combinación de ellos es lo que da a cada persona de la tribu la sensación de pertenencia con los otros hombres y mujeres de la tribu. Los verdaderos lazos que mantienen unidos a cualquier grupo, ya sea tribu, clan o Estado, son las actitudes que tienen entre sí los individuos de ese grupo, y los patrones de conducta de ayuda recíproca y de cooperación, que son demostraciones tangibles de aquellas actitudes. Los patrones formales de organización, como los consejos tribales, o convenciones anuales, contribuyen mucho al sentimiento de unidad y a la acción conjunta, pero no son absolutamente esenciales para el funcionamiento de un grupo.

Al crecer los niños de la tribu, aprenden los patrones formales de organización —cómo tomar parte en un consejo tribal— y los modos informales de cooperación con los otros miembros de la tribu: cómo reconocerlos, qué esperar de ellos, cuándo brindarles hospitalidad y apoyo. Así, la tribu se perpetúa a sí misma de generación en generación. En tiempos modernos, muchas tribus se han desintegrado y dispersado porque pueblos y culturas extraños han interrumpido el modo de vida tribal. En una gran parte de África, éste ha sido un proceso tan reciente y tan debilitador que el mismo término "nativo destribalizado" ha llegado a significar una persona que representa grandes problemas sociales y personales. Esa persona ha perdido las normas tradicionales por medio de las cuales sus padres guiaron su vida y no ha sido capaz de adoptar otros patrones adecuados a las nuevas condiciones en que debe vivir. Ante las influencias destructoras, muchos tribeños de diversos Continentes y condiciones de vida tratan de conservar su identidad tribal y crear un nuevo modo de existencia que les preserve algo de su tradicional identidad de tribu.

EL SIGNIFICADO DE LA MEMBRECÍA TRIBAL ENTRE LOS CREE DE LAS PLANICIES

Los agrupamientos tribales de los indios cree de las planicies en Canadá occidental ilustrarán estas ideas sobre la naturaleza de una tribu. Las ocho bandas de los cree de las planicies, como existían antes de que el búfalo desapareciera de las praderas canadienses, se extendían sobre un vasto territorio que tenía unos novecientos kilómetros de un extremo a otro, desde el valle Qu'Appelle cerca de la actual línea Manitoba-Saskatchewan hasta la región donde está ahora Edmonton. Algunas de estas bandas se reúnen una vez al año para participar en la Danza del Sol, el gran evento ceremonial de esta y otras tribus de las planicies. Pero no hubo nunca otra ocasión en que se reunieran todas las bandas. Y no hubo consejo tribal o reunión alguna de los representantes de todas las secciones de la tribu.

A pesar de todo, nunca hubo ninguna duda acerca de quién era miembro de la tribu y quién no lo era. Cuando un joven de la tribu alcanzaba una edad en la que se empezaba a sentir inquieto y deseaba ver un poco del mundo más allá de los terrenos de su propia banda, generalmente partía para visitar a las otras bandas de los cree de las planicies. Si pertenecía a una de las comunidades más orientales, viajaba en dirección oeste, permaneciendo algún tiempo en un campamento de la tribu y yendo después a otro, hasta llegar a las bandas más occidentales, cuyo territorio colindaba con el de los indios pies negro, los constantes enemigos de los cree de las planicies.

Al llegar al nuevo campamento de una banda, el joven buscaría a aquellos indios emparentados con su familia (los cree de las planicies no tienen clanes) o que fueran parientes de sus parientes. Siempre era posible encontrar alguna relación de parentesco, ya que era frecuente el intermatrimonio entre las diversas bandas. En uno de los tipis de sus parientes sería alimentado, y después se le pediría que contara las noticias y chismes de su propia comunidad.

El joven podía ser un completo desconocido para la banda que visitara, ya que nadie lo había visto antes o tal vez ni siquiera oído hablar de él, pero socialmente nunca era un extraño. Siempre podía ubicarse como miembro de un grupo conocido del anfitrión, y como tal, se le daría la misma hospitalidad que su anfitrión recibiría si visitara a una familia en la comunidad del joven. Los chismes acerca de personas conocidas tanto para el anfitrión como para el visitante siempre ayudaban a establecer la relación social entre ambos sobre una base firme. Aunque los chismes a veces parecen ser crueles e innecesarios, en todas las sociedades humanas son uno de los mejores modos de reafirmar las relaciones amistosas, al menos entre los chismosos.

No era poco frecuente que el joven se entusiasmara con una de las muchachas de la comunidad que visitaba y que cuando retornara al campamento de sus padres lo hiciera acompañado por una novia. Los padres generalmente preferían que sus hijos se casaran con muchachas de su propia comunidad, a quienes conocieran igual que a sus familias. Pero los jóvenes a menudo encontraban más atractivas a las muchachas de las bandas más lejanas de las tribus que aquellas que habían visto y conocido desde la niñez. Por supuesto, esto no era privativo de los cree de las planicies; a los jóvenes de cualquier otro pueblo las muchachas de otras comunidades tienden a parecerles más atractivas que las de su propio grupo.

Ocasionalmente llegaban a un campamento visitantes de otras tribus, generalmente con propósitos comerciales. Pero había una gran diferencia entre la actitud hacia un miembro de la propia tribu, aunque se tratara de un jovenzuelo cuyo nombre se desconocía, y la actitud hacia un hombre familiar y respetado de otra tribu. Ambos recibirían alimento y hospedaje, pero no habría intimidad e intercambio de saludos y chismes con un miembro de otra tribu. Esto era efectivo hasta con los vecinos situados al norte de la tribu, los cree de los bosques, quienes hablaban el mismo lenguaje, y de quienes descendían los cree de las planicies. Pero los otros vivían en los bosques, no eran guerreros ni cazadores de búfalos, y todo su mundo de vida y su percepción de la vida era diferente de las de los cree de las planicies. A pesar de la comunidad lingüística, las diferencias culturales eran tan grandes que estos últimos no querían tener mucho que ver con los moradores de los bosques.

Las relaciones eran más estrechas y cordiales con los vecinos que vivían al sur de la tribu, los assiniboine, aun cuando los dos lenguajes eran completamente diferentes. Incluso había matrimonios entre los cree de las planicies y los assiniboine. Pero hasta el assiniboine mejor conocido se consideraba como más extraño, en algunos aspectos, que cualquier joven recién llegado de alguna remota banda de la tribu. Había siempre algo desconocido en una persona de otra tribu, mientras que ya se sabía bastante acerca de lo que se podía esperar de un miembro de la misma tribu, del mismo modo que se sabe qué esperar de un vecino de la misma banda.

Los indios pies negros llegaban a veces en misiones comerciales, pero sus visitas tenían que ser bien preparadas y anunciadas, ya que con mucha mayor frecuencia llegaban para saquear campamentos y robarse los caballos. Si se sorprendía a un grupo de pies negros merodeando por el campamento se expondrían a que se les dispersara sin averiguaciones. Los mismos cree de las planicies a su vez tenían lo suyo en cuanto a devolver las incursiones, generalmente en pequeñas partidas guerreras reclutadas dentro de una sola banda. Si un joven de una banda estaba de visita en el momento en que se reclutaba una partida guerrera, generalmente se incorporaba al grupo para hacerse de renombre. Esa participación mutua en actividades bélicas fortalecía aún más los lazos de unidad tribal entre las bandas de la tribu.

De hecho, la principal ocasión en que los miembros de varias o tal vez de todas las bandas de la tribu se reunían deliberadamente para un propósito común, era con relación a la guerra. A veces, cuando un hijo o hija muy queridos había sido muerto en una incursión enemiga, los padres visitaban varias bandas, llorando a sus hijos y pidiendo a los guerreros que se unieran para formar una partida de venganza. Generalmente no tenían problema para reclutar jóvenes en cada banda que visitaban, y cuando se completaba la partida, penetraban al territorio enemigo hasta encontrar un campamento de la tribu enemiga y arrasarlo.

La guerra y la paz tribales

Es en la guerra cuando una tribu funciona más comúnmente como un grupo social unificado. Debido a que los miembros de una tribu se sienten emparentados, reaccionan ante un ataque a una parte de la tribu como si fuera un ataque en contra de todos, y rápidamente acuden a una defensa coordinada y al contraataque. Además los forasteros usualmente no son considerados como seres humanos en el mismo sentido en que los miembros de las tribus lo son. De aquí que no sea un crimen o pecado tratar a los forasteros como animales acosados. Un tribeño que siempre es amable y considerado hacia las personas de su propio grupo, puede por lo tanto ser extremadamente cruel y duro cuando trata con aquellos que no pertenecen a su tribu. Aun entre las naciones más avanzadas, hay un sentimiento respecto de que la consideración y conducta apropiada que se muestra hacia una persona de la misma clase no necesita expresarse cuando se trata con una persona de otra raza, creencia o país. Los cree de las planicies, como la mayoría de los tribeños del mundo primitivo, sentían que el suyo es el único modo de vida digno de hombres de verdad, que las maneras y costumbres de otros pueblos eran degradadas sólo porque eran diferentes. Esta actitud tribal tampoco es desconocida entre los ciudadanos de los Estados modernos.

Para una tribu es más difícil pactar la paz y mantenerla, que guerrear. Los asuntos de control social, de educación y castigo de las trasgresiones en las sociedades tribales, generalmente están a cargo de la familia y de la comunidad local. En la historia de los cree de las planicies sucedió con frecuencia que un famoso y respetado jefe accediera a concertar la paz, fumara la pipa tradicional, y que mientras lo hacía una partida de guerreros de una de las bandas de su tribu estuviera incursionando en un campamento del otro grupo. En general, los medios de las tribus son poco efectivos para evitar que los individuos de las distintas bandas actúen de este modo.

DE LA TRIBU AL ESTADO

El Estado es el grupo que tiene los medios de controlar conductas como la que acabamos de describir. Básicamente, un Estado es un conjunto de comunidades locales organizadas de tal modo que ciertos hombres del grupo tienen el poder de actuar a nombre de todos para obligar a los miembros de las diversas comunidades a realizar ciertas cosas y procurar que se abstengan de hacer otras. Entre todas las comunidades de un Estado existe un convenio general en cuanto a quién actuará en nombre de ellas y de acuerdo con qué patrones deberá realizarse esa acción. Debe señalarse que este convenio no siempre surge voluntariamente, porque muchos de los Estados que se han engrandecido se originaron cuando una tribu se empeñaba en una campaña militar, subyugaba a otros pueblos, y los mantenían sojuzgados durante largos períodos. En ese caso, el convenio entre las comunidades del pueblo subyugado era un acuerdo forzoso, del mismo modo que los grupos anglosajones aceptaron pagar tributo y ser gobernados por los señores normandos después de la conquista de Inglaterra por éstos.

Muchas sociedades tribales muestran los comienzos de las funciones de un Estado. Entre los cree de las planicies, por ejemplo, cada banda tenía un tipo de club al que pertenecían la mayor parte de los guerreros. Aunque este club generalmente era llamado la "sociedad de los guerreros", no tenía deberes militares. Su principal tarea era regular la cacería de búfalos.

Cuando los miembros de la tribu se reunían en un gran campamento, no podía tolerarse la caza individual, porque todas las presas se alejarían de la vecindad en corto tiempo y tendría entonces que disgregarse el campamento. Así que cuando se avistaba una manada de búfalos, los miembros de la sociedad de los guerreros montaban guardia para cuidar que nadie perturbara a los animales antes de que se hicieran preparativos adecuados. Cuando todos los cazadores estaban listos, se daba una señal y los cazadores cargaban contra el hato.

Si cualquier hombre trataba de matar a un animal antes de que se diera la señal o espantaba a la manada porque no podía controlar su caballo, los guerreros cabalgaban hasta el tipi de aquel hombre y lo hacían trizas, rompían sus arcos y rifles, destruyendo todo lo que poseía en castigo por su falta. Por lo general los parientes de un hombre acudían inmediatamente en su ayuda para evitar que sufriera algún daño. Pero en este caso nadie trataría de detener a los guerreros; uno de los miembros de la sociedad que estuviera laboriosamente rasgando las mantas del culpable podría ser su propio hermano.

En este último caso, las obligaciones de parentesco que normalmente acataría un guerrero, estaban subordinadas a sus obligaciones frente a todos los miembros del campamento. De modo semejante, cuando la familia de algún hombre asesinado buscaba venganza de sangre, un guerrero desempeñaba sus obligaciones para con el grupo como un todo, más bien que hacia el estrecho círculo de su propia familia. Entonces, un guerrero emparentado con aquella familia, en vez de unirse a ellos en la cacería del asesino, los obligaría a reunirse con los parientes del homicida; ayudaría a evitar que cometieran violencias hasta que se acordara alguna forma de pago que saldara la deuda. Nuevamente en este caso, el bienestar de toda la comunidad era la guía para la conducta del guerrero, más bien que las acostumbradas exigencias del parentesco.

Pero entre los cree de las planicies, como en otras sociedades tribales, eran escasas y poco frecuentes las oportunidades de que ciertos hombres tuvieran el derecho y el deber de actuar a nombre de las diversas comunidades. Esas contadas ocasiones formaban los principios de un gobierno verdadero pero nunca iban más allá de estos simples comienzos. La obligación con los parientes del individuo, y los patrones de acción basados en las relaciones de consanguinidad, eran mucho más importantes que cualquier obligación a un conjunto de grupos locales, de la que pudieran derivarse los patrones esenciales para la existencia de un Estado.

LA CONFEDERACIÓN Y LA CONQUISTA EN LA CREACIÓN DE UN ESTADO

Ha habido épocas en que varias tribus se han unido para luchar en contra de un enemigo común y, para hacerlo efectivamente, adoptaron patrones de ayuda mutua y siguieron a dirigentes que actuaron en interés de la confederación de tribus como un todo. La Liga de los Iroqueses, en lo que ahora es la parte superior del estado de Nueva York, fue un ejemplo de una confederación de ese tipo que se desarrolló en la dirección del Estado. Estas confederaciones funcionaban muy bien en tanto el peligro común fuera grande. Pero tan pronto como el enemigo común era derrotado, cada tribu y las comunidades interiores de cada tribu se olvidaban de la cooperación y regresaban a la condición en la que cada grupo local seguía su propio camino sin consideración a los intereses de la confederación como un todo.

Los Estados nacen con mayor frecuencia por medio de la conquista que de la confederación. Los miembros de una tribu conquistadora descubren a veces que pueden obtener un buen ingreso constante manteniendo bajo su gobierno a los pueblos conquistados, ya que resulta más ventajoso económicamente que el enemigo derrotado sea un súbdito y no un cadáver. Después, el grupo victorioso ha de desarrollar cierta clase de sistema en el que algunos de los miembros de la tribu tienen la tarea de actuar a nombre de los señores victoriosos para mantener subyugados a los súbditos y conservar fluido el ingreso para los amos. Este proceso frecuentemente lleva al surgimiento de un nuevo Estado.

Cuando la tribu invade un Estado ya establecido, sus miembros generalmente se hacen cargo de una gran parte del sistema de gobierno existente. Esto sucedió cuando las tribus mongolas conquistaron los reinos chinos y cuando los vándalos y otras tribus derrotaron a Roma. Pero en el mundo moderno, los pueblos dominados tienen modo de recordar su antigua independencia y de arrojar a los conquistadores tarde o temprano. Por esta causa algunas naciones han abandonado la idea de mantener permanentemente a otras naciones bajo su dominio. Los pueblos derrotados reciben un trato supuestamente destinado a que nunca vuelvan a ser una amenaza en contra de los ganadores, y el gobierno independiente, real o fingido, es devuelto a una nación conquistada.

DE LA NACIÓN A LA CONFEDERACIÓN DE NACIONES

El mismo término nación implica un grupo de personas que no sólo están organizadas en forma de Estado, sino que también tienen un modo de vida común. Así, el Estado francés incluye bajo su autoridad a pueblos tan diversos como los árabes del norte de África y los habitantes del Madagascar tropical, Pero cuando hablamos de la nación francesa queremos decir aquellos pueblos pertenecientes a la Francia propiamente dicha y que a pesar de sus diferencias políticas, tienen ciertas maneras y costumbres en común, así como hábitos lingüísticos semejantes.

Aquellos hombres que tratan de establecer una efectiva confederación de naciones se encuentran con problemas que son familiares a quienes trataban de crear una confederación permanente de tribus. Una vez que ha pasado el peligro común, cada grupo tenderá a seguir su propio camino y a colocar sus propios intereses por encima del bienestar común de todo el conjunto de comunidades. Debido a que nunca se ha logrado crear una confederación de naciones durable, la tarea es difícil. Pero no es del todo imposible. De hecho, la evolución de la organización social humana hacia una verdadera confederación de naciones promete ser más rápida y tranquila que los anteriores cambios para llegar de la tribu al Estado.

GRUPOS DE EDAD

Comunidad local, tribu, Estado: son todos agrupamientos que surgen de la situación universal de que la gente que vive en la misma localidad tiene similares intereses y problemas. Hay también otros tipos de grupos sociales basados en intereses y problemas comunes. Entre los más frecuentes de este tipo se encuentran los agrupamientos basados en la edad.

En cualquier comunidad, las personas de la misma edad tienden a congregarse y a cooperar. En algunas sociedades son muy importantes los agrupamientos basados en la edad. Entre las tribus masai de África oriental, por ejemplo, hay una ceremonia de iniciación que tiene lugar cada cuatro años para los muchachos que han alcanzado la pubertad desde que se realizó la anterior ceremonia. En el curso de la ceremonia los muchachos son circuncidados y de allí en adelante pueden vivir en el dormitorio de los solteros y asumir los deberes y privilegios de un guerrero. Cada grupo de iniciados se convierte en un grupo de edad, y los miembros de cada uno de estos grupos de edad viven juntos en el mismo dormitorio, reciben un nombre distintivo para el grupo y se les concede el uso de un diseño exclusivo para sus escudos.

El tipo de agrupación de acuerdo con la edad varía entre los diferentes pueblos, pero todas las sociedades reconocen por lo menos tres divisiones en la vida de los pueblos como base para la organización social. Las distinciones que siempre se hacen son: niños, adultos y ancianos. Aunque los niños suelen tener sus propios agrupamientos sociales, como los "lobatos" o "cachorros" entre los Boy Scouts en nuestra sociedad, generalmente estas unidades no tienen ninguna influencia importante en la comunidad como un todo.

Sin embargo, los niños pueden ocupar un lugar muy importante en una sociedad. El doctor Ralph Linton narra su visita al jefe de una tribu en una de las islas Marquesas de los Mares del Sur. La esposa del jefe era de sangre real y por lo tanto el hijo del jefe estaba investido de más realeza que su padre. Ya que el hijo, que tenía entonces nueve años de edad, estaba tan lleno del poder sobrenatural llamado *mana* a causa de su sangre vigorosamente real, cualquier intento de disciplinarlo hubiera sido un sacrilegio. El niño había tenido una disputa con su padre unos días antes de la visita del doctor Linton, y había decretado que la casa era tabú para los otros. La familia tuvo que abandonarla y no podía usarla nuevamente hasta que el niño levantara el tabú. El jovencito la pasaba muy bien, ya que podía usar la casa como quisiera y podía comer en cualquier sitio de la aldea. Indudablemente disfrutaba a sus anchas de la situación.

Ritos de paso

El paso de un individuo del *status* social de niño al de adulto no coincide siempre con su madurez física. En nuestra sociedad una persona es legalmente un niño durante varios años después de que físicamente se ha convertido en adulto. Entre muchos pueblos primitivos, como entre los masai, la transferencia individual de la niñez a la edad adulta está marcada por la celebración de una ceremonia. Esa ceremonia, así como otras que de modo similar señalan el cambio de conducta igualmente diferentes de los que se esperan de sus posiciones como esposo y padre en su familia posterior (la de "procreación").

En una organización social altamente formalizada y de gran tamaño, como lo es un ejército, los derechos y obligaciones de cada posición de *status* están cuidadosamente delimitados en párrafos numerados. En los manuales y reglas se definen los requisitos del *status* de soldado raso o de coronel. Aún más, los derechos y deberes específicos de un *status* particular como capitán de una compañía de guerra química en una división acorazada, se detallan meticulosamente en los reglamentos del ejército.

En los establecimientos formales de un tamaño semejante también hay generalmente posiciones informales de *status* que no son parte del reglamento oficial de organización. Generalmente, un soldado no es sólo miembro de su pelotón, sino que también lo es de un grupo informal de camaradas (un grupo "primario") en compañía del cual pasa sus horas de recreo y cuyos miembros se ayudan mutuamente en diversos modos. Dentro de este grupo informal suele haber posiciones de *status* de dirigentes y seguidores, y estas posiciones pueden no estar de acuerdo con el rango oficial, ya que un cabo puede ser el líder allí y su sargento uno de los seguidores.

El cabo que es líder entre sus camaradas, aunque de rango oficial inferior que algunos de ellos, ejemplifica otro aspecto del *status*. Dentro de los requisitos de una posición de *status*, sus deberes y prerrogativas serán desempeñados de modo diferente por diferentes personas. Un capitán se contentará simplemente con desempeñar los requerimientos mínimos de su *status*, mientras que otro pasará largas horas buscando el bienestar de los hombres de su compañía y perfeccionándose en las habilidades que se esperan de la unidad. O uno puede concentrarse en perfeccionar los detalles internos, técnicos y minuciosos, mientras que otro se preocupará de las relaciones de su unidad con las otras en el resultado y las tareas generales de la división.

El rol o papel es la manera en la que las diferentes personalidades desempeñan los requerimientos del *status*. Se refiere al hecho de que algunos capitanes son diligentes y otros dilatorios en la satisfacción de lo que se espera de ellos, aunque ambos satisfagan los requerimientos de la posición. Por lo general algunos son pacientes y otros irritables en sus relaciones con los hombres a su mando; ambas clases de capitanes tienen el mismo *status* pero desempeñan diferentes roles dentro del *status*.

El rol se refiere también al hecho de que una persona tiende a mostrar una conducta similar en sus diversas posiciones de *status*. El capitán de *status* de una persona, reciben el nombre de rito de paso. Estos ritos de paso no solamente ocurren al entrar a la edad adulta, sino también con relación al nacimiento, matrimonio y muerte. Nuestra misma sociedad observa diversos ritos de paso de ese tipo, como bautismos, bodas, y entre las clases ricas, fiestas de presentación en sociedad para las señoritas.

El paso de un individuo del grupo adulto al de los ancianos no suele ser marcado por uno de los ritos de paso. Esto se debe en parte a que es difícil decir cuándo un hombre entra en la ancianidad, y más todavía porque los hombres rara vez piensan en sí mismos como ancianos. Es cierto que en muchas regiones los ancianos son objeto de mucho respeto y se les conceden grandes honores. Esto era muy notorio en China; entre algunas tribus australianas, los ancianos son tan importantes que sus sociedades se caracterizan por el término de "gerontocracias", el gobierno de los ancianos. Esto contrasta notablemente con la situación existente en nuestra cultura, especialmente para las mujeres. En ciertas partes de nuestra sociedad, es muy difícil para una mujer admitir que tiene más de algunos pocos años más allá de la pubertad. Por lo menos, le es difícil hacerlo hasta que está lo suficientemente alejada de la pubertad como para ser abuela.

"STATUS" Y ROL

La importancia del *status social* se hace especialmente aparente cuando vemos a una persona cambiar de una posición de *status* a otra. En la conducta cotidiana de la gente, el *status* no es menos importante. Dentro de todo grupo social, desde los más pequeños hasta los más grandes, hay diferentes posiciones de *status*. Los individuos no tienen los mismos papeles en el funcionamiento del grupo; se espera que desempeñen diferentes funciones y así lo hacen. Cada posición de *status* requiere que el individuo que la ocupa desempeñe ciertas obligaciones con respecto a los demás miembros del grupo, y esto lo hace merecedor de recibir ciertos derechos de los otros.

Así, en una familia de nuestra sociedad, o de cualquier sociedad, hay posiciones de *status* como esposo, esposa, padre, madre, hija, hermana, hermano. El esposo y padre en la familia es la misma persona, pero tendrá diferentes derechos y obligaciones cuando actúa en el *status* de *padre* con respecto a sus hijos, que cuando actúa como *esposo* con respecto a su esposa. En la familia dentro de la que nace (su familia de "orientación") tendrá otras posiciones de *status*, como la de hijo y tal vez la de hermano. Estas posiciones requieren de tipos de mal genio puede ser también un esposo iritable, un padre impaciente y un compañero impulsivo en el juego de cartas. Desempeña un rol similar en esos *status*. Por otra parte, es bueno añadir que las mismas cualidades que lo hacen un molesto compañero de juegos pueden calificarlo como un soberbio líder de combate. Además, la mayoría de la gente no muestra un rol uniforme y congruente en sus diversos *status*. El jefe excesivamente dominante puede actuar como un padre tierno y considerado. Uno de los problemas más interesantes para las futuras investigaciones es encontrar las congruencias personales y sociales en que descansan esos roles en apariencia incoherentes.

Ciertos roles son aprobados por los grupos y otros desaprobados o contemplados con indiferencia; sin embargo, en toda sociedad hay una escala de desempeño del rol. La estimación es un término usado para describir el hecho de la aprobación del grupo de cierta clase de rol. Un niño de buena conducta, pero no demasiado dócil, es estimado. El prestigio se refiere al poder del *status* para lograr la aprobación del grupo: al satisfacer los patrones de un *status* de prestigio una persona afecta la conducta de otros, generalmente subordinándolos a él en cierto grado, mientras en el desempeño de un rol de estimación una persona no necesita influir en la acción recíproca de sus semejantes ni necesariamente está implicada la subordinación de éstos.

La subordinación implicada en el *status* de prestigio no necesita ser más que la de seguir la guía de aquellos que están en posición de prestigio en ciertas actividades particulares. Los principales diseñadores de modas de París y Nueva York tienen amplio prestigio, pero solamente en el dominio de los vestidos femeninos y no en, digamos, la religión o la política. En el otro extremo del *status* de prestigio puede estar el padre autoritario en una sociedad que espera que los padres sean rígidamente autoritarios. Dentro de su círculo familiar, su palabra será ley en todas las cosas.

En términos generales, hay dos modos por medio de los cuales una persona obtiene sus posiciones de *status*. Algunas le son adscritas: se le asignan sin mucha referencia a sus habilidades personales. El *status* de hombre o mujer, de niño o de adulto, de hija o de hermana son *status* adscritos. Otros *status* son obtenidos por los esfuerzos personales de los individuos. En nuestra sociedad, la posición de *status* de alcalde, médico, jugador en el equipo de fútbol universitario, son *status* adquiridos. Entre la mayoría de los pueblos de la India, el *status* de esposa es adscrito más bien que adquirido, porque los matrimonios son concertados por los padres sin que se consulte el parecer de los futuros cónyuges. En la sociedad norteamericana hay un poco más de adquisición que de adscripción en el *status*. Algunas posiciones de *status* son en parte adscritas y en parte adquiridas, y otras en su mayor parte adscritas o adquiridas.

AGRUPAMIENTOS JERARQUIZADOS: CASTA Y CLASE

Con más frecuencia entre las naciones que llamamos civilizadas que entre las tribus de pueblos primitivos, hay agrupamientos sociales de acuerdo con castas y clases. Son grupos dentro de una comunidad que están graduados de tal modo que uno se considera de mayor prestigio y poder que otro. Cada persona tiene una posición de *status* de clase o casta que gobierna su conducta respecto de los otros individuos. En una aldea de la India una persona de la casta más elevada, debido a su *status*, puede no comer en compañía de otros miembros de la aldea de un rango inferior de casta, o asociarse libremente con ellos, o tomar una esposa en diferente *status* que el suyo propio.

No hay distinción precisa entre casta y clase. El término casta se usa cuando la pertenencia de una persona en el grupo jerarquizado es adscrita y de tal importancia que afecte todos los aspectos de su vida, su religión, su ocupación y la vida futura de sus hijos. Una clase es también un grupo jerarquizado, pero en el cual puede adquirirse el *status* y cuyos miembros tienen funciones sociales fuera de su *status* de clase.

Los agrupamientos de castas se han desarrollado más ampliamente en la India donde, como hemos mencionado antes, un aldeano nace dentro de una casta, puede casarse solamente con una mujer de su casta y suele seguir la ocupación tradicional de su casta. En las partes de la India donde el sistema de casta es todavía importante, un miembro de la casta más elevada, la de los brahamanes, no puede ni siquiera comer los alimentos que hayan sido preparados por una persona de casta inferior. Los brahamanes de una comunidad local suelen ser los sacerdotes, o por lo menos estarán más versados en las sagradas escrituras sánscritas que sus vecinos de otras castas. Un joven brahmán que haya pasado por los ritos que lo inician en el *status* de estudiante usará sobre el hombro la insignia sagrada que simboliza las castas superiores; y un muchacho que haya nacido dentro de la casta de los herreros o los músicos —estas ocupaciones están entre las de estima más baja— generalmente recibirá poca educación formal y posiblemente seguirá el oficio del padre.

Las clases sociales son similares a las castas en que una clase es superior en la escala social a las otras, y así ocurría entre la clases de nobles, burgueses y siervos en la Europa de la Edad Media. En las sociedades modernas, las clases sociales están menos definidas y hay mucha más movilidad de familias e individuos entre las clases que la que había antes. La riqueza, los antecedentes familiares, los intereses personales y otros factores intervienen para determinar la estructura de clases que puede encontrarse en la organización social de nuestros días.

En los Estados Unidos, la jerarquía de clases es particularmente fluida y la mayoría de los norteamericanos piensan en sí mismos como pertenecientes a la clase media. Pero las jerarquías de clase existen ampliamente en Norteamérica, aunque la graduación entre las clases no sea tan bien definida y las distinciones de clase sean confusas. En algunos sectores de la población norteamericana, el *status* de clase es relativamente poco importante, en otros cuenta mucho en la vida de los individuos afectados.

La organización social del sur de los Estados Unidos entre blancos y negros en ocasiones ha sido calificada como sistemas de castas; en ciertos aspectos ha sido semejante. Se prohibe casarse y comer a los miembros de los diferentes grupos; los miembros de un grupo no deben asociarse libre y abiertamente con los miembros del otro; está terminantemente prohibida la movilidad de familias e individuos de un lado a otro de la comunidad con excepción de unos cuantos negros que han podido "pasar" clandestinamente al otro grupo; las posiciones de *status* adscritas a los respectivos grupos afectan una gran parte de la vida del individuo. Todo esto se parece al clásico sistema de castas de la India.

Hay ciertas diferencias importantes. No había la vigorosa sanción religiosa para la casta en el sur de los Estados Unidos como la hubo en la India. Los miembros de la casta inferior en el sur han rechazado crecientemente las suposiciones necesarias para la diferenciación de castas. Se debe señalar que esto ocurrió también en la India, pero que en siglos pasados el rechazo tomó la forma de una nueva religión, como el budismo. Por otra parte, el sistema de castas de la India no era tan rígido como a veces se supone. Había movilidad tanto para los grupos sociales como para los individuos, aunque la oportunidad de cambiar el *status* de casta era mucho menor que en una sociedad de clases más abierta como la del norte o el oeste de los Estados Unidos. Y del mismo modo que está cambiando el sistema tradicional del sur de los Estados Unidos, también el sistema clásico de castas en la India ha sufrido cambios.

En la misma comunidad puede existir juntas estratificaciones de casta y de clase. En el sur, hay distinciones bastante claras dentro del grupo blanco y dentro del grupo negro. Por ejemplo, los criterios para el *status* de clase superior son similares en ambos grupos, pero hay poca comunicación y asociación informal entre los miembros de las respectivas clases superiores a través de la línea del color o, si se prefiere, de la casta.

En las aldeas indias, las castas pueden agruparse en clases. Puede haber tres castas consideradas como las más bajas, las castas "intocables". Los miembros de una de estas castas pueden adquirir alguna riqueza, abandonar prácticas tan degradantes como comer carne de res, adoptar las costumbres de castas superiores y tener éxito, así, en elevar la posición de toda su casta en aquella aldea al nivel de la siguiente clase de castas "medias". Cada uno de los miembros de la casta conserva su *status* de casta, pero el de todos los miembros de la misma se ha elevado en la jerarquía local.

ORGANIZACIÓN SOCIAL EN NUESTRA SOCIEDAD

En las sociedades occidentales hay muchos otros tipos de agrupamientos sociales, que van desde gremios y asociaciones médicas hasta clubes de bridge y asociaciones de padres y maestros. Cada uno de estos agrupamientos se conserva unido por un interés común, interés que surge de la participación común en los mismos oficios, el mutuo disfrute de un juego, o los problemas conjuntos en relación con un grupo de niños.

El grupo social primario, la familia, continúa siendo básico en nuestro sistema social. La comunidad local, en el sentido de un pequeño conjunto de personas que se conocen personalmente entre sí, es también esencial, a pesar del debilitamiento temporal de esta unidad en las grandes ciudades. El clan probablemente ha desaparecido para siempre de nuestra tradición social, pero su lugar ha sido ocupado parcialmente por las unidades sociales que son extensiones del grupo local —las diversas agencias del Estado dentro de la nación— y en parte por las asociaciones voluntarias basadas en intereses comunes.

El perfil de organización social que se ha esbozado en este capítulo, aunque sea rudimentario proporciona, sin embargo, una base para otras cuestiones de considerable importancia teórica y práctica. Por ejemplo, el tema de las asociaciones voluntarias en nuestra sociedad ha sido relativamente poco estudiado. ¿Qué clases de asociaciones voluntarias hay en la comunidad? ¿Qué hacen por sus miembros? ¿En qué circunstancias y para qué individuos es una de esas asociaciones más importante que otra? ¿Cómo están relacionadas las asociaciones voluntarias con los grupos de edad, las estratificaciones de clase, los intereses económicos?

El estudio de estas cuestiones necesariamente llevará a investigar otros elementos de organización social en la sociedad local y en la de mayor tamaño, porque las diversas unidades sociales están interrelacionadas y son interdependientes, ya que cada persona tiene diversas posiciones de *status*. Por lo tanto, la investigación de las asociaciones voluntarias debe tener en cuenta los factores de familia y parentesco, de edad y estratificación social, de comunidad y Estado.

Los aspectos políticos de organización social tienen especial importancia en nuestros tiempos. Se dedica gran interés al establecimiento de varias clases de nuevas organizaciones internacionales y en perfeccionar algunas de las que tenemos ahora. En la base de todas las discusiones detalladas y técnicas hay algunos problemas que ya se han mencionado anteriormente. ¿Qué es lo que hace que una entidad política sea cooperativa y unificada? ¿Se trata de una tribu o solamente de un conjunto de bandas locales? ¿Es un Estado solamente una confederación de comunidades locales? ¿Cómo puede mantenerse unida una unión de Estados soberanos? A través de los estudios de los científicos sociales se ha desarrollado un amplio y revelador conocimiento acerca de estas preguntas. Pero queda todavía mucho por revelar en futuros estudios.

XV. Religión

R. Godfrey Linehardt

Hace menos de cien años, los sabios discutían con interés problemas tales como el origen de la concepción de los dioses por los hombres, si pueden existir tribus tan primitivas como para no tener religión, y hasta dónde las creencias y supersticiones de los salvajes pueden relacionarse propiamente con las grandes religiones universales.

Nadie que estudie las religiones tribales en la actualidad se interesa en responder a esas preguntas, ni siquiera piensa que puedan encontrarse respuestas satisfactorias. No hay pruebas para ninguna teoría sobre el origen de las religiones en ningún momento o en ningún sitio; y la mayoría de los antropólogos han dejado de interesarse en el estudio de cualquier religión practicada en su propia sociedad.

La publicación de bien documentadas obras de viajeros, y el aumento de la especulación acerca de la naturaleza humana, llevó en el siglo XVII al auge de la curiosidad en torno a las religiones tribales. En *La vida de Samuel Johnson* de Boswell, por ejemplo, encontramos a Johnson, ese firme eclesiástico, reprendiendo a un caballero que deseaba pasar tres años viviendo con los nativos de Nueva Zelanda para encontrar qué tipo de religión pudiera tener un pueblo al que se le había negado una revelación. "¿Y qué explicación de su religión supone usted que aprenderá de esos salvajes?", pregunta el doctor Johnson. "Considere solamente, señor, nuestro propio estado. Nuestra religión está en un libro, tenemos una orden de hombres cuyo deber es enseñar, tenemos un día de la semana señalado para ello, y en general se observa bastante satisfactoriamente; sin embargo, pregunte a los primeros diez hombres comunes que se encuentre, y escuche lo que puedan decir de su religión."

Johnson pensaba que la plenitud de la religión descansaba en la presencia de una teología y una iglesia, una gran medida de formulación intelectual y formalización social. Para él, aprender acerca de una religión era encontrar lo que la gente sabía de sus doctrinas. Los "hombres comunes" y los salvajes no podían saber lo suficiente como para formar la base de un estudio serio.

Éste no ha sido el punto de vista de los antropólogos. Es cierto que algunas de las principales diferencias entre las religiones tribales de los pueblos no alfabetos, y aquellos con tradiciones literarias, son las señaladas por Johnson; pero una religión es algo más que aquella parte que aparece en sus libros sagrados y los comentarios escritos acerca de ellos. Éstos representan lo que la gente sabe y está preparada para decir acerca de su religión cuando reflexiona acerca de ello; necesitamos también entender cómo figura su religión en la conducta ordinaria de sus vidas. Conocer lo que una persona dice acerca de su religión no es siempre la misma cosa que conocer cómo la practica.

La mayoría de las tribus carecen de una teología formal, y en su mayor parte no tienen una organización religiosa definida, como una iglesia, que pueda ser estudiada aislada de otras formas de organización social. Enfrentando con esas dificultades, Lowie sugirió en su obra general *Religión primitiva* (1925) que en última instancia la religión podía definirse solamente por referencia a "la condición subjetiva de creyentes y adoradores". Este punto de vista está fuertemente marcado por la influencia de la popular obra de William James, *Las variedades de la experiencia religiosa*, publicada a principios de este siglo. En ella James desechaba algunos de los rasgos dogmáticos del pensamiento y práctica religiosos como "fenómenos de simple psicología tribal o corporada", que no debían confundirse, decía, con "aquellas manifestaciones de la vida puramente interior" en las cuales él estaba entonces exclusivamente interesado. En aquel estudio, él buscaba las bases de los fenómenos religiosos en las condiciones especiales de la conciencia individual, y entendía la religión como asunto de aspiraciones útiles, más bien que como un deber inevitable y formal.

Este punto de vista ha influido en muchos estudiosos de las religiones tribales. Es natural que así fuera, ya que la mayoría de las tribus carecen de esos mismos elementos doctrinales y dogmáticos de la religión que James prefirió desechar, y una investigación de una religión tribal debe por lo tanto basarse, a fin de cuentas, en lo que los individuos digan y parezcan pensar y sentir. Al contemplar la religión como basada en rasgos de una psicología humana común, algunos estudiosos se han considerado capaces de explicar creencias y prácticas religiosas específicas refiriéndolas a sentimientos que han reconocido en ellos mismos. Han tratado así, en cierto modo, de superar una dificultad que es tal vez peculiar al estudio de la religión y la magia en las sociedades tribales, y que debe tenerse en cuenta si deseamos entender el equilibrio entre hechos e interpretaciones en la mayoría de las explicaciones antropológicas de la religión.

La dificultad puede explicarse así. Para un visitante es fácil compartir los sentimientos políticos o los intereses económicos de los miembros de una sociedad tribal, ya que entiende fácilmente la naturaleza de la realidad en la que se basan aquellos sentimientos e intereses. Si un tribeño dice que su pueblo ha sido atacado por un enemigo, o que las aves han destruido las cosechas, nuestra comprensión de la situación no es fundamentalmente diferente de la de aquél, porque no dudamos de la realidad de enemigos o aves. El caso es diferente si un hombre dice que su pueblo está siendo agredido por un espíritu, o que los pájaros que estropean las cosechas fueron enviados por medio de la brujería. Los espíritus o la brujería no son directamente conocidos para nosotros como lo son los enemigos o las aves, y aunque por supuesto vemos los efectos —gente enferma, granos perjudicados— no lo atribuimos a las mismas causas que el tribeño. Es entonces, cuando nos preguntamos qué puede decirse que representen para *nosotros* los espíritus o la brujería, así como para los tribeños que creen en ello.

Las diferencias más importantes en método e interpretación surgen en este punto entre los estudiosos de las religiones tribales. San Agustín (y tal vez algunos misioneros de la actualidad) responde a esta pregunta a su modo, pues considera a los dioses y espíritus ajenos como demonios, poderes diferentes de los del Dios verdadero, pero sin embargo poderes reales que concebiblemente operan en el mundo de modo independiente, desde el exterior sobre la imaginación y voluntad del hombre y no como un mero producto de esas facultades humanas. Esto, por lo menos, no niega a los dioses ajenos cierta especie de existencia real; y los pueblos tribales representan a sus dioses como poderes reales que existen aparte de los hombres, no como fragmentos del pensamiento y sentimiento humanos.

La mayoría de los antropólogos, sin embargo, no creen en demonios más que lo que pudieran creer en dioses ajenos, espíritus o hechicerías que tratan de explicar. Aun así, desean conocer el pensamiento y experiencia de los tribeños para unirlos con los suyos en un solo mundo. Si no podemos creer en los dioses que otros pueblos aceptan como base de sus religiones, buscamos esa base en algo que no sean los dioses, en algo en que nosotros podamos creer. ¿Qué es ese algo?

Las respuestas que se han dado a esta pregunta pueden dividirse en tres grupos principales: las teológicas, las psicológicas y las filosóficas o sociológicas.

La respuesta de San Agustín mencionada anteriormente fue un ejemplo de la respuesta teológica, pero hay otras, dadas desde puntos de vista teológicos menos bien definidos y más cercanos a nuestros actuales estudios sobre la religión. F. Max Müller, el erudito de los estudios de religión comparada de fines del siglo pasado, respondía a la pregunta desde el punto de vista de la teología liberal. "No importa lo imperfecto o infantil que pueda ser el concepto de Dios —escribía—, siempre representará el ideal más elevado de perfección que por el momento pueda alcanzar el alma humana…" Así, encajó los dioses paganos dentro de su propia teología, no considerándolos como demonios, sino contemplándolos simplemente como "falsos o imperfectos nombres de Dios". Un Dios, esto es, en el que él mismo creía.

Max Müller fue elogiado por un misionero por haber demostrado que las religiones paganas no eran obra del diablo. Al hacerlo, sin embargo, también las hizo aparecer de modo diferente que como parecían a los mismos tribeños. La concepción de Dios de Max Müller era la de un ideal abstracto de perfección ética primordial. No puede ahora dudarse que los dioses de muchos pueblos tribales son de naturaleza muy diferente, y se les imagina como poderes activos, esforzados, inteligentes, caprichosos, celosos y, en ocasiones, codiciosos. Ya que para Max Müller Dios era una idea más bien que un poder activo, se mostró sorprendido por una característica de la religión primitiva que, sin embargo, señaló inteligentemente al hablar de su preferencia por lo concreto, de su apego a los símbolos materiales. Escribió que había

> dos distintas tendencias que observar en el desarrollo de la religión antigua… Por una parte, la lucha de la mente contra el carácter material del lenguaje, un constante intento de despojar a la palabra de su grosera cubierta, y forzarla a los propósitos del pensamiento abstracto. Pero… por otra parte una constante recaída de lo espiritual a lo material, y aunque sea extraño decirlo, una predilección por el sentido material en lugar del espiritual.

Es cierto que en las religiones primitivas encontramos una preferencia por el entendimiento local y específico de la divinidad frente al entendimiento general, abstracto y teórico. Dado que Max Müller tomó su propio Dios abstracto como la base real de toda religión, otros conceptos de dioses fueron interpretados como conceptos rebajados de aquel Dios. El explicaba a muchos dioses como personificaciones de fenómenos naturales, como el cielo; estos fenómenos que quienes los veneraban como dioses pensaban eran agentes personales, Max Müller explicó como fuerzas que originalmente habían sido impersonales y generales en las cuales él también podía creer.

Los más famosos ejemplos de interpretación psicológica de las religiones tribales son las que pertenecen a la llamada "escuela inglesa" de antropólogos, y particularmente a las dos grandes figuras de la antropología del siglo xix, Sir Edward Tylor y Sir James Frazer. A éstos podemos añadir también el nombre de Malinowski, uno de los primeros antropólogos en estudiar a un pueblo aborigen a través de su propio lenguaje del modo íntimo que ahora es considerado esencial.

Tylor presentó una teoría de la religión primitiva que fue ampliamente aceptada en su época, y que ha tenido una gran influencia en el estudio de la materia hasta nuestros días. Pretendía que la base de las religiones tribales era la creencia en seres espirituales, espíritus personales que se pensaba que animaban la naturaleza. Tylor llamó *animismo* a esta primitiva fe.

Tylor sugirió que el hombre primitivo, al reflexionar sobre sus experiencias en sueños y visiones, y sobre las diferencias entre los hombres vivos y los cadáveres, concluyó que el hombre tenía un alma, una especie de contraparte espiritual del cuerpo. La concepción de un alma humana de acuerdo con Tylor parecía entonces haber "servido como tipo o modelo en el cual el hombre primitivo vaciaba no solamente su idea de otras almas de grado inferior, sino también su idea de seres espirituales en general, desde los pequeños duendes que viven en la campiña hasta el celeste Creador y Gobernante del mundo, el Gran Creador.

Hasta donde esas teorías pretendían basarse históricamente, sabemos que no se las puede comprobar. En la medida en que pretenden describir el modo en que todos los pueblos tribales piensan en la actualidad, están equivocadas, aunque no sin un asomo de verdad. Consideremos primeramente ese elemento de verdad que hay en ellas.

Es bien sabido que en muchas tribus ciertos objetos materiales, tales como atados de ramas y raíces o representaciones esculpidas de seres, son tratados con especial reverencia y se cree que tienen virtudes religiosas. Dichos objetos de valor religioso y mágico son generalmente clasificados conjuntamente como *fetiches*. Se les considera como sagrados porque son objetos en los cuales se localizan o manifiestan las deidades. Pudieran considerarse, sin embargo, como objetos que no implican otra cosa que el material del cual están compuestos, como se menciona en el himno religioso:

> Pues el pagano en su ceguera
> se inclina ante la piedra y la madera...

Tylor vio que esto era una falsa interpretación, y que nadie adoraba a los objetos materiales simplemente como tales objetos materiales que aparecen a la vista. En esto adoptó el punto de vista que han tomado todos los investigadores serios, y estimuló el interés en la distinción entre los símbolos materiales y los seres divinos que simbolizan.

Esta teoría tenía también otra virtud. En un momento en que la opinión pública solía representar a los salvajes como motivados por instintos casi subhumanos, poco razonables y tal vez incapaces de razonar, Tylor planteó su raciocinio como la base misma de su religión. Es cierto que hay un elemento de razón en las religiones tribales; implican consideraciones de causa y efecto en algunos casos, como el tratamiento de una enfermedad, cuando puede llamarse a un adivino para que use sus poderes especiales para descubrir las razones espirituales de los males físicos. Las causas y los tratamientos así decididos no son los que nosotros aceptaríamos; pero ciertamente está presente el concepto de una causa que puede ser descubierta mediante una investigación especial. El error de Tylor no fue que imputara la posibilidad de inferencia lógica a pueblos primitivos, sino que asumía que llegaban a sus creencias religiosas por medio de ella. Una pequeña reflexión sobre la religión de nuestra propia sociedad pudiera haberlo persuadido de que, aunque la razón y argumentación por analogía pueden sustentar una fe, no son capaces de fundarla. No es lo mismo demostrar que una religión sea razonable, que sugerir que es el resultado de un razonamiento a partir de premisas falsas, como lo hicieron Tylor y Frazer.

También es erróneo sugerir que una sociedad piensa que los dioses y espíritus tribales tienen una personalidad análoga, en todos los aspectos importantes, a la personalidad humana, o que todos los seres espirituales se imaginan parecidos en especie al alma humana. Algunos dioses pueden ser imaginados con figura humana, o pueden ser hombres deificados. Con frecuencia, sin embargo, sería más cierto decir que la fuerza de los dioses tribales depende de que tienen una naturaleza muy distinta de la humana, y que es sobre esta diferencia donde descansan los servicios religiosos que se les ofrecen. El Libro de Job, con su insistencia en la trascendencia de Dios respecto del conocimiento y argumentos humanos, y en general de la escala humana, suele estar más cerca de la clase de entendimiento de lo divino que encontramos entre los pueblos primitivos que en la clase de crudo antropomorfismo adscrito a ellos por algunos eruditos del siglo pasado.

La explicación de Tylor de lo que nosotros podemos considerar como la base de la religión primitiva fundamenta así la religión en procesos de razonamiento, que se encuentran tanto entre los salvajes como entre nosotros. En el lugar de los dioses de los primitivos, sustituye algo que él mismo puede tomar por descontado: procesos lógicos, combinados con la ignorancia y error primitivos. No debemos suponer pues que los dioses de las tribus corresponden a una realidad no humana, como Max Müller y San Agustín pensaron, de diverso modo, que sería posible; puede verse que corresponden a ciertos procesos mentales humanos.

Ésta es una clase de interpretación psicológica, basada en una psicología intelectualista. En la actualidad hay otras más influyentes; pero antes de considerarlas debemos tomar en cuenta ciertos intentos para modificar la teoría de Tylor. A sus nociones de un mundo primitivo lleno de seres espirituales *personales* se opusieron objeciones. Estas objeciones se basaban en informes sobre Melanesia, Polinesia, América del Norte y otros sitios, de concepciones aborígenes de un poder activo *impersonal* en el mundo. La teoría de Tylor de los seres espirituales personales no dejaba lugar a este concepto, que Marrett, sucesor de Tylor, fue uno de los primeros en investigar.

Mana es la palabra polinesia y melanesia para el concepto; esa palabra se ha convertido en una parte tan familiar de nuestro vocabulario para la discusión de las religiones primitivas como la palabra *totem*, de los indios norteamericanos, y la palabra *tabú*, también de la Polinesia. Cada uno de estos términos nativos resume en una palabra un complejo conjunto de conceptos cuya explicación ha requerido que se escriban muchos libros.

El estudio del *mana* ha producido tantas teorías generales acerca de la religión y la magia que es interesante ver cómo fue descrito en los primeros relatos de aquellos que lo estudiaron en su contexto de la vida indígena. La palabra se dio a conocer originalmente en la obra de R. H. Codrington, *Los melanesios* (1891); pero yo cito una explicación del significado de *mana* en Polinesia tomado de una fuente ligeramente anterior, *La Antigua Nueva Zelanda*, dada por un Paheka Maori. El escritor, un europeo que vivió durante largo tiempo con los maoríes, se refiere así al *mana*:

> Virtud, prestigio, autoridad, buena fortuna, influencia, santidad, suerte, todas son palabras que, bajo ciertas condiciones, dan algo cercano al significado.. *mana* a veces significa una virtud o poder más que natural unido a alguna persona o cosa, diferente e independiente de las condiciones naturales ordinarias de aquéllas... una vez yo tuve un cerdo domesticado que, antes de que ocurrieran lluvias fuertes, siempre tenía una conducta extraordinaria y chillaba y corría como loco... por lo que los maoríes decían que... se trataba de un cerdo poseído de *mana*: tenía poderes más que naturales y así podía predecir la lluvia.

Se dan muchos otros ejemplos de las situaciones en las que se piensa que opera el *mana*:

> El *mana* de un sacerdote... se comprueba con la veracidad de sus predicciones... en otro sentido el *mana* es el acompañamiento del

poder, pero no el poder en sí... éste es el mana del jefe...
el mana del guerrero es solamente un poco más que simple buena suerte...

y así sucesivamente.

Es claro que ésta es una concepción para la cual no existe en nuestro
lenguaje una equivalencia simple. Un modo de explicarla es dando
largas descripciones de los contextos en los que se usa. Las teorías
generales de la religión basadas en el concepto del mana, sin embargo,
pueden omitir mucho de lo que es específico en los significados del
término en su contexto nativo y tratar de dar una explicación general
de lo que es. Goldenweiser, por ejemplo, explica el mana como

una proyección u objetivación de lo que, del lado subjetivo, es la
excitación religiosa; el mana es lo que causa la excitación religiosa.
Si se acepta la excitación religiosa como la raíz emocional básica
de la religión, entonces el mana, un mana psicológicamente básico
que sustenta sus formas históricas, se convierte en la idea fundamental de la religión. Mana no es sino un término para una
emoción, proyectada como "algo en el dominio sobrenatural..."

Éste es un ejemplo muy claro del tipo emocional de la interpretación
psicológica del fenómeno religioso. El mana que conciben los polinesios
y melanesios como una realidad objetiva está representado como un
conjunto de ciertos sentimientos o emociones que se supone aceptamos
como característicamente religiosos. Muchos antropólogos dudarán si
algo tan indefinible como una "excitación" pudiera considerarse como
base de la religión; aunque no podemos ignorar la obra de Rudolf
Otto, quien en su libro *La idea de lo sagrado* plantea el caso de la apre-
hensión directa sensorial y emocional de Dios por los hombres. Otto,
sin embargo, escribió como si predicara la existencia de Dios. No le
bastaba dejar que ciertos "sentimientos" religiosos permanecieran como
meros rasgos de la psicología humana, sino que los consideraba como una
manera de percibir la divinidad. Lo divino, y no la mente humana,
era para Otto el campo de la religión y el objeto final de su estudio,
y escribía como teólogo y no como psicólogo.

Otros intentos por explicar las bases del fenómeno religioso dan
importancia a las funciones de la creencia y práctica religiosas. Este
método puede apreciarse mejor en los escritos de Malinowski, quien
se apoyó parcialmente en las teorías de sus predecesores ingleses Tylor
y Frazer, pero que discutió una gran parte de sus puntos de vista a través
de su propia profunda comprensión de primera mano de algunos pue-

blos melanesios. Malinowski parecía pensar que la religión tenía sus funciones más importantes en la crisis de la vida y particularmente en la situación de la muerte, acerca de lo cual escribió:

> el llamado a la religión surge de una crisis individual, la muerte que amenaza al hombre o a la mujer. Nunca necesita tanto un individuo el consuelo de las creencias y el rito como con el asesoramiento del viático en los últimos auxilios que se le dan en la etapa final de la jornada de su vida, actos que son universales en todas las religiones primitivas. Estos actos están dirigidos contra el temor sobrecogedor, contra la duda corrosiva de los que el salvaje no se halla más libre que el hombre civilizado. Estos actos confirman su esperanza de que hay un más allá, de que éste no será peor que la vida presente sino en realidad mejor.

Los antropólogos de hoy impugnarían una generalización tan amplia; no es cierto en modo alguno que algo que corresponda al sacramento para los moribundos sea "universal", y muchos pueblos primitivos tampoco parecen excesivamente temerosos de la muerte, ni tienen esperanza o interés en una vida futura. Fue Malinowski, más que los pueblos tribales, quien vio la religión como una fuerza para la integración social y psicológica, y fue en una necesidad humana de consuelo y paz donde buscó las bases para las religiones primitivas. Así, de acuerdo con Malinowski, después de una muerte los deudos

> caen en un peligroso caos mental... entre el temor y la piedad, la reverencia y el horror, el amor y el disgusgto, están en un estado mental que puede llevar a la desintegración de la mente. En cambio, la religión eleva al individuo...

En estos pasajes, Malinowski deja en claro que él considera que la base de la religión, para propósitos de estudio, son las necesidades emocionales de los individuos y la necesidad de integración social. Si los dioses o ancestros de los pueblos tribales no tienen existencia real para nosotros, podemos reconocer validez universal al deseo humano por la paz espiritual individual y por el orden social; esto es lo que estamos invitados a considerar como sustituto de los dioses y ancestros, como base de las religiones primitivas.

Malinowski se sitúa entre una interpretación del fenómeno religioso y la interpretación filosófica o sociológica a la cual nos dedicaremos ahora. Mientras que Malinowski buscó la base de la religión en la integración de la sociedad como una función de la integración de sus miembros individuales, aquellos que adoptaron un punto de vista filosófico tendían a invertir los términos del argumento. Ellos buscaron las bases de la religión en la integración de la sociedad, de donde se veían derivar las creencias y prácticas religiosas individuales.

Las interpretaciones filosóficas y sociológicas de la religión se asocian principalmente con un grupo de escritores franceses de fines de siglo. Entre ellos, los mejor conocidos son Emile Durkheim, H. Hubert, Marcel Mauss y Lucien Lévy-Bruhl. Rechazaron las teorías de los antropólogos ingleses Tylor y Frazer porque esas teorías asumían que todos los pueblos tienen las mismas categorías y procesos mentales. Lévy-Bruhl intentó demostrar que no es así. Sostuvo que había una diferencia de clase entre las experiencias del mundo que caracterizaba a los pueblos primitivos y las características de la civilización de su propia época. Desde su punto de vista, llamaba "místico" al pensamiento de los pueblos primitivos y consideraba que procedían menos por inferencia lógica y verificación empírica que por asociaciones imaginativas y metafóricas de ideas y experiencias, de un modo que podía considerarse poético. Su pensamiento no era analítico, sino sintético en su intención.

Además, los individuos aceptaban las categorías en las que pensaban, incluidas las categorías del pensamiento y experiencia religiosas, de las sociedades en las cuales crecían. Ellos no elegían sus creencias y prácticas religiosas; eran producto de la vida social, no del razonamiento individual. Durkheim mantuvo de modo similar que así como una sociedad podía considerarse como algo más que una simple colección de individuos que viven juntos, así la religión debe estudiarse como algo más que un rasgo de la psicología de los individuos. La religión se impone a sí misma a los individuos desde afuera, desde la sociedad en la cual se crían y en la que se dan por sentadas las creencias y prácticas religiosas.

¿Cuál es la principal diferencia entre este método filosófico y el psicológico ya mencionado? La interpretación psicológica de la religión requiere la abstracción de sentimientos tales como los de temor, culpa, deseo, reverencia, desaliento, o de cierto proceso de razonaminto, por parte de la conciencia individual. Después relaciona éstos entre sí de modo más o menos sistemático, así como con creencias y situaciones religiosas. La interpretación filosófica, por otra parte, requiere abstracción de nuestro propio pensamiento acerca de ciertos conceptos religiosos. Estos conceptos son los de sagrado, divinidad, culto, sacrificio, pecado, verdad, y muchos otros; son términos de nuestro propio pensamiento, no palabras para sensaciones o sentimientos, y cualesquiera de éstos que se suponga deban acompañarlos, los conceptos seguirán siendo los mismos. Así, por ejemplo, el sacrificio puede ser estudiado en diversas sociedades independientemente de los sentimientos que se pueda suponer precedan o sucedan al acto. Los conceptos de lo sagrado —tales como el *mana*— deben estudiarse en contextos sociales y morales, sin asumir sensaciones especiales o experiencias emocionales como su base.

Mucho del trabajo hecho por quienes han intentado interpretaciones filosóficas de las religiones primitivas ha tenido que ver con el estudio de las congruencias entre formas particulares de religión y las estructuras y valores de las sociedades en las que se encuentran. El estudio de Durkheim sobre la religión y sociedad de los aborígenes australianos, *Las formas elementales de la vida religiosa*, es la obra más ambiciosa en ese campo. El autor sostiene que la religión era característicamente un asunto social y no individual, y que los animales totémicos de los aborígenes australianos eran venerados porque simbolizan la unidad de los grupos sociales, sus clanes. Al considerar sagrados a sus totems, tenían por sagrados al mismo tiempo a los agrupamientos de su sociedad, y al respetar a sus animales y objetos totémicos, de hecho expresaban la relación de los miembros individuales de la sociedad con la sociedad misma, como fuente de sus tradiciones morales y su mismo sustento. Así, los dioses de las tribus pueden representar para nosotros el orden mismo de la sociedad tribal. Otras direcciones que ha tomado la investigación filosófica han dado como resultado estudios del lugar ocupado por los conceptos religiosos en marcos más amplios de filosofía y simbolismo primitivo. Dos ejemplos muy diferentes son el estudio del profesor Radcliffe-Brown sobre la importancia social de las creencias y ritos de los habitantes de la isla de Andaman, y un libro más reciente del profesor Henri Frankfort, *La realeza y los dioses*, una interpretación de la religión, filosofía y arte del antiguo Egipto y Mesopotamia.

Al derivar inevitablemente la religión de un Dios en el que *nosotros* creemos, o de las necesidades psicológicas, o de la sociedad misma, sustituimos para las creencias de los tribeños en sus dioses algo que damos por establecido —ya sea nuestro Dios, la psicología o la sociedad— como base suficiente para la religión. Cada categoría general de la religión es así, en cierto modo, un sustituto de cualquier religión particular, un modo alterno de explicar aquellas situaciones que se presentan en diferentes religiones tribales. Ahora podemos ver hasta qué grado las diversas teorías discutidas anteriormente nos ayudan a comprender una situación específica. Livingstone, en sus *Viajes misioneros*, relata una conversación típica entre un doctor en medicina y un hacedor de lluvia africano. He aquí un fragmento de la conversación:

DOCTOR: ¿Así es que tú crees realmente que puedes dar órdenes a las nubes? Yo creo que sólo Dios puede hacer eso.

HACEDOR DE LLUVIA: Ambos creemos la misma cosa. Es Dios quien hace la lluvia, pero por medio de estas medicinas yo se lo pido, y cuando llega la lluvia por supuesto que es mía... Si no tenemos lluvia el ganado no tendrá pastura, las vacas no darán leche, nuestros niños enflaquecerán y morirán, nuestras esposas huirán a otras tribus que puedan hacer llover... y toda la tribu se dispersará y perderá; nuestros fuegos se apagarán.

DOCTOR: ...tú no puedes encantar a las nubes por medio de medicinas. Aguardas hasta que ves venir las nubes, usas entonces tus medicinas y tomas el crédito que corresponde a Dios.

HACEDOR DE LLUVIA: Yo uso mis medicinas, y tú empleas las tuyas; ambos somos médicos, y los médicos no engañan. Tú das medicinas a un paciente, a veces Dios se digna curarlo por medio de tus medicinas; a veces no lo hace y tu paciente muere. Cuando él se cura, tú tomas el crédito por lo que Dios hace. Yo hago lo mismo. A veces Dios nos concede la lluvia, a veces no lo hace. Cuando lo hace nosotros tomamos el crédito por el encantamiento. Cuando un paciente muere tú no dejas de confiar en tu medicina, ni lo hago yo cuando falta la lluvia. Si tú deseas que yo deje mis medicinas, ¿por qué continúas con las tuyas?

DOCTOR: Yo doy medicina a las criaturas vivientes que están a mi alcance, y puedo ver el efecto aunque no haya curación... solamente Dios puede manejar las nubes. Haz la prueba de aguardar pacientemente; Dios nos dará la lluvia sin tus medicinas.

HACEDOR DE LLUVIA: ¡Mahala-ma-kapa-a-a-! Bueno, hasta esta mañana siempre pensé que los hombres blancos eran sensatos. ¿Quién piensa en morir de hambre? ¿Es acaso agradable la muerte?

Casi todas las teorías de la religión primitiva encontrarán apoyo en esta conversación, tal como podríamos esperar si en todas hubiera elementos de verdad. Las interpretaciones teológicas reciben apoyo, ya que tanto Livingstone como el hacedor de lluvia aceptan que se refieren a un solo Dios, aunque imaginado de modos diferentes. La teoría de Frazer acerca de que la actitud característica de la religión es la de una súplica por beneficios que están más allá del poder y conocimiento de los seres humanos para lograrlos por sí mismos, es apoyada por la actitud del hacedor de lluvia. Interpretada psicológicamente, la conversación puede permitirnos decir que al usar sus medicinas y ritos el hacedor de lluvia expresa un deseo por la lluvia y una angustia para el caso de que no se produzca, y que el uso de medicinas y oraciones relaja la tensión creada por el deseo y la angustia. Aquellos que siguen las interpretaciones de una psicología intelectualista pueden ver en la discusión una forma de razonamiento acerca de las causas de la lluvia, y un intento de justificación racional del uso de medicinas por parte de alguien que ignora la causación "natural". Las medicinas sagradas también se usan obviamente en situaciones que afectan vitalmente el bienestar de toda la sociedad, y aun el hacedor de lluvia tiene la teoría de que la tribu se desintegraría sin ellas. Cada interpretación —teológica, psicológica o filosófica y sociológica— se puede aplicar así a la conversación del hacedor de lluvia; sin embargo, ninguna toma en cuenta plenamente la totalidad de lo que él dice.

La actitud del hacedor de lluvia es una combinación de fe y escepticismo, y hasta de cinismo, acerca de sus propias medicinas y respecto a las del doctor. Muestra una percepción de la diferencia entre lo que los hombres pueden saber y lo que han llegado a creer, y de las relaciones entre experiencia y creencia. Reconoce que la experiencia a veces contradice a la creencia e intenta resolver esa contradicción. El hacedor de lluvia no es, obviamente, "místico" por completo, como Lèvy-Bruhl nos hubiera hecho creer; ni es tampoco el salvaje ilógico de Tylor. Compete a los modernos estudiosos de las religiones primitivas demostrar cómo las creencias no son simplemente el resultado de ignorar ciegamente la experiencia que a veces las contradice; ni se ha llegado a ellas por una especie de razonamiento, aunque puedan defenderse por un tipo de razonamiento; ni se las toma simplemente, sin pensar, de la tradición social. Están respaldadas por los tres factores: la voluntad, la razón y la enseñanza tradicional. Vemos también en la conversación otros rasgos de las religiones primitivas: un respeto por la seriedad de las preocupaciones religiosas con las que tratan, a su modo, de excluir el experimento deliberado de poner a prueba la fe; y una preocupación por la verdad, aunque esa verdad pueda no estar establecida por los métodos científicos de verificación.

Dos trabajos muy recientes en la materia, *La religión nupe* del profesor Nadel, y los estudios de la religión nuer, del profesor Evans-Pritchard, aún no publicados en forma de libro, demuestran cuánto más cerca hemos llegado ahora a la comprensión de las complejidades de las religiones tribales en comparación con muchos de nuestros predecesores. Esto se debe en parte a que a quienes estudian actualmente las religiones primitivas se les exige tener un buen conocimiento de los lenguajes de las tribus que investigan y no pueden así confundir expresiones metafóricas o simbólicas con afirmaciones literales. Una vez que se ha dominado la dificultad de una traducción completa y refinada, podemos hacer que una religión se nos presente muy semejante a como la ven quienes la practican. Así, no tenemos que sustituir con nuestra imagen o "explicación" la de ellos. Esa etapa —la de dar nuestra propia explicación— vendrá más tarde, cuando hayamos entendido en su contexto lo que los sacrificios, por ejemplo, o las oraciones, significan para esos grupos; entonces, comparando sus conceptos con los nuestros y con los de otros pueblos, podemos profundizar nuestra comprensión de los sacrificios o las oraciones, o cualquier asunto que elijamos para estudios comparativos especiales.

El sacrificio es un buen ejemplo. En muchas tribus el sacrificio de sangre es el acto religioso central; y así ha sido estudiado comparativamente por dos de los exponentes más capaces de la interpretación filosófica, Hubert y Mauss.

Hubert y Mauss, como Durkheim, pensaban que las dos categorías básicas de nuestro pensamiento acerca de la religión son las de lo sagrado y lo no sagrado o profano. Todas las religiones dependen, en cierto modo, de la separación de ciertos objetos, personas y situaciones, que están en una relación especial con lo divino; este conjunto compone la categoría de lo sagrado, como algo distinto de los objetos, personas o situaciones profanas que no tienen ninguna significación religiosa. He mencionado anteriormente que estos sociólogos franceses equiparaban esta categoría de lo sagrado con el mundo social, pero aquí no considero esta implicación más amplia de su teoría.

Al examinar las diversas situaciones de sacrificio, Hubert y Mauss concluyen que lo que tienen en común las ceremonias de sacrificio es el intento de establecer comunicación entre lo sagrado y lo profano, a través de una víctima que se consagra y después se destruye con este propósito. La víctima es inmolada y ofrecida a los dioses, que se pensaba la aceptaban tal vez como alimento, tal vez de otro modo. Por medio del ofrecimiento de la víctima, se establecía comunicación con lo sagrado y aquellos que ofrecían el sacrificio recibían a cambio beneficios espirituales, morales y físicos que no podían obtener de otro modo.

Dicho análisis satisface claramente los hechos del sacrificio de sangre como se conoce entre muchos pueblos del mundo. Sin embargo, si comparamos los sacrificios de sangre de los pueblos de África con los que se encuentran en la muy notable y bien descrita religión de los indios cuervo de Norteamérica, no vemos una semejanza inmediata. En su capítulo sobre la religión cuervo en el libro dedicado a ese pueblo, el profesor Lowie escribe:

En una crisis un negro africano acude ante un adivino, quien arroja sus dados sagrados y por medio de su ciencia oculta interpreta la tirada; alguno de los ancestros del demandante está enojado, y para calmar su ira deberá sacrificar un determinado número de cabezas de ganado. Los cuervo no tienen sistema de adivin ción, nunca han venerado a sus ancestros y no hacen sacrificios de sangre. Cuando se encuentra en dificultades, el indio trata de enfrentarse a la divinidad cara a cara.

Para hacerlo, el cuervo se mortifica de diferentes modos a fin de tratar de recibir una visión o revelación de un espíritu guardián que lo guíe y lo ayude a prosperar. Una de las formas más comunes de auto-mortificación era la amputación de una falange.

Muy probablemente se encamina a la cima solitaria de una montaña para ayunar y lamentarse allí... Al rayar el día se sienta con el rostro hacia el oriente. Tan pronto como se levanta el sol, pone su índice izquierdo sobre un trozo de madera y se amputa una falange. La coloca sobre un pedazo de piel de búfalo y la eleva hacia el sol, a quien se dirige del modo siguiente: "Tío (o sea el padre de los miembros del clan), mírame, soy digno de lástima. Aquí está una parte de mi cuerpo, yo te la doy, cómela. Dáme algo bueno..."

Más tarde, cuando el hombre ha sufrido lo suficiente, la visión esperada llega durante su sueño y lo guía en su vida.

Así, aunque los cuervo no ofrecen víctimas animales, como muchos pueblos africanos, sin embargo dan a los dioses una parte de ellos mismos; esta dádiva de una parte del propio cuerpo, concuerda con el análisis de Hubert y Mauss acerca del rasgo principal del acto de sacrificio. La observación de una semejanza entre este acto de los indios cuervo y algunos sacrificios animales no disminuye las grandes diferencias que existen entre la religión de los indios cuervo y las de muchas tribus africanas. Simplemente observamos que desde un punto de vista tratamos con una situación, y no con dos, cuando el cuervo ofrece su falange en sacrificio mientras que el africano ofrece un cordero o un buey. Además, investigaciones recientes del sacrificio animal en África han puesto en claro que el ofrecimiento de una víctima a los dioses se basa en la idea de ofrecer una parte de sí mismo, ya que la víctima se identifica con la persona por la cual se hace el ofrecimiento. Los dos casos pueden contemplarse así a la luz de una sola interpretación del acto del sacrificio, aunque la búsqueda de visiones individuales, que es un rasgo tan señalado de la religión cuervo, es menos prominente en una gran parte de África.

Aun en este aspecto, sin embargo, hay algunas semejanzas que sugieren otras líneas de investigación. Estudios recientes en África indican que, dado que las sociedades tribales empiezan a desintegrarse bajo el dominio extranjero, ha habido una multiplicación de "espíritus" individuales y de dirigentes religiosos individuales, fuera del orden religioso tradicional, por lo menos en esa escala. Los cambios modernos en África han dado como resultado un tipo de autosuficiencia individual que no era posible previamente, y ello parece concordar con la tendencia del aumento de revelaciones y experiencias religiosas privadas. Un libro escrito por el misionero luterano B. Sundkler, intitulado *Profetas bantú en Sudáfrica*, relata cómo incluso las iglesias cristianas originales se han dividido ahora en cientos de sectas semi-paganas, cada una con sus propios dirigentes; y entre los pueblos nilóticos del Sudán, cuya integridad tribal ha empezado a socavarse en tiempos relativamente recientes, muchos "espíritus" que se piensa que son también de origen reciente han poseído a individuos y a través de ellos han llegado a ser conocidos en la sociedad. Estos espíritus no son espíritus guardianes, como los de los indios cuervo; pero representan el desarrollo de un tipo de experiencia religiosa individual y excéntrica que los mismos grupos piensan que van en aumento. Entre los indios cuervo, cuyo culto de las revelaciones individuales es ahora tan marcado, hasta el punto que parece representar una clase distinta de religión tribal, se ha sugerido también que en algún momento su importancia fue diferente. El profesor Lowie escribe que:

> ...la hipertrofia de la visión individual representa una superposición que ha desplazado otras creencias, incluido el extendido culto americano al sol. Las visiones en sí mismas son sin duda muy antiguas, pero la importancia exclusiva de las visiones individuales como fuente de poder es un desarrollo comparativamente tardío que remodeló en mucho la racionalización de la religión de los cuervo.

Sólo futuras investigaciones podrán establecer si existe una correspondencia general entre la desorganización de la vida tribal debido a una conquista dominadora y un aumento de la insistencia en la autosuficiencia individual tanto en las situaciones religiosas como en las morales y económicas de la vida. Tales son algunas de las preguntas que en la actualidad debe plantearse el investigador de las religiones tribales.

Mencioné anteriormente que el estudio antropológico de las religiones tribales requiere un método diferente del adoptado por los investigadores de religión comparada, que recurren a los escritos sagrados como fuente de información. Nosotros estudiamos las creencias y prácticas religiosas en relación con situaciones sociales particulares; y lo que la gente hace en situaciones particulares no es siempre congruente con lo que ellos, tras de reflexionar están dispuestos a decir que creen.

Un pequeño ejemplo de esto ocurre en una descripción del reino de los bakitara, o banyoro, en Uganda, hecha por el misionero John Roscoe. Hizo varias valiosas descripciones etnográficas de los pueblos de Uganda, sin intentar ninguna elaboración teórica interpretativa de los hechos, los cuales se limitó a describir según el conocimiento que tenía de los mismos. La honestidad de sus informes hace posible que encontremos en su relato un ejemplo de la discrepancia entre la teoría y la práctica de la religión que él mismo parece haber pasado por alto.

Roscoe obtuvo declaraciones aborígenes acerca de los dioses de los banyoro, entre las cuales hay una narración acerca de un dios llamado Ruhanga.

Los banyoro dijeron a Roscoe que Ruhanga era

> ...el creador de las cosas... la gente no le pedía ayuda porque él había hecho su trabajo y no era necesario pedirle más favores. Otros dioses podían ayudar en la multiplicación de hombres, ganado, cosechas...

Esas afirmaciones acerca de un creador que, habiendo terminado su creación, no tiene después mucho interés en ella, son comunes en otras tribus. Los anuak del Sudán, por ejemplo, dicen que cuando el hombre fue creado el creador dio instrucciones de que él mismo debería ser desechado de inmediato. Esto parece retratar a un creador muy diferente de, digamos, el Dios cristiano; en los libros sobre religión africana han recibido el nombre de otioses esos dioses que no tienen posteriormente funciones aparentes en el mundo.

Pero esta explicación de Ruhanga parece representar solamente una parte de la verdad. Algunas páginas después de presentar Roscoe aquella afirmación, describe la ceremonia para provocar lluvia:

> Después fue traído un recipiente con agua de un arroyo vecino y el hacedor de lluvia levantó sus manos e imploró así a Ruhanga: "Ruhanga, danos tu bendición. Escúchanos, rey de toda la tierra. La gente muere de hambre."

Los informes acerca de diferencias semejantes entre las nociones que se profesan y la práctica efectiva son obviamente de importancia para nuestra comprensión de las religiones tribales. Cuando vemos que a veces en la práctica el creador de los banyoro recibe súplicas y peticiones de ayuda, vemos que en la práctica su religión no es en ocasiones muy diferente a la nuestra, como pudieran sugerir las diferencias de doctrinas. La conducta de los pueblos suele ser más común que sus concepciones de dioses.

Hasta ahora los estudios de las religiones tribales han tenido que tratar el tema en abstracciones muy groseras. Es como si no hubiéramos vislumbrado todavía cuáles pudieran ser los elementos que, en diferentes combinaciones, se verían reaparecer cada vez que se identificara algo como "religión". Escribimos acerca de "culto a los antepasados", "religión del cielo", "totemismo", etcétera, aunque sabemos bien que estas palabras pueden aplicarse a religiones que difieren en modos muy importantes, y que cada uno de esos conceptos es un burdo término compuesto. Esto se aplica también a términos como "politeísmo" y "monoteísmo", que son demasiado generales para registrar adecuadamente lo que se encuentra en realidad en cualquier religión.

Nuevamente, las definiciones que usamos tienden a ser ambiguas aun en nuestro propio lenguaje. Cuando consideramos, por ejemplo, la definición mínima de Tylor, según la cual la religión es "una creencia en seres espirituales", nos damos cuenta de que nosotros mismos no tenemos idea muy clara de lo que son esos seres; si decimos que la religión es el servicio de los dioses nuevamente afrontamos la dificultad de saber qué son los dioses, ya que los pueblos tribales a menudo no nos dicen nada sobre su naturaleza. Solamente pueden nombrarlos e indicar los efectos que se les atribuyen. Durkheim parece haber reconocido esta dificultad cuando escribía que

> ...un dios... es un poder que produce ciertas manifestaciones... que están relacionadas con un sujeto determinado, particular... no importa si este poder se imagina como un espíritu puro, o si se le liga a un subestrato material; lo esencial es que debe ser individualizado...

Una definición de esta clase es útil por que nos ahorra las preguntas acerca de la naturaleza propia de los dioses tribales, preguntas para las cuales no suelen tener respuesta los tribeños. Preguntas como "¿Es bueno Dios?", por ejemplo, no suelen tener el mismo significado en la lengua de un pueblo primitivo que en la nuestra, ya que los dioses son "buenos" cuando producen efectos que los seres humanos consideran buenos; en otras situaciones, cuando el sufrimiento o la enfermedad o la muerte se les atribuye con la misma facilidad, se puede decir que son malos. Éstos no son comentarios sobre su naturaleza, sino acerca de los modos en que afecta a los seres humanos.

Hablamos también de "creencia" religiosa; y para nosotros la palabra ha llegado a tener el sentido de una afirmación acerca de algo que reconocemos que es a fin de cuentas incierto. Pero para los pueblos tribales, la existencia de los dioses no es cosa de incertidumbre; ellos no pueden dudar de la existencia de los dioses cuando ven en todas partes los efectos que les atribuyen. Su fe incluye certidumbre en cuanto a la operación de poderes cuyos modos y naturaleza son incomprensibles; no es un asunto de opinión cognoscible acerca de seres cuya existencia pudiera ponerse en duda. A menudo ocultamos esto cuando hablamos de "creencia" religiosa; en muchos casos es mejor hablar de conocimiento religioso, ya que, como sugeriré finalmente, la religión es un modo de conocer y de tratar ciertas situaciones de la vida humana. El conocimiento y práctica religiosos son modos en que los hombres aprenden ciertas verdades y se ajustan a la condición de éstas a la luz de aquella percepción.

Entre todos los pueblos tribales encontramos un elemento de preocupación con el conocimiento de la verdad, el cual está presente en muchas religiones. Consideremos un rasgo común en las religiones africanas: un sacrificio para un hombre que se encuentra enfermo. Los parientes del hombre llaman a un adivino para intentar diagnosticar el verdadero origen de la enfermedad, ya que la mayor percepción del adivino lo califica para ello. Puede atribuir la enfermedad a un espíritu particular, o a un pecado determinado del hombre o de sus ancestros. Para curar la enfermedad debe ofrecerse una bestia en sacrificio. Tal vez se llame a un sacerdote para orar por la recuperación del hombre y ofrecer el sacrificio. La oración puede ser simplemente una afirmación de lo que ocurrirá. Aquí tenemos un ejemplo de la tribu dinka:

> Y tú, buey, no es en vano que te hayamos atado bajo el sol del mediodía; es por la enfermedad, para cambiar tu vida por la vida del hombre enfermo. Tú, Dios, escucha mis palabras, y tú, mi espíritu totémico, escucha mis palabras y tú, espíritu de la enfermedad, te he separado del hombre. Así he hablado: abandona al hombre... Tú, espíritu totémico de mi padre, no me dejes mentir.

La implicación es que las palabras del sacerdote deben ser verdad y por lo tanto crear la situación que afirman. La verdadera causa de la enfermedad ha sido así diagnosticada; el sacerdote que habla verazmente reza como si lo deseado ya se hubiera alcanzado, a la manera de un profeta hebreo; y el sacrificio se hace a la luz de esta representación de la verdad de toda la situación.

Se ha dicho del poder espiritual del mana que el mana de un sacerdote se demostraba con la veracidad de sus predicciones, y por las experiencias en otras regiones del mundo también resulta claro que la adivinación y representación de la verdad, como guía de acción, es parte de la tarea de la religión. Entre los indios cuervo, que carecen de cualquiera de las formas africanas de adivinación, los individuos buscaban visiones de una verdad cuyo conocimiento les era necesario y provechoso. Esa verdad suele contener elementos arbitrarios y triviales, desde nuestro punto de vista; "los tabúes caprichosos de carácter dietético o ritual" es lo que los espíritus suelen revelar a los cuervo, según el profesor Lowie. Puede pretenderse, sin embargo, que es en su misma trivialidad y arbitrariedad donde llevan la convicción de que realmente fueron revelados a un hombre y no simplemente pensados por él mismo. Su naturaleza peculiar y desigual garantiza su origen divino. La relación de la práctica religiosa primitiva con el conocimiento de la verdad está bien señalada en este ensalmo dicho por un adivino maorí en su deseo de conocer el origen de una enfermedad:

> Una búsqueda, una pesquisa
> ¿Buscar dónde?
> Buscar la Tierra, encontrar el origen
> Buscar la base, escudriñar lo desconocido,
> Encontrar el atua (espíritu)
> Que sea efectivo.

Y podemos pensar en otros casos de la relación entre la práctica religiosa y la definición de la verdad, como juramentos y oráculos, en el primero de los cuales se llama al adivino para garantizar la verdad de las palabras de los hombres, y en el segundo la verdad se revela al hombre por operaciones sobre las que, suponen ellos, no tienen control.

Las religiones tribales implican, pues, por una parte un sentido de ignorancia y debilidad humanas y por otra un medio de garantizar las suposiciones sobre las que se basan los únicos medios de un pueblo para tratar con las desventajas que acompañan a la ignorancia y debilidad humanas. Si no hubiera garantía, por ejemplo, de que al adivino se le permitiera un asomo a los verdaderos orígenes de una enfermedad, no habría medios de tratar con aquella enfermedad. Como sabemos en nuestra propia civilización, no es solamente en la religión donde puede buscarse una garantía de una medida semejante de certidumbre, y que, para los pueblos primitivos, su verdad a menudo nos parece ser una falacia basada en la ignorancia. Pero es una preocupación por la verdad, como ellos la ven, que suele evitar que acepten suposiciones en las que están basadas nuestras propias nociones de verdad, del mismo modo que es una preocupación por la verdad lo que nos impide aceptar lo que vemos como sus errores.

No sugiero que los pueblos tribales vean al mundo y su vida en éste como un enigma, para el cual busquen ansiosamente una respuesta. Pero igual que nosotros, sienten que la vida humana se vive dentro de condiciones circundantes que ellos pueden descubrir pero no alterar; sus religiones son en parte teorías de lo que esas condiciones, morales y físicas, son realmente, y medios para adaptarse a aquellas lo mejor que puedan. Y si, desde nuestro punto de vista, sus teorías de las condiciones son a veces falsas y engañosas, en todo caso comparten con nosotros una preocupación por la verdad.

XVI. Economía primitiva

Daryll Forde con la colaboración de Mary Douglas

Las economías de los pueblos primitivos difieren ampliamente. Los aborígenes australianos, por ejemplo, o los indios de California, viven solamente de la caza y la recolección, sin ningún conocimiento del cultivo de plantas o del pastoreo. Los fula del Sudán occidental o los árabes beduinos son pastores y dependen del cultivo solamente en grado menor, o no lo practican en absoluto. Hay cultivadores manuales sin ganado de gran tamaño, como en los distritos infectados por la tse-tsé en el África central. Hay pueblos ganaderos que cultivan cereales y complementan su alimentación con la caza, como hacen los bantú del sur, en África.

La agricultura apareció tardíamente en la historia humana, y permitió un medio de aumentar grandemente la producción. Pero los recolectores de alimentos no viven necesariamente todos en un nivel de subsistencia más bajo que el de los cultivadores. Algunos pueblos no agrícolas desarrollaron técnicas complicadas para explotar los productos silvestres de su medio ambiente. Las tribus cazadoras y pescadoras de la costa noroeste de América del Norte no solamente obtenían presas abundantes; sabían cómo convertir los árboles en tablones para construir sus sólidas cabañas, cómo construir ingeniosas presas y trampas para peces, y aun cómo organizar provechosas expediciones de caza de ballenas. Técnicamente estaban mucho más avanzados que muchos pueblos cultivadores. El pastoreo nómada, que vulgarmente se supone precedió al desarrollo de la agricultura, en realidad apareció en una etapa posterior en el Nuevo Mundo en las márgenes de poblaciones sedentarias acostumbradas al cultivo con cría de ganado.

Los rasgos distintivos de una economía primitiva no se encontrarán en ningún modo particular de asegurar el sustento. Condición básica es un bajo grado de conocimiento técnico. Por favorable que sea el clima, rica la vegetación natural y la vida animal, los pueblo equipados solamente con técnicas simples se ven limitados en la explotación de los recursos de su país.

El nivel de producción de alimentos y los utensilios mediante los cuales se aseguran éstos en todas partes depende vitalmente de la cantidad de energía que pueda aplicarse a las tareas productivas, y es importante darse cuenta de la capacidad limitada para la producción que caracteriza a los pueblos que carecen de máquinas motorizadas. Un ser humano adulto puede ejercer directamente una energía equivalente a sólo alrededor de un décimo de unidad de caballo de fuerza y muchos pueblos primitivos han carecido de cualquier otra fuente primaria de energía, fuera de un limitado uso del fuego. Sin energía animal o hidráulica para elevación y tracción, su capacidad productiva está severamente limitada por su restricción a utensilios manuales como el arco, la azada y la red de pesca. Éstos deben permanecer mecánicamente simples y requerir correspondientemente menos especialización en su manufactura y uso. Al mismo tiempo, el nivel de producción por hombre a que obligan esos utensilios no es suficiente para liberar una proporción importante de la tarea común de producción de alimentos, por lo que hay poco campo para cualquier considerable división del trabajo.

Las civilizaciones avanzadas suelen extenderse en las tierras más favorables, de tal modo que hay una tendencia a que los pueblos menos bien equipados vivan en las regiones más hostiles y agrestes. Se han adaptado a éstas del mejor modo posible: los esquimales a la nieve y el hielo, los bosquímanos y los árabes beduinos a la sequía y el desierto. En muchas tierras tropicales, el rápido desgaste del suelo establece una limitación básica al cultivo con métodos primitivos.

Las condiciones naturales restringen ciertos aspectos del desarrollo y permiten otros, pero no dictan de ningún modo preciso las líneas a lo largo de las cuales debe desarrollarse una economía. Por medio de su trabajo y habilidad el hombre produce un ambiente secundario que es tanto una función de la técnica como de los recursos. Este marco varía ampliamente de un pueblo y una región a los otros, de acuerdo con los diferentes materiales disponibles y la inclinación individual de sus intereses y capacidades.

La preocupación por el abasto diario o estacional de alimentos, la frecuencia de la adversidad y los riesgos de hambre son características obvias de la economía primitiva. También lo son las limitaciones del transporte, aunque esto, por supuesto, es menos válido para los criadores nómadas de caballos y camellos. Menos obvias, pero igualmente fundamentales, son las dificultades de almacenamiento, que limitan la acumulación de alimentos y otros bienes. El calor, la humedad y las hormigas blancas destruyen efectivamente cualquier posesión que pudieran lograr reunir los bemba del norte de Rhodesia o los nambikwara del Mato Grosso en América del Sur. En la Polinesia, los habitantes de Tikopia no sabían curar el pescado, y solamente uno de sus cultivos tenía buenas cualidades de conservación. Se admite que los esquimales pueden congelar su carne y conservarla durante periodos indefinidos, pero el mismo hielo que hace posible la conservación de sus alimentos les impone limitaciones de alimentos vegetales, madera para combustible y abrigo. Los pastores están en mejor posición a este respecto, ya que los rebaños les proporcionan una reserva natural de riqueza, pero el ganado es vulnerable a las enfermedades, cuya aparición puede desorganizar toda la economía.

El equipo productivo es relativamente simple y se hacen pocos bienes durables de cualquier tipo. En breve, el esfuerzo productivo de una economía primitiva es capaz de anticipar sus necesidades futuras sólo durante un periodo muy pequeño. Es difícil la acumulación e imposible la planeación a largo plazo.

La inseguridad, pues, suele ser la marca de una economía primitiva. Pero en este aspecto hay variaciones considerables de una economía primitiva a otra. Algunos pueblos recolectores de alimentos, por ejemplo los yokuts de California que se alimentan con bellotas y los pescadores kwakiutl de la Columbia Británica, tuvieron la fortuna de contar con abundancia de recursos básicos.

Otra característica común de las economías primitivas, aunque no universal, es la falta de diversidad en los recursos principales. Algunos pueblos dependen en gran medida de unos cuantos productos, que son procesados para proporcionar alimento, abrigo, armas, utensilios y cubrir casi todas las principales necesidades del pueblo. Esta tendencia es particularmente notable entre los cazadores y los pastores. El esquimal toma de las focas que caza, carne para comer, grasa para combustible, alumbrarse, y para untarse en el cuerpo, pieles para cubrirse, tendones para correas, huesos para arpones y puntas de flecha. Hay una economía de esfuerzo, pero los riesgos son elevados. Si durante un verano tormentoso se ausentan las focas de una ensenada habitualmente abrigada, puede resultar el hambre y la muerte para toda la comunidad. Los pastores nuer del sur del Sudán obtienen de los productos de su ganado lo necesario para satisfacer la mayor parte de sus requerimientos esenciales: sangre, leche, queso y carne para su sustento; cuerno y hueso para sus armas; estiércol seco para combustible; pieles para cubrirse y fabricar correas y bolsas. Pero durante una epidemia ocurrida a fines del siglo pasado, cuando su ganado murió al por mayor, se vieron en situación desesperada. Entre esos pueblos se hace gran hincapié en el valor de su recurso principal, que tiende a convertirse en el foco de su simbolismo religioso. Para los nuer, el ganado juega un papel principal en su vida religiosa, y es usado para todo ceremonial y sacrificio. Esa tendencia a dar un valor excepcionalmente elevado a unos pocos recursos vitales puede distorsionar el desarrollo de una economía. La región nuer abunda en caza y aves silvestres, pero ellos apenas los explotan, despreciando la caza como alimento si pueden obtener leche y carne de res. A su vez, los pueblos cazadores a menudo desprecian la carne de animales domésticos. Un efecto de esta parcialidad es que no se explota la amplia gama de recursos realmente disponibles con las técnicas existentes. Otro efecto es la inhibición de intercambios internos y externos. Así, los nuer eran renuentes al trato con los traficantes árabes, ya que éstos no tenían ganado y el ganado era la única forma de riqueza que interesaba a los nuer.

Podemos resumir las características básicas de las economías primitivas como sigue: preocupación por el abasto diario y estacional de alimentos, limitación de transporte, dificultades para almacenamiento, sobredependencia de uno o dos recursos principales. Estas restricciones se derivan principalmente de un bajo nivel de conocimiento técnico, que limita severamente la capacidad productiva. En cualquier parte donde se encuentran estas características se derivan de ellas ciertas consecuencias. La unidad económica es pequeña y, salvo por especialidades ocasionalmente intercambiadas por medio del trueque, no trasciende a la población de una pequeña aldea. Las relaciones sociales son del tipo personal, cara a cara. Todos han conocido a los demás desde la niñez, todos están emparentados con los demás. Los enfermos y los infortunados pueden depender de la generosidad de los vecinos inmediatos. El compartir las herramientas y las reservas para satisfacer las carencias individuales es asunto de obligación moral entre parientes y vecinos. Las relaciones comerciales impersonales difícilmente existen. El grupo que vive y trabaja conjuntamente tiene fuertes sentimientos de solidaridad, en parte porque están aislados de otros grupos debido a las malas comunicaciones.

El pequeño tamaño del grupo social dentro del cual se organiza la producción y se efectúa el intercambio también reduce la oportunidad para especializaciones. Toda persona de la comunidad, de la edad y sexo apropiados, conoce la práctica de las habilidades. Ciertas clases de trabajo se asignan tradicionalmente a los hombres, otras a las mujeres, pero son muy raros los especialistas de tiempo completo. Los trabajos de alfarería, construcción de botes, herrería o magia son tareas voluntarias en el tiempo libre.

En esa situación, las relaciones económicas no se han separado de otras relaciones sociales. No existe la situación de que un hombre trabaje para otro a quien conoce solamente como su patrón. Los hombres trabajan juntos porque están emparentados entre sí, o tienen otras obligaciones sociales comunes. Los procesos económicos importantes están así comprendidos dentro de necesidades sociales más amplias, y están inseparablemente mezclados con la política, el ceremonial y las festividades en general. Cuando los indios pies negros de las planicies acostumbraban congregarse en el verano para el acoso tribal del búfalo, que era su principal actividad económica, a un breve periodo de caza intensiva seguían fiestas y danzas, y la vida social de la tribu llegaba a su clímax. La gran ceremonia anual de la Danza del Sol era la culminación no sólo de las actividades económicas anuales, sino también de las políticas y religiosas.

En una economía con estas condiciones generales, el intercambio económico está necesariamente limitado. Los mercados permanecen sin desarrollo porque son pocas las ventajas del intercambio interno. La familia satisface sus necesidades diarias con su propia producción. Los excedentes no se pueden enviar rápidamente a las áreas donde se los necesita debido a las dificultades de transporte. Por otra parte, si los excedentes han de usarse, de algún modo se deben distribuir inmediatamente, debido a los problemas técnicos de almacenamiento. Dado que todos producen en gran medida la misma variedad de artículos que los demás, es poca la demanda local para los excedentes de producción. A menudo el único modo de que un individuo pueda disponer de un excedente es ofrecer una gran fiesta o simplemente regalarlo a parientes y vecinos, quienes se sentirán obligados a devolver algún día el presente.

Pero como regla, las economías primitivas no son completamente cerradas. Generalmente hay algo de comercio exterior, aunque de carácter esporádico. Puede haber un contacto entre cazadores y cultivadores, que intercambian carne por cereales, como hacían los pigmeos de la selva del Congo con sus vecinos en un comercio mudo en el cual las partes implicadas en el intercambio nunca llegan a enfrentarse. Los habitantes de las costas pueden intercambiar pescado por los productos de los cultivadores de tierra adentro. Una comunidad puede producir un excedente de una especialidad, alguna golosina local, una materia prima, o algún valioso ornamento, e intercambiarlo por otra especialidad de una tribu diferente. Entre los bosquímanos del Kalahari había un sistema de relaciones comerciales, tanto con sus vecinos bantú como entre las diferentes tribus. Los grupos situados centralmente desempeñan el papel de intermediarios, obteniendo de sus vecinos del norte bienes que intercambiarán con los del sur y viceversa. En este tráfico, algunos artículos como las cuentas de cascarón de huevo y el tabaco tienen un valor fijo en relación con otros bienes, porque siempre hay demanda de ellos, y en relación con éstos se pone precio a los demás.

También es posible el intercambio interno, como cuando cuatro o cinco pequeñas comunidades se reúnen regularmente en un mercado local y eliminan por medio del intercambio las pequeñas desigualdades de producción. La diferencia entre esta clase de mercado y los mercados de las economías desarrolladas es que los bienes que se ofrecen en intercambio no han sido producidos con intenciones de venta, sino que son el excedente fortuito de la producción para la subsistencia. Ésta es una diferencia esencial entre la producción en la economía primitiva y la desarrollada. Se suele usar para estas economías la palabra "subsistencia" en vez de "primitiva", para acentuar el contraste entre ellas y las complejas economías de intercambio modernas.

La unidad de producción no se corresponde necesariamente con la unidad de consumo; el tamaño de la primera está determinado generalmente por consideraciones técnicas, mientras que el tamaño de la unidad de consumo puede variar de un grupo de familias hasta incluir el total de la comunidad local.

Para la producción, la gente coopera en los diferentes grupos en diferentes temporadas, de acuerdo con la naturaleza del trabajo. Para algunas tareas la unidad más eficiente puede ser solamente un hombre: el cazador esquimal que aguarda frente al agujero de una foca está mejor solo. El éxito de la caza de los bosquimanos suele depender de la ligereza de sus pies; en la temporada húmeda el suelo mojado obstaculiza a los animales, y aun en la temporada seca es posible perseguir y cazar al joven ciervo, ya que la arena caliente causa el desprendimiento de sus pezuñas. Para esta clase de caza, el mejor equipo es un hombre y un perro. En otras ocasiones toda la fuerza masculina de una banda puede erigir barricadas y cavar fosos a través de un valle, para encaminar a un hato de animales salvajes a esa gran trampa.

Otras clases de producción pueden dividirse en diversas tareas llevadas a cabo por individuos separados. Solamente un hombre a la vez puede operar el telar de mano congolés empleado para tejer la raffia. Pero los diversos procesos de la preparación de la raffia y el telar se pueden asignar a diferentes individuos para que lo hagan en su propio tiempo: un anciano puede ser la persona más adecuada para el intrincado ordenamiento de los hilos y un hombre joven para el pesado trabajo del tejido en sí.

En el trabajo agrícola, la presión de las estaciones puede hacer urgente para cada agricultor la ayuda de otras personas para limpiar el campo. En el desmonte es más eficiente un equipo que una serie de trabajadores por separado. De acuerdo con una costumbre local, un hombre puede reunir un equipo de trabajadores compuestos por los individuos pertenecientes a su grupo de edad, sus parientes, o todos los hombres disponibles en el distrito. La naturaleza del trabajo tiende a determinar el tamaño de la unidad de trabajo, pero dado que la mayoría de las tareas no son muy complejas, y dado que esas pocas que requieren colaboración en gran escala son de corta duración, son raras las unidades de trabajo de tamaño considerable.

En cuanto a la recompensa por el trabajo, se hace poco esfuerzo para calcular la contribución de cada unidad y darle una participación correspondiente del producto. Entre los bosquimanos, no importa que las piezas llevadas al campamento hayan sido logradas por un cazador individual o muertas en un acoso comunal: las reglas para distribuir la carne no varían. Todos los miembros del campamento tienen derecho a su parte. El hombre que ha matado a un ciervo por su propia mano tiene que entregarlo para ser dividido por el jefe del campamento de acuerdo con reglas fijas que señalan que hay que reservar ciertas partes para los hombres casados, otras para los jóvenes, otras para las mujeres, de acuerdo con sus diferentes *status*. Las mujeres de la banda que diariamente recogen los vegetales conservan para la familia el producto de su propia recolección, pero la carne representa un abastecimiento irregular de un alimento importante, y el sistema de una distribución equitativa de la caza asegura una parte para cada familia de la comunidad.

Cuando se forman cuadrillas de trabajo para desmonte, cada miembro a su vez obtiene el beneficio del trabajo de todo el grupo. En algunos casos se ofrece una fiesta como estímulo para los trabajadores, pero el incentivo definitivo es la conservación de la buena voluntad, que asegura a cada trabajador ayuda similar cuando la necesite. En una economía primitiva no hay salarios (a excepción de los honorarios para especialistas como curanderos, magos y herreros). Normalmente, un hombre no gana su derecho a una participación particular de la producción contribuyendo a un trabajo particular. Sus derechos en el reparto se basan en su calidad de miembro y en su *status* dentro del grupo social, familia, campamento, club, etc., para quien se hace el trabajo. Trabajará para satisfacer sus obligaciones sociales, para mantener su prestigio y el *status* al que le da derecho su sexo, edad o rango.

Es difícil distinguir una unidad regular de consumo como unidad regular de producción. El derecho a disfrutar ciertas cosas puede ser una concesión a determinados individuos o familias, o a la comunidad como un todo. En la estructura de diferentes grupos sociales se pueden haber establecido diferentes clases de situaciones de distribución, por lo que es imposible considerar la sociedad como dividida en una serie fija de unidades de consumo, como la familia. Los alimentos pueden ser cocinados por las esposas en sus fogones domésticos, pero parte de ellos es llevada afuera para contribuir al abasto general que comparten los hombres entre ellos mismos.

Entre los nuer, por ejemplo, la familia extensa es la unidad de propiedad de ganado, y los derechos de cada familia al ganado dado en pago por multas o en los matrimonios se respetan celosamente. Pero cuando se trata de los productos alimenticios del ganado, los hombres habitualmente comen en casa ajena al grado de que toda la aldea parece participar de un fondo común. En las comunidades agrícolas, los derechos de tierras de los individuos se encuentran restringidos generalmente por los derechos prevalecientes en la aldea como un todo.

Una aldea bemba, bajo su jefe, posee sus tierras por derecho de ocupación; cada miembro del sexo masculino tiene derecho a la tierra que haya desmontado, por virtud de residencia aceptada. Cada esposa tiene su granero para almacenar la cosecha que haya levantado en los campos proporcionados por su esposo. Pero toda la aldea, con sus campos y graneros, es al mismo tiempo una especie de asunto doméstico conjunto, ya que las reglas de hospitalidad y el hábito de compartir los alimentos distribuyen el trabajo anual en toda la aldea.

Esas costumbres son comunes en la mayor parte de las economías primitivas, y tienden a nivelar las desigualdades de ingreso que resultan de las técnicas primitivas. La opinión pública obliga a una familia, cuyas cosechas son más abundantes que las de sus vecinos, a compartir con ellos sus ventajas. La igualdad de la distribución, entonces de acuerdo con el *status* más bien que como una recompensa dada al trabajo, es otro rasgo característico de las economías primitivas. Esto no significa que no se acuerde cierto privilegio económico a quienes tienen un *status* elevado.

La obligación de distribuir el ingreso se apoya en dos factores. Uno, que convence a todos de la importancia de la generosidad, es la constante amenaza de la carencia. Todos están conscientes de su propia inseguridad y la consecuente dependencia de sus vecinos. El segundo, como ya hemos visto, es la dificultad técnica de conservar los bienes para su consumo futuro. Los bienes perecederos constituyen una mayor parte de la riqueza de estas comunidades, y su disfrute no puede posponerse a un futuro indefinido. El hombre que distribuye sus excedentes a sus vecinos tiene la satisfacción de ganar prestigio. Y dado que la obligación de pagar un regalo con otro regalo está plenamente reconocida, ese hecho hace que también asegure algo para su propio futuro. Al dar sus propios excedentes ese hombre se hace acreedor a otros. Es una forma elemental de crédito. Los recipientes de sus regalos deberán obsequiarlo de modo semejante cuando se presente la ocasión. También aceptan su influencia, y le ayudan a mejorar su posición en la comunidad.

En una economía primitiva el poder político no está relacionado con el control económico como ocurre en una economía altamente desarrollada. Debido a que, como hemos visto, el sistema de producción se basa en pequeñas unidades independientes, no ofrece medios para concentrar el poder a través del control de recursos o de equipo productivo. Un hombre puede satisfacer mejor el impulso para tener poder y prestigio ligándose a un grupo de partidarios: él les ofrece protección y una mesa suculenta; ellos le dan *status* y autoridad. La competencia, en una economía primitiva, no es específicamente económica, sino social. Por otra parte, las ventajas económicas siguen a menudo a las de *status* social elevado. Solamente un jefe o un chamán entre los nambikwara puede poseer más de una esposa, y esto se considera como una recompensa por su responsabilidad. El jefe de un distrito entre los bemba necesita muchas esposas, simplemente para organizar la atención a los consejeros y visitantes a la corte. El pago de un tributo al jefe, y la distribución que él hace de hospitalidad y largueza, son aspectos complementarios de su *status*. Él necesita las contribuciones de sus súbditos para satisfacer su obligación de ser espléndido con ellos. De este modo él también mantiene su posición. Aunque las aldeas leales envían cuadrillas para cultivar sus campos y para asegurar un abasto de granos adecuado a sus responsabiliddes, el jefe bemba no trata de organizar una producción máxima. Prefiere llenar sus graneros con pagos de tributo en especie. Esto ilustra una diferencia en la relación entre la organización económica y política en una economía primitiva. No es mediante el control de la producción como pueden adquirirse las ventajas políticas y los privilegios en el consumo; más bien, la distribución se puede controlar sólo aumentando el *status* social y ganando autoridad política.

Las instituciones dominantes en una economía primitiva, aunque predominantemente políticas y religiosas, sin embargo son canales importantes para la redistribución de la riqueza. Donde hay un cacicazgo, lo que se lleva como tributo es rápidamente distribuido como recompensas y regalos: se compensan así las fallas locales de la producción en ese lugar. Es habitual que quienes sufren un desastre pidan la ayuda del jefe, y él puede pedir a sus súbditos prósperos que proporcionen provisiones de emergencia. En algunas sociedades, un importante canal de la redistribución económica puede consistir en asociaciones de hombres importantes, en las llamadas "sociedades secretas". El ingreso a ellas se obtiene mediante el pago de cuotas, que son compartidas por todos los miembros, y la riqueza acumulada transferida en cuotas es ampliamente redistribuida.

El matrimonio también suele tener una prominente función eco-

nómica como agencia de redistribución. Donde la descendencia es
patrilineal, el matrimonio transfiere derechos sobre una mujer y sus
hijos por parte del padre de ella a su esposo. Como en muchas sociedades esta transferencia se asegura mediante regalos valiosos a la familia
de la novia, y así, a través de la constante sucesión de matrimonios, se
redistribuye la riqueza. Un hombre puede aumentar su rebaño de ganado hasta tener suficiente para adquirir una nueva esposa, ya sea para
sí o para uno de sus hijos. Se abren las negociaciones, y en breve su
rebaño se reduce nuevamente a unas pocas bestias.

Dado que todas las obligaciones sociales regulares son canales de
distribución económica en uno de estos modos, no es exagerado decir
que los lazos sociales desempeñan en las economías primitivas la función de rudimentarias instituciones de crédito. Una tribu de África
del sur ha reconocido esto en su refrán: "Un hombre es el banco de
su suegro".

Aunque el trabajo se presta para satisfacer obligaciones sociales y
aunque la distribución sigue las mismas líneas de modo similar, esto
no quiere decir que no haya un agudo sentido de *quid pro quo* en las
transacciones particulares. Una mala obra se recuerda bien y se paga
a la primera oportunidad. Un hombre que constantemente deja de
presentarse en las cuadrillas de trabajo está comprometiendo su derecho
a ser miembro del grupo en cuestión, y va perdiendo cualquier derecho de compartir sus productos. Claramente se reconoce la idea
de equivalencia en dar y recibir. No hay nada semejante a un obsequio
gratuito. Todo acto de generosidad se espera que sea recompensado
con algo equivalente en alguna fecha posterior. Bajo este acuerdo de
reciprocidad estricta, lo que puede parecer a primera vista como un
temerario despilfarro puede ser a menudo un prudente empleo de los
recursos.

La diferencia fundamental entre regalo y venta es que en el primero
el objeto de intercambio de regalos es el establecimiento de una relación social, mientras que en la compra y venta, cualquier relación
social continua entre las partes es meramente incidental. Aun en una
economía moderna, una parte importante de la distribución de la
riqueza se lleva a cabo mediante intercambio de regalos, aunque la parte principal se debe al comercio. En una economía primitiva puede
no haber comercio, o puede contribuir a muy pocas de las transacciones que tienen lugar, pero habrá ciertamente un bien desarrollado
sistema de intercambio mediante regalos, que distribuye los bienes
a la vez que consolida las relaciones sociales.

La mayoría de los conceptos inventados para el análisis en la ciencia
económica, como capital, inversión, ahorro, interés, etc., se han des-

arrollado en el estudio de las complejas economías de intercambio. Las instituciones y los procesos que corresponden a estas categorías básicas pueden reconocerse en forma embrionaria en la economía primitiva. Pero no son necesariamente importantes para describir la economía de pueblos que tienen pocos bienes durables, que no tienen dinero y cuyo intercambio comercial es muy escaso. ¿Cómo, por ejemplo, deberá aplicarse la distinción entre recursos líquidos y fijos a una economía donde casi todos los bienes pueden usarse en todo tipo de transacciones? ¿Deberán las vacas clasificarse como productoras o como bienes de consumo? ¿Se obtiene una explicación al describir las esposas de un polígamo en un contexto como su capital de inversión, como su fuerza de trabajo en otro, como los principales consumidores en otro más? Las condiciones en estas economías simples indeferenciadas parecen ignorar las finas distinciones elaboradas para las economías modernas altamente especializadas. Por otra parte, estas finas distinciones se aplican a realidades económicas que han surgido de las menos especializadas relaciones económicas de las sociedades primitivas. Es posible buscar su origen en aquellas raíces menos generalizadas.

La definición más simple de capital, y que es importante para cualquier economía primitiva, se concentra en los utensilios y equipos para la producción. Un hombre, o un grupo, que gasta tiempo y energía para fabricar una herramienta para una tarea especial, ya sea un bastón plantador, o una naza para peces, o una canoa, espera poder usarla durante un periodo considerable. En un sentido más amplio, no solamente las herramientas, sino cualquiera de las cosas que se producen para prestar servicios futuros durante un periodo de tiempo, como casas, puentes o graneros, son un capital.

Las economías primitivas son, por definición, pobres en equipo de capital. La cantidad, efectividad y variedad de sus herramientas y armas, la durabilidad de sus casas, la capacidad de servicio de sus caminos y veredas, están estrictamente limitados por el bajo nivel de sus conocimientos técnicos. Los cultivadores tienen sus azadas y graneros, cuchillos y cestos; los cazadores tienen sus lanzadardos, arpones, arcos, venenos para la caza, implementos para curar los cueros y pieles. Algunas comunidades pescadoras, y especialmente las de navegantes marítimos, mantienen una gran cantidad de capital de equipo dedicado a su explotación del mar. Tienen diferentes clases de canoas, complicadas trampas para peces, redes y sedales, que representan en conjunto una considerable inversión de trabajo en su manufactura, y que prestan un valioso servicio durante muchos años.

El hecho de que las comunidades pescadoras invierten más capital de equipo que los cultivadores, pastores o cazadores, haría esperar que se les colocara en una clase aparte de las otras economías primitivas, si no fuera por dos cosas. Primero, todo su equipo está dirigido solamente hacia una clase de producción, los productos del mar. Una economía que depende fuertemente de un solo recurso principal no puede desarrollar la complejidad y alto grado de diferenciación interna de la moderna economía. Por otra parte, este recurso principal de una economía pesquera es esencialmente perecedero. El secado o ahumado solamente conserva el pescado durante un periodo muy limitado salvo en los climas más fríos. Una comunidad es incapaz de desarrollar una compleja economía de intercambio en tanto la mayor parte de su producción esté dedicada a bienes perecederos. Solamente dominando los problemas técnicos del almacenamiento, siendo así capaz de acumular una diversidad de bienes, puede ahorrar una comunidad. El ahorro es la abstinencia de consumir en el presente para consumir en el futuro. Si la riqueza se presenta bajo la forma de bienes perecederos, la comunidad no puede ahorrar. Así, la poca capacidad para posponer el consumo es característica de las economías primitivas.

En una economía de ese tipo hay poca especialización de la producción y por consiguiente poco intercambio. De esto se sigue la ausencia o desarrollo muy limitado del dinero, que es esencialmente un medio de intercambio. Pero las economías primitivas no necesariamente están desprovistas de dinero. Cierto tipo de moneda, aceptada para ciertos intercambios, se usó desde hace mucho tiempo en Melanesia, el oeste de América del Norte y partes del África tropical.

Casi cualquier cosa, desde cerdos, ganado y varillas de hierro hasta collares de conchas o tabaco, se pueden usar como norma para medir valores relativos y como medio de intercambio. Cuando algún objeto semejante es usado como moneda en una economía primitiva, generalmente se le dedica a sólo una limitada variedad de transacciones. Encontramos que existe el acuerdo de que solamente cierto tipo de bienes y servicios pueden ser comprados y vendidos, o que solamente entre ciertas categorías de personas puede haber una relación de compra y venta. Entre otras personas, o cuando se consideran otros bienes básicos, existe el acuerdo de regalar o compartir, pero no el de comprar y vender.

La existencia de un sistema monetario, por rudimentario que sea, da al miembro individual de la economía una oportunidad para ahorrar. Acepta dinero a cambio de sus productos porque éste le da la capacidad de comprar algo más, en ese momento o en el futuro. Así le permite posponer el consumo a un momento de su propia elección. Le proporciona un eslabón entre el presente y el futuro, extendiendo el periodo durante el cual puede disfrutar su riqueza presente. Si un individuo guarda una reserva de dinero, crea el derecho para gastarlo en el futuro. Aun si lo presta a alguien que lo gaste totalmente, el acreedor ahorra, por supuesto en tanto pueda confiar en que el deudor pagará. Cuando la deuda es pagada posteriormente, quien haya prestado el dinero puede disfrutar del beneficio de haberse restringido previamente del consumo de su riqueza. Habrá ahorrado para su propio futuro, pero en cuanto a la economía como un todo no habrá habido ningún ahorro. El ahorro de un individuo ha sido cancelado por los gastos de otros. Los ahorros monetarios de los individuos no implican que la comunidad total esté necesariamente ahorrando algo. En una economía moderna, los ahorros corresponden de este modo a un tipo de gasto, inversión o empleo en bienes durables. Pero cuando la economía es capaz de producir solamente bienes perecederos, esto no puede ser. Aun si tiene cierta clase de sistema monetario, el dinero ahorrado por todos los individuos equivale solamente a llevar la cuenta de los adeudos que tengan entre ellos. Cuando son de tipo perecedero los bienes que puedan ser adquiridos con el dinero, con todo y sus ahorros individuales de dinero, las personas no estarían más seguras contra la muerte o el hambre que si, sin ningún sistema monetario, la descomposición de los alimentos se anticipara mediante grandes fiestas. El dinero en sí no da a una economía cerrada ningún eslabón entre un presente y el futuro. No permite que la comunidad ahorre aun cuando hace posible el ahorro individual. Como el ahorro significa simplemente guardar la riqueza que no se consume de inmediato, solamente puede decirse que una comunidad ahorra en la medida en que produce bienes durables, casas, tazones y cuencos esculpidos, campos bien arados, canoas, redes de pesca, lanzas, cuchillos, etc. Esta producción en las economías primitivas está limitada en cantidad por las pocas técnicas disponibles.

En una economía primitiva el carácter del sistema distributivo puede tener efectos adversos sobre los incentivos del trabajo, y por lo tanto sobre la producción. El incentivo del trabajo se deriva no solamente de la simple necesidad de proporcionar la subsistencia, sino en gran medida del deseo de adquirir prestigio, la satisfacción de trabajar juntos, los placeres de la convivencia, y el interés común en el producto del trabajo. La suma de estos incentivos puede no asegurar necesariamente una producción máxima. La obligación de compartir con los vecinos cualquier beneficio o excedente privado puede tener un efecto disuasivo sobre la producción. En la economía rural de Java, si un hombre desea hacerse rico, será necesario que abandone su hogar y se establezca en otra aldea, como un extraño en quien no recaen las obligaciones usuales de los miembros de la aldea. De otro modo, toda mejoría en su propia condición la deberá compartir con toda la aldea. Un sistema de rangos puede tener un efecto disuasivo similar si un cierto nivel de vida se considera adecuado para un jefe y uno más bajo se acepta como justo para un hombre común. Un hombre ordinario puede temer la acumulación de riqueza porque podría parecer que aspira a ser más de lo que le corresponde, o restringirse al saber que tendrá que entregar al jefe gran parte de sus ganancias.

En la actualidad muchas economías están en una etapa intermedia entre las primitivas y las desarrolladas. Todavía hay en Europa comunidades rurales de campesinos que producen principalmente para sus propias necesidades, pero que envían sus productos excedentes a los mercados que los ligan con los mercados mundiales del capitalismo moderno. A través de este eslabón pueden adquirir herramientas, maquinaria, ropas, que ellos no producen. Economías dependientes de este tipo se localizan, por ejemplo, en la Irlanda rural, en Polonia y en los Balcanes.

Otras economías de tipo intermedio son aquellas que, aunque se caracterizan por un conocimiento técnico simple, son solamente autosubsistentes, en parte como resultado de su acceso al mercado mundial. Son capaces de producir algún cultivo o de ofrecer en venta su trabajo en un mercado moderno, y pueden satisfacer muchas de sus necesidades desde este mercado. Las aldeas pescadoras de la costa de Malasia están ligadas por intermediarios chinos a los mercados de Singapur o Indonesia. Los cultivadores de cacao de la Costa de Oro, o los algodoneros de Uganda, resultan íntimamente afectados por los cambios en los precios mundiales de sus productos. Éstas son economías que combinan un importante elemento de producción de subsistencia con un importante elemento de intercambio exterior. No se trata de un fenómeno nuevo. En la costa de África occidental, por ejemplo, durante trescientos años han existido economías de cultivos comerciales de este tipo.

La diferencia esencial entre el modo en que se administran los asuntos en una economía primitiva y el funcionamiento de una economía desarrollada no puede resumirse a la ausencia o presencia del motivo de las ganancias. Los pueblos primitivos están tan interesados en el aumento de su propia ventaja como el que más en una economía capitalista. No es verdad que carezcan de sentido económico. La más notable diferencia es la naturaleza personal de todas las relaciones en una economía primitiva, en comparación con el carácter impersonal de la mayoría de las relaciones económicas en la sociedad moderna.

En las economías dependientes intermedias, como en las verdaderamente primitivas, todas las relaciones sociales son de tipo personal, pero la gente tendrá también algunas relaciones impersonales con traficantes, prestamistas de dinero e intermediarios de la economía exterior. Esos contactos les dan acceso a valores y bienes de capital producidos mediante técnicas que están muy lejos de su capacidad. La dificultad técnica para almacenar la riqueza puede superarse en parte con la importación de bienes durables, en parte por medios financieros. Un sistema bancario, o la simple circulación de moneda que tenga valor en una cercana economía avanzada, crea posibilidades de posponer el consumo no solamente al individuo, sino a toda comunidad. En estos casos el dinero reservado puede significar un ahorro verdadero, ya que en cualquier momento puede ser usado para importar bienes.

Todo contacto que una economía primitiva llega a tener con una economía compleja modifica sus características primitivas. Estarán presentes, aunque diluidos, los sentimientos de solidaridad de la aldea, las obligaciones de ayuda mutua y la hospitalidad. Los lazos familiares regularán todavía en alto grado la producción y distribución, pero la unidad de subsistencia que comparte un alojamiento y una bolsa común será relativamente más pequeña que en la economía primitiva. Será posible distinguir dentro del grupo residencial total unidades regulares de consumo correspondientes a las unidades familiares. La presión social que obliga a un hombre a compartir sus ganacias con toda la comunidad estará presente todavía, pero de modo menos pronunciado, y el conflicto entre sus ambiciones económicas y sus responsabilidades con la comunidad generarán fricciones sociales. Se tolerarán las desigualdades en la riqueza. Se tendrá el creciente objetivo de cierta equivalencia entre la unidad de trabajo y la cantidad de su recompensa. Se empezarán a pagar salarios como uno de los incentivos al trabajo. Estas economías intermedias no deben clasificarse con las modernas economías capitalistas, sino que deben a su contacto con ellas aquellos rasgos que las distinguen de las verdaderamente primitivas.

XVII. Cómo funciona la sociedad humana

Robert Redfield

¿Qué es una sociedad?

Una sociedad es un conjunto de individuos con intereses comunes que se entienden entre sí. Una riña en un bar no es una sociedad, ni hay todavía una sociedad cuando diez marineros exhaustos que han naufragado arriban a una playa solitaria, por lo menos no la hay mientras no empiecen a trabajar en sus problemas comunes de obtener el sustento y de convivir. Una sociedad, por lo tanto, tiene organización. Son personas que ejercitan actos con y para los demás de acuerdo con los intereses de cada una y de todas y en los modos que todas ellas han llegado a aceptar.

En este sentido, un grupo de muchachos organizados para jugar futbol o para intercambiar estampillas de correo es una sociedad; pero aquí tenemos en mente aquellas sociedades en las cuales la gente está organizada no para algún propósito o interés especial, sino para todos los asuntos y placeres de la vida. Las sociedades que son tema de este capítulo están compuestas de hombres, mujeres y niños que viven juntos, generación tras generación, de acuerdo con modos de vida tradicionales. Esas sociedades son sociedades completas ya que existen para todas las necesidades e intereses humanos. Son sociedades durables debido a que los niños nacen y crecen para llegar a ser adultos con modos de vida muy parecidos a los de sus padres y abuelos. Una nación es una sociedad de esta clase, y también lo es una tribu indígena. También lo es un pueblo o aldea, y aun una sola familia lo es, en tanto que sus miembros tengan tradiciones que sean trasmitidas a cada sucesiva generación y que hagan que aquella familia, a través del tiempo, sea distinguible de otras familias. Por otra parte, los grupos de naciones consideradas en conjunto son grandes sociedades; se habla de la sociedad occidental en contraste con la sociedad oriental. En cierto sentido, todos los seres humanos tomados globalmente constituyen una sola sociedad. Pero aquí pensamos principalmente en las tribus y naciones separadas. Debido a que han existido y hay tantas y tan variadas sociedades primitivas, se aprende mucho acerca de la sociedad en general refiriéndose, como lo haremos en este capítulo, a una u otra de estas sociedades simples.

Una sociedad se identifica fácilmente como un grupo de personas que realiza un trabajo. También tiene otros aspectos. Una sociedad es así mismo un grupo que comparte convicciones comunes respecto de la buena vida. Esto no quiere decir que sea meramente un sistema de producción y de servicios —como lo es un hormiguero— sino que una sociedad humana existe por el hecho de que sus miembros sienten que cierta conducta es correcta y que otra conducta es errónea, y que actúan más o menos de acuerdo a ello. Y un tercer aspecto de la sociedad humana se reconoce en el sentido de pertenencia que tienen sus miembros frente a otras personas que no pertenecen a su sociedad. Una sociedad es un conjunto de personas solidarias.

La sociedad como gente que trabaja

En toda sociedad el trabajo está dividido. Todo individuo obtiene provecho del trabajo hecho por otros y que él no realiza y recíprocamente sirve a esos otros con actividades útiles que no son efectuadas por ellos. La división del trabajo entre hombres y mujeres es universal, ya que en todas partes lo que hacen las mujeres es un conjunto diferente de lo que hacen los hombres; por otra parte, lo que cada sexo hace varía con la sociedad: en Polinesia los hombres cocinaban; entre los indios hidasta las mujeres cultivaban la tierra. Igualmente obvia es la división de trabajo que acompaña las diferencias en edad. Más allá de estas bases para la organización del trabajo están aquellas que dependen de diferencias en temperamento, en adiestramiento, en los accidentes de oportunidad, o en las variaciones de la demanda.

En algunas pequeñas y aisladas sociedades primitivas casi no hay división del trabajo excepto entre los sexos y los grupos de edad, y excepto algunos individuos que actúan como hechiceros o jefes de ceremonias. Todo hombre adulto hace lo que todos los demás, y así sucede con las mujeres. Con el desarrollo de utensilios y técnicas, con el incremento de población y con el avance de la comunicación y el transporte, la división del trabajo ha llegado a ser mucho más completa y compleja. En la aldea guatemalteca de San Pedro de la Laguna se reconocen cincuenta y nueve clases de especialistas en una población de menos de dos millares. Un directorio telefónico sugiere, y de manera incompleta, los miles y miles de clases de especialistas que intervienen en una ciudad moderna.

Un resultado obvio de esta cada vez mayor división de trabajo es la creciente variedad en el número y clases de bienes y servicios que puede disfrutar la gente. Pero otro efecto es la limitación del punto de vista que cualquier individuo tiene de las operaciones y objetivos de su socie-

dad a un segmento muy pequeño del todo, con las correspondientes
dificultades para la dirección industrial, el gobierno democrático y la
felicidad personal. Otro resultado es principalmente la extensión del
número y distribución de la gente que divide el trabajo entre sí. Millones de personas, desde China y el Congo hasta Akron, llegan a depender
unos de otros de los servicios y productos intercambiados, y aun así
estas personas no tienen propósitos y entendimentos comunes; difícilmente saben de su mutua existencia. La organización del trabajo tiende
a llegar a ser internacional, mientras que los grupos nacionales y otros
de carácter local desconfían, antagonizan y se temen mutuamente. Así,
los hombres llegan a depender unos de otros aun sin haber establecido
sentimientos y valores comunes.

La sociedad como grupo que comparte convicciones acerca de la buena vida

La organización del trabajo existe también de otros modos además
de la simple división de las tareas. La esclavitud es un modo de organizar el trabajo. El mercado, que se discutirá más adelante, es otro modo.
Y un tercero, tal vez la forma básica de la organización del trabajo,
surge del hecho de que en la sociedad la gente comparte sentimientos y
creencias comunes en cuanto a lo que conviene hacer. Las personas trabajan, no sólo porque en su mayoría se sentirán incómodos o hasta mori-
rían de hambre si no lo hicieran, sino porque el trabajo forma parte del
significado de la vida. Para el primitivo agricultor indígena, el cultivo
de la tierra es parte necesaria de una existencia humana decente y apropiada, una manera esencial de mantener relaciones con lo sobrenatural,
una prueba y un deber del hombre honorable. En una sociedad así
se suele orar mientras se trabaja, y el trabajo es, en parte, una religión.
En sociedades aristocráticas de tiempos recientes, por otra parte, el trabajo era adecuado sólo para las masas no privilegiadas; ya que en la
moderna sociedad occidental el trabajo tiene otra vez un valor positivo, y los hombres trabajan para obtener poder y riquezas y superar
a sus vecinos. La afirmación más general que se puede hacer acerca de
la sociedad es que consiste en un plan de la vida. La sociedad funciona
porque sus miembros tienen a su alrededor un universo con un sentido
para ellos. Además, este plan no es simplemente un patrón sin significado moral: es un plan para la conducta adecuada, una organización de
conceptos de lo bueno, lo verdadero, y ciertamente de lo bello. El conjunto de significados convencionales que conocemos mediante las acciones y los artefactos es lo que los antropólogos llaman la "cultura"

de una comunidad. En las sociedades primitivas la "integridad" de estos significados se aprecia con mayor facilidad que en el caso de sociedades grandes, complejas y rápidamente cambiantes. Las costumbres e instituciones se conjugan para ofrecer una sola representación moral del universo. Los indios pápagos, por ejemplo, no se dedican a la guerra como una oportunidad de realizar hazañas separadas de sus otros intereses. El cuero cabelludo apache tomado en un combate es el símbolo del poder sobrenatural llevado al campamento pápago por el guerrero que cobró una víctima, es una fuente de poder espiritual, una forma de poder divino que será solemnemente bienvenido en el campamento para ser llevado al hogar del guerrero victorioso. Cuando los hombres están ausentes en la expedición, las mujeres y los niños, al abstenerse de conductas ruidosas o indecorosas, participan efectivamente en el desarrollo de la guerra, del mismo modo como en algunas sociedades primitivas los hombres participan en la importancia y responsabilidad de los nacimientos "descansando", es decir restringiendo sus actividades para el bienestar del recién nacido. El trabajo se divide, pero todos los miembros de la sociedad actúan de acuerdo con conceptos e ideales comunes. Generalmente, los mitos de una sociedad de este tipo son representaciones narrativas de sus valores morales, y sus ceremonias son expresiones dramáticas correspondientes. Así, cada cultura proporciona un curso de acción para el individuo, una fuente de sus motivaciones y una validación de sus convicciones.

Éste es el modo en que funciona una sociedad simple y aislada. Pero como las sociedades se han hecho más grandes y cambian rápidamente, con muchas clases diferentes de personas dentro de ellas, las costumbres e instituciones ya no preservan esta unidad y armonía. No hay entonces una sola cultura para todos, aun en una nación o una ciudad, sino más bien una gran cantidad de culturas incompletas, de tal modo que lo que un hombre hace en su oficina o su fábrica no siempre está estrechamente relacionado con lo que hace cuando juega o va a la iglesia o visita a los vecinos, si acaso los visita. Y lo que sus hijos hagan y crean puede ser notablemente diferente de lo que a él mismo se le enseñó a hacer y creer. El sentido del significado de la vida tiende a perderse; los hombres experimentan incertidumbre, inseguridad y confusión. Por otra parte, al ocurrir esto los hombres empiezan a pensar más y más racional y críticamente acerca de la vida que los rodea y a actuar intencionalmente para cambiarla y guiarla. La ciencia avanza junto con la administración y el planeamiento racionales. Tiende a alterarse la base de operación de la sociedad, a lo largo del curso de la historia humana, desde la tradición hacia la invención social deliberada y la elección determinada.

La sociedad como grupo de personas solidarias

Una sociedad también funciona por virtud de la confianza que sus miembros sienten entre sí y de la lealtad que tienen hacia su propio grupo. Se dice que los peligros de una gran guerra entre los actuales grandes poderes de esta Tierra se evitarían rápidamente si Marte atacara a nuestro planeta. Tal vez sería suficiente para los habitantes de la Tierra el simple conocimiento de la existencia de marcianos. Desarrollaríamos un nuevo sentido de solidaridad con todos nuestros semejantes terrestres en contraste con esos marcianos inferiores o perversos. De cualquier modo parece que los miembros de toda sociedad, pequeña o grande, piensan muy bien de sí mismos, a diferencia de lo que piensan de los miembros de otras sociedades. Lo que se ve en pequeña escala en las pandillas aparece nuevamente en las naciones. Toda tribu y nación, y en algunas partes del mundo todo valle o conjunto de aldeas, se refiere a sí misma en términos favorables, y a los otros en términos desfavorables. Muchas tribus primitivas reservan el término "gente" o "seres humanos" solamente para ellos, mientras que en todas partes los términos usados para referirse a los pueblos vecinos son despectivos e insolentes. Tal parece, ciertamente, que el resentimiento y el desprecio mostrados hacia otros pueblos son más fuertes en relación con los pueblos vecinos, como si, de acuerdo con lo señalado por Sigmund Freud, se pudiera soportar menos la presencia de lo que es tan parecido a nosotros mismos y sin embargo tan diferente.

En los casos donde una sociedad está dividida en subgrupos, cada cual con su propia lealtad, pero una lealtad todavía subordinada a la de la tribu o nación, este hecho de apreciación del endogrupo menor y depreciación del exogrupo contribuye al funcionamiento efectivo de la sociedad. Hay una clase especial de fortaleza en una tribu dividida en clanes, ya que cada clan es un grupo íntimo acogedor y sólido para todo individuo que pertenezca al mismo; su solidaridad limitada se intensifica con el contraste y competencia con otros clanes. Un efecto similar resulta del agrupamiento de colegios dentro de una universidad, y tal vez fue percibido entre las naciones de Europa en el siglo xix, cuando se mantenían unidas por un cierto grado de tradiciones comunes e intereses comerciales y bancarios, de tal modo que el orgullo nacional llegó a florecer mientras que las guerras se limitaban a una destrucción moderada.

Este sentido de pertenencia común, agradable en sí misma y que suele recibir el nombre de esprit de corps, aumenta el funcionamiento efectivo de la sociedad al permitir a sus miembros soportar las dificultades y derrotas y actuar juntos de modo poderoso para el bien común. A este sentimiento colectivo llamamos "moral". Los sentimientos son unificadores cuando se ligan a la misma sociedad, o se distinguen por relaciones que se limitan a unidades componentes equilibradas, como se ha indicado. Sin embargo, los sentimientos pueden ligarse a agrupamientos que atraviesen las líneas sociales y pueden tener entonces un efecto divisionista. Los sentimientos de endogrupo pueden ligarse a agrupamientos religiosos o a agrupamientos raciales. Cuando la cristiandad era una comunidad política y regional así como una comunidad religiosa, las lealtades a la hermandad de cristianos frente a los infieles, por poco cristianas que fueran estas lealtades, pueden haber servido a la solidaridad de la parte del mundo que era cristiana, igual que sentimientos semejantes unían al mundo islámico, pero el prejuicio y conflicto entre judíos y cristianos dentro de una nación moderna es destructivo para esa nación. La disposición de una sociedad o una parte de ella para buscar una base desde la cual revivir la solidaridad a partir de la intensificación del odio hacia un grupo diferente se ilustra con el antisemitismo, anticatolicismo o antiextranjerismo de grupos amenazados o inseguros en más de una nación en los tiempos modernos. Como técnica para emprender la guerra contra un enemigo, que se debilitaría al intensificarse sus hostilidades interiores étnicas y religiosas, el principio general fue bien comprendido por Hitler y Goebbels, y es también empleado para obtener ventajas especiales por los ocasionales agitadores de masas en todas partes. En tiempos de paz una nación también puede sufrir cuando el sentimiento de endogrupo excluye a algunos de los conciudadanos y vecinos de un hombre, como aparece en los prejuicios raciales de los tiempos modernos, y especialmente en el prejuicio e intolerancia dirigidos por los norteamericanos o surafricanos blancos hacia los negros. En estos casos una gran minoría o aun mayoría de conciudadanos son excluidos en gran medida tanto de los privilegios de la ciudadanía como del sentido de solidaridad de grupo correspondiente a la nación. El resultado es una pérdida en poder humano, tanto material como espiritual, ya que el grupo dominante se debilita a sí mismo por la incoherencia no resuelta entre los ideales que profesa y sus prácticas evidentes. En estos casos, al evaluarse el funcionamiento de la sociedad, deberá reconocerse la restricción de los sentimientos de grupo a solamente aquellos racialmente calificados como desfavorables para el funcionamiento efectivo de la nación.

LA GUERRA

De las muchas formas de violencia organizada, la guerra es la que tiene consecuencias políticas. La rivalidad entre grupos estrechamente relacionados, que es un aspecto de los sentimientos de endogrupo que hemos mencionado, obviamente suele conducir a la violencia organizada. Característicamente las riñas entre pandillas de muchachos en la ciudad están reguladas por la costumbre y la forma; y este aspecto formal de violencia entre grupos estrechamente relacionados es notable en las sociedades primitivas. Generalmente esta violencia, que no es la guerra, sigue a la comisión de un acto, por parte de algún individuo, que en una sociedad moderna sería calificado como crimen. Entre los aborígenes australianos se acostumbra que el ofensor permanezca de pie para recibir las lanzas que le arrojan; entre los esquimales los riojosos intercambian públicamente conciones insultantes. Todos estos casos de lucha limitada y regulada son modos de ajustar las diferencias entre los grupos constituyentes de una unidad mayor; están más estrechamente ligados con la ley que con la guerra. También se distinguen los casos, muy comunes en las sociedades primitivas, de incursiones armadas en contra de grupos enemigos para tomar cabezas, cabelleras u otros trofeos, o para hacer prisioneros que ofrecen en los sacrificios humanos. Esto se parece a la guerra, en que los grupos comprometidos son persistentemente hostiles, y las empresas militares son organizadas y letales. Sin embargo, en muchos de estos casos hay un fuerte elemento deportivo: esos conflictos organizados son juegos peligrosos en los que se puede ganar gloria y perder la vida. Este elemento persistió en la guerra entre las sociedades occidentales hasta muy rcientemente. Otros casos de este grupo general implican un motivo religioso: la cabeza o cabellera se toman para traer poderes sobrenaturales al grupo que los captura, o los prisioneros se sacrifican como ofrenda a las deidades.

En ninguno de estos casos es la guerra un instrumento de política tribal o nacional. La verdadera guerra probablemente se reconocerá en aquellas actividades militares en las que el poder político se extiende para incluir pueblos culturalmente emparentados, y en aquellos en los cuales las rivalidades de dos grupos culturalmente diferentes se someten a la prueba del conflicto armado. En el funcionamiento de las sociedades esa guerra juega un doble papel. En ambos destruye y construye sociedades. En el antiguo México los aztecas emprendieron la guerra con los pueblos vecinos; en gran parte el objetivo era coger cautivos para ofrecerlos en sacrificio, pero un resultado fue la subordinación de muchos pueblos vecinos de cultura similar al poder militar azteca. En el antiguo Perú la guerra condujo a una organización política y administrativa mucho más fuerte: el resultado fue un Estado de más de 1 600 kilómetros de longitud. Consecuencias políticas similares resultaron de la guerra entre los maoríes de Nueva Zelanda y entre varias tribus africanas. Con este motivo político interviene un motivo económico, no entre los pueblos primitivos, sino donde hay suficientes propiedades y riquezas para atraer al merodeador militar. Y también se mezclan como causas las ambiciones personales de los líderes militares. Así, convertida en una práctica bien establecida, la guerra se convierte en un instrumento de desarrollo social, una extensión de la actividad política. En África oriental, especialmente, se puede ver cómo la conquista militar fue culturalmente constructiva. Los pastores hamíticos invadieron esta parte del mundo y sometieron a su dominio a los bantú agrícolas. Resultó allí un Estado complejo, con una clase que dominaba sobre los agricultores, y resultó también un intercambio y multiplicación de invenciones e ideas. La sociedad que resultó después de la conquista fue una sociedad de clases, una sociedad en la cual había división del trabajo entre los grupos étnicos, y una sociedad en la cual se desarrollaron ampliamente las instituciones políticas para ayudar a la regulación de estas complejidades. Bajo la influencia de la conquista y de las culturas ahora incluidas en una unidad política, la costumbre aborigen se codifica como ley y se intercambian ideas científicas y religiosas. Pensemos en la historia de Roma. ¡Cuántas invenciones nuevas, cuántos pensadores críticos surgieron en la mezcla de pueblos que siguió a la guerra! Al mismo tiempo, por supuesto, el empeño de la guerra consume inmensas cantidades de bienes y vidas, destruye sociedades enteras y, con la creciente capacidad destructiva de las armas, amenaza con extinguir la civilización.

LA ORGANIZACIÓN DE LA PRODUCCIÓN, LA DISTRIBUCIÓN Y EL CONSUMO

En la primera parte de este capítulo mencionamos la división del trabajo como un método universal para organizarlo. Estudiaremos ahora con más detalle este aspecto del funcionamiento de la sociedad. La división del trabajo logra que toda la sociedad se percate de las ventajas de que algunas personas hagan bien algunas cosas mediante su liberación de la necesidad de hacer otras. Pero la organización social de la actividad económica no se reduce a esto. En toda sociedad es necesario también determinar, de algún modo, qué recursos deben usarse en producir determinados productos. ¿Cómo deberán distribuirse los productos y bienes de consumo, y a quiénes? ¿Quién consumirá cuáles bienes? La manera organizada de lograr esos fines recibe el nombre de economía. La tecnología consiste en los utensilios y técnicas para la producción y fabricación de cosas útiles; la economía abarca las instituciones y costumbres que convierten la materia prima en productos y que hacen que ambos se distribuyan y consuman.

Es fácil para nosotros, al leer estas palabras, pensar en fábricas, mercados y dinero como la principal maquinaria social para lograr que se hagan estas cosas. Pero la observación de las sociedades primitivas y antiguas demuestra que estos tres factores son invenciones recientes y especiales para efectuar la producción y distribución. La forma básica y antigua de economía es aquella en la que los bienes se hacen y distribuyen sin que haya en modo alguno compra y venta, sino por virtud de los tradicionales derechos y obligaciones que la costumbre reconoce como existentes entre dos individuos o dos grupos de una sociedad. Esta clase de economía se puede apreciar con facilidad en la mayoría de las familias. El producto del trabajo del padre, ya sea carne de la cacería o el salario llevado al hogar procedente de la oficina o la fábrica, es compartido con su esposa e hijos no porque él les venda o ellos le compren algo, sino porque se reconoce que es parte de su papel como padre compartir su producto con su esposa e hijos. La aplicación del trabajo del padre a las tareas diarias, del trabajo de la madre a la cocina y costura, y tal vez del trabajo del pequeño hijo para recoger leña o ir a la tienda por limones y jabón, es un asunto que no requiere determinarse mediante la competencia y que en la mayoría de los casos no es compensado con dinero. Todo está determinado por las mismas relaciones que guardan entre sí los miembros de la familia. La palabra "status" se usa convenientemente para designar todos los derechos y obligaciones que se adjudican a un individuo o un grupo, de acuerdo con las costumbres de la sociedad. El *status* de padre, en nuestra sociedad, incluye su derecho a elegir el lugar para vivir, de acuerdo con su necesidad y habilidad para obtener trabajo, y su deber para proporcionar sustento a su familia, así como a participar en la guía práctica y moral de sus hijos. El trabajo que desempeña y el hecho de compartir lo que gana forman también parte de su *status*. Así que podemos hablar de esta clase de economía como economía de *status*.

La forma básica de la economía en las sociedades humanas es una economía de *status*. En las sociedades primitivas la mayor parte de la producción —ya sea mediante la caza, la agricultura, la cría de ganado o la manufactura artesanal— se lleva a cabo no porque alguien vea en ello la oportunidad de obtener un beneficio en algún mercado, sino porque es parte del *status* tradicional de aquel hombre o mujer cazar, cultivar la tierra o tejer cestas. Y lo que se hace se comparte con los otros de acuerdo con el *status*. En muchas sociedades del Pacífico sur el hombre trabaja, no para alimentar a sus propios hijos, sino para dar sustento a los hijos de su hermana; sus propios hijos serán alimentados a su vez por el hermano de su esposa. En ciertas tribus cazadoras es habitual que el cazador ceda ciertas partes de sus presas a ciertos parientes: tal vez ocho o nueve diferentes partes del animal irán a las manos de ocho o nueve diferentes parientes. Así se distribuyen y consumen los bienes. Éstos son intercambios recíprocos de acuerdo con el *status*: lo que el hermano de una mujer da al hijo de su hermana se compensa con lo que ese hombre, como hijo de hermana, obtiene del hermano de su propia madre, en promedio y a la larga. Es también usual que los bienes se distribuyan en las economías de *status* mediante la concentración de estos bienes en un lugar y su redistribución entre la comunidad. En cierta comunidad melanesia todo hortelano lleva algunos de sus mejores ñames y los pone en el almacén de ñames del jefe. Son "dados" al jefe. Al aumentar la cantidad de los hermosos ñames, los aldeanos se sienten satisfechos de la riqueza e industria de su propia comunidad; la abundancia de los ñames del jefe redunda en la gloria y el crédito de todos. En cierto festival, el jefe distribuye todos los ñames, algunos a los visitantes, y otros a los mismos aldeanos. Así todos participan, tanto de la satisfacción moral como de la alimentación. En muchas sociedades simples no hay dinero ni mercado. Toda la sociedad es, con respecto a este asunto económico, como una familia; las relaciones de *status* determinan la producción y la distribución. El feudo medieval tenía una economía basada principalmente en el *status*.

Como contraste tenemos la economía que depende del mercado. Para buscar los principios de la economía de mercado en las sociedades primitivas debemos indagar las relaciones de la sociedad local con otras sociedades. Los comienzos de la vida social deben imaginarse en forma de pequeños grupos dispersos sobre un territorio y bastante aislados entre sí. En la sección dedicada a la guerra aclaramos que la relación entre esos grupos no es comúnmente la de la guerra. La violencia agresiva organizada en contra de una sociedad vecina no es característica de las sociedades muy simples. Muchas de esas sociedades acostumbran tener entre sí relaciones amistosas: ambas sociedades aceptan visitas periódicas, sin intenciones hostiles. Algún invasor ocasional del exterior puede ser muerto, pero la visita formal es esperada y se recibe sin violencia. Muchas de esas visitas son ocasión de intercambio de bienes.

Más frecuentemente, en las sociedades primitivas los individuos de una comunidad visitan otra comunidad y llevan consigo bienes producidos por los visitantes y deseados por los visitados. Después se intercambian los bienes, en parte mediante el trueque y en parte por intercambio de regalos. Se da algo con la esperanza de recibir algo a cambio. Es una equivalencia de buena voluntad, más que un valor preciso de mercado, lo que determina la transacción. En ese tipo de mercado influyen en el intercambio las relaciones personales y el *status* del visitante y del anfitrión. En comunidades de mayor tamaño, donde la gente no se conoce entre sí y aparecen muchas clases de bienes y en mayor cantidad, el mercado puede ser un buen motivo para un esfuerzo encaminado a vender al precio más alto y comprar al precio más bajo; al comprador y al vendedor les gusta andar por el mercado, y ya no importa tanto quién compre o quién venda sino la oportunidad de obtener el mejor precio. Ese mercado puede operar hasta cierto grado mediante el intercambio de una clase de bienes por otros, pero el dinero, como una medida universal de valor, será una enorme ayuda para facilitar el intercambio. En varias sociedades aparecen formas incompletas de dinero: en algunas comunidades melanesias ciertos collares de cuentas de concha se usan solamente en pago por cerdos o por esposas. Pero en otros sitios se usan azadas de metal, hachas de cobre, metal acuñado o certificados impresos de promesa de pago, tanto como símbolos para medir el valor de un artículo en relación con todos los demás en el mercado, como para proporcionar un medio de retener el poder de compra en un mercado u oportunidad para comprar en otro.

En la mayoría de las sociedades del mundo, y a través de la mayor parte de la historia humana, la producción y distribución de bienes ha tenido lugar principalmente como un aspecto de las relaciones de *status* de la sociedad: el mercado no ha sido el mecanismo central para hacer trabajar a la sociedad, sino una parte especial o periférica de la misma. En los tiempos modernos, y especialmente en el mundo occidental, el mercado llegó a ser mucho más importante. En nuestra sociedad, el esfuerzo del trabajador se ofrece en un grado considerable, al mejor postor, y el uso de la tierra, pagado como renta, también participa de la competencia de mercado. Ahora lo mercados son muy extensos; para algunos bienes, como el trigo, el caucho y el estaño, el mercado es mundial; y con las rápidas y universales comunicaciones, los mecanismos de banco y crédito, lo que se produce y dónde se produce, y qué cosas van a determinados lugares y para qué consumidores, son asuntos que decide el mercado más bien que el *status* y la costumbre moral. Así, en nuestra sociedad las operaciones de mercado tienen una influencia principal y hasta determinante en toda clase de asuntos. Muchos trabajadores deben vivir donde lo determinan la oportunidad de obtener un trabajo, y si repentinamente cesa la demanda del producto que fabrican, pueden quedarse sin medios de vida y tal vez no puedan conservar unida a su familia; en varias partes del mundo los hombres padecen hambre porque el mercado ya no necesita su trabajo. El sitio donde una familia va a vivir, tal vez su propia solidaridad y aun la existencia de sus miembros, son resultado de lo que sucede en un inmenso mercado impersonal, y las acciones de una nación, desde su forma de gobierno hasta sus decisiones de permanecer en paz o ir a la guerra, pueden estar determinados por lo que ocurra en los mercados.

El funcionamiento de la economía se puede estudiar también desde el punto de vista de la organización y regulación del esfuerzo productivo. Aun en las sociedades más simples hay algo más que el simple trabajo separado de individuos aislados. La economía de la familia está en muchos casos bajo el liderazgo o dirección de alguien: el esposo de varias esposas, como entre los indios hidatsa; una anciana en una gran familia matrilineal, como entre los iroqueses. Cuando los chukchee de Siberia salen a cazar focas o morsas el constructor del bote es el amo: él dará las órdenes y recibirá la mayor parte de la carne. En las sociedades modernas con mercados altamente desarrollados, el empresario puede ser un individuo o un grupo que reúna una gran cantidad de dinero y crédito, mano de obra y materias primas, para fabricar automóviles o láminas de acero. Además, con el desarrollo del Estado como gobierno formal, sus propios esfuerzos intervienen en gran medida en la producción y distribución. El Estado mismo puede ser el principal productor, como en Rusia, o complementar la producción privada, o imponer reglamentos a la conducta de la empresa privada, ya sea para limitar las operaciones de un mercado libre, como en la cesión de un monopolio a una compañía telegráfica, o ayudando a operar un mercado libre, como en la legislación contra los *trusts*.

LA PROPIEDAD

Entre los entendimientos comunes que constituyen la base más firme de la sociedad están aquellos que se refieren a los objetos que se pueden usar, disfrutar o de los que se puede disponer. Cuando esos entendimientos limitan o definen de otro modo los derechos y las obligaciones de un individuo o grupo con respecto a los demás, hablamos de "propiedad". La propiedad sirve para conservar el uso, disfrute y disponibilidad dentro de canales previstos; contribuye al funcionamiento de la sociedad en modos amplios y de largo alcance; confiere y limita el poder y la base para obtener más poder; sirve como criterio para el *status*; proporciona motivos para el esfuerzo. Al desear tener más bienes, los hombres trabajan, roban o van a la guerra. Al ser propietarios de cosas, los hombres pueden ingresar a grupos sociales que de otro modo les estarían vedados, ejercer influencia en las decisiones políticas, o asumir de modo correspondiente mayores responsabilidades para servir al bien común.

Se piensa que la propiedad está más inmediatamente en conexión con bienes tangibles tales como automóviles, casas y tierras. Existen, también, con respecto a cosas intangibles como conjuros mágicos, canciones dirigidas a seres sobrenaturales para lograr poder, derechos de caza y pesca, marcas y patentes. En algunas sociedades los nombres personales son propiedad, ya que pueden venderse o regalarse; en nuestra sociedad se suelen registrar los nombres comerciales y por lo tanto pasan a ser una propiedad. En total, los conceptos de propiedad han llegado a ser más complejos con el desarrollo de la complejidad de la sociedad. La tierra, particularmente, ha llegado a ser objeto de propiedad privada y exclusiva, con derechos de venta y disposición a voluntad; en las sociedades más primitivas no se reconocen esos derechos exclusivos y precisos a la tierra, sin embargo, los derechos individuales o familiares sobre territorios de caza y pesca pueden estar sancionados por la costumbre en sociedades muy sencillas.

En las sociedades primitivas, y hasta cierto punto —no reconocido— en la sociedad moderna, la propiedad no consiste en un simple y universal conjunto de derechos que tenga un hombre frente a todo el mundo. Por otra parte, no se llega a encontrar la propiedad comunal rigurosa de bienes importantes, en el sentido de que cada individuo tenga el mismo derecho que los demás a la mayoría de los bienes. Lo usual es más bien que cada clase de propiedad resulte ser el ejercicio de ciertos derechos relativos al objeto poseído sujetos a otros derechos sobre aquel objeto que pueden ser compartidos por otros, por lo menos potencialmente. El constructor melanesio de canoas no "posee" completamente su canoa: se espera que la comparta con ciertos miembros del grupo, y que comparta la pesca que con ella logre. El propietario de un terreno sobre la calle principal de un pueblo norteamericano está sujeto a los reglamentos de zona y al derecho del Estado de tomarlo para ciertos usos públicos. Más allá de esto, además, están las pretensiones de propiedad hechas fuera de la ley, pero mediante condiciones que descansan en la costumbre. El pescador primitivo puede compartir su pesca con toda la comunidad, si así se acostumbra. El norteamericano rico debe hacer algo útil y generoso con sus riquezas; y en todas partes las pretensiones de los parientes cercanos constituyen una verdadera limitación sobre la propiedad de muchas clases de bienes. Y todavía se puede reconocer que los derechos de propiedad están profundamente asociados con relaciones de tipo sentimental y por tanto fuera de los derechos de control y disponibilidad. No es tanto que el aborigen, establecido hace mucho tiempo en el desierto o en los bosques, sea propietario del desierto o el bosque; está ligado a él, es parte de él y casi "es poseído" por ese medio. Y el lector de estas páginas puede tener un sentimiento similar acerca de su hogar, si realmente vive en un hogar y no sólo en una casa, o con respecto a una herencia de tiernos recuerdos, o alguna vieja prenda familiar.

"STATUS", PRESTIGIO Y RANGO

La sociedad funciona mediante la división del trabajo y la organización social de la producción y el consumo; a través de acuerdos sobre la conducta apropiada que ha llegado a ser tradicional; mediante la guía proporcionada por derechos y obligaciones convencionales conectados con los individuos y los grupos que forman la sociedad. Esto, como ya se ha indicado, constituye el "status" del individuo o el grupo. Lo que se espera de cualquier persona particular, o grupo de personas, o de quien desempeña cualquier oficio o papel particular, se conoce de antemano, y este preconocimiento permite que los miembros de la sociedad hagan lo que se espera de ellos y lo que concuerda más o menos con los ideales que la gente tiene en común. También de este modo funciona la sociedad.

La sociedad puede considerarse, pues, como un sistema de relaciones de *status*. Muchas de estas relaciones asumen la forma de relaciones de parentesco, como se describió en el capítulo XII. También se ha mencionado ya el *status* de los miembros del endogrupo en contraste con el exogrupo. Y se pueden mencionar también las diferencias en *status* entre un hombre y una mujer, o un sacerdote, policía o potentado en contraste con un hombre que no desempeña ninguno de estos papeles. Se espera una cierta conducta de un hombre, diferente de la que se espera de otro; del mismo modo es diferente la conducta que se tiene con un hombre o con otro. En toda sociedad hay grupos de *status* conectados con las diferencias de edad. Cualquier escuela las revela, pues están relacionados con los grados por los que pasa el niño. En muchas sociedades primitivas este tipo de clasificación en términos de *status* se logra sin necesidad de escuelas; los muchachos y los hombres pasan por una serie de grupos jerarquizados que suelen tener su propio nombre, sus derechos y deberes y su prestigio creciente. En muchos casos algunos grupos de edad disfrutan de una residencia especial o tienen secretos o ceremonias especiales. Una escala semejante define lo que se espera de cada uno de acuerdo con categorías sucesivas, del nacimiento a la muerte.

Las actitudes que forman el *status* de cualquier individuo o grupo en una sociedad incluyen la autorización de varios grados de acercamiento e intimidad. Si alguien tiene el *status* de "mejor amigo" me será posible acercarme a él y reclamar sus simpatías del mismo modo como él puede pretender las mías. Esas actitudes son también las de superioridad e inferioridad. Un plebeyo puede mirar a un rey, pero debe levantar la vista para verlo. La mayoría de los hombres blancos piensan que el lugar adecuado para un negro norteamericano será un lugar inferior en relación con el del hombre blanco. Estas diferencias de *status* jerarquizado, de posición social "vertical", son aparentes cuando un individuo se compara con otro. En cualquier pandilla o grupo escolar los individuos con prestigio superior son bien conocidos como tales, y hasta se podría ordenar a todos sus miembros en un orden de "arriba a abajo". No hay sociedad en la cual el *status* vertical relativo del individuo no dependa en cierto modo de él mismo, de su conducta y oportunidades personales. Por otra parte, en muchas sociedades la posición vertical de cualquier individuo es la de muchos otros que están asociados entre sí más de lo que están asociados con grupos contrastantes que están "encima" o "debajo" del suyo. Dichas clases sociales hacen de la sociedad una especie de columna con diversas capas: el *status* vertical de cada individuo está en gran parte determinado por su nacimiento. Obtiene el grado de prestigio asociado con su clase, y ya que trabaja, juega, y probablemente se casa dentro del mismo, las clases permanecen caracterizadas. Por otra parte, un hijo excepcional de un obrero inglés del siglo xix puede llegar a ser un caballero, y en sociedades más cercanas a las áreas de colonización la movilidad social es mucho mayor y difícilmente se pueden distinguir las clases. Cuando éstas son muy rígidas, de tal modo que no hay posibilidad de pasar a una clase superior, como en el ejemplo de la India mencionado en un capítulo anterior, reciben el nombre de castas. Todas estas organizaciones de la sociedad en grupos permanentemente estratificados son modos de definir los derechos y obligaciones de las personas entre sí, y contribuir así a su funcionamiento. En la mayoría de los casos, hay tipos especiales de ocupaciones apropiadas a cada una de las clases en una sociedad organizada de este modo; así, las clases constituyen un aspecto de la división del trabajo. En la India es muy estrecha la correspondencia entre la posición social heredada y la clase de trabajo o función útil desempeñada. En los Estados Unidos han sido los inmigrantes quienes han desempeñado los trabajos más desagradables. Las clases sociales también son medios de mantener una distribución desigual de la riqueza y el poder para ventaja de las clases dominantes. Las capas superiores obtienen una participación mayor de prestigio, influencia social y riqueza que la que les corresponde. Al mismo tiempo, en las sociedades donde están bien establecidas las clases o castas, las glorias de los privilegiados proporcionan cierta satisfacción de segunda mano a los menos privilegiados. En muchas sociedades que incluyen en forma conspicua diferentes grupos raciales, las posiciones sociales verticales relativas corresponden a los agrupamientos raciales, y ya que el color de la piel y otros rasgos son permanentes, las clases raciales adquieren características de casta, con tabúes en contra del contacto y la separación ceremonial de los grupos típicos de las castas.

Costumbre y ley

La respuesta más simple que puede darse a la pregunta de cómo funciona la sociedad es que lo hace porque toda la gente actúa como se espera de ella. Pero ¿por qué la gente hace lo que se espera de ella? Para esta pregunta hay muchas respuestas verdaderas. Es más fácil hacer lo que ya se ha hecho antes que hacer algo nuevo; llamamos costumbre a un hábito que todos tienen en una sociedad. Además, lo que uno ha hecho y lo fue el padre de nuestro padre ha hecho, así como ciertas ideas por las que se ha luchado, han arraigado tanto los sentimientos, las explicaciones y justificaciones, que tienen la fuerza de lo que llamamos conciencia: se siente que son correctas, definitiva y necesariamente correctas. Y aun más, uno hace lo que se espera de uno porque suele ser extremadamente inconveniente y aun peligroso no hacerlo. En una carretera norteamericana yo no empiezo una buena mañana a conducir por el lado izquierdo. Hay cierta eficiencia y facilidad en hacer lo que se espera de uno. En una forma más especial, la facilidad de hacer lo que otras gentes esperan aparece en los intercambios de servicios y beneficios que nos ayudan a todos a seguir adelante. Yo ayudo a otro a sabiendas de que así él será más apto para ayudarme. Si yo pago mis cuentas, presto mi cortadora de pasto, no me ocupo de los asuntos de mi vecino que corresponden a aquellos asuntos míos en los que yo no deseo que él se ocupe, y sin embargo escucho sus penas de tal modo que pueda contarle las mías, todos la pasamos bastante bien. Sin embargo, debe señalarse que está en la naturaleza de la sociedad ver estas consideraciones de servicio, por importantes que sean, como menos valiosas que aquellas que están arraigadas en la conciencia y el sentido del deber. La sociedad no es, básicamente, un sistema de reglas de tránsito y favores intercambiados, sino un sistema de convicciones morales.

En un nivel más obvio, la sociedad funciona porque se sanciona la conducta. Una sanción es una consecuencia, agradable o desagradable, que sigue a la comisión de algo y que se sabe que la sucederá. Algunas de esas consecuencias son internas —los remordimientos de conciencia— pero otras caen desde fuera sobre el transgresor. De éstas, muchas son impuestas por casi cualquier persona en un modo difuso y generalizado, como se ilustra por las miradas que recibo de la gente que me conoce si yo hago algo que ellos desaprueben. Tal vez lo que yo hago no merece otro castigo. Si se sigue una consecuencia específica ejercida por alguna autoridad centralizada, empezamos a pensar en las transgresiones y sus consecuencias como un asunto legal. Las sanciones legales tienen una calidad de precisión: las desviaciones de la conducta se definen de antemano en términos claros, y las consecuencias también se conocen con precisión. Usualmente el procedimiento para hacer corresponder a la transgresión su consecuencia apropiada —quejas o arrestos, cargos, audiencias, juicios, condenas— es específico y formal. Para que el asunto sea de ley y no de simple costumbre, la consecuencia es que la sanción no la ejecute la persona particular que sufrió la transgresión, sino algo o alguien que representa a la sociedad como un todo y actúa en su nombre. La ley es la sociedad como un todo que media en una disputa local o castiga o repara un error en interés de toda la sociedad y de acuerdo con su conciencia común. Cuando en una tribu de indios de las planicies una sociedad de guerreros encuentra a un hombre herido alevosamente y se ocupa de que el culpable cure las heridas y pague caballos como multa, ha empezado la ley. Se puede reconocer la hechura y administración de la ley en grupos más pequeños que toda la sociedad: en algunas familias hay algo semejante a la ley; y ciertamente hay una ley en muchas pandillas. Pero el endogrupo, la tribu o la nación tiende a insistir en su poder principal o exclusivo y su derecho a crear y hacer cumplir la ley. Así, la ley aparece más claramente en la fuerza centralizada y monopolizadora del Estado.

INSTITUCIONES POLÍTICAS

En las sociedades más simples no hay nada de "político", si usamos esa palabra para las instituciones que expresen o hagan cumplir la voluntad común o la del gobernante de modo formal y público. En las islas Andaman los aborígenes vivían en pequeñas bandas sin jefe, concejo, ley o reglas administrativas. Si un hombre perdía la paciencia y rompía algo, los demás simplemente lo dejaban solo hasta que se le pasaba el disgusto. Nadie ejercía una autoridad general para ordenar o decidir o negociar en beneficio de la comunidad. En una sociedad de este tipo no hay Estado ni gobierno político. Sin embargo, las instituciones políticas aparecen claramente en muchas sociedades tribales; hay un jefe que tiene poder para decidir en los problemas o para guiar en la toma de decisiones; puede haber un consejo: puede haber grupos para vigilar al pueblo.

Es obvia la dependencia de las modernas sociedades complejas de las instituciones políticas para su funcionamiento. La formulación, el cumplimiento y la interpretación de la ley es la múltiple ocupación de miles de individuos y de cientos de agrupaciones, desde las legislaturas corte y ejecutivos hasta los ciudadanos que votan o que obedecen órdenes, que presentan demandas o las defienden, que pagan impuestos y discuten asuntos públicos con sus vecinos o que escriben una carta a algún periódico. Estas instituciones políticas mantienen la conducta de la gente más o menos dentro de las reglas. Son también un medio para la reconsideración de las reglas y para cambiarlas. Operan en esa línea limítrofe de la formulación y observación de las reglas donde ocurren los conflictos o por lo menos las diferencias de opinión, y el cumplimiento e interpretación de las reglas ayuda a mantener por lo menos a parte de la población consciente de ellas. Las instituciones políticas formales no sólo mantienen a las sociedades en lo que se considera el buen camino; también provocan una revisión de ese camino.

Lo que no es tan obvio es que los actos políticos y administrativos tienen un efecto sobre la costumbre moral. Se dice comúnmente que las leyes expresan las costumbres y surgen de ellas. Esto es cierto, pero también lo es que la aprobación de una ley o la toma de una decisión administrativa ejercen un efecto en los sentimientos y convicciones de la sociedad. El castigo de un criminal es un gesto solemne de renovación del juicio moral colectivo con respecto a la conducta por la que fue castigado el criminal. A veces la ley representa una especie de norma teórica o ideal que la sociedad no intenta aplicar en realidad, al menos sin excepción, como cuando un jurado sureño de hombres blancos declara inocentes a quienes han linchado a un negro. Entonces la decisión expresa un juicio moral que es incongruente con la letra de la ley. Al mismo tiempo, una decisión semejante agudiza el conflicto entre los principios generales y la excepción, y ayuda ya sea a eliminar la excepción, o a debilitar el principio. La decisión y el acto por el cual los ciudadanos norteamericanos de ascendencia japonesa fueron encerrados durante la guerra tuvo el efecto de fortalecer los prejuicios de aquellos que los tenían en contra de los orientales, porque fue por una acción pública conspicua y efectiva como se llevó a cabo un acto discriminatorio. Por otra parte, despertó o fortaleció los sentimientos de condenación de ese acto. Es cierto que las costumbres hacen la ley. También es verdad que los actos legales y administrativos ayudan a cambiar los juicios morales de la sociedad.

La religión

Algunas de las sanciones que mantienen a los hombres haciendo lo que se espera de ellos no son las sanciones exteriores de la ley o de la opinión pública, ni las sanciones internas de la conciencia. Los sentimientos que surgen dentro de un hombre y que evitan que haga aquello que podría avergonzarlo o que lo condenen por hacerlo, en ciertas situaciones parecen venir del exterior, pero no de este mundo terreno. Es entonces una sanción religiosa la que lo afecta. Las convicciones acerca del bien se asocian con poderes invisibles; estos poderes son el bien, o lo representan. Las relaciones de un hombre hacia ellos tienen una cualidad única; son sumamente críticos para este bienestar final; y siente respeto ante estos poderes o sus símbolos. La consecuencia de su acción, que en este caso es la sanción, puede ser un castigo —un sufrimiento aquí en la tierra o un sufrimiento en alguna otra vida. Puede ser una mano tullida, o una alma condenada. El sufrimiento —o la recompensa, si su conducta fuera correcta y no errónea— puede ser la simple sanción de que los poderes invisibles están satisfechos o insatisfechos, la sensación de que se está o no se está en armonía con la bondad suprema, la autoridad definitiva y ultraterrena.

La religión ha sido brevemente definida como la adoración del bien. Es el bien lo que es su esencia; la religión no tiene que ver con lo trivial, ni con lo moralmente neutral. Tiene que ver con lo que importa más. Pero aunque es un aspecto de la vida moral, no es lo mismo que la moral. Hay pueblos —y muchos de ellos son primitivos, incivilizados— cuyas religiones son el culto o propiciación de seres sobrenaturales que no estimulan las reglas de buena conducta entre los hombres. En esas religiones lo que importa es el culto y la propiciación, el ritual y la relación entre el hombre y el dios; la moral terrena se respalda por la conciencia y la interacción de las obligaciones recíprocas entre la gente. En otras religiones, de las que son ejemplo el cristianismo, el islam y otras primitivas, la conducta de un hombre frente a otro es asunto de intervención divina. En general, los aspectos éticos de la religión se hacen más fuertes con el transcurso de la historia humana.

Además, la religión es actividad; es algo que ocurre en la mente y un acto abierto; es creencia y rito. El poder que está más allá de los hombres y que mantiene el bienestar de los mismos tanto mundado como espiritual, se imagina y concibe como ciertas formas y poderes, y es abordado con oraciones, ofrendas y sacrificios. Generalmente el poder se concibe con cualidades personales; el dios puede enojarse, apaciguarse y gratificarse. Pero en algunas religiones, como en cierta forma del budismo, los ritos y creencias tienen que ver con la conducta y las cualidades espirituales. Una religión sigue siendo religión aun si no está centrada en un dios o dioses.

La religión contribuye así, al funcionamiento de la sociedad por medio del poder, la autoridad y el significado sagrado que proporciona al sostenimiento de la conducta del hombre y a su comprensión de su lugar en el universo. En las sociedades totémicas de los aborígenes australianos, ciertos grupos de hombres llevan a cabo ritos en los manantiales de agua de sus áridas tierras para lograr la multiplicación de los animales salvajes que los aborígenes cazan para alimentarse. Estos ritos provocan sucesos y evocan a seres sagrados que ya existían antes que el hombre y que eran los ancestros y benefactores del hombre. La vida actual, a través de la religión, es concebida como un resultado de poderes misteriosamente superiores a los del hombre; son superiores y, sin embargo los hombres de hecho participan de ese poder gracias a la bondad de esos seres y la efectividad de los ritos. De modo similar, la jerarquía celestial de la fe cristiana es una versión, en pensamiento religioso, de las jerarquías del poder terreno en los tiempos medievales. Estos seres divinos ayudan al creyente; y el rito de la misa, solemnemente conmemorativo del gran acto de sacrificio de Dios convertido en hombre, es efectivo para brindar al creyente un beneficio y una fortaleza que solamente puede dar la religión.

LA VIDA EXPRESIVA: JUEGO, ARTE, CEREMONIA, MITO

En las páginas anteriores describimos el funcionamiento de la sociedad como asunto de trabajo y disciplina. Intentamos explicar cómo la gente llega a ser y continúa siendo una sociedad en virtud del hecho de que trabajan juntos para fines comunes, y cómo continúan haciéndolo por las ventajas de la cooperación y por las recompensas y castigos que proporcionan las leyes, la opinión general o la conciencia del individuo. En esta relación tal vez se ha hecho demasiado hincapié en lo sobrio, lo práctico y lo restrictivo. Tal vez se ha dado la impresión de que la sociedad funciona total o principalmente debido a que las personas hacen lo que se les obliga a hacer, o que el trabajo es la forma única o básica de actividad.

De hecho, gran parte de la conducta social del hombre se opone considerablemente al trabajo. En el trabajo se hace lo que exige una finalidad particular, justamente del modo como lo exige y cuando la finalidad lo requiere. Para escardar efectivamente un maizal se tiene que trabajar, ya que se debe emplear la azada en cierto modo, se debe hacer cuando el tiempo y las hierbas lo hagan necesario, y no es posible detenerse cuando se desea hacerlo. Pero en gran medida, la actividad humana es simplemente expresiva; responde al impulso del individuo a ser activo; es actividad que toma una forma que demuestra que el individuo piensa y siente; es un fruto del impulso humano para crear. Alguna actividad expresiva tiene lugar cuando se le ocurre al individuo expresarse a sí mismo; una gran parte de esa actividad se produce en momentos fijados por la expectación y el ritmo de la sociedad, pero aún entonces no tiene que satisfacer las exigencias de un esfuerzo prácticamente útil.

La risa, las bromas, las improvisaciones con el lenguaje, el relato de historias, la oración, el arreglo floral, la pintura de cuadros, la participación como espectador o como deportista en un juego, o el disfrute de Beethoven y la danza son todas formas de actividad expresiva. Las formas expresivas de conducta dan a cada sociedad su propio carácter especial, así como dan un sabor especial a cada personalidad. Diferentes sociedades pueden tener los mismos utensilios y los mismos hábitos de trabajo, pero si son diferentes su arte y sus leyendas, las sociedades serán diferentes. "¿Qué bailas?", es la primera pregunta que hace a un forastero un miembro de cierta tribu bantú. Lo que un hombre danza es en aquella parte de África la clave de toda su vida, es el modo de preguntar acerca de una sociedad extraña.

Las relaciones entre la actividad expresiva y el trabajo se revelan cuando consideramos la magia. Si un hombre tiene que llevar a cabo algo inmediato y práctico, puede trabajar para lograrlo. Si un tubo gotea, puedo desenroscar el grifo y poner un nuevo empaque. Si los cerdos se comen el ñame de un melanesio, éste puede cercar su terreno de cultivo para evitar que entren los cerdos. Lo que se hace se hace justamente del modo requerido por su fin. La colocación del nuevo empaque y la construcción de la cerca son técnicamente "correctos", esto es, en ambos casos lo que se hace responde a las exigencias de la situación fuera del estado de ánimo del trabajador. Puedo no expresar mis preocupaciones o mi disgusto con demasiada viveza y originalidad al colocar el empaque o construir la cerca; si intento expresar mis sentimientos tal vez no haga un buen trabajo con el empaque o la cerca. Éstas son acciones prácticas adecuadas a las soluciones mecánicas de los problemas.

Pero en algunos casos hay ocasión para expresar lo que se siente, además de ejecutar los actos prácticos adecuados, y en otros casos no se conocen actos prácticos apropiados y se expresa lo que se siente, en la creencia de que lo que se hace es efectivo, en vez de hacer algo realmente efectivo para lograr el resultado deseado. El melanesio que desea que crezcan sus ñames puede cercarlos y cultivarlos; también puede recitar pequeños conjuros que expresen sus deseos de una buena cosecha. Tom Sawyer sabía cómo eliminar las verrugas poniendo en ellas agua de un tronco podrido al tiempo que recitaba un encantamiento implorando a las verrugas que se alejaran. Llamamos "mágicas" a estas acciones. La magia es la actividad encaminada a lograr algunos fines especiales limitados, en una forma que no está determinada por la efectividad real del acto que producirá el resultado, sino por los deseos, temores y pensamiento y sentimiento generales del hombre que lo ejecute. La magia es acción práctica en cuanto que se hace para cierto fin limitado, como el trabajo; pero es acción expresiva, y el trabajo no lo es. La magia, característicamente, es pintoresca y aun dramática. Los ritos mágicos son pequeños cuadros de lo que uno desea. Se clavan alfileres en la figura de un enemigo. No se sacrifica a cualquier gallina, debe ser una gallina negra; si un problema preocupa a una asamblea que delibera, puede nombrar un comité; el resultado puede ser prácticamente efectivo, o puede en parte expresar solamente la preocupación y el deseo de hacer algo acerca del problema; en tal caso, no será tan diferente de muchos actos reconocidos como mágicos.

Mientras que la magia es poco usual entre las formas expresivas de acción debido a que va dirigida a cierto fin práctico limitado, como el trabajo, otras formas de actividad expresiva están menos estrechamente encaminadas hacia fines semejantes. El juego es un caso familiar de aquellos actos expresivos que se llevan a cabo por sí mismos. Si lo que se hace no produce satisfacción por el simple hecho de hacerlo, no es juego. Jugar es hacer algo divertido que no tenga que producir algún resultado útil inmediato. Las contribuciones del juego al funcionamiento de la sociedad son algo aparte del objetivo inmediato, que en muchos casos se propone sólo como un estímulo para el desempeño de la actividad. Al "jugar a la casita" y al jugar a "policías y ladrones", el manejo de la casa y la persecución de criminales desde luego son meros pretextos para proporcionar forma y sabor a lo que se hace, aunque el juego puede ayudar a desarrollar en los niños cualidades o capacidades necesarias en su vida posterior. En los juegos competitivos la finalidad aparente —ganar el juego— no es un logro verdadero, como lo es el trabajo; aparece, nuevamente, para dar estímulo a lo que se hace; se propone la meta para hacer importante el proceso, no el resultado. Si todo lo que importara fuera ganar, el juego dejaría de ser un juego.

El arte es como el juego en el sentido de que tiene su justificación en sí mismo y no en el logro de una finalidad para la que sirve de medio. En el arte las limitaciones establecidas en torno de lo que se hace no son reglas para competidores ni objetivos supuestos, como en el juego; las limitaciones que dan al arte su carácter son las expectaciones y satisfacciones del dominio de una técnica, una creación hecha o apreciada. Hay normas, como en el juego: pero en el arte las normas son las de la habilidad artesanal y de los conceptos de belleza que prevalezcan en una sociedad y que son modificados por el artista creador.

Hasta tiempos muy recientes, el artista y el artesano eran considerados iguales. El arte, en general, consiste en hacer algo. Si se construye un muro, se fabrica un zapato o se ordena una habitación, en este generoso sentido de la palabra se hace una obra de arte. La mayor parte de las obras de factura personal dan a quien las hace cierto margen para expresarse a sí mismo. La expresión puede no ser de una idea particular, y puede no haber un juicio estético consciente, pero suele haber expresión en el sentido de que la imaginación conforma y varía y así crea. En la medida en que una obra, ya sea o no un producto útil, se ha realizado con una intención de belleza, es una obra de arte en un sentido más limitado. Cuando una obra se realiza en primera instancia de acuerdo con un concepto de belleza, como ocurre en la escultura, la pintura o la poesía, hablamos de las "bellas artes". En la medida en que un objeto hecho es también bello, es autosuficiente; constituye un placer en sí mismo. Ya que no hay tribu o nación que no produzca obras en las que haya algo de configuración, dibujo o formulaciones que se disfrutan en sí mismas, más allá de la utilidad de la cosa hecha, parece indudable que el arte pone en evidencia cierto impulso o cualidad presente en todas las sociedades humanas. La relación del artista con la sociedad incluye, por lo tanto, la expresión que da a los valores y normas más fundamentales de esa sociedad. Al lado del sacerdote y el pensador, el artista da a conocer el carácter colectivo de un pueblo, y así lo unifica y dirige al establecer su naturaleza y sus ideales.

Todas estas formas de acción expresiva ayudan en el funcionamiento de la sociedad pues proporcionan oportunidades para llevar a cabo las expectaciones que son la base de la sociedad y muestran a sus miembros los conceptos e ideales relativos. Los juegos implican las ideas e ideales que la sociedad tiene acerca del deporte; el jugarlos disciplina al jugador y al público respecto de esos ideales y prueba a cada jugador por medio de ellos. En muchas sociedades primitivas, algunos juegos representan ideas religiosas. Entre los antiguos mayas, un juego representaba el movimiento del sol divino a través de los cielos; pero al mismo tiempo era también deporte. El "arte puro" es un concepto relativamente nuevo y poco usado; en la mayoría de las épocas y lugares el arte es o ha sido una forma para expresar los conceptos religiosos las ideas o ideales terrenos. Los postes totémicos esculpidos por los indios de la costa noroeste proclamaban la posición social y las conexiones divinas de la familia relacionadas con el poste.

En la ceremonia y la mitología el lado expresivo de la vida aparece en formas claramente relacionadas con la persistencia de la sociedad. Una ceremonia es un acto formal significativo que señala una ocasión de importancia especial. Es un pequeño drama que subraya la importancia de una persona o de un momento que están fuera de lo ordinario y que la sociedad desea reconocer. Algunas ceremonias son formas antiguas de profundo significado religioso, como la misa; otras son independientes de la iglesia, pero son públicas y solemnes, como el juramento de lealtad ante la bandera nacional; otras más constituyen asuntos domésticos y carecen de solemnidad, como las pequeñas ceremonias alegres en una fiesta de cumpleaños. Todas ellas son representaciones de creencias que tiene la gente; son modos en que las personas muestran conjuntamente que se preocupan por algo. Aunque no todas las sociedades tienen mitos o ceremonias bien dasarrollados, los mitos son las historias que corresponden a las ceremonias. Los mitos son modos en los cuales las instituciones y esperanzas de la sociedad se destacan de modo dramático y persuasivo en forma narrativa. Los mitos demuestran que lo que un pueblo tiene que disfrutar o soportar es correcto y verdadero; verdadero respecto a los sentimientos que sustenta el pueblo. No importa si el pequeño George Washington realmente cortó el cerezo y se lo dijo a su padre; lo que importa es que la anécdota expresa algunas ideas que quienes la contaron tenían acerca de decir la verdad, aun cuando perjudique hacerlo. Los mitos religiosos son verdaderos en relación con las ideas morales y sagradas que las inspiran; no necesitan ser ciertos como deben serlo las evidencias legales. Los mitos y ceremonias, como una gran parte del arte y en medida menor los juegos, son formas colectivas y tradicionales por medio de las cuales los miembros de una sociedad se recuerdan a sí mismos lo que les importa y por qué les importa. Son gestos que un pueblo se hace a sí mismo. El trabajo y las sanciones solas no son suficientes para mantener a una sociedad en funcionamiento. Es también necesario que las tendencias de la gente a saltar, moverse, crear formas y relatar se conviertan en representaciones que satisfagan e intensifiquen los conceptos que, sustentados en común, hagan una sociedad de aquel pueblo.

Este capítulo sugiere algunas de las respuestas a las preguntas expresadas en su título: ¿Cómo funciona una sociedad humana? En sus primeras páginas la respuesta fue que funciona por disposiciones mediante las que muchas personas pueden hacer el trabajo que necesita hacerse para mantenerlas en marcha y gracias a las cuales pueden sentir que pertenecen a una comunidad y compartir una clase de vida que consideran buena. Los individuos nacen en un mundo de necesidades; para sobrevivir, deben vivir juntos; para vivir juntos deben tener acuerdos tácitos acerca de quién hará qué. Es decir, deben regular su vida común. La regulación es asunto de entendimientos convencionales, en parte acerca de lo que debería hacer cada cual, y en parte con respecto a lo que es, generalmente y para todos, la buena vida. El plan de la buena vida encuentra su expresión en la religión, el mito y el arte. Podemos pensar que el funcionamiento de la sociedad es como una maquinaria para el control social y, también, como una especie de cuadro o drama de un esquema de todas las cosas.

Pero hay otro modo de pensar acerca del funcionamiento de la sociedad, probablemente implícito en lo que aquí se ha escrito. Podemos también pensar que la sociedad funciona para realizar impulsos y satisfacer necesidades de seres humanos. En vez de preguntar, como lo hemos hecho, qué funciones mantienen en marcha a la sociedad, podemos preguntar: ¿Qué hay en la sociedad que mantenga en marcha a los seres humanos? Cualquier ser humano debe tener protección y alimento, y podemos ver a la sociedad como satisfactora de estas necesidades. Los seres humanos también tienen exigencias o necesidades sexuales, y toda sociedad proporciona algún arreglo para satisfacerlas. Más allá de esto, los seres humanos tienen características que no son compartidas con los animales, sino que son peculiarmente humanas. La pasada discusión sobre la "vida expresiva" descansa en la suposición de que hay un "impulso del individuo a ser activo", que está en la naturaleza humana el uso de la imaginación y la conformación de objetos que agradan por ellos mismos. Si bien tal vez no es posible describir muy definidamente los impulsos y necesidades humanos más allá de los que son compartidos con los animales, difícilmente se puede negar que hay algunos; así, la sociedad puede verse como un medio de ayudar al desarrollo y expresión de todo impulso característicamente humano. En este sentido, la sociedad funciona por nosotros lo que, dada la sociedad, exigen nuestras naturalezas.

BIBLIOGRAFIA

BENEDICT, RUTH
Patterns of culture, Houghton Mifflin Co., Boston, 1934.

BENNET, WENDELL C. y JUNIUS B. BIRD
Andean Culture History, Handbook Series, núm. 15, American Musseum of Natural History, Nueva York, 1949.

BOAS, FRANZ
El arte primitivo, F.C.E., México, 1947.
The Mind of Primitive Man, The Macmillan Company, Nueva York, 1938.

BUETTNER-JANUSCH, JOHN
Origins of Man, John Wiley & Sons, Nueva York, 1966.

CAMPBELL, BERNARD G.
Human Evolution, Aldine Publishing Co., Chicago, 1967.

CLARK, J. G. D.
Prehistoric Europe, Philosophical Library, Nueva York, 1952.

CLARK, W. E. LeGROSS
History of the Primates. An Introduction to the Study of Fossil Man, 2ª ed., British Museum (Natural History), Londres, 1950.
The Fossil Evidence for Human Evolution. An Introduction to the Study of Paleonthropology (en preparación ed. en esp., F.C.E.), México.

CHILDE, V. GORDON
Los orígenes de la civilización, F.C.E., México, 1954.

DOBZHANSKY, THEODOSIUS
Genetics and the Origin of Species, 3ª ed., revisada, Columbia Biological Series, núm. XI, Columbia University Press, Nueva York, 1951.

FORDE, C. DARYLL
Habitat, Economy and Society. A Geographical Introduction to Ethnology, Mathuen & Co., Ltd., Londres, 1934.

GELB, I. J.
A Study of Writting, University of Chicago Press, Chicago, 1952.

GRIFFIN, JAMES B., editor
Archeology of Eastern United States, University of Chicago Press, Chicago, 1952.

HERSKOVITS, MELVILLE J.
Antropología económica. Estudio de antropología comparada, F.C.E., México, 1952.

HILL, ARCHIBALD A., compilador
Linguistics Today, Basic Books, Nueva York, 1969.

HONIGMANN, JOHN J.
Culture and Personality, Harper & Brothers, Nueva York, 1954.

HOWELL, F. CLARK
Early Man, Life Nature Library, Time Incorporated, Nueva York, 1965.

HOWELLS, WILLIAM W.
The Heathens. Primitive Man and His Religion, Doubleday & Co., Inc., Garden City, 1948.

JENNINGS, JESSE D. y EDWARD, compiladores
Prehistoric Man in the New World, University of Chicago Press, Chicago, 1964.

LANGACKER, RONALD W.
Language and Its Structure, Harcourt, Brace & World, Nueva York, 1968.

MURDOCK, GEORGE PETER
Nuestros contemporáneos primitivos, F.C.E., México, 1945.
Social Structure, The Macmillan Co., Nueva York, 1949.

OAKLEY, KENNETH P.
Frameworks for Dating Fossil Man, Aldine Publishing Co., Chicago, 1964.

REDFIELD, ROBERT
The Folk Culture of Yucatán, University of Chicago Publications in Anthropology, Social Anthropology Series, University of Chicago Press, Chicago, 1941.

SAYCE, R. U.
Primitive Arts and Crafts. An Introduction to the Study of Material Culture, The University Press, Cambridge, 1933.

UNDERHILL, RUTH MURRAY
Red Man's America. A History of Indians in the United States, University of Chicago Press, Chicago, 1953.

VAILLANT, GEORGE C.
La civilización azteca, F.C.E., México, 1971.

WHITE, LESLIE A.
The Science of Culture, Grove Press Inc., Nueva York, 1949.

WILLEY, GORDON R.
Introduction to American Archeology, Vol. I, Meso America and North America, Prentice-Hall, Englewoods Cliffs, Nueva Jersey, 1966.

Índice

Este libro se terminó de imprimir y encuadernar en el
mes de febrero de 1993 en Impresora y Encuadernadora
Progreso, S. A. de C. V. (IEPSA), Calz. de San Lorenzo,
244; 09830 México, D. F. Se tiraron 3 000 ejemplares.